中国财经高校"十三五"规划汇编

中国高等教育学会高等财经教育分会　编

中国财经出版传媒集团

经济科学出版社
Economic Science Press

图书在版编目（CIP）数据

中国财经高校"十三五"规划汇编／中国高等教育
学会高等财经教育分会编．—北京：经济科学出版社，
2017.8

ISBN 978 - 7 - 5141 - 8202 - 6

Ⅰ.①中…　Ⅱ.①中…　Ⅲ.①经济 - 高等学校 - 五年
计划 - 中国 - 2016 - 2020　Ⅳ.①F8 - 4

中国版本图书馆 CIP 数据核字（2017）第 163845 号

责任编辑：白留杰　刘殿和　程新月
责任校对：杨晓莹
责任印制：李　鹏

中国财经高校"十三五"规划汇编

中国高等教育学会高等财经教育分会　编

经济科学出版社出版、发行　新华书店经销

社址：北京市海淀区阜成路甲 28 号　邮编：100142

教材分社电话：010 - 88191355　发行部电话：010 - 88191522

网址：www. esp. com. cn

电子邮箱：esp@ esp. com. cn

天猫网店：经济科学出版社旗舰店

网址：http：//jjkxcbs. tmall. com

北京密兴印刷有限公司印装

787 × 1092　16 开　35.75 印张　850000 字

2017 年 8 月第 1 版　2017 年 8 月第 1 次印刷

ISBN 978 - 7 - 5141 - 8202 - 6　定价：88.00 元

（图书出现印装问题，本社负责调换。电话：010 - 88191510）

（版权所有　侵权必究　举报电话：010 - 88191586

电子邮箱：dbts@ esp. com. cn）

《中国财经高校"十三五"规划汇编》编委会

主　　任： 施建军

副 主 任： 张国才

委　　员： （以下排序按照拼音字母顺序）

卞成林	蔡绍洪	陈　明	陈寿灿
陈晓红	陈章龙	陈尊厚	程淮中
丁忠明	都本伟	杜金柱	樊丽明
付志峰	傅德印	郭文君	胡　健
黄吉秀	纪良纲	焦方太	李朝鲜
李石柱	廖进球	廖榕就	刘金兰
刘维奇	齐恩平	宋冬林	孙芳城
孙海鸣	谭秀森	唐海燕	王成荣
王凤鸣	王广谦	王稼琼	温兴生
伍中信	辛宝忠	杨宏志	杨西国
雍和明	于海峰	赵德武	赵丽生
钟晓敏	周建松	周远生	卓　志

责任编辑： 马增伦　夏鹏鹏

序　言

　　百年大计，教育为本，国运兴衰，系于教育。伴随改革开放的历史进程，中国高等教育发展迅速，特别是进入 21 世纪以来，高等教育实现了历史性跨越。"十三五"时期是我国全面建成小康社会的关键时期，也是推进教育现代化与人才强国、人力资源强国建设的决定性阶段。科学编制和实施好高等院校"十三五"规划，既是贯彻落实国家"十三五"规划的应有之义，也是扎实推进《国家中长期教育改革和发展规划纲要（2010 – 2020 年)》的必然要求，对优化教育结构、深化教育改革，提高教育现代化水平具有重大意义。

　　新形势新任务下，中国高等财经教育使命光荣、任务艰巨。各财经高校以学习贯彻好习近平总书记系列重要讲话精神为思想指导，坚持"优先发展、育人为本、改革创新、促进公平、提高质量"的工作方针，以全面实现国家教育规划纲要为总目标，认真编制和实施"十三五"规划，不断促进高等财经教育现代化、国际化、大众化，大力增强核心竞争能力，切实推动高等财经教育内涵式发展，为实现中华民族伟大复兴的中国梦提供智力支持和人才支撑。

　　为进一步凝聚高校共识，统一思想，加强交流，相互借鉴，中国高等教育学会高等财经教育分会将我国部分财经高校编制的"十三五"规划整理汇编成册，形成《中国财经高校"十三五"规划汇编》（以下简称《汇编》），供各方研究参考。希望该《汇编》的出版能为高校教育改革提供思考、启发。

　　该书成功付梓，离不开各财经高校领导的重视和支持，也离不开财经分会上下同仁的通力合作。在此，谨向所有为编写本书出谋划策、辛勤操劳的老师、同事们表示衷心的感谢！

施建军

2017 年 7 月

目　录

(按院校名称拼音字母排序)

安徽财经大学"十三五"发展规划

"十三五"时期是全面建成小康社会的决胜阶段，是完成《国家中长期教育改革和发展规划纲要（2010—2020年)》，实现教育现代化的冲刺阶段，也是推进学校有特色高水平大学建设的关键阶段。为了精准把握"十三五"时期高等教育改革发展的战略机遇，集中力量促进学校各项事业更好更快发展，根据学校第五次党代会2015年年会所确立的学校"十三五"时期建设和发展的指导思想和战略部署，特制订本规划。

一、"十二五"期间主要发展成就

"十二五"期间，学校坚持有特色高水平教学研究型大学的目标定位，坚持"质量立校、人才强校、特色兴校"的办学理念，坚持改革创新、开放办学、和谐发展，坚持走内涵式发展道路，"十二五"规划目标顺利完成。

办学定位更加合理，发展目标更加明确。学校坚持立足安徽，面向全国，面向现代服务业，成为安徽省人民政府与中华全国供销合作总社共建高校，为地方及行业经济社会发展提供人才支撑和智力支持。经济学、管理学、法学学科优势进一步彰显，文学、理学、工学、史学、艺术学等学科发展更加协调，成功入选国家中西部高校基础能力建设工程和安徽省"地方特色高水平大学"建设项目。

学科结构显著优化，建设水平不断提升。新增统计学和美术学2个一级学科硕士学位授权点，增加学术型硕士学位点5个、专业硕士学位点9个；自主设置合作经济等5个目录外二级专业点，基本涵盖经济学、管理学两大学科门类下的全部一级学科和二级学科硕士学位授权点。在2012年教育部学位与研究生教育发展中心组织的学科评估工作中，应用经济学学科整体水平并列第30，位次百分位为34.1%；统计学学科整体水平并列第41，位次百分位为47.1%；工商管理学科整体水平并列第50，位次百分位为43.5%；法学学科整体水平并列第57，位次百分位为66.3%。

高层次人才培养卓有成效，高水平团队建设扎实推进。入选国家百千万人才工程1人、教育部"新世纪优秀人才支持计划"2人，新增教育部专业教学指导委员会委员4人（其中副主任1人）、国家社科基金学科组评审专家2人，新增国务院特殊津贴人员5人、省政府特殊津贴人员4人，新增省级学术带头人17人、省高校优秀中青年骨干人才6人、省高校优秀青年人才12人，组织遴选博士生导师8人。设立"龙湖学者"岗位，遴选"龙湖学者"16 人次。设立"学科特区",遴选 B 类特区 7 个、C 类特区 11 个。设立校级虚体研究机构 21 个。

师资建设成效显著,队伍结构明显改善。引进教授、博士 55 人,其中"海归"人才 8 人;在职培养博士 133 人,博士化率从 22.8% 提高到 45.37%;专任教师增加到 994 人,外聘教师 220 人;新增高级职称教师 154 人;学历异缘比例提高至 75%。获全国优秀教师称号 2 人,省模范教师称号 2 人,省级优秀教师称号 7 人,省级教学名师称号 12 人,省级教坛新秀称号 8 人。

专业建设力度不断加大,人才培养体系更加完善。新增 12 个本科专业,停办 4 个专业,本科专业总数 59 个,基本形成经济学、管理学、法学学科为主,文学、理学、工学、艺术学等多学科专业协调发展的结构与布局。设置"经管实验班"和棉花加工与检验班、英国特许会计师班(ACA)、金融实验班等特色班,探索和实施本科特殊拔尖人才培养新路径。本科专业人才培养方案更加突出通识教育、创新创业教育,初步形成知识探究、能力提升、素质培养、人格养成的"四位一体"育人体系,"11211"财经类应用型创新人才培养模式更加完善、特色更加鲜明。

本科教学工程扎实推进,教学改革不断深化。新增国家级专业综合改革试点 1 个,国家级规划教材 3 本,省级特色专业建设点 3 个,省级专业综合改革试点 8 个,省级教学团队 6 个,省级人才培养模式创新实验区 2 个,省级卓越人才培养计划 8 个,省级校企合作实践教学基地 4 个,省级精品课程 33 门,省级精品资源共享课 19 门,省级示范课程 5 门,省级规划教材 7 本,省级教学研究项目 67 项,振兴计划省级重大教学改革研究项目 12 项,专业改造与新专业建设项目 4 项,省级教学成果奖 34 项,高校思想政治教育综合改革计划项目 12 项。

实验实训条件显著改善,实践育人体系初步形成。积极加强实验实训教学场所及校内外实践教学基地建设,新建实验室 7 个,新增实验设备总值 3944.9 万元;新增国家级校企合作实践教育基地 1 个、省级示范实验实训中心 4 个、省级虚拟仿真实验教学中心 2 个、省级大学生创客实验室建设计划项目 2 个、省级校企合作实践教育基地 4 个、省级基础课实验教学示范中心 2 个。大力推进跨专业综合实验实训,构建经济管理类跨专业综合实训平台,"五五四"实践教学体系基本形成。

创新创业教育措施有力,培养机制逐步形成。制订实施《关于推进创新创业教育工作的意见》,成立创业学院,促进专业教育与创新创业教育有机融合,创新创业教育课程体系不断丰富。学生创新创业训练计划项目省级项目立项数稳居全省第一,国家级项目立项数在全国名列前茅。创建大学生创业孵化基地,孵化项目 47 个。获得第五届全国大学生电子商务"三创赛"省总决赛冠军,首届安徽省"互联网+"大学生创新创业大赛金奖。在数学建模、大学生英语竞赛、广告艺术设计大赛、"挑战杯"系列比赛、电子设计竞赛等创新创业比赛中,共获国际奖 100 余项、国家级奖 200 余项、省级奖 900 余项,获奖学生 2000 余人次,学生创新精神、创业意识和创新创业能力明显增强。

本科生源质量稳步提高,就业质量不断提升。学校美誉度、社会认可度不断提高,改革招生制度、创新招生宣传,截至 2015 年在全国已有 22 个省份进入一本批次,一本生源达

97%以上，文理科录取分数稳居安徽省前三位。就业工作体系不断完善，毕业生初次就业率每年均在85%以上，用人单位对毕业生总体满意度高。

研究生教育改革扎实推进，培养质量不断提升。成立一级学科研究生教学指导委员会，实行研究生校院两级管理体制。启动一级学科招生模式，探索研究生分类培养改革，试行弹性学制。加强研究生导师队伍建设，重视发挥"三助一辅"实践育人功能。举办研究生学术论坛，设立研究生科研创新基金项目。在读研究生在CSSCI核心期刊共发表论文167篇。大力发展专业学位教育，加强校外实践基地建设，实行校外实践导师制度，强化实践性教学环节。资助近70位研究生出国出境深造与交流，资助金额达120万元。

科研课题立项数显著增加，高水平科研成果更加丰硕。获得国家社会科学基金项目69项，其中重大招标项目2项、重点项目3项；国家自然科学基金项目18项；教育部哲学社会科学重大攻关项目1项、教育部人文社会科学项目66项。在校定权威期刊发表论文46篇，其中在《中国社会科学》《经济研究》《管理世界》发表论文13篇。首次获得教育部高等学校科学研究优秀成果奖（人文社会科学），取得历史性突破。

服务社会平台不断完善，协同创新能力持续增强。组建并获批"安徽经济预警、运行与战略协同创新中心"省级协同创新中心，安徽省经济社会发展研究中心获得"安徽高校智库"立项。成立本省第一家高校社科联组织，新设"现代服务业研究中心"和"新徽商研究中心"，形成面向区域和行业发展的多层次立体化社会服务平台，与20多个地市政府或行业主管部门签订战略合作协议。坚持并发挥合作经济研究的特色与优势。先后选派45名管理干部和教研人员到地方政府职能部门、企事业单位挂职锻炼。接受横向委托项目180余项，协议金额2600余万元，到账经费2300余万元。持续发布"安徽经济发展报告""安徽县域经济竞争力评价报告"等年度系列研究报告，并已形成品牌效应。

继续教育稳步发展，规模质量协调推进。稳定招生规模，不断拓展继续教育形式。先后与20所高职院校开展自考助学合作。完成省高等教育振兴计划《成人高等教育远程化教学模式改革与信息化建设项目》网络课程资源建设任务，建成10门网络课程。新设函授站3个，新增函授高起本专业3个。初步建成融培训平台、课程包和名师库为一体的非学历培训体系。

现代大学制度建设初见成效，内部治理机制不断完善。《安徽财经大学章程》自2015年9月1日起核准生效。坚持和完善党委领导下的校长负责制，校行政工会联席会议、学院党政联席会议等制度落实并实现常态化，党委和行政议事规则与决策程序更加科学规范。全面修订《安徽财经大学学术委员会章程》《安徽财经大学教学工作委员会章程》等管理制度，学校学术委员会、教学工作委员会的职责规范及组织与工作机制等改革走在全国前列。以学校学术委员会、教学工作委员会和学院（部、所）教授委员会为主体的学术权力组织与运作机制全面形成。新制订各类内部管理制度159项，废除230项，修订保留295项。规范独立学院运作机制，引进社会资本参与办学。

公共基础设施更加完备，服务保障能力不断提升。新建学生宿舍84494平方米，食堂24000平方米，教工住宅25712平方米。学生宿舍和教学场所实现空调全覆盖，完成龙湖西校区道路改造、围墙透绿工程，龙湖东校区大学生活动中心及大学生创业孵化基地新建、大学生浴室改建。龙湖东校区实验大楼顺利封顶，龙湖西校区图书馆改扩建工程正式启动。新增各类图书资料12.42万册、电子图书46.5T、外文数据库4个，数字化文献资源总数据量达到60T，启用移动图书馆。信息化基础设施不断完善，校园网已从单一IPV4网络升级到IPV4/IPV6双栈结构，自主出口线路带宽扩容8倍达3.4G，用户访问互联网带宽提升10倍达10M，实现校园内有线网络的统一管理和安全追溯，校园内无线网络全覆盖。新增业务应用系统20多套、实践教学软件系统30多套，超星尔雅、新理念外语、新视野大学英语等三大网络教学平台投入使用。推进"智慧后勤"建设，初步建成后勤数字服务大厅。财务保障能力显著增强，教职工收入稳步提高。

国际交流与合作有效拓展，对外开放水平明显提高。派出出访团组60余个、200余人次。制订并实施师资队伍国际化成长计划，争取国家公派培养特别项目，先后选派150余名教师赴国外（境外）访问、研修、攻读学位。推行海外学者讲学支持计划，邀请25名国际知名专家来校讲学。接待国外高校来访200余人次。与美国、法国、英国等11个国家及地区的19所大学、教育机构签订框架性合作协议，积极推行学分互认。成功申报统计学（保险精算方向）、国际商务"2＋2"中外合作人才培养项目。资助成绩优秀的60名学生出国学习交流、攻读学位，总额达到577.5万元。成立国际教育学院，招收汉语进修留学生、学历型留学生人数达35人。

党建思政工作扎实开展，校园文化建设有效加强。深入开展党的群众路线教育实践活动和"三严三实"专题教育。认真学习贯彻党的十八大和十八届三中、四中、五中全会精神，定期开展党员干部和教职工政治理论学习，轮训干部3200人次。切实贯彻执行中央八项规定，不断加强和改进工作作风，牢固树立以师生为本的理念，始终把师生的需要作为工作的出发点和落脚点。重视统一战线工作，充分发挥民主党派、无党派人士在学校建设发展中的重要作用。大力加强党风廉政建设和反腐败工作，为各项事业健康发展提供坚强保障。统一设立学校教育事业发展研究项目，全面支持管理服务人员立足岗位职责积极开展理论研究，并对优秀成果按照学校教学成果奖同等标准进行奖励。培育和践行社会主义核心价值观，坚持中国特色社会主义理论体系进教材、进课堂、进头脑。以物质文化、精神文化、制度文化、行为文化为主要内容的校园文化建设不断推进，正式确认校训、校旗、校标方案，启动校史编撰工作；注重培育安财特色文化，高雅艺术进校园、人文大讲堂、"校园十大歌手"等学生文化活动形成品牌。

二、"十三五"时期面临的机遇与挑战

（一）人力资源强国战略拓展高层次应用性人才需求空间

党的十八大明确提出我国要建设人力资源强国，实施人才强国战略，实现由人口大国向人才强国转变。到2020年，我国将基本形成学习型社会，进入人力资源强国和创新型国家行列。人才是创新的根基，是创新的核心要素。未来经济发展要实现新动力、优结构、可持续，将更多依靠人力资本质量和技术进步，大学生将成为大众创业、万众创新的生力军。加快培养一批规模宏大、结构合理的高层次创新创业人才队伍和高素质技能人才队伍尤为关键，将直接影响到能否最大限度释放创新活力，高等财经教育在经济"新常态"下的地位与作用日益凸显。

（二）学位授权审定办法改革以及"双一流"建设促使高校加快学科调整

我国研究生教育正处在从大国向强国迈进的新阶段，服务需求、提高质量、推动研究生教育内涵发展，是未来学位与研究生教育改革发展的核心任务。学位与研究生教育面临的新任务、新要求，迫切需要改革学位授权审定办法，创新机制，进一步增强学位授权审定制度与国家区域经济社会发展需求相适应的主动性，充分调动地方政府和学位授予单位优化高等教育结构、自主办学、内涵发展、追求卓越研究生教育的积极性。国务院印发《统筹推进世界一流大学和一流学科建设总体方案》，推动一批高水平大学和学科进入世界一流行列或前列。学校作为安徽省"有特色高水平大学"立项建设单位，更应紧紧抓住党和政府引导和支持高等院校优化学科结构的重要机遇，坚持有特色高水平教学研究型大学的建设目标，进一步凝练学科发展方向，突出重点学科建设，办出特色、争创一流。

（三）以互联网为代表的信息技术对高等教育改革产生全方位影响

以"互联网＋"为重要特征的信息技术对高等学校的教育教学改革将产生革命性影响。以"慕课"为核心的教育教学改革打破现有高等教育格局，以互联网为代表的信息技术全面改造着高校的生态系统。充分利用网络时代的技术手段，切实推动信息技术与教育教学的深度融合，创新教育理念和模式，创新教学组织形式与管理机制，促进传统教育与信息化教育的优势互补，全面打造数字化校园生态环境，是学校在"互联网＋教育"生态环境下与时俱进，提升竞争能力的必然选择和重要举措。

（四）区域及产业经济发展战略对财经类学科建设发展提出更新要求

知识经济时代，发展创新型经济是国家的中心和主线。我国经济发展方式正处在一个由规模扩张向内涵发展的阶段，"速度变化、结构优化、动力转化"是目前我国经济发展中的重点和难题。安徽地方经济发展在"十三五"期间将进入转型调整期，实施新型工业化、农业现代化和现代服务业相互结合的第一、第二、第三产业联动融合的发展战略以及"服务业加快发展工程"等多项工程，更加需要财经类学科的智力支持和人才支撑。伴随着国家中部地区崛起战略以及"安徽省国家级全面创新改革试验区""新型城镇化试点省"以及"创新型经济强省、文化强省、生态强省"等战略与规划的实施，对财经类学科建设和发展提供契机的同时，也提出更高更新要求。

（五）地方特色高水平大学项目建设为学校建设发展明确任务目标

多样化发展成为当前高等教育的主要趋势，以形成"分类考试、综合评价、多元录取的考试招生模式"为目标的新一轮招生考试制度改革也必然引发优质生源竞争，"特色立校、特色兴校、特色强校"成为高等教育激烈竞争的重要战略。学校成功入选安徽省地方特色高水平大学建设立项，既是对学校前期发展的充分肯定，也是对学校未来发展的引领和要求。根据安徽省地方特色高水平大学项目性质与宗旨，学校未来一段时间的建设和发展要在全面深化高等教育综合改革、大力加强内涵建设、完善治理的基础上，促进学科整体建设水平进一步提高，学科专业结构进一步优化，人才培养、科学研究、社会服务以及文化传承与创新能力和水平得到全面提升，对安徽及长三角地区相关行业，尤其是现代服务业建设和发展的高层次应用性财经类人才支撑作用和财经智库等智力支持能力显著增强。地方有特色高水平大学项目建设，不仅在目标任务上与建设有特色高水平教学研究型大学的学校发展目标完全一致，而且5年的项目建设周期占据了"十三五"的前3年，学校"十三五"建设和发展的主体性内容必须重点围绕项目建设任务要求来展开。

（六）教育国际化是改革和发展的必然趋势

各国都把高等教育国际化作为本国发展高等教育的一项战略方针，科技无国界、教育无国界、文化无国界和学习无国界的全球化时代已经到来。尤其是在国家积极实施"一带一路"等顶层战略背景下，大学有了更多的跨国、跨民族、跨文化的交流、合作和竞争的机会，学生有了开阔的视野，国际化使高等教育面临前所未有的发展机遇。作为地处欠发达地区非省会城市的地方财经类高校，天然缺乏国际化的优势条件。如何通过全方位的国际交流与合作，有效促进教学科研及管理人员更新理念、革新思维、创新方法，稳定提高教育教学质量、促进学校跨越式发展，任务更加艰巨。

（七）深化综合改革、完善现代大学制度是学校未来建设和发展的重要主题

深入开展学校综合改革是贯彻落实党的十八大和十八届三中、四中全会精神的重要举措，是主动适应经济发展"新常态"的客观需要，是建设地方高水平大学的必由之路，是学校提高核心竞争力的关键环节，是学校创新体制机制、增强办学活力的重要动力。贯彻实施《安徽财经大学综合改革方案（2015－2020年）》，是全面深化学校教育教学改革的必然要求。

《安徽财经大学章程》是学校治理理念、治理结构的集中体现，是调节学校内外关系的基本准则，是学校接受监督、进行自律的基本依据，也是学校明确办学方向、突显办学特色、巩固改革成果的重要保障。随着以学校章程建设为核心的现代大学制度体系构建与完善，不仅为学校"十三五"期间的全面深化改革、科学持续发展提供有力保障，也必将使学校体制机制改革跨入新的发展阶段。

三、"十三五"时期建设发展指导思想、基本原则与发展目标

（一）指导思想

高举中国特色社会主义伟大旗帜，以邓小平理论、"三个代表"重要思想、科学发展观

为指导，认真学习贯彻党的十八大以及十八届三中、四中、五中全会和习近平总书记系列重要讲话精神，服务"四个全面"战略布局，落实"创新、协调、绿色、开放、共享"发展理念，坚持内涵发展，以立德树人为根本，以学科建设为龙头，以引领、服务和支撑经济社会发展为导向，以深化体制机制改革为动力，坚持人才强校，提升办学质量，促进有特色高水平教学研究型大学建设迈上新台阶。

（二）基本原则

1. 坚持特色发展。特色发展是建设高水平大学的内在要求。随着高等教育大众化时代的到来，多样化、差异化发展成为当前高等学校发展的必然趋势。学校未来建设和发展，充分结合自身办学历史、区位特点和资源条件，体现分类发展、特色发展，强化学科间的交叉、渗透与融合，积极构建特色鲜明、优势突出的学科体系，重点打造核心竞争力强的学科专业群，创新特色人才培养的模式与机制，突出科研特色和社会服务特色，逐步形成具有优质性、稳定性和发展性的办学特色。

2. 坚持创新发展。创新是引领发展的第一动力。必须把创新思维渗透到学校人才培养、科学研究、社会服务等各方面，不断推进理念创新、制度创新、管理创新和服务模式创新。坚持依法治校，全面实施《安徽财经大学章程》，不断完善现代大学制度体系，突出管理与服务创新，充分激发广大师生员工的积极性和创造性，广泛凝聚学校内外、各个层面的智慧和力量，突出重点、攻坚克难，塑造更多依靠创新驱动、更多发挥先发优势的引领型发展。

3. 坚持协调发展。协调发展是学校持续健康发展的必然要求。坚持以人才培养为根本，以提升质量为核心，坚持规模、质量、结构、效益协调发展，坚持重点发展与兼顾一般的统一，坚持理论研究与实践应用的统一，坚持服务地方与服务行业的统一，妥善处理好人才培养、科学研究、社会服务及文化传承与创新四项基本职能之间的关系。

4. 坚持开放发展。开放发展是拓展学校发展空间和提升社会影响力的必由之路。必须牢固树立开放发展的理念，搭建开放发展的平台，突出协同创新，形成人才、智库、资源、成果全面开放与共享的新格局。秉持以服务求发展的理念，充分争取和利用各种社会资源，以超常规举措引进高层次人才，形成学校发展的强大合力。加强国际交流与合作，坚持"走出去、引进来"，充分利用国内外两种资源，不断提高学校开放办学水平。

5. 坚持人本发展。以人为本是高等教育发展的本质要求。必须充分尊重学生主体地位和教师的主导地位，努力实现"以教育者为中心"向"以学习者为中心"转变，促进学生的健康成长和全面发展。按照人人参与、人人尽力、人人享有的要求，不断完善公平公正的制度安排，使全体师生在共建共享中拥有更多获得感和幸福感。广泛汇聚学校内外、各个层面的智慧和力量，共谋发展，建设更加美好的和谐校园。

（三）发展目标

1. 总体目标。"十三五"期间，学校建设发展的总体目标是：体现优势与特色的学科专业群建设卓有成效，应用经济学、工商管理学科达到国内一流水平，统计学、管理科学与工程、法学等学科达到省内一流水平，优势学科与蓄势学科互相支撑；高层次应用性人才培养模式科学、体系完善,人才培养质量进一步提升;高水平科研成果更加丰富并能有效转化应用,高水平财经智库建设达到省内一流、全国有影响;立足安徽,面向全国,面向现代服务业和供销合作行业,人才支撑和智力支持能力显著增强;现代大学制度建设再上新台阶,内部治理体系更加完善,治理能力显著提高。基本建成国内外有一定影响的有特色高水平教学研究型大学。

2. 核心指标规划。

(1) 办学水平。全面完成"地方特色高水平大学"项目建设任务,学校整体实力显著提升。力争成功申报博士学位授权点,在具有重大影响的国内大学排名中学校整体进入全国高校前 200 位、财经类高校前 10 位。

(2) 人才培养。适应招生考试制度改革的人才培养方案更加完善、培养机制更加科学,着眼高层次应用性人才培养目标的人才培养模式显著优化,体现学校优势与特色的人才培养质量显著提高,毕业生就业竞争力显著提升。全日制在校生规模控制在 25000 人左右,其中本科生 22500 人左右,研究生 2500 人左右,毕业生就业率稳定在 90% 以上。

(3) 学科专业建设。学位授权点及本科专业动态调整机制科学有效,学科专业结构与布局更加合理。形成 3 个以上能够占领学科高地、引领学校学科发展的优势学科群,应用经济学、工商管理、统计学 3 个学科在全国高校中位次百分位进入前 30%,在具有硕士授权的高校中位次百分位进入 10%;理论经济学、管理科学与工程、法学等学科排名位次也有明显提升。经济学、贸易经济、国际经济与贸易、金融学、会计学、财务管理、审计学、工商管理、市场营销、财政学、统计学、信息管理与信息系统、法学等优势与特色专业达到省内一流、国内具有重大影响;培育、建设 5 ~ 10 个体现学校优势与特色、满足地方及行业战略新兴产业需求的交叉复合专业。

(4) 科学研究。科研管理制度更加完善、机制更加科学,平台运转更加有效、队伍结构更加合理,高层次课题和高显示度研究成果丰富,彰显学校优势与特色的研究成果社会影响力显著增强。国家社会科学基金立项数在全国财经高校始终稳居前 10 位,国家自然科学基金项目立项数及高层次研究成果数量显著增加。力争国家级基金项目达到 100 项、省部级科研项目超过 300 项,校外来源科研经费达到 8000 万元;校定权威期刊论文达到 50 篇、重点期刊论文达到 500 篇,在 SSCI、SCI 和 EI 期刊发表论文 100 篇以上,在国家一类出版社出版学术专著 50 部以上;举办 10 次以上国际学术会议、30 次以上全国性学术会议。

(5) 社会服务。学校优势与特色资源得到有机整合,协同创新机制健全有效,引领、服务和支撑地方及行业经济社会发展的创新与激励政策优化,优势与特色方向的研究成果及其转化与应用达到国内领先水平,高水平财经智库建设达到省内一流并在国内形成一定影响。系列研究报告品牌化。承担区域重大科技计划、重大基础研究、应用研究项目的能力显著增强,横向项目经费突破 3000 万元。

(6) 队伍建设。高层次人才、高水平学科带头人数量显著增加,师资队伍结构科学合理,形成一批在国内外有一定影响力的教学科研创新团队。专任教师规模达到 1200 人,具有博士学位教师的比例达到 70%,正高级职称教师比例达到 17%,副高级职称教师比例达到 30%,6 个月以上国内外进修教师比例达到 30%。新增三类人才 10 名以上,二类人才 3

名以上。经济、管理、法学各主要学科至少有 5 名"皖江学者"或"龙湖学者",其他各学科至少有 5 名安徽省学术和技术带头人或后备人选。建成 6~8 个高水平创新团队。

(7) 国际交流与合作。海外友好合作院校达到 50 所,交流合作的深度和广度不断提高。教学科研人员出国(境)进修访学通道畅通,实现 40% 的教师拥有出国(境)学习交流经历。学生出国(境)留学渠道多样化,在校学生留学海外人数的年级人数比达到 5% 以上。留学生招生市场得到有效拓展,实现留学生班级独立建制。聘请高层次外国专家达到 50 人次。

(8) 公共服务体系建设。全面建成信息化校园,初步建成智慧图书馆,开发一批体现学校优势与特色的文献资源库,年新增图书资料 2.5 万册,数字化文献资源总数据量达到 120T。校内实验实训设施设备及校外实践基地建设水平显著提高,跨专业综合实验平台建设全面完成,建成一批在财经类院校中达到领先水平的实验实训室。完成龙湖西校区图书馆(改扩建)、大学生活动中心(新建)等基建任务,教职工收入稳定提高,广大师生员工积极性和创造性得到充分发挥。校园功能分区显著优化,生态校园、智慧校园、特色文化校园建设得到全面推进。

(9) 现代大学制度建设。以学校章程为统领,进一步完善"党委领导、校长负责、教授治学、民主管理、社会参与"的现代大学制度,优化内部治理结构。全面贯彻党委领导下的校长负责制,充分发挥学校学术委员会、院(部)教授委员会的重要作用,教代会、职代会、团代会、学代会等形式的民主管理机制运转有效,以理事会为主要平台的社会参与机制逐步建成,校院两级管理体制改革全面深化,院(部)的积极性、创造性得到进一步激发。

(10) 大学文化建设。体现安财特色的物质文化、精神文化、制度文化、行为文化建设水平显著提升,遵守学术道德规范,培育风清气正的廉政文化,形成积极向上的学风、教风和校风;全面完成校史编纂以及合作经济博物馆、档案馆、校史馆建设,文化育人功能得到充分彰显。

四、继续深化教育教学改革

(一) 调整优化招生制度设计

根据财经类高层次应用型人才的培养目标,积极跟踪国家和各省市自治区招生改革政策,不断完善本科生按大类招生和研究生按一级学科招生制度,健全招生协调和监督机制。完善研究生招生考试方式,推进专业学位研究生教育的招生和培养机制改革,尊重和扩大导师组、学术委员会等组织在学生选拔、培养方案设计等环节的参与权、决定权。加强招生宣传,推进招生工作专业化,拓展招生宣传渠道,探索有效的招生宣传方式。

(二) 坚持培养高层次应用型人才

落实"知识探究、能力提升、素质培养、人格养成"四位一体育人体系,深入实施

"卓越人才培养计划""跨越人才培养计划""拔尖人才培养计划"和"留学人才培养计划"。建立以需求导向的学科专业结构动态调整机制,探索以创业就业为导向的人才培养类型结构调整机制,促进人才培养与经济社会发展、创业就业需求的紧密对接。改革完善专业评估和动态调整机制,着力打造优势特色专业群。根据区域和行业经济社会发展对财经类高层次应用性专业人才的需要,结合学校办学定位和发展目标,推进学科交融,合理设置专业及专业方向,重点建设会计学、财务管理、审计学、工商管理、市场营销、信息管理与信息系统、经济学、贸易经济、国际经济与贸易、金融学、财政学、统计学、法学等优势与特色专业,达到省内一流、国内有重大影响,重点改造数学与应用数学、信息与计算科学等专业,培育、建设 5 ~ 10 个体现学校优势与特色、满足国家战略新兴产业发展需求的交叉复合专业,形成优势突出、特色鲜明、布局合理的专业结构体系。

以本科教学工程等项目建设为抓手,着力加强教学研究与改革及其成果应用。以提高本科生培养质量为核心,开展专业综合改革、校企合作教育实践基地、精品开放与资源共享课程、卓越人才教育培养、大学生创新创业训练计划等项目建设,重点资助重大教改研究项目,奖励取得重大进展的教学研究与改革成果。激发教师积极性和创造性,积累优质教学资源,总结教育教学经验,提高教育教学能力和水平,努力形成具有示范作用和推广价值的高水平教学研究成果,争取成功申报国家级教学成果奖。积极运用高水平教学研究成果促进教育教学改革、推进教育创新。

以教学评估机制建设为抓手,健全教学质量保障体系。在继续优化和完善领导听课、同行专家听课及学生评教等现有质量保障机制基础上,改革加强基层教学组织建设、课程建设、教材建设,系统推进课程评估、专业评估、学院教学工作水平评估等校内评估。全面完成各主要教学环节质量标准建设,改革完善教师课堂教学质量评价机制,建立健全实践教学等其他教学环节教学质量评价制度。顺利通过本科教学工作审核评估。

(三)全面加强创新创业教育

坚持创新引领创业,创业带动就业,主动适应经济发展"新常态",以推进素质教育为主题,创新人才培养机制,全面加强创新创业教育。深入实施系列"卓越计划",多形式举办创新创业教育实验班、拔尖人才实验班,依托学校优势学科资源和高水平师资队伍,探索和实施创新创业人才培养模式,探索建立校校、校企、校地、校所协同育人新机制。改革优化课程体系与教学内容设计,融专业教育与创业教育为一体,开设跨学科专业的交叉课程,科学重组和有效整合课程资源,拓宽专业口径,探索建立跨院系、跨学科、跨专业交叉培养创新创业人才的新机制。

加强大学生创业孵化基地建设,办好创业学院,积极组织参加各类大学生创新创业竞赛,举办各类创新创业类活动,成立创新创业类学生社团,探索有特色、可推广的创新创业教育工作机制。强化实验教学示范中心建设,发挥示范作用,结合有关学科和技能竞赛活动,加强校内外实践教学基地建设。科学规划和合理使用实验实训大楼,发挥跨专业综合实验平台在创新创业人才培养中的重要作用,建成一批达到财经类高校一流水平、体现学校优势与特色的实验实训室。

进一步增加综合性、设计性实验比例，实现由单一专业实验（实训）课程体系向注重跨专业交叉融合的综合实验（实训）课程体系转变。到 2020 年建立健全课堂教学、自主学习、结合实践、指导帮扶、文化引领融为一体的创新创业教育体系，学生的创新精神、创业意识和创新创业能力明显增强，投身创业实践的学生显著增加。

（四）大力提升研究生教育质量

以学科评估、学位授权点合格评估为抓手，以《学位授予单位研究生教育质量保证体系建设基本规范》为指引，依托重点学科、科研平台基地、高水平创新团队和重大科研项目，加强研究生创新能力培养，鼓励研究生参加校内外学术活动，引导研究生积极参加科学研究和实践创新，实现人才培养与学科建设的良性互动，确保研究生教育质量不断提高。

构建和完善学位授权点动态调整工作的长效机制，优化学位点布局。全面实施省级博士点立项单位建设方案，重点提升应用经济学、工商管理、统计学、法学、管理科学与工程等学科建设水平。严格硕士研究生导师遴选标准，推进研究生导师考核和淘汰机制。努力推进与国内博士点高校联合培养研究生，积极创造条件争取获得博士学位授权点。

改革完善研究生培养资助机制，充分发挥"三助一辅"制度在研究生教育质量提高中的积极作用，建立长效、多元的奖助体系。完善研究生科研创新基金制度，继续实施"研究生创新计划"，完善毕业论文质量监控机制。注重提升科学学位研究生科研创新能力，大力提升专业学位研究生的实践应用能力。

进一步完善研究生人才培养方案，按一级学科制订实施学术型硕士研究生人才培养方案，推进专业硕士教育实践基地和教学案例库建设，鼓励和支持学生积极参与各种职业技能竞赛，完善行业企业参与专业硕士联合培养机制，积极推进产学研联合培养研究生的开放办学模式，发挥学术型导师与实践应用型导师的联合培养人才功能，全面落实研究生"双导师制"。

（五）推进继续教育"一体两翼"协调发展

顺应终身教育体系发展战略，构建政府、企业、社会共同参与，满足国家和区域经济社会发展需要的新型继续教育模式。继续实施"一体两翼"发展战略，以函授学历教育为主体，以非学历教育与自学考试为两翼。坚持"稳定规模、规范发展、提高质量"，稳定函授学历教育，大力发展非学历教育，优化非学历教育培训管理机制，提升非学历教育培训的规模、层次和效益，打造具有财经特色的社会培训服务品牌。拓展自学考试合作院校，提升自学助考服务水平。加强建设高质量网络课程资源，建设网络教学平台，创新远程继续教育形式与方法，健全监督机制与质量保障体系，改革完善激励与约束机制，稳步提高教育教学质量。

五、加强学科建设

（一）重点打造优势特色学科群

以国家"十三五"发展规划纲要和安徽省"十三五"经济社会发展规划为指引，按照

"保重、扬优、显特、改老、扶新"的发展思路,改革完善学科结构调整与优化机制,全面提升学科建设水平。着力构建并形成3个以上优势与特色学科群,重点建设应用经济学、工商管理、统计学等优势学科,并力争进入全国高校中位次百分位前30%,加强理论经济学、管理科学与工程、法学等学科建设,并使其学科排名位次有明显提升。创造条件,积极支持基础性学科和交叉性学科的发展。

(二) 着力打造高水平学科平台

扎实推进省级重点学科、校级重点学科、学科特区的建设,发挥"学科特区""虚体研究机构"在科研团队形成、特色方向凝炼和科研项目攻关中的引导支持作用,着力打造人才培养质量高、创新能力强、学术成果优的学科平台,围绕供销合作及现代服务等行业、安徽及长三角和淮河流域等地方经济社会发展中重大问题开展研究,促进学科发展。

(三) 加强高水平创新团队建设

紧紧围绕博士点申报、重点学科与重点研究基地建设,引进和培养高层次带头人和高水平团队。继续实施"龙湖学者"计划,增设一批成长性强的"学科特区",结合学科专业特点,优化资源配置,加强学术力量协调整合,强化团队意识,努力形成结构合理、运行高效的学术梯队。继续重点加强"资产价格与金融稳定""创业创新与企业成长""城市和县域经济""环境与可持续发展统计""公司治理与社会评价"等团队建设,建成6~8个高水平创新团队。

六、提升科研及社会服务能力

(一) 改革完善科研管理与激励机制

创新科研组织模式,优化配置科研资源,加强科研项目的过程管理和精细化管理,规范科研项目经费管理,探索设计教学科研工作量互通考核新机制,实现从追求科研数量、规模向追求质量和成果应用转变。发挥社科联作用,大力推进哲学社会科学繁荣。改进学术考核评价体系和激励创新政策,完善成果奖励办法,激发师生科研动力。修订完善横向课题管理制度,引导师生积极参与产学研合作。

(二) 努力争取高层次科研课题和高显示度科研成果

按照"成果精品化、平台多元化、项目高端化、管理精细化"要求,充分调动学术骨干的引领作用,注重梯队和团队建设,大力推动国家社会科学基金、国家自然科学基金以及教育部人文社会科学等高层次课题申报,重点支持国家级重大、重点项目申报。突出科研精品意识,积极鼓励科研创新,努力创造高水平、高显示度科研成果,支持高水平研究成果的转化与应用,进一步提高科研社会贡献度。

确保国家社会科学基金立项数在全国财经高校始终稳居前 10 位，国家自然科学基金项目立项数显著增加。争取国家级基金项目达到 100 项、省部级科研项目达到 300 项；校外来源经费达到 8000 万元；校定权威期刊论文达到 50 篇、重点期刊论文达到 500 篇，在 SSCI、SCI 和 EI 期刊发表论文 100 篇以上，在国家一类出版社出版学术专著 50 部以上；举办 10 次以上国际学术会议、30 次以上全国性学术会议，教研人员校外学术报告每年 30 场次以上，参加国际学术会议论文交流 30 篇以上。

（三）提升面向社会重大需求的协同创新能力

结合重点学科建设和重大科研项目研究，提高人才、学科和科研三位一体的创新能力，有效整合校内外教育教学资源，构建协同创新的新模式与新机制，着力解决区域和行业重大现实需求和可持续发展的难题。依托研究基地、学科特区等平台，优化要素与资源配置，积极服务地方及行业经济社会发展要求。继续突出合作经济研究及其成果对供销合作系统、农业系统人才与智力支持的传统优势与特色，重点加强与省内各地市及淮河流域、长三角地区的合作共建。

深入推进制度改革，建立健全治理完善、充满活力的智库管理体制和运行机制。面向安徽省全面创新改革试验区、皖江城市带承接产业转移示范区、合芜蚌自主创新综合改革试验区、国家技术创新工程试点省、新型城镇化试点省，加快调结构转方式促升级行动计划，"创新型经济强省、文化强省、生态强省"以及合芜蚌国家高新区建设国家自主创新示范区等重大战略，有效推进政产学研用相结合，新增 1~2 个省级"协同创新中心"，培育 5~10 个校级"协同创新中心"。结合解决特定行业关键技术难题的需要，集中支持科研成果产业化应用。实现学校科研能力提升与社会服务水平提高之间良性互动。

（四）积极彰显社会服务品牌与特色

发挥经济发展研究中心、合作经济研究中心、合作经济研究与培训基地、棉花工程研究与培训基地等省部级重点研究基地的平台作用，加强合肥研究院、皖北发展研究院、中国合作社研究院、安徽经济社会发展研究院、安徽文化产业研究院、棉花工程研究所等机构的建设，扶持新徽商研究中心、现代服务业研究中心的成长。支持各教学科研单位充分发挥自身优势，有效增强服务社会能力。突出加强应用性研究，组织和培养 5 个以上咨政创新研究团队，建成 1~2 个体现学校优势与特色并在经济社会发展中发挥重要作用的省部级新型特色智库。

鼓励教师直接服务企业微观经营管理活动，承接横向课题、政府委托项目，积极服务区域和行业经济社会发展需要及地方政府决策支持，提高系列研究报告质量，扩大品牌化效应。应用对策性研究报告被省部级政府部门采纳 15 次以上，横向课题项目经费突破 3000 万元。继续举办"经济学期刊智库论坛"，进一步提升《财贸研究》办刊质量与学术影响力，多层次多形式举办各类经济社会发展研讨会。进一步拓展学校科研服务社会的范围与内容，努力打造与形成社会服务的品牌与亮点。

七、打造高素质教职工队伍

（一）建设高水平教学科研队伍

坚持"服务发展、人才先行、引育并举、以用为本"，完善人才引进与培养政策。深入推进引才与引智相结合的人才队伍建设机制，按照"不求所有、但求所用"的用人理念，坚持"刚性"和"柔性"相结合，实现专任教师规模达到1200人，正高级职称教师比例达到17%，副高级职称教师比例达到30%。经济管理类学科的高级职称比例控制在55%左右，其他学科高级职称比例控制在45%左右。实施"高层次领军人才培养支持计划"、学科带头人、学术带头人和骨干教师等培养计划，培养和引进海内外高层次人才，新增三类人才10名以上、二类人才3名以上，"安徽省学术和技术带头人"入选者25名以上，"安徽省学术和技术带头人后备人选"入选者30名以上，国家级、省级教学名师15名以上，培育150名左右校级学术和技术带头人及其后备人选，经济、管理、法学各主要学科至少有5名"皖江学者"或"龙湖学者"，其他各学科至少有5名安徽省学术和技术带头人或后备人选。推进博士化率提升工程，具有硕士及以上学位的教师比例达到95%，具有博士学位教师的比例达到70%，经济管理类学科的博士比例达到80%，其他学科的博士比例达到60%左右。继续实施引智工程，做好学科建设顾问、名誉院长、名誉教授、兼职教授和客座教授的聘任工作。

改革制度、完善机制，全面提升教师教学科研能力。改革职称评审制度，将教师分为教学为主型、科研为主型、教学科研并重型以及社会服务与推广型，实行分类管理、分类评价。充分发挥教师教学能力发展中心作用，多措并举，提高教师教学能力。实施"教学团队建设计划"，加强示范教学团队建设，重点支持满足专业主干课程及学校自身优势特色课程建设需要的教学团队建设。实施"科研创新团队建设计划"，制订相关配套政策，设立创新团队建设基金。加大优秀青年人才培养力度，继续实施社会实践能力提升计划，推行青年教师导师培养责任制度。做好教师全员培训计划，鼓励教师进修、留学，继续实施"国外访问学者培养计划"，每年选派10名以上的学科带头人、学术带头人和优秀青年教师到国外知名大学学习、访问和交流，6个月以上国内外进修教师比例达到30%。支持骨干教师作为国内访问学者，在国内高校国家级、省级重点学科和实验教学示范中心学习研究。

加强和改进新形势下师德师风建设，以崇尚师德为切入点，积极践行社会主义核心价值观，大力弘扬爱岗敬业、教书育人、为人师表、严谨治学、诚实守信的职业道德，以提高教师思想政治素质、职业理想和职业道德水平为重点，表彰奖励师德师风先进个人，充分发挥典型的榜样作用和示范作用，营造以德从教、以德治学的良好氛围，推动教职工队伍以爱岗敬业的实际行动教育感染学生。加强学术道德教育，形成良好学术道德和学术风气。加大师德师风考核力度，坚持师德师风一票否决制度。

（二）建设高素质管理队伍

加强新进管理人员的岗前培训，重点开展高等教育管理基础理论及相关政策法规，岗位职业道德，学校管理制度以及信息技术等专门技能教育和培训。

加强在岗管理干部的管理业务和技能培训，实现管理干部校内培训常态化，积极借助互联网手段或分期分批推送到各级各类培训机构进行管理业务等专题进修和培训。坚持问题导向，继续做好学校教育事业发展研究项目工作，切实推动管理服务人员立足岗位职责加强政策、理论学习与研究。

突出以师生为本，增强服务意识，提高服务效率；落实岗位责任制和责任追究制，充分调动各类管理服务人员的工作积极性，切实提高工作执行力。打造一支作风优良、敢于担当、积极进取、奋发有为的高素质管理队伍。

（三）建设专业化的技术支撑队伍

加大力度引进和培养高层次专业技术人员，理顺技术支撑队伍管理体制，强化岗位意识。以提高专业技术水平和业务能力为重点，加强技术支撑队伍培训，定期选派技术骨干到国（境）内外一流大学和相关机构进修，不断提高技术支撑队伍的专业化水平和服务保障能力。

（四）全面激发教职工活力

以人事分配制度改革为牵引，推进院（部、所）绩效考核。优化校、院（部、所）两级治理结构，科学配置人力资源，推进管理重心下移，统筹年度与聘期目标，依托以绩效为核心的考核评价，建立健全绩效工资总额宏观调控机制。

结合国家事业单位收入分配制度改革，完善职工收入分配制度，调整教职工收入构成比例，探索适应学校发展的多种薪酬制度，完善收入分配体系。以国家工资为基础，充分保障各类岗位人员的合理收入水平。强化岗位责任风险与业绩贡献导向，充分发挥绩效工资的激励作用。探索薪酬制度分类改革，针对教学、科研及管理等实行不同的改革办法。

积极探索能进能出的新型用人机制，实施编制管理办法改革。完善岗位聘任制，科学规划教师岗位、合理配置教师资源。完善师资分类管理制度，根据学科类别与学科层次、岗位类别与教师职称的具体情况，采取有差异的评价方式，优化教师评价体系和指标体系，完善重能力、重实绩、重贡献的激励机制，充分调动教师积极性和创造性。

坚持"信念坚定、为民服务、勤政务实、敢于担当、清正廉洁"好干部标准，完善公道对待、公平评价、公正使用的干部选拔任用机制。加强年轻干部队伍建设，改进年轻干部选拔培养机制，优化干部队伍结构。构建多维度、开放性的干部考评机制，强化考核结果运用，推动形成能者上、庸者下、劣者汰的用人导向，激发干部队伍活力。

八、扩大开放办学

（一）扎实推进国际交流与合作

在深化与现有友好院校合作的基础上，不断增加国外友好学校的国别和数量，注重欧美地区的开拓，争取5年内新增30所友好合作高校。实现由学校主导向学校与学院共同主导并最终由学院主导的转变。争取新设立1～2个国家级考点，加强外语培训服务，为学生出国留学提供支持。多渠道开展学生出国交流学习项目，推动"2+2"合作人才培养项目的稳定发展，积极申报"3+1""3+2"合作办学项目，争取"2+2"合作人才培养项目专业数达到4个，招生人数达到180人，争取1～2个"3+1""3+2"合作办学项目招生。争取在校学生留学海外人数占年级人数比达到5%以上。

加强与国外高校及科研机构合作，聘请国外专家学者来校交流50人次以上。推广外籍教师讲授专业课程试点工作，借鉴吸收境外高校有益办学经验及先进管理方式。积极推动教学科研人员赴海外访学进修，争取每年投入600万元，派出100人次的教师出国学习、参加国际学术会议。全校有40%的教师拥有出国（境）学习交流的经历。增加独自举办、承办或合作举办国际学术会议次数，努力形成国际会议品牌。积极参与"一带一路"教育行动，力争在海外高校开办孔子学院，搭建由学校主导的中外文化交流平台。

（二）积极发展留学生教育

完善留学生管理制度体系，提升留学生教育的后勤保障、教学准备与管理能力。加大宣传力度，扩展留学生招生市场，提高留学生招生质量。以东南亚学生为主体，争取设立"海上丝绸之路"留学生学历教育主题班。力争到2020年，外国留学生人数达到200人。

（三）充分利用社会办学资源

积极开展不同层次、不同类型、不同区域高校之间交流与合作，借鉴、吸收兄弟高校有益办学经验，引进、利用高水平教学科研及管理改革成果。

积极面向社会各行各业，尤其是现代服务业，及时掌握并主动适应经济社会发展需求。进一步加强校友总会、教育基金会建设，完善校友联络机制，拓展校友工作新领域、创新校友工作方法，传递母校情谊，凝聚校友力量。

九、健全公共服务保障体系

（一）加强网络与信息化建设

加快信息化平台建设，为智慧校园建设提供支持。基于可用、适用并适度领先原则，建设校园信息化基础设施。实现校园内全部有线、无线网络的统一管理及专业运维保障，进一步提升校园出口带宽，建设综合安全保障系统平台，提高信息化服务保障能力。规范和统一基础数据库，全面实现校内各业务系统的整合与资源共享，构建和形成分工配合、协作统一、运转高效、管理规范的信息化建设与利用机制。加强信息资源建设，全面实现信息资源共享，实现各业务应用系统的深度融合，搭建"掌上校园"应用平台。大幅提升数据储存空间，完成数据中心及私有云建设，构建校园私有云和社会公有云相结合的云平台，全面支持智慧校园建设。

打造智慧教学环境，推进数字化教学向智慧教学转型。定期举办信息技术能力培训，大力提升教师信息技术能力，引导教师有效利用高等教育科研协作支撑系统及高性能计算和大数据处理平台进行教学科研活动。充分利用各种先进信息化技术和 MOOC 等在线优质教育资源，积极开发学校特色优质在线课程资源。加强网络教学、远程教学平台建设，提升移动互联学习基础环境建设水平，实现"网络学习空间人人通"。拓展慕课教学平台、外语网络教学平台、实验实训网络教学平台等各类网络教学平台功能，加大力度建设智慧教室、智慧图书馆等智慧教学环境，推动数字化教学向智慧教学转型。借鉴和实施混合教学、翻转课堂等课堂教学方法改革，推进信息化技术与教学改革深度融合。

加强业务应用系统建设，提升管理服务效能。加强信息化标准规范体系建设，制订信息系统建设规范。推进校园基础数据挖掘工作，为管理决策提供数据支撑。全面拓展信息化业务应用系统广度与深度，充分发挥信息化在教学、科研、人事、财务和资产管理以及学生管理等方面的重要作用，通过总体规划、系统集成、深化应用，有效整合现有资源，增强信息化管理理念，以提升管理服务效能为目标，分部门梳理优化业务流程，完善现有业务应用系统功能，拓展管理信息化范围，推进信息化与管理服务工作深度融合。

（二）完善校园基础设施

根据学校教学科研工作需要，筛选并储备新建、改建和扩建基础设施基建项目，积极争取上级主管部门资金支持，高质量完成西校区图书馆改扩建项目等基建项目，及时规划、有序推进西校区教学楼、宿舍楼、住宅楼等改造项目，做好校园基础设施维护工作。

（三）提高图书馆文献服务水平

运用"互联网＋"思维，创新图书文献服务模式，拓展优化功能定位，初步建成数字化、交互式智慧图书馆，充分发挥图书馆对于人才培养以及教学科研的支持功能。统筹纸质文献与电子文献、影音资料与档案文献的收藏，优化文献学科专业结构。年新增图书资料2.5万册，数字化文献资源总数据量达到120T。成功开发一批体现学校优势与特色的文献资源库，全面提升精品课程、视频公开课程等网络平台课程建设质量，打造特色财经资源库。建立数字资源共建共享机制，实现高校数字图书馆互联互访。科学设计龙湖西校区图书馆改扩建后的功能分区及服务模式，实现两校区图书馆之间通借通还等形式的分工协作。

（四）增强后勤服务能力

扎实推进后勤管理体制和运行机制改革，有序开放后勤服务市场，引进社会优质资源，建立健全"保基本，多元化"的后勤服务格局。加强后勤队伍建设，全面提升后勤管理与保障服务的专业化、精细化、信息化水平。加强校园综合治理领导工作，强化治安、消防、交通、食品、网络安全管理，建立安全稳定"党政同责、一岗双责、失职追责"的责任体系，严格落实安全稳定工作制度和协调联动处置工作机制，构建平安校园。重点做好节水节电节能工作，实现年均节能降耗2%的目标，创建绿色校园。增强医疗保障，关注师生员工身心健康。

十、推进现代大学制度建设

（一）坚持和完善党委领导下的校长负责制

认真落实《中国共产党普通高等学校基层组织工作条例》以及《关于坚持和完善普通高等学校党委领导下的校长负责制的实施意见》等政策文件，健全党委领导下的校长负责制实施规则。结合学校实际，按照"集体领导、民主集中、个别酝酿、会议决定"的原则研究决定重大事项，优化党委常委会、校长办公会议事范围、议事规则和决策程序，进一步明确重大事项的具体内容和决策程序，提高科学决策、民主决策、依法决策水平。

（二）探索优化内部治理结构

坚持依法治校，改革完善内部治理结构。按照决策权、执行权、监督权既相互制约又相互协调的原则，完善决策机制与程序，健全责任追究制度。严格根据学校章程健全和规范内部治理结构和权力运行规则，健全完善教学、科研、人事、财务、学生管理以及后勤保障等内部管理制度，建立健全各种办事程序、议事规则和内部机构组织规范，努力实现权力运行有章可循、权利救济机制通畅。

（三）切实推行教授治学

落实《高等学校学术委员会规程》，依据大学章程修订完善《安徽财经大学学术委员会章程》，健全以学术委员会为核心的学术管理体系与组织架构，支持学术委员会独立行使职权，探索完善行政权力与学术权力的协调机制，充分发挥学校学术委员会以及院（部）教授委员会在学科建设、学术评价、学术发展中的作用，增强以教授为主体的教师队伍在学校改革发展和学术事务中的作用。

（四）深化校院两级管理模式改革

根据经济社会发展新形势及学校学科专业建设要求，按照事权相当、权责一致的原则，进一步明确校、院（部）的责权利关系，推进管理重心下移，完善基层组织责任归结与追究机制，扩大院（部）自主权。探索建立院（部）分类管理机制，探索院（部）分类评价制度，鼓励院（部）根据社会需求和学科专业等自身实际，明晰办学定位，厘清发展目标，增强办学特色。建立健全学院（部、所）年度工作目标量化指标体系，激发院（部）的积极性、创造性，形成校院（部）协调互动、高效运转的良好机制。

（五）健全民主管理机制

推进科学民主决策，发挥教职工在学校办学中的主体地位和民主监督作用。落实《学校教职工代表大会规定》，加强教职工代表大会制度建设，积极推进二级教代会制度，进一步完善和落实学生代表大会制度、校长学生助理制度，依法保障广大教职工和学生参与学校民主管理和决策监督。

加强自我约束、自我监督和及时有效的反馈机制建设，全面落实校务公开。建立健全违法违规行为的投诉、举报机制，完善师生员工申诉制度，畅通师生员工权利救济渠道，切实保障广大师生员工合法权益。

做好离退休工作，充分发挥离退休教职工在教学科研、人才培养、民主管理等方面积极作用。

（六）完善社会参与机制

依据《普通高等学校理事会规程（试行）》及《安徽财经大学章程》建立学校理事会，健全社会参与和监督机制。健全教育基金管理组织机构，规范教育基金筹措、管理与使用。

十一、开创党建团学工作新局面

（一）加强理论武装和意识形态工作

学习贯彻中央和省委、省政府重要会议文件精神和重大决策部署，紧密联系实际，制订切实可行的落实方案，引导党员干部和师生员工真学、真懂、真信、真用，不断增强政治意识、大局意识、核心意识、看齐意识。

严格落实党委意识形态主体责任，牢牢掌握意识形态工作的领导权、主动权。加强意识形态阵地管理，建立和完善网络舆情常态监测和预警机制、网络舆情联合应对处置机制。加强出版物质量的监督检查，防范和抵御非法宗教渗透破坏。

改进思想政治工作，支持马克思主义学院开展理论研究和学科建设。贯彻落实《普通高校思想政治理论课建设体系创新计划》等政策文件，有效执行高校思想政治理论课建设标准，切实保障思政课程在教学体系建设中的重点地位。大力弘扬社会主义核心价值观，增强全校师生对中国特色社会主义的道路自信、理论自信和制度自信。推进社会主义精神文明建设，加强"四有"教师队伍和思政工作队伍建设，筑牢坚实的思想基础。

（二）狠抓作风建设

巩固和拓展群众路线教育实践活动和"三严三实"专题教育活动成果，严格落实作风建设主体责任，着力健全体系完备、科学规范、运行有效的长效机制。深入落实中央八项规定精神和省委、省政府"三十条"，坚持基层联系点制度，严格三公经费开支，加强作风建设监督检查。

（三）加强领导班子和干部队伍建设

加强领导班子建设，充分发挥学校党委在深化综合改革、提高依法治校、民主管理和科学发展水平中的领导核心作用。

进一步严格干部选拔任用机制，加强干部日常监督管理，落实领导干部能上能下、提醒、函询、诫勉以及谈心谈话制度，严格执行民主集中制和党员领导干部民主生活会、双重组织生活会等制度。

坚持党管人才的原则，实施重点人才工程，培养引进"高、精、尖、缺"人才，大胆创新人才政策，营造有利于人才脱颖而出的氛围。

（四）夯实基层党组织和党员队伍建设

认真落实党建工作责任制，健全基层党组织建立、设置与作用发挥机制，坚持党务校务公开。加强党员发展和教育、管理、培训工作，建立健全党内激励、关怀、帮扶机制。严格党内组织生活，健全基层党组织"三会一课"制度，不断推进工作创新，推广"学生公寓党员工作站""大学生党员服务中心"等党员服务新形式。

（五）加强统一战线和群团工作

巩固和加强统一战线工作，重视协商民主，加强民主党派组织建设，支持民主党派和无党派知识分子联谊会开展思想政治教育、社会调研、参政议政等活动，建立健全民主党派和无党派人士参与学校民主管理与民主监督的工作机制，为学校的建设、改革、发展凝心聚力。

强化党委对群团工作的领导，定期研究工作中的重大问题，支持群团组织围绕党政中心工作，独立自主、创造性地开展活动，充分发挥其在动员和组织广大群众依法参与管理学校事务中的优势和作用。

（六）加强党风廉政建设和反腐败工作

严明党的政治纪律、政治规矩、组织纪律、廉洁纪律、群众纪律、工作纪律、生活纪律。加强党对反腐败工作的统一领导，抓好惩防体系建设，全面推行廉政风险防控管理，提高廉政建设科学化、制度化水平。落实党风廉政建设党委主体责任和纪委监督责任，加大问责力度，严肃查处师生身边的"四风"和腐败问题。

（七）创新团学工作方式

积极加强团组织自身建设，建设一支数量适当、结构合理、综合素质高、工作效能优良的团学工作队伍；加强和规范各级各类奖助学金的评选以及研究生"三助"工作；密切跟踪青年大学生成长成才的现实需求和心理特征，积极引导学生自我教育、自我管理和自我服务；完善社团规范化管理，拓宽学生社会实践与志愿者服务渠道；贯彻落实教育公平原则，健全完善家庭、学习、就业困难学生帮扶机制；积极拓宽毕业生就业创业渠道，加强团学工作信息化、网络化、规范化、精细化建设，提供全过程的就业指导服务和毕业生就业信息反馈跟踪，提高就业质量。

十二、开展大学文化建设活动

（一）传承弘扬安财精神

科学总结自学校创办以来的历史经验，找准学校独特文化定位，继续大力加强与合作社系统的联系，提升解决安徽经济社会发展重大问题的研究能力，提高服务安徽现代服务业的广度与深度。高质量完成校史编纂以及校史馆、合作经济博物馆、档案馆建设工作，积极培育和弘扬学校特色文化，弘扬安财精神。

努力践行社会主义核心价值观，坚持"以人为本、求真务实、民主开放、贡献社会"的办学理念，坚持"立德树人、质量立校、特色兴校、人才强校、改革开放"的办学思路，秉承"诚信博学、知行统一"的校训精神，传承与创新并举，积极营造教风严谨、学风浓厚、作风积极的优良校风，广泛凝聚蓬勃向上、积极进取的正能量。

（二）积极构建制度文化

全面贯彻实施《安徽财经大学章程》，积极构建现代大学制度体系，致力形成公开透明、公正合理的制度文化，努力形成权责清晰、流程规范，政令畅通、令行禁止，纪律严明、奖惩分明的教育教学管理与服务机制。加强法治教育，增强法治观念，有效提高决策的科学性和民主性。持续开展评优评先活动，加大对先进人物典型事迹的宣传力度，激发师生敬业爱岗的工作态度和团结奋进的工作作风，普遍形成风清气正、崇廉尚实的良好氛围。

（三）努力丰富物质文化

加强统筹协调，合理规划校区功能，加强校园体育设施建设，完善校园环境设施，建设一批富有学校特色的标志性文化标识与景点，营造富有学校特色的物质文化环境，努力打造智慧校园、生态校园、平安校园、特色校园。

（四）广泛开展群众性校园文化活动

确立从"校园文化"走向"文化校园"的理念，依托教职工各种协会组织以及学生社团等群团组织，广泛开展师生文化体育活动。创新形式，打造特色，塑造品牌，形成传统，让广大教职工在参与中增进交流，在交流中形成促进学校事业发展的合力。推广全民健身运动，增强师生员工的身心素质，进一步营造朝气蓬勃、昂扬向上的校园文化氛围。充分发挥文化育人功能，突出加强社会主义核心价值观教育，落实立德树人根本任务，促进大学生思想道德素质、科学文化素质和身心健康素质协调发展。

十三、推进"十三五"建设发展规划全面实施

（一）加强实施组织建设

建立健全规划实施组织，成立由学校主要负责人为组长、其他校领导及有关职能部门负责人组成的学校"十三五"规划工作领导小组，全面加强规划实施的组织与管理。成立专项规划推进组，由分管校领导担任组长，相关职能部门以及教学科研单位、组织负责人等共同参与。结合专项规划实施，全面落实学校总体规划的目标与任务。

（二）改革实施保障机制

科学编制"十三五"期间各专项建设发展规划和二级教学科研单位"十三五"建设发展规划，保证学校总体规划、专项规划与院（部）规划紧密结合、有机协调，形成统一衔接的学校"十三五"规划体系。制订规划实施的管理制度，建立健全规划实施的监控、考核和调控机制，注重规划实施的过程评价，根据经济社会发展需求变化和学校教育事业发展实际及时进行调整和修订，切实保障规划各项目标、任务得到充分落实。

（三）确保实施经费投入

修订完善经费管理和内部控制制度，优化资源配置，强化预算对学校科学发展的引领、保障作用，重点保障教学投入。加强预算管理，建立预算执行绩效评价制度。积极争取国家和省财政资金，努力筹措社会资金，进一步扩大资金来源，依法合理使用经费，厉行节约，确保规划目标任务建设所需经费支持。进一步完善内部审计制度，建立事前、事中、事后审计相结合，日常审计与专项审计相结合，内部审计与外部审计相结合的审计监督机制，合理、合规、合法财政资金使用，建立健全可持续的财力保障机制。积极争取国家和省财政资金，努力筹措社会资金，进一步扩大资金来源，依法合理使用经费，厉行节约，确保规划目标任务建设所需经费支持。

（四）形成规划实施合力

加大对学校发展规划的宣传力度，多种形式增强广大师生员工对学校"十三五"发展思路、发展目标和发展任务的认同感，增强全体教职工对学校发展做贡献的积极性、主动性、创造性，充分发挥教师和学生的主体作用，营造全校师生员工齐心协力谋发展的良好氛围，形成规划实施的强大合力，确保"十三五"规划的目标和任务圆满完成。

北京物资学院"十三五"发展规划

"十三五"时期是国家高等教育综合改革向纵深发展的关键时期，是首都率先实现教育现代化的决胜阶段，也是学校到2020年基本建成在物流与流通领域国内领先、国际有影响力的高水平特色型大学的攻坚阶段。为进一步增强学校办学综合实力，提升学校核心竞争力，确保学校战略目标实现和教育事业科学发展，根据《国家中长期教育改革发展规划纲要（2010－2020)》《国家教育事业发展第十三个五年规划》和《北京市"十三五"时期教育改革和发展规划（2016－2020)》等文件，特制订本规划。

一、发展基础和形势要求

（一）发展基础

"十二五"时期，学校牢固树立"苦练内功，提高质量，强化特色，改革创新"的发展理念，大力实施"立地顶天"发展战略，扎实推进内涵发展、特色发展，基本完成了"十二五"规划确定的主要目标与任务，进一步增强了办学综合实力。

1. 人才培养质量稳步提升。本科生源质量不断提升，一批次录取生源由2010年的2个增至2015年的6个。本科教学水平不断提高，获市级本科教学成果奖6项，获批国家级实验教学示范中心1个、国家级大学生校外实践教育基地1个、北京高等学校示范性校内创新实践基地1个、市级重点实验室1个，获全国大学生数学建模竞赛等市级以上学科竞赛奖218项。研究生培养质量不断提升，学术型研究生科研能力明显增强，"十二五"期间在核心期刊发表论文220篇；专业学位研究生教育稳步发展，硕士专业学位点新增1个。本科、硕士毕业生就业率和用人单位满意度居于市属高校前列，2015年，本科毕业生就业率达97.94%，用人单位满意度为81.1%；研究生就业率达100%，用人单位满意度为88.8%。

2. 学科专业建设扎实推进。学校在2个国家级特色专业、2个市级重点建设学科、3个市级特色专业建设点的基础上，大力推进14个重点领域和重点项目建设，基本形成以物流与流通为代表的学科特色和"突出重点、以点带面"的学科布局。"十二五"期间新增2个本科专业，1个本科专业入选全国"本科教学工程"地方高校第一批本科专业综合改革试点专业。目前学校共有一级学科硕士学位授权点4个，硕士专业学位点2个，本科专业23个，学科与专业的数量及覆盖面基本达到教育部规定的大学设置条件。

3. 科学研究实力明显增强。"十二五"期间，建立市级科研创新平台 5 个，承担国家自然科学基金、国家社会科学基金项目共 16 项、省部级项目 45 项，各类项目（课题）经费共计 7199.49 万元。出版专著、译著、教材共 487 部，在核心期刊发表论文 2068 篇，其中中文 A 级期刊 11 篇、SCI 收录期刊 26 篇，获国家发明专利 10 项。由学校主办的中国北京流通现代化论坛、中外物流教育论坛等学术论坛在国内外产生一定影响。学报《中国流通经济》获 2010 年全国百强社科期刊、2013 年中国国际影响力优秀学术期刊，在财经研究领域赢得良好学术声誉。

4. 社会服务格局基本形成。与中关村国家自主创新示范区、中国物流与采购联合会为代表的行业协会、全国商务系统、期货行业系统以及地方政府的"五大合作"取得实质性进展。成立现代物流创新园，挂牌建设北京市大学科技园，"中关村智慧物流产业技术研究院"正式成为中关村科学城第五批建设项目，与北师大珠海分校签订二期合作协议（2014－2024），与南通、洛阳、十堰、拉萨、山东省科技厅等地方政府和部门建立战略合作关系，成立南方物流研究院、现代物流产业（华东）研究院、北方现代农业物流产业研究院、西藏现代物流研究中心，联合京东商城等 33 家国内知名电商企业，发起成立中关村电子商务与现代物流产业联盟，与政府部门、大型企业共建协同创新中心 4 个。

5. 师资队伍建设稳步推进。"十二五"期间，补充专任教师 76 人，其中正高职人员 1 人、博士 47 人。目前学校共有专任教师 437 人，其中博士 205 人、教授 55 人、副教授 154 人、北京市教学名师 9 人，入选北京市"长城学者"1 人、社科理论"百人工程"1 人、市属高校"青年拔尖人才培养计划"9 人、市属高校"人才强教深化计划"中青年骨干人才 12 人。获批市级本科优秀教学团队 6 个，新增市属高校"人才强教深化计划"教学创新团队 2 个、市属高校"创新团队提升计划"1 个。

6. 国际交流合作不断扩大。成立国际学院，推进国际事务和国际化办学管办分离。与 32 所海外高校和科研机构建立合作关系，举办中英金融班、中美物流班等合作办学项目，派遣学生出国（境）学习 1525 人次。来校长短期学习留学生 5 年累计达 277 人，留学生本科学历教育实现突破。通过组织派遣教师海外培训访学、邀请海外专家学者来校讲学、合作研究等途径，搭建了更为广阔的国际交流合作平台。

7. 综合改革迈出坚实步伐。制订《北京物资学院章程》上报北京市教委核准，完成《北京物资学院学术委员会章程》修订工作。深化机构改革，组建或重组劳动科学与法律学院、外国语言与文化学院、思想政治理论课教学与研究部。深化人事制度改革，完成全员聘任和岗位聘用，实施年度绩效考核办法和奖励绩效分配办法。深化教学管理体制改革，成立教学院部教学指导委员会。深化科研管理体制改革，形成较完备的科研考核和激励机制。深化后勤保障体制改革，组建基础保障部，探索后勤企业化管理相关政策、路径和条件，为成立后勤产业集团奠定基础。

8. 办学条件得到明显改善。学校财政总收入由 2010 年的 2.68 亿元增至 2015 年的 4.1 亿元，固定资产总值由 2010 年的 3.5 亿元增至 2015 年的 6.3 亿元。新增馆藏图书近 20 万册，购买电子资源 25 种。校园用地新征 73 亩、租赁 89 亩。学科综合楼（崇德楼）、图书馆、文体活动综合楼（文体馆）等新建项目，以及经管综合实验中心、继续教育学院办公楼、第二教学楼等改扩建设施相继投入使用，教学、科研、办公用房建筑面积增至16.25万平米。"平安校园"建设卓有成效，2014年荣获北京市"平安校园示范校"称号；"绿色校园"建设稳步推进，节能效果初步显现；"智慧校园"建设取得实质进展，数字校园二期应用系统建设完成，办公自动化系统全面升级并有效运转，校园一卡通基本实现全覆盖。大力实施"幸福工程"，多措并举改善教职工福利待遇，帮扶教职工弱势群体，促进教职工身心健康。

9. 校园文化建设成果丰硕。通过师德师风建设、教风学风建设、院志年鉴编撰、物流博物馆建设、校歌创作、校训普及、校园标识系统建设完善、楼宇景观命名、大学生志愿服务、大学生艺术团和运动队建设、"校园文化活动日"等一系列工作进一步充实校园文化。大学生艺术团获批"北京市大学生艺术团"，多次获得国内外大学生艺术展演奖项；大学生运动队在棒垒球等优势项目上连创佳绩；"杨洪璋德育实践基地"成为具有示范作用的立德树人的重要平台。学校荣获全国"六五"普法先进单位、"首都精神文明"建设先进单位。

10. 党建思政工作全面推进。校党委深入学习宣传贯彻党的十八大，十八届三中、四中、五中、六中全会精神和习近平总书记系列重要讲话精神，认真落实校、院两级理论中心组学习制度。坚定社会主义办学方向，贯彻落实意识形态工作责任制。积极开展"中国梦"宣传教育和社会主义核心价值观教育，深入开展党的群众路线教育实践活动、"三严三实"专题教育和"两学一做"学习教育，成效显著，群众满意度高。不断加强基层党组织建设，落实党政联席会议制度，建立健全二级学院党政共同负责工作机制。完善干部选拔培训、管理监督和考核评价制度，加强后备干部队伍建设，2011年、2014年顺利完成两次干部集中换届，干部队伍素质和结构得到进一步优化。全面落实党风廉政建设责任制，建立健全预防和惩治腐败体系，进一步明确和加强党委主体责任和纪委监督责任，明确党员干部"一岗双责"要求，强化监督考核。2012年，学校顺利通过"北京高校党建和思想政治工作基本标准"达标检查验收；2013年，顺利通过"北京市先进职工之家"验收；2014年，胜利召开中共北京物资学院第二次党员代表大会。

（二）面临问题

"十二五"时期，学校事业改革与发展取得了可喜成就，但与高水平特色型大学的建设目标相比，仍面临着一些瓶颈和不足，主要是：

1. 学科建设整体水平有待进一步提高。学科布局需进一步优化，学科整体实力和影响力与建设目标仍有差距。高水平领军人才不足，高水平师资队伍和管理队伍建设需进一步加强。学科建设标志性成果不多，高级别科研项目和科研奖励的数量有待进一步提升。

2. 人才培养模式有待进一步创新。本科生、研究生的实践能力、创新精神和国际竞争能力需进一步加大培养力度。学历留学生教育尚未形成常态化、规模化格局。

3. 中国特色现代大学治理体系有待进一步完善。内部管理体制改革有待进一步深化，从严治党、依规治校的力度仍需不断加强，执行力建设必须常抓不懈。

（三）机遇与挑战

1. 机遇。从国家层面看，"创新、协调、绿色、开放、共享"五大发展理念将引领国家经济发展方式转变，推动产业结构优化升级，促进战略性新兴产业快速发展，时代对拔尖创新人才的迫切需求为学校提供了强大的发展动力。随着"一带一路"、长江经济带、京津冀协同发展等国家战略的深入推进，物流与流通业进入了大发展大繁荣的历史时期，为学校特色发展提供了难得的历史机遇。经济发展"新常态"下国家大力实施创新驱动发展战略，为学校提升创新能力、发挥智库作用创造了良好的政策环境。

从教育领域看，创新和开放已成为国际高等教育发展的主流，国家大力推进"世界一流大学和一流学科建设"，为学校建设特色学科、一流专业提供了跨越式发展契机。高等教育综合改革向纵深发展，也为学校在改革教育教学模式、开展高质量科研与社会服务、建设高水平师资队伍、构建中国特色现代大学治理体系等方面注入了不竭动力。

从区域发展看，通州区正在按照国际一流标准建设首都城市副中心，为学校发挥特色优势、地缘优势、融入新的区域发展格局提供了有力支撑。

从学校自身看，30 余年物流与流通教育、研究与实践的深厚积淀和"十二五"期间一系列"强特色、上水平"举措的有效实施，使学校完全具备了建设特色学科、一流专业的能力和条件，全校师生员工都满怀着再接再厉、乘势而上、共同开创更加美好未来的信心和决心。

2. 挑战。从时代发展趋势看，全球化时代和"互联网＋"时代的来临使国际化和信息化成为高等教育发展的两大重要方向，学校既面临着国际化人才培养、留学生学历教育、深层次国际交流合作、国际高端人才引进、国际影响力提升等方面的挑战，也面临着创新教学模式、建设智慧校园等方面的挑战。

从区域发展形势看，京津冀协同发展和通州区建设首都城市副中心为学校实现跨越式发展提供了大好机遇，学校也面临着进一步提升治理水平、适应城市副中心建设需要、主动对接国家和区域重大发展任务和研究课题的挑战。

从教育发展形势看，随着高等教育综合改革不断深化，"双一流"建设进程不断加快，国内高等教育竞争更趋激烈，高校正面临着重新洗牌。各高校无不在吸引优质生源、招纳优秀人才、扩大办学资源等方面抢抓机遇，尤其是若干同类型高校近年来改革力度加大、发展速度很快，学校面临着在激烈竞争中求得生存发展、凸显优势特色，进而大幅提升在中国大学评价体系中地位的挑战。

面对机遇和挑战，学校必须主动因应国家、区域和高等教育发展新阶段的新要求，团结依靠全体师生员工，深化改革、锐意进取，在"十三五"期间努力开创办学新局面。

二、指导思想和主要目标

（一）指导思想

坚持社会主义办学方向，全面贯彻党的十八大和十八届三中、四中、五中、六中全会精神，以马克思列宁主义、毛泽东思想、邓小平理论、"三个代表"重要思想、科学发展观为指导，深入贯彻习近平总书记系列重要讲话精神，全面贯彻党的教育方针，以立德树人为根本，以学科建设为龙头，以专业建设为基础，全面深化改革，强化内涵建设，科学统筹资源，充分凝聚共识，营造积极向上氛围，重点突破，协调发展，大力提升学校办学综合实力与核心竞争力，为中国特色社会主义事业培养合格的建设者和可靠的接班人。

（二）发展战略

实施"立地顶天"战略。"立地"就是在学校发展上与经济社会发展需要密切结合，内部管理上从学校实际出发脚踏实地、真抓实干。"顶天"就是在学校发展上以学科建设为龙头，以专业建设为基础，强特色、上水平，在内部管理上推进治理能力和治理体系现代化，以高水平治理带动办学水平快速提升。

（三）总体目标

"十三五"期间，学校的总体目标是：立足首都、服务全国、面向世界，以大学更名条件和博士点申报条件为标准，以一流学科建设为导向，实施"八大体系"建设，把学校建设成为物流与流通领域国内领先、国际有影响力的高水平特色型大学。

"八大体系"是：人才培养体系，学科体系，科研与社会服务体系，人才队伍体系，国际化与协同发展体系，中国特色现代大学治理体系，思想政治工作体系和党建工作体系。

（四）具体目标

1. 人才培养质量全面提高。以立德树人为根本，形成较完整的人才培养体系，教学模式、课程体系、教学管理等改革取得实效，凸显高素质应用型、国际化、复合型人才培养特色。研究生培养规模适度扩大，学术型研究生科研能力显著提升，专业型研究生教育特色鲜明、优势突出。留学生学历教育形成一定规模。主要发展指标见表1。

表1　　　　　　　　　　　人才培养主要发展指标

类别	项　　目	指标	备　　注
培养规模	联合培养博士研究生 *	10 名	5 年累计
	在校硕士研究生 *	1000 人	其中专业学位硕士比例达到70%以上
	在校普通本科生	6500 人	
	学历教育留学生	120 人	5 年累计
培养质量	市级教学成果奖	6 项	至少2 项一等奖
	国家级校内外创新实践基地	1 个	
就业质量	本科毕业生就业率	95%	
	本科毕业生深造率	20%	
	研究生毕业生就业率	95%	

注：加 * 号的项目所设定指标为指导性指标，其他为指令性指标，下同。

2. 学科建设统筹协调发展。强化内涵建设，统筹安排，协调发展。管理科学与工程、应用经济学、工商管理、计算机科学与技术四个一级学科达到博士学位一级学科授权点申报条件，推进一流学科建设；理论经济学、软件工程、统计学、法学、马克思主义理论、外国语言文学等一级学科达到硕士学位一级学科授权点申报条件；会计、应用统计、软件工程、翻译、法律等专业领域做好申报硕士专业学位点准备。主要发展指标见表2。

表2   学科建设主要发展指标

类别	项目	指标	备注
学位点建设	一级学科博士点 *	1个	
	一级学科硕士点	新增 2~3个	
	硕士专业学位点	新增 2~4个	
专业建设	市级以上特色专业	新增3个	金融学、会计学、采购管理

3. 科研与社会服务取得标志性成果。实施"立地顶天"发展战略，完善科研激励机制，强化质量管理，取得一批标志性科研成果，高级别科研项目、权威期刊论文、高水平专著和高级别科研获奖成果数量大幅提升，科研经费稳中有升，社会服务形成品牌。主要发展指标见表3。

表3   科学研究与社会服务主要发展指标

类别	项目	指标	备注
科研奖励	省部级以上科技奖 *	20项	
科研项目	国家级项目	70项	
	省部级项目	100项	
科研成果	国内外 B 级以上权威期刊	150篇	
	发明专利 *	30项	
科研经费	纵向、横向经费合计	1.5亿元	5年累计

4. 师资队伍满足学科专业发展需要。加大人才引进力度，加强教师培训，适应学科专业发展要求，扩大专任教师规模，优化师资队伍结构，打造优秀教学和科研团队，通过内培外引，形成高水平领军人才、后备学科带头人和中青年骨干教师组成的合理的师资队伍。主要发展指标见表4。

表4   师资队伍主要发展指标

类别	项目	指标	备注
师资规模	教职工数	725名	
	专任教师	500名	

续表

类别	项目	指标	备注
师资结构	专任教师高职称率	60%	教授 100 名，副教授 200 名
	专任教师博士学位率	60%	300 名
人才项目	国家级人才项目*	1~2 名	
	高层次人才引进*	1~2 名	
	北京市教学名师*	新增 5 名	
	市级优秀教学团队、科研团队*	新增 5 个	

5. 国际化和协同发展迈上新台阶。按照国际化发展要求，扩大对外合作与交流，全面推进教师国际化、人才培养国际化、科研国际化，力争取得"中国政府奖学金"授予资格，留学生学历教育实现高层次、规模化、常态化，力争来华留学生硕士学位培养实现新突破。师资与科研国际化水平和学校国际知名度显著提升。建立和完善协同发展机制，充分利用社会资源，提高人才培养和服务社会能力。主要发展指标见表5。

表5 国际化主要发展指标

类别	项目	指标	备注
来华留学生	在校留学生	500 人次	5 年累计
	学历留学生	120 人	
赴国（境）外交流	赴国（境）外交流学生	450 人次	
	有国（境）外经历教师	140 人次	

6. 办学条件得到进一步完善。加强校园基本建设，优化资源配置，改善办学条件。开工建设游泳馆，后勤服务综合楼力争开工建设，积极谋划国际交流大厦建设渠道。全面推广虚拟专用网络，广泛应用办公自动化系统，完成校园数字化工程。加大图书馆资源建设力度，具备比较完备的中外文资源数据库。硬件设施满足全体师生员工工作、学习和生活，形成高质量、高效率公共服务体系。

7. 中国特色现代大学治理体系建设呈现新局面。坚持社会主义办学方向，加强制度建设，全面推进依法治校，形成以大学章程为基础，以"党委领导、校长负责、教授治学、民主管理"为基本架构的促进学校发展的现代大学治理体系。健全对内对外信息公开制度，主动接受师生员工和社会监督。

8. 彰显特质的思想政治工作体系基本形成。全面加强思想政治工作，牢牢掌握党对思想政治工作的领导权，以立德树人为根本，把思想政治工作贯穿教育教学全过程，形成党委统一领导、各部门各方面齐抓共管的工作格局。在培育和践行社会主义核心价值观、建设优良校风学风、创建校园文化品牌等方面取得丰硕成果，激发师生员工的主动性、创造性，凝心聚力，推进学校改革发展。

9. 全面提升党的建设水平。贯彻落实全面从严治党的要求，着力建设学习型、服务型、创新型党组织，切实发挥党委的领导核心作用、各级党组织的战斗堡垒作用和党员的先锋模范作用，党的建设工作争创一流。

三、主要任务

（一）人才培养

1. 以立德树人为根本，促进学生全面发展。坚持"一树三育"的育人理念，以理想信念教育为核心，以社会主义核心价值观为引领，加强全员、全过程、全方位育人，把知识教育同价值观教育、能力教育结合起来，第一课堂与第二课堂联动，引导学生铸就理想信念、掌握丰富知识、锤炼高尚品格，打下成长成才的基础。

坚持专业育人，深入开展专业使命教育，调动和发挥教师教书育人主体作用和第一课堂主渠道作用。坚持实践育人，密切与社会各界联系，搭建校企、校地和校际合作平台，完善大学生职业生涯规划培训和就业创业指导平台，积极开展社会实践、公益行动、志愿服务等活动。坚持文化育人，充分利用体育美育等教育资源，营造学校良好文化氛围，提升学生综合素养。

2. 适度扩大学生规模，不断提高生源质量。稳定本科生规模，适度扩大研究生规模，积极开展有特色的成人教育和职业教育。

继续推进本科大类招生，建立优质生源保障机制，扩大一批次录取生源数量。大力拓展学术型和专业型硕士研究生生源渠道。依托科研平台和重大项目，挖掘本校生源，吸引外部生源，高质量完成学术型硕士研究生年度招生任务。增设硕士专业学位点，扩大专业型硕士研究生培养规模。探索校际联合培养博士研究生的途径。

3. 深化本科教学改革，提高人才培养质量。创新人才培养模式。以培养高素质应用型、国际化、复合型人才为核心任务，通过设立实验班、国际班、卓越班和暑期国际学校，建立辅修和双学位制度，探索建立分类并举的多元化人才培养体系。以继续深造为目的，实施拔尖人才培养计划；以双创教育为主题，实施创新人才培养计划；以就业为导向，实施应用人才培养计划。针对京津冀协同发展、首都城市战略定位和通州区城市副中心建设等新形势下区域和行业的人才需求，积极探索与部属高校、政府部门、科研院所、行业企业以及境外高校联合培养人才模式。

推进学业制度改革。坚持"以学生为中心"的教育教学理念，探索符合学校实际和学生需求的学分制、弹性学制、辅修制、跨选课程制以及注重过程和能力考评的考试制度。

提升专业和课程建设水平。加强特色专业、战略性新兴产业相关专业建设，形成一批在市属高校同类专业中具有示范作用的特色专业或方向。进一步完善专业预警、退出机制。坚持德育为先、全面发展的原则，完善课程体系建设，以培养学生健全人格，培育科学精神、人文精神和时代精神为目标，建成人文、科学、美育、体育通识课程体系；加大外语、数学、计算机等基础课程教学改革力度，建成以学生需求和能力培养为导向的基础课教学体系；推进慕课、微课建设以及网络精品课、资源共享课、视频公开课等项目建设，提升专业课程质量。

创新课堂教学方法。鼓励教师开展以翻转课堂、研究型学习以及混合式、研讨式教学等为标志的教学现代化改革，开展基于数字平台与数字资源的教学信息化改革，丰富教学资源，提升课堂魅力。

加强实践教学和双创教育。提高实验教学示范中心和校内外实践基地的建设水平，将经管综合实验中心建成能代表财经类高校实验室一流建设水平的实践教学平台。积极开展大学生科技创新创业行动计划项目，加大大学生科技园建设力度，为有志于创业的学生群体创造条件，激发学生创新创业热情，提高学生创新创业能力。

加强本科教学质量保障体系建设。健全教学管理信息系统，提高管理效率，提升服务水平。完善教学质量保障机制，健全督导评价、同行评议、学生评教多维教学质量评价体系。完善本科教学激励机制，建立教学质量奖评选制度。发挥教师发展促进中心作用，开展教育理念、课程建设、教学方法等教育教学研究，帮助教师提高教学水平。

完善职业发展和就业指导课程体系，完善就业信息服务平台，加大困难群体毕业生就业援助与帮扶力度，强化就业工作指导与考核。

4. 改革研究生培养模式，提升研究生培养质量。创新研究生培养模式，为国家和区域经济社会发展，特别是为物流与流通领域培养高素质、复合型、国际化专门人才。探索校际联合培养学术型研究生、产学联合培养专业学位研究生的途径。以应用为导向，以提高职业能力为目标，大力发展与职业资格认证紧密衔接的专业学位研究生教育。深化研究生两级管理体制改革，重点突出二级学院的培养和管理作用，推进学分制和弹性学制改革。

完善研究生教育质量保障体系。实行导师负责制，发挥导师对研究生思想品德、学术道德的示范和教育作用。严格科研目标要求，强化硕士学位论文盲审查重机制。完善研究生奖学金、科研资助等激励政策，提升研究生对学科建设与社会服务的贡献度。

5. 完善终身教育体系，推进继续教育特色发展。稳步发展学历继续教育，积极发展培训类非学历继续教育，搭建远程教育平台，构建有物院特色的继续教育体系。

稳定学历继续教育招生规模，优化专业设置，提高教学质量，培养专门人才。以市场为导向，大力开展培训服务，研发特色培训项目，形成一批具有较好社会声誉和经济效益的品牌项目。以远程教育平台为载体，开发一批优质网络教育课程，提升继续教育信息化水平。

（二）学科建设

1. 做好学科建设顶层设计。坚持"突出重点、彰显特色、优化布局、统筹推进"的学科建设思路，以任务为导向，以绩效为杠杆，对重点学科、特色学科进一步加强建设力度，对支撑学科给予必要的支持和培育。按照"重点投入、重点突破、重点考核"的原则，引入竞争机制，实施绩效评估，激发学科活力。进一步打破学科壁垒，促进交叉学科建设。

2. 完善学科建设工作机制。进一步完善学科三级管理体制，充分发挥学科（专业）负责人和学术带头人的作用，强化特色研究领域拔尖人才的引进与培养，不断壮大学科建设中坚力量。参照教育部学科水平和学位点合格评估指标体系，建立学科建设绩效评估体系和学科动态调整机制，以学科评估促进学科建设。建立学科信息平台，及时准确了解和掌握学科发展动态，为学科建设提供依据。

3. 实施学科建设专项计划。加强管理科学与工程、应用经济学、工商管理、计算机科学与技术等主干学科建设，为申报博士学位授权一级学科做好充分准备。统计学、法学、马克思主义理论、外国语言文学等支撑学科要明确定位和目标，找准主攻方向，探索具有相对优势和自身特色的发展路径。理论经济学、软件工程、统计学、法学争取增列为硕士学位授权一级学科，会计、应用统计、软件工程、翻译、法律等硕士专业学位授权点争取申报成功。

（三）科学研究与社会服务

1. 改革科研管理机制。坚持"立地顶天"发展战略，进一步完善以质量和特色为导向的科研激励机制，加大标志性成果培育力度和高级别项目、高质量成果奖励力度，形成有重点的稳定支持和竞争性项目择优支持相结合的资源配置方式。进一步完善以绩效为导向的科研评价机制，将科研成果对学科建设和人才培养的贡献度、学术论文的"刊物影响因子"和"他引次数"、发明专利以及专利成果的转化等作为科研评价的重要指标。

2. 加强科研团队建设。各学院进一步明确学科发展定位，承担相应学术责任，加强科研管理和服务，建立以学术领军人才为核心、中青年学术骨干为主体，以国家与区域经济社会发展重大课题和本领域前沿课题为主攻方向的科研团队，确保学术成果的集中性和延续性。以高级别科研项目为纽带，大力培育一批跨学科、跨学院、跨领域、稳定与流动相结合、能取得重大科研成果、有实力冲击国家级科研奖励的重点科研团队，力争实现教育部和北京市创新团队的突破。

3. 增强社会服务能力。充分发挥智能物流系统实验室、物流系统与技术实验室、北京现代物流研究基地和物流工程中心等市级科研平台的作用，主动承接国家"一带一路"建设、京津冀协同发展、通州区首都城市副中心建设以及现代物流业、电商业发展进程中相关课题。继续深入推进"五大合作"，建设好中关村智慧物流产业技术研究院等智库，充分发挥学校在战略研究、政策咨询、技术革新等方面的作用，提高为国家重大战略和区域经济社会发展服务的能力。

4. 大力加强学术交流。继续加强"两坛一刊"建设，推进专业学术论坛高层次发展。将中国北京流通现代化论坛和中外物流教育论坛办成具有较高国际影响力的学术交流平台。进一步提高《中国流通经济》在财经类专业期刊中的学术地位，使之成为国内顶尖、有较高国际声誉、体现学术特色和水平的优秀期刊。

（四）人才队伍建设

1. 优化教师队伍结构。按照专任教师占教职工总数比例达到65%，生师比稳定在16∶1的要求，扩大专任教师队伍，提升专任教师高级专业技术职务比例，使之达到教育部规定的大学设置条件。

2. 培育引进领军人才。充分发挥现有学科带头人和骨干教师作用，依托重点学科、重点平台、重大项目，造就一批领军人才。积极推荐优秀教师参评国家级人才项目，大力推进运河学者计划。根据学科专业建设需要，除常规模式外，可采取短期在校工作、定期来校讲学、聘任客座教授或兼职教授等多种方式，柔性引进一批在本领域有较高实力与声望、能代表学科发展一流水平、能为学科建设开创新局面的海内外杰出人才。

3. 构建人才队伍体系。尊重人才成长规律，制订人才培养计划，有目标、有任务、有步骤地培养造就一批骨干人才和拔尖人才。完善落实学术休假制度，鼓励支持中青年教师提高学历层次与学术水平。引导扶持中青年教师参与教学能力提升、国内外访学交流、政府或企业挂职锻炼等项目。加强中青年管理干部选拔、培训和交流，造就一支政治过硬、业务精湛的管理干部队伍。改革工勤人员聘用机制，提升服务意识，加强技能培训，造就一支高水平、高效率的工勤队伍。

（五）国际化与协同发展

1. 科学规划国际化布局。大力推进国际事务与国际化办学的"管办分离"。根据学科建设、人才培养和师资队伍建设的需要，科学规划国际合作交流的地区布局、国别布局和层次布局。选择3～5所海外院校，建立战略合作伙伴关系，力争实现双方校领导定期互访、教师定期交流以及学生互换、学分互认、学位互授互联。选择5～10所海外院校，发展稳定的合作关系，邀请或聘请一定数量外籍教师来校开展长短期讲学或合作科研，探索实施一批中外合作办学项目、国际合作课题。

2. 不断扩大国际化规模。进一步加强特色专业实验班、国际班建设，开发更多"3＋1""4＋1"等合作办学项目。解放思想，结合实际，在国家"一带一路"战略背景下，积极开辟留学生生源渠道，着力提升留学生学历教育规模，积极发展有特色的非学历教育，形成以学历教育为主、长期培训和短期交流为辅的留学生教育体系。

3. 大力提升国际化质量。制订实施面向师生的海外交流计划，鼓励支持教师海外访学、开展学术交流或合作研究，稳步提高本土学生海外学习交流的数量和层次，不断拓宽师生的国际视野，提高师生参与国际交流和竞争的能力。以国际高水平人才引智项目为依托，通过短聘、长聘等方式，聘请优秀外籍教师来校授课讲学，提升国际化教学水平。

4. 构建协同发展新格局。以"双培计划"和"外培计划"为重要依托，大力推进与在京中央高校、海外境外知名高校的交流合作，建立健全国内外高校联合培养人才的新机制。在专业课程建设、实践创新教育、师资队伍保障、学生管理服务等方面密切合作，按照国际通行标准完善课程设置、教材选用、学业评价等关键环节，部分课程实现双语教学或全英文教学，保证培养质量稳步提升。加强与国内外高校、科研院所等机构的合作，通过合作研究、项目参与等方式，搭建国内外科研合作平台。充分发挥财经类高校联盟的桥梁纽带作用，建立健全优质教学科研资源共享机制，促进高校协同发展。

（六）现代大学治理

1. 全面推进依法治校。贯彻实施《北京物资学院章程》，梳理规范学校规章制度。建立以章程为学校根本大法，下位规章健全规范、相互协调、互为支撑的制度体系，为学校事业发展创造良好制度环境。强化制度执行，保障制度落实。

2. 完善内部治理结构。坚持和完善党委领导下的校长负责制，健全党委统一领导、党政分工合作的工作机制，完善领导班子议事决策机制。充分发挥学术委员会作为学校最高学术权力机构的作用，建立健全学术委员会对学校学术事务进行决策、审议、评定和咨询的学术管理机制。落实二级学院办学主体地位，完善校、院两级管理机制，规范二级学院办学自主权，坚持二级学院党政联席会议制度和"三重一大"集体决策制度，建立二级学院发展评估制度，激发二级学院办学活力。完善职能部门工作机制，明确职责权限，强化服务职能，简化管理流程，提升业务能力和执行力。探索建立学校理事会，广纳各界精英人士和杰出校友参与学校建设，为学校可持续发展提供更多的智力、财力和影响力支持。

3. 深化人事制度改革。研究制订教师分系列管理制度，按照分类设岗、分类管理、分类考核的要求，修订完善岗位设置、聘任与管理办法。完善竞争机制，试行"预聘—长聘"制度，打破聘用终身制。根据不同类别、级别岗位的不同要求，建立健全以师德为引领、绩效为核心的教师考评体系。建立"人事信息系统""教师考核评价系统"，提高人力资源信息化管理水平。完善薪酬结构，建立实施薪酬增加长效机制，不断提高教职工收入水平。

（七）思想政治工作

1. 培育和践行社会主义核心价值观。把培育和践行社会主义核心价值观作为强基固本的基础工程，融入教学、管理、服务和思想政治教育的全过程，将社会主义核心价值观落细落小落实。把社会主义核心价值观的要求、民族复兴的理想和责任融入各类课程教学之中。

2. 加强大学生思想政治工作。改革学生思想政治工作与日常管理模式，实现学生工作由管理模式向服务模式转型，创新大学生思想政治教育的载体形式和话语体系，增强大学生思想政治工作的感召力。以增强对中国特色社会主义道路、理论、制度、文化自信为目标，以专业使命教育为抓手，以"杨洪璋德育实践基地"为立德树人平台，建设好大学生思想政治教育基地，形成大学生思想政治教育新亮点。按照职业化、专业化、专家化的目标和素质高、能力强、作风实的要求，进一步加强专职学工干部、共青团干部、思想政治理论课和哲学社会科学课教师、辅导员、班主任及心理咨询教师等思想政治工作队伍的建设。

3. 加强教师思想政治工作。加强教师思想政治工作，努力培养造就"四有"好老师，引导教师增强对中国特色社会主义的思想认同、理论认同、情感认同。健全教师政治理论学习制度，进一步完善青年教师"一来二去"的校外挂职制度和社会实践制度。加强师德师风建设，组织开展师德典型宣传、学术诚信教育等活动，引导教师成为学高为师、身正为范的践行者，"厚德博学、笃行日新"校训的模范实践者。建立师德考评制度，严格师德"一票否决"制。

4. 加强思想政治理论课建设。充分发挥思想政治理论课的主渠道作用，深入实施高校思想政治理论课建设体系创新计划。坚持问题导向，切实改进教学方法。大力加强马克思主义学院建设，打造马克思主义理论教学、研究、宣传和人才培养的坚强阵地，加强青年马克思主义者培养。发挥思想政治理论专家学者、党建研究会和当代中国马克思主义理论研究会的作用，深化对重大理论和实际问题的研究，形成若干高水平、有影响力的思想政治教育研究成果。

5. 加强新闻宣传工作。新闻宣传工作始终坚持正确的政治方向，围绕学校中心工作，服务大局，发挥成风化人、凝心聚力的作用，着力提升思想理论建设和意识形态工作水平，着力提升新闻宣传和舆论引导能力。统筹校内外资源，构建大宣传体制机制，推动传统媒体与新媒体的融合发展，完善全媒体宣传格局，开拓创新，提升学校海内外传播力和影响力。

6. 加强校园文化建设。通过物流博物馆等文化设施建设、校训校歌普及、校园景观设计、楼宇道路命名等途径，形成特色鲜明的物质文化。以迎接40周年校庆为契机，总结历史经验，弘扬优良传统，形成坚定自信的精神文化。以学习宣传大学章程为抓手，进一步深化全校师生员工对中国特色现代大学制度的认识、理解和遵循，形成深入人心的制度文化。开展"感动物院人物""身边榜样"等评选表彰，建设高水平大学生艺术团、运动队，以"校园文化活动日"为载体打造一批以文育人的校园文化品牌，鼓励师生积极参与志愿服务和公益活动，形成示范引领的行为文化。继承发扬党的优良传统和作风，自觉培养高尚道德情操，大力弘扬中华民族传统美德，形成风清气正的廉洁文化。

（八）党的建设

1. 加强思想理论建设。把思想理论建设放在党建工作首位，用中国特色社会主义理论体系武装党员干部、教育广大师生，将培育和践行社会主义核心价值观融入育人全过程。深化学习型服务型创新型党组织建设，深入开展社会主义核心价值体系学习教育，完善校领导讲党课制度和党员干部学习制度，健全教师思想理论培训体系。

2. 加强领导班子和干部队伍建设。坚持和完善民主集中制，不断提高学校领导班子思想政治素质和办学治校能力。健全干部选拔任用机制，坚持德才兼备、以德为先的用人标准，提高干部选拔任用公信度。严格干部管理监督，以岗位责任制为准绳，以任务为导向，以绩效为核心，不断完善干部考核制度。优化干部队伍素质和结构，加大干部培训力度，推进干部定期轮岗交流，加快后备干部队伍建设，造就一支政治素质过硬、掌握高等教育规律、开拓进取、执行力强的干部队伍。

3. 加强基层党组织和党员队伍建设。充分发挥学校党委在学校改革发展中的领导核心作用，坚持社会主义办学方向，牢牢把握党对学校意识形态工作的主导权。健全优化基层党组织设置，认真执行党政联席会议制度，健全校、院两级党建工作责任体系。健全教师党支部、学生党支部工作机制，推进学习型、服务型、创新型基层党组织建设，充分发挥基层党组织战斗堡垒作用和党员先锋模范作用。把政治标准放在首位，重点做好在优秀中青年骨干教师和优秀大学生中发展党员的工作。健全和完善党员教育体系，创新教育方式和途径，严格执行"三会一课"制度，规范党内政治生活，提高组织生活质量。严格按照《中国共产党章程》《中国共产党廉洁自律准则》《中国共产党纪律处分条例》的要求，加强党员监督管理，全面开展党员民主评议，建立健全党内激励、关怀、帮扶机制，不断提升党员管理工作实效。

4. 推进党内民主和作风建设。进一步完善党代表大会制度，落实党代会代表任期制和提案制。加强党内监督，深化党务公开、信息公开，严格落实党代表情况通报制度、联系党员群众制度、党代表列席全委会以及常委会向全委会定期报告等制度。加强作风建设，进一步落实中央八项规定精神，践行"三严三实"，贯彻党的群众路线，进一步落实领导干部深入基层制度，改进会议、公文、公务接待、公务用车等制度。

5. 加强反腐倡廉工作。全面贯彻党要管党、从严治党的要求，以推动落实主体责任为重点，把监督执纪问责摆在更加突出位置。坚持标本兼治、综合治理、惩防并举、注重预防的方针，建立健全反腐倡廉制度，增强制度执行力，完善惩治和预防腐败体系。坚持经常性教育和集中教育相结合、示范教育和警示教育相结合，牢固树立党员意识、宗旨意识和廉洁自律意识。大力开展廉政文化创建活动，进一步巩固群众路线教育实践活动、"三严三实"专题教育活动和"两学一做"学习教育成果，积极营造"敬廉崇洁、立德树人"的舆论氛围。

6. 加强党对统战和群团工作的领导。充分发挥教职工代表大会、学生代表大会及工会、共青团等组织在民主决策中的作用，调动民主党派、无党派人士、教工团体、学生团体等组织的主动性和创造性，发挥离退休老同志在支持学校发展和关心下一代工作中的作用，落实校务、院务公开和教代会提案制度，保障广大师生员工的知情权、参与权、表达权和监督权，落实民主管理和民主监督。

四、规划实施

（一）强化党的领导

强化学校党委对《规划》制订和实施全过程的全面领导，不断增强学校领导班子对学校事业改革与发展的宏观指导、战略管理和执行能力，专项工作由分管校领导牵头，按照分工落实各项任务。学校发展规划办公室负责《规划》的组织、协调和督办，加强与各二级学院、部门的沟通。

各二级学院和相关部门根据《规划》的精神，结合实际，制订完善本单位"十三五"规划和专项规划，明确目标、任务和责任分工，分阶段、分步骤组织实施。总体规划、专项规划、学院规划和年度计划要相互衔接，形成合力，确保《规划》确定的目标、任务和各项措施得到贯彻落实。

（二）强化资源保障

统筹学校人力、空间、物资、经费等资源配置，确保各项建设工作顺利开展。推进预算拨款制度改革，建立以政策和绩效为导向的拨款体制，确保重点领域、重点团队、重大项目建设资金。强化财务审计，严格资金监管，确保资金使用规范、安全、有效。加强资产管理，科学制订、严格执行资产预算，确保国有资产安全完整、保值增值。

扩大"平安校园示范校"效能，落实"平安校园"提升工程，建立健全学校安全稳定工作责任制，营造安全、稳定、有序的校园环境，在市属高校中树立"平安校园"建设典范。加强校园信息化建设，以需求和应用为导向，以数据管理为核心，建设信息共享、校务协同、智能服务的"智慧校园"。加强图书馆建设，以服务于教学科研为导向，构建富有物流与流通特色的资源体系，推动从文献服务向知识服务转型。推进档案资源信息化建设，促进档案存储使用安全便捷。继续推进"绿色校园"建设，实施低碳校园行动计划，采用先进节能减排技术，健全节能监控体系，美化校园环境。

积极推进建立后勤产业集团，承担社会化功能，降低人员成本，完善管理机制，不断提高后勤服务保障水平；主动与有关部门沟通协调，争取各方支持，逐步解决教职工子女入园入学等实际问题；进一步建好职工之家，做好教职工弱势群体帮扶工作，营造健康、和谐、向上的环境与氛围，为《规划》顺利实施创造良好的内部环境。

（三）强化检查评估

加强《规划》执行过程督导，定期对实施过程、进度和效果进行监测和评价，对发展方向、阶段性目标落实情况、各项强制性内容执行情况进行检查分析，提高《规划》执行力和实施效率。

严格落实中期评估制度，在"十三五"中期阶段，对《规划》实施情况进行全面评估、分析和反馈，接受学校教代会代表的监督检查和意见建议，及时调整和完善目标、任务及措施，提升《规划》执行质量。

建立完善考核机制和问责制度，《规划》确定的各项工作任务和指标要纳入学校各单位绩效考核指标体系。

结　　语

百舸争流，不进则退，新的历史起点面临新的历史机遇，面临着新的竞争与挑战，学校必须要有强烈的忧患意识与责任意识、敏锐的机遇意识、蓬勃的创新意识、深远的战略眼光，振奋精神、凝心聚力、抢抓机遇、扎实推进，在"十三五"期间努力实现在物流与流通领域国内领先、国际有影响力的高水平特色型大学的战略目标，为建设创新型国家和全面建成小康社会做出应有的历史贡献。

重庆工商大学"十三五"发展规划

一、发展的基础及面临的形势

（一）"十二五"发展成绩

"十二五"时期，在市委、市政府的领导和市委教育工委、市教委的具体指导下，学校领导班子团结带领广大师生员工积极抢抓机遇，大力实施特色发展、内涵发展、和谐发展三大战略，改革创新、砥砺奋进，坚定不移地推动学校转型升位。通过5年的努力奋斗，学校人才培养质量不断提高，学科科研能力明显增强，社会服务成效显著，美誉度和影响力持续提升，实现了教育事业的历史性跨越，为建成教学研究型大学奠定了坚实基础。

1. 凝聚新共识，开启新征程。面对高等教育发展的新形势、新要求，2011年学校第二次党员代表大会确立了推动学校"转型升位"，建设具有鲜明财经特色的高水平多科性大学的奋斗目标及发展定位、发展思路和发展举措，并成为全校师生的共识和行动。

2. 党建和思想政治工作引领新发展。学校党委严格贯彻落实"四个全面"战略布局，全面加强党的建设和思想政治教育工作，党委引领发展、凝聚人心、推进改革的能力得到进一步增强。通过推进基层组织活动年、党的群众路线教育实践活动、"三严三实"专题教育等主题活动，严格落实中央八项规定，基层组织凝聚力战斗力不断增强，干部队伍政治素质、业务能力大幅提升，工作作风进一步改进，学校先后荣获"重庆市先进基层党组织""重庆市教育系统先进基层党组织"等荣誉称号。党委牢牢把握意识形态工作领导权和主导权，切实推进社会主义核心价值观进课堂进教材进头脑，提升应对网络舆情的能力，建成了"重庆市高校网络舆情与思想动态研究咨政中心""重庆中国特色社会主义理论研究中心""重庆干部教育研究中心"等平台。全面加强党风廉政建设"两个责任"落实，形成了党政齐抓共管的良好工作格局，建成了"重庆廉政研究中心"。高度重视统战、群团和离退休工作，积极发挥民主党派、教代会、工会、共青团、学生社团和离退休老同志的重要作用，形成了心齐风正、团结和谐、奋发向上的良好氛围。

3. 人才培养质量跃上新台阶。扎实推进"本科教学质量与教学改革工程"，进一步完善了本科人才培养体系。成立通识学院，探索建立具有财经特色的通识教育体系；着力打造特色学科专业，获批经济学、工商管理、环境与资源化学等3个市级特色学科专业群，覆盖了10个教学学院近50个专业，优势和特色进一步彰显；探索卓越应用型人才培养的新模式，卓越人才教育培养计划取得零的突破；深化教育教学改革，促进了教学观念、方法、范式等的转变；经济管理实验教学中心建成国家级实验教学示范中心；实施研究生培养机制改革，研究生培养质量显著提高。人才培养层次实现了从专科—硕士研究生的培养到二本—博士研究生的重大突破；本科生源质量大幅跃升，2015 年 22 个专业在全国 18 个省（市）招生，一本上线生源占比超过 60%。学生在"挑战杯"等一系列国家级学科竞赛中取得优异成绩，高水平女排运动队创造重庆市大赛 20 连冠的佳绩，毕业生就业率长期位列市属高校前列，被评为"2011－2012 年度全国毕业生就业典型经验高校"，人才培养质量显著提高。

4. 学科建设实现新突破。确立和完善了"统筹规划、分步推进、突出重点、培育特色"的学科建设思路。获批服务国家特殊需求博士人才培养项目——三峡库区百万移民安稳致富国家战略人才培养项目；建成重庆金融学院，进一步彰显学校财经特色。建成应用经济学、工商管理、社会学等 8 个一级学科硕士学位授权点（覆盖 50 余个二级学科点）和 5 个专业硕士学位授权点；获批应用经济学、工商管理、社会学等 8 个市级一级重点学科；获批市属高校唯一一个应用经济学博士后科研流动站，建成了 2 个博士后科研工作站和 1 个博士后科研流动站分站。

5. 科学研究产出新成果。不断健全科研激励机制和评价体系，进一步激发了教师的科研热情和活力，推动科学研究产出新成果。取得国家级科技平台（国际科技合作基地）、国家社会科学基金重大项目、教育部社会科学重大招标项目"零"的突破；现有智能制造服务国际科技合作基地等国家级、省部级科研平台 24 个；教师高水平论文、科研成果持续增长，获教育部高等学校人文社会科学研究优秀成果奖等一系列高层次奖励；多项研究成果获得国务院、重庆市、四川省领导的批示，被政府机关、大型企业采纳应用，咨政参政、服务社会作用显著；办刊质量大幅提升，《西部论坛》入选北京大学图书馆《中文核心期刊要目总览》（2014 年版）。

6. 队伍建设取得新成绩。初步构建了一支适应学校发展的人才队伍。5 年来，引培博士 135 人，专任教师中具有博士学位的比例由 17.5% 上升到 30%；引进高职称人才 30 人、校内晋升 173 人，教职工中高级职称比例达到 42.5%。实现"长江学者"及重庆市"两江学者""首席专家工作室"领衔专家、"百名学术学科领军人才""科技创新领军人才"等零的突破；新增重庆市有突出贡献中青年专家 1 人、重庆市名师 1 人、重庆市"百人计划"入选者 3 人、重庆市巴渝学者特聘教授 3 人、国务院特殊津贴专家 1 人。率先在重庆市建成教师教学发展中心，为提高教师教学能力和专业水平搭建了更好的平台。

7. 开放办学开创新局面。广泛开展国际交流合作，开放办学步伐不断加快。与 18 个国家（地区）的 60 所知名高校（机构）建立了广泛深入的友好合作关系；海内外教师交流、学生交换更加频繁，派出教师 300 余人次，学生境外学训 972 人次，师生的国际化视野得到进一步拓宽。留学生规模逐步扩大，达到了 900 余人次。深入推进政产学研用合作，校地校企合作纵深发展。学校与 10 余个地方政府、60 余家企（事）业单位建立了战略合作关系，进一步集聚、整合优质资源，不断深化人才培养、产学研和社会服务效果，为提高办学水平提供了强大支撑。

8. 校园文化呈现新气象。以建校 60 周年为契机，深入挖掘校史资源，凝练和弘扬"含弘自强、经邦济民"的重庆工商大学精神，成功举办建校 60 周年庆典和系列纪念活动，校园文化内涵与形式进一步丰富。实施先进文化引领计划，深入推进社会主义核心价值观"进教材、进课堂、进头脑"，大学生思想政治教育和日常管理取得实效；实施培育优良校风、教风和学风计划，"三风"建设成效显著；实施校园人文景观建设计划，营造了良好的人文环境，提升了环境育人的效果；实施打造校园文化品牌计划，取得了显著的成绩，获得全国大学生艺术展演一等奖、全国大学生社会实践团队优秀奖等一系列荣誉。"感恩母校、回馈母校、报效国家"的校友情怀进一步得到10万余名校友的认同和升华，校友文化逐渐彰显。

9. 魅力校园展现新面貌。统筹校区布局，进一步优化整合办学资源，极大地改善了南岸校区、江北校区的教学生活条件和校园环境。茶园校区征地工作推进顺利。通过土地置换获得办学资金近4亿元。综合实训与文献信息中心获批为国家"中西部高校基础能力提升计划"项目并获得1亿元资金支持。5年来，获得中央财政支持地方高校发展专项资金共1.2亿元，有力促进了人才队伍、学科建设、教学及科研等软硬件条件建设，扶优凸优效果明显。持续实施为师生办实事工程，累计投入1.55亿元，进一步改善了师生的工作、学习、生活条件；财务运行管理、审计、国有资产管理和增值保值、后勤服务工作等不断完善；加大了安全防范、应急处理的机制体制和硬件建设，平安校园建设成效显著。

10. 依法治校迈出新步伐。以修订《重庆工商大学章程》为核心，进一步完善现代大学制度。坚持民主集中制和党委领导下的校长负责制，内部治理结构不断优化；清理、制订、完善《党委领导下的校长负责制实施细则》《"三重一大"决策制度实施办法》《全委会议事规则》《常委会议事规则》《校长办会议事规则》等一系列规章制度。进一步完善学院党政联席会议、学校两级教职工代表大会制度等工作机制，教代会参与学校民主管理、民主监督的能力不断增强。深化依法治校，加强信息公开，建立完善了相关制度，主动、全面公开了涉及招生考试、财务资产、人事师资等10大类50项信息，进一步提高了学校工作透明度，保障了师生和社会公众对学校教育工作的知情权、参与权、表达权和监督权。

（二）存在的不足

1. 人才培养质量有待进一步提高。"以学生为中心"的办学理念有待进一步深化，人才培养机制创新、人才培养模式改革及学风建设亟待加强，学生创新创业和专业实践能力需进一步提升。

2. 学科特色优势有待进一步彰显。财经类学科的实力与建设一流学科的目标还有差距，在全国地方财经高校的话语权和显示度不够高。围绕重点建设学科的资源配置体系不够健全，多学科交叉融合的深度与广度有待进一步深化。

3. 科学研究水平有待进一步提升。标志性科研成果的彰显度和特色新型智库的作用发挥不够，科研平台在推动教学、学科、科研发展的作用还需进一步加强；高水平创新团队的建设力度还需进一步加大；科研管理和评价体制、提升社会服务、协同创新能力等方面的制度还需继续完善。

4. 师资队伍建设有待进一步加强。高水平教师数量不足，学科领军人物和专业拔尖人才匮乏；教师的教学能力、国际化水平还需进一步提升。教师、管理、辅导员、工勤等几支队伍的发展还不够平衡，推动学校持续发展的后劲不足。

5. 基础办学条件有待进一步完善。在学生规模基本稳定的前提下，多校区发展还不够平衡，办学资源还需进一步优化和整合。办学硬件从规模布点向内涵发展、全面布局向资源平衡及凸优扶优的投入转变还需进一步加强。

6. 管理体制改革有待进一步深化。现代大学制度建设力度需进一步加大，内部管理体制还不能很好地适应学校当前发展的要求，内部治理结构需要进一步优化，基层活力释放不够，二级单位的管理效益有待进一步提高。

（三）机遇和挑战

"十三五"时期，学校发展面临诸多机遇和有利条件，同时也面临一些困难和挑战。但是，总体上看机遇大于挑战，机遇激励人心，挑战催人奋进。

"十三五"时期，学校发展面临诸多机遇和良好条件。随着"四个全面"战略布局、五大发展新理念的确立，"一带一路""长江经济带""中国制造2025"、创新驱动等国家战略的实施，都需要教育提供强大的人才和智力支撑，推动高等教育走向社会的中心。国家强力推进教育领域的综合改革，大力实施建设"一流大学 一流学科"、全面提高高等教育质量、建设中国特色新型智库等一系列重要举措，促使高等教育发展的外在形式和内驱动力发生深刻变化，为建设特色鲜明的地方高水平大学带来更多的政策支持和发展机遇。重庆市要实施五大功能区域发展战略，加快建设国家重要现代制造业基地、国家重要功能性金融中心、西部创新中心和内陆开放高地，充分发挥西部开放战略支撑功能和长江经济带西部中心枢纽功能，基本建成长江上游地区经济中心，对各类人才的数量、质量都提出了更高的要求，对能够满足经济社会发展的高素质经管类人才的需求尤为迫切，为学校建设具有鲜明财经特色的高水平多科性大学提供了重要机遇期。

"十三五"时期，学校发展也面临一些困难和挑战。一是高等教育的发展动力正发生深刻变化，提升质量成为核心任务，只有以质量求生存、以贡献求支持，才能推动学校可持续发展。二是人才供需关系正由高校主导向行业企业主导转变，需要学校有强烈的市场竞争意识和危机意识，优化调整人才培养结构和模式。三是国内高校纷纷立足自身特色优势，抢抓机遇、百舸争流，进一步加强优势特色建设，领先发展，具有深厚基础、优势突出的高校利用先发优势抢占制高点，大量地方院校顺势而为、转型发展、奋起直追，对于学校这一类有一定基础、实力和特色的地方高校的发展形成"双向挤压"。四是如何深入解读政策、认真研判形势、立足学校实际，看准问题、扭住关键、厘清思路、精准施策，确保学校转型升位目标的实现，是学校"十三五"发展面临的重大挑战。

二、指导思想和总体目标

（一）指导思想

高举中国特色社会主义伟大旗帜，全面贯彻党的十八大和十八届三中、四中、五中全会精神，以马克思列宁主义、毛泽东思想、邓小平理论、"三个代表"重要思想、科学发展观为指导，深入学习贯彻习近平总书记系列重要讲话精神，以立德树人为根本，全面推进依法治校。围绕提高质量，改革引领、内涵发展、强化特色，以人才培养为中心，学科建设为龙头，师资队伍为关键，教学科研并重，提升社会服务能力，引领文化传承创新，努力办人民满意大学，培养德智体美全面发展的社会主义建设者和接班人。

（二）基本原则

1. 坚持立德树人。学校所有工作必须围绕立德树人这一根本任务，确保各种资源配置更加有效地服务于这个根本任务，努力构建适合学生全面发展的育人体系。

2. 坚持深化改革。始终将改革作为推动学校发展的根本动力，通过深化改革，促进各类办学要素有机统一、形成合力，推动学校科学发展。

3. 坚持创新驱动。深刻领会发展新理念，坚持创新驱动，充分激活学校各级各层办学活力，着力推动转型升位和可持续发展。

4. 坚持依法治校。大力推进依法治校，优化内部治理结构，形成依法办学、民主监督、社会参与、活力迸发的良好办学局面。

（三）奋斗目标

坚持育人为本，深化改革、内涵发展，把学校建成整体办学实力位居全国地方财经类高校前列，国内外有较大影响力，经、管、文、工、法、理、艺等学科协调发展，具有鲜明财经特色的高水平多科性大学。

（四）办学定位

1. 类型定位。到2020年，实现由教学型大学向教学研究型大学的转型。

2. 学科发展定位。围绕财经特色，加大学科融合力度，构建大学科群，建设经、管、文、工、法、理、艺等多学科协调发展的学科生态体系。

3. 办学层次定位。以本科教育为主体，大力发展研究生教育，积极开展留学生教育，按需发展其他类型教育，构建多层次多类型协调发展的人才培养体系。

4. 人才培养定位。坚持立德树人，着力培养信念执着、品德优良、基础扎实、知识面广、富有社会责任感和创新创业精神及实践能力的应用型、复合型高素质人才。

5. 服务面向定位。立足重庆，面向全国，走向世界。

三、深化三大改革

未来5年，学校将紧密围绕转型升位的奋斗目标，坚持问题导向、需求导向，找准制约和影响学校改革发展的关键环节和薄弱环节，打开局面、破解难题。全面深化以管理体制改革、人才培养模式改革、人事制度改革等三大改革为突破口的综合改革，着力破除机制体制积弊、激发发展活力，助推内涵发展。

（一）管理体制改革

坚持依法治校，维护章程权威，坚持和完善党委领导下的校长负责制，继续完善"党委领导、校长负责、教授治学、民主管理"的现代大学制度。健全决策程序和议事规则，优化内部治理结构。健全以学术委员会为核心的学术管理体系与组织架构，充分发挥学术委员会在学术事务中的重要作用。健全师生参与民主管理和监督的工作机制，维护师生合法权益。深化二级管理体制改革，推动管理重心由学校向学院下移，构建人权、事权、财权相匹配的二级管理体制模式，进一步激发二级单位办学活力。优化二级单位机构设置，引导和鼓励学院特色发展、分类发展。继续深化后勤社会化改革。进一步完善内部规章制度，推行规范化、精细化管理和目标管理，建立健全效益评价、目标考核等激励机制。

（二）人才培养模式改革

实施"以生为本"的人才培养模式改革，持续开展专业结构调整和专业评估，逐步推进专业认证，引导各学院准确定位各专业的人才培养目标，分类培养创新型、应用型、复合型、国际化"三型一化"人才。深化人才培养方案改革，调整优化课程体系，精简课程门数和总学时学分，健全创新创业教育和实践教学体系。转变教学观念，推进教育教学与信息技术深度融合的课程教学范式改革，加强教学资源和在线课程建设，深化课程教学内容、教学方式和考试方法改革。尊重学生的学习选择，推进毕业学位认证以专业核心课程学分审核为基础的教学管理模式改革，激发学生的内生学习动力，促进学生个性化发展。以新一轮本科教学工作审核评估为契机，进一步完善教学质量保障体系。

（三）人事制度改革

以优化结构、提升素质为目标，深化人事制度改革。一是以管理体制改革为抓手，建立以二级用人单位为主体的人力资源管理体系。重心下沉、简化程序、注重实效，强化二级用人单位在引进、培养、评价与考核等方面的主体责任。二是改革人才引进办法，探索建立年薪制、聘任制、特聘制等用人机制，双轨推动人才队伍建设。加大高层次领军人才引培力度，扩大教师队伍数量，加强团队建设及管理服务队伍的引培力度。三是实施精细化分类管理，区别不同岗位，完善分类发展、分类评价、分类考核的精细化管理制度。试点推动基于能力和个性的教职工个人成长路径规划，有序开展教职工的培养，有效推动教职工的个性化发展。同时，适应学校转型升位要求，建立以业绩贡献、能力水平为导向的评价机制。针对不同类型层次、不同学科特点、不同岗位职责要求，分别制订不同的考核评价指标体系，体现不同评价内容和考核重点。四是深化职务职级管理制度改革，激发教职工潜力与活力。依据学科、岗位的差异，优化各类专业技术职务评聘管理制度，加大高学位、海外经历在高级职称评聘中的比重。构建基于岗位职责考核的职员职级定期调整机制，建设一支高效、专业的管理服务队伍。

四、实施九大任务

（一）强基固本的思想先导工程

一是全面加强学校党的建设。继续坚持和完善党委领导下的校长负责制，充分发挥党委的领导核心作用，提高党委把握方向、谋划全局、推进改革的能力，为推动学校发展定好向、掌好舵，凝聚广大师生围绕学校转型升位目标不断创新创优，为学校事业发展提供坚强有力的思想、政治和组织保障。

二是以建设"领导班子好、党员队伍好、工作机制好、工作业绩好、师生反响好"的"五好"基层党组织、"政治素质好、工作业绩好、廉洁自律好、作风形象好"的"四好"干部队伍、"带头学习提高、带头争创佳绩、带头服务群众、带头遵纪守法、带头弘扬正气"的"五带头"党员队伍为抓手，健全完善"三会一课"、专题组织生活会、民主评议党员、党组织联系服务党员、党组织书记述职评议考核等制度，充分发挥基层党组织的战斗堡垒和党员的先锋模范作用。加强干部教育培训、管理监督、考核评价工作，引导党员、干部增强政治意识、大局意识、核心意识和看齐意识，打造一支忠诚、干净、担当、实干的干部队伍。促进党员干部在推动学校转型升位中的引领作用的充分发挥，推进干部工作科学化、制度化、常态化建设，不断增强党组织的创造力、凝聚力和战斗力。

三是加强思想政治建设，确保党在意识形态领域的领导权和主导权。强化思想引领，扎实推进中国特色社会主义理论体系进教材进课堂进头脑，把社会主义核心价值观贯穿教书育人全过程。高度重视意识形态工作，加强宣传阵地建设，丰富新媒体形势下思想政治教育的形式、内容和方法，进一步增强把握和应对网络舆情的能力，传播正能量，弘扬主旋律。进一步完善党委中心组和教职工理论学习制度，加强师德师风建设，教育引导党员干部和广大师生树立正确的世界观、人生观、价值观，增强其政治敏锐性和政治鉴别力，营造"教书育人、服务育人、管理育人"的全员育人环境。进一步提高大学生思想政治工作的针对性和实效性，加强学生思想政治工作队伍建设，充分发挥教师尤其是辅导员在高校思想政治教育工作中的积极作用。

四是坚持全面从严治党，加强党风廉政建设。进一步完善廉政风险防控体系和惩治与预防腐败体系，坚持思想建党和制度治党紧密结合，严明政治纪律和政治规矩，持之以恒落实中央八项规定和坚定不移反"四风"，抓好党风廉政建设，严格落实党风廉政建设"两个责任"，推进"三转"进程，改进和完善党风廉政建设考核和责任追究办法。落实"三重一大"事项集体决策制度，加强对大宗物资采购、基本建设、招生录取、科研经费、干部选拔任用等重点环节的监督，提高行政监察的执行力。进一步加强学术诚信教育力度，不断完善学术不端行为的惩防机制。

（二）育人为本的质量提升工程

一是实施专业评估和专业认证。坚持"科学定位、分类指导、结构优化、特色塑造"

原则，认真制订"十三五"专业建设规划，积极引导各学院准确定位各专业的人才培养目标，分类培养创新型、应用型、复合型、国际化"三型一化"人才。加强专业建设与评估，优化专业动态调整机制，促进专业深度融合，进一步加大特色专业和特色学科专业群的建设力度，逐步推进专业认证特别是经管类专业国际认证，全面提升专业建设水平。力争到"十三五"末，20%的专业在市属高校中名列前三，在全国地方财经类高校中有明显优势特色。

二是深化人才培养方案改革。优化调整通识教育、专业教育和实践教学环节课程体系，精简课程门数和总学时学分，强化专业教育基础，整合学科基础课、专业核心课和专业选修课的教学内容和资源，着力打造专业核心课程，开放专业选修课程，促进拔尖创新、卓越应用、学科交叉复合、具有国际化视野或资质等多元类型人才的培养。健全创新创业教育和实践教学体系，设立创新创业学分，建立和完善创新创业学分积累、转换和支持休学创新创业的制度，促进各类课程与创新创业教育有机融合；加强产学研协同育人，促进实践教学平台与科研平台的有机融合；积极举办各类各级创新创业竞赛和学科竞赛活动，为学生创新创业、实践能力培养和职业发展提供广阔的舞台。

三是推进课程教学范式和教学管理模式改革。转变教学观念，深入推进教育教学与信息技术深度融合的课程教学范式改革，实现各类课程建设的改造升级。加强教学资源建设和在线课程建设，建成20门以上的大规模在线开放课程（MOOCS）和500门以上的在线课程，推进学校与国内外MOOCS课程资源共享。深化课程教学内容、教学方式和考试方法改革，鼓励教师积极开展混合式、翻转式、对分课堂式等教学方式，推行专业核心课程小班教学，彻底改变学生课程成绩评定以期末考试为基准的做法，强化课程作业与过程评估，激发学生的学习积极性和创造性，促进探究式、自主式、合作式学习方式的形成，提高学生的自主学习能力。尊重学生的学习选择，推进毕业学位认证以专业核心课学程审核分为基础的教学管理模式改革，激发学生的内生学习动力，促进学生个性化发展。以新一轮本科教学工作审核评估为契机，进一步完善各教学环节的质量标准以及教学质量监控、质量信息统计分析与反馈、质量改进机制，促进教学质量不断提升。

四是实施研究生质量提升工程。深入推进研究生人才培养模式改革。加强研究生教育模式的创新，完善助研、助教、助管制度，加大研究生导师队伍和教育管理队伍的建设力度，建立完善研究生教育教学质量评价体系和分类培养体系、优质双语课程及教材体系、科研实践基地建设、专业学位联合培养工作站、研究生教育管理信息化平台等的建设，显著提高研究生培养质量，努力培养具有国际化视野的创新型、应用型、复合型的高素质人才。

五是加强和改进大学生教育管理，全面提升学生综合素质。深入开展大学生文明修身行动、辅导员家访、党员服务站、"新儒商"精神培育活动等特色学生工作，以"感动校园人物""校长荣誉奖"等的评选与表彰为抓手，拓展和创新大学生思想政治教育的有效途径，提高大学生思想道德素质和综合素质。重视大学生心理健康教育与咨询中心建设，促进学生身心全面健康和谐发展。重视学生社团建设，加强实践育人工作，增强学生社会责任感和实践能力。深化学生工作与教学工作的联动机制，加强一二课堂的有机结合，形成多元化的学生成才与发展体系。推动完善大学生学业促进体系和发展性资助体系，以学业为中心促进学生全面成长成才。

（三）引培并举的人才强校工程

一是实施高层次人才及团队建设计划。引培并重，广纳群贤，通过实施年薪制、聘任制、特聘制等形式，广培名师、广纳英才。到 2020 年，力争新引培师资 300 人以上，有海外经历和国际学术视野的学科领军人才 5 人以上、高水平人才 20 名以上、具有博士学位的教师增加 80% 以上，力争培育 8 个以上市级教学科研创新团队。打造人才特区，进一步优化人才成长环境，探索建立对人才的同行评议、第三方评价机制，构建有利于优秀人才脱颖而出的人才评价体系，千方百计为人才创业、立业、兴业和施展才华搭建平台，实现"人才辈出、人尽其才，才尽其用"，力争"百千万人才工程"国家级人选、长江学者等国家级人才实现新突破，极大改善学校高层次人才匮乏现状。

二是实施中青年骨干教师能力提升计划和教学名师工程。深入推进新进教师助教制度和中青年骨干教师队伍培养制度改革，加大资金、政策支持力度，培养一批具有创新能力和发展潜力的中青年骨干教师和团队，建设一支能够促进学校未来发展的中青年拔尖人才储备队伍。进一步发挥教师发展中心在教师校本培训中的作用，力争建设成为市级教师示范中心。实施教学名师工程，树立教学楷模，引导和鼓励教师紧跟教学科研发展前沿，积极投身于教学和教学改革，培养一批为人师表、爱岗敬业、治学严谨、学风端正、教学效果好的校、市乃至国家级教学名师和优秀团队。

三是实施管理服务队伍能力提升计划。着力深化管理服务队伍的分类管理制度改革。在优化分类管理的基础上核编定岗，确定岗位任务和任职条件，完善岗位设置、任职标准和考核办法，拓宽不同类型人员的职业发展通道，形成"进得来、稳得住、干得好、流得动"的良好局面。完善监督、评价机制，确保"工作有分工、过程有监督、业绩有考评、沟通有渠道"。建立完善培训机制，加大资金、政策支持力度，制订各类管理服务骨干的培训计划，全面提升管理服务队伍政治素质和业务能力。通过一系列举措，着力建设一支甘于奉献、精诚团结、能打胜仗的管理服务队伍。

（四）"高峰""高原"的学科建设工程

以建设"一流大学、一流学科"的国家战略为引领，围绕"建高峰、筑高原"建设思路，瞄准学科发展国际前沿，面向国家、重庆市重大战略需求和社会经济发展的重大问题，强化特色优势学科建设，推进跨学科交叉融合，构建财经特色鲜明、多学科深度融合、协调发展的学科生态体系。

一是建设财经特色鲜明的学科"高峰"。以特殊博士人才培养项目为契机，加大对区域经济学、产业经济学、国民经济学、金融学等应用经济学二级学科的建设力度，力争在"十三五"期间将特殊博士人才培养项目建设成为应用经济学一级学科博士学位授权点；着力推进工商管理、社会学、环境科学与工程等博士项目支撑学科的建设，实现多学科协调发展。通过 5 年建设，力争在人才培养、科学研究、社会服务等方面取得重大标志性成果，产生重大社会影响；应用经济学、工商管理等财经类学科在全国学科排名进入前30%，在全国地方财经高校名列前茅，实现学科建设水平西部领先、国内一流。

二是构筑多学科协调发展的学科"高原"。深入推进财经类学科与文、工、法、理、艺等学科的深度融合，构建优势学科、特色学科、扶持学科协调发展的学科生态体系；力争到2020年，在经管、文法艺、理工等三大学科群的建设上突显优势与特色；加大对公共管理、理论经济学等学科的建设力度，培育新的学科增长点；社会学、管理科学与工程、新闻传播学、统计学、环境科学与工程、马克思主义理论等学科在全国地方财经类高校的学科排名进入前十，在市属高校排名前列。

（五）创新驱动的科研发展工程

一是聚焦国家目标，坚持目标导向、问题导向和需求导向，深化科研评价改革，完善以质量、创新驱动为核心的科研评价机制、激励分配机制和科研平台建设管理制度，推动创新研究服务经济社会发展实际。加大科研投入力度，提升基础研究领域和服务创新驱动发展的能力。加强"新常态"下国家级科研项目、创新团队、创新平台以及标志性成果培育机制建设。通过5年建设，努力推出一批与国际、国家战略接轨的标志性原创科研成果，产出一批能有力支撑特殊博士项目的重大科研成果，力争国家级重大、重点项目及高水平科研论文等标志性成果实现新突破，《西部论坛》等学术期刊建设再上新台阶。

二是推进科研平台转型提升和协同创新。围绕国家、重庆重大需求和产业升级换代，推进科研平台向社会开放，加大科研成果转换力度，做实做强一批科研平台和众创空间。推进理工科类研究基地与大中型骨干企业、科研院所联合开展有组织创新，形成政产学研用融合发展的协同创新平台，成为国家及区域技术创新的重要阵地。推进人文社科重点研究基地向特色新型智库转型，力争建成2~3个在重庆有重要影响、在全国有一定知名度的特色新型智库，培养一批学校智库队伍，产出一批智库成果，服务国家地方经济社会发展，提升社会服务能力。

三是实施学科学术领军人才及创新团队培育计划。推行首席专家负责制，设立特聘教授岗、首席专家岗位，培育高水平科研创新团队。实施"翠湖青年学者"计划，培养一批在重庆乃至国内有较大影响的中青年专家学者。实施"翠湖青年人才库"计划，选拔50~70名优秀的具有发展潜力的青年人才入库培养。为学校科学研究"入主流""出特色""创品牌"，提升学校的学术话语权和影响力奠定坚实人才基础。

（六）多维多层的国际化工程

一是努力拓展学校的国际发展空间。开展多模式、宽领域的国际合作交流。力争到2020年，与100所海外教育机构建立合作交流关系，每个学院与2~3所海外大学建立稳定的合作伙伴关系，开展学术交流、师生互换、联合培养、合作科研等多方位的合作。积极引入优质境外教育资源，新增中外合作办学项目2~3个，中外学位互授联授、学分互认项目15~20个。引进一批优质全英文授课课程，逐步建立与国际接轨的专业教学课程体系，建成全英文授课专业3~5个，打造全英文授课课程130门。积极参与国际科研项目合作，主动推进优势特色学科的国际化。力争实现境外办学机构零的突破，服务国家和区域对外发展需要。

二是加强国际化师资队伍建设。加大引进海外智力工作力度，建立完善激励机制和配套政策，采用多种方式大力引进海外高水平人才。实施教师海外培训计划，力争到 2020 年，有 3 个月以上海外学习或工作经历的教师达到专任教师的 30% 左右，大幅提升教师国际化水平。

三是提高人才培养的国际化水平。进一步完善人才培养模式的国际化，加速学生的国际流动，加大学生海外留学、交换学习、实习的力度，积极开展国际交换、海外游学、海外实习、国际竞赛等，让更多学生"走出去"，大力拓宽学生的国际视野。通过"留学工商"计划，大力发展留学生教育，多举措吸引国外优秀留学生来校学习，促进留学生数量、质量大幅提升。力争到 2020 年，实现有海外经历的学生人数达到在校生总人数的 2%，留学生人数达到在校学生人数的 3%。

（七）彰显特质的文化引领工程

以社会主义核心价值体系为根本，以精神文化建设为核心，发挥先进文化的凝聚和引领作用，传承和弘扬"含弘自强、经邦济民"的重庆工商大学精神，加快建设具有较强影响力、辐射力和有学校特质的校园文化建设工程。

一是重点推出一批研究和宣传重庆工商大学精神、具有较高学术水准的文化成果，增强校园文化在校风、教风、学风建设的凝聚功能。

二是重点建设一批面向师生的校园文化阵地，强化主渠道，弘扬主旋律，形成体系完整、功能互补的校园文化载体，大力提升和增强校园文化的涵育功能。

三是重点建设一批校园人文景观和文化设施，实现布局设计精美、人文特色鲜明、功能设施完善的校园环境，进一步提升校园文化的熏陶功能。

四是重点打造一批具有较大校内外影响力、体现学校特色的校园文化活动品牌，推进校园文化与区域文化、社会文化、国际文化的互动，扩大学校在国内外的知名度和美誉度，大力提升校园文化的引领功能。

（八）互联互通的教育信息化工程

一是完善信息基础设施建设。按照"融合创新、集成高效、提档升级、服务大局"的原则，紧密围绕国家教育现代化建设目标，深入推进新机房、光纤网络升级改造、云平台、移动互联等基础设施建设，提升网络安全保障、应急和管理能力，基本建成满足教学、科研、管理服务等需要的智慧校园，为实现"人人皆学、处处能学、时时可学"奠定坚实硬件基础。

二是强力推动信息技术与教育教学的深度融合。通过融合创新，促进传统教育与信息化教育的优势互补，推动教学、学习、科研模式的变革，推进学校教育教学的现代化。加强慕课、翻转课堂等在线学习平台及优质教学科研资源库等的建设与应用，充分发挥综合实训与信息文献中心、重庆干部网络学院、全球发展学习网络重庆远程学习中心等平台的作用，实现各类在线资源的极大丰富，为教学、科研、社会服务提供多样选择，促进师生互动，教学相长、科教融合。到2020年，学校各类信息资源数量达到100TB，建成一系列有学校、行业、区域特色的数字资源库，为教学、科研及地方经济社会发展提供强大支撑。

三是不断提高管理和公共服务的信息化水平。建设大信息化服务平台，促进各类系统实现全校范围内数据自动交换和全面共享，进行大数据治理，搭建互联互通的信息平台，提供便捷的信息化服务和决策支持，不断提升师生和管理服务队伍的信息化素养和运用能力，提升服务教学、科研、管理及师生生活的协同能力。

（九）共建共享的美丽校园工程

一是整合集约办学资源，优化校区布局。优化、明确南岸校区（兰花湖片区）、茶园校区、江北校区的功能布局，积极推动井口校区土地置换工作，进一步完善各校区基础设施功能，促进办学资源的高效合理配置，实现各校区同步协调发展，打造布局合理、功能完善、环境优美的人文绿色校园。完成茶园校区、综合实训与信息文献中心、北区第二教学楼、学生活动中心、室内体育场馆等的建设并投入使用，解决长期制约学校发展的办学空间结构性短缺的问题。制订完善各类办公用房和场地规划、管理办法和办公用房配置标准，规范和集约节约利用各类校舍。进一步完善公共服务体系，加大图书文献资源和实验设备等共享资源的建设力度，不断改善学校的科研环境和办学条件，为学校发展提供有力的条件支撑和资源保障。

二是加强资产管理，提高财务保障能力。建立制度健全、管理规范、责任明晰、运转协调的资产管理体制，完善重大资产配置论证办法，推进资产管理网络化、科学化、精细化。完善校、院两级预算制度，健全财务管理体系。建立完善财务预算与绩效评价相结合的机制，引导资源向提高办学质量和水平的方向配置。完善大财务与专项资金的统筹管理，提高学校财务管理水平。完善多渠道筹资的财务支撑体系，促进学校办学资金持续增长。进一步健全捐赠资金的机制体制，争取更多的捐赠资金。

三是坚持共享发展，让师生生活更美好。将描绘的发展蓝图转化为改革发展的实际成效，转化为师生看得见、摸得着的实绩和更多获得感、幸福感，努力让师生生活更美好、更有价值，既是学校着力深化改革、提升质量的重要依托，也是学校改革发展的重要任务。未来5年，学校将进一步完善收入分配机制，逐步提高教职工待遇；围绕师生关注的热点、难点问题，继续加大投入推进办实事工程，为师生排忧解难，切实改善师生学习、生活和工作条件；加强对师生的人文关怀，关心师生身心健康，开展丰富多彩的文化体育活动，依法维护师生的各项合法权益；通过综合实训与信息文献中心和茶园校区的建成使用，科学规划并完成各学院、科研平台办公场地的布局和调整，推动学院办公场地的量质齐增，实现系有办公室，教授有工作室；充分发挥统战群团在学校发展建设中的重要作用；坚持关心老同志，充分发挥老同志在学校建设发展中正能量和积极作用；继续加强校友会建设；深入推进后勤改革，实现后勤服务的社会化、专业化和现代化，不断提升师生对后勤服务的满意度；进一步加强和完善学校安全稳定工作的体制机制，提高处突应变能力，深入持续开展校园环境整治，切实维护师生生命财产安全和学校安全稳定。经过5年建设，努力把学校建成"环境优美、人心凝聚、共享发展"的美丽家园,让师生员工更加和谐、更加幸福。

五、组织与实施

(一) 加强组织领导

一是建立规划实施工作领导小组,明确分管领导和责任部门,为规划实施提供坚强的组织保障;二是增强规划的战略管理,分解任务指标,强化责任落实,加强对规划实施的组织协调与检查、评估工作,建立规划实施监督检查台账;三是将规划作为学校年度工作计划、项目审批和资金安排等方面的重要依据,突出规划的权威性导向性;四是统筹学校资产财务工作,为规划实施提供物质保障。

(二) 加强舆论宣传

学校要面向广大师生员工,广泛宣传"十三五"规划,通过多种形式及时向师生通报学校发展建设情况,在全校上下形成关心和参与规划实施的积极氛围;将全校师生的思想认识、具体行动统一到提高质量、推动学校转型升位上,协调校内各方面力量和一切积极因素,形成共同推进学校改革与发展的整体合力。

(三) 加强目标管理

学校规划领导小组办公室负责规划实施的组织协调,各有关单位积极配合,密切协作,共同抓好贯彻落实。各二级单位要认真学习、深入研讨,根据学校总体规划制订并完成本单位的"十三五"发展规划和行动计划,分解目标任务,明确责任分工,做好与规划的衔接与互动。

(四) 加强政策保障

坚持问题导向、需求导向,全面深化综合改革,在重点领域和关键环节着力破除制约学校发展的体制机制障碍,研究制订有利于提高质量、突出特色、提升内涵的系列政策措施,优化资源配置方式,发挥资源的调控功能,引导资源向提高办学质量和水平的方向配置。

(五) 加强动态监控

将规划实施情况的动态监控和反馈机制常态化、制度化,加强对规划实施情况的跟踪、督导与评估工作,完善规划执行情况的监控反馈、评估制度,接受学校党代会、教代会、民主党派等组织和师生对规划实施情况的监督检查。将规划实施和重大项目的考核结果纳入二级单位及其主要负责干部工作绩效评价。建立完善规划动态调整机制,结合校内外形势和环境发生的重大变化,适时调整规划。

附件　　　　　　　　　**"十三五"发展规划目标**

类　　别		"十三五"期间新增	2020 年目标
学生规模	在校生总规模（人）	1236	31700
	博士研究生（人）	19	30
	硕士研究生（含专业硕士学位）（人）	1516	3000
	普通本科生（人）	269	28700
学科专业	博士学位授权点（一级学科）（个）	1	1
	市级重点一级学科（个）	2	10
	硕士学位授权一级学科（个）	2	10
	专业硕士学位授权点（个）	2～4	7～9
	本科专业（个）	2～4	73～75
	市级特色学科专业群（个）	2～3	5～6
	市级本科特色专业（个）	2～3	12～13
	市级特色重点专业（个）	20～25	20～25
	国际专业认证	3～5	3～5
教育教学	国家级精品在线课程（门）	2	3
	国家级卓越人才计划（项）	1～2	2～3
	国家级教学成果奖（项）	1	2
	市级教学成果奖（项）	11～13	42～44
	国家级实验教学示范中心（个）	1～2	2～3
	国家虚拟仿真级实验教学中心（个）	1～2	1～2
	市级实验教学示范中心（个）	2～3	9～10
	大规模在线开放课程（MOOCs）（门）	15～20	15～20
	市级教师教学示范中心（个）	1	1
	市级教改项目（项）	60～65	253～258
创新创业教育	市级研究生教育质量工程（项）	1	1
	市级研究生创新创业工程（项）	1	1
	国家级大学生创业训练计划项目（个）	3～5	3～5
	市级高校学生工作创新项目（个）	2～4	2～4
	市级创新创业教学资源研发中心（个）	1	1
	市级"互联网＋大学生创新创业帮扶"项目（项）	1	1

类　别		"十三五"期间新增	2020年目标
科学研究	国家级科研项目（项）（期间数）	110～140	110～140
	省部级科研项目（项）（期间数）	470～600	470～600
	国家级科研奖励（项）（期间数）	1	1
	省部级科研奖励（项）（期间数）	40～60	40～60
	被 SCI/SSCI/A&HC 检索收录论文数（篇）（期间数）	300	300
	国家级科研平台（个）	0	1
	省部级科研平台（个）	2～3	26～27
	市级众创空间（个）	2～3	8～9
	市级新型高校智库（个）	2～3	2～3
	市级高校优秀成果转化（项）（期间数）	3～5	3～5
	市级高校人文、自然科学研究项目（项）（期间数）	260～300	260～300
队伍建设	专任教师（人）	200（净增）	1500
	教师学历　硕士及以上学位比例（％）	5	80
	其中：博士学位比例（％）	10	40
	高级职称教师比例（％）	5	55
	其中：正高职称比例（％）	2	20
	国家级人才（人次）	5	35
	国家级名师（人）	1	1
	国家级教学团队（个）	1～2	1～2
	重庆市有突出贡献中青年专家（人）	1～2	3～4
	重庆市名师（人）	1～2	6～7
	市级创新团队（个）	4～6	10～12
国际化	中外合作办学项目（个）	2～3	2～3
	国（境）外合作伙伴（个）	40	100
	3个月以上海外学习或工作经历教师占专任教师比例（％）	约30	约30
	留学生占在校生比例（％）	2.82	3
	有海外经历的学生数占在校生比例（％）	1.3	2
	全英文授课课程（门）	80	130

类　　别		"十三五"期间新增	2020年目标
信息化建设	校园网骨干网速（兆）	3万	4万
	无线网络覆盖范围	未覆盖区域	全覆盖
	电子校务系统用户范围	未涉及用户	所有用户
	市级本科高校信息化试点单位（个）	0	1
	数字资源量（TB）	38	100
办学条件	校园面积（㎡）	0	1669748.94
	校舍面积（㎡）	239719.64	1121873.16
	图书馆面积（㎡）	41500	62489.18
	学生宿舍面积（㎡）	97727	276827.84
	教室面积（㎡）	45337.13	128780.33
	实验用房面积（㎡）	40833	58205.92
	教学科研仪器设备总值（万元）	7329	31025
	纸质图书总量（万册）	50	307
	资源购置经费投入总额（万元）	9100	9100

东北财经大学"十三五"发展规划

为贯彻落实党的十八大、十八届三中、四中、五中全会精神和习近平总书记系列重要讲话精神，依据我国《国民经济和社会发展第十三个五年规划纲要》《国家中长期教育改革与发展规划纲要（2010—2020)》，加速推进学校"国内一流、国际知名、特色突出的高水平财经大学"建设进程，支持辽宁实现老工业基地的全面振兴、建设教育强省，服务创新型国家建设和中华民族伟大复兴，特制订本规划。

一、发展环境

"十二五"时期，在辽宁省委、省政府的正确领导下，在财政部、教育部的大力支持下，学校充分发挥党的领导核心作用，不断加强党的建设和党风廉政建设，着力强化事业发展的政治保障和组织保障；正确处理改革、发展与稳定的关系，勇敢面对并努力化解历史遗留问题，破解各种现实矛盾；深化改革，谋划发展，解放思想，开拓进取，较好地完成了"十二五"规划任务，奠定了进一步发展的基础。

"十二五"时期，财政部、教育部和辽宁省人民政府签署了共建东北财经大学协议，为学校发展搭建了新的更高平台；颁布实施了《东北财经大学章程》，规范了学术权力的运行机制，推进制度建设、民主管理和依法治校，初步建立了现代大学治理框架；持续推进大学文化建设，努力提升文化品位，凝练并弘扬大学精神，为学校各项事业发展构筑了共同的价值基础。

"十二五"时期，本科人才培养方案得到进一步完善，培养模式改革有力推进，专业结构布局不断优化，人才培养质量显著提高；研究生教育综合改革拉开帷幕，以质量为导向的研究生培养模式及相配套的研究生管理制度体系、组织体系逐步完善；科研工作坚持"顶天立地"方针，高水平科研项目的承担数量和研究经费总额两项指标均提前并超额完成规划任务目标，建立了以协同创新中心、部省共建试点基地为代表的智库建设新模式，在探索"政产学研用"新型合作模式和完善社会服务体系方面迈出了坚实的一步。

"十二五"时期，学校在财经类高校中的排名保持稳定，综合办学实力居于国内财经高校前列；应用经济学、工商管理、统计学、公共管理等多个学科，在教育部学位与研究生教育发展中心组织的全国一级学科整体水平评估中取得佳绩，为争创一流学科奠定了基础。

"十三五"时期，学校发展的内外部环境更加错综复杂。从全国来看，经济发展进入

"新常态",经济提质增效、转型升级对高等教育提高人才培养质量、增强社会服务能力提出了更高要求。从省内来看,辽宁处于经济增长速度换挡期、结构调整阵痛期、前期刺激政策消化期等多重困境,单纯依靠政府投入支持高等教育外延发展已难以为继,所以要求高等学校必须转变发展方式,深化供给侧改革,推进学科专业结构调整,提高人才培养质量,与地方经济更紧密地结合,以获得更多的市场资源,寻找新的发展突破口。从财经类高校横向比较来看,高等财经教育领域的竞争日益激烈,学校与国内财经强校之间的比较优势在某些方面正在趋于弱化,竞争压力进一步凸显,相对于同类领先高校,学校在学科建设上优势不够突出,领军人才缺乏、人才梯队结构不够合理,人才培养模式相对落后、人才培养质量有待提高,国际化战略需要进一步向深度和广度拓展。

从学校自身来看,目前还存在诸多制约发展的深层次问题,集中表现在:学校的学生教育质量和办学水平还有待提升,师资队伍的结构还不尽合理,高水平学科带头人不足;学校面临的资源约束日益突出,在盘活存量资源以及拓展增量资源渠道方面办法不多,财政支撑能力建设亟待加强,学校现行的体制机制不能适应新形势下创新驱动发展的要求,没有真正实现奖勤罚懒、奖优罚劣,没有充分调动师生员工的积极性;学校的制度环境、学术环境和人文环境,没有形成吸引高水平人才的合力;学校的基础管理薄弱,管理方式粗放,管理效率不高,与国内外高水平大学的管理水平还有很大差距。这些问题对学校"十三五"时期的发展提出了严峻的挑战。

综合来看,"十三五"时期是学校巩固"十二五"发展成果、破解各种矛盾和问题、抢抓新的历史机遇、深化创新驱动发展的特殊时期和关键五年。我们必须适应经济发展"新常态"和创新驱动发展战略对高等教育发展提出的新要求,必须适应深化高等教育领域综合改革、推进"双一流"建设和转型发展的新要求,增强自觉性、主动性,增强责任感、使命感和危机感,在新的历史起点上,坚定不移地推进改革、创新、发展,不断开拓发展新境界。

二、指导思想

以党的十八大、十八届三中、四中、五中全会精神和习近平总书记系列重要讲话精神为指导,牢固树立和贯彻落实创新、协调、绿色、开放、共享的发展理念,面向国家和地方经济社会发展需求,遵循高等教育规律和现代大学发展规律,以"改革、创新、发展"为主题,以立德树人为根本任务,以质量和特色为立足点,深入实施人才强校、学科引领、质量提升、国际化和特色发展五大战略,统筹推进结构调整和资源整合,进一步强化管理,切实增强整体办学实力,提高办学水平,为实现"国内一流、国际知名、特色突出的高水平财经大学"战略目标奠定更加坚实的基础。

必须遵循以下原则。

——坚持以人为本。教育以人为本,学生是主体;办学以人为本,教师是主导。立德树人是学校的根本任务,要把为学生的成长、成才服务作为学校各项工作的出发点和落脚点。

要确立师生的主体地位，尊重人才，尊重劳动，尊重创造，推行民主管理，落实专家治学，充分调动广大师生员工的积极性、主动性、创造性。

——坚持以改革为动力。改革是发展的强大动力。要坚持以问题为导向，以体制机制改革为重点，破除教学科研、人才培养、学科建设、行政管理、后勤保障等领域存在的不利于提高办学质量和水平、不利于释放发展活力的体制机制障碍，为发展提供持续动力。

——坚持以市场为导向。市场在资源配置中起基础性和决定性作用。为适应"新常态"、把握"新常态"、引领"新常态"，必须转变观念，由主要依靠政府转向为主要依靠市场，充分发挥市场在配置教育资源方面的决定性作用，努力向市场寻资源，并更好地发挥政府的作用，提高对市场需求的适应度和契合度，提高社会服务能力和水平。

——坚持以开放促发展。全方位开放办学是发展的必然要求。必须坚持教育国际化战略，要面对国内、国际两个教育市场，用好国内国际两种教育资源，拓展对外交流与合作的渠道，借鉴吸收国际领先大学的发展经验和管理经验，增强国际交流能力，提高国际声誉和地位。

——坚持依法治校。依法治校是学校发展的可靠保障。必须按照中国特色现代大学制度的要求，加快建设和完善大学治理体系，要以《东北财经大学章程》为核心，进一步实现制度建设的科学化、制度化、系统化。切实增强领导干部的法治思维，努力增强全校师生员工的法治意识，严格依法办事。

——坚持党的领导。党的领导是学校持续健康发展的根本政治保证。必须贯彻全面从严治党要求，不断增强党组织的创造力、凝聚力、战斗力，进一步完善党委领导下的校长负责制，提高党委的决策能力和决策水平，确保学校发展始终沿着正确的轨道前进。

三、发展目标

（一）总体目标

调动校内外各方面力量，发挥各方面积极性，创新体制机制，优化资源配置，释放发展活力。以人才培养为中心，以学科建设为龙头，以特色发展为抓手，加大人才队伍建设，切实推进教育教学的国际化、人才培养的精细化、科研成果的精品化和信息资源的集成化，实现一级学科和学校整体排名稳步提升，建设与经济社会发展相融合的、高水平的、有特色的财经大学。

（二）具体目标

——建立科学完善的人才引进、培育、使用和发展的制度体系和运行体系，打造高水平教学、科研创新团队，全面提升教师的教学能力、科研能力和实践能力；建立以质量和绩效为导向的薪酬分配与激励机制，激发各类人才的积极性和创造性，发挥每名员工的最大潜能，共建高水平大学，共享学校发展成果。

——深化教育教学改革，在现有成功做法的基础上，探索出一套系统体现国际化、现代化、精致化和具有东财特色的、高水平的本、硕、博人才培养体系和模式；进一步优化和完善教学评价体系，促进教学质量和水平全面提升；取得一批标志性教育教学成果，实现人才培养质量的大幅度提高。

——对标国内外一流高校和一流学科，完善学科建设体系，优化学科资源配置，力争1个一级学科在教育部学位与研究生教育发展中心开展的学科评估中，排名进入前10%行列；着力构筑财经优势学科集群，推进学科交叉融合，促进各类学科协调发展，培育新的学科增长点。

——贯彻"顶天立地"的工作方针，建立精品化导向的科研评价机制和管理机制，实现高质量科研在数量和经费上有大幅提升；建立"政产学研用"一体化的体制机制和运作模式，打造一批高水平科研合作平台和智库，推出一批高水平应用成果，进一步增强社会服务能力。

——实施国际化发展的高地战略，建立与全球高等教育接轨的国际化师资队伍、科研平台和人才培养高地；创新国际化办学体制和机制，带动全校教育事业面向国际化改革发展，进一步提高学校的国际知名度和影响力。

——推进信息化建设，初步建立学校核心业务相互融通的信息化平台，为学校各项事业的发展提供网络化、信息化、集成化、智能化的服务和支撑，构建"创新、协调、绿色、共享、智慧"的信息化校园。

——开源节流，初步建立全校分级筹措办学资源的激励和保障机制；完成学校内部控制体系的建立；初步建立学校资源利用的绩效评价体系，全面提升学校财政保障能力。

——完成校园整体建设规划的制订；完成并实施辽宁省财政干部教育中心整体划转后的规划、资产运营与建设管理，实现科学规划、依据规划进行校园建设的新局面。

——深化大学文化建设，挖掘学校文化内涵；创建人文校园，进一步加强校园文化设施、校园景观、室内与走廊空间的文化功能设计，丰富文化育人载体，彰显学校人文精神。

四、重点任务

（一）人才队伍建设

实施人才强校战略。人才是学校教育事业改革发展的基础，是提高教育教学质量、办好人民满意教育的关键。牢固树立"大人才观"，重视教学、科研、管理、服务等各类人才的培养和使用。着力于"引才、育才、用才"，建立各类人才互补互助、共同发展的体制机制，建设一支规模适度、优势突出、结构合理的人才队伍。

1. 扩大人才队伍规模，优化人才队伍结构。加大力度引进高水平人才，从长江学者、杰出青年基金获得者、百千万人才工程国家级人选等类别的高层次人才中引进2～3名学科带头人，聘为"特聘教授"，从海内外知名专家中引进3～5人，聘为"特聘兼职教授"或

"海外院长"。对"特聘教授"和"海外院长"实行特殊的考核办法和薪酬标准。加强青年领军人才队伍建设，加大学术骨干、海内外优秀博士和优秀青年基金获得者的引进力度，计划引进学术骨干 10～15 人，引进海内外（重点是海外）优秀博士 20～25 人。通过人才引进和一般教师选调，到 2020 年专任教师总量达到 1000 人左右。同时，进一步优化师资队伍的学历结构、学缘结构、年龄结构、职称结构，具有博士学位的教师比例达到 75% 以上，非本校毕业的教师比例达到 75%，具有海外博士学位的教师比例达到 10%。根据工作需要，引进学校事业发展急需的各类专业技术人才和管理人才。加强各类专业技术人才以及管理人员、技术工人等的培养。

2. 创立"人才特区"，赋予学院和科研机构更大的自主权。将具备条件的学院或科研机构作为"人才特区"改革试点，建立"引得进、用得好、留得住、流得动"的良性机制，赋予其人员聘用、人才引进、职务聘任、考核评价等人事管理权，学校在宏观政策层面进行监督和管理。按照"以点带面，点面结合"的思路，根据"人才特区"实施情况，在条件允许的情况下适时在全校范围内推广其改革实践经验。

3. 加强师资培养，全面提高师资队伍素质。人才队伍的主体是教师，提高教师素质是人才队伍建设的关键，坚持师德为先、教学为要、科研为基，着力提升教师队伍整体素质和水平。进一步加强师德建设，增强广大教师教书育人的责任感和使命感，将师德表现作为教师考核、聘任和评价的首要内容。完善师资博士后制度，制订并实施"星海学者支持计划"，完善教师海外提升计划，开辟教师国内研修和提升的有效渠道，办好"青年骨干教师学术训练班"，着力加强教师的学术能力、教学能力和实践能力培养；着力加强创新团队和示范教学团队建设。

4. 完善人事管理体系，优化人才发挥作用的制度环境。进一步完善师资队伍分类管理机制，突出岗位职责导向，按教研、教学、专职科研三个不同职务系列，制订分类评价标准，实行分类支持模式和考评机制，完善激励机制，鼓励各系列教师立足本职岗位，在各自擅长的领域中追求卓越、争创一流。完善教师职称评审标准和评审机制，探索建立国内同行匿名评审制度。完善教师教学工作量考核机制。切实完善教师评价体系，建立教学奖励制度，完善科研奖励制度，提高教师对教学工作的积极性，提高科研水平和质量。完善岗位聘用制度，积极推进优秀人才、特殊人才职务聘用改革，为各类优秀人才、特殊人才职务聘用设立专门通道。完善定编定岗定责，在核定的编制内根据学校发展实际情况，对各类人员核定编制，坚持按需设岗、按岗聘用，确定岗位职责，建立科学的岗位绩效分类评价体系。实行干部交流制和任期制，实行教育职员制。健全工勤技能岗位聘用机制。推进绩效工资改革，整合各类岗位津贴、配套经费、奖励资助，探索以质量和绩效为导向的薪酬分配与激励机制，制订并实施《东北财经大学绩效工资实施办法》，建立可持续的薪酬福利增长机制。

（二）学科建设

实施学科引领战略，坚持以学科建设为龙头，认真做好学科建设规划，针对新的学科评估体系，明确学科发展战略，优化学科布局，加强后备学科的充实和培育，改革和完善学科建设的体制机制，形成主力学科优势突出、后备学科活跃发展、各学科良性互动的格局。

1. 优化学科结构布局，实施学科集群发展策略。围绕经济学和管理学两大主体学科门类构建学科竞争优势，形成各类学科良性互动、协同互补的学科布局。依托中央支持地方和辽宁省学科专项资金的支持，夯实理论经济学的基础地位，加大应用经济学、工商管理和统计学等传统优势学科以及公共管理、管理科学与工程等潜在优势学科的建设力度，不断提升学科核心竞争力，巩固各学科在省内领先地位，将该学科群体打造成为学校的"学科高地"，努力保持传统优势学科的国内一流水平，力争进入国内同类学科前列。提高资源整合水平，注重一级学科的系统化、集成化建设，改变一级学科内的二级学科建设水平差距过大的现象。积极培育新兴和交叉学科，根据国家和社会需要，以重大项目和跨学科平台为牵引，打破学院壁垒，整合学科资源，打造多学科相互渗透、相互支撑的若干优势学科集群，优化、调整本科专业，建立与学科相匹配的专业结构体系。在优化学科布局的过程中，根据学科建设与发展的需要，适时调整院系设置，使之更利于学科力量的集聚和学科建设水平的提升。

2. 健全学科建设管理体制和机制，提升学科建设水平。健全与校院两级管理体制改革相适应的学科建设管理体制。建立学校学科建设领导小组，加强对学科建设工作的顶层设计、统筹协调和全面指导。同时，逐步建立校内各一级学科和部分二级学科的学科建设工作小组，负责组织、协调相关单位所属学科的建设与管理工作。确立学院作为学科建设的主体地位，落实学院学科建设"一把手"责任制；同时，切实发挥学科带头人在学科建设中的重要作用，赋予学科带头人更多实质性权力。建立健全稳定的学科建设经费投入机制和学科绩效评估与奖励机制。建设学科自检平台，对学科发展实施动态评估、调整和指导。

（三）人才培养

确立人才培养在学校工作中的中心地位，坚持德育为先、能力为重、全面发展的原则，兼顾学生个性化发展需要，以提高人才培养质量为核心，主动适应社会需求，深化教育改革，积极探索全方位协同育人机制，全面推进创新创业教育，培养具有优良品德、人文情怀、科学素养、国际视野，富有社会责任感、法治意识、创新精神和实践能力的卓越财经人才。

1. 创新人才培养模式，实施多样化教学改革。充分利用现代教育技术，有效使用大型开放式网络课程（MOOC）、小规模限制性在线课程（SPOC）、混合式教学、研讨课程等形式，提高教学质量；积极推广小班型、研讨式教学，增加新生研修课的数量，扩大参与面，在专业课程中推行研讨式教学，促进课堂教学模式的转变。注重学生不同特点和个性差异，完善现有的分级教学体系，实现因材施教，促进学生个性化发展；加大国际优秀课程、教材、师资等教育资源引进力度，加强与国际高水平大学创新联合培养平台建设，建立多元化海外学习（实习）基地。实施"大学生海内外研修计划"，支持学生参加短期国内外交流项目和国内外高水平大学的"暑期学校"，支持优秀本科生、研究生赴世界知名大学或研究机构参加短期访学、联合培养、攻读学位和参加学术、文化活动；进一步完善辅修和双学位制度，制订并完善培养方案，实行稳定的专业与灵活的课程相结合，探索实行按学分管理的机制；建立优等学位制度，构建多元化拔尖创新本科人才培养体系，鼓励拔尖创新学生成长，充分发挥拔尖创新人才对全体学生的辐射和引领作用;增加学生在专业、课程、教师等方面选择的自由度,逐渐扩大在校学生二次选择专业的机会;统筹制订专业大类的本科生、硕士研究生、博士研究生人才培养方案,打造"本—硕—博"贯通培养的教育平台和高水平科研训练平台。增加诚信、敬业、公益等德育内容,积极探索知行统一的德育新载体和新模式。充分利用政府、企业、科研院所等社会资源的育人功能,开放办学,推进协同育人体制机制改革。不断构建和完善国家、校、院三级创新创业训练计划体系,加强创新创业教育和就业指导服务,着力培养学生创新精神、创业意识和创新创业能力。

2. 完善本科教学体系,提高学生的专业水平和综合素质。进一步完善本科人才培养方案,继续健全通识教育体系,增加通识教育课程数量,整合课程内容,优化专业教育课程体系;进一步提高网络教学水平,以网络教学的形式开设部分全日制学生的选修课与双学士学位课程;进一步加强实践教学,优化实践教学体系结构,健全以"校内校外相结合""课内课外相结合""实验实训相结合"的实践教学体系;进一步改善实验室条件,完善实验室智能化管理手段,优化实验教学的内容和结构,完善实验教学体系,切实提高实验教学质量;进一步加强校外实践教学基地建设,为大学生创新创业和社会实践提供充足的条件保证;进一步完善大学生社会调查工作,提高社会实践能力;加强课外教学,为学生提供更多的参与公益活动、社会活动和文体活动的机会,开展形式多样的竞赛活动、科研活动,实现课外教学活动的学分化管理,提高学生的综合素质和能力。

3. 完善研究生培养机制,提高研究生培养质量。继续推进研究生教育综合改革。进一步凝练和优化研究生专业方向,改革研究生培养模式,完善研究生培养方案,按照学科发展方向和经济社会发展的要求设置课程,实施"学术型"与"应用型"分类教学、分类指导的培养计划。完善以提高学术创新能力为目标的学术学位研究生培养模式,着力培养研究生的创新能力、知识获取能力与国际竞争力。建立以提升职业能力为导向的专业学位研究生培养模式,加强实践能力训练,推进案例库建设,加强实践基地建设,着力培养专业学位研究生的实践能力、知识转化能力与职业胜任能力,大力推动专业学位研究生培养与职业资格认证的有效衔接。积极探索与国外知名大学联合培养研究生的体制机制,进一步提高研究生培养质量。完善研究生招生名额分配机制;强化"硕—博"连读研究生贯通培养机制;设立研究生科研创新奖学金,奖励研究生在高水平论文发表、项目竞赛、专利申请等方面取得的突出成绩。完善硕士生、博士生导师遴选和考核办法,强化导师责任,加强指导过程管理,完善研究生学位授予机制,提高研究生尤其是博士研究生学位论文质量。完善内部质量保证体系,加强研究生培养的过程管理、监督考核和学位论文审核制度建设,落实研究生分流和淘汰机制,探索符合国际惯例的博士候选人中期资格考试和淘汰制度。

4. 构建全方位、全过程协同育人体系,促进学生全面发展。优化育人环境,围绕立德树人,进一步完善学生管理体制和保障服务体制,逐步建立与教学体系有机协同的全方位、全过程的育人机制和育人体系。深入推进学生事务管理体制改革,切实加强辅导员队伍、心理健康教育队伍的专业化、职业化建设。强化对学生的职业规划和学业指导。加强和改进学生会、研究生会等学生组织工作方式,充分发挥学生的自主性,促进学生自治,实现学生的自我服务、自我管理、自我教育,促进学生全面发展。进一步将毕业生就业工作与招生和培养等挂钩，构建一体化就业联动机制，努力提高毕业生就业质量。建立教育质量信息公开机制，主动接受社会监督；逐步建立毕业生跟踪调查与用人单位的评价反馈机制，根据反馈意见不断改进培养工作。

5. 拓展教育市场，提高社会服务能力。根据经济社会发展需要和教育市场需求，合理配置成人高等教育、自学考试和网络教育资源，进一步提高办学资源的利用效率。以培养应用型、技能型人才为目标，加快优质网络教育资源建设和校外学习基地建设。以创新引领高等职业技术教育，建立多层次高等职教人才培养基地，形成辐射东北区域的高等职业技术教育龙头。探索市场化运作模式，完善激励机制，整合培训资源，积极开展多种形式的非学历继续教育项目，努力建设国内高级公务人员、高级商务人员和高级专业技术人员培训基地，提升培训和继续教育的核心竞争力，提升学校的教育品牌和办学效益。发挥学科优势，针对不同部门、不同行业研发具有时代性、实效性和针对性的培训和继续教育精品课程体系。创新培训和继续教育管理体制和运行机制，构建规模、质量、结构、效益协调发展，多层次、多形式、多渠道、全方位向社会开放的办学格局。

（四）科学研究

实施质量提升战略。围绕人才培养根本任务，面向经济社会发展的重大需求，坚持"顶天立地"的工作方针，坚持"以质量为核心，以创新为动力"，统筹科研和社会服务体制改革，深入落实精品化导向，推进科研评价机制和管理机制创新，逐步实现科学研究由以规模、数量为主的外延式发展向以质量、特色、效益为核心的内涵式发展转型。

1. 注重科研成果的理论与应用价值导向，加强基础研究和应用对策研究。重点扶持对学科发展全局和学科创新起关键作用的基础研究项目。积极承担国家和区域发展重大研究课题，尤其是以辽宁老工业基地实现全面振兴为主攻方向和研究领域，产生一批具有重要价值和重大社会影响的应用对策研究成果。"十三五"期间，实现承担国家自然科学基金、国家社会科学基金项目150项以上，承担教育部课题80项以上，承担其他省级以上课题400项以上，各类研究项目经费达到8000万元以上。

2. 加强学术研究基地与新型智库建设，推动学术成果的应用。坚持"服务经济社会发展"的使命和"顶天立地"科研工作方针，依托教育部人文社科重点研究基地"产业组织与企业组织研究中心"、财政部共建基地"经济运行与财政政策研究中心"和辽宁省协同创新中心"辽宁沿海经济带产业升级与对外开放协同创新中心"，建设前沿理论与重大政策攻关阵地，搭建多学科交融与培育平台，打造创新人才聚集与培养基地，构建全国决策咨询领域的新型智库，形成若干具有东财特色的科研高地。以项目为载体，推动开展前沿性问题研究，优先服务国家重大战略需求，围绕区域经济社会发展中的重大现实问题，加快推进科研成果转化。积极推进协同创新中心建设，进一步完善管理体制和运行机制。加强现有辽宁省人文社科重点研究基地建设，并在省级重点研究基地、重点实验室等科研平台建设上继续取得突破。加强学术期刊建设，提高办刊水平，进一步提升《财经问题研究》在"全国百强社科期刊"中的排名，《东北财经大学学报》力争成为"中文社会科学引文索引（CSSCI）来源期刊"。促进出版事业的发展，强化出版社立足高校、服务教学和科研的使命，突出财经专业教育出版的特色，更好地发挥学术交流与传播的窗口和平台作用。

3. 加强科研创新和评价体系建设，发挥创新和评价的导向作用。建立凸显科研成果理论与应用价值的评价体系，建立涵盖人才培养、科学研究、社会服务全口径科研评价新体系、新标准、新方法。探索建立以学院和学科为主的科研评价机制。加强科研项目过程管理和经费管理，完善科研服务体系和监管体系建设。逐步建立针对不同研究类型、不同研究成果形式和不同学科专业的差异性评价标准，探索学术代表作评价制度，开展国内外同行评议，建立以学术权威为核心的评价机制，充分发挥"声誉机制"在促进学术发展中的积极作用。注重评价实效，加强评价结果使用，建立完善长效评价机制。鼓励并支持跨学科研究、有发展潜力的特色研究，积极孵化与培育新的学术（学科）增长点，建立科研平台建设与优秀人才培育相结合的体制机制。引导科学研究增强对人才培养的反哺作用，鼓励教师将研究成果、学术前沿信息及科学研究方法融入教材、引进课堂，不断丰富、充实和提升教学资源，为培养高水平创新型人才奠定坚实基础。探索专职科研人员职称的学校自主评定体制与办法。

4. 建立政产学研用合作长效机制，争取多元办学资源。加强学校与经济社会发展的融合，构建服务区域产业发展的政产学研合作平台，促进学校优势领域对接区域经济发展规划，更好地服务辽宁经济社会发展。探索财经类高校科研成果的转化模式，打造一批具有自主知识产权的品牌项目和成果。加强与大中型企业、小微企业的产学研合作，推进产学研联盟建设，加强对重点区域的辐射。

（五）国际化办学

实施国际化办学战略，适应国家经济社会对外开放的要求，适应人才培养的国际化需求，创新和深化国际化办学，以国际化带动和促进全校教育事业的改革发展，提升学校在国内国际教育领域的影响力和竞争力。

1. 完善国际化人才引进机制，着力构建国际化发展高地。突破和创新国际化人才引进、聘用和管理的体制，建立灵活有效的选才用才机制，将高水平人才引进与现有师资提升计划相结合，实现外生性引入与内生性培育的有机融合。实施国际化发展的高地战略，瞄准国家和区域发展急需补缺做强，打造与全球高等教育相接轨的国际化师资高地、国际化科研高地和国际化人才培养高地，为全校创建一流大学的目标奠定基石。

2. 积极参与国际权威认证，接轨全球高等教育质量保障体系。鼓励和引导研究生专业学位教育和本科专业积极创造条件，整合全校资源，参与 AMBA、AACSB 和 EQUIS 等国际认证。并通过参与国际认证，建立一套与国际接轨的、持续改进的高等教育质量保障体系，打造国际化品牌形象，提升国际化在学校核心学科的渗透度，推进以重点学科和特色专业为重点的课程国际化，实现学校的国际化发展战略目标。

3. 进一步引入并用好国外优质教育资源，探索境外办学。继续加强与国外高水平大学的交流与合作，积极推进深层次的合作研究和教师互派、学生互换、学分互认和学位互授联授，提高国际化办学质量和层次。支持萨里国际学院构建以双学位教育为主体的教育模式。进一步开拓出国留学渠道，支持与鼓励优秀学生申请公派留学资助赴海外知名大学学习，设立专项基金资助品学兼优的学生进行海外交流，扩大学生海外留学规模，提高学生的国际竞争力。加强国际科研合作，依托国家和省级科研平台，与国际高水平大学或科研院所合作建设联合研究平台，扩大国际合作研究领域，进一步提高学校的国际知名度和影响力。

4. 统筹国内、国际资源，推动留学生教育发展。积极发展来华留学教育，与"一带一路"沿线国家的大学实施有效对接，拓展来华留学合作项目，扩大来华留学教育规模；进一步建立有效的来华留学教育保障机制和激励机制，加强来华留学教育的师资、管理队伍以及教学、住宿等软硬件条件建设；大力发展留学生学历教育，创新来华留学教育模式，开展留学生预科、国家级中文授课品牌专业和英文授课品牌课程建设，稳步推进留学生英文授课学历教育项目；支持国际汉语文化学院进一步加强来华留学示范基地建设和汉语国际教育工作，积极参与全国来华留学教育质量认证；采取有效措施，建立中外学生的长效融合机制；加强留华毕业生信息库建设，做好留学生校友工作。到2020年，留学生总规模达到1500人以上，其中学历生达到1000人以上，实现留学生本科、硕士研究生、博士研究生及汉语（商务汉语）长、短期进修协调发展的来华留学教育良好格局。

5. 推进孔子学院的可持续发展，为国际化办学提供有效资源。充分发挥和利用孔子学院的平台作用和窗口效应，为学校师资队伍培养、学生交流交换、教学管理国际化提供有效资源和平台，提升学校的国际标准导向力和国际品牌形象。到2020年，新建1~2所孔子学院、2~3所孔子课堂，努力建成全球示范性孔子学院。

（六）信息化建设

按照集成化要求，建设安全、高效、可持续、可跨越的信息公共服务体系，建设规范、完整、可维护、可扩展的数据库，提升数据丰度，完善数据质量，强化业务系统的深度应用和交叉协同，以现代信息分析技术为手段，加速实现服务人性化、管理精细化和决策科学化。

1. 加强公共基础设施建设，提高运维管理和服务支撑能力。加强有线网和无线网建设和运维，优化网络结构，调整运维策略，扩充出口带宽，改善用户体验；加强网络安全建设，落实重点安全部署，提升信息安全管理水平；按照国家标准改善数据中心硬件环境，优化数据中心架构体系，整合计算与存储资源，推进私有云存储系统的建设与应用，提升信息资源的服务支撑能力。

2. 加强业务系统建设与整合，持续完善公共信息服务平台。加强已建应用系统的整合和跨部门的业务协同，统一身份认证，构建共享服务平台，推广多部门交叉协同应用服务；利用信息门户开展综合信息查询，力争实现统一行政办公服务；利用大数据工具完善学校公共展示平台，实现数据可视化；以"大平台＋轻应用"模式推进移动信息平台建设，应用微信公众号等新型信息服务载体，实现业务系统的移动化；建设面向用户、需求导向的资产管理系统，提升校园管理的智能化水平；建设为外籍教师、留学生和域外访问者服务的英文版教学科研信息化平台。

3. 加强信息技术与学校核心业务的深度融合，实现教学手段现代化。积极推进学科建设信息管理平台的开发、应用与管理，建设学科自检平台和学科建设管理系统，建设学科综合数据库，推动学科信息资源的共享；支持基于现代网络技术的慕课、微课、私播课和混合式课程建设，促进现代教学设施和手段的应用，以信息技术手段丰富课程资源、优化教学模式；推进科研资源数字化，完善学校硕士和博士论文电子资源库建设，推动学校标准化的机构学者资源库建设，研究建立"东北老工业基地特色经济数字化资源库"。

4. 加强公共数据库建设与应用，开展数据挖掘和决策支持。建立公共数据采集工作机制，由业务部门依据信息标准对业务数据进行及时更新，确保数据准确和完整；建立原始数据核查制度，构建覆盖全面、程序规范、责任明确的统计数据质量控制体系，实现数据建设全流程的制度化、程序化、规范化；逐步开展面向教学、科研、资产、财务、人才、招生、就业等主题的大数据分析工作，为实现管理精细化、决策科学化提供支持。

（七）财政保障能力建设

积极消化历史欠账，解决历史遗留问题，控制财务风险。深化财务管理和资源配置体制机制改革，加强内控体系建设，增强资源配置的合理性与有效性，提高资源的利用效率。积极探索多元化筹集办学资源的渠道和方式，推进与市场接轨的筹资体制改革，进一步提升资源的筹措能力，增强财力，为学校的改革与发展提供可靠的基础性支撑。

1. 加强财源建设，努力培育新的财力增长点。完善体制机制，充分发挥校院两级筹措办学资源的积极性。主动适应国家高等教育战略导向，探索增加中央财政事业经费拨款的新渠道。推进省部共建机制常态化建设，争取部省共建平台对学校资金和政策的支持。积极服务地方经济社会发展，探索争取辽宁省、大连市政府给予资金及政策支持的新机制。建立本科生、研究生学费标准的动态调整机制，确保学费收入的稳定增长。建立有效激励机制，充分开发培训市场，做大做强培训事业，增加培训收入。加强出版社事业规划和内部管理，提高经济效益和社会效益，为学校财力提供重要支撑。加强教育基金会建设，建立一支专业化的募集捐赠资金队伍，争取教育基金规模不断扩大；对教育基金进行合理运作，保证教育基金稳健增值；切实加强教育基金的管理和使用，充分发挥教育基金对学校发展的支持作用。

2. 科学配置办学资源，提高资金使用效益。按照事权、财权有机结合的原则，推进统一、规范的财务管理体系建设，适时建立财务服务中心。积极探索建立具有学校特色的财务绩效评价体系，开展二级单位财务绩效考核评价，建立与绩效考核评价相衔接的绩效奖励制度，将当年经费预算分配与上年度预算执行绩效挂钩，体现绩效导向，引导各单位注重提高资金使用绩效。健全基于绩效考核评价调整学校发展规划、招生指标、学科专业设置等公共资源配置的机制。在明确职能部门权力、学院权力及建立绩效考核机制的前提下，按照事权与支出责任相适应的原则，探索实行学院综合定额预算，扩大学院资金使用自主权。建立完善以资源有偿使用为主的集约式管理和成本分担机制。加强各类学生培养成本的测算；节约公用经费的支出；实行零基预算管理。

3. 建立内外结合的监督机制，控制财务风险。按照财政部颁布的"事业单位内部控制规范"的要求，制订《内部控制管理办法》，建立内部控制体系，明确财务、审计、监察部门分工，确保学校内部监督和控制体系的独立性和权威性。进一步完善校、院、个人三级经费监管机制，强化财务运行管理，明确校、院两级财务公开的内容和方式，进一步扩大财务信息公开的内容和范围。将审计关口前移，对经济活动存在的风险进行全面、系统和客观的评估，不断完善内部控制。

4. 加强资产管理，提高资产使用效率。建立经营性资产有偿使用制度和使用效益评价机制，实现经营性资产收支两条线管理，规范收益分配管理制度。实施学校行政办公用房定额配置的管理改革，根据国家相关规定并结合各单位的人员编制数，核算行政办公用房总定额，对各单位使用的行政办公用房实行定额配置管理。打破学院壁垒，建立校内资源档案，推进校内学术软硬件资源整合和共享，构建稳定的共享机制和共享平台。定期对校内资源整合和共享工作进行目标管理和绩效评价。做好辽宁省财政干部教育中心划转后的资产运营。

（八）校园建设和后勤服务

体现"适用、超前、资源节约和环境友好"的规划设计理念，提高校园功能布局的科学化水平，完善公用基础设施，提高硬件资源的配置水平和保障能力，改善和优化办学环境，突出校园建设的使用功能和育人功能，建设环保、平安、和谐、精致的绿色校园。

1. 加强校园基本建设。按照打造精致、有特色的东财校园的要求，加强校园建设的整体设计，推进校园建设规划的制订，做好辽宁省财政干部教育中心划转后建设规划的制订和实施工作。为满足学校发展的功能需求，结合现有资源的调整改造，深入贯彻"适用、经济、绿色、美观"的建设方针，择机推进大学生创新创业实践基地等项目的建设，努力做好项目实施的各项准备。加强消防和安保体系建设，确保校园安全。

2. 加强图书馆建设与服务转型。按照现代大学图书馆的发展趋势，以国际化与信息化的理念和标准为指导，利用现代信息技术、网络技术手段，优化空间布局，变革组织架构和业务流程，延伸服务功能，创新服务模式，提高为学科建设服务的能力，逐步实现从传统图书馆向现代化、智慧型图书馆的转变。将图书馆建设成为学校的文献信息中心、学术交流中心、知识创新中心和文化传承中心。

3. 加强档案资源的建设和利用。加强档案信息化建设，构建覆盖学校教学、科研、管理与服务的档案资源体系和档案管理利用体系，提供更加全面、精确和快捷的档案信息服务。做好校史馆建设工作，加强对校史资源的搜集、整理和挖掘工作，充分发挥校史资源的育人功能和宣传作用。

4. 加强后勤服务和保障体系建设。完善后勤组织体系建设，明确后勤管理体制。打造科学合理的后勤标准体系，继续加强规范化建设。加紧建立健全具有学校特色的服务规范和技术标准体系，完善对后勤服务保障能力和质量效益的评价标准体系和评价机制；建立及时、高效、优质、全覆盖的快速反应机制；建立后勤服务交流平台和信息平台，畅通师生与后勤服务的沟通渠道，推进后勤信息公开，促进后勤保障管理透明规范。推动医院管理体制改革，强化医疗保障能力建设，健全医疗服务保障体系。健全工勤技能岗位聘用机制，调动工勤技能人员积极性。

五、保障措施

（一）加强党的领导

充分发挥党委的领导核心作用。坚持党要管理党，从严治党，落实党委主体责任，严格执行党风廉政建设责任制。深入落实党委领导下的校长负责制，切实加强领导班子建设，建立健全党委统一领导、党政分工合作、协调运行的工作机制。建设学习型党组织，推动中国特色社会主义理论体系进教材、进课堂、进头脑，深入开展社会主义核心价值体系学习教育活动。

坚持党管干部原则，加强干部队伍建设。坚持德才兼备、以德为先标准，进一步完善领导干部选拔任用制度。强化干部日常监督管理，实行干部问责制，完善干部年度考核制度，建立领导班子和领导干部实绩考核评价体系和奖惩机制。加强对处、科级干部尤其是优秀青年干部的培养和使用。

充分发挥基层党组织的战斗堡垒作用和党员的先锋模范作用。在全体党员特别是党员干部中牢固树立敢于担当、真抓实干、干事创业的导向和强烈的改革创新意识。大力弘扬理论联系实际、密切联系群众的优良作风，推动学校新一轮办学思想的解放，增强深入推进学校改革的执行力。

进一步加强和改进宣传思想工作，贯彻党委意识形态责任制，把握意识形态工作领导权、话语权，保持先进文化引领。加强和改进大学生思想政治工作，创新德育工作的内容、方法和途径，加强思想政治理论课程建设，充分发挥思想政治教育的主渠道和主阵地作用。

发挥党委的决策与监督作用，不断完善党内民主管理与监督，充分发挥教代会、工会、学代会和民主党派的民主管理与监督职能，拓宽社会利益相关者的民主管理与监督渠道。建立健全专门委员会制度，建立科学的代表提案制度，扩大校务公开和信息公开，推进自我评价和社会评价，营造民主管理与监督的文化氛围。

（二）优化育人环境

按照依法办学、自主管理、民主监督、社会参与的原则，不断完善党委领导、校长负责、教授治学、民主管理的体制，逐步构建形成统一领导、多元参与、和谐善治、科学发展的现代大学治理体系。落实《东北财经大学学术委员会章程》，完善专门委员会规程，保障学术权力运行，建立教授治学、尊重创造、鼓励创新的良好学术环境。促进校友资源开发，充分发挥校友会作用，推进大学、校友会和校友相互融合、和谐发展。探索成立理事会，构建学校举办者和社会利益相关者多渠道监督学校办学、深层次参与学校管理、全方位支持学校发展的体制机制。

坚持依法治校，遵章办学，以法治思维和法治方式推动学校治理体系创新。深入实施《东北财经大学章程》，不断加强学校规章制度建设，建立以《东北财经大学章程》为核心的现代大学制度体系。

以增强学院办学主体地位为目标，按照事权相宜和权责一致的原则，积极推进校院两级治理体系综合改革试点建设，不断完善二级单位党政联席会议制度。进一步强化机关职能部门服务能力建设，按照精简高效原则，合理设置组织机构及其内设机构，提高管理服务效能。规范职能部门的职权，健全行政权力的监督约束和考核机制，加强工作作风建设，增强服务意识，提高服务质量。加快行政管理的信息化建设，提高管理的现代化和精细化水平。

完善教学保障机制，着力增强教师教书育人的自觉性和积极性，激励教师提高教学质量。完善心理健康课程教学、咨询服务、危机干预等工作体系，将心理健康教育与思想政治教育有机结合，合力促进学生健康成长。全面实施平安校园、文明校园、绿色校园、和谐校园建设。完善矛盾纠纷排查化解机制，帮助师生员工解决实际困难和问题，切实维护校园和谐稳定。加强安全教育、舆情管理和安全管理，完善学校突发事件应急管理机制。加强校园网络安全管理和周边治安综合治理。

（三）完善人文环境

深入推进大学文化建设，切实发挥文化育人功能，不断增强师生的文化自觉和文化自信，在传承和创新中培育具有东北财经大学特色和优势的大学文化。加强走廊文化、室内文化、校园景观、校园文化设施建设，实现使用功能、审美功能和教育功能的有机结合。加强宣传教育，营造以节约为荣、浪费为耻的校园文化氛围。进一步完善大学形象识别系统建设，促进学校品牌形象的树立和大学文化传播与交流推广。加强对哲学社会科学报告会、研讨会、讲座等的开放和管理，坚持正确的政治方向、多元的文化视角，使其成为宣传科学理论、传播先进文化、引领道德风尚、弘扬社会正气的重要阵地。

落实《教育部关于建立健全高校师德建设长效机制的意见》《东北财经大学关于加强师德建设的意见》《东北财经大学师德规范》等要求，以"师德建设月"活动为载体，大力加强师德建设，构建师德建设长效机制。以"学风建设月"活动为载体，开展各种学风建设活动，引导学生养成良好的学习习惯，提高学生综合素质。创新校园文体活动载体和机制，丰富校园课余文化生活，深入推进高雅艺术进校园，不断丰富群众性体育活动。加强学生社区建设和管理，加强学生社团建设，规范学生社团管理，做好勤工助学工作，推进学生自治。培育健康积极的校友文化，营造"校友情系母校、母校关怀校友、相互支持、共同发展"的校友文化氛围，使学校成为广大校友的精神家园。

对外经济贸易大学"十三五"发展规划

（2016～2020）

"十三五"时期是我国全面建成小康社会的决胜阶段，也是北京市落实首都城市战略定位、加快建设国际一流的和谐宜居之都的关键时期。党中央、国务院已做出重要战略部署，到2020年我国若干所大学和一批学科进入世界一流行列。作为一所始终站在中国改革开放最前沿的"211工程"建设的重点高校，对外经济贸易大学必须精准把握时代发展的脉搏，锐意进取，破解发展难题，增强创新动力，积蓄后发优势，力争到2020年若干学科达到世界一流水平，实现国际竞争力、影响力显著增强的国际知名有特色一流大学的奋斗目标。

一、"十二五"学校事业发展简要回顾

"十二五"期间，学校以科学发展观为统领，坚持内涵发展、特色发展和现代化发展之路，实施人才强校战略、国际化战略与体制机制创新战略，求真务实，开拓创新，各项事业发展成效明显，综合办学实力进一步增强，学校的综合竞争力进一步提升，为学校中长期的可持续发展奠定了良好的基础。

（一）学校主要工作的发展状况

学科建设取得跨越式发展。学校新增4个一级学科博士学位授权点、17个二级学科博士学位授权点，自主设置2个交叉学科博士学位授权点；新增2个北京市重点学科，2个学科被列入了北京市重点支持学科；新增3个一级学科硕士点，新增专业硕士点4个，申报成功8个新办本科专业；瞄准世界一流学科，实施"三级重点学科"建设方案，启动高水平学科和特色学科重点建设工作，并初见成效。新建国际关系学院、统计学院、思政部、文化艺术教学部、教育与开放经济研究院、科技与开放研究院等教学、研究机构。

高水平人力资源队伍正在形成。学校创新集聚人才的体制机制，高层次人才引进与培育工作成绩显著。引进学术带头人9人、中青年学术骨干32人、海归教师61人，长江学者特聘教授入选1人，"千人计划"入选3人，国家百千万人才工程入选2人，"万人计划"第一批青年拔尖人才入选2人，"新世纪优秀人才支持计划"入选18人；教职员工队伍结构更趋合理，干部队伍建设进一步加强，教学科研队伍结构更加优化，具有博士学位的教师比

例提升至64%，长聘年薪制教师占全校教学科研人数的7.1%，初步建立了具有竞争力的人才制度环境，一支结构合理、素质优良的人力资源队伍正在形成。

人才培养质量继续提高。本科招生近10年在全国保持文科前10名的地位。学校创新人才培养模式，在宽口径专业培养、科学型、复合型、创业型、国际化等人才培养模式方面全面创新实践；推进翻转课堂等课堂教学模式的改革；积极组织暑期国际学校项目，探索了课程国际化新途径；推进研究生教育综合改革，构建质量保障体系，突出研究生创新精神和实践能力的培养；优化研究生招生类别和结构，硕士研究生中专业学位学生占57.8%；鼓励学生自主开展创新性科研，催生出一批高水平学术成果；将创新创业教育融入到人才培养的全过程，学生创新创业实现突破性进展。"十二五"期间，学校学生就业率和就业质量继续保持高位稳定，毕业生就业率均保持在95%以上。

取得一批有影响力的科研成果。学校学术贡献不断加大，获得国家级、省部级科研立项600项，位居全国同类高校前列，其中国家社科项目重大项目、重点项目显著增加，国家自科重点项目取得零的突破；产出各类科研成果7000余项，其中，被SSCI收录302篇，被SCI收录63篇，被CSSCI收录论文2300余篇，出版各类著作和教材800余部；报送193篇高质量研究报告，其中45篇研究报告得到习近平、李克强等党和国家领导人的批示；联合成立协同创新中心，以创新体制机制为先导，取得阶段性成果；研究基地建设取得明显成绩，智库影响不断扩大。

国际化特色更加鲜明。学校全面启动国际化工程，牵头成立中俄经济类大学联盟，开展EQUIS、AACSB国际认证，其中，EQUIS认证获得通过；继续推进学生海外交流计划，有海外经历的学生占在校生比例10%；推进《留学UIBE行动计划》，长期留学生规模达到3241人，其中，学历生2415人，继续保持在全国高校中的领先地位；建立商务汉语推广人才储备库，开发新商务汉语考试，开展国际商务汉语教学与推广，学校和国外大学合作共建有9所孔子学院，各孔子学院在商务汉语教学、国际合作等方面都取得了显著成绩。

党建和思想政治工作水平进一步提升。学校党委对人才培养、体制机制改革、大学章程和依法治校、宣传思想工作等重大问题进行顶层设计与规划；创先争优、党的群众路线教育实践活动、"三严三实"专题教育活动取得实效；通过北京市党建达标验收，党建工作科学化水平进一步提升；将培育和践行社会主义核心价值观融入育人全过程，建立完善成长成才教育服务体系，学生思想政治教育工作取得显著成绩；牢固掌握意识形态工作领导权、管理权、话语权，充分发挥教代会工会职能，重视对党外人士的思想引领和作用发挥，落实离退休人员政治与生活待遇，丰富老同志精神文化生活，支持关工委开展立德树人工作。

加强学校内部治理。完成建校以来首部大学章程的编制工作，并经教育部核准颁布；学校《章程》成为学校依法自主办学的总依据与顶层设计，学校现代大学制度建设取得重大进展。

社会服务工作进一步加强。签署《教育部、商务部共建对外经济贸易大学协议》，共建工作扎实推进，高端人才交流与培训、智库服务水平不断提升；与青岛、深圳等校府合作以及与国内知名企业校企合作进一步拓展；与北京市第九十四中学、惠新里小学建立附中与附小的合作关系，探索新的办学体制和人才培养模式；全面履行教育部支援西部和支援滇西边境山区工作；学校继续教育、远程教育人才培养与高端培训继续推进，成果显著。

服务体系建设进一步改善。图书资源向复合型文献资源方向发展，牵头组建的"北京市财经类高校图书馆资源共享平台"工作不断推进；校园网出口带宽增加到3300M，无线网络覆盖到80%以上的校园办公教学区域，初步搭建了全校统一身份认证平台，信息化智能校园建设水平位于国内同类高校前茅；档案馆馆藏资源进一步丰富，信息化建设形成阶段性成果，编撰出版年鉴，发挥存史、资政、育人和对外宣传的作用；校董会、校友总会和教育基金会的工作有了长足发展，学校获得协议捐赠与教育部配比资金共计2.8亿元；财务状况不断向好，学校总收入增至13.18亿元，固定资产规模增至13.52亿元，总资产增加到目前的31.01亿元；着力打造后勤支撑保障体系，紧盯行业走向，加强标准化建设，后勤满意度逐年提升；完成科研楼、综合体育馆、留学生综合楼和教学综合楼前期的建设，积极开展绿色、低碳校园建设；着力加强平安校园工作，引进智能化、信息化技术，保障了学校正常教育教学秩序。

民生工作进一步加强。积极推进"办实事工程"，全部兑现每年承诺为师生办理的10件实事，帮助教职工融通住房资金，成功解决3号地遗留问题，在昌平购买青年教师周转房，通州香溪家园购置高层次人才引进住房，每年提高教职工工资收入，年均增幅近15%，离退休人员共享学校改革发展的成果。

（二）学校目前存在的主要不足

与社会对高等教育的期待相比，学校教育事业仍存在诸多不足与问题，突出表现在：人才培养质量与经济社会发展的要求有差距，学科专业结构与区域发展和产业转型升级的要求有差距，自主创新能力与国际竞争力的要求有差距，高校自主办学和自我管理的能力与建设现代大学制度的要求有差距，这些问题在学校具体体现如下10个方面：（1）学科布局和结构仍需完善，重点学科建设有待进一步强化；（2）教学科研人员总量不足，引进高层次人才工作亟待加强；（3）学生培养状况总体尚好，但以"创新创业教育"为导向的教育教学改革仍需进一步加强；（4）学术研究成果总量提升很快，但重点与重大项目建设仍需加强；（5）国际化工程建设成效显著，但国际合作与高端国际化师资引进工作需要加强；（6）党建思想政治工作富有成效，但从严治党工作仍有差距；（7）社会服务工作已呈现初步发展的良好局面，但高水平与高质量的服务成果仍很匮乏；（8）绿色校园建设初见成效，但智能化校园建设基础薄弱；（9）校园规划总体布局基本形成，但部分基建项目需加速推进；（10）综合保障系统建设卓有成效，但师生满意度仍需提升。其中，创新驱动力不足是学校目前发展存在的核心问题。

二、"十三五"时期学校办学指导思想与战略目标

（一）"十三五"期间学校面临良好的发展机遇

党的十八届五中全会确立了未来5年我国国民经济和社会发展的基本思路、基本原则、

重点任务和保障措施，提出了"创新、协调、绿色、开放、共享"的发展理念，成为我国经济社会发展的新思维；《统筹推进世界一流大学和一流学科建设总体方案》规划了我国高等教育战略发展的新蓝图；国务院《关于深化高等学校创新创业教育改革的实施意见》对我国创新创业人才培养做出了新部署；服务国家战略需求，建设中国特色新型智库对我国高等教育提出了新使命；《京津冀协同发展规划纲要》为学校建立新的增长点提供了新机遇；"一带一路"战略，全方位、深层次、多渠道的对外开放格局为我国高等教育的改革与发展提供新的发展空间；信息化深入发展，"互联网＋"、物联网、云计算、大数据、移动多媒体等对社会生产生活、组织方式产生了深刻的影响，对高等教育带来了新的挑战。

面向"十三五"，学校必须积极应对国际国内经济社会发展的新态势、新机遇和新挑战，围绕立德树人这一中心工作，勇于进取，不断增强学校的核心竞争力。

（二）办学指导思想与总体发展目标

指导思想。以邓小平理论、"三个代表"重要思想、科学发展观为指导，认真贯彻落实党的十八大以来历届全会精神以及习近平总书记系列重要讲话精神，认真贯彻《国家中长期教育改革和发展规划纲要（2010～2020 年)》，全面贯彻党的教育方针，遵循高等教育规律，以提高人才培养质量为核心，落实立德树人根本任务，以国家发展战略、区域经济与行业社会发展需求为导向，创新引领创业、创业带动就业，主动适应高等教育改革发展新趋势与开放型经济新体制，进一步解放思想，创新体制机制，增强办学活力，实现学校新的历史性跨越。

学校总体发展目标。以国家"211 工程"重点大学的建设目标为基准，推进学校治理体系和治理能力现代化，"十三五"期间，继续巩固在同类型高校中的领先地位，到 2020 年若干学科力争达到世界一流水平，将学校建设成为国际竞争力、影响力显著增强的国际知名有特色的一流大学。

（三）战略发展体系

构建"一三四"战略发展体系，即以一流人才为引领，坚持创新驱动战略、特色发展战略、内涵发展三大战略，以全面深化改革、全面依法治校、全面从严治党、全面加强信息化建设"四个全面"为支撑保障，加强学校战略设计与管理，着力提升学校的办学竞争力。

（四）主要办学指标

1. 学生规模。到"十三五"末，学校各类全日制在校生规模达到 16800 人左右，其中，本科生 8500 人，硕士研究生 4850 人，博士研究生 650 人；来华留学生 3500 人，其中学历留学生 2800 人；继续教育学历教育注册学生 15000 人左右，远程教育学历教育注册学生 40000 人左右。

2. 教职员工规模与结构。到 2020 年末，教职员工队伍总数达到 1860 人左右，其中，专职教师队伍规模 1100 人，教师博士化率达到 75％，生师比 20∶1；引进千人 3～5 人，实现长江特聘教授 1～3 人，青年长江学者 3～5 人，万人计划人才 3～5 人，国家级百千万人才3～5人，北京市教学名师10人，国家级教学名师1～2人，政府特贴人才4～6人，引进学科建设领军人物10人，学术带头人20～30人，学术骨干50人左右。

按照"退一补一"的原则，党政教辅人员招收110人，队伍规模达到500人，辅导员队伍达到60人；原则上不再新增工勤人员，根据需要对一些技术岗位进行必要的补充。

三、"十三五"时期学校事业发展分项目标与主要任务

（一）学科建设

1. 建设目标。围绕建设一流大学学科这一战略目标，建设国际化特色鲜明、学术贡献、人才培养质量、社会服务水平国内一流的学科群。到2020年，学校学科综合实力处于国内先进行列，位于教育部属财经、外语类高校前列；部分学科与世界一流学科差距进一步缩小，努力建成世界一流学科；部分学科在国内保持领先地位，进入国内一流学科行列；为学校建设有特色一流大学奠定坚实的学科基础。

2. 主要任务。

（1）进一步完善布局，调整结构。增设一级学科博士点。继续努力申报外国语言文学、管理科学与工程、政治学、公共管理一级学科博士学位授权点，到2020年，力争学校一级学科博士学位授权点总数达到6～8个。

增设一级学科硕士点。积极申报马克思主义理论、中国语言文学一级学科硕士学位授权点，增设2～3个专业硕士学位点。

加强自设二级学科硕士点、博士点建设。对暂时没有硕士学位、博士学位授权点的学科和社会需求强烈的重大知识创新领域自设二级学科或交叉学科；重点建设"马克思主义理论＋"二级学科硕士点，为申报马克思主义理论一级学科硕士学位授权点奠定基础。

（2）实施"支重、扬特、交叉、扶新"计划。勇攀高峰，全力支持世界一流学科建设。重点支持基础深厚并对学校学科发展有引领作用的国际贸易学、金融学（含保险学）、企业管理、国际法学、英语等5个高水平学科，以亚洲乃至世界一流学科为标杆，以超常规的建设速度，冲击世界一流学科前沿，在某些指标上赶上并超过国外知名大学，努力缩小与世界一流学科水平的差距，争取进入国家支持世界一流学科重点建设计划。

激扬特色，大力加强特色优势学科建设。重点支持符合我国经济发展战略需要、应用研究特色鲜明的会计学、产业经济学、数量经济学、世界经济、民商法学、社会保障、特色外语等学科以及国家急需的商务政策、国际投资、多边贸易体制、国别经济研究等学科方向，以国内一流学科为标杆，以服务国家发展战略为宗旨，做好人才储备和理论贡献，为国家提供一流的政策依据和决策咨询。

鼓励交叉，全面促进交叉学科建设。重点支持"经济学＋""外国语言＋"和"互联网＋"等交叉学科，持续建设"低碳经济""法经济学""商务外语研究"等已有交叉学科，鼓励各学科根据自身特点和发展方向自由组合相关学科，打破院系行政阻隔，建设更为强大

的交叉学科建设平台。鼓励相关学科开展校际、国际跨学科合作，推进学科交叉融合，互补互助，积极探索、寻找新的学科增长点，在新的知识领域和新型人才培养方面有所创新，有所突破。

扶持新建、新兴学科，完善学科体系，增强整体实力。重点扶持政治学、统计学、汉语国际教育、行政管理（含海关管理）等新建学科、专业，同时，顺应我国经济建设"新常态"和全球经济发展趋势，以学校优势和特色学科为依托，探索新兴学科建设方向和途径；继续实施和完善人文社科基础学科平台，组建跨学科的学术团队，形成学科交叉互动，构建深广的通识教育学科平台，为培养一流专业人才提供高水平的学科教育体系。

（3）改革学科建设管理体制。鼓励制度创新，变身份管理为绩效管理，实行竞争性评选；探索适应于团队发展的评价体系与成果分享机制，鼓励学术团队凝练新的学科方向，为学校世界一流学科建设提供可靠的制度环境。

（二）人力资源建设

1. 建设目标。以重点学科、新兴交叉学科、重点项目和重点人才为核心，引进和培养并举、国内与国外并重、长期与短期结合，造就一支德才兼备、结构合理、有较强创新能力、国际化特色鲜明的人才队伍；以制度创新为契机，引导人才有序竞争、合理流动，营造适合创新人才成长的宽松学术氛围和良好学术环境。

根据北京新的人口政策和学校事业发展需要，加强教职员工身份编制的改革，探索建立灵活多样的用人机制。

2. 主要任务。

（1）完善高层次人才队伍建设机制。健全人才工作领导体制，形成党委统一领导，党政齐抓共管，职能部门和学院各司其职、密切配合的工作格局；建立科学的人才工作决策机制、协调机制和督促落实机制，形成统分结合、上下联动、协调高效、整体推进的人才工作合力；完善党委联系专家制度；创新人才发展政策，加快制订高层次人才建设工作制度。

（2）加强人才引进工作。加强人力资源发展规划，构建人才选聘机制；完善海内外高层次人才引进制度，加大对引进人才的统筹规划及审核，采取切实措施引进"千人计划""长江学者""万人计划"学科带头人、高水平海外毕业博士，重点引进一批具有国际水准的学术带头人和具有较强国际竞争力的优秀中青年学术骨干；科学确定人力资源的规模与结构、投入比例和相关标准，理顺人才招聘程序，完善公开招聘制度，优化人才选聘机制，建立人才引进奖惩和问责机制，将人才引进成效作为学院领导的重要考核指标。

（3）加强人才培育工作。建设高层次人才储备库，以学校"杰青""优青""惠园杰出学者"和"惠园特聘教授"计划为依托，实施校内"杰出人才孵化工程"，大力培育青年英才，依托重点学科、重点科研基地以及重大科研项目，力争培养和造就一批学科领军人物；鼓励和支持教师、管理干部通过多种形式到教育部、商务部、"一行三会"、海关总署以及驻外商务机构、地方市委、市政府等部门开展挂职锻炼、顶岗实践，提高实践能力和业务水平。

（4）改进和加强师德建设工作。贯彻实施社会主义核心价值观，进一步构建师德建设常态长效机制；坚持正确的师德舆论导向，营造良好的师德建设环境；充分发挥教师激励机制的导向作用，探索设立教书育人"卓越贡献奖""终身成就奖"；严格执行惩处机制，坚决贯彻师德"一票否决"制和师德失范处分机制。

（5）创建"贸大学派"。在已完成遴选首批"惠园杰出学者"和"惠园特聘教授"工作基础上，确定学校高层次人才培育名单，建立学校高层次人才培育库；以突出贡献、重大影响为目标，多渠道、分层次培养，造就一批功底扎实，勇于创新的学术带头人，形成"贸大学派"。

（6）探索建立人事管理与考核的多样化机制。探索灵活多样的用人机制。根据学校教职员工的编制与北京控制人口政策，逐步实行部分事业编制、部分劳动合同制、部分招聘应届毕业生、部分专业技术人员社会招聘的党政教辅人员用人方式，并根据国家政策的调整，逐步过渡到完全劳动合同制。

修订和完善教师岗位聘任、考核、职称晋升制度。进一步细分各类岗位职责要求和评价标准，深化教师的发展性评价机制，侧重人才培养效果和科研业绩；推行考核方式的多样化，对不同类别人才采取不同的考核方式；进一步完善不同类别的专职教师和科研人员的职称晋升机制，健全不同类别的专职教师和科研人员的晋升标准和程序，建立学术成果多元化评价机制。

完成定岗定编工作。教职工实施按需设岗，择优上岗，合同聘用，完善教职员工的年度考核、实施筛选淘汰制度，建立健全人员流动机制。

（7）加强教师创新创业教育教学能力建设。将教师创新创业教育教学能力提升纳入教师培训计划，建立健全相关专业教师到行业企业挂职锻炼制度；扩大校外兼职教师队伍，聘请知名科学家、企业家、风险投资人等优秀人才，担任专业课、创新创业课授课教授或指导教师；加强校企合作，建设校外创业导师队伍，组建学生创业导师团，对创业团队和创业者开展指导、咨询、评估和孵化支持。

（三）人才培养工作

1. 建设目标。立德树人，确立人才培养在学校工作的中心地位，完善一、二、三课堂的衔接互动体系，加强大学生人文素质教育，提升学生的社会责任感、勇于探索的创新精神，加强学生的体育教育，进一步增强学生的身体素质，培养"德才兼备、善于创新、基础宽厚、专业扎实、具有跨文化交流能力和国际竞争力的高素质复合型人才"的本科人才，培养"信念执着、品德优良、专业扎实、善于创新、具有较强的解决实际问题能力的高层次、国际化、拔尖创新人才"的研究生人才。

2. 主要任务。

（1）进一步提升生源质量。增强主动意识，创新宣传方法，加大招生宣传力度，吸引更多优质生源报考，继续保持并提升学校的生源质量，生源质量位列同类高校的前列；深入实施招生阳光工程，规范招生工作。

（2）创新本科教学体系，提高培养质量。适当增加和调整本科专业。兼顾"就业导向"和"学术导向"，以调结构、上水平、国际化为重点，根据人才市场需求和学科发展动态适当调整专业结构，裁并就业质量不高、发展动力不足的专业，新增社会急需、发展潜力大的专业，特别是交叉专业，年均新增专业不超过2个，专业设置总规模控制在48个以内。

深化人才培养体制机制改革。将人才培养的中心任务落到实处，推动教师对本科教育教学的探索与钻研，完善学生的评教制度，明确学院在本科人才培养中的主体地位，厘清校院两级管理权限，进一步发挥学系在教学改革中的重要作用。

深化人才培养模式改革。实施多元人才培养模式，即基于通识教育的宽口径专业培养模式、基于荣誉学位的科学型人才培养模式、基于主辅修制的复合型人才培养模式、基于双向交流的国际化人才培养模式和基于职业导向的创业性人才培养模式。

推进教学方法改革。鼓励教师采用启发式、讨论式、参与式教学方法，加强专题教学、情景教学、案例教学、模拟教学、网络教学、慕课教学、微课教学，扩大小班教学覆盖率。

强化内部质量保障体系建设。以"本科教学工作审核评估"为契机，以评估为手段，以评估促发展，促进教学管理工作规范化，保持优良的教风、学风常态化，固化评估经验，将专业评估常态化、制度化，形成长效机制；加强第三方评估工作，构建利益相关者之间的反馈机制。

推进本科教学质量与教学改革工程。本科教学坚持以学生为中心，以成果为导向，持续改进；从严治教，严格并优化教学管理制度，大力夯实基础教学，加强课程、教材、教学实验、教学研究课题等教学基本建设，强化教育教学思想的总结与凝练，争取在国家级资源共享课程、视频公开课、国家级教学成果奖、国家级规划教材等方面有突破性进展。

加强学生的创新意识和创业能力。倡导以学生为主体的人才培养和研究型教学人才改革，建立人才培养模式创新实验区，激发学生的创新思维和创新意识，形成有利于多样化创新人才成长的培养体系；增加创新创业教育模块，开设创新创业系列课程，鼓励教师指导学生创新创业；进一步规范实践教学环节，丰富实验课程，新建改建实验课程50门；建设好二、三课堂，支持学生参加各类科技创新、创意设计、创业计划等专题竞赛；继续做好大学生暑期社会实践活动。

（3）深化研究生教育综合改革，培养高水平人才。深化研究生教育综合改革工作。以"成长成才"为核心，建立健全研究生教育质量保障体系，到2020年，基本建成规模结构适应需要、培养模式各具特色、整体质量不断提升、拔尖创新人才不断涌现的研究生教育体系，进一步突出研究生创新精神和实践能力的培养。

创新研究生培养模式。优化课程体系，完善人才培养质量标准，将创新创业能力培养贯彻到研究生培养全过程；科学建立考核机制，改革中期考核方案，引入分流与淘汰机制，做好学业预警，改革博士生综合考核方式，加强研究生培养过程监控。

提高研究生科研能力和创新水平。改善科研环境，支持研究生参与导师科研工作，举办高质量学术活动，开展学术论文发表奖励工作，营造浓厚的学术氛围。

积极参与学位授权点评估。组织2014～2019年学位授权点专项评估与合格评估；以自我评估工作为契机，全面梳理现有学位授权点建设情况，以问题为导向，营造有利于人才选拔、成长、成才的良好环境。

加强导师队伍建设。建立博导问责制，落实博士生指导教师资格考核工作，推进以博导为对象的博士生培养质量考核；创新导师培训形式，不断提高导师指导能力；加强校外导师队伍建设，积极推进校外导师参与研究生培养全过程。

（4）进一步加强就业创业工作。本科生国内外深造比例超过60%；根据行业需求和学生专业特点，持续开展职业生涯规划和就业指导；继续整合资源，加快就业基地建设，促进毕业生充分就业和高质量就业；组织开展各类创业活动，进一步培养挖掘学生的创新创业意识，提高学生的创业能力。

（四）学术研究工作

1. 建设目标。围绕助力中国经济走向世界和提升中国学术的国际话语权这两大任务，坚持特色发展的道路，完善服务于我国开放型经济建设的学科体系，打造我国开放型经济发展智库，加大学术队伍和梯队建设，加强科研成果质量和创新导向，改革学术评价体系，完善科研管理激励机制，营造宽松而严谨的学术氛围，大力推进学校哲学社会科学的繁荣发展。

2. 主要任务。

（1）强化科学研究质量导向，提升学术创新能力。科学研究成果实现从数量扩张到质量提高的根本性转变，将工作重点放在产出一流成果、优秀成果方面，提高学校学术影响力和学术地位。

国际学术影响力不断增强。SSCI和A&HCI收录论文不少于500篇，其中权威国际核心学术期刊发表论文达到150篇；ESI社会科学总论、经济学和商科等学科领域总被引数位居财经类高校前列，一批高质量论文进入ESI高被引前1%。

国内学术地位明显提高。论文总数达到7500篇，CSSCI收录论文总量达到3000篇，出版各类著作达到800部；被各级部门采纳的调研报告、研究报告和政策建议不少于200份，承担各级各类纵向课题600项，其中，重大、重点项目20项，横向课题达到750项。

科研条件改善，科研经费增加。建立对外开放的大型数据库2～3个，逐步成为专业领域最有影响力的数据库；建立常规发布的年度专项经济指数2～3个，为国家和企业决策提供可靠依据；科研经费逐年增加，各类科研经费总额突破两亿。

（2）调整和增设学术组织，适应未来学科发展需要。探索按门类或一级学科实行学部制。对分布在不同学院的同一学科实行学部制，统一协调组织学部内的学科建设。加强智库建设，形成以基础学术研究和人才培养（学院）为轮轴，以专题研究（中心）为辐条，以政策咨询和企业筹划（智库）等社会服务为外缘的学科学术组织结构。

探索与国内外，特别是国外一流学术机构联合设立学科合作平台组织。开展校际、国际合作和人员交流，共同申报科研课题、共同开发专业课程、共同推动学生交换、联合招生和联合培养。

加强价值链研究院建设。条件成熟时，积极筹建中国消费经济研究院、国别经济研究院、财税学院、马克思主义学院等教学科研单位。

（3）健全激励机制，产出一流成果。强化科研导向。以创新驱动发展战略为引领，围绕国家战略需求和国家经济社会发展前沿，实现学术研究的重大突破；进一步健全科研体制机制，完善科研考核评估方式，激发学术进步的内生动力，培育不甘平庸、勇攀高峰的创新文化。

加强公共学术资源建设。鼓励学术研究基础建设，以数据库和大型评估模型开发为核心，依托商务部定期收集商务发展动态与热点，不断完善学校重点研究领域数据库建设，使得学校成为权威数据的来源地、学界媒体的聚焦点。

实施学术"走出去"计划。加强与世界银行、国际货币基金组织、欧盟、WTO、联合国贸发会议、亚行、亚投行等国际组织和国外智库的联系与交流，争取新的合作项目。进一步加强与联合国、世贸组织等国际组织的联系，不断扩大学校在国际经济秩序、国际贸易争端等领域的话语权和影响力；完善区域国别问题研究布局，提高学校在国际学术界的地位和影响力。

（五）国际化工程建设

1. 建设目标。建成布局合理的国际合作网络，引进一批海外高端专家和优质资源，在学科建设、国际合作研究、创新团队建设、国家急需人才培养、智库建设等方面取得突破。

2. 主要任务。

（1）加强国际交流与实质性合作。以学院为单位，分解、落实与现有友好院校的合作项目，深化与紧密伙伴的实质性合作；以学院为单位，确定学校重点建设学科的目标合作伙伴，确定负责人和工作进度表；做好出访国家和任务的协调，节约资源，实现务实高效的国际交流访问；每年开展国际化主题活动2~4场，实现高端来访团（国家级领导或国际组织领导人）3~5个。

（2）加强学科国际化建设。在国际贸易学和国际法两个国家重点学科选择1~2个研究方向，作为国际学术合作的重点领域；鼓励校内各学科针对重大、具有前沿性的问题展开国际合作研究，打造具有研究前沿问题能力和国际影响力的研究基地；鼓励学科交叉，利用外国专家开展合作研究；国际发表数量达到每年150~200篇；做好学科国际认证工作，做好商学院的AACSB认证工作，使学校的工商管理教育达到世界一流水平；做好公共管理专业硕士NASSPAA国际认证，促进公共管理学科水平快速提高；到2020年末，力争选择1~2个高水平学科，1~2个本科专业进行国际评估，对学校学科建设的国际化水平进行全面检验、诊断、评价，带动和促进全校各学科国际竞争力的提高。

（3）加强师资队伍国际化建设。面向全球，增加外籍教师的聘请规模，改善教师的国别结构；大力引进海外优秀人才，改善教师的学缘结构；建立相关领域的国际著名学者、国际知名学者信息库；利用好国家级重点引智项目中的"推进计划""111计划""海外名师""诺奖大师中国校园行"等，重点引进高层次外国专家、学术特区人才、青年博士后人才等；以AEA招聘会为主阵地，招聘经济学类人才；落实管理、金融、法学、外国语言文学海外招聘工作。

通过留学基金委、"211工程"经费、学校专项经费等，继续推进优秀骨干教师和学术带头人出国培养计划；对行政人员，特别是有关从事国际化工作的管理人员实施国际化培训计划；重视教师参加国际学术会议、出国讲学、出国研修工作，鼓励教师与国际一流研究机构、一流大学的国外学者开展合作研究，利用现有重大、重点课题资源，主动设置全球性研究课题，吸引海外一流专家和学者参与，实现实质性、高水平和可持续的国际科研合作。

（4）加强人才培养国际化建设。积极推进与国外著名高校的本科生双学位项目，健全学生对外交流互换学分制度，奖励优秀学生、资助家庭贫困但有学习潜力的学生海外学习交换，争取15%的本科生具有出国留学经历；开展国内外联合培养项目，鼓励研究生参与国家公派留学项目，争取60%的博士研究生、25%的科学学位研究生均具有出国留学经历；将学生的海外学习纳入培养方案，提高学生海外学习质量；建立与国外知名高校的长期合作机制，建立与国外合作高校学分对接机制。

办好各类面向国际的教学实验班，继续办好暑期学校，适当增加暑期学校国外创新创业类外教的聘请，引进国外创新创业课程，选择优秀暑期课程，做成MOOCs并进行推广；组织学生赴海外大学创业基地学习创业与创新技能；加强与各国使馆及企业在华商会的沟通合作，利用校友资源优势，推动校园国际交流活动的开展。

（5）加强来华留学生教育与国际汉语推广工作。将来华留学生管理和服务纳入学校整体体制内，促进趋同化管理与个性化服务相结合，促进中外学生交流的深度融合；丰富中外学生共同参与的实践教学内容；重视留学生在第二、第三课堂和全校性活动中所发挥的重要作用；在留学生培养诸多方面，积极创造条件给予国民待遇；加大与国外大学联合培养项目的开发力度，促进留学学历教育规模和质量的稳步发展与提升；提高学校预科教育基地培养质量，以良好的口碑争取CSC预科生源；兴办以商务汉语为主体的10所孔子学院，探索新的合作模式，充分利用现代传媒工具，开设网上孔子学院、多媒体孔子学院等；建设10所孔子学院联盟，即"贸大孔子学院联盟"及指导委员会，加强中外方合作院校及各孔子学院在人文交流和科学研究方面的深度合作。

（六）社会服务工作

1. 建设目标。将学校办成适应我国对外开放需要、能够应对经济全球化挑战的人才培养基地，成为创造与传播科学新知的平台，成为解决我国对外开放、经济建设和社会发展所面临的重大理论和实践问题的智库，争取政府、企业和社会各界对学校的更大支持，促进学校的可持续发展。

2. 主要任务。

（1）进一步做好继续教育、远程教育人才培养与高端培训工作。继续以质量、品牌、效益为导向，按照市场运作机制的要求，努力开拓新的生源市场；建立适应现代继续教育、远程教育要求的质量观，在课程设计、师资配备、运行管理、服务保障等方面全面加强管理；大力拓展高端培训市场，力争实现社会效益和经济效益双丰收。

（2）加强智库建设。发挥学校特色，建立开放型经济研究院（智库），在开放经济的研究框架下，遴选一批相关领域的研究中心，将其打造为中国对外开放领域的新型智库；设立2~3个相对独立运行的校级智库，其中至少有一个是与国内外知名智库合作建设的高端智库，以创新体制机制为动力，协同有关高校、政府部门、企业和地方政府围绕国家经济建设的重大课题，以产出世界一流科研成果、为我国开放经济建设做出突出贡献为宗旨，形成一支内外结合、专兼结合、理论联系实际的高水平师资队伍，培养一批具有创新精神和实践能力的优秀专业人才，贡献一批优秀的思想成果，建设科研、学科、人才培养三位一体的高端智库，成为中国企业走向世界的智囊。

（3）继续推进校府、校地与校企合作。深入推进《教育部、商务部共建对外经济贸易大学协议》的落实，进一步深化与商务部各业务司局及相关单位的合作；继续加强与人民银行、海关总署、工商总局、质检总局等其他行业主管部门及相关单位的联系和合作，增强为国家提供高水平、高层次和多形式服务的能力；推进与青岛市政府合作框架协议的落实，进一步办好深圳研究院，继续开发、深化与国内外知名企业的合作。

（4）继续落实高校对口支援及滇西边境山区支援工作。进一步与教育部高校团队协同，共同落实援助石河子大学、滇西边境山区工作；继续加强学校与朝阳区教委、东城区教委的合作，做好贸大附中、附小创建工作。

（5）继续加强与校友、校董的沟通和联系。建立校院两级校友工作体系，学校校友会总数达50个，推动国内各省份和海外地区成立校友会；挖掘更多优秀校友资源，引导校友为母校发展提供智力、财力或其他方面的支持；积极开发募集捐赠资金新渠道，保持捐赠金额的稳定和增长；加强与校董及其所在单位的沟通与联系，广泛征询校董对学校发展的建议，商议开展更多合作项目，实现互惠共赢。

（七）服务保障体系建设

1. 建设目标。强化服务理念，创新管理体系，加强信息化与基础设施建设，提高管理与服务水平，建成资源丰富、管理先进、配置合理、服务优良、保障有力的资源服务保障体系，打造出一个现代、绿色、低碳、安全的惠园。

2. 主要任务。

（1）建设教学、科研实验室。加大教学实验室、科研实验室、综合实验室和数据中心的建设力度，提高服务能力和使用效率，为人才培养、学术研究、学科建设提供有效的技术支持和必要的设施设备。

（2）做好信息化工作。推进信息化智能校园建设，促进信息技术与教学、科研、管理等工作的深度融合；校园网核心区域实现40G互联，实现有线网千兆到桌面、无线网校园全区域高速覆盖，出口带宽全面满足师生需求；通过信息系统升级与流程优化，推进线下业务向线上办理、协同办公、移动办公的模式转变；建立大数据平台与数据仓库，构建大数据服务中心，为师生提供个性化的、智能化的数据服务和信息服务，为学校的科学管理与决策提供辅助支持。

（3）做好图书、档案工作。图书工作重心由资源导向向服务导向转移；加大数字资源投入，至"十三五"末图书馆数字资源经费投入达到或超过文献购置费的60%；建成"中国企业走出去"等专题特色数据库。建立人物档案工作专项基金，支持名师文集或相关编著的出版；以档案信息资源库建设为核心，推进馆藏档案数字化；完成校史馆展区的更新改造，建设网上虚拟校史馆；完成中国开放史博物馆的建设。

（4）做好财务、资产工作。多渠道筹措资金，建立校院两级资金保障工作机制，形成多元化的资金来源渠道；加强预算管理，健全学校与二级单位预算管理体制；建立成本补偿机制，坚持效率为先，建立公平的创收分配制度；实现业务处理的信息化，构建财务决策支撑体系及监控体系。加强学校非经营性资产运作，促进各类资产效益最大化；制订相对合理的办公用房标准，提高资产使用率；对各教学单位办公用房进行适当调整，解决同一单位多地办公问题。建立校园空间与资产管理系统，加强学校资产管理信息化建设；努力做好国有资产的保值增值工作。

（5）做好后勤、基建工作。深化后勤改革，以学校为主导，以购买服务为补充，完成由自办后勤向公选后勤、监管后勤的方向转变；建立"微后勤"、便捷服务 APP 等，建成快速反应联动机制；开展绿色校园建设，进行合同能源管理，建设节能监管平台，实现用能监管的精细化；推进标准化校园建设；完善校医院的医疗保障服务；建立大后勤工作协调联动机制和科学评价机制，实行"大后勤、大服务、大保障"的联动格局。启动新求索楼建设、诚信楼南广场地下停车库建设和学生第二食堂改扩建三大工程；加快推进可再生能源利用项目和节能技术（设备）更换项目，提高校园节能性和管理智能化水平；积极创造条件，谋求调整现有校园的建筑容积率；积极开拓校府、校企等多形式联合办学，适度扩大学校的占地规模，拓展学校的办学空间；抓住京津冀一体化发展机遇，充分发挥和利用国家重点高校的品牌效应，申办新校区，为区域经济社会的发展做出更大贡献。

（6）做好安全稳定工作。完善长效监督机制，强化督导问责，全面落实校院两级责任体系；加强师生安全教育，建成师生安全教育体验馆；强化校园综合治理，形成人人参与、共保安全的态势；推进安全管理信息化建设，打造多功能的"平安校园"信息管理服务平台，建成"七位一体"的综合管理服务平台；实现"六个零"目标，即确保校园群体性事件、火灾事故、重大治安事件、重大交通事故、重大安全生产事故、因安全问题引发的公关危机事件均为"零"。

（7）加强民生工作。以人为本，凝心聚力，促进和谐，进一步加强民生工作，继续为教职员工与学生办实事，在学校事业发展的基础上，持续提升教职工的收入水平，提高教职员工的归属感、幸福感。

四、"十三五"时期学校事业发展的保障措施

（一）政治保障：全面落实从严治党，充分发挥党委领导核心作用

充分发挥党委领导核心作用，坚持和完善党委领导下的校长负责制，坚持党委把方向、谋全局、管大事，支持校长依法独立负责地行使职权。

全面贯彻中央"四个全面"战略布局，坚决执行党的教育方针，围绕立德树人中心工作，积极服务国家重大战略需要，不断提升创新办学理念，努力增强学校核心竞争力，培养德智体美全面发展的中国特色社会主义事业合格建设者和可靠接班人。

加强领导班子和干部队伍建设。强化领导班子思想、能力和作风建设，优化领导班子的

知识结构和专业结构，提升决策的科学化、民主化水平；探索建立灵活多样、互为补充的初始选拔干部提名方式，科学设置干部考察、民主测评范围，落实干部选拔任用工作纪实制度；加强党员领导干部理想信念、党章党纪教育，以创新能力为核心开展专项教育；坚持干部管理从严，作风要求从严，组织建设从严，制度执行从严；建立干部任期目标责任制，强化任期考核，完善党政领导干部问责制；建立完善领导班子分析研判制度，将日常考核与年度考核相结合，定量考核和定性考核相结合，结合岗位特点进行分类考核；重点加强对常委会决议落实执行的监督力度。

加强人才队伍建设。健全人才工作领导体制，坚持党管人才原则，形成党委统一领导，党政齐抓共管，部门和学院各司其职、密切配合的工作格局；建立科学的人才工作决策机制、协调机制和督促落实机制；完善党委联系专家制度；加快制订高层次人才建设工作制度，推行高层次人才引进计划；服务人才需求，努力为教师教学科研工作提供便利，为各类人才发挥才干创造条件。

立德树人，以"五大体系"建设为平台，将大学生社会主义核心价值观教育融入人才培养全过程；构建思想育人体系，依托专任教师、辅导员、党政管理人员等，以思政课堂、二三课堂建设、主题党日活动为平台，推动建设大学生全员全方位的核心价值观思想引导体系；加强学生党建工作，重点推进党员先锋工程建设，培养一批优秀的党员学生骨干人才；构建奖助育人体系，将社会主义核心价值观融入学生综合评价体系，完善奖优评价平台，科学设置各类奖助学金；落实研究生助教、助研，逐步开展研究生担任辅导员工作；构建管理服务育人体系，完善学生全面发展咨询平台，协同推进学生事务网络"一站式"服务平台建设，建设学生成长大数据服务平台；构建心理健康育人体系，完善心理危机干预和转介机制，建好二级学院心理中心，建设学生心理素质拓展训练基地，打造交叉特色艺术课程；构建就业创业育人体系，继续引导毕业生到基层就业创业，强化创新创业实践，建立创客训练营，加快建设学校首个创业孵化基地，成立"创新创业国际联盟"，建立中外学生共同创业的新平台。

夯实思想理论建设。以"两个巩固"和"四个全面"战略布局为核心，全面掌握意识形态工作的领导权、管理权、话语权；创新师生理论学习和教育方式，充分发挥好思想引领作用，不断增强师生的道路自信、理论自信、制度自信；围绕党建与思想政治理论工作的重大紧迫课题，做好战略性、前瞻性、系统性研究。

推进基层党组织建设。健全基层党组织和党员立足岗位创先争优的长效机制，建立党组织书记例会制度，加强对党支部建设的考核评价，定期举办党组织书记工作交流研讨和党务工作专题培训；提高发展党员质量，重点做好在高端人才、青年教师和优秀大学生中发展党员工作；坚持全面从严治党，分期分批对全体党员进行党章、党纪、党性教育培训；加强考核和管理，确保校院两级党委理论中心组学习的覆盖面和实效性。

全面加强党风廉政建设。强化落实主体责任、严明"六大纪律"，建设"五个清单"工程，深入推进落实党风廉政建设工作；建设内部控制和外部监督联动的防控网络，形成"不敢腐"的震慑；建设廉政教育课堂，组织开展多层次专题教育活动，强化形势教育、纪律教育、警示教育，将反腐倡廉教育贯穿领导干部成长全过程；畅通监督渠道，完善监督机制，发挥群众监督主体作用，构建严密的监督体系。

凝心聚力，做好工会、团学、统战工作。推进学校双代会换届选举工作，加强工会三级组织建设，推进教职工小家建设；推进与青年教师社会实践基地深度合作；构建团学活动育人体系，完善对二三课堂"十大活动"平台的课程化设计，加强对学生社会实践工作的顶层规划，成立中国青年"一带一路"协同发展行动中心，推进研究生社会调研和科研创新，全面推进中外学生深度融合；完善统战工作体制机制，加强二级党委统战工作，将党外人士队伍建设纳入干部和人才队伍建设总体规划；选派优秀党外干部到校内外挂职锻炼，建立党外（代表）人士人才库，建立健全参与学校民主管理机制。

做好离退休老同志工作。深化老少党支部1+1结对共建活动，落实离退休人员政治待遇和生活待遇，加强老年大学、老年协会建设，加强对特殊和困难群体的关爱帮扶力度，推进二级关怀；支持关工委开展立德树人工作。

（二）制度保障：全面实施依法治校，推进现代大学制度建设

完善党委领导、校长负责、教授治学、民主管理的长效机制，继续完善学术委员会、人才培养委员会制度，保障学术民主、推动学术自由、加强学术自律，切实提高依法治校水平；继续完善教代会、职代会制度，推进校务公开，保障广大教职员工依法行使民主管理与监督的权利，推进学校决策与管理的科学化、民主化、制度化；依据学校《章程》，落实各项治理制度与运行机制的设计，开展重要规章制度梳理工作。

按照学校《关于全面深化教育体制机制改革若干问题的实施意见》，继续大力推进学校的综合改革。结合"十三五"规划的实施和《章程》的贯彻落实，分学期、分学年予以贯彻落实，推进学校治理体系和治理能力现代化。

推进校院两级管理体系，明晰学院的办学主体地位，形成学校宏观决策、部门协调配合、学院实体运行的管理模式；建立健全能充分发挥学院的教学科研自主性和积极性的办学机制，增强学院面向社会办学的活力和竞争力；建立健全学院行政和学术管理机制，创造一流的内部管理、学科建设和学术发展环境。

（三）文化保障：构建先进学校文化，提高学校核心竞争力

认真落实党的十八大精神，贯彻习总书记一系列讲话要求，进一步加强党的建设和廉政建设。

挖掘与梳理学校优秀的文化内涵，提炼积淀的先进的文化传统，铸就共同的"精神价值坐标"，积极倡导忧患意识、进取意识、责任意识，凝心聚力，团结协作，共谋发展。

加强正面宣传和教育引导，大力营造风清气正的良好校风，大力倡导追求真理、追求卓越、拒绝平庸的学术风气，着力构建以人为本、尊重差异、鼓励创新、积极向上的和谐校园文化。

扎实开展师德教育，完善职业道德评价与激励机制，积极落实师德建设的长效机制，营造尊师重教和弘扬高尚师德文化的氛围。

五、规划的实施与评估

（一）组织实施

加强规划组织领导。学校"十三五"发展规划工作领导小组负责领导学校《规划纲要》的实施，各有关单位要明确规划实施的负责人，将规划任务分解并予以贯彻落实，切实做到"决策部署以规划为依据，工作目标以规划为指南，考核工作以规划实施效果为主要标准"，共同维护本规划的权威性。

加强规划体系建设。建立以学校规划纲要为统领、专项规划与学院规划为主干，校院两级规划相互结合、统一衔接的学校规划体系；将《发展规划纲要》作为学校年度工作计划、项目审批和资金安排等方面的重要依据，突出学校《发展规划纲要》的权威性和导向性。

（二）宣传发动

通过多种形式加强对《发展规划纲要》的宣传工作，增强师生员工对学校"十三五"发展思路、发展目标和发展重点的认同感，使规划执行过程成为凝心聚力、共谋发展、群策群力的过程。

（三）评估检查

指标落实。本规划确定的约束性指标具有行政效力，将纳入到相关职能单位与学院的年度考核指标体系之中，指标完成情况将作为单位年度考核的重要内容。

评估检查。学校在"十三五"中期和末期，分别组织规划实施情况专项评估检查，全面分析检查各项政策措施落实情况及实施效果，做好《规划纲要》及相关信息的公开工作，接受师生及社会监督。

"十三五"时期是一个充满机遇与挑战的时代，对外经济贸易大学必须增强历史责任感和紧迫感，积极进取，主动作为，将全面提升创新能力摆在学校综合改革的核心位置，以提高教育质量为核心，着力突破重点领域和关键环节的体制机制障碍，推动若干高水平学科进入世界一流行列或前列，加快高等教育治理体系和治理能力现代化，全面提高人才培养、科学研究、社会服务和文化传承创新的水平，承担起国家重点高校的历史使命。

广东财经大学"十三五"发展规划

为加快建设有特色高水平应用型财经大学，进一步提升办学实力，根据《中华人民共和国国民经济和社会发展第十三个五年规划纲要》《国家教育事业发展"十三五"规划》《广东省经济和社会发展第十三个五年规划纲要》《广东省教育发展"十三五"规划（2016－2020年）》《广东财经大学章程》《广东财经大学中长期改革与发展规划纲要（2015－2025年）》等文件精神和高等教育改革发展形势，结合学校实际，制订本规划。

第一部分　发展基础和形势分析

一、"十二五"建设回顾

（一）主要成绩

"十二五"期间，在省委、省政府的正确领导下，学校领导班子团结和带领广大师生员工抢抓机遇，改革创新，砥砺奋进，重点实施了特色优校工程、学科建设工程、人才兴校工程、学术强校工程、开放办学工程和校园建设工程，学校各项事业都取得了新进展，实现了新突破，为建成有特色高水平应用型财经大学奠定了坚实基础。

1. 成功更名为大学。学校于2013年成功更名为广东财经大学，这是学校发展的一次历史跨越，提高了学校知名度和社会影响力，拓展了发展空间，创造了新的机遇，实现了学校办学基本条件、人才培养质量、科学研究水平和社会服务能力的全面提升。

2. 依法治校全面推进。制订并颁布了学校办学活动纲领性文件《广东财经大学章程》，进一步完善了党委领导下的校长负责制，加快了建立现代大学制度的步伐。成立了依法治校领导小组和依法治校办公室，积极推进依法治校，学校获批为广东省依法治校示范校。制订了《广东财经大学学术委员会章程》，对校学术委员会进行了重构，确立了校学术委员会作为学校最高学术权力机构的地位。在总结前期工作的基础上继续深化校院两级管理体制改革，进行了绩效工资改革，实施了全员岗位聘用。健全校内民主管理与监督机制，充分发挥教代会、学代会和统战群团等在学校科学发展、民主管理等方面的作用。

3. 人才培养成效显著。不断深化以实验实践教学改革、分层分类教学改革、创新创业教育改革、产教融合教学改革和素质教育改革等为主要内容的应用型人才培养模式综合改革。学校经管类跨专业综合实验实践教学继续保持国内领先水平，国家级实验教学示范中心"广东财经大学经济与管理实验教学中心"通过教育部验收，"广东财经大学企业综合运作虚拟仿真实验教学中心"获批为国家级虚拟仿真实验教学中心，"广州市地方税务局经济学实践教育基地"获批为国家级大学生校外实践教育基地。大力加强创新创业教育，探索了以培养高级"双创型"人才为目标的多元协同人才培养模式，学校获批为广东省大学生创新创业教育示范学校。持续推进专业层面的分层分类教学改革，新增国家级人才培养实验区1个、省级人才培养实验区4个、国际化人才培养实验区3个，拔尖创新人才培养体系初步形成。积极探索产教融合、校政行企协同育人的方法和路径，与地方政府和企业共建产教融合型学院2个，获批省级协同育人平台2个。拓展素质教育改革的广度和深度，优化了通识教育课程体系，开展了学生"五早一晚"学风建设活动，学生的综合素质明显提升，在全国"挑战杯"竞赛、全国大学生数学建模竞赛等全国性比赛中均取得优异成绩。"广东财经大学经管类本科应用型人才培养模式综合改革"获批为广东省教育综合改革示范项目，学校应用型人才培养模式综合改革4项研究和实践成果获评为第七届广东省高等教育教学成果一等奖。

研究生教育取得较快发展。在校生规模由1007人增长至1549人，增长53.8%；结构不断优化，专硕占比达70.63%，提前3年实现国家提出的专业学位研究生占比超过50%的目标；研究生创新计划稳步推进，获批为教育部研究生课程试点建设单位，4门课程被评为省级研究生示范课程，9个案例入选全国优秀案例，新增9个省级研究生联合培养示范基地；研究生培养质量持续提升，8篇论文入选广东省优秀硕士学位论文，荣获省级以上研究生竞赛奖60项。

"十二五"期间，学校为社会培养了53460名应用型高级专门人才，其中全日制本科生27248名，研究生1793名，成教生24419名。本科毕业生总体就业率保持在99%以上，稳居全省高校前列，并保持较高的就业质量。

4. 学科建设有新突破。实施学科建设工程，确定了14个校级重点扶持学科，其中应用经济学、工商管理和法学3个一级学科获批为第九轮广东省优势重点学科，实现了重点学科建设层次上的新突破。新增统计学一级学科硕士学位授权点和会计、税务、公共管理3个专业学位授权点，会计学、宪法学与行政法学2个学科获批设立珠江学者岗位。

5. 科学研究水平和社会服务能力不断提升。经过多年积累，尤其是通过"十二五"期间加大政策引导力度，学校科研实力和社会服务能力显著提升，实现了教育部哲学社会科学重大课题攻关项目立项和高等学校科学研究优秀成果奖等多项重大突破。共获科研项目1155项，增长67.9%，其中国家级项目82项，增长148%；获科研项目经费1.58亿元，增长177%。在《中国社会科学》《经济研究》等权威和核心期刊发表论文2970余篇，增长275%，被三大索引收录论文238篇，出版学术专著149部；获省部级科研成果奖28项，增长133%。《广东财经大学学报》入选中文社会科学引文索引（CSSCI）来源期刊。

紧密结合广东经济社会发展尤其是现代服务业开展社会服务，加强校政行企协同创新，共获得横向项目经费5611万元，增长2.7倍；"珠三角科技金融产业协同创新发展中心"获批为广东省首批协同创新发展中心，"开放型经济创新研究中心"获批为广东省首批决策咨询研究基地；共建了税务干部进修学院等11个校政行企一体化平台；36名专家学者被聘为各级人大和政府立法顾问、财经顾问、决策咨询顾问和应急管理顾问等;成立了广东高校第一家社会科学界联合会,发起成立了华南商业智库,牵头起草了《广东省社会科学普及条例》等多项重要地方法规,《广东现代服务业发展研究报告》等多项研究咨询报告获省委主要领导批示。

6. 教育国际化取得较快发展。努力构建推进办学国际化发展的跨部门、跨专业协作体制与机制,积极拓展涉外交流合作空间,推进实施39个国际化教育项目以及国际预科班等数个涉外办学项目。创办了《中美人才培养计划》1+2+1本科国际商务专业实验班和广东财经大学—西澳大学2+2本科金融学专业实验班。创建了广东财经大学海外实践教学平台的德国基地、新西兰基地和坦桑尼亚基地。创建了广东财经大学国际化师资海外研修基地的美国佩斯大学站和澳大利亚西澳大学站。立项建设"中—欧经济合作研究平台""宪政与公共财政合作研究平台""港澳基本法合作研究平台"等3个国际暨港澳台科研合作创新平台。成立了华南地区唯一的德语培训和考级权威机构"广东财经大学歌德语言中心"。

7. 师资队伍建设成效明显。加大人才引进力度,专任教师从1009人增加到1164人,增长15.36%;具有博士学位教师从257人增加到462人,增长79.77%;具有海外工作学习经历的教师从65人增加到145人,增长123%。引进"新世纪百千万人才工程"国家级人选、"珠江学者"特聘教授1名,聘任"珠江学者"讲座教授2人,新增国务院特殊津贴专家3人、教育部"新世纪优秀人才"2人、财政部"全国会计领军(后备)人才"3名、广东省会计领军(后备)人才1名、"广东特支计划"青年文化英才1名、广东省青年文化英才1名、广东省理论宣传青年优秀人才1名,9人入选广东省高校"千百十人才培养工程"省级培养对象,13人入选广东省高等学校优秀青年教师培养对象。

8. 办学基本条件明显改善。集中资源推进校园基本建设,完成了新图书馆等校园基本建设,总投资近8亿元;新增校舍面积约24.6万平方米,比"十二五"前的校舍总面积翻了一番,其中新增教学科研行政用房面积约11万平方米、学生宿舍面积约2.4万平方米、体育运动场地面积约2.1万平方米,新增学生床位3132个。持续推进信息化建设,完成数字化校园一期工程、校园一卡通系统一期工程和校园网升级改造;建成各类数字化学习资源课程总数1220门,容量达3.5T,信息化建设与应用水平进一步提升。教学科研仪器设备总值达11767万元,馆藏图书总量达452万册(其中纸质图书约256万册),中外文数据库59个、特色数据库18个。

9. 校园文化建设成果丰硕。开展了"广财精神大讨论",确立了"正心诚意、求真向善"的广财精神和学校的办学理念、治校方略、办学特色等。设计了学校视觉形象识别系统并推广应用。出版了首部校史《广东财经大学校史(1983~2013年)》。打造了学校官方微博和微信等新媒体传播平台。创办了"善水大讲坛""红色大讲堂"等文化精品,文化活动丰富多彩,硕果累累。加强了社会主义核心价值观教育和师德师风建设,涌现了一批国家级、省级的先进集体和先进个人。"五早一晚"学风建设活动成为学校一道亮丽的风景,有效促进了学生良好素质的形成。

10. 党的建设进一步加强。深入学习贯彻党的十八大、十八届三中、四中、五中全会和习近平总书记系列重要讲话精神以及党章党规等,并把学习宣传的成果转化为明确学校发展思路、厘清发展目标、推进科学发展的工作实效。牢牢把握意识形态的领导权、管理权和话语权，进一步完善意识形态工作管理体系，严格落实意识形态工作责任制，开展了政治安全专项整治工作，确保校园和谐稳定。扎实推进"创先争优"、党的群众路线教育实践和"三严三实"专题教育等活动，获得"广东省教育系统创先争优工作优秀组织奖"。成功召开第五次党代会，完成了学校党政领导班子换届和23个基层党委、党总支、直属党支部的换届选举以及全体中层领导干部换届选任工作。干部的推荐、考察、任免、考核、监督和教育培训等工作进一步规范与完善。切实履行党风廉政建设党委主体责任和纪委监督责任，积极推进党风廉政建设领导体制和工作机制建设，实现重点领域和关键岗位的有力监督和管理。强化作风建设，出台系列制度，坚决贯彻落实中央八项规定精神和本省实施办法。学生思想政治教育取得明显成效。统战、群团、校友和离退休工作扎实有效开展，为学校各项事业的改革、发展和稳定凝聚了共识、智慧和力量。

（二）主要经验

回顾学校"十二五"期间的建设和发展历程，主要有以下经验值得认真总结和发扬。

1. 必须明确学校发展定位，紧扣广东经济社会发展重大需求开展人才培养、学科专业建设、科学研究和社会服务等各方面工作。

2. 必须坚持人才兴校，加大力度引培高层次人才，不断优化人才成长环境，实现人尽其才、才尽其用。

3. 必须统筹校内外资源攻坚克难，集中力量解决制约学校发展的重大关键问题，带动学校整体发展。

4. 必须坚持深化改革，创新组织结构和管理方式，激发办学活力，促进学校可持续发展。

5. 必须坚持依法办学、依法治校，不断强化师生员工的法治观念，推进学校法治水平的持续提升。

二、问题与不足

"十二五"期间，学校事业取得了新的发展和进步，但仍然存在一些需要着力解决的问题。

1. 体制机制改革亟须深化，教职员工的凝聚力、向心力亟待提高，风清正气、干事创业的良好风气亟须进一步加强。

2. 师资队伍规模、结构和水平还不能完全适应学校发展需要，高端人才和团队的引进与培养亟须加强。

3. 学位授予体系不完整，重点学科优势不突出，缺少在国内外具有重大影响的标志性科研成果。

4. 主动融入地方经济社会发展的动力和能力有待加强，社会服务的广度、深度、显示度和影响力不高。

5. 办学经费不足，预算规模小，债务负担重；教学行政用房、学生宿舍床位还有较大缺口，办学基本条件仍需进一步改善。

6. 学院作为人才培养中心的地位不够突出，运行机制不够完善，"等靠要"思想比较严重。

三、机遇与挑战

"十三五"时期是经济"新常态"下我国贯彻"四个全面"战略布局和"五大发展理念"的推进期，是广东实现"三个定位、两个率先"的攻坚期，也是学校加快建设有特色高水平应用型财经大学的关键期，学校将面临以下机遇和挑战。

（一）机遇

国家及地方经济发展带来的机遇。国家推动经济转型发展，大力实施创新驱动战略和"一带一路"战略，深入推进大众创业、万众创新；广东实施先进制造业和现代服务业双轮驱动发展战略，获批成立自由贸易试验区和国家自主创新示范区；广州建设创新型国家中心城市，实施"一江两岸三带"战略，为学校的人才支持和智力支撑提供了广阔空间。

高等教育综合改革带来的机遇。国家实施以"双一流"建设战略和引导部分地方普通本科高校向应用型转变为重点的教育领域综合改革，颁布了系列文件，出台了指导性政策和重要举措；广东省委省政府继续实施"创新强校工程"，统筹推进广东高等教育综合改革，出台了一系列重要文件和措施，为学校发展方向、内涵建设和体制机制改革等提供了政策依据和资金支持。

（二）挑战

学校面临的挑战主要有：一是教育教学理念、教育模式和学科发展机制面临高等教育国际化、信息化和学科发展综合化迅猛发展形势的挑战；二是人才培养模式面临国家和广东经济社会快速转型发展对人才多样化、多元化和个性化需求的挑战；三是学校办学层次和水平、特色和优势面临广东高等教育结构布局调整优化的挑战。

第二部分 总体战略

一、指导思想

以中国特色社会主义理论体系为指导，坚持社会主义办学方向，遵循"四个全面"战略布局和"创新、协调、绿色、开放、共享"发展理念，遵循高等教育发展规律和人才培养规律，主动适应经济发展"新常态"和高等教育综合改革发展新形势，主动融入广东经济社会尤其是现代服务业发展，加强学校党委对全校工作的全面领导，坚持立德树人，坚持依法治校，全面从严治党，深化综合改革，完善"开放、协同、实用、有效"的应用型人才培养模式，彰显"商法融合、实践创业、多元协同"的办学特色，创新强校，加快推进有特色高水平应用型财经大学建设。

二、发展思路

紧紧抓住国家高等教育综合改革及广东"创新强校工程"建设的机遇，围绕有特色高水平应用型财经大学的发展定位，以"申博"为突破打造高水平，以产教融合为抓手夯实应用型，以国际化、信息化为"双轮"助力学校发展，通过深化体制机制五项改革，狠抓高水平建设四个重点，实施应用型建设四项举措，落实条件保障六项措施，着力提升人才培养质量、学科建设水平、科学研究与社会服务能力，努力开创学校发展新局面。

三、发展目标

（一）总体目标

"十三五"期间，学校成为博士学位授权单位，形成"本、硕、博"完整的人才培养体系，学科专业体系高度契合广东现代服务业发展需要，应用型人才培养质量进一步提高，服务政府、行业、企业的能力显著增强，办学国际化和信息化的程度与水平明显提升，办学特色进一步彰显，成为广东乃至全国具有较大影响力的财经类转型发展示范校，学校综合办学实力力争进入全国财经类高校前 15 名。

（二）主要目标

1. 办学规模。继续稳定本科生教育，大力发展研究生教育，适度发展继续教育，努力拓展外国留学生教育。到 2020 年，在校生总体规模稳定在 28000 人，其中全日制在校本科生 24000 人，研究生 2000 人，其他学生 2000 人。

2. 人才培养。将一半以上专业嵌入到现代服务业特别是广东现代服务业对口分行业产业链和创新链，建立健全"产教融合、协同育人"的教育教学管理体制及运行机制、应用型人才培养模式和教育资源保障体系，为现代服务业特别是广东现代服务业培养高端专业化职业人才、高端复合应用型人才和高端国际化应用型人才的能力明显增强。获得"推荐优秀应届本科毕业生免试攻读研究生院校"资格，研究生的创新意识不断增强，参与高层次科研项目、开展高水平实践创新、创造高水平研究成果的能力显著提升。学校整体实验实践教学水平、创新创业教育水平和协同育人水平进入全国财经类高校前列。

3. 学科建设。围绕应用经济学、工商管理和法学 3 个省级优势重点学科加大学科建设力度，力争实现博士学位授权学科和省级攀峰重点学科的突破；新增 1－2 个一级学科硕士学位授权点、3 个左右专业硕士学位授权点。依托优势重点学科的示范辐射作用，带动文、理、工、艺等学科的协调发展，构建起传统优势学科力量雄厚、特色学科异军突起、交叉学科活跃强劲的学科体系。

4. 科学研究与社会服务。培育和建设一批校级青年科研创新团队，新增 2～3 个省级科研团队；建设 4~5 个省级科研平台、2~3 个省级智库；新增 3 个以上国家级重大项目或教育部重大攻关项目，国家级一般项目年均不少于 30 项；年均科研项目经费达到 5000 万元，其中，横向科研经费不少于 3000 万元；新增 3 项高等学校优秀成果奖（人文社会科学）、3~5 项广东省哲学社会科学优秀成果奖一等奖；基于"广东现代服务业发展研究院"建立校政行企合作大平台；获省部级以上领导肯定批示或者采纳的重要咨询决策成果不少于 10 篇，力争学校人文社会科学综合实力保持在广东高校前列。

5. 师资队伍。教师总数达到 1600 人左右，其中专任教师 1400 人；专任教师中具有博士学位的比例达到 50%，具有境外学习、工作经历的中青年教师比例达到 30%，"双师双能型"教师比例达到 30% 以上；新增 3 名以上教师入选"国家特支计划"领军人才、国家有突出贡献中青年专家等国家级人才项目；新增 3~5 名教师聘任为"珠江学者"特聘教授、讲座教授或青年珠江学者；国家级、省部级以上人才项目入选者达到 80 名左右。

6. 教育国际化。新增 1 个教育部中外合作办学项目、3 个中外合作 DBA/PhD 联合培养项目、3 个中外合作本科实验班、4 个海外实践教学基地、6 个国际化师资海外研修基地、3 个国际化教育教学与交流中心；建成 3 个国（境）外科研合作平台；具有国（境）外学习经历的本科生、研究生比例均达到 5%；华侨港澳台学生数量达到 300 人，外国留学生教育初具规模。

7. 办学基础条件。新建校舍约 16.67 万平方米，维修和改造一批陈旧设施，努力把学校建设成现代化的美丽智慧校园。推动信息技术的深入应用，促进教学、科研和管理的变革，提高办学效率，提升办学质量。实验室建筑面积达 6 万平方米（不含多媒体教室），教学科研仪器设备总值达 13450 万元。图书馆藏书总量达 520 万册，其中纸质图书 280 万册、电子图书 240 万册，中外文期刊 900 种（外文期刊 50 种），中外文数据库 80 个。

第三部分　主要建设任务

一、深化体制机制五项改革

（一）内部治理结构改革

全面实施大学章程，提升依法治校的能力和水平。坚持和完善党委领导下的校长负责制，优化内部组织机构设置，探索机关大部制改革，实施经济学、管理学学部制改革试点。进一步完善和落实校院两级治理体制和运行机制，制订学院治理规程，建立白皮书发布制度，完善学院绩效管理相关制度，落实学院办学自主权，提升学院治理能力，增强学院办学活力。充分发挥学术委员会的作用，完善学术组织架构和制度，建立教学院（部）教授委员会。完善教职工代表大会和学生代表大会制度建设，建立教学院（部）教代会制度。探索社会参与学校发展机制，建立由政府、行业和用人单位参与的学校理事会。总结学校"2+2"办学模式和现有管理体制，探索佛山三水校区的定位和发展问题。

扎实推进省市共建佛山校区。加强统筹协调，促成省教育厅、佛山市政府、三水区政府与学校共建佛山校区。坚持服务需求、特色发展、资源共享、合作共赢的原则，创新体制机制，建设国际商学院、文化创意与旅游学院、佛山研究生院等特色学院和若干特色优势学科专业，寻求学校发展新的增长点和着力点，提升学校服务地方经济社会发展的能力和影响力。

（二）人事制度改革

坚持推进岗位管理、人员聘用、考核评价、分配奖励四位一体的人事制度改革。推进教师分类管理改革，以教师岗位设置为基础，推进教师聘任、考核、发展、退出等分类管理制度设计，建立教师分类管理机制。推进人员聘用制度改革，通过编制改革、探索教师"预聘—长聘"机制等，建立灵活开放的人员聘用制度。推进人才评价机制改革，通过创新人才考核评价方式、改进人才考核评价内容、改革职称评审制度、探索职员职级制度改革等，建立以能力、实绩和贡献为导向的人才评价与晋升机制。推进收入分配制度改革，进一步完善学校绩效津贴分配方案，探索部分岗位年薪制、协议工资制等，建立科学合理的薪酬制度。

（三）人才培养机制改革

施行完全学分制，落实"教师主导、学生主体"地位，保障和扩大学生学业自主选择权，建立健全基于学生意愿和自主选择的专业、课程、任课教师动态调整优化机制。通过与主要用人单位组建人才培养战略联盟、分类构建"产教融合型"专业类教学指导委员会、制订实施引入校外教育资源或与校外力量共建共享教育资源制度政策等措施，建立健全"产教融合、协同育人"的教育教学管理体制和运行机制。进一步深化素质教育改革，推进教育教学信息化建设，健全第一、第二和第三课堂高度协同、实体课程和虚拟课程有机融合的全员、全过程、全方位育人机制。使用行业标准改造优化部分课程、专业建设标准和人才培养质量标准，选择3个专业申请国际认证。尝试建立"内部质量控制+行业标准引领+政府评估引导+国际权威机构认证"的教学质量监控体系。完善以提高创新能力为目标的学术学位研究生培养模式，促进课程学习和科学研究的有机结合，健全研究生参与前沿性、高水平科研工作的激励机制。优化以提升职业能力为导向的专业学位研究生培养模式，建立健全产学研相结合的培养机制。

（四）科研体制机制改革

进一步促进科研与教学相结合，着力引导科研服务地方经济社会发展。创新科研组织管理形式，实施研究机构分类管理，探索研究机构去行政化改革。着力提升协同创新水平和服务社会能力，搭建校政行企合作平台体系。激发科研创新活力，以广东经济社会发展需求为导向，强化科研团队建设和研究方向凝练。完善科研人员收入分配机制，建立基于尊重科研人员劳动付出的科研经费管理制度。创新科研评价机制，对科研机构、人员、项目、成果等基本科研要素以及职称评审、岗位聘任、科研奖励等活动实行分类评价，建立以质量和贡献为核心的考核评价体系。扩大和深化科研的国际交流与合作。

（五）财务制度改革

推行全口径预算，在预算安排中重点保障教学、科研经费，合理统筹安排运行经费和基本建设经费，确保预算的科学性、合理性、规范性和实效性。建立科学的资金绩效考核评价机制，强化预算绩效管理，建立明确的收入预算和支出预算绩效目标，预算绩效评价考核结果与次年预算安排相挂钩。建立分类管理制度，对不同类别的经费实现分类管理，大力推进财务建设信息化，提升财务管理水平和效率。进一步完善学校内部财务管理制度和监督体系，强化内控机制和制度建设，有效防范财务风险，确保学校财务有序健康运行。

二、狠抓高水平建设四个重点

（一）"申博"行动计划

重点建设应用经济学、工商管理和法学三个省级优势重点学科，培养和引进卓越学科团队，催生一批标志性的学术成果，做好学术博士学位授权点的申报准备工作。进一步加大工商管理、法律、金融、会计等专业硕士学位授权点的建设力度，推进专业硕士学位授权点申请国际认证，全面提高专业硕士学位授权点的建设质量和水平，为实现专业博士学位授权点的突破奠定坚实基础。积极开展与国内外高校联合培养博士生，积累博士生培养经验。

（二）卓越学科建设

对接广东现代服务业需求，围绕优势学科构建实力雄厚的经济学、管理学和法学三大学科群。创新学科建设管理模式，面向学科发展前沿设立学科特区。加大政策支持和资源配置力度，打造在全国有相当影响力和竞争力的若干特色研究领域，形成学科高峰，提升学科建设层次，推动所在学科实现跨越式发展。加强学科间的协同创新，推进互联网＋现代金融、互联网＋现代商务、宪政与公共财政、数据科学、文化创意、信息服务等新兴交叉学科的发展，通过学科交叉融合努力培育异军突起的新生长点。

（三）重点平台、重大项目建设

加强同国家部委和地方政府的合作，力争共建 2～3 个重点科研平台。加大 4 个省（市）级重点平台建设力度，提升平台的产出效益及影响力。加强重大科研项目培育，力争实现国家级和教育部重大项目持续立项，力争实现国家（省）杰出青年基金等项目的突破。激励教学科研人员产出更多具有较高集约度和显示度的原创性科研成果，实现省部级以上科研成果奖和重要研究咨询报告数量上的新突破。加强并拓展国际暨港澳台科研合作创新平台建设，拓展和提升国（境）外科研合作的范围与层次。

（四）高水平师资队伍建设

实施"1552 人才工程"计划，通过"南岭学者"特聘岗位、国内外优秀博士引进、"卓越青年教师"等，引进 1 个国内有影响的高水平学术团队，引进和培养 5 名领军人才、50 名拔尖人才，招聘 200 名海内外优秀博士，使专任教师达到 1400 人，实现国家"特支计划"、国家级教学名师、广东省"珠江学者"、广东省"高等学校优秀青年教师"等各类层次人才的显著增长。加强师资队伍教育教学、现代教育技术应用、社会实践与社会服务、全英教学、创新创业教育等综合能力建设，全面提升教师教学科研水平。适当扩大外籍专业教师的聘用规模。加强国际化师资海外研修基地建设，选派 200 名中青年教师进站研修或培训，不断提升教师国际化教育教学能力。

三、实施应用型建设四项举措

（一）专业结构调整优化

按照"分类建设、协同育人"的原则，改造传统专业和申报新专业，重点建设与现代服务业特别是广东现代服务业对口分行业紧密对接的三类专业：一是建设商法融合型、技术与经济融合型、互联网与传统产业融合型等 3 个学科交叉融合型专业；二是以卓越人才培养为抓手，通过"传统专业＋行业标准或权威职业资格证书"方式，建设工商管理、法学、会计学、审计学、税收学等 10 个产教深度融合型专业；三是建设金融学、国际商务、计算机科学与技术等 8 个高度国际化专业。通过三类专业的建设，带动专业整体结构的调整和优化，建立健全专业结构动态调整和专业内涵建设长效机制。

完善应用型硕士学位授权点布局，积极争取审计、资产评估、艺术、翻译等专业硕士学位授权点。结合完整学科体系构建的需要，力争在理论经济学、社会学、外国语言文学、中国语言文学、公共管理等一级学科中新增 1～2 个硕士学位授权点。构建行之有效的学位点动态调整机制，优化硕士学位授权体系结构。

（二）高素质应用型人才培养

实行专业（群）与现代服务业特别是广东现代服务业对口分行业"双向嵌入"发展战

略,建立健全"产教融合、协同育人"的教育教学管理体制、运行机制和人才培养模式,形成本科与研究生教育各具特色的高素质应用型人才培养体系。重点开展4项建设和改革工作。

一是教学平台建设。以学校"广东现代服务业产教融合综合实验实训中心"建设为契机,初步健全面向六大学科专业集群的校内综合实验实训平台体系;以学校获批"广东省大学生创新创业教育示范学校"为契机,初步健全校内外有机结合的大学生创新创业教育平台体系;以与现代服务业特别是广东现代服务业对口分行业代表性单位和主要用人单位组建人才培养战略联盟为契机,初步健全校外多功能实践教学平台体系。加大省、校两级联合培养研究生示范基地建设的支持力度,新增10个省级示范基地,促进行业企业优质资源与研究生培养的深度融合。

二是课程体系建设。按照"三个对接"(人才培养目标与现代服务业对口分行业岗位(群)对接,课程体系及内容与现代服务业对口分行业标准对接,教学过程与现代服务业对口分行业实际生产过程对接)的思路,着力打造一批高质量的通识课程群、商法融合课程群、创新创业课程群、综合实验实践课程群、互联网+课程群和国际化全英课程群,逐步健全支持高素质应用型人才培养的优质课程体系。以能力培养为核心,不断完善研究生课程体系,系统推进研究生课程改革试点工作,强化学术学位研究生课程的前沿性,突出专业学位研究生课程的实务导向,增加研究方法类、仿真实验类课程,新增10门省级研究生示范课程。

三是课程教学模式改革。按照"能力本位"理念,大力推进课程教学模式改革,重点探索实施四种新型教学模式:基于现代服务业对口分行业真实项目或仿真项目的模拟体验式教学模式;基于系统性数据库和现代服务业对口分行业典型案例相结合的案例教学模式;基于现代服务业对口分行业(单位)真实业务的"学和做循环式"教学模式;基于"互联网+"、现代服务业新型产业和新业态、现代教育理念和信息技术相结合的智慧型教学模式。鼓励各教学单位结合专业、课程特点开展形式多样的课程教学模式改革。引导研究生授课教师将编写教学案例与基于案例的科学研究相结合,通过对经典理论构建、关键问题突破和前沿研究进展的案例式教学,强化研究生对创新过程的理解,促进研究生自主性、研究性、探索性学习。

四是教学信息化建设。以应用需求为导向,加快对课程和专业的信息化升级改造。建设10~20门基于新技术利用的高水平课程;开展基于网络教学平台的精品课程教学改革,形成特色鲜明的信息化教学模式;构建支持学分制改革的导学微视频资源库,形成具有学校特色的优质教学资源体系。构建专业学位研究生教学案例共享平台,提高案例使用效率。结合省级研究生示范课程建设,运用互联网信息技术手段,推出10门左右的优质研究生网络公开课程。

(三)"双师双能型"教师队伍建设

拓展"双师双能型"教师队伍的规模,加大"双师双能型"师资(研究生导师)引进力度,重点引进学历较高、实践经验丰富、具有政企行业任职经历的高水平人才,充实专任教师队伍；面向政府、行业、企业柔性聘任一批理论水平较高、管理经验丰富的业界精英，充实兼职教师队伍。提高"双师双能型"教师的教学科研水平，加强"双师双能型"师资培养培训，有计划地选拔一批教师到政府、行业、企业直接参与管理、生产和经营等活动；鼓励教师参加校内外实践活动，提高实践教学能力。完善"双师双能型"师资培养平台，加强与政府、行业、企业合作，搭建一批稳定的"双师双能型"教师培训与实践平台；加大学校教师发展中心建设力度，完善培训项目，提升"双师双能型"教师的培养能力。继续优化学术学位和专业学位研究生导师分类遴选与考核评价机制，实现导师从身份管理向岗位管理的转变。

（四）应用研究和社会服务能力提升

提高教师与教学科研单位参与应用研究的积极性和能力：一方面，完善应用研究型项目、成果、人才和机构的评价机制，将应用研究型项目、成果作为职称评审、岗位聘任、绩效考核、两级管理考核等的重要指标；另一方面，完善科技成果转化办法，推进科技成果有效产出和转化。构建推动广东经济社会发展的社会服务体系：一是整合校内外资源组建"广东现代服务业发展研究院"，并以"广东现代服务业发展研究院""佛山现代服务业研究院""粤财指数研究发展中心"三大平台为基础，搭建现代服务业研究大平台，探索理事会领导、项目制牵引的平台管理体制；二是推进与会展、互联网经济行业企业的合作，充分利用学校地处琶洲国际会展中心和互联网创新集聚区的区位优势，依托学校相关学科和专业，充分发挥广东现代服务业产教融合综合实验实训中心的功能，努力成为与国际会展中心、互联网创新集聚区相关行业企业的重要合作伙伴；三是主动建立与国家部委、广东省及地方政府、行业企业的紧密联系，重点打造金融、财税、商贸、旅游、彩票、新媒体等领域的特色新型专业智库，深化与全国人大和地方人大的合作，积极参与立法咨询与服务，将学校建成推动广东经济社会发展的财经政法智库基地；四是加强学校社会服务品牌项目建设，重点推进税务干部进修学院（基地）、彩票社会责任基地等教育培训机构的建设，主动承接地方继续教育任务，使学校校成为地方政府、行业和企业重要的继续教育基地，进一步提升专业技能人才培训的水平和社会知名度。

第四部分 条件保障

一、加强资金筹措与资产管理

积极争取更多的财政资金和社会资源，努力增加自创收入，发挥学校教育发展基金会在争取社会捐赠中的主渠道作用，力争到2020年年度预算总收入突破10亿元。强化资源统筹使用，注重向重点领域倾斜。建立资金使用绩效评估制度，提高资金使用效益。加强财务审计和监督，保证资金使用的规范和安全。完善资产管理平台，加强资产管理，优化资源配置，建立公共资源有偿使用和共享机制，健全基于绩效评估的公共资源配置机制。

二、推进校园基本建设

有序实施校园基本建设规划，建设广州校区第30栋、32栋学生宿舍、体育综合馆和广东现代服务业产教融合综合实验实训中心大楼等校舍。完善两个校区体育场地及设施，完成佛山三水校区加装空调配电改造、广州校区内环路等民生项目，不断改善办学基础设施条件。积极协助广州市、海珠区政府完成黄埔涌桥建设，修建学校连接黄埔涌桥的道路和北大门，积极协助佛山市三水区政府完成学海中路建设。争取到"十三五"末，将两个校区总体修建性详细规划的完成度提高到80%。积极争取三水区政府将佛山三水校区东侧、学海路西侧之间的部分土地无偿划拨学校，以满足共建佛山校区办学需要。

三、完善公共服务体系建设

加快教育信息化建设，进一步完善全校信息化标准规范体系，完善有线无线相融合的信息化基础设施建设，建成覆盖全校主要职能部门的教育管理信息化体系，实现交互式学习无处不在、优质资源触手可及、信息数据实时共享、校务管理透明高效、校园生活便捷周到的"智慧广财"。

加快实验室建设，形成以公共实验平台为依托、以专业实验平台为支撑、校院两级平台纵向协调、公共与专业平台横向互补的实验平台架构。

加强图书馆文献资源和服务设施建设，打造现代化图书馆；增强图书馆育人功能，把图书馆建设成为支持学生自主学习的知识中心、学习中心和文化中心。完成学校档案馆建设，进一步提高档案管理和服务水平。

加强后勤精细化管理，推进节约型校园建设，构建适应学校改革发展需要的新型后勤保障体系。建立健全学校安全保卫制度和工作机制，进一步完善人防、物防和技防措施，创建平安和谐校园。

四、加强校园文化建设

体系化加强校园文化建设。以社会主义核心价值观为引领，增强文化自觉，弘扬广财精神，大力宣传践行广财校训、办学理念、治校方略和办学特色，讲好"广财故事"，传承和弘扬优秀文化，立德树人，建设"美丽广财""书香广财"，使师生爱校如家。加强师德师风、机关作风、学风等建设，营造敬业奉献、乐教乐学、和谐共进的人文生态环境。建设校史馆，修缮师生活动中心，增设文化活动场地，建设校园数字广播、数字视频系统，加强图书馆、门户网、新闻网等文化平台建设。建造广州校区新校门、校友林、文化长廊和佛山校区沁湖、涟湖等体现广财文化特色的人文景观。推广使用学校形象识别系统。

五、稳步提高教职工待遇

稳步提高教职工福利待遇，让教职工共享发展成果。积极改善教职员工工作生活条件，在教职工住房、子女入托上学等方面提供及时有效的帮助。关心教职工身心健康，依法维护教职工各项合法权益。切实关心青年教职工的成长和发展，落实离退休教职工生活福利待遇，逐步提高非事业编制员工待遇。

六、加强和改善党的领导

切实提高党委领导学校发展的能力和水平，推进学校治理体系和治理能力现代化，更好推动学校的改革和发展，为实现"十三五"规划提供坚强保障。

筹备召开学校第六次党员代表大会。全面总结回顾学校第五次党代会以来的工作成绩和经验，深入分析学校的发展形势，提出今后一段时期学校党的建设和事业发展的奋斗目标及工作任务，选举产生新一届中共广东财经大学委员会和纪律检查委员会，动员全校各级党组织、广大党员和师生员工，认清形势，肩负使命，全面加强党的建设，依法治校、深化改革、创新强校，为早日建成有特色高水平应用型财经大学而努力奋斗。

加强思想建设。以中央、省委的精神为指导，结合建设有特色高水平应用型财经大学的实际，加强思想引领，凝聚共识，形成合力，提振全校师生的精气神，开展形式多样的主题活动，提高思想政治教育的针对性和实效性；强化意识形态的主体责任，牢牢掌握意识形态的领导权和话语权，确保学校的和谐稳定。

加强组织建设。以"创建学习型、创新型、服务型基层党组织"书记项目为抓手，提升基层党组织整体功能，充分发挥基层党组织的政治核心作用和党员的先锋模范作用，激励广大党员干部开拓进取，攻坚克难。加强干部队伍建设，完善干部考核，加强后备干部的选拔和培养；积极探索职员制与职级制改革，拓宽干部晋升渠道，调动各级干部的工作积极性、主动性和创造性。

加强作风建设。加强和改进机关工作作风，制订审批权力清单、责任清单和服务事项清单，简化审批程序，优化服务流程，规范服务机制，提升服务质量和工作效能；强化教书育人意识，进一步改进师德师风；围绕学分制改革，全面加强学风建设。

加强制度建设。完善党建工作责任制，健全学校党委与行政议事决策制度和教学院（部）党政联席会议制度，健全干部教育培训和监督管理制度，完善党建工作考评体系，促进党建工作制度化、规范化和科学化。

加强党风廉政建设。进一步落实党风廉政建设责任制,切实履行党委的主体责任和纪委的监督责任,完善"党政同责"和"一岗双责"体制机制,推进惩防体系制度建设,健全权力运行监督与制约机制,加强对民主集中制、"三重一大"制度执行情况等的监督,强化执纪监督问责,努力营造风清气正的良好政治生态。

加强统战和群团工作。充分发挥党外人士和群团组织在学校科学发展、民主管理等方面的作用。

第五部分　组织实施

一、加强组织领导,广泛宣传动员

成立学校规划实施工作领导小组,统筹推进、总体协调规划实施工作。各单位要高度重视,加强领导,认真抓好规划的贯彻落实;要广泛宣传、提高认识,充分调动师生员工的积极性和创造性,为规划的实施营造良好氛围。

二、精心组织实施,落实责任分工

规划的生命在于实施,各单位要根据本规划确定的目标和任务制订专项规划和实施方案,明确落实各项任务的路线图和时间表,把任务和指标层层分解,责任到人;要抓紧研究和制订切实可行、操作性强的配套方案,分阶段、分步骤落实,确保规划顺利实施。

三、加强督导考评,确保目标实现

为推进规划实施,学校将强化检查监督,建立中期评估和年度考核制度,对规划实施情况进行动态评估和跟踪检查;完善考核机制和问责制度,与各单位签订目标责任书,将执行情况与各单位及其负责人的工作考核直接挂钩。

附表　　　　　　　　　"十三五"主要规划指标

项　目	主要指标	"十二五"实际数	"十三五"规划数	属　性
办学规模	在校生人数（人）	29657	28000	约束性
	全日制本科生（人）	23953	24000	约束性
	研究生（人）	1549	2000	预期性

项　目	主要指标	"十二五"实际数	"十三五"规划数	属　性
人才培养	省级、国家级专业数（个）	15（国家级5）	28（国家级8）	预期性
	省级、国家级教学团队（支）	9（国家级1）	13（国家级2）	预期性
	省级、国家级教学名师（人）	5（国家级0）	8（国家级1）	预期性
	省级、国家级教学平台（个）	28（国家级3）	36（国家级5）	预期性
	省级、国家级教学成果奖（项）	10（国家级1）	15（国家级2）	预期性
	省级、国家级课程（门）	42（国家级3）	64（国家级5）	预期性
	国家级规划教材（种）	12	14	预期性
	创新创业课程（门）	15	45	预期性
	创新创业教师（人）	100	200	预期性
	省级、国家级大学生创新创业训练项目（项）	355（国家级180）	655（国家级280）	预期性
	全英授课教师（非外语类专业）（人）	19	219	预期性
	省级、国家级人才培养模式创新实验区（个）	6（国家级2）	9（国家级3）	预期性
	省级研究生示范课程（门）	4	14	预期性
	省级联合培养研究生示范基地（个）	9	19	预期性
	国际认证专业（个）	0	3	预期性
学科建设	博士学位授权学科数（个）	0	1	预期性
	硕士学位授权学科数（含专业学位）（个）	13	17	预期性
	省级重点学科（个）	3个优势重点学科	1～2个攀峰重点学科	预期性
	学科排名	—	有3个一级学科进入全国财经类高校前15名	预期性
科学研究与社会服务	科研经费（亿元）	1.58	2.5	预期性
	其中：横向科研经费（亿元）	0.56	1.5	预期性
	SCI、SSCI、AHCI、CSSCI、CSCD收录文章数量（年均）	350	450	预期性
	标志性科研成果（年均）	21	30	预期性
	省部级以上重点科研平台（个）	2	5	预期性
	国家级重大项目（项）	1	3	预期性
	国家级项目（年均）	17	30	预期性

项 目	主要指标	"十二五"实际数	"十三五"规划数	属 性
科学研究 与 社会服务	省部级项目（年均）	75	90	预期性
	教育部人文社会科学优秀成果奖（项）	3	3	预期性
	广东省哲学社会科学优秀成果奖一等奖（项）	3	3~5	预期性
	省级以上特色新型智库（个）	1	2~3	预期性
	代表性决策咨询报告（份）	1	10	预期性
师资队伍	教师总数（人）	1310	1600	预期性
	国家、省部级高层次人才（人次）	40	80（其中国家级3）	预期性
	具有博士学位的教师比例	39.43%	50%	预期性
	中青年教师中具有海外学习经历的 教师比例	12.46%	30%	预期性
	"双师双能型"教师比例	17.1%	≥30%	预期性
教育国际化	中外合作教育项目（个）	39	10~20	预期性
	教育部中外合作办学项目（个）	0	1	预期性
	中外合作本科实验班（个）	2	3	预期性
	中外合作双硕士教育项目（个）	3	6	预期性
	中外合作DBA/PhD联合培养项目（个）	0	3	预期性
	外国留学生（人）	8	500	预期性
	具有国（境）外学习经历的本科生比例	0.27%	5%	预期性
	具有国（境）外学习经历的研究生比例	0.8%	5%	预期性
	海外实践教学基地（个）	3	4	预期性
	国际化师资海外研修基地（个）	2	6	预期性
	国（境）外科研合作平台（个）	0	3	约束性
	计划外国际教育与培训项目（个）	4	7	预期性
	计划外国际教育与培训学生（人）	400	800	预期性
办学基础 条件	校园总校舍面积（平方米）	679133	845784	预期性
	教学科研行政用房面积（平方米）	290370	376298	预期性
	学生宿舍面积（平方米）	204907	269883	预期性
	教学科研仪器设备总值（万元）	11767	13450	预期性
	生均图书（册/生）	81.36	100	预期性

注：约束性指标是指在规划期内不得突破或必须实现的指标，是限制性的刚性指标；预期性指标是指导性或激励性指标，是要努力争取实现的柔性指标。

广东财经大学华商学院"十三五"发展规划

"十三五"时期是我国经济社会发展的重要战略机遇期，是全面建成小康社会的决定性阶段，也是学校加快建设成一所高质量、应用型的民办本科院校，进一步提升办学实力的关键时期。根据国家和广东省有关文件精神，结合学校实际，制订本规划。

一、发展基础和面临形势

（一）"十二五"工作回顾

"十二五"时期，学院在省教育厅和广东财经大学的指导下，在董事会的领导下，全面贯彻落实党和国家的教育方针，坚持社会主义办学方向和教育公益性原则，坚持以教学为中心的工作导向，学院领导班子团结带领广大师生员工解放思想，抢抓机遇，艰苦创业，奋发进取，教育事业成效显著，学校面貌发生较大变化，实现了阶段性快速发展的目标。

1. 主要成绩。

（1）管理体制逐步优化。坚持董事会领导下的校长负责制。董事会决策听取学校意见，推动决策双向互联；董事会定期对学校工作开展监督把关，确保工作扎实推进；充分发挥校长负责制这一体制优势，校长及领导班子创造性开展工作。

坚持独立自主办学。董事会赋予学校较多的办学权利和独立性、自主性；建立健全规章制度，确保各部门职责分明，做到有运行、有监督、有实践。

坚持以教学为中心的管理模式。建校 11 年来，学院从规模建设转向内涵建设，在建设应用型本科独立学院的过程中，以教学为中心的管理体制机制在实践中得到了充分的肯定。

（2）人才培养工作取得明显成效。积极探索人才培养新模式。稳步推进创新实验班建设，满足不同类型人才培养的需求。开设国际会计（ACCA）创新实验班，为学生考取 AC-CA 资格打下坚实的基础。推进创新创业教育，成立创业教育学院，将创业教育融入专业教育体系之中，开展 SYB 创业教育，有效增强毕业生自我创业的意识与创业能力。

积极组织学生参加校内外各项学科专业技能比赛。每年在全院举办专业技能大赛，参与学生达万余人、教师达百余人。在校外各种学科竞赛中，学院学生也取得了较显著的成绩。如在工业设计竞赛中，产品设计专业 3 名学生的作品荣获国际顶尖设计奖项"红点奖"。

学院为广东中小企业和社会机构培养了 27634 名应用型高级专门人才。毕业生就业率保持在 98% 以上，高于全省平均水平，用人单位对学院本科毕业生总体评价较高。

（3）学科、专业建设层次不断提高。主动适应广东区域经济社会发展需要，在协调发展的基础上，围绕经济学、管理学等特色与优势学科，不断调整优化学科专业结构，提升学科专业竞争力。现有 26 个本科专业学科点，取得学士学位授权的专业已达 24 个。

积极开展学科建设和教学改革，推进实验室建设，强化科研工作力度，努力提高学术水平。学院将工商管理一级学科作为重点建设学科，将会计学、市场营销学和新闻学确立为重点建设专业；2015 年首次组织会计学、新闻传播学申报了省特色重点学科；将会计系提升为华商会计学院，成立涵盖文学系、外语系、艺术设计学系的华商文学院，成立涵盖经济与金融系、工商管理系、公共管理系的华商经济管理学院，以整合跨学科资源，突出重点学科建设和学院发展重点。学院以经济学、管理学为主体，经济学、管理学、文学、工学、艺术学协调发展，层次分明并具有一定特色和优势的学科体系日益强化和优化。

（4）建立健全教学管理体系。学院通过迎评与建设，大力提高教学质量，通过了 2012 年学士学位评估、2013 年广东省教育厅教学状态评估。

建立健全教学规章制度体系，严格执行教学规章制度。为满足不同层次学生的学习需求，对公共基础课和公共任选课进行了改革。大学英语、微积分等课程进行分层分类教学，体育课程采用体育俱乐部形式教学。对公共任选课的改革采取学院自我建设和从外引进相结合的方式，引进多门"超星尔雅"网络课程，改进了学生传统课堂修读学分的形式。

（5）学生工作管理机制建设趋于完善。始终紧紧围绕为教学第一线服务的主导思想，各部门全面提升为学生服务的质量，加强学风建设。

着力打造华商特色校园文化和心康教育，在学生中推广人文素质教育精品项目。进一步推进大学生心理健康教育，引进心理普查系统，实现对全体新生开展心理普查，建立心理健康档案。进一步完善校、系、学生三级心理防范工作网络，各系成立了心理健康咨询站，班级心理委员和朋辈心理咨询员。

积极采取多种方式和渠道，关注家庭经济困难学生的学习与生活，帮助和激励学生勤奋学习，完成学业。

（6）党团建设进一步加强。坚持以党建工作为核心。深入开展了创先争优、党的群众路线教育实践活动、"三严三实"专题教育等活动。注重学生素质教育和思想政治教育工作，营造积极向上、充满活力的学风和校风。注重发挥党委会的作用，党的重大问题由党委会决定。加强党的基层组织建设，及时调整基层党组织设置。调整后，学院党委下设 9 个党总支、3 个直属党支部，基层党支部 28 个。学院党校认真落实管理制度，进一步建立健全组织机构，规范了培训内容，创新了培训方式，扩大了培训范围，全面满足师生接受党校教育的需求。

进一步规范团总支建设和团员教育评议制度，加大对团干部的培养力度，努力做好推优工作，同时深入开展校园社团文化活动、校内外社会实践活动、科技创新类活动和大学生志愿者活动等，展现我院共青团员奋发向上的精神面貌。

（7）教学研究呈现良好态势。"十二五"期间，在学科建设过程中，学院加强了对科研工作的领导，确定了科研工作的方针，建立起院一级科研管理体制；科研经费逐年提高，科研工作管理制度逐步完善；科研项目逐年增加，学术成果数量和质量逐步提高，学术活动有序展开,学术氛围增强,学术影响正逐步扩大。2011~2016年8月,学院申报省部级项目实现突破,组织横向项目已有新进展,教师共获得各级各类项目192项,其中省部级、省厅项目54项,立项经费共计1600余万元;公开发表学术论文1238余篇,其中发表核心期刊论文36余篇,被SCI、EI收录11篇;出版学术专著、教材等74部;开展不同层次和类型学术活动,包括邀请著名专家学者、企业家、社会名流、体育冠军等,到校讲学、作专题报告320余场,500多人次参加各种学术会议,先后有20多名教师入选"千百十"工程培养对象和"国内访问学者计划",60多位教师攻读学位和进修。

(8)努力建设高素质的教师队伍。学院重视师资队伍建设工作,坚持培养与引进并重,着力提升队伍素质。一直以来,依托母体学校师资优势,改善教师职称年龄结构,同时积极加强自身教师队伍建设,以"千百十"工程为载体,启动重点教师培养计划,着力打造一支以教授、副教授为龙头,以讲师、会计师、经济师、工程师为骨干,以博士、硕士为主力,专兼职结合、结构合理的师资队伍。

积极抓好"校聘副教授""千百十工程"和"国内访问学者计划"等重点教师培养工作,还搭建了"重点教师交流论坛"。通过培养,列入重点教师培养计划的教师在教学、科研方面都有了不同程度的提高。2015年,有2人获得副高级专业技术资格,实现了通过学院申报并获得副教授职称零的突破,为教师职称评审起到了示范与带动作用。2015年学院职称推荐评审通过率为98.08%,位居广东17所民办本科院校之首。

(9)办学规模逐步扩大,办学条件不断改善。母体学校于2013年成功更名为大学,学院随之更名,这是母体学校发展的一次跨越,也是学院发展的机遇。学院在"十二五"期间发展迅速,在校生规模已超过2万人。2015年举办了校庆10周年庆典和系列活动,学院的历史文化不断积淀延伸。

加快教育国际化步伐,在澳大利亚墨尔本成立华商—澳洲国际商学院,开创了民办高校在海外办学的先例,为华商学子提供了海外学习交流的平台。积极参加海峡两岸(粤台)高等教育论坛,并成功派送多名学生赴台湾研修。积极与国外高校建立良好合作关系,与澳大利亚维多利亚大学等多所院校签订了校际合作协议及合作备忘录。

学院校区建筑面积达34万多平方米;现有网络多媒体课室236间,实验室88间;校园网使用10000 Mbps光纤接入因特网。教学科研仪器设备值达4800多万元;图书达170万多册(含电子图书),拥有多种数字资源。基本满足学生学习、生活的需要。

为适应社会发展对技术应用型人才的需求,建设了"经管学科跨专业综合仿真实习平台"。该平台在民办高校属于领先位置,先后接待了省内外20多家学校和企业参观和交流,并通过省教育厅审批,成为省级实验教学示范中心建设单位。

2.主要经验。回顾学院"十二五"期间建设和发展的历程,有以下几个方面的经验和做法值得总结和发扬。

(1)坚持社会主义办学方向,坚持依法办学、规范办学、注重质量、服务社会,形成自己的办学理念。

(2)坚持董事会领导下的校长负责制。董事会决策听取学校意见,推动决策双向互联;董事会定期对学校工作开展监督把关,确保工作扎实推进;充分发挥校长负责制这一体制优势，校长及领导班子创造性开展工作。

（3）要形成以经、管为特色，经、管、文、理等多学科协调发展的学科体系。

（4）要以制度建设为基础，形成华商特色的教学、人事、学生等方面的管理体系。

（5）要正确处理好规模、结构、特色、质量、效益之间的关系，坚持质量第一，提升内涵发展，形成办学特色。

3. 存在的不足和困难。学院办学虽然取得了一些成绩，但应该清醒地认识到，在发展的过程中，还存在着许多不足。

（1）学科建设和科研水平有待提高。目前，学院学科建设和科研水平尚处于较低的水平，缺乏在省内外具有较高影响力的科研成果，科研经费投入不够。

（2）师资队伍结构有待进一步优化。青年教师的数量较大，具有副高以上职称的专任教师比例偏低，需要一个较长的师资积累过程。

（3）办学条件还需要进一步改善。在校生规模的快速增长和基础设施不足的矛盾仍很突出。

（4）管理体制需要进一步完善，管理效率和办学效益有待提高。

（二）学院面临的形势

今后5年，是学院发展的关键时期。从总体上看，加速发展的机遇与挑战并存，希望与困难同在。

1. 发展机遇。

（1）《国家中长期教育改革和发展规划纲要（2010－2020）》明确提出要把教育摆在优先发展的战略地位。《广东省中长期教育改革和发展规划纲要（2010－2020）》提出要打造"南方教育新高地"。国家推动经济转型发展，大力实施创新驱动战略和"一带一路"战略，深入推进大众创业、万众创新，这给高等教育和学院的发展提供了良好的机遇。

（2）国家重视民办教育，支持民办教育发展，提出各级政府要把发展民办教育作为重要工作职责。鼓励出资、捐资办学，促进社会力量以独立举办、共同举办等多种形式兴办教育。完善独立学院管理和运行机制，办好一批高水平民办学校。随着新修订《民办教育促进法》的颁布实施，我国民办教育发展将会迎来新的机遇。

（3）教育国际化、信息化带来新的机遇。高等教育国际化进程日新月异，我国高等教育发展突飞猛进，国家和各地政府对高等教育投入力度显著加大，高等教育整体水平不断提升，办学体量不断加大。

互联网、云计算、大数据等现代信息技术深刻改变着人类的思维、生存、生活和学习方式，也不断推动着教育变革和创新。教育部《教育信息化十年发展规划（2011－2020年）》要求把教育信息化摆在支撑引领教育现代化的战略地位，推进信息技术与教育教学深度融合，实现教育思想、理念、方法和手段全方位创新，将对学校提高教学信息化和管理信息化水平等具有重要的促进作用。

2. 面临的挑战。

（1）高等教育的竞争越来越激烈。同时，随着与民办教育相关的一系列顶层设计的出台，社会资本大规模进入民办教育的障碍将得到消除，民办教育很有可能迎来"名校＋资本""名专业＋资本"的时代。

（2）政府、社会和广大学生对高等教育的要求越来越高。政府鼓励向社会购买服务，提倡供给机构改革，既是民办教育发展的重大机遇，也对民办教育提出了更高的要求。人才培养方面，广大人民群众希望自己的子女得到更高质量、更高层次高等教育的培养，众多企业希望有更多、更好的人才。

（3）学院自身的发展面临挑战。学院各方面基础设施建设仍需要进一步加强，办学条件需要完善，办学特色需要进一步明确和彰显，办学水平还需提高。

二、"十三五"发展规划

（一）"十三五"学校教育事业发展的指导思想和奋斗目标

1. 指导思想。以科学发展观统领学校教育事业工作全局。坚持依法办学、规范办学、注重质量、服务社会的办学理念；形成以经、管为特色，经、管、文、工等多学科协调发展的学科体系；以制度建设为基础，形成华商特色的教学、人事、学生等方面的管理体系；正确处理好规模、结构、特色、质量、效益之间的关系，坚持质量第一，注重内涵发展，形成办学特色。

2. 奋斗目标。

通过努力，把华商学院打造成为国内同类院校中的知名本科民办高校，为广东中小企业和社会机构服务，为广东经济、社会发展做出积极贡献。

以"完善办学条件，注重内涵建设，依法规范办学，强化科学管理"为目标，逐步实现科学管理，专家治校，教授治教。

稳步扩大办学规模，到 2020 年，全日制在校生达 25000 人，专任教师 1200～1500 人。

重点建设若干个具有鲜明特色的学科和专业、若干门省级精品课程。

（二）"十三五"学校教育事业发展的主要任务

1. 大力推进学科建设、专业建设。学科建设坚持"突出重点，打造特色"的原则，逐步形成以经、管学科为特色，经、管、文、工等多学科协调发展的学科体系。争取在学院现有的工商管理、会计学、新闻与传播学三个重点学科中产生省级重点学科。加大经济学、管理学主干学科群的建设力度，带动支撑学科及相关学科群发展，建设水平争取达到广东省先进水平要求，力争在"十三五"期间成功申报专业硕士点 1～2 个，尽快跻身同类院校前列。

专业建设坚持"适度增加专业总量、调整优化专业结构、提升专业建设内涵、突出专业建设特色"的指导思想。重点建设"会计学"和"国际经济与贸易"两个特色专业，以中小型企业应用型人才培养为导向，推进校企合作协同育人培养机制研究，拓展国际交流与合作的覆盖面。完善专业实践教学体系，加强专业英语教学模块。充分利用现代教育技术开展专业课程微课和慕课建设工作。建立专业教学案例库，加强教学互动，大力促进教学效果。不断凝练专业特色，推动专业人才培养与区域产业发展相融合。

"十三五"期间建成产教融合专业 1 个，国际化专业 5 个，特色专业 2 个。专业总数达到 35 个，专业综合实力进入全省独立院校前列。新增 10 个以上省级"质量工程"和"高等教育教学改革"项目，并力争获得 1 项省级教学成果奖。

2. 加强师资队伍建设。实施"人才强校"战略，坚持"引进和培养并重"原则，建设一支结构合理、素质优良、勇于创新的师资队伍。力争 2020 年，专任教师达 1200～1500 人，高级职称教师占专任教师总数的 30%。

加大高层次人才引进力度。根据学校办学定位和学科建设需要，积极实施高层次人才引进政策，力争引进特聘教授、副教授 20 人左右，积极引进海内外博士，引进省内外有一定知名度和影响力的学术带头人。重点引进一批符合学校发展需求的紧缺专业人才。

加强中青年骨干教师培养。积极组织实施"国内访问学者计划"等省级培养项目和"校聘副教授""海外访学交流""校企双向融合"等校级培养项目，力争"十三五"期间，入选"国内访问学者计划"教师 30 人左右，列入"校聘副教授"培养对象的教师 50 人左右；建立教师发展中心，构建教师专业发展、国际化发展、双师型发展等多层次、全方位培养培训体系，争取培养一批具有一定国际化水平的双语教师队伍、具有丰富实践教学经验的双师型教师队伍。

加强人事管理制度改革。完善教师分类管理与考核制度，探索以岗位管理为核心的管理模式；完善岗位薪酬设置和绩效分配方案；进一步落实高层次人才的年薪制度和紧缺人才的津贴制度；合理拉开分配差距，吸引、稳定和激励学院发展需要的优秀人才。

3. 大力加强课程建设，教材体系建设。按照"增加数量、优化结构、提升质量"的原则加强课程建设。根据人才培养目标和培养规格要求优化课程体系，增加通识选修课、综合性实验实践课、创新创业课、互联网＋课程和国际化课程。调整优化课程结构，逐步降低必修课和理论课在总学分中的比重，提高选修课和实践课学分比重。加强课程内涵建设，立项建设 10 门校级精品课程、20 门校级重点课程，5 门校级双语课程，争取成功申报 2 门省级精品课程。充分利用精品课程示范效应，带动重点课程、实训课程以及创业课程等建设。在课程建设中，引入先进理念，建立课程通用标准，全面推进专业课程标准化建设，修订涵盖专业实际需求技能等级课程框架和核心，提高课程整体质量水平。

教材建设坚持"引进与自编相结合，引进为主"的原则。优先采用国家级、省级规划教材。鼓励教师依托省级、校级教研教改项目自编教材，支持教师参与其他高水平院校领头的系列教材和综合实验教学类、产教融合类、综合案例类、习题指导类等教材编写。建设产教融合类教材 5 本、具有财经特色创新创业类教材 2 本、综合实验类教材 2 本，综合案例类教材 2 本，以及其他高质量有特色的教材若干。争取立项建设省级规划教材 3 种。

4. 加强教学管理工作。加强教学方法改革与建设。第一，创新课堂教学模式，倡导微课、慕课、案例教学，建设不少于 180 节的微课，建设探索翻转式课堂教学模式。着力加强学生数理基础和外语能力的培养，继续推进分层分类教学。继续完善建设数字化校园建设，探索网络环境下教育教学方法的创新。

强化教学质量保障体系建设。构建学校本科教学质量保障体系,主要包括以教育教学质量为核心的质量保证体系,适合民办院校办学思路和任务的人才质量与绩效评估系统两大方面。第一,建设办学质量评价指标体系。制订教学质量标准纲要、框架、流程与实施条例。针对本科教学质量明确学校层面的具体要求,并据此制订相应标准,细化到培养方案中。建立课程教学质量标准,建立专业建设的标准。第二,教师教学质量监控体系建设。不断完善学生网上评教系统,建立试卷质量的分析制度和毕业生设计(论文)管理工作和教学质量评估制度;进一步加强教学督导队伍建设和工作制度建设,不断完善教师教学发展性评价体系。第三,建立二级院系教学管理基本状态数据库。尝试建立以院系为基准的本科教学基本状态考核制度,每年一次,纳入整个学校绩效评估的系统当中。逐步形成一套多视角评价、多节点监控、多阶段跟踪的人才培养调查和评价制度。第四,逐步开展专业认证。选择具备条件的专业,以引入可靠的社会认证机构进行专业认证为目标,深入学习理解认证评估的各项指标和流程要求,建立迎评机构,开展认证前的思想动员和力量动员,以认证促建设,提高专业办学水平和办学质量。

5. 加强学术研究。培养和引进一批具有创新精神和创造能力的学科带头人,组建科研创新团队。在科研与学科建设、科研与教学紧密结合中发挥科研团队创新才智,造就具有学术竞争力和影响力的学科带头人和科研骨干团队。

继续做好已成功申报的省部级、省厅项目的建设和结题工作,在"十三五"期间争取国家级项目立项实现突破,省部级课题3~5项,广州市和其他厅局级课题60项以上,科研项目经费,包括横向项目经费,共计2000万元。通过发挥以上几个层次和类别的科研项目研究的龙头作用,实现学院科研工作全面拓展和提升。

力争每年有一定数量的论文进入SCI、SSCI、EI、A&HCI,每年在核心期刊发表学术论文一批,出版学术专著和教材20部左右;力争为广东省、广州市等政府提供有重要价值的调研报告和决策参考5篇左右;积极参加全省性、全国性乃至国际性学术研讨会,每年提交会议论文50篇左右。到2020年力争有2~3项成果获得省级以上奖励。

举办国际性或全国性学术研讨会2~3次,举办全省性学术研讨会4~5次;积极为教学科研人员参加本学科领域内的高水平学术研讨会创造条件。筹备设立学术年会制度,大力推进二级教学单位和科研机构内部学术交流活动。每年举办学术报告或讲座80场次左右。

结合广东和我院发展实际,成立科研机构3~5个,积极支持符合条件的科研机构申报省级、市级文科重点研究基地。建立对科研机构的绩效评估机制,积极推进科研基地建设,按照基地建设与管理标准严格规范建设过程、中期考核与验收评估,通过奖惩激励机制督促落实目标和任务的如期完成。

6. 改进人才培养模式。创新人才培养机制,着力改革本科生培养方案,大力推进学分制改革,大力推进应用型人才培养模式改革与建设。

加强重点教学平台建设。进一步完善现有校内经管学科综合仿真实习平台,建设成为省级实验教学示范中心,并申报省级教学成果奖。力争建成1~2个在全省范围内有一定影响的产教融合平台。增加实践教学基地的数量。重点创立"高科技物流管理人才培养模式创新实验班"。

做好专业教育国际化平台建设。开展多项中外联合培养项目及交换生项目,加快专业国际化建设进程。利用华商—澳洲国际商学院引入与整合更多海外优质教育资源,打造培养国际化创新性人才基地。

加快学生创新创业教育平台建设。将专业教育与创新创业教育有机结合,形成创新创业课程体系,开设创新创业实验班,积极构建创新创业教育平台。引进社会资金、人才资源,力争投资 300 万元建设大学生创新创业孵化园区,实现多元化创业实践基地,使学校成为"创新创业教育示范学校"。

继续推进教学信息化平台建设。大力推进数字化教学资源建设。开发慕课、微课等教学资源,引进优质网络课程资源。加快教学信息化硬件建设,促进教学过程数字化、网络化、信息化。

7. 强化实践实验教学。强化实践教学环节。构建和完善实验教学、社会实践、实习实训、创新创业教育等多方面相结合的实践育人体系。确保综合性设计性实验课程开设不低于实验课程的 85%,实验课程开课率达 100%。加大对基地建设与运行经费的投入,建立校企合作、协同育人长效机制,"十三五"期间,至少建设 85 个实践教学基地。稳步提升和扩充跨专业综合仿真实习平台的学生受益面。加强实验室建设,整合计算机科学、网络教育技术、新闻与传播等相关学科和部门的资源,建设"华商网络与新媒体实验中心",积极探索有财经特色的实验室建设体制机制和实验教学模式改善各实验室硬件条件。继续加强学生竞赛平台建设,鼓励学生广泛参与社会调查、志愿服务、公益活动、勤工助学和挂职锻炼等社会实践活动。

完善教学实验设施,建设"互联网+"校园。学院将对 35 间实验室、125 间多媒体教室的教学设备与设施进行更新。升级网络设备和设施,引进高性能核心设备。优化提升,构建技术先进、扩展性强、高速畅通、覆盖全院的校园网络环境。建设适用的新型实验室 31 间。加快数字化教学资源建设,构建学科齐全、标准统一、种类丰富的教学资源库和共建共享交互的资源管理平台。

完善仿真平台建设,发挥平台在独立院校实验教学示范作用。将仿真实习平台建设成为"四个中心",一是成为全院经管类实验资源的共享中心;二是成为全院经管类跨专业综合实验课程的课程开发中心;三是成为全院其他非经管专业企业认知类课程培训中心;四是成为民办独立学院商科院校经管类跨专业仿真教学示范中心。

8. 做好学生服务与管理工作。

完善学生教育与管理工作机制,实现学生教育与管理工作的制度化、规范化、系统化;进一步完善学工队伍建设,明确职责和任务,制订行之有效的考核机制;进一步加强校风与学风建设,以学风促校风,培养学生创新学习和自主学习的积极性,开展形式多样的校园文化活动,着力提高校园文化建设的品质,促进学生全面发展,提升学生的综合素质;进一步强化学生宿舍管理,建立学生宿舍管理工作室;服务、管理相结合,进一步增强法制教育,紧抓安全主线,利用校园宣传栏、网络、微信等工具,开展主题安全教育,确保学生安全;进一步做好贫困生的资助工作和心理健康教育工作,多方位关注学生,关爱学生,为学生健康成才搭建良好平台。

9. 完善基本办学条件。科学规划校园建设，在加快校园建设的同时，充分挖掘校园内空间潜力，对资源利用不充分的建筑物按需进行合理改造和改建，使校本部形成统一、协调的整体；至 2020 年，使校园占地面积达 2000 亩左右，校舍建筑总面积达 55 万平方米；建成大型学生活动中心、室内体育场馆、风雨操场、游泳馆等文娱场所，拓展师生活动空间，丰富师生文娱活动；加强校园环境建设，注重校园绿化、美化。

加强校园周边环境的治理和学校治安综合治理，确保师生员工有一个良好的学习、工作和生活环境。至 2020 年，使安保人员配备达到标准；加强学生宿舍楼管理，在学生宿舍楼入口安装门禁系统；校园视频监控系统全覆盖，并且确保正常发挥作用；各场所的消防器具、应急设施配备完善并定期检查更换，为校园安全提供行之有效的保障措施；加强对校内食堂、交通等公共设施的管理，确保师生饮食、出行安全。

加强图书资料和档案建设。按照服务于教学和科研的思路，以学科建设为导向，科学入藏图书，理顺藏书布局，优化馆藏图书结构，重点提高馆藏质量。至 2020 年，藏书总量达 220 万册。

三、"十三五"时期学校教育事业发展的保障措施

"十三五"学校教育事业发展规划的全面实施，需要在思想、组织、制度、机制、经费等方面加以全面保障，全校上下要统一思想认识，团结一致、统筹协调，确保"十三五"规划的全面贯彻落实。

1. 依法治校，民主办学。健全学校董事会制度，坚持董事会领导下的校长负责制。加快构建现代大学制度，及时修订学院章程，并以章程建设为基础，不断完善各项规章制度，依法依规办学，健全民主化和科学化管理制度，完善咨询、决策、执行和监督系统，继续推行校务公开，加强群众性民主监督，拓宽监督渠道。完善办学管理体制，依法落实学院办学自主权。

2. 加强党的建设，加强校园文化建设。加强思想建设，以中央、省委的精神为指导，结合我院办学特色，加强大学生思想引领，在内容、形式、方法、手段、机制等方面采取行之有效的措施，切实推动学院大学生思想政治教育工作的顺利开展；强化意识形态的主体责任，牢牢掌握意识形态的领导权和话语权。加强组织建设，规范党组织和党员管理，充分发挥党组织政治核心作用，充分发挥基层党组织战斗堡垒作用，严格党支部组织生活制度，充实组织生活内容。加强制度建设，坚持"优化顶层设计，严格制订程序，完备制度体系"原则，强化党员培养的制度建设，为提高党员培养质量提供制度方面的保障和依据。加强作风建设和党风廉政建设。坚持标本兼治、惩防并举、注重预防的方针，扎实推进建立健全拒腐防变教育体系的建设，进一步落实党风廉政建设的责任制。加强统一战线建设。健全和完善适应新形势下民办高校统战工作体制与机制，进一步加强民主党派和无党派人士工作，支持统一战线成员履行职能、发挥作用。

增强政治敏锐性和大局意识，自觉维护稳定，把影响大局的问题和矛盾化解决在萌芽状态。为学校教育事业发展提供安全稳定的政治环境。

以社会主义核心价值体系为统领，加强校园文化建设。依托主题团日、团校、"青年马克思主义者培养工程"建设和新媒体等线上线下阵地平台，培育和践行社会主义核心价值观。继续实施开展"三下乡"社会实践、"展翅计划"等项目，为华商学生提供见习（实习）、实践、交流互访等常态化的服务，提升华商学子的综合素质。全面深化"青年之声"平台建设，为学生提供多元化的帮助和支持。

3. 深化管理体制机制改革，稳定师资队伍。进一步理顺校院（系）两级关系，健全校院（系）两级管理体制。建立行之有效管理干部的工作机制和激励机制。建立一支结构合理、素质较高、相对稳定的管理队伍，不断提高管理水平。

强化人事管理制度与改革，建立教师分类管理和差异化薪酬激励机制，完善教职工奖励体系；强化学生工作管理与改革，完善思想政治教育的体制、机制和第二课堂的管理，构建助学体系和就业指导体系；强化教学管理与改革，构建有效的教学评价与课堂教学质量监控体系和机制。

稳步提高教职工收入，力争教职工收入高于周边民办高校的平均水平，共享学院发展成果；关心教职工的职业发展，积极创造条件；完善薪酬分配制度和教学科研奖励制度；改善教职工工作、生活、住房条件。真正做到事业留人、感情留人、环境留人，为学校的发展打造一支高素质的队伍。

4. 强化科研、教研工作。进一步健全科研组织机制，组建专业的科研管理团队，完善科研组织结构，补充科研奖励计划，营造积极浓郁的学术科研氛围。学院课题科研项目进行分类管理：专项科研项目，学院包干支持大类项目，精准扶持重点项目；科研项目引进的人才，经审批后，可灵活管理，引进人才直接向课题科研项目负责；单列科研项目，教师申报省级以上课题立项后，学院组织进行中期考核，考核通过的项目，学院予以配套资金扶持，结项后再进行评定奖励。

5. 加大经费投入力度，确保学院各项事业发展需要。董事会确保按政府规定的标准足额拨付学院办学经费。努力争取政府和社会力量的经费支持，提高华商教育公益性质的内涵。将办学经费优先投放到学科专业建设、师资进修培训、图书文献建设、教学仪器设备和教育技术现代化等内涵发展需要上。同时，逐年提高教职工收入，有利于教职工稳定。

6. 完善公共服务平台建设。全面建设具有我院特色，符合现代高等教育模式的"互联网＋"校园。无线网覆盖学院全部办公区、教学区、学生生活区的所有建筑，乃至校园内主要室外空间，建成"人人皆学、处处能学、时时可学"的校园网络环境。扩大无线校园网容量，实现无线用户的应用快速漫游功能，使上网突破时间和空间限制。适应多种智能终端自由接入，实现普遍时段、普遍地点、多终端的移动上网。实现有线与无线网的一体化安全管理。

加快数字化教学资源建设，构建学科齐全、标准统一、种类丰富的教学资源库和共建共享交互的资源管理平台。提高实验教学信息化水平和实验室信息化管理水平，建设网上实验室、网络自主学习平台，搭建实验教学资源库；建设先进的智能化实验室管理系统，为教学和实训提供优质环境，实现实验室全天候开放。建设"智慧"课室，集远程管理、远程监控、远程听课、课堂网络直播与录播等功能为一体的现代化多媒体课室。建设多媒体课件资源库。建设多媒体服务科网站。建设我院网络教学平台。紧密结合学院教学改革模式，利用网络教学平台，在校园内大力推广多媒体教学、翻转课堂、微课堂的教学方式改革。建设综合性跨专业基于"互联网＋"的网络教学平台（APP 等），实现 4A（Anyone、Anytime、Anywhere、Any device）教学服务，任何人在任何时间在校园每个角落，都可以通过不同的设备享受到优质的教育服务。

图书馆在办馆条件，信息资源技术保障、读者服务和科学管理等方面，进一步加强内涵建设，以先进的办馆理念为指导，改革创新发展模式，转型升级服务功能，着力创建四个中心，即文献资源中心、信息服务中心，知识交流中心和文化传承中心。到 2020 年图书馆综合服务能力显著增强，文献保障更加完备，服务渠道更加便捷，学习空间更加优化，学科服务更加精细，社会服务更加开放，人文环境更加优美。为学校的发展和地方社会经济、文化建设发挥更大作用。

"十三五"时期，学院将进一步在学科建设、教学改革、人才培养模式、师资管理、科研工作等方面统筹规划，协调发展，努力提高办学水平，积极培养为广东中小企业、社会机构服务的应用型合格人才，为广东经济、社会的发展做出积极贡献。

广西财经学院"十三五"发展规划

前 言

"十三五"时期是学校在新的历史起点上，建设特色鲜明的高水平财经大学的战略机遇期。为全面贯彻落实《国家中长期教育改革和发展规划纲要（2010－2020年）》《广西中长期教育改革和发展规划纲要（2010－2020年）》和全区教育发展大会、全区深化高等教育综合改革工作会议精神，按照"四个全面"战略布局要求，推动学校主动适应经济发展"新常态"，以党的十八届五中全会提出的创新、协调、绿色、开放、共享五大发展理念为主线，紧紧围绕习近平总书记对广西提出的国际通道、战略支点、重要门户"三大定位"和广西"十三五"发展"四大战略"，坚持立德树人，坚持改革创新，实现教育事业科学发展和核心竞争力全面提升，特制订本规划。

第一部分 发展环境

一、发展基础与环境

（一）发展基础

"十二五"时期，学校紧紧围绕建设高水平本科院校的目标，以立德树人为根本，以学科建设为基础，以提高质量为核心，以队伍建设为重点，以改革创新为动力，以促进学生全面发展和增强服务能力为取向，齐心协力，艰苦奋斗，基本完成"十二五"规划确定的各项任务。

1. 办学规模合理确定，形成以本科教育为主体的人才培养结构。主动适应区域经济社会发展对高素质人才的需求，稳步扩大招生规模。2010年招生总人数为4851人，2015年招生总人数为6777人，增幅为39.7%。2015年共有普通高等教育在校生23857人，其中在校研究生112人、本科生17803人、高职专科生5916人、留学生26人，成人教育学生1.3万余人，初步形成以本科教育为主体，研究生教育、高等职业教育、成人高等教育与培训协调发展的人才培养结构。

2. 重点特色优势学科初步建成，优势特色专业集群发展。积极培育优势与特色学科及方向，建成会计学、财政学、金融学、企业管理、国际贸易学、农业经济管理、数量经济学、区域经济学、管理科学与工程、统计学、社会保障等 11 个广西高校重点学科及广西特色优势学科；获得应用经济学、工商管理、管理科学与工程、统计学、农林经济管理、公共管理学 6 个自治区规划和建设的硕士学位授权点一级学科及税务硕士、金融硕士、应用统计硕士 3 个自治区级硕士专业学位授权点学科；已获会计专业硕士培养授权并招生 4 届，顺利通过中期考核；基本形成以经济管理学科为主，经济学、管理学、文学、法学、理学、工学、艺术学各学科相互支撑、协同发展的学科结构。

综合学科发展前沿、国家战略实施与广西经济社会发展需要，努力建设优势特色专业。遵循"互促互动、协调发展"的理念，建设一批以会计、金融、财政、国际经济与贸易、工商管理、电子商务等专业为重点的特色专业群；积极完善专业发展规划，培育新兴交叉学科专业；加强国际教育特色专业建设，拓展国际金融、工商管理等方面相关专业，提高与国外合作办学的层次和水平。"十二五"期间，学校每年申报、设置 2～3 个适应经济社会发展需要的新专业，截至 2015 年 10 月本科专业总数达到 47 个，同时完成自治区级特色专业及课程一体化建设项目 6 个、自治区级紧缺专业建设项目 1 项，拥有自治区级优势特色专业（群）12 个。

3. 教学改革持续深化，教学质量稳步提升。调整优化教学机构设置，设置 14 个教学院（部），1 个继续教育学院和 3 个教辅机构。适应创新创业教育需要，成立广西高校首家创新创业学院。利用网络教学平台和多媒体教学手段，积极推动启发式教学、讨论式教学等教学方法的采用。完善"双体系、双课堂、多主体"教学模式，强化实践教学，加强校内实验室、实习实训基地和社会实践基地建设，加强校企合作、校地合作，稳步提升实践教学效果。通过分类培养、联合培养、订制培养、国际合作培养等方式，构建多元人才培养方式。以"卓越财经人才培养计划""学生创新创业教育计划"等为抓手，探索科学素质、实践能力和人文素养融合发展的人才培养模式。构建完善的教学质量保障体系，加大教学管理制度、教学质量标准建设力度，健全校院两级督导制度，健全教学质量反馈制度，健全教学质量评价机制，保障教学质量稳步提升。

"十二五"时期，成功申报国家级实验教学示范中心，获得国家级大学生校外实践教育基地 1 项、国家级视频公开课 1 门、广西特色高校建设项目 1 项、自治区级专业综合改革试点项目 1 项、自治区转型发展试点专业群 2 个、自治区级精品视频公开课 2 门、自治区级大学生校外实践教育基地 1 个、自治区级特色专业及课程一体化建设项目 6 个、自治区级紧缺专业建设项目 1 项、自治区级优势特色专业（群）12 个、重点建设课程 17 门。荣获自治区级教学成果奖 8 项，其中一等奖 3 项。连续 5 年实施对教学院部年度教学工作综合评估，先后完成 19 个本科专业、11 个本科教学质量工程项目、83 门（次）网络课程的评估，开展了实验教学、教学经费管理等专项评估。

4. 科研水平大幅提升，服务经济社会能力不断增强。完善科研激励机制，修订科研奖励管理办法，促进产生影响大的标志性项目和成果，扶持拔尖人才和学科带头人成长。加强重点科研平台培育，努力建设自治区级重点实验室和研究基地。充分发挥重点实验室和研究基地的作用，稳步推进与政府、企业、科研院所和用人单位共建科技创新平台工作，开展校行、校企、校地"三对创新"行动。

共获得国家级立项项目46项，省部级立项项目168项，实现了国家社科基金重大、重点项目立项零的突破；获得省部级以上科研成果奖79项，其中广西哲学社会科学优秀成果一等奖2项；2015年科研课题总经费达到1800万元，比2009年增长5.6倍。2013年，与自治区财政厅共建"广西（东盟）财经研究中心"，"中国—东盟经贸发展与南海战略研究"获得广西校地校企共建科技创新平台立项；2014年，"海陆经济一体化与海上丝绸之路建设协同创新中心"正式获批广西"2011协同创新中心"，获广西高校人文社科重点研究基地2个、科技创新平台2个、广西重点实验室1个。经过"十二五"的努力，学校已初步成为区域发展对策性问题研究中心和财经信息与科学研究基地。

5. 开放办学进一步扩大，国际交流合作有新拓展。设立国际教育学院，加强国际交流与合作，积极推进教育国际化；选派优秀教师和管理人员到国内外高校进行交流，学习国内外先进教育理念和教学经验，强化师生员工开放意识和国际化意识；积极引进国外教师到学校授课，提高学生外语水平；拓展和加强与美国、英国、法国、澳大利亚、新加坡、泰国、越南、马来西亚等国家的交流与合作。共开办中外合作办学项目7个，招收来自6个国家的学历生26人，设立ACCA国际会计实验班2个，具有独立组织ACCA笔试考试的资格并接收境外学生参考，2015年ACCA考试各门课程通过率超过全球通过率平均水平。

6. 人才队伍结构进一步优化，教师队伍素质有新提高。制订师资队伍建设规划，加强人才引进与培养。实施中青年学术带头人和青年骨干教师培养计划，开展青年教师"学历提升"工程，做好教师非学历进修培训和新进教师培训工作。加强管理干部队伍建设，完善管理干部教育管理制度，推进管理干部队伍现代化。培育自治区优秀专家1人、广西文化名家暨"四个一批"人才（理论界）2人、广西"新世纪十百千人才工程"第二层次人选3人、全国会计领军（后备）人才（行政事业类）培训项目第五期正式学员1人、自治区高校教学名师1人、广西卓越学者2人、广西高等学校高水平创新团队2个，初步建成以"新世纪百千万人才工程"国家级人选、国务院政府特殊津贴专家、教育部"新世纪优秀人才支持计划"人选、广西优秀专家、广西教学名师等组成的高层次人才队伍。

7. 基础设施建设得到加强，办学条件进一步改善。完成相思湖校区一期建设工程，如期建设教学楼二期项目，相思湖校区已具备容纳13000名学生的条件。调整优化明秀校区，校区服务教学与生活的功能已明显改善。大力加强实验室建设，新增实验室59间，更新实验室23间，购买专业实验教学应用软件14套，与财政厅合作完成会计从业资格无纸化考试标准化考点及培训基地建设。积极推进数字化校园建设，努力扩充网络教学资源，建成多校区全覆盖的校园网络，完成256间多媒体教室、多校区视频会议系统、相思湖校区演播室、数字校园云计算平台等重大项目建设。加强文献资源保障体系和档案建设，初步建立起以经济管理类文献为重点、纸质资源与电子资源相互补充的馆藏文献信息资源保障体系，实现档案建设和管理的新突破，2011年6月晋升为科技事业单位档案管理国家二级单位。

绿色生态安全文明和谐校园建设取得新成绩。完善各校区人文自然景观，建设点、线、面相互结合的绿化体系；加强安全教育和安全工作体系机制建设，确保学校和谐稳定；设计制作并规范使用学校视觉识别系统和环境识别系统，塑造学校品牌形象，培育学校文化特色；关注和改善民生，不断改善师生学习、工作和生活条件及环境；逐步提高教职工津贴收入和福利水平，加强对困难群众的帮扶救助，关心并做好离退休老同志服务工作。"十二五"期间，学校被评为自治区首批"和谐学校"，获评自治区级文明单位。

8. 学生培养质量稳步提升，创新创业教育服务成效显著。健全完善招生、就业指导工作体系，制订并实施《广西财经学院招生工作管理办法（试行）》《广西财经学院就业工作奖励办法》，提升招生、就业指导工作水平，毕业生就业率和就业质量稳中有升，连续5年荣获"自治区毕业生就业工作先进集体"荣誉称号。着力推进实践育人，每年组织开展"大学生骨干暑期实岗挂职锻炼""三下乡""国情区情教育""美丽广西，清洁乡村"等10余项社会实践及志愿服务活动，大学生"三下乡"社会实践活动获全国重点团队项目2项、全区精品团队项目15项，2次被评为全国大学生"三下乡"社会实践活动优秀组织单位，连续5年被评为广西大学生"三下乡"社会实践组织工作先进单位，2支社会实践团队被评为全国大学生"三下乡"社会实践优秀团队。

大力扶持大学生创新创业，投资300余万元建成明秀校区和相思湖校区大学生创业园，初步建立健全大学生自主创业教育激励和帮扶机制，孵化大学生创业项目70余个，成功孵化15个，着力打造"创新创业大讲堂""创新创业文化沙龙"等活动品牌，连续3年承办全区大学生"挑战杯"创业大赛总决赛，获得"挑战杯"大赛全国铜奖2项、全区三等奖以上奖项29项，荣获"互联网+"创新创业大赛等学科专业竞赛全国奖10余项、全区奖100余项，学校成为"广西高校大学生创业示范基地"，连续3年荣获"广西高校大学生创业教育先进单位"荣誉称号。

9. 内部改革持续深化，治理能力逐步提高。推进《广西财经学院章程》建设，并于2015年10月12日由广西壮族自治区教育厅核准。以章程建设为抓手，推进依法治校，构建完善的内部治理体系。稳步推进校、院两级管理体制改革，加大管理重心下移力度，有效激发教学院部工作积极性。全面实施聘任制度和岗位管理制度，深化人事制度改革。制订和实施《广西财经学院绩效工资实施办法》，初步构建合理的收入分配制度。树立"为教学科研和师生员工服务"理念，推进学校综合改革，促进治理能力现代化。

"十二五"时期各项建设事业的顺利实施（如专栏1所示）。促进了学校办学水平的提升，增强了学校的办学实力。2010年，学校以优异成绩通过教育部本科教学合格评估；2011年学校抢抓机遇，成功申报了"服务国家特殊需求人才培养项目"，成为会计专业硕士研究生培养单位；2012年，外交部和教育部批准的"中国—东盟金融与财税人才培训中心"成功落户学校；2013年，学校获得广西特色高校建设项目立项；2014年，学校成为广西首批自治区协同创新中心立项单位。上述办学成绩，为学校在新的历史时期上水平发展奠定了坚实基础。

专栏1　　　　　　　　　　**"十二五"规划完成情况**

序号	指标	2010年	2015年	年均增长（%）
1. 办学规模	全日制在校学生数（人）	17000	23857	7.01
2. 师资队伍	专任教师总数（人）	729	1070	7.98
	其中：高级职称教师	222	335	8.58
	硕士以上学位教师比例（%）	56.38	68.3	——
3. 教学质量工程	自治区教学团队（个）	3	3	0
	自治区教学名师奖（人）	1	2	14.87
	自治区级实验教学示范中心（个）	3	5	10.76
	自治区级人才培养创新实验区（个）	2	2	0
4. 学科专业水平	硕士学位授权点（个）	0	1	——
	自治区级重点学科（个）	4	11	22.42
	专业数量（个）	31	47	8.68
5. 科学研究	科研项目经费（万元）（当年）	323.7	1800	40.94
	国家级科研项目（项）	14	67	36.77
	自治区级重点实验室（研究基地）	3	5	10.76

（二）发展环境

1. 机遇与挑战。

（1）机遇。当前，我国正处在加快转变经济发展方式、推动产业结构转型升级的关键时期，为经济转型升级提供高层次人才和高水平科研的支撑，是高等教育最重要的历史使命和战略任务。党的十八大和十八届三中、四中、五中全会对深化教育领域综合改革做出了全面部署，提出了明确要求。广西正进入新的历史发展时期，国家"一带一路"战略深入实施，中国—东盟自由贸易区升级版建设进程加快，党中央、国务院明确把广西建设成为面向东盟开放发展的新枢纽、西南中南地区开放发展新的战略支点、"一带一路"有机衔接的重要门户。广西先后召开了全区教育发展大会、全区深化高等教育综合改革工作会议，对广西高等教育发展做出了新部署和新要求。随着高等教育进入大众化发展阶段，"扩量提质"并举、特色发展、与地方经济社会发展紧密融合、通过改革创新释放办学活力成为高等教育发展的"新常态"，这"四个"新常态""为学校"十三五"时期发展提供了新机遇。

（2）挑战。国家经济发展"新常态"、广西经济社会新发展、高等教育进入大众化阶段、人民群众对高质量教育的迫切需求等诸多因素，倒逼高等教育必须要解放思想，深化综合改革。作为广西唯一一所独立设置的财经类本科院校，放在国家和民族发展的大背景中思考，放在高等教育全面推进深化改革的大趋势中谋划，放在打造广西经济升级版、推进"两个建成"大局中布局，需要学校顺应"转方式、调结构"，调整优化学科、专业结构，全面深化内部治理体系改革；充分发挥财经类院校特点，主动与行业企业对接，服务广西优先重点发展的千亿元产业和战略性新兴产业，支撑广西"两个建成"的发展目标；围绕高等教育大众化阶段"应用性、多样化"特征，进一步优化结构、强化特色、注重创新，走以质量提升为核心的内涵式发展道路，全面提升学校的核心竞争力。

2. 优势与劣势。

（1）优势。第一，广西唯一财经类本科院校。作为广西唯一的财经类本科院校，学校承担着为全区培养高层次经济管理类人才的重任。凭借学科专业的优势与特色，学校得到了自治区党委、政府的高度重视，得到了教育厅、财政厅等政府职能部门的大力支持，为学校提供了必要的发展资源以及政策保障。第二，具有较好的发展基础和社会声誉。50多年的办学历程，持续不懈的自强努力，使学校具备了较好的硬、软件发展基础条件，办学空间得以拓展、提升，基础设施条件明显改善，师资队伍力量不断增强，学科专业水平不断提高，科研影响力显著提升，人才培养质量稳步提高。50多年的办学累积，同时推动了学校社会声誉的不断提升，"财院"品牌人才培养效应凸现，在行业的影响日益增强。第三，已形成一批区内优势特色的学科专业。学校拥有的核心优势，在于经济管理类学科专业在广西具有一定的整体优势，拥有一批具有明显优势特色的学科专业。目前，学校拥有广西高校重点学科11个，自治区级特色优势学科3个，获得自治区规划和建设的硕士学位授权点一级学科6个，自治区级规划和建设的硕士专业学位授权点学科3个；拥有国家级特色专业建设点2个，国家级专业综合改革试点专业1个，广西高校特色专业及课程一体化建设项目6个，广西高校优势特色专业（群）建设项目12个，以及10余个区内唯一专业。

（2）劣势。第一，师资队伍整体水平不高。一是数量较少，生师比相较于建设特色鲜明的高水平财经大学目标存在较大差距；二是质量不高，高级职称教师占比相对先进大学存在不足，专任教师中具有博士学位的教师比例远远低于高水平大学目标要求；三是高水平学科学术带头人尤为匮乏，特别是缺乏国家级、自治区级高水平学科学术带头人。第二，学校治理体系和治理能力现代化水平需要进一步提高。一是统筹学校发展的能力还不够。现代化高校的发展是统筹各种发展要素，实现其优势互补、协同配套、互动推进的过程。但学校目前统筹过去与未来、校内与校外以及各项办学资源的水平还不够高，尚未形成各种要素集聚、协调、统一、高效的良性发展格局。二是治理科学化水平有所不足。学校体制机制改革的整体性、系统性不够，尚存在组织架构设立不够科学、职责界限划分不够清晰等现象；治理机制运行不够顺畅，管理流程冗长复杂，预算绩效管理意识淡薄，预算支出标准不够明确，导致工作效率不高、管理比较粗放。三是治理现代化程度有所欠缺。现代化高校治理体系是建立在高度信息化基础之上的，但学校信息化治理的手段不够全、水平不够高，广度和深度均不足，满足不了治理能力现代化的要求。四是管理干部队伍和广大教师对于现代大学治理从理论到实践都需要进一步提高认识。学校传统大学治理的惯性思维仍一定程度存在，一些管理干部和教职工局限于陈旧的知识和方法，习惯于传统的经验和做法，工作墨守成规、故步自封，已成为推动现代大学治理的障碍。学校对现代大学治理的实践尚处于起步阶段，积累的经验不足，面临的困难较多。第三，办学空间布局亟待进一步拓展优化。现阶段学校办学空间不足，亟待拓展。根据《2014—2020年广西财经学院发展定位规划》，2020年学校占地面积为2946亩，目前学校的占地面积与该规划目标还存在较大缺口。办学空间不足，导致学校出现"两地三区"的分散办学格局，不利于今后的集聚性、特色化发展，不利于资源的优化配置和高效利用，不利于办学成本的降低。第四，国际化办学水平仍需进一步提升。高等教育国际化是不可阻挡的发展趋势。目前学校国际化办学虽然取得了一定的成绩，但也存在一些问题，主要表现在国际化办学理念认识不足，国际化合作办学层次不高，国际化师资队伍相对缺乏；专业认证标准和课程体系设置尚未与国际接轨；人才培养模式传统、单一，与国际先进做法尚存在较大差距；教师参与高水平国际学术交流和科研合作项目较少，迫切需要进一步提升。

第二部分　发展目标

二、发展目标

（一）指导思想

高举中国特色社会主义伟大旗帜，以邓小平理论和"三个代表"重要思想、科学发展观为指导，全面贯彻落实党的十八大和十八届三中、四中、五中全会及习近平总书记系列重要讲话精神，按照"四个全面"战略布局要求，立足学校发展实际，把握发展的阶段性特征，以基本建成特色鲜明的高水平财经大学为目标，围绕"出人才、育特色、上水平"主题，以学科建设为基础，以体制机制改革为重点，解放思想、实事求是、务实创新，全面推进综合改革，着力完善内部治理，全力提升办学质量，努力建设高水平应用型人才培养体系、高水平学科学术体系、高水平社会服务体系和高水平文化传承创新体系，推动学校走上质量型、特色化内涵式发展道路，实现教育事业新的跨越发展。

（二）发展战略

1. 内涵发展战略。围绕立德树人的根本任务，更加强调提高人才培养质量，更加强调增强人才培养特色，更加强调创新人才培养模式，推进优势特色学科、专业群建设，深化教育教学改革，全力提高教师教学水平。

2. 需求导向战略。紧紧围绕国家战略，以服务地方经济社会发展为着眼点，充分发挥财经院校的人才、科研优势，重点围绕财经智库建设，强化协同创新，提高社会培训和服务的层次与能力，使学校在人才培养、科学研究、社会服务、文化引领等方面，为国家战略实施、广西实现"两个建成"目标发挥积极作用。

3. 人才强校战略。坚持科学的人才观，坚持党管人才原则，实施"引育并举"的人才队伍建设策略，营造尊重人才、人尽其才的浓厚氛围，为学校发展提供强有力的人才支撑。通过高层次人才队伍建设，吸引和培养一批学术领军人物和学术骨干；通过拓展教师职业发展空间，打造一支结构合理的高素质人才队伍。

4. 改革创新战略。以创新的思维和方式，全面推进综合改革，开展教育教学、人事薪酬制度、科研机制、预算分配机制、后勤服务体制、校院两级管理体制和办学资源开发利用等改革。通过改革创新，不断优化办学环境，完善内部治理结构，激发学校的办学活力和潜力。

5. 开放合作战略。坚持以开放促交流，以合作促发展。推进学校内部资源开放共享、学校与地方合作共生、学校与企业合作共赢、学校与学校交流发展，加快学校国际化进程，开展与境外尤其是东盟国家教育机构的交流合作，积极拓展海外合作办学空间。

（三）发展原则

1. 坚持育人为本。强化以人才培养为中心的理念，把人才培养质量作为衡量办学水平的最主要标准。坚持育人为本，以学生为主体，以教师为主导，把促进学生健康成长作为学校一切工作的出发点和落脚点，积极推动素质教育和人才培养创新，培养德智体美全面发展的优秀人才。

2. 坚持突出重点。紧密结合国家、地方和社会发展需要，结合学校实际，确定关系学校发展全局、影响深远、辐射带动作用明显的重点工作，更加突出学校改革创新、层次提升、人才强校、开放合作、办学空间优化等发展重点，以重点工作率先突破带动全局，整体推进学校发展。

3. 坚持培育特色。遵从"错位发展、特色生存"的原则，充分利用学校所在的地域优势、广西唯一财经类本科院校的优势，优化资源配置，采取有针对性的手段与措施，努力锻造学校的办学特色。

4. 坚持绩效导向。重视管理绩效，以提升管理效率和效果为目的，推进绩效管理，促进学校决策与内部组织流程的匹配，进一步规范管理行为，提升管理水平。

（四）发展定位

1. 类别定位。特色鲜明的高水平财经大学。

2. 类型定位。地方性、教学型、应用型。

3. 办学层次定位。以本科教育为主，积极发展研究生教育，适当开展高职高专教育，大力发展留学生教育，努力拓展继续教育，以国际化视野实施开放办学。

4. 学科专业定位。遵循"经管固本，理工强基，文法铸魂"理念，大力建设经管类学科专业以巩固学科专业之根本，加强建设理工类学科专业以强化学科专业之基础，推进建设文法类学科专业以铸造学科专业之灵魂，促进学科的协调发展和专业布局结构的优化。

5. 人才培养目标定位。学校面向生产、管理和服务部门，致力于培养专业基础扎实、知识结构合理、实践能力突出、具有创新精神和创业能力的高素质经管类应用型专门人才。

6. 服务面向。立足广西、面向基层、服务社会、辐射东盟。

（五）发展目标

1. 总体目标。到 2020 年，学校正式成为硕士学位授予单位，基本建成特色鲜明的高水平财经大学，条件成熟时力争早日更名大学。

——办学特色鲜明。着力打造区别于传统人才培养模式的人才培养的应用型特色，立足广西、面向东盟的区域性办学特色，服务国家战略需求和地方经济社会发展需要的高水平财经智库特色，突出财经类高校治理科学化水平精细、高效的内部管理特色。

——办学优势突出。经济管理类学科（群）、专业（群）在区内整体优势突出；高层次应用型人才培养国内先进、区内领先；区内财经行业人才培养品牌凸显、优势固化。

——核心竞争力凸显。拥有一定数量的国家级特色优势学科与专业（群），较多的自治区级特色优势学科与专业（群）；拥有若干学科领军人物和学科学术带头人，若干教学名师，专任教师中博士与教授比例较高；高水平教学和科技创新涌现，获得国家级科研立项和省部级奖励数量较多。

——高水平。学科实力强，若干学科专业（群）区内领先，在国内具有一定知名度；人才培养高水平，学生素质水平高，成为财经行业中高级人才的培养基地；应用研究水平区内先进，个别领域国内一流；内部治理结构科学完善，管理高水平。总体上，学校在国内地方性、教学型、应用型大学中达到先进水平。

2. 具体目标。

（1）办学规模。稳定现有的全日制本科生（不含专升本学生）招生规模，适度扩大本科生招生规模，每年以3%的比例递增，全日制高职专科生招生规模每年保持在2000人的水平。到2020年，实现全日制在校学生27500人，其中：本科生（含专升本）20600人、研究生600人、留学生300人、高职专科生6000人，继续教育学生15000人。

（2）师资队伍。学校专任教师总数达到1650人，专任教师中高级职称教师比例达到40%，具有博士学位教师比例达到15%，具有硕士以上学位教师比例达到80%。培养一批学术水平高、发展潜力大的领军人才和学科学术带头人，造就一批省部级和国家级人才。

（3）学科与专业建设。广西高校重点学科及特色优势学科增加至15个，获得硕士学位授权点或达到硕士学位授权点申报条件的一级学科4个，获得硕士专业学位授权点或达到硕士专业学位授权点申报条件的硕士专业学位点10个。在建设好财政、会计、金融、企业管理、区域经济、国际贸易等传统优势特色学科基础上，建设好管理科学与工程、统计学、农业经济管理等3个广西特色优势学科和社会保障学、物流学、数量金融学等一批新的优势特色学科。

本科专业（方向）数保持在52个。建设好商贸、金融、财政、工商管理、会计、管理科学与工程、文化与艺术、农林经济管理、电子商务等9个专业群，其中金融、会计、财政、商贸以及工商管理专业群区内领先。

（4）教学质量工程。"十三五"期间，力争获评国家级教学团队1个，力争自治区级教学团队2个；获评国家级教学名师1人，自治区级教学名师2人；国家级教学成果奖1项，自治区级教学成果奖17项；获得国家级特色专业及优势特色专业（群）2个、自治区级特色专业及优势特色专业（群）5个；国家级专业综合改革试点项目2个；国家级人才培养创新实验区1个，自治区级人才培养创新实验区2个；国家级实验教学示范中心1个，自治区级实验教学示范中心 3 个；国家级精品课程（视频公开课）1 门，自治区级精品课程（视频公开课）7 门。

（5）研究生教育。2019 年在校硕士研究生规模超过 500 人，到 2020 年争取超过 600 人，联合培养 200 人，总体规模达到 800 人。

（6）科学研究。"十三五"期间，争取获得国家级课题立项 50 项，其中国家社科基金项目 40 项，国家自科基金项目 10 项，部分类别国家级项目立项实现零的突破。科研资助经费保持每年 10% 增长，到 2020 年力争实现科研经费增量 6500 万元。在二级以上学术期刊发表论文 30 篇，SCI/SSCI/EI 收录论文数 100 篇，出版学术专著 50 部。力争获得省部级以上人文社科优秀成果奖、科技奖 40 项，力争实现教育部人文社科优秀成果奖零的突破，研究报告（咨询报告）、政策建议等研究成果获省部级以上领导批示 10 篇（次）。

（7）对外交流与合作。加强与复旦大学、西南财经大学等国内高水平大学的全面合作，与 10 余所国际高水平大学建立包括教师互派、学生互换、学分互认和学位互授、联授等在内的交流合作关系。举办或承办国际高水平学术会议 10 次。到 2020 年全日制在校留学生达到 300 人。

（8）基本建设。规划建设武鸣新校区，基本建成总建筑面积 20 万平方米以上；相思湖校区教学实训设施进一步优化完善；明秀校区办学功能与环境适度改善，建设产教融合综合大楼，构建深度产教融合基地；防城港校区办学条件明显改善。

图书馆纸质图书藏量达到 200 万册，电子图书藏量达到 150 万册，在用数据库达 43 个。

（9）管理服务。形成权责明晰、制衡有力、运行高效、科学合理的内部管理和运行机制，内部控制规范体系成熟，智慧化校园建设完善，内部管理绩效高，师生满意度高，基本实现学校治理体系和治理能力的现代化。

上述具体目标如专栏 2 所示。

专栏 2   **"十三五"教育事业发展规划目标汇总**

一级指标	二级指标	2015 年	"十三五"期间增量	2020 年
办学规模	全日制在校学生数（人）	23857	3643	27500
	其中：本科生	17803	2797	20600
	研究生	112	488	600
	留学生	26	274	300
	高职专科生	5916	84	6000
师资队伍	专任教师总数（人）	1070	580	1650
	其中：高级职称教师	335	325	660
	博士学位教师比例（%）	8.7	6.3	15
	硕士以上学位教师比例（%）	68.3	11.7	80

续表

一级指标	二级指标		2015 年	"十三五"期间增量	2020 年
学科专业水平	主干学科门类（个）		2	1	3
	硕士学位授权点（或达到申报条件）（个）	一级学科	0	4	4
		专业硕士	1	9	10
	自治区级优势特色及重点学科（个）		11	4	15
	自治区级重点科研平台（个）①		11	9	20
	本科专业（个）		47	5	52
教学质量工程	教学团队（个）	国家级	0	1	1
		自治区级	3	2	5
	教学成果奖（项）	国家级	1	1	2
		自治区级	18	17	35
	教学名师奖（人）	国家级	0	1	1
		自治区级	2	2	4
	特色专业及优势特色专业（群）（个）	国家级	2	2	4
		自治区级	25	5	30
	人才培养创新实验区（个）	国家级	1	1	2
		自治区级	2	2	4
	实验教学示范中心（个）	国家级	1	1	2
		自治区级	5	3	8
	精品课程（视频公开课）	国家级	1	1	2
		自治区级	13	7	20
科学研究水平	科研项目经费（万元）（累计）		8237	6500	14737
	国家级科研项目（项）（累计）		67	50	117
	科研成果奖（项）	国家级	0	1	1
		自治区级	79	40	119
基础设施	校园占地面积（亩）		2008	938	2946
	纸质图书（万册）		178.57	21.43	200

---

① 重点科研平台包括重点实验室（研究基地）、校地校企科研平台、协同创新培训中心等。

第三部分　发展任务

三、建设高水平应用型人才培养体系

（一）提高本科人才培养水平

牢固确立人才培养在学校工作中的中心地位，切实将教育质量意识贯彻落实到各项工作中，树立系统培养观，推进教学、科研和实践紧密结合，为应用型人才的成长创造良好的环境与条件。

创新人才培养机制。将卓越财经人才培养作为本科人才培养模式改革的一个重要方向，一方面继续完善、深化理论研究；另一方面加大实践探索力度，努力构建完善的从培养目标—培养标准—培养方案—培养过程—质量监控—就业与人才培养全过程的卓越财经人才培养流程模式。

转变课程教学范式。根据现代课程教学理念，按照"点面结合、以点示范、突出实效"的原则，针对不同的课程，以课程组为团队，深入研究，多层次、多维度实施课程教学范式转变，形成既符合现代教学理念又体现课程个性化的教学范式，打破"以知识传递为重点、以教材为中心、以教师为主体、以课堂为阵地"的教学范式。重点实施翻转课堂计划和示范课堂计划。

注重研究"互联网＋"大环境下产生的新业态对传统财经金融理论的影响和发展，注重将最新科研成果应用到教学中，并及时反映到新编教材中。

推动研究型教学与现代教育技术的融合应用，提高多媒体课件应用效果，加强慕课、微课、学科网站、网络课程（件）建设和应用，推进各种媒介终端移动学习的应用。

改革教学方法、教学手段和教学考核评价办法，创新授课及学分获取方式，促进教学效果最大化。

（二）提升研究生人才培养水平

推进硕士专业学位研究生培养模式改革。完善符合专业学位研究生人才培养特点的课程体系，加强专业化与实践性密切关联的案例教学。优化培养过程，强化实践与创新培养环节，构建"学习—实践—创新"有效衔接的人才培养模式。加强高标准、规范化的研究生培养企业工作站和实践教学基地建设，强化依托其上的实践教学，打造"基地（工作站）现场授课—实习、实践—实践（调研）报告—学位论文—就业与创业"五位一体的产学研结合的培养模式。实施并完善"研究生创新教育工程"，加强对研究生创新思维和创新能力的培养。

加强导师队伍建设。适应研究生教育量与质跃升的要求，建立一支合格的导师队伍。努力做好导师遴选工作，加强对导师的培养和培训，创造宽松、优越的条件，促进导师队伍的成长。做好推荐本校教师到校外兼任研究生导师的工作，借助校外资源培养导师。制订科学的研究生指导管理办法，完善指导过程管理，拟定合理的激励措施，提升指导效果。

完善校企联合培养模式，构建联合培养长效机制，提高联合培养的效果。

（三）推进创新创业教育

深入理解创新创业教育的科学内涵，把握国家和广西创新创业发展的时代趋势，依托财经学科专业背景，突出财经优势和特色，将创新创业教育改革作为推进学校教育教学综合改革的突破口，以学生素质和能力的培养提升毕业生的创业就业质量，实现"一十百千万"创新创业教育改革目标，即打造区域性的财经创新创业教育第一品牌，搭建十个校内外参与共享的协同平台，创办百个创新创业教育项目，建设千个创新创业项目，激励以万为单位的学生参加创新创业教育与实践。

构建财经类高校创新创业教育教学生态链，将创新创业教育贯彻人才培养全过程。面向全体学生开设含理论、实践的多种创新创业课程；各专业设置创新创业方向模块；依托创新创业教育园、大学生创业园等构建财经创新创业教育体系。

积极探索实践新财子学院创新创业人才培养模式，建立多元合作、交叉培养的创新创业人才培养新模式。"十三五"期间，每年遴选200名左右学生进入新财子学院学习，通过创业精英讲座等形式惠及上万名学生。

坚持财经创新创业特色和方向，建设财经创新创业教育园。倡导教师、学生积极面向财经高端服务业，面向"互联网+"，面向东盟进行财经创新创业实践。做大做优做强"三位一体"公司制财经教育园项目。"十三五"期间，学校将支持约200个创新创业项目入园孵化，并采用生态绩效评价方式进行科学管理。

努力培养和打造创新创业教育教师团队，导师团队多元化。"十三五"期间，组建校内创新创业导师团队、校外业界精英导师团队、优秀校友导师团队等，导师人数达500人。

整合校内外资源，积极推进协同育人。建立学校创新创业教育理事会制度，使学校人才培养与广西经济社会发展的人才需求紧密结合。"十三五"期间，理事会单位达30家以上并形成科学有效的工作机制。

探索创新创业教育的国际化路径。依托学校国际教育优势，加强与东盟国家高校在学生创新创业方面的交流与合作，实现学校创新创业教育的影响和辐射。"十三五"期间，与东盟国家高校在创新创业方面的交流与合作达10次以上。

（四）强化产学研合作育人

主动"走出去"，积极联系企业、科研机构，发掘合作的机会与空间，同时挖掘既有项目潜力，努力拓展与深化产学研合作育人领域，扩展产学研合作育人平台数量。重点建设集专业实验室、实习场所用房、实训场所用房、培训场所用房、创业办公用房、引入企业办公用房为一体的产教融合基地，争取地方、行业、企业的项目与资源在学校集聚，更好地实现学校与地方、行业、企业合作育人的对接。完善产学研合作育人机制，构建包括合建专业与课程、共建教学资源、合作研究、合作就业等要素在内的合作育人体系，形成标准化育人流程与机制。加强对产学研合作育人的经费、制度保障，设立产学研教育专项资金，构建产学研育人评价激励机制。

（五）加强专业和专业群建设

以社会需求为导向，立足区域经济社会发展需要，紧密对接行业产业企业，发挥"招生—培养—就业"联动作用，建立融合招生、培养、就业的专业动态调整指标体系，以招生计划管理为调控手段，构建专业激励与退出机制，不断调整优化专业结构，完善专业设置管理，促进培育一批优势与特色专业。

加强品牌和特色专业建设，带动专业建设开展。坚持"重点突破、目标集中"原则，集全校优质教育资源培育品牌专业、强化特色专业，提升专业核心竞争力。根据学校总体定位，科学确定专业培养目标、合理构建课程体系、深入改革教学内容、大力加强实践动手能力培养，提高专业人才培养水平。完善专业评估机制，逐步实施专业认证机制。重点抓好国家级特色专业、区级优势特色专业的建设与评估，努力建成国家重点专业。

树立"财经本色、大金融特色"的专业群建设理念，完善"大经管"专业群体系，推进"大金融"专业群改革。进一步突出经济管理类专业群的主体地位和优势地位，使之成为专业之本；以"调、并、改"为抓手，重点支持"大金融"专业群的改革与发展，打造专业群特色；促进经济管理类专业群、"大金融"特色专业群和支撑专业群的协调协同发展，增强专业群可持续发展能力，显著提升专业群整体实力。

（六）提升实践教学实效

重构实践教学体系。协同创新创业教育，以第一课堂中的实践课程改革为基础，推动第二课堂建设，并根据课程形式和课程内容，构建符合高素质应用型人才培养要求的实践教学新体系。新体系由专业教育课堂实践（第一课堂课程实践课、集中性实践课）和素质教育实践（第二课堂）构成。课程实践是以理论课体系为基础建立的实验课程（包括网络教育与国际化教育），分为基础实验、专业实验、综合实训；集中性实践指对理论和实践知识进行集中训练的组织形式，是获得综合能力的有效方法，包括基础训练（军训、就业指导等）、专业训练（社会调查和专业实习等）和综合训练（毕业实习、毕业论文、毕业设计）。第二课堂实践（创新创业实践）作为第一课堂实践的扩展，目的是培养创新创业意识，全面提高学生综合素质和语言素质，主要包括创业发展、科研与创新、文化活动、体育活动、技能训练、社会实践等多方面的实践活动。

完善国家级、自治区级、校级三级实践教学平台体系建设。加强国家级实验教学示范中心建设，积极申报国家级虚拟仿真实验中心，推动条件成熟的校级、自治区级实验教学平台向更高层级晋升。进一步加快国家级大学生实践基地建设，引领其他校外实践基地建设。强化校企、校地、校政合作，使各教学院（部）至少要与一家在行业有影响力的企业建立深度融合的大学生校外实践基地。

深化实验教学改革，重点发挥创新创业教育的导向作用。打造一批具有共享性和开放性的实验项目，牵头组建广西财经类实验课程联盟。

（七）加强教风学风建设

把教风建设作为校风建设的关键，建立教师工作标准，完善学校三级评教制度。创新学风建设思路和方式。突出"诚信"基因，开展系列"学风建设"主题教育活动，切实加强大学生学风、考风、班风建设。开展以"践行立德修身，共创文明校园"为主题的大学生文明修身活动。重点打造院长（教授）、职能部门负责人"谈学风"项目，形成全员共育优良学风的良好局面。创新理念，以"七率"（读研率、四六级通过率、到课率、及格率、作弊率、双无班级率、考证率）量化考核作为学风建设的基本依据。狠抓学风督导，开展"诚信考试"主题教育活动，对考试作弊行为实施"零容忍"。

（八）完善教学质量保障体系

不断优化各教学环节质量标准及教学质量评价指标体系，强化过程管理，以教学基本状态数据为基础构建本科教学运行过程评价机制，逐步形成包括人才培养目标、培养过程、教学信息反馈在内的完整闭合的本科教学质量监控体系，实现教学质量全程监控。完善校、院、系三级本科教学质量监控体系，充分发挥二级督导作用。利用信息化手段，规范教学管理，加强教学质量监控，逐步建立健全教师专业能力评价系统，实现教师教学数据信息化管理。加大对教学改革和质量工程项目执行和验收的力度，确保各级各类项目通过验收。完善"双五位一体"校内教学评估体系，健全自我评估制度，完善本科教学年度质量报告制度。

（九）做好审核评估工作

启动本科教学审核评估，开展本科教学审核自查。立足学校人才培养特色和学科专业优势，按照教育部本科教学审核评估要求，启动本科教学审核评估，对学校办学定位及人才培养目标，教师及其教学水平和教学投入，教学经费、教学设施及专业和课程资源建设情况，教学改革及各教学环节落实情况，招生就业情况、学生学习效果及学风建设情况，质量保障体系建设及运行情况等开展全面自查，力争 2017~2018 年顺利通过本科教学审核评估。

（十）促进国际化人才培养

提升国际化教育水平和层次。更新观念和理念，推进课堂教学方法改革。大力拓展硕士研究生和博士研究生的联合培养，增加联合培养硕士生、博士生数量，提升国际化教育层次。推动实践教学国际化，在建设好曼谷培训与实训基地、法国 CRR 建筑事务所实践实习基地的基础上，增加国外教学和实训基地数量，并努力与外企建立国内实践和实训基地。

打造国际化师资和团队。实施教师海外研修计划，打造一支具有国际化观念和视野的教师团队。派出骨干教师参加国际学术交流和国际会议，提高教师教学和科研能力。支持并鼓励教师特别是青年骨干教师参与国际访学计划，学习先进的国际教育思想与方法。

（十一）推进继续教育提质优化

以"稳规模、提质量、优结构、增效益"为原则，努力探索应用型财经人才培养模式，积极推动多样化教学方式，建设开放式继续教育大学，形成多层次、多功能、多形式的办学格局。

积极推进继续教育质量工程建设。依托学校优势学科教育资源，突出继续教育的应用型、实践性和灵活性，培植学校在经济管理专业继续教育的核心竞争力，树立省内一流的继续教育品牌。加强继续教育质量监控，保障教学质量。

创新发展非学历教育，形成与学历教育齐头并进、共同发展的办学格局。依托校内、校外优质的师资队伍、财经类学科优势和东盟高校合作关系，积极开发多层次、高质量的非学历教育培训项目，提供连续不断的、多次叠加的接受教育机会，为广西党政机关、企事业单位、各行业、各领域培训大批干部和急需紧缺的高素质人才。

充分运用现代化信息技术，实现继续教育的可持续发展。建立健全适应线上教育的管理规章制度，为提高教育质量提供制度保障。加大投入力度，建设基于移动互联网的教育平台，使学校继续教育在管理、教学方面全面实现"互联网＋"模式，为提高教育质量和效率提供强有力的技术支持。创新网络教育模式和教学方法，开发及共享网络优质教育课程，将优秀的网络教育课程和先进的教学方式运用于学历教育和非学历教育。建设数字化资源库，推动建立合作学校、函授站和培训单位之间继续教育资源共建共享机制，为社会各类学习者提供优质的数字化资源。

建设一支强大的继续教育师资队伍，在利用学校优质学科、优秀师资队伍基础上，大力发展校外优秀师资，为继续教育的可持续发展提供人才保障。

（十二）促进学生全面、个性和创新发展

加强学生学业教育培养。实施学生学业发展计划，构建思想政治、专业导学、法治道德、心理健康、就业培养五位一体的学生学业发展教育体系，逐步建立"专业教师＋辅导员教师＋兼职教师"一体化的学生学业师资队伍，健全学生学业发展教育运行制度和管理机制。

培养学生创新创业综合素质。推行全面创新创业教育，实现创新创业教育与学科专业教育的协同开展，普及创业型就业及就业型创业思想，强化创新创业锻炼与创业实践，以创新创业教育带动学生综合素质提升。

塑造学生自我成长意识。以学生发展为中心，坚持教师为主导、学生为主体原则，培养学生自我成长的意识，提升学生自我教育、自我管理和自我服务的能力。

优化学生管理服务，建立健全全程服务学生成长成才的体制机制。一是整合学校和社会资源，动员各方面力量，进一步完善大学生事务中心、资助中心、心理中心、创新创业服务中心功能，逐步建立大学生学术服务中心、学业管理中心、安全健康事务中心、艺术发展中心、易班发展中心、辅导员发展中心等工作平台，完善学生教育、管理、服务、发展工作体系；二是进一步提升校园文化活动的层次和内涵，全方位培养和提升学生综合素质；三是进一步完善就业创业指导服务体系，创新工作机制，切实发挥学院在就业工作中的主体作用，强化就业工作目标责任制，保持毕业生就业率和就业质量的高位稳定。

四、建设高水平学科学术体系

（一）优化学科体系，打造优势特色学科

加强学科体系建设，坚持经管学科为主体、文理学科为支撑，组建特色学科群。集财院学科优势，炼服务广西区域发展和国家"一带一路"与东盟战略之特色。"经管固本，理工强基，文法铸魂"，积极发展专业学位研究生教育，顺势发展学术学位研究生教育，为有力支撑、建设特色鲜明的高水平财经大学创造条件。

（二）建设硕士学位授予单位

以学科群为载体，加强硕士学位授予单位建设，深入推进《广西财经学院新增专业硕士学位授予单位立项建设规划（2014–2018）》的落实。重点发展专业学位研究生教育，顺利完成 MPAcc"服务国家特殊需求人才培养项目"验收工作，成为硕士专业学位授权单位。大力拓展专业学位研究生教育，加强自治区重点立项以及一批校级立项建设的硕士专业学位授权点的建设，抢抓机会争取新批专业学位授权点。做好学术学位硕士授权点的前期建设和申报准备，争取国家对于西部地区的政策倾斜，力争获得硕士学术学位授权点。加强公共服务体系建设，为正式获得硕士学位授予单位夯实基础条件。

（三）加强科研学术平台建设

加快现有各类科研学术平台的建设，促进实力提升、成果打造和影响拓展。大力加强高层次科研学术平台申报，包括广西协同创新中心、广西人文社科研究基地、自治区重点实验室等，依托经管学科的优势与特色整合理学、工学，培育并力争成功申报自治区级重点实验室或工程技术研究中心。紧跟国内外高校发展潮流，条件成熟时瞄准学科前沿，适时组建跨学科大型研究院（所）或中心。

（四）加强高水平学科学术带头人和团队建设

大力实施内培外引政策，培养和引进各层次学科学术带头人和中青年学术骨干，重点培养和引进学科群带头人、学科群方向带头人。统筹资源，以重点学科（群）和科研学术平台为依托，以学科学术带头人为核心，实施"科研创新团队培育工程"，打造若干核心稳定、向心力强、组织灵活、开拓创新的学术团队。积极组织申报自治区乃至国家级高水平创新团队。

（五）加强科研学术创新，打造高水平学术成果

创造良好的科研环境。完善相关政策措施，构建合理高效的学术研究促进机制，给予科研学术创新更为合理的激励。努力破除科研创新的体制机制障碍，处理好教学与科研的关

系，营造宽松的科研环境。

科学凝练学术方向。瞄准现有学科资源和学术增长点，进一步凝练科研领域、方向，重点打造服务国家 21 世纪海上丝绸之路战略和东盟区域发展的学科、学术研究方向，打造面向南海合作和北部湾经济区需求等的学术方向，打造立足广西区域经济社会发展需求的学术方向。

提高重大科研项目承担数量。承续和创新国家级课题申报行之有效的运作模式，组织和引导教师申报高级别课题，拓展课题申报渠道，力争国家级课题立项数量保持增长，立项类别取得标志性突破。

加强创新培育高水平科研成果。充分发挥学科群、科研平台、科研团队、创新团队的作用，推动团队创新、协同创新。加大项目培育力度，对于有可能产生高层次成果的前期成果、项目和人员给予支持和培育，催生一批新的标志性的学术成果，如国家级重大和重点项目、高级别奖励、一级权威刊物论文等。

五、建设高水平社会服务体系

（一）打造高水平"新型财经智库"

努力打造高水平"财经智库"，以服务决策为导向，以提升能力为核心，以改革创新为动力，发挥学科综合优势，推动现有科研平台向智库转型发展，推动与区内外著名研究机构以及政府、行业、产业等协同合作，建设专业化程度高、综合分析能力强、战略谋划能力强、决策服务能力强的新型财经智库。构建起集研究基地、教学院部、实验平台为一体的智库组织网络，加强与实务部门的联系与合作，充分发挥实验室基础平台的作用，促进教学、科研与智库的互促互动。推进智库理论成果转化，启动智库学术数据网络建设，建立专家建议及学术成果报送等信息发布平台。加快智库科研团队建设，充分发挥其人才培养功能。加强宣传，促进与重点高校优秀智库的合作与共建，推动与国外智库特别是东盟国家智库的合作与交流，提升学校财经智库品牌知名度，扩大区内外影响力。重点推动复旦大学与自治区人民政府共建的"海上丝绸之路建设与广西区域发展研究院"和广西（东盟）财经研究中心建设。

（二）推进产学研合作科研与协同创新

全力推进与政府、行业（部门）的合作，深化、细化已签订全面战略合作协议的合作条目，催生实质效果，并扩大合作区域与范围，寻求更大的战略空间。进一步加强与区内外具规模及影响力的企业的合作，努力开展联合研究、项目合作与开发等形式的科研合作与创新。努力打造高水平合作科研创新平台，以共赢为驱动，以双方联合、综合投入为保障，努力建设多维、立体、多方式、高容量的，以"高端平台、高端人才、高端成果"为内容与目标的合作平台。从科研、知识产权分配、激励机制等方面制订科学合理的制度与政策，积极争取更多的政府资金和社会资金支持，建立科技成果实践基地，实现知识转移、加速科技成果转化、提高产学研协同创新效果。

（三）拓展教育培训服务

充分发挥学校在经济管理、财政、金融等学科方面的优势和特色，紧密结合广西经济建设和社会发展需求，开展多层次、高水平的各类在职培训。依托学校作为全区干部教育培训高校基地平台，充分利用学校优质资源，开展新知识、新技能、新信息等方面的干部培训，把开展干部教育培训作为服务全区经济社会发展的重要途径。积极开展与国内著名高校、东盟高校和知名企业合作，依托国家级"中国—东盟金融与财税人才培训中心"平台，打造具有东盟特色的系列培训项目。更新培训观念，创新培训模式，构建具有学校特色的培训模式。建设一支高水平培训师资队伍，不断提高教学质量、服务质量和管理水平，打造区内一流培训品牌。

（四）深化国际合作与交流

加强国际化办学的组织和领导。树立更加开放的教育观，深化教育国际化改革，加强国际化办学的统一领导，各学院把培养师生国际化视野工作纳入日常管理工作范畴，为国际化人才培养奠定坚实基础。

拓展国际合作办学范围。努力向教育部申报新的国际合作办学项目，注重与美国、英国高校在国际商务和金融学领域的合作，重视与东盟国家的合作，做好经教育部批准的中澳国际合作办学项目"会计学"专业的招生与管理工作。

创新国际合作与交流方式。积极推行新的国际合作方式，通过互认学历、文化教育交流、合作科研、资料图书信息交换、联合培养等，提高国际合作与交流的水平与质量。

加大留学生招生和国际访学工作力度。采取有力措施，积极开拓市场，破除留学生招生障碍，加大招收留学生力度，扩大留学生规模，特别是东盟国家的留学生规模。全面启动各专业学生国际访学计划，鼓励各教学院在大学三年级推进学生国际访学准备工作，并形成"招生宣传、接轨培养、顺利送出"的"一线式"长效国际访学机制。

六、建设高水平文化传承创新体系

（一）打造财经特色大学文化

立足财经特色，继承和弘扬学校在办学历史中形成的"求真务实"优良传统，厚植"诚信"基因，努力建设以"真、实、爱"为核心的"诚信友善、勤奋自强、求真务实、以义为利"大学文化，推进学术文化、管理文化、制度文化等建设，为学校建设发展提供精神支撑和内在动力。打造"自由思想、格物致知、经世济用、知行合一"的广财学术文化，努力营造浓厚的校园学术氛围，推动思想碰撞和学术争鸣。奉行"公正、科学、人本、开放"的制度文化,建设公平正义、富有效率、充满活力、更加开放的体制机制。推行"精细、高效"的精细化管理文化,将精细化管理贯穿于全部管理活动之中,促进学校管理水平全面提高。

推进校园文化符号、文化载体建设工程,把学校在长期办学中形成的精神、财经特色大学文化内化于环境文化建设之中,设计制作学校识别系统,征集并确立校徽、校旗、校歌。进一步提升校园文化活动的层次和内涵,继续强化"一院一品"和"一团一品"校园文化活动品牌建设,争取打造3~5个全区乃至全国知名的校园文化活动品牌,获得国家级校园文化建设成果奖项。

(二)加强社会主义核心价值观教育

坚持育人为本、德育为先,加强社会主义核心价值观教育,把社会主义核心价值观落实到教育教学和管理服务各环节,培养富有民族自信心和爱国主义精神的社会主义事业建设者和接班人。充分发挥思想政治理论课程课堂教学的主渠道作用,全面深化课程改革,把党的教育方针和社会主义核心价值观细化为学生核心素养体系和学业质量标准,推动社会主义核心价值观进教材、进课堂、进学生头脑。充分发挥社会实践在培育和践行社会主义核心价值观中的养成作用,推动课堂教育与实践教育相结合,形成课堂教学、社会实践、校园文化多位一体的社会主义核心价值观教育平台。

(三)加强优秀传统文化教育

围绕立德树人根本任务,以提高学生对优秀传统文化的自主学习和探究能力为重点,加强爱国主义、君子之道等优秀传统文化教育,增强学生传承、弘扬中华优秀传统文化的责任感和使命感。充分发挥思想政治理论课的主渠道主阵地作用,在课堂教学和实践教学中融入优秀传统文化教育。注重优秀传统文化与财经文化的有机融合,发掘优秀传统文化与财经文化的结合点,鼓励专业课教师把优秀传统文化融入专业课堂教学。在民族传统节日、重大纪念日期间开展主题活动,弘扬传统节日蕴含的中华民族传统美德,使之纳入学生日常行为习惯。

(四)促进文化创新与文化事业发展

努力利用自身优势,开展广西财经文化研究,努力打造广西财经文化基地,服务广西文化建设。依托"广西大学生区情教育教研中心",打造广西区情文化教育基地。努力抓好文化创意相关专业(群)建设,为广西乃至全国各地培养更多文化创新优秀人才。鼓励广大师生传承本土优秀民族文化,加强文艺作品创造。扶持具有民族特色和高水准的文化项目研究,推动学术观点、研究方法创新,推进文化创新研究走向繁荣。全面把握广西文化事业和文化产业发展格局,积极融入广西文化事业(产业)发展进程,通过合作研究、人才培训、政策咨询等方式为文化产业转型升级提供智力支撑。

第四部分　发展保障

七、建设高水平教师队伍

（一）实施高层次人才建设工程

坚持"人才强校"战略，实施"引育并举"的人才队伍建设策略，创新人才引进机制、人才培育机制和用人机制，汇聚高端人才。加大高层次优秀人才引进和培养力度，深入实施"高层次优秀人才引进计划"和"领军人才培养计划"，鼓励采取"领军人才＋学科团队"式人才引进，重点引育 3～5 个领军人才。大力实施"骨干教师发展计划""青年教师成长计划"以及"创新团队支持计划"等系列计划，培养高层次人才和人才团队。

（二）健全教师职业发展制度

建立健全教师职业发展制度，拓展教师职业发展空间。实施"'双师型'教师培养计划"，突出教师创新创业教育能力的培养，激励教师向"双师"方向发展，同时积极引导教师强化实践能力向"双能型"方向发展。实施"教师海外研修计划"，帮助教师更新教育教学理念，拓宽国际学术视野。依托教师教学发展中心，努力构建教师专业能力和职业发展培训体系。

（三）完善教师考核评价机制

积极推进以岗位聘用与考评体系建设为主的人事制度改革。强化岗位管理，完善以分配制度改革为重点的激励机制，激发各级各类人员的积极性。探索教师岗位分类管理制度，鼓励教师在教学、科研等岗位上发挥更大作用。完善以工作业绩为核心的科学、合理的人才考核和评价机制，激励教师安心工作，提升投身教育改革创新的积极性、主动性和创造性。

八、建设现代大学校园

（一）改善办学空间布局

做好武鸣东盟经济技术开发区高教园区入驻工作，科学规划武鸣新校区建设；推进相思湖校区二期工程建设，进一步优化完善相思湖校区办学空间布局；完善防城港校区办学空间布局。经过持续努力，建设武鸣校区为办学功能完备的主校区，相思湖校区为新兴学科专业的拓展办学地点，明秀校区为实习实训、国际教育和继续教育基地，防城港学院为积极发展应用型本科的相对独立的应用技术学院。

（二）强化基本建设

制订武鸣新校区2033亩土地基本建设规划，主要建设教学楼、图书馆、实验楼、学生宿舍、学生食堂、体育场馆、行政办公楼、院部办公楼、学生活动中心、教工单身公寓、生活附属建筑等校舍建筑，建设"三通一平"、道路、管网、绿化景观、强电、网络智能、空调、热水、污水处理、围墙、大门、停车场、室外消防等校园附属工程。

进一步强化完善现有校区办学基本建设，对现有校舍建筑未达到学生规模要求的国家建筑标准的进行补充。相思湖校区二期项目主要规划建设研究生公寓、学生宿舍、教学楼J栋等。明秀校区规划建设产教融合综合大楼。加强与防城港市人民政府沟通协调，加快推进防城港校区基本建设，尽快建设大学生活动中心、学生实验实训大楼、教师公寓等。

（三）加强实验室建设

推进学科与专业实验室一体化建设，积极发挥研究型实验室的作用，主动服务于人才培养。根据学校的经管学科优势和东盟地缘优势，建设一批特色实验室和紧密型校外合作基地。优化整合实验教学软硬件资源，全面推动实验教学资源的开放共享。适应科技进步的潮流，加快推进实验教学信息化建设和先进技术的应用。满足提高实践教学实效的需要，打造校内校外融合发展的高素质实验教学队伍。加强实验室管理，制订有效运行保障措施，适应开放管理和学生自主学习的需要。通过全面提升教学及服务科研、社会的能力与水平，搭建一个能满足财经人才培养需求的"实验教学平台"、为学科专业建设提供服务的"实验科研平台"、培养学生就业能力和创业能力的"实践平台"。

（四）推进智慧校园建设

坚持"统一规划、分步实施、逐步完善、边建边用"的建设思路，科学编制智慧校园的规划设计方案。适应"互联网＋"的要求，依托云计算、大数据等先进技术，建设完善泛在的校园宽带网、无线移动网与物联网、IDC数据中心、智慧教室群、智慧图书馆等硬件平台，建设公共数据、统一身份认证及统一门户等三大公共软件平台，建设、升级和集成各类信息化应用系统，以此形成融合、互通、高效、可移动的智慧校园综合管理信息系统，具备OA运行、教学管理与组织、绩效评价与流程监控、学术组织与管理、学工管理、财务管理与内部控制、后勤服务智慧化和一卡通等核心功能，网上教学资源进一步丰富。加强网络信息安全建设，确保校园网络信息安全。推进广西（东盟）财经大数据中心等重点项目建设，拓展智慧校园的服务地方经济建设、服务政府财经决策功能。

（五）加强文献信息保障体系建设

以文献信息资源建设为重点，以数字图书馆建设为方向，以文献信息服务为中心，建立与教学、科研和学科建设发展相适应、纸质文献与电子文献互为补充的文献信息保障体系。加强文献资源数字化建设力度，优化文献信息载体结构；加强馆藏文献的特色化建设，服务

"特色鲜明的高水平财经大学"发展需要。加快相思湖校区图书馆内部人文环境建设等工程进度，合理调整馆藏资源及明秀校区馆舍布局，推动防城港校区图书馆环境优化。建设图书馆资源融合挖掘分析决策平台、电子资源远程访问系统等智能化项目，加快数字图书馆基础平台建设。

（六）打造幸福和谐校园

建设幸福校园。坚持以人为本，强化人性关怀，尊重师生发展需求，不断改善民生福祉，为师生提供良好的工作生活条件，提升师生的尊严感、幸福感。不断完善绩效工资分配方案，推进人事薪酬制度改革，形成教职工收入稳步增长机制，使教职员工共享到学校教育事业发展成果。紧紧围绕"三服务、两育人"宗旨，进一步完善校园生活服务设施建设，开展精细化后勤服务管理，建立师生问题受理、跟踪、反馈的服务体系和平台，提高服务师生水平和保障能力。加快推进学校危旧房改住房改造工程建设，切实改善教职员工的居住条件。落实教职工年度体检制度，维护教职工身心健康。密切与城区教育部门合作，解决教职工子女就读问题，条件合适时建设附属小学。不断完善财经幼儿园的办园条件，提高办园水平。广泛开展"送温暖"活动，健全帮扶机制，加强对老同志的关怀与服务，加强对弱势群体的扶助力度。开展丰富多彩、健康向上的文体娱乐活动，加强师生员工健身运动场所、器材与设施建设，规划建设师生员工身体素质测试场地与设施，完善老同志活动场地的条件。

建设生态文明校园。融花园、学园、乐园于一园，集自然美、社会美、艺术美为一体，突出以人为本，进行系统性的校园规划建设；通过采用生态环保型建材、废弃物无公害处理、资源循环利用等途径，建设校园生态系统；通过教育引导，营造生态文明校园文化氛围，培养学生可持续发展理念，打造美观、舒适、自然、协调的校园学习生活环境。重点开展层次化、区域化、特色化的绿化美化建设、休闲健身设施建设、内涵鲜明的校园人文景观建设，构建废弃物处理网络系统，实施节能减排与环境治理工程，实施生态文化传播教育工程。

共建安全文明校园。积极优化校园安防体系，努力构建校园"物防、人防、技防"三位一体校园安防机制，坚持"预防为主，标本兼治，重在治本"的原则，完善校园安全基础设施，加大技防能力建设；健全安全管理制度，建立校园安全工作网络平台和管理体系，建设"学校—学院（部门）—班级—师生"四位一体安全工作体系，建立全校覆盖、全员参与的信息快速报送和及时处置的安全网络平台；大力增强师生的安全文明意识和参与率，完善保卫、学团、后勤、院部安全管理联动工作机制，完善涵盖校园、建筑、食品、医疗、思政等方面的安全排查和监控制度；加强安全应急演练，完善安全应急预案；开展安全教育和安全文化建设，增强师生的安全文明意识和处置能力。

九、建立现代大学治理体系

以更加注重内涵发展、更加注重特色发展、更加注重创新发展和更加注重需求导向为引导，全面深化综合改革，完善现代大学制度，提升管理服务能力，强化制度落实与执行，推进学校治理体系和治理能力的现代化。

（一）创新制度建设

以《广西财经学院章程》为标准和指引，加快建设完善、规范、统一的内部治理体系。不断完善党委领导下的校长负责制，建立健全以党委领导、校长负责、教授治学、民主管理、社会参与为基本治理结构的中国特色现代大学制度。加强学术组织建设，健全以学术委员会为核心的学术管理体系与组织架构，使学术权力回归本位。完善民主管理和监督机制，扩大有序参与，加强议事协商，充分发挥教职工代表大会、共青团、学生会等在民主决策机制中的作用，积极探索师生代表参与学校决策的机制。推进依法治校，依据"合法、科学、规范、实用"的原则，开展相关规章制度"废、改、立"工作。

（二）加快综合改革，提升管理服务能力

加快推进各项综合改革，率先在重点、关键领域实现突破，理顺内部体制机制，提高治理能力。简政放权，推进管理重心下移，落实教学院（部）二级办学主体地位。完善内部机构设置，准确规范机构部门职能，健全部门联合工作机制，加强部门之间的协调与配合。加紧建设内部控制规范，按照"规范业务、防范风险、提高效率、支持决策"的总要求，遵循"以预算管理为主线、以资金管控为核心"思路，构建与学校发展相适应的内部控制规范体系，全面加强预算管理，落实权力清单和责任清单制度。建设学校、地方行业、企业和社区共同参与的合作办学、合作治理机制，建立校、院理事会制度。强化服务意识教育，引导各部门开展主动服务，努力提升服务能力，明显提高师生服务满意度。

十、加强党建与思想政治工作

（一）加强组织建设

贯彻、完善学校党委领导下的校长负责制，完善基层单位党政联席会议制度，严格落实《广西财经学院党委领导下的校长负责制实施细则》和《广西财经学院基层单位党政联席会议议事规则》，正确把握学校发展方向，坚持党委在学校教育事业发展中的领导核心地位。

认真贯彻落实《中国共产党普通高等学校基层组织工作条例》，进一步加强和改进党的基层组织建设，巩固和扩大党的基层组织覆盖面，拓展党的基层组织建设内容，创新基层组织建设的方法途径。大力创建基层服务型党组织，充分发挥基层党组织的战斗堡垒作用和党员的先锋模范作用。全面推进思想建设、组织建设、作风建设、制度建设和反腐倡廉建设，提高党的建设科学化水平，切实把学校的中心任务落实到基层党组织各项工作中，为加快推进学校改革发展提供坚强的思想、政治和组织保证。

提高发展党员质量，加强党员教育管理。严肃党内组织生活，积极推进党内民主建设，

坚持和发扬批评与自我批评的优良作风。

围绕学校建设发展战略目标和战略任务，调整优化各级教学组织、科研机构和教辅机构，采取切实有效措施，加强人力资源开发和优化配置，保证重大战略任务的执行和实现。

（二）加强干部队伍建设

构建多层次、多渠道党员学习教育机制，拓宽党员接受教育培训的渠道，抓好"大学生党的基本知识教育工程"，同时加强对学习教育情况的考核评价，以此逐步形成学习长效机制，建设高素质基层党组织骨干队伍。

坚持党管干部原则，深化干部人事制度改革，严格干部教育管理，造就一支政治坚定、业务精良、作风正派，懂教育、善管理、敢创新的高素质领导干部队伍。认真贯彻落实《干部选拔任用工作条例》，健全干部提名推荐、考核评价、选拔任用等方面的措施办法，切实提高选人用人公信度。完善领导干部监督管理、考核和奖惩机制，激发领导干部队伍活力。不断加强领导干部作风建设，改进工作作风，促成领导干部守纪律讲规矩，提高领导干部服务意识和服务水平。积极拓展培训渠道，创新培训形式，强化领导干部教育培训，提升领导干部适应经济社会发展"新常态"需要的领导能力和素质。

加强党外代表人士队伍建设，建立和完善党外代表人士队伍的发现储备、教育培养、选拔任用和管理等制度，努力造就一支数量充足、结构合理、素质优良、作用突出的党外代表人士队伍。

（三）加强党风廉政建设

深入贯彻落实《中共中央、国务院关于实行党风廉政建设责任制的规定》和习近平总书记关于党风廉政建设和反腐败斗争系列重要讲话精神，以党章为根本遵循，以党纪为基本准绳，认真落实《广西高等学校党委落实党风廉政建设主体责任实施办法（试行)》《广西高等学校纪委落实党风廉政建设监督责任实施办法（试行)》和《自治区党委关于落实党风廉政建设党委主体责任和纪委监督责任的意见》，全面推进党风廉政建设党委主体责任和纪委监督责任落实，健全完善党风廉政建设责任体系；全面加强党的纪律建设，严格纪律监督；加强党性党纪教育，坚持抓早抓小，及时约谈、函询、诫勉谈话；坚持有案必查、有腐必惩，坚持"一案双查"；深入落实中央八项规定精神，严肃查处发生在群众身边的"四风"和腐败问题，严防"四风"问题回潮反弹；完善党内监督制度，转变监督方式，构建再监督机制；加强对各级领导班子成员执行《准则》和中央八项规定精神、落实"一岗双责"、执行民主集中制、落实重大事项报告制度以及个人廉洁自律等情况的监督；加强对重点领域和关键环节的监督；进一步推进党务公开、校务公开，完善权力运行制约监督机制，着力推进廉洁财院建设。

（四）加强宣传思想工作

以制度机制建设为抓手，以规范校院二级宣传思想工作为重点，进一步强化干部师生的政治意识、德育意识和舆论宣传工作意识，以改革的视角系统推进理论武装、师德师风、宣传阵地等建设工作，构建与特色高水平财经大学奋斗目标相适应的宣传思想工作体系。

进一步完善校院两级党委理论中心组学习制度，丰富学习内容，创新学习形式，用中国特色社会主义理论及最新成果武装头脑，提升思想政治工作能力。创新思想政治工作机制及方法途径，把解决思想问题与解决实际问题相结合，增强思想政治工作的针对性、时效性和主动性。切实推动中国特色社会主义理论体系进教材进课堂进头脑，继续深化思想政治理论课程建设综合改革，做到用好教材、建好队伍和抓好教学。

重视师德师风教育，研究新形势下师德建设的规律，修订完善学校师德规范，完善校院两级师德考核评价体制，按照"四有"要求，推进立德树人。扎实开展教师思想政治工作，做好师德典型宣传，发挥榜样力量激励教师献身教育事业。

构建立体化校园舆论宣传阵地。以突出特色鲜明的高水平应用型财经大学建设内容为目标，逐年推进校园网改版工作。进一步建设"三微一端"的新媒体应用推广平台，做好新媒体宣传工作策划，以栏目化、专题化的建设思路推进学校易班等新媒体建设工作，实现新媒体与网站、纸质媒体以及宣传栏等传统媒体的良性互动，发挥其引领校园舆论的作用。加强校园各级网站、学校各种公众微信号、QQ群等公众媒体的安全防护，牢牢守住校园网络社会主义主流意识形态主阵地。

（五）加强学生思想政治工作

强化学生思想引领。一是把社会主义核心价值体系融入人才培养的全过程；二是通过教育、辅导、咨询和社会实践等形式，多途径教育和引导学生树立正确的"三观"，坚定大学生社会主义理想信念；三是通过丰富的校园文化活动，提升大学生胸怀宽广、意志坚强、团结互助、诚实守信、爱国守法、艰苦奋斗的优良品质；四是广泛开展民族精神、时代精神、公民意识主题教育活动，引导学生不断增强报效祖国、服务社会、振兴民族的使命感与责任感；五是充分发挥好"第二课堂"的育人功能，强化德育、体育、美育有机融合，提高学生综合素质，促进学生全面发展。

（六）加强统战群团工作和离退休老同志工作

认真贯彻中央党的群团工作会议精神，落实好新时期党的群团工作方针政策，做好党的群团工作。加强对各民主党派的政治领导，支持他们按照各自的章程开展活动，充分发挥民主党派和党外知识分子参政议政的作用。加强对工会工作的领导，发挥工会"维护、建设、参与、教育"职能，进一步构建民主参与、民主协商、民主监督平台。重视共青团工作，充分发挥共青团的助手和后备军作用，鼓励和支持共青团充分发挥好思想引领、组织动员、服务青年、维护青年权益的四大职能。进一步强化对学生会和学生社团的教育和管理，充分发挥学生组织的"三个自我"主体作用。进一步做好离退休老同志工作，在政治上、思想上、生活上关心他们，听取和采纳老同志对学校建设发展的意见和建议，鼓励老同志为学校的建设和发展发挥余热。

第五部分　组织实施

十一、组织实施

（一）加强统一领导

学校领导班子要统一思想，加强对"十三五"发展规划实施的统筹领导，营造良好的规划实施环境与条件，促进规划实施的科学组织，落实规划实施的责任到人，推动规划实施的进程监控，以此形成全校一盘棋，有序、高效推进规划实施。

（二）强化财务保障

"十三五"期间学校发展建设资金总需求量约为47.00亿元（其中：基础设施建设约需23.72亿元，师资队伍建设约需10.37亿元，教学、学科专业建设、科研等约需4.41亿元，后勤保障约需8.5亿元），总收入约为33.41亿元，资金需求缺口为13.59亿元。努力建立多元化资金筹措体系，充分开发和利用社会资源，拓宽资金来源渠道，保障发展建设资金需求。构建以绩效评价为核心的全面预算管理体制，优化采购管理，促进学校提升预算执行效率。进一步完善项目库建设，积极推进校院两级预算分配机制改革，实施3年中期滚动财务规划；加大预算绩效评价和结果再应用力度，推进价值管理，提高学校教育资源的使用效果；积极探索和建立学校标准化预算支出管理体系，制订科学、规范的统一的预算支出标准，提高预算支出编制、审核、执行的科学性、合理性和准确性。

（三）精心组织实施

通过多种方式，加强对学校"十三五"教育事业发展规划的学习宣传，用"基本建成特色鲜明的高水平财经大学"目标统一全校思想，提高"十三五"规划的执行意识。科学制订规划实施方案，将各项指标和任务分解落实到各相关职能部门和教学院部，并纳入年度考核指标体系，将指标完成情况作为单位年度考核的重要内容。各部门、各单位明确规划实施的专门负责人，组成强有力的工作班子，坚决落实各项规划指标、发展任务，切实做到"决策部署以规划为依据，工作目标以规划为指南，考核工作以规划实施效果为主要标准"，充分发挥规划的战略作用，增强规划的执行力。

（四）完善检查监督

定期组织规划实施情况专项评估检查，对发现的问题及时反馈与解决，确保发展目标与任务实现。不断加大审计改革力度，完善审计规章制度，建立健全有利于依法独立行使审计监督权的审计管理体制，建立健全具有审计职业特点的审计人员管理制度，到2020年基本形成与学校治理体系和治理能力现代化相适应的审计监督机制，完善审计的监督作用，配合规划实施同步跟进审计监督。

贵州财经大学"十三五"发展规划

"十三五"时期,是贵州财经大学争取全面建成有特色、高水平财经大学的关键时期,根据《中华人民共和国国民经济和社会发展第十三个五年规划纲要》《国家中长期教育改革和发展规划纲要(2006－2020年)》《国家中长期科学和技术发展规划纲要(2006－2020年)》《国家中长期人才发展规划纲要(2010－2020年)》及《贵州省国民经济和社会发展第十三个五年规划纲要》等精神,为全面推进学校事业改革和发展进程,结合学校第一次党代会提出的战略目标,特制订本规划。

第一部分　回顾与总结

一、"十二五"时期的发展回顾

"十二五"时期,学校在省委省政府的正确领导下,在省委教育工委、省教育厅的指导下,学校党委和行政带领广大师生员工,紧紧围绕高等教育发展的重要战略机遇期,以科学发展为主题,以人才培养为根本,以提高教育教学质量为核心,以学校更名、建设新校区等为重点,学校教育质量、学科水平、社会服务水平、办学条件以及学校竞争力都得到显著提升,为"十三五"时期学校的更好更快发展奠定了坚实的基础。

(一)发展目标更加明确,办学定位更加清晰

面对高等教育发展的新要求,结合学校实际,进一步明确"建设有特色、高水平财经大学的奋斗目标、发展思路和发展战略",进一步明确锻铸"儒魂商才"的培养目标,并成为全校师生的共识和行动指南。

(二)办学规模稳步扩大,办学结构不断完善

截至2015年底,共有全日制学生2.7万人,比"十一五"末增长52%;其中本科生2.3万人、硕士研究生1211人,分别比"十一五"末增长35%、62%,专科生1323人;硕士研究生培养规模较"十一五"末年均增长30%,向教学研究型大学的人才培养结构稳健迈进。

（三）学科专业更加凝练，学科布局基本形成

"十二五"期间，学校一级学科硕士学位授权点增至 7 个，二级学科硕士学位授权点增至 50 个，专业硕士学位授权点增至 7 个。全日制本科专业增至 64 个（其中新增与区域战略性新兴产业及经济社会发展急需的相关专业 16 个），中外合作办学项目本科专业 2 个、专科专业 4 个；成人高等教育专业 4 个，自学考试（本专科）主考专业 21 个。省级重点学科由 5 个增至 13 个，其中新增省级特色重点学科 5 个。获批省协同创新中心 1 个，省高校人文社科重点基地增至 2 个。并明确重点将理论经济学、工商管理学、应用经济学、公共管理学等学科作为一级博士学位授权点立项建设学科，将马克思主义理论、统计学、计算机科学与技术、民族学作为一级博士学位授权点立项建设支撑学科。形成了以重点建设学科为引领、重点培育学科为支撑、绿色发展研究为特色，以经、管学科为主，法、文、理、工、教多学科协调发展的格局。

（四）教学改革深入推进，培养质量稳步提升

围绕"儒魂商才"人才培养目标，深化人才培养模式改革，以课程教学范式改革、课程考核改革为主的教育教学综合改革试点效果明显；实施大类招生、分流培养方案；探索和实践以双专业、双学位复合型人才培养及创新创业荣誉实验班为代表的卓越型人才培养模式；基本形成大学生创新创业教育机制，鼓励学生自主创业，创新创业教育推进工作业绩突出；双学位及辅修专业修读路径成功开启；专业预警机制逐步推行；经管综合实验平台已搭建完成，现代化教育技术手段运用不断完善，配套公共服务体系已基本建成，初步形成应用型、复合型、创新型的人才培养模式。教育教学成果水平稳步提升，获国家级教学成果奖 2 项，省级教学成果奖 15 项；建设省级精品课程 13 门，试点建设 112 门校级教学范式改革课程，完成课程考核改革 207 门。深入推进研究生教育改革，获省级教学成果一等奖 1 项，研究生教育创新基地 3 个，研究生工作站 4 个，研究生卓越人才计划项目 5 项，研究生精品课程 1 门，专业学位研究生课程案例库 2 个和研究生教育教学改革重点课题 10 个。为社会输送全日制本专科毕业生 13668 人，硕士研究生 1540 人（未含结业和单证），培养成人教育本专科毕业生 7896 人。毕业生就业率稳中有升，位居全省高校前列，就业质量稳步提高。

（五）科学研究长足发展，服务社会深化拓展

"十二五"期间，科研经费从"十一五"的 3631.88 万元增至 8108.31 万元。承担纵项科研项目 644 项，其中，国家级科研项目 83 项、省部级科研项目 350 项，分别是"十一五"的 3.32 倍和 1.59 倍；承担服务地方经济建设课题项目 176 项，科研经费 2095.83 万元，是"十一五"的 1.49 倍。获省部级以上科研成果奖励 61 项；出版学术专著 168 部，发表学术论文 5690 篇，其中在 CSSCI 发表和被 SCI、EI、ISTP 收录 952 篇。编制并发布金融、房地产等白皮书、蓝皮书多次，围绕贵州经济社会发展、城镇化建设、大数据和电商人才培养、生态绿色发展等重大理论和现实问题，为各级党委政府提高有效的决策咨询服务，积极发挥

智库作用；继续教育和贵州省经济管理人才培养基地教育培训水平和整体效益显著提升。

（六）对外开放水平明显提高，国际合作办学取得实效

"十二五"期间，学校先后与欧洲、美洲、东南亚和港澳台地区的35所高校签订合作协议，深入开展实质性的交流合作，接待境外高校访问团和专家学者235人次，选派出国留学、进修、访学交流等140人次；承办国际性、国际与区域性学术交流会议6场次。获批中外合作办学项目6个（本科2个，专科4个），非独立法人办学机构有望突破，其办学规模和质量已成为亮点，走在贵州省前列；获批建设孔子学院1所，工作成效显著，推动了中华文化和汉语在厄里特利亚的传播和推广，王晓华院长获第十届全球孔子学院大会先进个人奖，得到刘延东副总理亲自接见。

（七）人才队伍规模不断扩大，结构和水平不断提升

学校现有教职工1676人，其中，专任教师1099人，高级职称从"十一五"末的435人增至511人，增长17.47%，占专任教师总数的46.50%；有博士347人，硕士623人，分别比"十一五"末的142人和331人增长144.37%和88.22%，在职攻读博士学位62人；具有国外留学、研究背景的63人；引进"候鸟型"人才（学科带头人、特聘教授等）2人，聘用客座教授30人。教学科研管理服务队伍的学历、学缘、年龄结构不断优化，师资队伍水平不断提升，获省科技创新人才团队1个，享受国务院特殊津贴专家增至5人，省政府特殊津贴专家增至6人，省管专家增至14人，省高校教学名师增至8人。

（八）办学空间实现突破，办学保障体系明显改善

制约学校改革发展的办学空间瓶颈得到解决，花溪校区建成投入使用，新增办学用地4300余亩（含代管林地），用房面积58.27万平方米，11个学院、所有管理服务部门、科研机构、公共服务部门近2万名师生入驻。校区战略调整逐步成型，校区功能定位不断明晰，河滨校区主要用于学校传承展示、经济管理人才培训基地、人才培养合作和创新创业实训基地建设；鹿冲关校区突出国际合作办学亮点，发展成贵州省国际合作办学的桥头堡；花溪校区作为学校主体，主要为区域经济社会发展提供更多人才支撑和智力支持。学校综合财务收入从2010年的3.24亿元增至2015年的6.90亿元；学校固定资产总值、图书资料、校舍面积分别从2010年的1.66亿元、92.3万册和22.79万平方米增至3.67亿元、170万册和81.06万平方米；校园教学办公网络覆盖率不断扩大，校园数字化建设的软、硬件环境和基本网络安全保障体系逐步完善，学生食堂、宿舍和教学办公条件、物业服务等后勤服务保障体系明显改善。民生工程有效落实，完成"枫林小区"保障性住房的配售，完成花溪校区2200余套公租房的分配入住。推行并实施发放新校区补贴、郊区住房补贴，发放离退休老同志生活补贴、教职工生日蛋糕券，免费供应早餐中餐、调整校区间交通车时间多项惠民举措；提高教职工福利待遇，使教职工收入水平保持在省内同类院校前列；完善学生资助体系，总计投入1.73亿元，其中学校投入4720余万元，用于学生奖、免、勤、补经费。

（九）制度建设不断推进，治理体系逐步完善

制订实施《贵州财经大学章程》，推进依法治校。坚持和完善党委领导下的校长负责制，不断实现决策权、行政权、学术权和监督权的有机统一，形成党委领导、校长负责、教授治学、民主管理的工作运行长效机制。系统谋划、协调推进机关效能建设，提高服务质量和水平，管理重心下移、激发学院办学活力，完善学术组织和民主管理，发挥学术组织和教代会、学代会以及群众团体在民主参与、民主管理和民主监督中的重要作用；以章程为核心的制度建设工作有序推进，学校各项立规执纪的内部治理体系不断建立，治理能力不断提升。优化院系机构组合，实现资源整合和机构调整，将18个学院调整为12个学院。

（十）党建和思想政治工作水平明显提升，政治保障坚强有力

顺利召开第一次党代会，提出"有特色、高水平财经大学""一二三四"战略目标和发展蓝图。健全干部选拔任用工作制度，选好配强干部队伍；强化干部监督管理工作，落实主体责任和监督责任；深入开展创先争优活动、党的群众路线教育实践活动，扎实推进"三严三实"专题教育；强化基层组织建设，规范党员发展、教育和管理，加强党务工作队伍建设。大力传承弘扬贵财文化，升华校史校训育人内涵。思想政治工作和精神文明建设卓有成效，"三大论坛"活动的开展已成为师生中的一大特色；先后荣获全国财经院校党建工作优秀科研成果一、二等奖，"全省机关企事业单位党建工作先进党委""全省精神文明建设先进单位""全国毕业生就业典型经验高校""全国五四红旗团委"等多个荣誉称号。2012年在全省高校大学生思想政治教育评估中获得"优秀"。统战和工会工作扎实推进，多次得到上级部门的肯定和社会的好评。

（十一）学校整体办学实力提升，成功实现学校更名

在省委省政府的正确领导下，在省委教育工委和省教育厅的大力指导和支持下，学校教学、科研、人才培养、师资队伍、学科建设、服务社会和文化传承等方面都迈入崭新阶段，经教育部批准，2012年4月"贵州财经学院"更名为"贵州财经大学"，成功实现了几代贵财人的"升大梦"。

二、发展中存在的主要问题和不足

经过"十二五"时期的建设，学校各项事业长足发展，综合实力和学校影响力进一步提升，为学科进一步改革发展奠定了基础。但对照高等教育发展的新形势、新要求，还存在较大差距和不足。

（一）人才培养质量和水平有待进一步提高

培养德智体美全面发展的"儒魂商才"人才培养目标还需进一步明晰；创新型人才培

养模式还不完善，优质教学资源不能完全满足创新型人才培养的需求；人才培养的专业结构和培养方案与区域产业结构、区域经济社会发展的相互适应性还有待进一步提高，专业特色还不够鲜明；教育教学研究和教学综合改革的成果不明显，水平有待进一步提升；人才培养保障体系有待进一步加强。

（二）人才队伍整体层次和水平有待进一步提升

一是人才队伍结构不太合理，没有形成支撑学校可持续发展的人才梯队；存在重专任教师队伍建设、轻管理队伍培养发展的思想。二是人才队伍质量偏低，高层次领军人才明显匮乏、学术拔尖人才和中青年学术骨干偏少；高层次人才的专业背景与学校紧缺专业岗位不匹配，存在重引进规模轻引进质量的思想；学术创新团队和学科团队还未形成，创新成果缺乏，难以提升学校未来发展的综合实力和竞争力；师资力量与人才培养需求不匹配，生师比不合理；教学型教师晋升渠道较窄，发展前景不明朗，缺乏有效的激励和约束机制，教师队伍积极性不高。三是人才队伍的影响力和竞争力较弱，在国内外具有影响力的学者和研究成果较少，教师的国际交流、合作研究能力还处于起步阶段。四是管理队伍的整体视野还比较狭窄，对高等教育改革发展的形势关注不够、研究不足，难以体现高质量的管理服务水平。

（三）学科建设、科研创新和社会服务能力有待进一步增强

一是学科整体发展水平还较低，学科架构较为单薄，学科特色优势还未形成，经管类学科特色的优势还未充分发挥；学科建设的主体和责任还不够明确。二是科研综合实力与国内同类院校还有较大差距，科研创新机制还不健全，科研对教学的支撑和反哺机制还不完善。三是学校科研平台管理机制尚未形成，在引领区域经济社会发展重大战略、重大问题和政策等方面的研究仍然不够，区域重大问题的原创性研究、国内和区域领先的科研成果仍然偏少，科研成果转化能力亟待提高。四是为区域经济社会发展提供决策服务、政策咨询和智力支持的智库作用没有充分发挥。

（四）对外开放水平和学校国际化发展亟待加强

虽然学校国际化办学走在贵州前列，但与省外同类兄弟院校相比，在国际化合作项目、深入交流合作、高层次学术访问交流、留学预科、招收留学生、办学规模等方面还有较大差距，还处于对外开放的起步阶段。

（五）学校管理体制机制运行还不够顺畅，内部治理体系、治理能力和水平还需不断提高

学校管理理念、管理能力和水平尚不能与学校的快速改革发展同步；资源配置不够优化、共享程度不高；办学资金明显不足，使用效益和效率有待进一步提高；配套设施和服务、校园环境与师生的期望值还有较大差距。

三、"十三五"发展的机遇与挑战

"十三五"时期将是进入"新常态"后国家经济和社会发展的关键时期,是贵州经济社会发展的重要战略机遇期,更是学校建设"不同于东部、有别于西部其他高校"的跨越式发展和弯道取直的重要时期。机遇与挑战并存,机遇大于挑战。

(一) 国家和地方经济社会发展进入"新常态"的重大历史机遇

呈现出经济结构优化、发展动力转换、发展方式加快转变的态势;随着中央支持贵州加快发展的力度加大,贵州大数据产业、电商产业发展和精准扶贫的深入推进,政策叠加效应进一步显现,贵州正处于产业转型的攻坚期,社会转型的深化期和全面建成小康社会的决胜阶段,迫切需要科技和人才支撑。作为省属经管类科研创新的骨干力量,我们必须充分发挥人才和智力优势,为贵州科学发展提供强有力的支撑。同时,也给我们如何深度融入产业转型,主动对接"绿色发展""精准扶贫""创新创业教育"等重大战略,如何增强服务区域经济社会发展的能力和水平,提出了新的要求和挑战。

(二) 高等教育发展进入内涵发展质量提升的重要转型期

党的十八届五中全会深刻指出,必须把创新摆在国家发展全局的核心位置,深入实施创新驱动发展战略。国家推动"双一流"大学建设的同时,也为我们地方高校结合省情校情加快发展,深度融入区域经济社会发展,建设区域"双一流"开创了新局面,提供了新机遇。同时,作为省属财经类大学,我们的办学实力和水平都在不断提升,但必须统筹考虑来自省内其他兄弟院校的激烈竞争,着眼于增强核心竞争力,更加主动结合贵州实际,加快创建区域一流大学步伐,不断提高服务区域经济社会的话语权,进一步巩固学校经管学科在贵州的主导权,进一步提高西部和全国范围内的影响力。

(三) 学校自身发展进入新的战略发展期

经过几代贵财人的艰苦努力、奋发作为,以成功更名、实现办学空间突破、党代会成功召开等为重要节点,学校的发展基础、发展环境、主客观条件、内生动力均处于前所未有的最佳状态。第一次党代会提出的奋斗目标和全校上下的发展自信,"思改革、谋发展"的氛围基本形成,为学校"十三五"时期优化发展路径,建设有特色、高水平财经大学奠定了坚实基础。同时,省内外同类院校的快速发展、激烈竞争态势和学校债务危机的风险,给学校深化改革和加快发展带来了压力。

机遇前所未有,挑战也前所未有。我们要准确把握战略机遇期内涵的深刻变化,强化机遇意识和忧患意识,始终保持昂扬向上、奋发有为的精神状态,坚持解放思想、改革创新、坚定自信、奋勇争先,努力把贵州财经大学的各项事业推向新的高度。

第二部分　指导思想与总体目标

一、指导思想

"十三五"时期的指导思想是：高举中国特色社会主义伟大旗帜，以邓小平理论和"三个代表"重要思想、科学发展观为指导，全面贯彻党的教育方针，深入贯彻落实党的十八大和十八届三中、四中、五中全会与习近平总书记系列重要讲话精神，按照"四个全面"战略布局，坚持发展是第一要务，牢固树立"创新、协调、绿色、开放、共享"的发展理念，以区域双一流为统领，更加突出经管特色，以"儒魂商才"为人才培养目标，以支撑区域创新驱动发展、服务区域经济社会为导向，以队伍建设为核心，以加强党的领导为根本保证，围绕"一个主基调、两个发展极、三个着力点、四个新维度"的发展战略，着力培养一批创新复合型人才，打造一支高水平队伍，建设区域一流的特色学科，产出促进区域发展的一流科研成果，做出服务区域发展的一流贡献，把学校建设成为经管学科贵州领先、西部一流、国内先进、国际知名的有特色、高水平财经大学。

二、发展思路

"十三五"时期，结合学校第一次党代会精神，以改革创新为动力、以内涵发展为主题，坚持"一二三四"发展战略，着力处理好改革与传承、优势特色发展与整体推进、学校发展与学院发展等方面的关系，彰显财经特色、绿色发展特色，不断提升质量，坚定不移地加快推进有特色、高水平财经大学建设。

1. 坚持党的领导。加强党的领导和党的建设是实现学校事业持续健康发展的根本保证，必须贯彻全面从严治党要求，坚持和完善党委领导下的校长负责制，不断增强党的创造力、凝聚力、战斗力，确保学校发展沿着社会主义办学方向前进。

2. 坚持使命引领。围绕建设有特色、高水平财经大学服务贵州经济社会发展这一使命，更新发展理念、转变发展思路，加快区域双一流大学建设，不断提升学校综合实力、整体竞争力和区域影响力。

3. 坚持依法治校。牢固树立依法办学意识，在国家法律法规和学校章程的框架下，运用法治思维和法治方式立规执纪、办学治教，全面提高依法治校、依法决策、依法管理的能力和水平。

4. 坚持问题导向。凝聚办学条件、优化资源配置，着力解决学校创新能力不足、高水平队伍缺乏、办学特色不够鲜明、融入区域经济社会发展贡献不突出等一系列制约学校发展的根本性问题，以问题为导向，不断改革创新激发活力，推进学校科学发展。

5. 坚持深化改革。按照第一次党代会的工作部署，继续创新发展理念、转变发展方式、增强战略定力、保持改革韧劲，破除一切不利于学校科学发展的体制机制障碍，把握发展新特征、适应发展"新常态"、融入区域发展大格局，实现关键环节突破，为发展提供持续动力。

三、定位与目标

（一）办学定位

自建校以来，学校秉承"艰苦奋斗、严谨务实、负重致远"的办学传统和"厚德、博学、笃行、鼎新"的校训，积极为地方经济社会发展服务。经过长期的研讨与实践，将学校的办学定位明确为："坚持立德树人，锻铸'儒魂商才'，发挥经管学科优势，主动融入国家战略，服务地方经济社会发展，促进文化传承与创新，全面建成经管学科贵州领先、西部一流、国内先进、国际知名的有特色、高水平财经大学"。

1. 发展目标定位。全面建成经管学科贵州领先、西部一流、国内先进、国际知名的有特色、高水平财经大学。

2. 办学类型定位。教学研究型。

3. 学科专业定位。以经济学、管理学学科为主体，法学、文学、理学、工学、教育学、艺术学等多学科相互交融、互为支撑、协同创新、协调发展。

4. 层次类型定位。以全日制本科教育为基础，积极发展研究生教育，稳步拓展留学生教育和非学历教育。

5. 服务面向定位。立足贵州、面向西部、辐射全国，服务国家特别是贵州经济社会发展。

6. 人才类型定位。具有扎实理论功底、较强实践能力、鲜明经管特质的高素质复合型应用人才。

（二）总体目标

到 2020 年，人才培养、科学研究、学科建设、社会服务、文化传承的能力不断提高，成为培养高素质优秀经管人才的重要基地，成为区域知识发现和科技创新的重要力量，成为区域创新驱动发展、经济社会发展的重要支撑，学校社会影响力和整体竞争力显著提升，全面建成经管学科贵州领先、西部一流、国内先进、国际知名的有特色、高水平财经大学。

（三）培养目标

坚持"立德树人"，锻铸"儒魂商才"，就是要致力于为社会培养和造就"深受中国优秀传统文化熏陶，符合现代经济社会发展需要；富有高度的社会责任感，胸怀忧国忧民的道德情操；诚信为本，勇于担当；关注民生，勤于学习，善于创新；艰苦奋斗，严谨务实，负重致远；具有扎实理论功底、较强实践能力、鲜明经管特质的高素质复合型应用人才"。

四、主要发展指标

（一）办学层次和规模

到 2020 年，力争博士学位授权单位的突破，实现办学层次实质性提升。在校全日制本科生稳定在 2 万人左右，研究生力争达到 3000 人左右，中外合作办学本专科学生达到 6000 人左右，留学生达到 1200 人左右，留学预科学生达到 800 人左右。学历继续教育保持在 5000 人左右。

（二）人才队伍

优化队伍结构，提高教学科研教师的规模与素质。到 2020 年，教职工人数符合国家的师生比规定，专业技术人员达到教职工总数的 80% 以上，生师比力争达到 16：1。正高职称占专任教师总数的 25% 以上，副高职占专任教师总数的 35% 以上。其中具有博士学位的专任教师比例达到 40% 以上，硕士及以上学位的比例达到 95% 以上。具有海外留学、研修背景、合作研究经历的比例达到 10% 以上。引进"候鸟型"人才、特聘教授 5～10 名，培养一批在区域内知名、在国内有影响的学科领军人物、拔尖人才和科研创新团队，力争建成在国内有相当影响甚至领先的科研团队 2～3 个。

（三）人才培养

到 2020 年，人才培养模式特色更加鲜明，专业设置结构更加优化，以课程范式教学改革和课程考核改革为主的教学综合改革取得明显成效，大类招生分流培养模式更加完善，卓越人才培养和创新拔尖人才培养探索取得实效。获省级以上教学成果奖 5～10 项，省级以上教改项目立项 15～20 项；"儒魂商才"人才培养目标更加明确，即培养深受中国优秀传统文化熏陶，符合现代经济社会发展需要；富有高度的社会责任感，胸怀忧国忧民的道德意识；诚信为本，勇于担当；关注民生，勤于学习，善于创新；艰苦奋斗，严谨务实，负重致远；具有扎实理论功底、较强实践能力、鲜明经管特质的高素质复合型人才。基本符合本科教学审核评估"五个度"的要求，基本构建完成一流本科教育体系；基本完成国际化人才培养体系的构建，质量明显提升。研究生教育创新计划深入推进，研究生培养模式进一步完善，质量稳步提升。全校毕业生一次性就业率每年在 90% 以上。"十三五"期间不断完善学生资助体系，资助经费不断增加。

（四）学科专业建设

到 2020 年，增强学科特色与优势，力争达到国家水平；新增省部级重点学科 3～5 个；建成区域领先、全国有影响力的一流特色学科 2～3 个。争取获批一级学科博士学位授予点

2~4个，一级学科硕士学位授予点5~8个，专业硕士学位授予点5~10个。专业不断优化，结构更加合理，围绕贵州经济社会发展战略，新增社会急需专业5个以上。

（五）科研创新和社会服务

到2020年，力争年均承担国家级科研项目15~20项，承担省部级以上科研项目30~40项，承担横向科研项目60~80项；力争实现国家级重大招标课题立项1~2项；科研经费每年达到1000万元以上。出版学术专著180部以上；发表学术论文6000篇以上，特别是在核心期刊、CSSCI发表的论文和被SCI、EI、ISTP等收录、转载、引用的成果数量明显增加，力争获得国家级科研成果奖1~2项。在基础研究、应用研究取得一批具有自主知识产权的成果。以中国西部绿色发展战略研究院为基础，力争建设1~2个教育部高校人文社科重点研究基地；新增省级人文社科重点研究基地2~3个。融合优质资源，推进"协同创新中心"和"智库"建设取得突破，力争建设省级协同创新中心和智库各1~2个。积极推进与贵阳在"五个一"方面的务实合作，搭建校市协商的工作机制，强化在互联网金融方面的战略合作，对接一批政产学研项目，共建一个互联网金融大数据金融创新创业基地和一个大数据金融学院，依托现有基础，引导学生以问题为导向，以市场需求为目标，优化课程设置，批次性输出专业人才。

（六）中外合作办学与对外交流

实施国际化战略，继续扩大并深化与境外高水平大学、学术机构在国际人才培养、教育资源引进和使用的合作与交流。中外合作办学项目不断夯实，招收留学生和留学预科教育全面实施，到2020年力争获批非独立法人办学机构1~2个和中外合作办学硕士研究生项目1~2个。鹿冲关校区国际化配套管理服务的软硬件条件有效加强，国际化人才培养体系基本构建完成，真正成为贵州国际合作办学的桥头堡。孔子学院管理更加规范，传播中华文化和汉语推广的层次更加深入，范围不断扩大、效果更加显著，力争新建孔子学院1所。承办有影响的国际国内学术交流会议明显增多；按照"四个显著提升"要求，主动对接并深化与中央财经大学的对口支援关系。

第三部分 发展任务及措施

一、深入推进"一个主基调"战略，锻铸"儒魂商才"，提高办学质量

（一）完善"儒魂商才"内涵，创新人才培养目标体系

"十三五"时期，结合"儒魂商才"的内涵，将其具体化为"四高四强、五大能力"，

四高指"思想道德素养高，科学人文素养高，人格心智素养高，学科专业素养高"；四强指"基础能力强，专业能力强，实践能力强，创新能力强"；五大能力指"自主学习能力，表达沟通能力，信息处理能力，数理分析能力，经管思维能力"等五大基础能力。

（二）落实铸魂工程，促进全面发展。坚持立德树人，将锻铸"儒魂商才"的目标要求具体落实到人才培养方案中

全面贯彻执行党的基本路线和教育方针，大力践行社会主义核心价值观，全面加强中华优秀传统文化教育。推动中国特色社会主义理论体系进教材、进课堂、进头脑，引导学生自觉地把个人命运与国家命运，成才梦与贵州梦、"中国梦"紧密结合起来。调动思政队伍、辅导员、导师和专业教师的积极性，实现全员育人，构建第一课堂与第二课堂、专业教育和思想政治教育融合相长的工作机制，营造公平竞争和诚信的人才成长环境，引领学生树立正确的人生观、价值观和世界观，陶冶高尚的道德情操、培育浓厚的家国情怀与民族情感，激发想象力和创新意识。

（三）深化本科生和研究生人才培养模式改革

努力提高办学质量和学校影响力，增强对优质生源的影响力，优化生源结构和提高生源质量。推进专业结构优化，建立以社会需求为导向的动态管理机制；优化本科生培养方案，深入推进大类招生、分流培养，充分挖掘学生潜能，彰显学生能力；加大实践和实验教学力度，不断完善实践教育和实验教学体系；完善教学管理和质量评估体系，建立教师教学、学校考核检查、学生和社会评价三位一体的教学质量监控机制；继续实施创新人才、卓越人才培养计划，推进校企合作培养模式的构建，建立完善的创新人才、卓越人才培养新体系。加大研究生培养改革力度，深入推进学术型研究生重在培养创新性思维方式和提升系统学术研究能力；专业学位研究生重在提升基本理论水平、工作实践技能和对接职业从业资格的分类分层分段的研究生培养新机制。进一步创新完善研究生教育教学环节管理、学术指导管理和导师管理制度。加大毕业生职业生涯规划和就业的指导，完善毕业生就业质量跟踪调查制度，为持续提升人才培养质量提供决策参考。

（四）深入实施以"能力本位"为核心，"五大抓手"为主、配以教学激励机制为辅的教学综合改革

深入实施课程教学范式改革3年行动计划，扩大课程考核改革覆盖面，推行本科生导师制和探索创新实验实践教学，开展大类招生分流培养等系列改革措施，不断总结试点工作的经验和做法，完善评价体系，提高教学范式改革课程激励，不断提升教学效果，实现"七大转变"，确保教学范式改革的深度和广度；深化课程考核改革，强化学生过程学习，提高学生自主学习能力；建立校内教学评估制度，构建教学工作绩效考核体系；深入各大模块课程建设，完善基础课程、通识课程、公共课程、大类平台课程、专业基础课程和专业核心课程建设，推进精品化课程的建设步伐；积极参与教育部规划教材和精品教材的建设；加强教育信息化建设，全面实现教学网络管理，推行网络课程和网络教学资源共享，积极探索推进

资源共享课、慕课等新型教学模式。加大教学实验资源和实践（实训）教学平台建设力度。完善教学评价分析和信息服务管理平台建设，提供优质的教学反馈和服务。建立教师教学研究奖励制度，深入开展教学研究工作；建立教学团队激励机制，推进教学团队的培育和建设。推进学生国际化培养，夯实双语教学基础，探索完善中外合作项目人才培养模式，完善国际化人才培养体系。继续发挥经管办学特色优势，拓展办学空间，完善成人高等教育和自学考试办学模式，稳步发展学历继续教育。

（五）大力实施创新创业教育改革，增强学生创新创业能力

完善大学生科研创新活动资助模式，大力支持学生参与科研，逐步实现研教相长；加强创新创业教育课程体系和教材建设，将创新创业培养纳入人才培养全过程，不断完善培养方案；实施大学生创新创业计划，加强创业导师队伍建设，完善创业导师工作激励机制；建立创新创业教育和自主创业的协同机制，加大创新创业场所建设，通过开展创新训练营、创客俱乐部、创新创业大赛，引导学生不断提升创新创业实践能力，积极投身大众创业、万众创新。

（六）按照二十字方针，做好本科审核评估筹备和迎检工作

围绕"达成度、适应度、保障度、有效度、满意度（五个比度）"的要求，按照本科审核评估指标体系，对学校办学定位、人才培养目标、教学保障、教学环节监控、教学质量、教学档案、教学评价、教学中心地位、教学管理体系构建等进行全面梳理和整改完善做好相关准备工作，以积极态度加强改进和学习、不断增强学校符合度，迎接本科审核评估检查，提高学校办学水平，提升学校竞争力和影响力。同时，按照审核评估要求，实行本科教学审核评估年度抽检制度，不断提高本科教学质量。

二、大力实施"两个发展极"战略，努力实现办学层次的突破和打造国际化办学亮点

（一）以申博为导向，不断提升学科建设整体水平，构建特色学科体系

实施区域一流学科建设工程。以区域特色为统领，以支撑创新驱动发展战略、服务区域经济社会为导向，启动实施统筹推进区域一流大学和一流学科建设。按照"突出重点、培育基础、强化特色、提升实力"的思路，将理论经济学、工商管理、应用经济学、公共管理四个申博重点建设学科，按照冲击区域领先、国内一流的学术方向、学术团队、科研成果、人才培养和学术声誉的要求进行重点扶持发展，不断增强发展后劲、提升竞争力，带动学校学科建设整体水平的提升；将马克思主义理论、统计学、计算机科学与技术、民族学四个申博支撑学科，按照冲击区域一流、省内高水平的思路进行重点培育发展，不断提升学科整体水平；振兴发展经管类传统优势学科，按照"强夯筑基、巩固提升"的思路，夯实发展省级重点学科和校级重点学科，并不断尝试融入、探索、研究、发现和解决区域经济社会

创新发展的重大理论和现实问题，为区域经济社会发展提供智力支持和理论支撑，充分展现经管学科服务区域经济发展的能力；实施学科交叉整合绿色特色凝练计划，按照"高效、节约、健康、低碳、可持续"的绿色发展思路，紧紧围绕贵州实施大数据、大扶贫、大旅游、大健康战略的转型升级，建设生态文明示范区的目标，致力于"不同于东部、有别于西部其他高校"的绿色发展战略模式研究，建立适应贵州绿色发展综合改革的绿色特色学科体系。

（二）以服务区域经济社会发展为主旨，不断增强科研创新能力和水平

坚持实施科研提升计划。以科技体制改革为契机，以满足区域经济发展战略需求为导向，以建立适应新时期科研高速高质发展的科研激励体系为重点，全面提升学校科研创新能力和水平。实施高水平科研项目培育推进计划，加大对重大项目的支持力度，强化过程服务，力争实现国家重大研究项目的突破；聚焦区域发展需求中的重大政策和重大战略问题，加强战略性、区域性、前瞻性问题研究，力争在优势领域取得对区域发展有重大影响的研究成果；实施学术精品培育计划，大力鼓励、支持和引导教师开展科学研究，取得高水平学术成果；扎实推进科研团队、学科团队、创新团队建设进度，建立和完善有利于交叉整合的体制机制，为培育和建立各类团队创造条件；加快完成科研的政策支撑体系，提高队伍保障和服务保障的能力，努力营造"十年磨一剑"的科研学术氛围。

加大科研平台建设力度，推进协同创新发展。大力推进"中国西部绿色发展战略研究院"的内涵建设，以贵州绿色生态发展为目标，以区域重大需求和区域急需为牵引，不断增强协同创新能力，努力建成省内一流的新型智库，力争实现教育部重点人文社科研究基地的获批；充分发挥省级"普惠金融协同创新中心"的作用，围绕服务贵州"大数据、大扶贫、大旅游、大健康"战略创新协同发展，力争产出影响深广、应用推广价值高的研究成果，不断提高服务重大决策咨询需求的能力。依托"一基地、两中心"，进一步优化整合现有科研机构，建立科研平台评估机制，推进学科之间，学校与兄弟院校、科研院所、行业企业、地方政府和境外高水平大学、科研机构之间的科研合作，推动学院之间、教师之间深度合作，不断完善人才、学科、科研三位一体的创新体系，提升创新能力。

加速推进科研成果转化，拓展社会服务领域。实施科研社会服务功能增强计划，按照"以服务求支持、以贡献求发展、以引领求影响"的思路，充分利用经管学科优势和人才基地，坚持产学研合作，构建促进产学研结合的政策体系、评价体系和终身教育体系，大力推动开放办学和产教整合，建设专门的成果转化队伍和平台，促进科研资源与社会资本的融合，构建成果转化的长效机制，不断提高服务区域经济社会发展的能力和水平。

（三）以扩大开放办学为抓手，不断提升国际化办学水平

继续扩大对外交流，推动实质性合作。加大与境外高水平大学和科研机构的交流合作，有目的、有重点地开展实质性交流合作；继续增进与已建立合作关系的国内外大学、科研机构的深度合作。加大教师出国（境）学术交流力度，鼓励和支持教学科研人员组织或参加形式多样的国际、国内及区域性的高端学术交流活动，支持和鼓励国内外专家、学者来校开展合作研究和学术交流。支持教师和管理干部到国内外高水平大学进修、考察访问，不断提

高教学科研水平和管理服务能力。

深入推进国际合作办学项目，打造贵州国际化办学品牌。在夯实现有国际合作办学项目的基础上，更加注重引进国外优质教育资源，完善软硬件设施，加强国际化配套管理服务，不断提高国际化办学质量，进一步扩大国际合作办学规模；积极拓展国际化办学项目，力争中外合作办学项目非独立法人办学机构、硕士研究生合作培养项目的落地与实施，打造一批有影响力的国际化留学项目；建立留学生预科教育制度，不断推进留学教育管理服务，打造一批优质留学教育目的地；建立招收留学生教育制度，完善留学生奖助金制度，积极拓宽留学生招生渠道，实现留学生多元化，不断扩大留学生规模。

建好厄立特里亚孔子学院，促进中华文化推广的拓展。把厄立特里亚孔子学院作为学校促进贵州与厄立特里亚及相关国家和地区人文交流的重要平台，服务"一带一路"战略的重要支点，积极争取国家汉办、省委省政府和社会各界的关心支持，高水平规划、高起点建设，不断推进孔子学院的建设工作。完成孔子学院的教学办公楼的建设，积极争取师资、管理和资金支持，将孔子学院建成厄立特里亚及周边具有极大影响的教育机构，努力成为中华文化传播的典范，并力争在发达国家或地区新建成1所孔子学院。

三、着重加快"三个着力"建设，增强学校跨越发展的保障支撑能力

（一）强化"人才第一资源"理念，继续实施人才强校战略

坚持以教师队伍建设为核心，创新人才工作机制，逐步培养一支规模适度、结构合理、质量优良，与区域一流大学和一流学科相适应的人才队伍。实施高端人才引领计划，依托国家和省各类人才项目，按照引进与培养并举的思路，完善人才引进政策，拓宽人才引进渠道，畅通人才引进"绿色通道"，加快引进各类高层次优秀人才，引进和造就一批具有创新能力和发展潜力的中青年学术骨干，形成合理的学术梯队；围绕学科发展主攻方向，加大投入、强化保障，探索团队聘任、考核新模式，培育一批在区域有影响力的人才创新团队；加强博士队伍建设，加大引进优秀博士人员力度，不断优化教学科研人员结构。加强"双师型"专业人才队伍建设，探索完善双师型管理制度，注重专业化管理服务队伍和技术支撑队伍建设，探索管理服务岗位目标管理、分类管理、人岗相适的管理制度，完善岗位责任制，加大年轻干部培养力度，拓宽管理服务队伍成长渠道，理顺公共服务体系，确保对队伍管理体制的有力支撑。完善人员编制管理，实行定编定员定岗制度，逐步建立健全动态、开放的人才发展体系。进一步搭建、完善事业发展平台，有效盘活人才存量，做好现有人才队伍的选拔、培养和使用，鼓励和支持在职学历深造、在职培训、外出访学、外出交流考察等，有计划地提高现有人才队伍的教学、科研和管理服务水平。做好各类人才的服务保障，营造良好的环境氛围，让各类人才引得来、留得住、干得好。

实施师德师风建设工程。以师德、业绩和质量为导向，大力加强教师的道德修养、政策法规、业务能力等的培训，强化教师政治意识、责任意识和底线意识，提升教师教书育人、

立德树人的责任感和使命感。完善教师聘任办法，强化聘期考核管理，探索教师流转退出机制，完善校内聘用制度。注重强化监督与提高自律的有机结合，树立良好的师德师风。

进一步完善人事分配制度改革。按照"多劳多得、多贡献多得、多担当多得"的思路，进一步完善以绩效工资为主体的多元化收入分配体系，完善具有竞争力的学校目标管理、薪酬体系。完善管理服务人员和专业技术人员多劳、多贡献、多担当的收入激励评价机制。注重三支队伍的薪酬水平适度平衡，建立并推行工资收入正常的增长机制，保持薪酬待遇的持续吸引力。

（二）强化文化内涵，丰富文化品牌，坚持特色立校

办学特色是体现高校办学水平和社会声誉的核心竞争力，是一所大学在其发展历程中形成的相对稳定的发展模式和被社会公认的独特的办学优势，是体现办学水平和教育质量的重要标志。提升学校办学质量和水平，是推进有特色、高水平财经大学建设，促进学校内涵发展的内因。提升学校办学声誉是对学校文化的感召和认同，也是学校办学质量和水平的综合反映。实施办学理念，弘扬践行计划，引领学校特色发展的方向，彰显学校特色发展。秉承"艰苦奋斗、严谨务实、负重致远"的校园精神，恪守"厚德、博学、笃行、鼎新"的校训，推行"一二三四"战略，积极培育和践行社会主义核心价值观，倡导"爱校荣校、改革创新、团结合作、包容共享"的校园价值理念，提升学校文化"软实力"，形成鲜明的贵财文化特色和办学特色，推进贵财文化的传承创新，为学校事业发展提供有力的精神支撑和文化保障。实施文化育人载体挖掘计划，立足"学风、教风、校风"的三风建设，依托学校教学管理体系、公共服务体系、人文素质教育基地，以筹备好60周年校庆为契机，进一步充分挖掘体育场馆、论坛讲座、校园网络媒体、宿舍公寓等校园文化育人载体的文化渗透力，凝聚积累并塑造育人特色。实施校园环境文化提升计划，一方面，注重校园文化内涵建设，加大学校教学科研基础设施、师生生活基础设施、文娱活动基础设施以及校园文化传承配套设施的升级改造；另一方面，注重将优秀传统文化和校园文化贯穿于学校管理、人才培养的全过程，为师生构建一个宜人育人的温馨校园环境。

（三）坚持传承创新，推进创新兴校战略

坚持传承创新，就是要走一条有特色、有创新、有竞争活力、凸显办学特色的创新发展之路。实施以大学章程为核心的制度机制创新，创新学校在学科建设、队伍建设、科学研究、人才培养以及管理体制方面的制度建设，理顺学校内部治理结构和治理体系，实现管理模式的传承创新，确保学校办学水平的整体提升和可持续发展；以提高管理效率为目的的协同创新工作机制建设，创新学校在学校与学院、部门与学院、学院与学院之间的工作部署、协调、沟通和推进落实制度；进一步完善目标考核管理工作机制，继续探索完善目标管理与绩效考核的有机结合。推进网络化管理工作机制，明确部门职能和岗位职责，细化和完善岗位责任制、首问责任制、目标管理责任制，确保工作职责的履行和工作协同创新，构建起职能、权力和责任统一的创新管理机制，推动学校的内涵发展。继续深入实施教育教学综合改革，以培养具有扎实理论功底、较强实践能力、鲜明经管物质的高素质复合应用型人才为目

标，创新教育教学改革的针对性、突出教学管理的实操性，凸显人才培养模式的鲜明特色。

四、全面推进"四个维度"建设，全力打造法治、人文、效率和稳健的贵财办学氛围

（一）坚持用法治理念、法治思维和法治观点，推进法治贵财建设

以《贵州财经大学章程》为核心，坚持党委领导下的校长负责制，健全"党委领导、校长负责、教授治学、民主管理"的现代大学管理运行机制，逐步实施学校领导权、行政权、学术权和民主监督权力的有机统一，进一步理顺内部治理结构。继续深化"二级管理、三级设置"校院两级管理体制改革，坚持统一领导与分级管理相结合，坚持责权利相一致，加快推进管理重心下移，强化学院办学主体地位，充分释放办学活力和发展动力。规范学院运行体制机制，完善学院党政联席会议制度，完善院级教授委员会学术组织，完善学术管理制度，推动学院自主管理、自我约束、规范运行、加快发展。以法治贵财建设为契机，围绕学校实际，梳理现有制度，逐步建设符合高等教育规律、符合学校实际的制度体系，为学校各项事业快速发展提供必要的法治保障。

（二）坚持管理创新，推进效率贵财建设

改进机关作风和效能建设，明晰部门工作职责，加快形成权界清晰、分工合理、权责明确、运转高效、法治保障的部门职能体系。强化部门宏观管理和服务保障、发展规划制订、发展趋势研判、制度机制设计、部门间统筹协调协作、对外沟通联络职责，不断提升谋划运作、组织协调、融合协作、贯彻落实、工作指导、监督管理及综合服务的能力和水平；强化管理即服务的意识，推行精细化管理。完善岗位管理制度和聘任制度，大力推行目标动态考核管理，建立分类分层考核管理体制。推进民主参与和民主监督管理，加强党务公开、校务公开和信息公开制度，严格执行"三重一大"集体决策制度，完善群众参与、专家咨询和集体决策相结合的议事决策机制，保障师生员工和公众的知情权、参与权和监督权。梳理业务工作流程，确保学校决策、执行和监督的相互分离，不断提升学校管控的能力和水平。加强教学基础设施建设、完善实验实践平台、图书、档案、网络等公共服务体系建设，提升服务质量和水平；加强学报等学术出版载体建设，提升学校学术期刊影响力。

（三）坚持优化配置和开源节流，加快稳健贵财建设

积极争取资金资源，主动适应财政预算拨款体制改革的"新常态"，强化学校发展项目库的建设和管理，为争取各级政府的重大专项投入、各种财政补助和各类政策性资源做好充分准备。加大科研和社会服务项目建设与管理，重视科研创收和社会服务创收的作用。积极开拓校友资源和社会力量，充分发挥和提升发展咨询委员会、校友会在学校集资方面的作用和能力，吸引广大校友和社会力量捐赠。提高资产利用和运营水平，确保校产资源的保值增值；完善创收收入分配政策，调动学院筹集资金资源的积极性；积极争取社会资金资源，设

立创新创业投资基金，用于支持母校发展和师生创新创业。积极沟通、争取政府债务化解盘子，不断拓宽融资渠道，有效保证学校发展的资金需求。强化预算管理和财经纪律，推进学校资产、财务信息化联运管理系统建设，以信息化推进管理科学化、精细化，建立高效、节约、集约利用资源的综合保障服务体系；完善校产管理体制，加强无形资产管理，建立公房资源配置标准和模式，优化资金资源配置，形成符合校情及学校发展的资源配置机制。树立厉行节约、反对浪费理念，建设节约型校园，保障学校事业可持续发展。持续改善基本办学条件，不断完善各校区协调发展的管理运行机制，形成功能分区科学、结构布局合理、基础设施完善、管理运行高效的区域一流大学校园。加强鹿冲关校区升级改造，完善生活配套条件，提升国际化办学软硬件实力；加快河滨校区以保留办学传承为主的合作项目的实施；加快推进花溪校区体育场馆、礼堂、博士公寓、学术交流中心、档案馆改造等项目建设，为教学科研后勤提供必要的基础设施保障；推动花溪校区沿街师生创新创业空间建设，为服务创新驱动发展打造新的载体平台。

（四）坚持以人为本，加快人文贵财建设

按照"待遇留人、感情留人、事业留人"的思路，致力于温馨校园、魅力学校建设，加强对师生员工的人文关怀，关心师生员工身心健康，促进师生员工的全面发展与成长成才，着力解决师生员工最关心、最直接和最现实的利益问题，构建"引得来、留得下、干得好"的人才服务新模式。争取地方政府支持，有效解决教职工子女入学问题，不断改善教职工住房、公租房配套设施和交通出行问题，不断增强教职工对学校的认同感、归宿感，增强教职工的幸福感。通过民生工程和情感关怀，充分发挥党组织、群众组织和工会组织的作用，切实帮助教职工解决影响其正常开展教学、科研和管理服务的困难和问题，营造良好的人文环境和干事创业氛围。

五、全面提高党建科学化水平，提供坚强有力保证

（一）把握方向，筑牢阵地，不断加强思想理论武装

以思想建设为根本，以党性教育为核心，大力推进马列主义、毛泽东思想、中国特色社会主义理论体系及习近平总书记系列重要讲话精神的学习，不断增强理想信念教育，教育引导党员干部坚守共产党人的精神追求，增强广大党员和师生员工的道路自信、理论自信和制度自信。充分发挥校院两级中心组学习的示范引导和党校的主阵地作用，强化思想政治理论课的主渠道作用，坚持理论联系实际、增强学习实效，引导党员树立世界眼光，培养战略思维，提供发展动力；强化思想政治教育，牢牢掌握党对学校意识形态领域的领导权和主导权，加强师生思想政治工作，坚守思想阵地。

（二）夯实基础，建强队伍，不断加强基层组织、领导班子和干部队伍建设

大力推进重心下移，落实党建工作责任制，把从严治党落实到基层，充分发挥基层党委

（党总支、直属党支部）的政治核心作用和保证监督作用。优化基层党组织设置，创新基层党组织活动方式，打造基层党建工作品牌，增强党支部活力。按照"忠诚、干净、担当"的要求，把握正确用人导向，建立健全科学有效的干部选任机制，提高选人用人公信度，选好配强领导班子和干部队伍。把培养选拔优秀年轻干部作为重大战略任务，形成合理的干部队伍梯队。充分发挥党校功能，加强干部教育和培训，加强干部轮岗锻炼，拓展干部交流和挂职渠道。按照发展党员工作的基本方针，切实做好在优秀师生中发展党员工作，把各类优秀人才团结和凝聚在党的周围。

（三）强化责任，转变作风，不断加强党风廉政建设

继续强化领导责任，坚持领导带头，巩固群众路线教育实践活动和"三严三实"专题教育活动成果，带头遵守"八项规定"和党员干部作风"十不准"，持续反对"四风"；牢固树立宗旨意识和群众观念，坚持、建立和完善领导干部下基层、联系师生制度；畅通问题反映和信息公开沟通渠道。切实把纪律和规矩挺在前面，经常性开展廉政和纪律教育，切实履行好两个责任，强化一岗双责，认真落实党风廉政建设责任制，加强反腐倡廉建设和廉政文化建设，筑牢拒腐防变的思想守住底线，科学有效预防腐败。严格突出监管重点，严格落实"三重一大"决策制度，加大内审工作力度，推进信息公开，强化对学院和部门运行监管。做到言必信、行必果，以优良作风正校风、促教风、带学风。

（四）健全机制，狠抓执行，不断加强制度建设

以大学章程为核心，坚持党委领导下的校长负责制、坚持贯彻执行民主集中制，建立健全党建工作领导体制、统筹协调机制和服务机制，不断完善制度体系建设。加大执行力度，严格执行党内各项制度，坚决用制度管权管事管人，确保制度权威。

（五）同心同向，团结凝聚，充分调动积极因素

认真贯彻落实统战工作16字方针，加强民主党派基层组织建设，凝聚人心、汇聚力量，巩固和发展最广泛的爱国统一战线；创造条件，大力支持各级人大代表、政协委员履行职责；围绕引导民主党派人士、党外知识分子系统充分发挥作用。广泛团结各界人士、发展委员会委员、广大校友，为学校发展献计献策、贡献力量。认真贯彻落实《中共中央关于加强和改进党的群团工作的意见》，充分发挥工会、共青团、妇委会等群众团体的桥梁和纽带作用，开创新形势下党群团工作的新局面。发挥离退休老同志在学校建设和育人中的积极作用。

（六）引领思想，凝聚力量，不断加强宣传思想工作

按照"围绕中心、服务大局作为基本职责，胸怀大局、把握大势、着眼大事，找准工作切入点和着力点，做到因势而谋、应势而动、顺势而为"的总要求，树立学校大宣传理念，不断创新宣传思想工作思路，拓展宣传思想工作作用，创新宣传思想工作方式，完善宣传思想工作队伍，重点在理念创新、手段创新、工作创新，以思想认识新飞跃开拓宣传思想

工作新局面。围绕习近平总书记提出的新闻舆论工作职责使命"四十八字箴言",宣讲中央、省委及学校政策决议主张,了解校情民意、发现矛盾问题、引导师生和社会情绪、动员师生员工、推动学校各项工作开展。讲好贵财故事,传播好贵财声音,引导好贵财精神文明建设,营造好学校干事创业、改革发展氛围。

(七)党建搭台,专业唱戏,进一步发挥学校推动贵州实现守底线走新路奔小康的重要作用

切实贯彻好"一人驻村、全单位帮扶、真帮实促"的要求,选派精兵强将进一步做好党建扶贫,精准扶贫和同步小康驻村工作。以"党建搭台、专业唱戏、电商扶贫、创业助力"思路为引领,充分发挥学校学科优势、人才优势和智力优势,以电子商务为重点,以大学生创新创业为辅助,经济扶贫与智力扶贫相结合,全力推进科学治贫、精准扶贫、有效脱贫。协助台江县建立电子商务建设服务体系。以决战决胜的勇气和攻坚克难的拼劲,打赢扶贫攻坚战。

(八)主动担当,协同创新,努力构建学校大党建工作格局

面对新形势、新任务、新问题,高校党建工作必须坚持以五大发展理念为引领,以全面从严治党为主题主线,自觉运用指导学校党建工作。坚持用创新发展理念作为动力源泉,突出解决破解难题不够问题,着力激发机关党建生机活力;坚持用协调发展理念作为内在要求,突出解决工作统筹不够问题,着力提高机关党建科学化水平;坚持用绿色发展理念作为必要条件,突出解决"中心紧抓不够"的问题,着力建构机关良好政治生态;坚持用开放发展理念作为鲜明特征,突出解决"群众参与不够"的问题,着力推动机关党建引领"新常态";坚持把共享发展理念作为本质要求,突出解决"成果惠民不够"的问题,着力发挥广大党员主体作用,充分调动各方面的积极性。始终坚持谋发展与聚精会神抓党建紧密结合,通过抓党建、转作风、肃风纪,来适应"新常态",来凝聚党心民心,来引领干事创业,来汇聚起克难攻坚的强大正能量,全面构建学校"党委统一领导、全校上下联动、全员主动担当、全体齐抓共管、制度机制完善"的大党建工作格局,不断提升党建工作水平,为全面建成有特色、高水平财经大学提供坚强保证。

哈尔滨金融学院"十三五"发展规划纲要

"十三五"时期是学院全面建设高水平应用型本科大学的关键时期。贯彻落实创新、协调、绿色、开放、共享发展理念，科学制定和实施"十三五"发展规划，对实现高水平应用型本科大学建设目标具有十分重要的意义。本纲要依据《中华人民共和国国民经济和社会发展第十三个五年规划纲要》《黑龙江省国民经济和社会发展第十三个五年规划纲要》《黑龙江省中长期教育改革和发展规划纲要（2010－2020年)》，学院第一届党代会精神和发展实际编制，是今后五年学院发展的蓝图，是全院师生员工共同奋斗的行动纲领，也是编制学院各类专项规划、年度工作计划以及制定相关政策的重要依据。

一、发展基础和环境

（一）"十二五"时期取得的主要成就

"十二五"期间，全院上下坚决贯彻落实省委省政府、省教育厅及院党委工作部署，坚持内涵发展、特色发展、转型发展的发展道路，不断深化教育教学改革，较好地完成了"十二五"规划确定的主要目标和任务，为转型发展及建设高水平应用型本科大学奠定了坚实的基础。

1. 教育教学改革取得新进展。围绕应用型人才培养目标，全面制订和完善了人才培养方案和教学大纲，实行学年学分制，"学分互认""学分置换""学业导师制"，采取"2＋1"和"3＋1"方式与企业联合定向培养人才，英语、高等数学等课程实行分级教学，推进教学方法和考试方式改革，调动学生学习的积极性和主动性，提高了教学效率；制作微课，利用MOOCs等网络教学资源进行自主学习，推进了信息化教学进程；专科学生以职业技能测试取代毕业论文撰写，构建课内实验、社会实践、认知实习、毕业实习四位一体的实践教学体系，建设跨学科专业综合实践平台，取得良好效果。

2. 人才培养质量稳步提高。学生基本理论和专业技能明显提高，开设大学生创新创业课程，获省级大学生创新创业计划训练项目立项122项，参加国内国际学科竞赛获奖232项。招生录取分数线逐年攀升，优势本科专业接近一本分数线，专科专业接近二本分数线，专科学生升本录取率由10.2%增至25%。5年来，向社会输送毕业生19844人。毕业生就业总体情况较好，就业质量较高。调查资料显示，学院办学社会声誉不断提高，用人单位对毕业生的客观评价是"实践动手能力强、业务拓展上手快、团队协作能力强、工作作风踏实、综合能力及素质较强"。毕业生对母校的质量感知度较好。

3. 学科专业建设成效显著。全日制本科专业由升本初的 6 个增加到 22 个，其中，8 个专业获得学士学位授予权。金融学学科被确定为"十二五"黑龙江省重点建设学科，金融学专业被确定为省级重点专业及省级专业综合改革试点专业，经、管、文、法、工学科协调发展的学科和专业格局基本形成。继续教育实现本科招生，本专科专业由 3 个增加到 7 个，2013 年和全日制本科同时获得学士学位授予权。5 年来，学院先后遴选出学科、专业带头人及后备带头人 57 人，学科专业建设和科研团队建设取得积极进展（表 1）。

表 1　　　　　　　　　　　　学科专业变化

项　　目	2010 年	2015 年
全日制本科学科数量	8	12
全日制本科专业数	6	22
全日制专科专业数	18	9
继续教育本科专业数	0	3
继续教育专科专业数	3	4

4. 科研水平明显提升。开设金苑讲坛，开展科研巡礼，组建学院社会科学界联合会、省投资理论研究会，成立 17 个科研机构，科研平台建设实现从无到有的转变。科研投入力度加大，经费投入比上 5 年增加 631.75 万元。国家级、省部级立项比上 5 年新增 186 项，是上 5 年的 4.5 倍。取得科研成果 2185 项，其中，发表在高水平期刊（含核心期刊、CSS-CI、CSCD、SCI、SSCI、EI 收录等）论文数量是上 5 年的 6.29 倍。获得各类科研奖励比上 5 年新增 627 项，其中，省部级奖项增长了 10 倍。学院获批黑龙江省金融理论与创新学术交流基地（表 2）。

表 2　　　　　　　　　　　　科学研究变化

项　　目	2006～2010 年	2011～2015 年
项目经费（万元）	56.75	688.5
项目总数（项）	331	695
其中：国家级、省部级（项）	53	239
学术论文（篇）	1533	1412
其中：高水平论文（篇）	51	321
教材（部）	209	324
出版专著（部）	3	21
专利技术（项）	0	428

续表

项　目	2006～2010 年	2011～2015 年
奖励	154	781
其中：省部级奖励	1	11

5. 师资队伍建设扎实有效。师资队伍水平不断提高，队伍结构进一步优化。引进硕士学位以上人员 42 人，培训教师 641 人次，教师进修访学 138 人次；专任教师中副高级及以上专业技术职务人员占专任教师总数的 31.38%，新增 51 人；硕士及以上学位人员占专任教师总数的 76.88%，新增 80 人，其中，新增博士 11 人。新增省级模范教师 1 人，省级优秀教师 1 人，省级教学能手 1 人。获得全国高校教师网络培训工作先进集体称号。

6. 依法治校能力明显增强。以制定《哈尔滨金融学院章程》为牵动，规范党委会、院长办公会等议事决策机制，制定完善了 204 项党政基本制度，进一步完善了大学治理结构。构建了以学术委员会为最高学术权力机构的学术组织体系，学术权力与行政权力的关系进一步理顺。完善教职工代表大会制度与学生代表大会制度，确保教职工合法权益和学生自我管理水平的提高。推进党务、校务公开，落实以招生、财务、干部任用为重点的高校信息公开制度。

7. 办学条件显著改善。投入近 5.6 亿元新建了图书馆、教学综合楼、锅炉房、学生公寓、运动场等，新增校园建筑面积 10.5 万平方米。投入 3670 万元对校园基础设施进行维修改造。投入 1200 余万元，建设 165 个多媒体教室、建设和改造 37 个各类实验室以及 12 个语音室，新增教学科研实验设备总值 4643 万元。资产总值新增 5.46 亿元。馆藏图书新增 8 万余册，数字资源量新增 25000GB，形成了以专业文献信息资源为重点的各种馆藏体系，为建设本地区金融文献信息资源中心打下良好基础。投入 2424 万元改善了网络信息化基础条件，启动了数字化校园建设工作，实现了基于统一公共数据平台的校内多项核心业务的数字化，学院信息化建设达到了省内高校先进水平。除预算收入外，获得中央财政支持专项资金 4300 万元，贷款余额由 2011 年初的 2 亿元下降为 1.085 亿元。完成了校园布局结构调整和搬迁工作，校内资源得到进一步合理配置和充分使用（表 3）。

表3　　　　　　　　　　　　基本办学条件变化表

项　目	2010 年	2015 年
校园建筑面积（万 m²）	19.5	30
教学科研实验设备总值（万元）	4293	8936
资产总值（亿元）	4.9	10.36
纸质图书册数（万册）	107	115
数字资源量（GB）	17000	42000

8. 开放办学水平有所提高。成功举办 60 周年校庆，承办中国（哈尔滨）金融理财节、

金融行业高管培训等大型活动，组建 5 个校友分会，学院影响力进一步扩大。以优势专业为重点，与美国圣托马斯大学开展本科金融学合作办学，现有在校生 350 人。与英国米德萨克斯大学开展合作办学，五年培养 2100 余人。与马来西亚英迪国际大学实现了学分互认。开展了 5 期共 75 名学生赴马、英、美等校际学生交流活动，成功选派 8 名教师赴亚非欧美等国任汉语教师。

9. 服务社会能力有所增强。与媒体、银行证券业合作举办"金融理财节"，服务受众十几万人，极好地发挥了教育为社会服务的功能。承办金融行业高管培训，邀请著名经济学家、时任北京大学常务副校长的刘伟教授举行学术讲座，密切了学院与银行业的联系，扩大了学院影响。面向行业开展经济金融改革等课题研究，其中，与黑龙江省金融学会合作的课题《黑龙江省县域金融生态环境评估研究》对改善黑龙江省县域金融生态环境具有现实指导意义。与银行、保险、证券等签署多项合作协议，建立实习实训基地，彰显了学院办学特色。组织承办行业培训、大规模考试多次，培训人数万余人，参考人数 5 万余人。

10. 党建和思想政治工作有效进行。深入开展党的群众路线教育实践活动、"三严三实"专题教育活动，作风建设取得扎实成效。扎实推进学习型党组织建设、创先争优活动和党务、校务公开等工作。对全院 62 个党支部进行分类定级并普遍实现晋位升级，基层党建工作更加标准、规范，5 年发展党员 2838 名。加强两级领导班子建设，完善干部考核与培训体系，开展第一届干部选任工作，选拔了 140 名处科级干部。开展"我的中国梦""五自·五强"育人工程、"青年马克思主义者培养工程"等系列专题教育活动，坚持以中国特色社会主义核心价值体系教育和引导青年学生，学生思想政治工作扎实有效。认真落实党风廉政建设责任制，切实加强反腐倡廉建设，初步形成符合高校特点的惩防体系。依法治校、民主管理和安全稳定等工作全面推进。学院先后获得省文明单位标兵、"三育人"先进集体、依法治校示范学校、省五一劳动奖状等荣誉。

（二）基本经验

1. 必须加强和改善党的领导，坚持社会主义办学方向。学院党委对学院工作实行全面领导，履行管党治党、办学治校主体责任，把方向、管大局、作决策、保落实。以立德树人为根本任务，坚持不懈传播马克思主义科学理论，用社会主义核心价值观凝聚人心，增强广大师生员工的道路自信、理论自信、制度自信和文化自信。

2. 必须坚持应用型的办学定位，坚持以人为本、应用为先的办学理念。顺应国家"双一流"建设，推动新建本科院校向应用技术型转变，主动服务区域和行业发展要求，坚持内涵发展、转型发展、特色发展道路。坚持以师生为本，牢固树立以学生成长成才为中心的工作导向，加强师资队伍和管理队伍建设，充分发挥教师和管理人员的办学主体作用。涵养培育大学精神，加强学风、教风和校风建设，创造良好的育人环境。

3. 必须坚持改革开放，坚持依法治校。贯彻落实全面深化改革、全面依法治国和高等教育综合改革等文件精神，深化教育教学改革，提高国际化办学水平，加强对外学术交流。以学院《章程》为统领，加强制度建设，使学院各项事业的发展都有法可依、有章可循，提高依法治校水平。

（三）存在的主要问题

1. 人才培养方案和培养模式有待完善。具体表现在：对人才培养的教学研究与改革还不够深入。人才培养方案、模式与方法还不能有效适应经济社会发展对人才的需求，还不能完全适应应用型人才培养定位的需要。毕业生的就业能力、适应社会和创新创业能力等还有待进一步提升。

2. 学科专业建设力度不够。具体表现在：学科发展优势不显著，专业特色还不够突出，缺少有影响力的学科带头人和学科骨干，学术团队建设还需加强。

3. 师资队伍建设有待进一步加强。具体表现在：高水平领军人才缺乏，教学名师和学术骨干数量不足，青年教师学历偏低，师资队伍数量不足等。

4. 科学研究能力不强，科研团队意识较弱，服务社会能力不够。具体表现在：承担重大科研项目的带头人和团队数量少，教师科研的主动性和积极性还不够高，高水平和高质量的科研成果少，科研为社会服务的能力有待进一步增强。

5. 管理水平亟待提高。具体表现在：整章建制、运行机制创新和工作绩效评估在内的管理工作还不适应学院发展的要求，管理人员数量不足，管理能力有待提高。

6. 办学条件有待进一步完善。具体表现在：校园整体环境亟待改善，后勤保障能力和水平有待提高，实验平台建设、数字化校园建设和馆藏资源建设还不能完全满足发展需要。

（四）"十三五"发展面临的机遇和挑战

1. 我国高等教育发展所面临的机遇和挑战。党的十八届五中全会通过的"十三五"规划建议及全国教育工作会议的召开，为中国高等教育描绘了新的发展蓝图。提出了"双一流"的建设目标，以及抓好教育供给侧结构性改革，增强教育结构的适应性和灵活性，更好地推动教育服务经济发展新常态和人民日益增长的教育新需求。鼓励具备条件的新建本科院校向应用型转型。引导高校面向市场主动调整专业设置和资源配置，对人才培养进行第三方特别是需求方评价。要求高校要依据区域性、行业性需求，加快发展服务新产业、新业态、新技术发展的新专业，拓展传统学科专业内涵。创新人才培养机制，深化产教融合、校企合作，更多培养应用型、技术技能型人才。

2. 我国金融人才发展所面临的机遇和挑战。2016 年度中国金融人才峰会发布的《2016年中国金融人才发展报告》中指出，中国经济步入"三期叠加"的新阶段，经济增长速度出现回落，经济结构开始转型。金融行业由粗放型高增长时代向稳健发展态势转变，行业发展也出现体制改革、发展多层次资本市场和普惠金融的新趋势。随着当前新常态背景下金融业在中国的持续发展与改革，特别是创新业务、创新模式的拓展，市场对金融人才的需求将日益高涨；同时，金融行业不断发展混业经营，复合型人才对金融机构的未来业务发展至关重要。因此，金融从业者应通过提升专业背景，增强创造力等渠道和方式，增强竞争优势，提高综合素质，以适应职业发展的需要。金融行业未来发展的趋势是：行业监管逐步与国际接轨，市场化程度加深。利率市场化基本完成，监管机构会进一步放开对混业经营的限制，引导社会资本进入。中国特有的市场环境将推动互联网金融高速发展，随之而来的是消费者需求的不断升级。传统金融服务开始走向脱媒化和普惠化之路。根据中国人才网调查，我国金融人才的需求量很大，尤其是急缺金融分析师、金融工程师、特许财富管理师、基金经理、精算师、副总裁级高管、稽查监管人员、产品开发人员、后台工作人员（在财务、结算、税务方面有经验）等九大类人才。

3. 我省金融人才发展所面临的机遇和挑战。我省"五大规划""十大重点产业""龙江丝路带"建设的展开，将会吸引资金、人力资源、物资等生产要素向涉及的产业转移和集聚，推动产业结构的全面转型和升级，带动信息、金融、物流、外贸等现代服务业的大发展，金融、会计、财务管理、电子商务和商务英语等专业人才需求量会急剧增加。从东北地区现有高校专业设置和招生情况看，每年能够提供的金融及相关专业的本科毕业生数量与人才市场需求之间仍有较大的空间。特别是高层次复合型金融人才紧缺，急需熟悉国内外金融市场能够从事投资银行、保险管理、宏观金融分析的专业人才；具有国际结算能力的会计人才；熟悉金融业务的运用计算机网络能力强的电子商务人才；懂市场营销、具有金融理财能力的管理人才；具有国际谈判能力的法律事务人才等。

综上，经济发展新常态推动我国高等教育进入内涵发展阶段，为适应创新型国家和制造强国的建设需要，国家提出"双一流"的建设目标，支持鼓励新建本科院校向应用型转型，金融类人才有较好的市场需求前景。我院必须把握这一重大机遇，主动融入国家及省发展战略，加快提高办学水平和综合实力，从根本上解决"十二五"期间发展中存在的问题，破解发展难题，团结依靠全体师生员工，在"十三五"期间迈出建设高水平应用型本科大学的有力步伐。

二、"十三五"时期学院发展的指导思想、目标和理念

（一）指导思想

高举中国特色社会主义伟大旗帜，全面贯彻中共十八大和十八届三中、四中、五中、六中全会精神，以马克思列宁主义、毛泽东思想、邓小平理论、"三个代表"重要思想和科学发展观为指导，深入贯彻落实习近平总书记系列重要讲话精神，以立德树人为根本，坚持内涵发展、特色发展、转型发展的发展道路，牢固树立创新、协调、绿色、开放、共享的发展理念，顺应经济发展新常态和高等教育的发展趋势，主动服务区域社会经济发展，从严治党，依法治校，深化综合改革，为建设高水平应用型本科大学奠定坚实基础。

（二）发展目标

教育教学质量和科研水平明显提高；金融特色更加突出；依法治校和后勤服务保障能力显著增强；学科专业、师资队伍、管理队伍、教学条件、教风学风、校园文化建设成效显著；教育教学综合改革取得积极进展；校园环境显著改善；服务社会能力和社会影响力有所增强；顺利通过本科教学工作水平合格评估，力争建成国家级文明单位。

（三）办学定位

类别定位：财经类。

类型定位：应用型。

学科专业定位：以经济学、管理学为主，经、管、文、法、工协调发展，建立符合学院办学实际、服务区域社会经济发展的学科专业体系。

办学层次定位：以本科教育为主，逐步缩减专科教育，努力发展研究生教育。

办学形式定位：以全日制学历教育为主，积极发展继续教育，进一步发展国际合作教育。

办学规模定位：全日制在校生稳定在11000人左右。

服务面向定位：立足龙江、面向东北、服务全国。

办学特色定位：金融行业特征显著，实践动手能力强。

办学水平定位：高水平应用型本科大学。

功能定位：培养适应金融及相关行业需要的应用型本科人才，为经济建设和社会发展提供人才和智力支持。

（四）发展理念

坚持创新发展，深化综合改革，激发办学活力，提高教育教学质量；坚持协调发展，加强学科专业和师资队伍建设，完善校园功能布局，增强发展的整体性和协调性；坚持绿色发展，建设绿色校园、节约校园、平安校园、和谐校园，培育人与自然和谐相处、健康向上的生活方式；坚持开放发展，加强对外学术交流，提高国际合作办学水平，增强服务社会能力；坚持共享发展，利用"互联网＋"实现优质教学资源和信息资源共享，不断改善学生的学习和生活环境，增进教职工福祉。

三、坚持创新发展，提高教育教学质量

（一）创新人才培养模式，提升人才培养质量

1. 探索建立"人文素养＋科学精神＋实践能力"的人才培养模式。优化课程体系，开设通识教育课程以提升学生的人文素养和科学精神，培养学生的社会责任感和创新精神，促进理论与实践、知识与能力的有机贯通，倡导知行统一、学思结合。调整更新教学内容，继续开展分层分级教学，因材施教。构建课内实验、认知实习、社会实践、毕业实习四位一体的实践教学体系，着力培养学生的实践动手能力，彰显办学特色。

2. 探索建立可持续发展的校企合作的良性循环机制。建立协同育人机制，密切校企合作。继续采取"3＋1"或"2＋1"方式与企业联合培养学生，工科专业引入CDIO培养模式。建立和完善覆盖全部专业的90个校外实习基地。

与高校合作，开展双校区人才培养，积极开展与高水平院校合作培养硕士研究生工作。

（二）促进教学观念更新和教学方式改革，构建新型师生关系

1. 更新教学观念。树立以学生学习为中心的现代教学观，探索先进的教学方式和学习方式，加强师生互动，鼓励学生自主学习和合作学习，不断改善学习效果和提高学习效率。

2. 积极探索教学模式和方式改革。丰富网络学习资源，建设翻转课堂，倡导启发式、案例式、探究式等教学方式，开展线上授课、线上学习和线上答疑，逐步实现小班授课。

3. 转变教师角色，构建新型师生关系。充分发挥"互联网＋"作用，使教师由过去的知识传授者和课堂教学组织者，转变为学生学习活动的组织者、引导者和学生的学习伙伴。探索构建师生学习共同体，通过教师引导、师生互动、生生合作来实现教学目标。

4. 完善本科生学业导师制。指导学生提高学习能力，帮助学生根据自身潜质合理规划学习生涯。

（三）创新教学质量评估方式，健全教学质量保障体系

1. 改革学生评教方式。进一步完善学生评教指标体系，指标设计更符合学生的判断力，更加科学合理。将学生评教的结果作为教师教学绩效的指标之一记入教师业务档案，教师可以系统地了解自己历年来的教学绩效与学生的反馈意见，以便提升教学质量。采取引导和激励等方法增强教师的责任感和使命感，促使教师将更多精力投入到课堂教学，不断深化教学改革，提高教学质量。

2. 开展教师运用现代教育技术的能力的评估。出台高校教师教育技术能力标准，明确理论课教师、实验教师应掌握的教育技术能力。通过培训提高教育技术能力，鼓励广大教师不断提高教育技术应用水平，达到有效实施教学活动的目的。

3. 加强对学生学习效果的评估。建立科学有效的学生学习效果评估系统，全方位多角度地对学生学习过程和学习成果进行测量。通过学生学习效果评估考察培养结果与目标的契合度，改进教育教学方式，促进自我更新，达到改进教与学的目的。对学生学业的评价采取形成性评价和终结性评价相结合、课内教学与课外自主学习相结合的全程评价的方法，考核方式实现多样化。

4. 建立健全教学质量保障体系。重点对教学质量的形成过程和完成效果进行监控和评价。建立完善本科教学质量评价体系及跟踪问效机制。构建自我监控、不断改进、良性循环的教学全程管理的闭环性保障系统，保证教学质量持续稳定提高。建立师生评价教学管理和教学保障效果的网上调查平台，定期或不定期对教学管理和教学保障情况进行检查和评估，以评促建、以评促改，更好地为教学和管理提供保障服务。

5. 加强督导建设。创造条件吸引校内外教学督导资源，力争增加专职教学督导 6～7名，使专职督导人数达到 9～10 人的规模，实现专职教学督导人数增长率达到 120% 以上，加强对二级教学督导的管理及队伍建设。加强对教学内容、教学方法进行专项督导，强化过程引导，实现督导职能由重"督"到重"导"的转变。

（四）提升科技创新能力，提高科学研究水平

1. 加大科研投入力度。继续实行校内科研立项全额经费支持、校外科研立项经费匹配等扶持政策，完善科研奖励办法，进一步营造学术氛围，引导、支持、帮助教师主动从事科研工作，激发教师科研积极性。培养教师的团队协作精神，建立科研团队，提高协同创新能力。

2. 加强科研平台建设。创新学院社科联、省投资理论研究会等学术平台工作，充分发挥其加强学术交流、整合科研资源的学术平台作用。密切与金融行业合作，联合开展课题研究和政策咨询，积极为金融行业提供智力支持。整合现有科研机构，集中力量建设有利于发挥科研优势、彰显办学特色的科研机构，为智库建设奠定基础。

3. 科研项目扩面升级。积极争取各级各类科研项目。倡导跨学科、系、部及其他高校、企事业合作，努力改善科研项目结构。培育学生科研项目；立足本科教育教学，加强教育教学研究，成果应用反哺教学；加强与行业横向合作，与人民银行、商业银行等金融机构联合开展研究；充分发挥自身优势，突出特色，把握研究重点，找准切入点，瞄准高水平，力争国家级项目取得突破。争取承担国家级（含教育部）科研项目 2~3 项，省部级科研项目100 项（含教育厅教改工程、省教育规划办项目），其他科研项目（含厅局级、学会、横向）达到 100~500 项。

4. 科研成果增量提质。制定措施办法，促进科研成果与教师职称评定、岗位聘用紧密结合，提高成果质量，激发科研活力。争取发表在高水平期刊（含核心期刊、CSSCI、CSCD、SCI、SSCI、EI 收录等）论文数量年增长 10%（350 左右），出版学术专著、教材总量达到 400 部左右，重点提高教育部规划教材和学术专著数量；咨询建议和知识产权专利申请与授权（含软件著作权）注重成果转化推广，保持现有水平 300~400 项；争取国家级科研成果奖项实现突破，获省部级以上科研成果奖 10~15 项，经费年增长 20%，年学科科研经费投入达到 150 万元以上。

5. 提高科研管理服务水平，促进科研成果应用与转化。发挥院系两级职能作用，增强对教师从事科研工作的服务意识，协助申报科研项目，培养科研骨干，组建科研团队。

（五）加强创新创业课程、教学和平台建设，支持大学生创新创业

1. 建设创新创业教师队伍。成立创新创业教研室，保证创新创业任课教师数量不低于 5人。加强创新创业教师培训，鼓励其深入实际，指导学生创新创业项目，提高指导实践能力。

2. 建立学生创新创业组织和创业园。成立大学生创业园管理办公室和大学生创业联盟，负责创业园的管理和组织开展各类创新创业活动。聘请专业教师、创业人士等为学生创业企业的发展提供指导、培训和咨询。

3. 加强创新创业课程建设。完善创新创业必修课程的教学内容，补充创新创业类选修课程，增设具有实践操作性的创新创业课程，培养学生的创新创业意识和能力。利用慕课等优质教学资源和互联网教学新形式，创新教学手段，使教学更好地服务于创新创业实践。

4. 完善相关部门的协调工作机制。建立健全以教学单位为主体，各单位、各部门齐抓共管的创新创业教育工作领导机制，明确各相关部门在创新创业教育工作中的职责。

5. 为大学生创新创业做好服务和保障工作。用好用足政府支持政策，积极与政府相关部门、单位和企业合作，争取资金和政策扶持。为大学生创新创业提供经费支持，年投入不低于年度预算总额的2%。

（六）创新学风建设工作机制，完善学风建设工作体系

1. 以体系立学风。成立学风建设工作领导小组，完善集教育引导、制度规范、监督约束、查处警示为一体的学风工作体系，将学风建设工作系统化、常规化。

2. 以制度促学风。进一步完善规范学术行为、加强科研管理、监督学风建设及执行学籍管理等方面的规章制度，使得学风建设有章可循、有据可依，从而形成一套完整的学风建设制度体系。

3. 以教风带学风。加强学业导师工作，发挥课堂教学的积极作用和教师的良好示范作用，使教师的敬业精神、治学态度和求实作风潜移默化的影响学生，以优良的教风带动学风。

4. 以管理固学风。通过学生量化管理、先进个人、先进集体评选等形式，转专业、奖学金、科研奖励、就业推荐等一系列办法与措施，激发学生学习动力，倡导优良学风。

5. 以榜样树学风。加强对学生先进个人及学风先进集体典型事迹的培育和宣传力度，形成师生之间良好的互动与沟通，促进优良学风的形成，真正让学生做到"自我教育、自我管理、自我服务"。

（七）创新社会主义核心价值观教育载体，把社会主义核心价值观教育融入育人的全过程

1. 开展校园科技文化艺术和读书活动，提倡全民阅读。每年举办主题读书活动，调动师生参与活动的热情，助力全民阅读，积极推进阅读推广工作，培养阅读文化，提升阅读品位，提高师生文化素养。争取在"十三五"期间把有关主题活动打造成学院的特色活动品牌。充分发挥第二课堂的作用，广泛开展主题鲜明、积极向上、参与性强、寓教于乐、且具有学院特色的校园科技文化艺术活动，培育青年学生积极的世界观、人生观和价值观，为其成长成才营造氛围。

2. 加强校园体育文化建设，深入开展"阳光体育"运动。着力提高学生的身体素质和健康水平，培养学生终身锻炼意识，进一步深化课内外"一体化"教学模式，努力拓展"阳光体育"运动新途径。通过召开校田径运动会、校园足球、校园接力赛、冬季运动会、冬季长跑、学生跳绳比赛、学生趣味运动会、户外体育运动等阳光体育活动，真正做到学生"周周有活动、月月有比赛、人人有项目"，培养学生热爱体育、崇尚运动的健康理念和良好习惯。

3. 强化学生管理。加强学生党支部建设，进一步建立健全学生党员组织发展的各项规章制度，秉承公平、公正、公开的工作原则，将优秀学生吸纳进党组织，同时进一步加强与规范学生党员入党后的教育与培养。加强各级各类学生组织的管理与指导，严格规范学生干部选聘程序和履职行为，做好学生干部述职和考核工作，提升学生组织的公信度。进一步完善各项奖助贷评定工作相关制度，规范评定工作程序，明确管理方法，细化工作措施，严格执行评审认定程序和公示制度，严格审查各类评审材料，提升奖助贷评选工作公开化、透明

化水平。进一步完善心理健康教育和保障机制，提升心理健康教育和咨询工作水平。

4. 加强思想政治理论课建设。以重点课程建设为抓手，积极发挥思政理论课教育主渠道作用，结合学院实际，按照培养应用型人才的要求，创新网络思想政治教育，全面推进思政课教学方法综合改革，加强教学团队建设，推进课程体系改革研究，强化实践教学环节，落实思想政治理论课教育教学、学科建设、人才培养、科研立项、社会实践、经费保障等各方面政策和措施，从组织管理、教学管理、学科建设等方面，不断加强和完善思想政治理论课的课程建设与科学研究。

5. 开设传统文化课程，推进文化传承创新。文化熏陶是培育和践行社会主义核心价值观的重要途径，为适应社会发展和人的全面发展的要求，开展高雅艺术进校园活动，举办绘画、书法比赛，组织经典诵读、中华礼仪、古典音乐等中华优秀传统文化讲座；改革育人模式，让传统文化课程入课堂，加强中国古代哲学、大学语文等传统文化、人文素养教育，将思想政治教育课程融入更多中国优秀传统文化精髓，使学生在课堂上得到传统文化的熏陶，并成为学生终身受用的人生准则。

6. 加强寝室与网络载体建设。加强校园无线网络建设，构建覆盖全面、性能优良的校园无线网络，为学生进行网络平台学习提供更好的网络基础条件。充分利用校园网络资源，开拓舍务管理的新模式，建立舍务管理的新阵地。通过建设舍务管理网站，开通学生宿舍生活服务查询、舍务管理制度上网、舍务违规情况通报和评比查询上网、开通宿舍管理论坛和网上报修等功能，积极为学生创造方便、舒适、规范、现代的住宿环境，倡导建设宿舍文明，涵育核心价值，实现"管理育人、服务育人"的功能。

7. 加强"以诚为金"的诚信教育。通过教育引导和奖惩相结合的方式，以校训、学风、校风教育活动为载体，开展形式多样的主题教育活动，将"以诚为金"的理念贯彻其中，让学生感受诚信、认同诚信，不断强化学生诚信意识，杜绝学生在学习考核、论文撰写、升学求职等方面出现失信行为。建立大学生诚信档案制度，完善大学生诚信评估体系，对学生在校期间学习、生活等方面的诚信表现，进行跟踪记录、动态管理、科学评价，并以此作为学生评优评奖、入党考察、就业推荐的重要考核内容或依据。

四、坚持协调发展，增强发展的整体性和协调性

（一）完善人才培养方案，加强学科专业和课程建设，突出金融特色

1. 继续完善各专业人才培养方案。重点调整中外合作办学、ACA特色教学改革实验班、"3＋1"与"2＋1"联合定向培养、辅修学位等人才培养方案，以适应学院培养应用型人才的办学定位及国家政策和就业形势的变化。

2. 完善学科布局。以金融学和工商管理学科建设为重点，促进学科交叉融合，带动其他学科协同发展。启动院级重点学科遴选，坚持对优势突出、特色明显学科重点扶持。建成1个省级重点学科，1～2个省重点建设学科，设立2～3个院级重点学科，其中，有1～2个

学科基本达到省级重点学科的水平。培养省级学科带头人 1~2 人，修订《学科、专业带头人遴选及考核办法》，遴选院级学科带头人。把学科建设和师资队伍建设紧密结合起来，加快人才结构调整，合理配置学科人才资源，按照研究方向组建学术团队，形成具有鲜明金融特色、相对稳定学科方向、较高学术水平、结构合理、团结协作的学术队伍，带动学科的发展。设立"金苑讲座教授"，聘请相关领域、行业专业人士或学科有影响力的知名学者、专家指导学院教学、科研及学科建设工作。

3. 形成合理专业布局。探索建立动态专业结构调整机制，加强对现有专业改造和新设专业的调研论证和培育，增设 1~2 个新专业。加强专业带头人、教学名师、教学团队建设，以金融学类、工商管理类为重点建设校级重点专业，申报成功 1~2 个省级重点专业。根据人才需求变化，个别本科专业实行弹性招生。

4. 完善实验教学体系。通过场景设计及实训软件组建专业实验实训平台。在现有跨学科跨专业综合实训平台基础上，探索运用大数据技术云桌面应用，建设新型跨专业实训平台。建立统分结合的实验室管理体制，更新实验教学内容，增加综合性设计性实验项目，提高实验教学效率和质量。

5. 加强课程建设。构建科学的课程体系，优化课程结构，理清课程之间关系，形成合理的专业知识体系。更新课程内容，反映当代科技成果和社会经济发展变化，突出教学内容的时代特征，注重基础知识面的拓宽和实际应用能力及创新能力的培养。建设校级精品课，申报省级精品资源共享课，制作和引进在线开放课程和微课。

（二）加强师资队伍建设，努力建设一支规模适度、结构合理、师德高尚、业务精湛、充满活力的师资队伍

1. 加大人才引进力度。通过公开招聘引进一批学科、专业发展所急需的高学历人才，建设一支规模适度的专任教师队伍，师生比达到教育部"普通高校本科教学工作合格评估"要求的 1∶18 比例。

2. 优化师资队伍结构。通过引进、培养、聘任兼职教师等多种方式，硕士及以上学历的教师达到专任教师总数的 90% 左右；高级职称的教师保持在占专任教师总数的 45% 以内；知识结构和年龄结构适应高等教育的发展需要。建设专职实验教师队伍。

3. 加强教风建设。修订并严格执行教学事故认定办法，遵行教师行为规范和学术道德规范，树立师德典型，激励广大教师坚定理想信念，严谨笃学，自尊自律，关爱学生。

4. 做好师资培养培训工作。积极争取公派境内外访学进修项目，逐步增加学院资助境内外进修访学名额，支持鼓励教师参加境内外短期培训和学术交流活动，完善教师学习提高管理办法，构建行之有效的教师培养体系，努力为教师创造潜心治学、专心从教的工作氛围。

5. 完善师资队伍管理体制与机制。完善专任教师岗位设置和考核办法，引入竞争机制，建立绩效考评机制，探索建立教师岗位退出制度。

（三）充分发挥学术委员会的学术引领作用，规范行政权力与学术权力运行

依据学院章程规定，修订学术委员会章程，健全以学术委员会为核心的学术管理体系与

组织架构，完善学术委员会工作机制，制定科学合理的学术标准，开展公开、公平、公正的学术评价，激发学术原动力。充分发挥学术委员会在学科建设、学术评价、学术发展和学风建设等学术事务中的决策、审议、评定和咨询等作用，健全学术监督机制，维护学术道德。规范行政权力和学术权力运行，确保学术权力的权威性和独立性，使行政权力与学术权力各负其责、相互协调，共同推进学院事业发展。

（四）调整机构设置，完善院系两级教学管理体制

按照省编办文件要求，调整机构设置，核定各单位（部门）岗位及编制，明确机构和岗位职责，做好岗位聘用及聘后管理工作，机构设置、岗位设置与学院各项事业的发展需要相协调，实现精简高效、权责明确的机构与岗位设置目标。明确院系两级管理权限与管理职责，规范管理程序，逐步推进管理重心下移，充分发挥系部在教学管理、学术活动、师资队伍建设中的积极作用，提高管理效率和水平。

（五）完善校园不同区域的功能定位，增强不同区域发展的协调性和整体性

1. 明确区域功能定位。充分尊重校园的历史与现状条件，坚持以人为本，以办学效益为重，坚持走可持续发展之路，通过对道路交通、基础设施、景观环境及校园风貌的改造、完善和新建，着力打造交通顺畅便捷、环境清新典雅、区域功能划分明确的大学校园。

2. 实现绿化、亮化、硬化、美化的协调性和整体性。增加植被品种，合理分配布局。配合校园各区域功能的不同定位，努力使校园室内外照明设施规范齐全，美化校园夜景。校园主干道、支干道实现全部硬化。

3. 实现地下管网建设和地面道路建设、构筑物建设的协调性和整体性。充分发挥地下管网系统平台能源供应传输、故障排查和信息交换的作用，完善地理信息系统建设，降低运行成本，提高管理与决策水平，健全管理与运营机制，增强数据监控分析能力，推进校园整体规划的顺利进行。

4. 实现人行道与车行道路的协调性和整体性。优化校园道路系统，增强交通的可达性，将部分距离较近的道路合二为一，使整个校园的道路系统简洁规整。校园内步行道结合校园干道、人行道、校园支路和其他步行道设置，实现人车分流，使步行环境更为合理，满足校园内人流和车流安全、畅通、舒适的需求。校园内机动车及自行车停车场按小型、分散的原则进行布局，因地制宜、适量布置，就近安排在各个功能区附近。

五、坚持绿色发展，培育人与自然和谐相处、健康向上的生活方式

（一）建设绿色校园

开展校园绿化和校园生态建设，增加校园绿篱和植被品种，做好花草树木养护，努力实现校园绿化覆盖率达到60%。植物种类布局，要以适合本地气候生长的植物为主，以冠大

荫浓的乔木为骨架，灌木、草坪、花卉作为衬托，常绿和落叶植物比例适宜，做到点面结合、搭配协调、错落有致，做到"三季有花，四季长青"。功能区域绿化方面，教学区要充分考虑室内通风和采光要求；生活区要以方便师生需求为目的，绿化与休闲相结合。合理利用校园闲置空间进行经济开发，实行苗圃建设与校园绿化相结合，对各园区合理命名，形成校园景观特色。完成锅炉除尘、脱硫项目改造工程，推广环保材料和环保技术的应用，减少各类污染物排放，努力营造绿色健康的校园环境。

（二）建设节约校园

培养师生节约意识，反对奢侈浪费，崇尚勤俭节约。逐步建立节能、节水、节约用地、节约用房、节约粮食、节约办公与维修耗材的制度与措施，推广节能设备和材料的应用，推进校园综合节能系统集成建设项目的实施，使节约办学成为开展各项工作的重要准则和全体师生的自觉行动。积极推动资源开放共享，避免重复购置，提高资源的使用效率，盘活闲置资产。作好基建和维修改造前期调研论证，规范工作流程，加强预算管理，节约资金，推广节能环保材料及设备的使用。

（三）建设文化校园

挖掘"以诚为金、礼融天下"的校训内涵，结合自身文脉的整理和挖掘，培育体现学院办学历史、办学理念、办学特色的现代大学精神，努力形成适应学院发展的先进文化。统筹规划校园自然与人文景观建设，建设承载历史和人文底蕴的校园景观，努力打造朴素与雅致交融、统一与个性呼应的校园文化标识系统。开展校园广场、道路、楼宇的命名征集和确定工作，打造校园核心景观，着力建设学生修读主题绿化园区。创新校园文化载体，丰富校园文化活动，着力打造体现学院特色、具有影响力的校园文化品牌。积极开展健康向上、丰富多彩的网络文化活动，形成网络文化建设工作体系。做好校史编纂工作，建成校史馆。充分利用与挖掘学院房产潜力，改造与建设校园文化活动场所，建设大学生活动中心。加强学术道德建设、心理健康文化建设、大学行为文化建设，改善师生人际关系，营造以人为本、健康、和谐、民主、宽容、开放的学术环境和文化氛围。稳步推进文明单位建设，建成省级文明校园，争创全国文明校园，筑牢全院师生员工团结奋斗的价值基础。

（四）建设和谐校园

倡导团结、合作、包容的同事关系，促进人际关系和谐。坚持依法治校和以德治校相结合，营造融洽和谐的人际关系和民主平等、团结尊重的工作环境，形成相互理解、相互关爱的和谐氛围。完善信息公开制度，对关系到教职工切身利益的决策事项，发挥好工会、教代会作用，广泛征求各方意见，促进利益和谐。以绿色发展理念引导师生员工关注生态环境、重视生态保护，树立爱护校园环境的文明意识，努力打造人与自然和谐统一的校园环境，促进人与环境的和谐共处。开展丰富多彩的校园文化体育活动，引导师生员工崇尚健康、热爱生活，促进身心和谐。

（五）建设平安校园

牢固树立安全意识，加强安全教育、内保和信息研判工作，完善安全维稳工作机制，加强保卫队伍建设，增强对突发事件的应急处理能力。严格课堂讲授纪律，掌控对网络媒体的主导权，严防宗教渗透，确保意识形态领域的安全稳定。推进校园监控系统建设，二期工程达到全覆盖。加强校园机动车辆安全管控，建立出入校园车辆智能管理系统，保证交通安全。加强校园网络运行的安全管控，保证网络运行安全。严把食品原材料采购入口关，坚持统一集中招标采购，严格执行食品卫生法，杜绝食物中毒事件发生。做好水源地的安全防控工作，彻底解决用水安全隐患。改造学院供电系统，彻底解决学院整体电量不足的问题，确保电力供应和用电安全。加强和改进保密工作，落实《黑龙江省"七五"保密法治宣传教育规划》，全面提升保密综合防范能力。加强档案安全管理工作，提升档案管理水平和服务效率。切实做好信访工作，坚持依法依规办事，做到热情、耐心、准时答复和及时落实，维护校园稳定和保障师生员工利益。

六、坚持开放发展，增强服务社会能力

（一）积极开展对外学术交流

制定对外学术交流管理办法，提高学科专业带头人专项经费额度，增加学术交流专项资金，鼓励支持教师开展对外学术交流，对优秀的青年教师及教学、科研骨干教师在高水平的国际会议上进行学术交流给予必要的经费资助。充分发挥学术交流平台的作用，聘请境内外知名专家学者来校开展学术交流，举办学术讲座。积极承办行业院校和全国性的学术会议，加强与行业院校的沟通与联系，不断提升学院的社会影响力。推荐教师参与省"龙江讲坛"学术讲座。依靠学报新老作者扩充优秀稿源，开设金融论坛特色栏目，继续提升学报影响因子，扩大学报发行传播范围，不断提高办刊水平和学术话语权。

（二）提高国际合作办学水平

充分发挥现有合作办学项目的作用，拓展合作办学内容，有计划地引进美国圣·托马斯大学教师来学院授课和开展学术交流，优先选送学院合作项目教师到圣·托马斯大学进修访学，鼓励合作项目的学生到圣·托马斯大学游学或留学，探索开展科研项目合作。引进驻校外教，积极争取国家和省级境外进修访学交流项目，支持教师、学科专业带头人境外进修访学。每年计划选派 5 名左右骨干教师赴国（境）外进修交流，年内使学院拥有国（境）外背景的教师占教师总数达 10% 以上。有计划地选派孔子学院教师，积极争取与国外大学合作建设孔子学院。创造条件拓展留学生生源，稳步推进对外汉语教学工作。鼓励在校学生出国（境）学习交流，各类有国（境）外经历的学生人数占在校生总数的 5% 以上，提倡中外合作办学项目学生出国（境）学习交流，使实际出国（境）人数占项目学生总数 10%

以上。

（三）增强服务社会能力

1. 积极主动服务区域经济发展。开展农村和"龙江丝路带"等专项金融研究，为龙江经济全面振兴培养落地人才。密切与银行、保险、证券等金融行业的关系，积极为金融行业的岗位培训、招聘考试提供服务和支持。加强与周边社区及相关单位的联系。通过金融志愿者服务、文艺进社区等形式，使校园文化载体向社会延伸，增强校园文化的辐射功能，扩大学院的社会影响。

2. 稳定高等学历继续教育规模，积极开展非学历继续教育。稳定学历继续教育规模在2400人左右，以专升本招生为主，兼顾高起专、二学历招生。修订教学计划、教学大纲，完善考试管理标准化建设，加快教学管理信息化建设进程。适应金融业发展的新形势，推广与金融相关的继续教育活动。密切与政府部门、企事业单位、行业协会等的联系，增强校企合作，注重开发长期、可持续发展的继续教育项目，主动服务地方经济建设和社会发展，打造具有一定影响力的继续教育"品牌"。开展校际合作，加强与其他高校的交流合作，实现资源共享。

3. 做好校友会工作。进一步发挥校友在提升和扩大学院声誉中的作用，培育健康积极的校友文化，通过密切联系和沟通合作，加强校友的凝聚力建设，深化校友对母校的认同感与归属感，使广大校友了解和关注母校的发展，自觉为学院建设与发展服务。

（四）创新招生就业工作机制，面向社会做好招生就业工作

1. 提高生源质量。利用互联网新兴媒介，广泛宣传学院办学特色和办学优势。构建院、系、校友立体宣传体系，利用多种公共宣传平台，提高学院知名度和影响力。定期走访、宣传、调研，在考生高考前进行招生宣传，吸引更多的高质量优秀生源。

2. 加强就业指导与服务。加强就业基地建设，拓宽就业渠道，确保提供用人需求岗位数量超过毕业生人数的两倍。深化职业生涯规划教育，增强学生科学的就业与择业观念。加大专、兼职就业工作人员培训，形成专兼结合、体系完备的就业全程化、全员化二级就业管理工作格局。搭建毕业生、用人单位与学院三方合作平台，通过提供优质就业服务，实现毕业生、用人单位和学院的共赢。

七、坚持共享发展，实现优质教学资源和信息资源共享

（一）建设数字化校园，为共享发展提供网络支持

完成邮件系统、校友系统、统一上网认证计费系统等业务系统建设，打造在公共数据平台基础上的覆盖教学、科研、人事、学工、行政办公等业务的信息系统，提高工作效率，提升服务水平。完善基于移动应用平台的信息化建设。拓展应用范围，在微信公众平台和手机

APP移动客户端实现行政办公、教学服务、学工管理、信息发布等功能，充分发挥移动应用平台实时、高效的特性，为师生提供更为便捷的数字化服务。建设基于公共数据平台的统计分析和决策支持系统，对数据进行深入、多维、实时的挖掘和分析，为学院科学规划和决策提供数据信息支撑。

（二）利用"互联网＋"实现优质教学资源和信息资源共享

建设网络教学平台，充分利用本校或国内外名校名师制作的慕课、微课等优质教学资源，支撑学生网络自主学习、合作学习，支撑教师开展网上教学、在线答疑、布置和批阅作业及运用"翻转课堂"，实现师生有效交流互动，提高教学效率和教学效果。继续教育力争在2017年完成网络教学试运行，部分专业实现远程网络教学，到2020年实现网络教学全覆盖。在现有的教务管理系统、科研管理系统、人事管理系统基础上进行集成，通过公共数据平台建设教师业务档案，提高工作效率。通过教务管理系统和学工管理系统的对接，实现学生电子信息档案建设。

（三）改善学生的学习和生活环境

加大校园道路等基础设施的维修改造力度，对学生生活区进行立面翻新改造，解决校园楼宇安全隐患。推进标准化公寓建设，解决师生反映强烈的寝室潮湿发霉问题。探索餐饮工作新模式，满足多层次的就餐需求，分期分批对各食堂基础设施进行改造，改善师生就餐环境，努力打造标准化食堂，提高师生就餐率和满意度。挖掘现有房产潜力，为学生提供更多的文体活动场所。完善图书馆学习中心功能，改善学生宿舍楼自习室，有条件地向学生开放实验室，确保校园建设成果惠及全体学生。

（四）加强图书馆馆藏资源与功能建设

加大文献经费投入，进一步丰富馆藏资源。各种馆藏文献信息资源总量达到合格本科评估要求。纸质文献信息资源的年购置量不低于国家有关规定。数字资源形成以全文数据库为主体、以专业信息数据库为支撑、以外文数据库为辅助、以机构数据库为补充的多媒体数字资源体系。建设特色馆藏专区，突出金融特色，力争把图书馆打造成为本地区金融文献信息资源中心。应用新技术，引进新设备，实现图书智能化管理。推进"三个中心一个平台"功能建设，充分发挥图书馆职能作用。增添学习设施，改善借阅环境，把图书馆打造成助力人才培养的"知识学习中心"；逐步将备用空间建设成个性化体验空间、多媒体研究空间、创客空间，把图书馆打造成助力科学研究的"研创交流中心"；完成展播室建设，拓展网站文化传媒功能，把图书馆打造成助力文化传承的"文化推广中心"；完成数字图书馆虚拟化建设，完善资源整合体系，实现与区域图书馆共享平台无缝对接，把图书馆打造成集各种资源与服务为一体的"资源共享平台"。

（五）增进教职工福祉

加强体育场馆的维修改造和设施建设，拓展体育活动空间，提高为师生服务保障水平。

改善校医院医疗条件，引进经验丰富的医务人员，不断提升医疗服务水平，发挥校医院在师生医疗保健和疫病防治方面的积极作用，提高师生就诊率。按照有关规定，及时调整教职工工资、津贴标准、公积金缴存比例，加大住房分配货币化补贴工作力度，做好教职工年度体检的组织和服务工作。在财力允许的情况下，按照公务员医疗补助标准参加医疗保险，享受公务员医保补助，提高医疗待遇。完善校内岗位津贴发放办法、发放范围和标准，依规适时适当提高津贴待遇。完善教职工慰问制度。组织教职工开展丰富多彩的文体活动，促进教职工身心健康。做好扶贫济困工作，积极帮助教职工解决生活中的实际困难。增加投入，积极推进"教职工之家"建设。关心老干部和退休教职工生活，兑现老干部和退休教职工的工资福利待遇。

八、保障措施

（一）加强党的建设，为规划实施提供政治保障

坚持马克思主义的指导地位，深入学习贯彻党的十八大和十八届三中、四中、五中、六中全会及习近平总书记系列重要讲话精神、全国高校思想政治工作会议精神，抓好理论学习和思想政治教育，坚持用中国特色社会主义理论体系武装师生头脑，牢牢把握意识形态工作的领导权和话语权，为学院改革发展提供坚强的思想保证。

坚持和完善党委领导下的校长负责制，健全议事决策规则，完善运行机制，加强院、系两级领导班子建设，提高办学治校能力，充分发挥学院党委的政治核心及领导核心作用。

加强基层党组织建设，建立健全二级单位党政联席会议及"三会一课"等制度，严格遵守党内生活准则，运用新媒体丰富活动内容，创新活动方式，增强基层党组织活动的吸引力和凝聚力。选优配强党支部书记，继续推进基层党组织书记抓党建述职评议等活动，发挥党组织的战斗堡垒作用。

加强党风廉政建设。落实党风廉政建设党委主体责任和纪委监督责任，层层压实"两个责任"，切实履行"一岗双责"，深入推进"三转"，实践运用"四种形态"，抓好监督执纪问责，整治和纠正侵害教职工利益的不正之风，着力构建不敢腐不能腐不想腐的长效机制。

（二）加强管理及干部队伍建设，为规划实施提供人才保障

加强管理队伍建设，倡导精细化、科学化和制度化管理，使学院整体管理水平明显提高。

加强干部队伍建设，整顿干部工作作风，下大力气解决能力不足不能为、动力不足不想为、担当不足不敢为等问题，践行"三严三实"要求，弘扬"三老四严"作风，树立勤于学习、严谨细致、勤勉高效、务实担当、严格自律的好作风。落实中央《干部教育培训工作条例》，制订干部管理和处级干部考核办法，加强干部考核培训，切实提高广大干部推动

改革发展建设的能力。认真贯彻《党政领导干部选拔任用工作条例》，落实习近平总书记提出的好干部五条标准，完善选任工作程序，健全干部考核评估机制、问责机制和激励机制，真正把想干事、能干事、敢担当、善作为的优秀干部选拔到领导岗位上来，着力打造一支对党忠诚、个人干净、敢于担当的干部队伍。

（三）加强制度建设，为规划实施提供制度保障

以学院章程为依据，以完善内部治理体系为重点，建立健全各方面的规章制度，使各项事业的发展都有法可依、有章可循，使依法依规办事成为师生员工的行为自觉，提高依法治校能力。

完善教职工代表大会制度，确保教职工合法权益。推进党务、校务公开，进一步落实以招生、财务、干部任用为重点的信息公开制度。继续优化完善内部控制，形成联动机制，逐步实现对各类资源的管理机制控制和过程控制。通过规范采购招标、资产处置和优化资源配置，提高资源使用效率和服务保障能力。创新管理方式、完善绩效考核体系、强化业务监管等，实现国有资产的保值、增值。

加强廉政风险防控机制建设，建立科学的问责程序和制度，强化责任追究和干部经济责任审计，进一步发挥经济责任审计在权力制约和监督体系中的作用。

（四）开源节流，为规划实施提供经费保障

强化以预算管理为核心的财务管理体制，有效发挥财务管理在学院发展建设中的基础性和支撑性作用。着眼中心工作和管理创新，顺应教育改革，落实财政新政，确保财务工作规范、健康、安全、高效。开展预算绩效考核评价工作，落实考评结果与经费安排、干部考核等相结合的奖惩约束制度。预算配置向保障民生和重点工作倾斜，确保供给体系质量和效率提高，增强学院可持续发展能力。

继续优化资源配置，压缩一般性支出和非教学人力资源成本，加强办学成本管理，实现资金使用效益最大化。稳定并逐步提高生均财政拨款收入规模，科学建立专项项目储备遴选库，争取财政专项资金支持。在法律允许的范围内，充分利用自身的人才、技术、设施等资源优势和良好的社会影响力，通过社会捐赠、盘活资产、开展合作等途径，以及校友会、基金会等多种形式，为学院教育事业发展筹集办学资金，为建设高水平应用型本科大学提供财力保障。

河北地质大学"十三五"发展规划

前　言

"十三五"时期是我国全面建成小康社会的决胜阶段，是我们党"两个一百年"奋斗目标中第一个百年目标实现的关键时期；是国家扩大对外开放，持续深化改革，全面推进国民经济和社会"创新、协调、绿色、开放、共享"发展的新阶段。"十三五"时期也是我国经济发展转型升级、全面推进"一带一路"及京津冀协同发展等国家重大战略的关键阶段，是学校全面落实国家和河北省中长期教育改革和发展规划纲要、国土资源部"国土资源中长期人才发展规划（2010~2020）"的重要时期，更是学校站在河北地质大学的新起点，深入推进各项事业改革发展、深化省部共建和加快新校区建设新的关键阶段。为此，在系统总结学校"十二五"时期发展基础上，准确分析和研判学校未来发展的内外部环境，解放思想，抓住机遇，锐意进取，迎接挑战，科学谋划学校中长期发展愿景和"十三五"发展目标，通过改革创新实现科学发展、协同发展和特色发展，努力开创河北地质大学教育改革事业新局面。

第一部分　发展现状及基本形势

一、建设基础

"十二五"期间，全校师生员工锐意进取、奋力拼搏，紧紧围绕学校"三大目标"，坚持以改革创新为发展根本动力，在学科建设、人才培养、科学研究、队伍建设、文化传承、社会服务、开放办学等方面取得了显著成绩，综合竞争力、社会影响力有了较大提升，为"十三五"时期更好更快发展奠定了坚实基础。

"三大目标"基本实现。2013年，学校实现国土资源部与河北省人民政府共建，为学校巩固办学特色和优势，更好服务行业和区域经济社会发展提供了更高平台。新校区建设工作取得实质性进展,现已落实一期建设用地 1500 多亩,学校办学条件将得到极大改善。在 2015 年启动的教育部院校设置工作中,经全国高校设置评议委员会考察和评议通过,学校成功实现更名大学,学校发展翻开了崭新一页。

学科及学位点建设取得新突破。新增 2 个省级重点学科和 3 个重点发展学科,学校学科特色优势得到进一步巩固。新增 5 个一级学科硕士学位授权点和 4 个硕士专业学位授权点,覆盖理学、工学、管理学、社会学科等 4 大学科门类。

人才培养开创新局面。学校全日制在校生 14185 人,其中本科生 13500 人,硕士研究生 685 人。新增国家级教学成果二等奖 1 项、省级教学成果奖 4 项、省级教学改革研究项目 17 项;新增国家级实验教学示范中心 1 个、省级实验教学示范中心 3 个、省级以上专业综合改革试点 6 个;新增国家级大学生校外实践教育基地建设项目 1 项、省级以上大学生创新创业计划训练项目 83 项。

科学研究达到新水平。荣获省部级以上科研成果奖 40 余项;承担省部级以上科研项目 650 余项;到位科研经费 16600 余万元。在国内外核心期刊发表论文 1660 篇,其中被 SCI、EI、CPCI 收录 371 篇;出版学术著作 134 部。新增"河北省矿产资源战略与管理"研究基地等 5 个省部级科研基地与中心。

师资队伍建设达到新高度。学校加大人才引进和培养力度,专任教师规模稳步扩大,现有专任教师 812 人,其中博士学位教师 187 人、正高职称教师 151 人。新增国务院特殊津贴专家 2 人、省管优秀专家 4 人、省突出贡献中青年专家 2 人、省级以上教学指导委员会委员 20 人、省级教学名师 1 人、省青年拔尖人才 3 人。

社会服务能力实现新发展。学校充分利用人才优势,积极为地方和行业发展提供智力支撑。积极参与"泥河湾—东方人类探源工程"的考古研究工作,成立了"泥河湾地质环境研究院"。地球科学博物馆和钱圆金融博物馆先后被评为"全国科普教育基地""全国国土资源科普教育基地",社会影响力显著增强。

开放办学取得新成就。学校中外合作办学项目达到 18 项。创办了金融学专业"3+1"中英双学位国际班,校际合作上取得了新进展。成立了"北欧研究中心"和"捷克研究中心",为国际合作交流搭建了新平台。到 2015 年末,学校已与美国、加拿大、澳大利亚等国家和地区的 90 余所大学及教育机构建立了广泛稳定的学术交流与合作关系。

二、发展机遇

随着我国《国民经济和社会发展第十三个五年规划纲要》的实施,京津冀协同发展、"一带一路"建设、高等教育改革深化、河北省及国土资源领域等一系列战略举措的持续推进,为学校丰富办学内涵、发挥特色优势、提升办学水平带来了更大机遇。

京津冀协同发展战略的新机遇。京津冀作为我国带动区域协同发展的重要主体功能区和新的经济增长极,迫切需要解决在区域资源环境,特别是水资源、大气环境承载力等方面面临的问题,构建生态、生产、生活相协调的区域发展格局。河北地质大学作为河北省区域内，资源环境与经济管理学科特色优势最为鲜明的大学，有能力也有义务为京津冀区域内资源、环境、经济和社会协调发展，提供更多专门人才和创新成果支撑。

"一带一路"建设的新机遇。聚焦"一带一路建设"国家战略部署，学校能够紧密依托学科专业特色优势，充分发挥"捷克研究中心""北欧研究中心"等国际化平台的桥梁纽带作用，在技术研发创新、国际市场开拓、矿产资源开发、国际化人才培养等领域开展合作，推动本省甚至国家与"一带一路"沿线国家的合作取得新突破。同时，也能为学校拓展国际视野，提高国际化办学水平，聚集国际发展资源，提升学校的国际影响力带来难得机遇。

高等教育深化改革的新机遇。未来 5 年是国家全面实施教育、科技、人才中长期规划纲要的最后 5 年，《国家重大科技基础设施建设中长期规划》《中国制造 2025》为我国高等教育的发展提供了新的政策保障。国家和河北省将深入推进实施世界"一流大学，一流学科"建设，为河北地质大学做大做强特色优势学科，不断巩固发展势头提供了重要机会。国家持续推进教育治理体系和治理能力的现代化，有利于学校在内部治理、人才培养、科学研究等多个方面夯实办学基础，提升办学水平。

河北省转型发展的新机遇。"十三五"期间，河北省加快推进生态文明建设和经济结构转型升级。资源环境矛盾破解、智慧城市建设、产业生态化、新型城镇化建设、环渤海经济圈开发、2022 冬奥会筹备、精准扶贫等重点任务的深入实施将为学校发挥优势特色提供更大舞台。充分发挥学校省级重点实验室、协同创新中心等创新平台优势，持续加强战略型、前沿型和交叉型优势学科的培育壮大，强化相关领域关键技术的研发力度，扩大研究成果的转化率，将有利于提升学校社会服务能力和综合竞争力。

国土资源领域改革发展的新机遇。根据国土资源部《国土资源中长期人才发展规划(2010～2020)》《国土资源"十三五"科学和技术发展规划》战略部署，"十三五"期间，国土资源领域将重点在土地资源、矿产资源、地质灾害防治与地质环境保护、地球科学基础前沿等领域开展科技攻关，持续加强重点实验室、野外科研基地、工程技术中心建设，大力培养和引进高层次创新型人才、青年科技创新人才。依托省部共建平台，主动深化与国土部相关单位在多领域开展务实合作，将为学校巩固行业优势、增强行业服务能力、提升学校综合竞争力带来新的契机。

三、面临挑战

面对经济社会环境和高等教育领域的深刻变革，我们也清醒地意识到，无论从高校间日趋激烈的竞争形势，还是从学校办学理念、治理能力、办学条件等方面来看，学校要实现更好更快发展正面临更加严峻的挑战。主要表现在：

教育内外部形势迅速变化，高校间竞争日趋激烈。"新常态"下行业和区域内用人需求和服务需求正发生显著变化，对人才培养质量和社会服务能力提出了更高要求。高校间在优质生源选拔、高层次人才引进、巩固优势地位等方面竞争日趋激烈，发展格局进一步分化。

国家和河北省推进"一流大学,一流学科"建设将为学校提供难得的发展机遇,但同时也会进一步固化教育内部各学校发展地位。

优势学科领域量少面窄,支撑学校快速发展能力不足。相较于省内骨干大学,学校优势学科数量较少,且均为省级重点和重点发展二级学科,缺少竞争力更强的一级学科作为发展支撑。学科间交叉融合度不够,未能形成相互支撑、协同创新的发展格局。支撑学科发展的创新性成果和高层次的科学研究数量较少、社会影响力较小。

师资队伍梯队急需优化,领军人才数量不足。专任教师队伍规模偏小,生师比偏高。队伍结构不够合理,没有形成强有力且可持续的学术梯队,大师级人才和领军人才稀缺,中青年学术骨干不足,人才队伍整体水平难以支撑学校在未来快速发展中的竞争需要。

人才培养体系需要完善,质量保障体制机制有待健全。人才培养开放程度不够,培养质量不能很好满足社会、行业及地方发展需求。专业建设特色不够鲜明,人才培养不能很好体现学校学科优势,存在同质化现象。人才培养目标单一,因材施教人才培养体系尚不完整。各类教育资源共建和共享机制仍未健全。

传统管理方式矛盾显现,治理体系和治理能力存在不足。存在管理格局僵化、开放程度不高、校内外协同发展意识不强等问题,学校治理体系和治理能力不能很好适应在"大学"层面的发展要求。办学理念存在行政化倾向,各类学术机构未真正发挥作用,以学院(部所)为办学主体的活力未得到有效激发。以学校发展愿景为统领的保障体系尚不健全,在学科建设、人才培养、队伍建设、科学研究等方面的考核、激励、保障体制机制未能有机融合。

各类资源相对紧张,供需矛盾不断显现。加快新校区建设,提升办学内涵和质量,都需要稳定的经费保障,随着各项任务的深入推进,资金供需矛盾也将不断加大。办学经费来源单一,资金来源渠道有待拓宽,资金使用效率有待进一步提高。社会资源开发力度不足,保障学校快速发展的外部软硬件环境建设有待加强。

第二部分 发展战略及愿景

一、指导思想

以党的十八大和十八届三中、四中、五中全会精神为指导,积极投身全面建设小康社会、实现教育现代化和建设人力资源强国的伟大实践;主动适应国内外高等教育改革和发展的新趋势,坚持国际视野和科学发展;强化大学文化建设,倾力打造学校的文化形象、国际形象、品牌形象、特色形象和质量形象;紧紧围绕国家"一带一路"、京津冀协同发展、经济发展创新驱动及资源环境领域发展需求;努力在人才培养、科技创新、文化传承以及解决经济社会发展重大现实问题上成为区域、行业的重要创新基地;以改革创新为动力,以特色发展为引领，加快推进创新型多科性大学的建设步伐，谱写河北地质大学改革发展的新篇章。

二、办学理念与定位

（一）办学理念

立足于河北地质大学新的办学平台，坚持以"为资源环境可持续发展提供人才和科技支撑"为核心使命。秉承"达观博物"的校训精神，弘扬"艰苦奋斗，求实创新"的光荣传统，坚持"彰显行业特色，追求博雅专深；坚持科学发展，服务国计民生"的办学理念，促进学校各项事业全面、协调和可持续发展。

坚持"以人为本"的办学宗旨。营造以学生为中心的育人环境，让每一个学生都能够实现个性化成长和成才；构建百花齐放的学术环境，使每一位教师都能够自由发展其创造性思想和学术才能；突出人文关怀的文化环境，使每一位师生员工的幸福指数都能够实现持续提升。

坚持"开放包容"的办学观念。全面推进开放办学，创设促进学生个性化发展的良好教育环境；开辟自由奔放的思维空间，使兼收并蓄、包容万方的大学品质得到充分体现；搭建全方位的社会开放平台，使各方面的资源和才能都能够得到有效的整合与充分发挥。

坚持"改革创新"的办学思想。突出知识创新，以知识创新提升现有学科专业的层次和水平；强化协同创新，以多学科专业的知识融合和协同创新培育新的学科专业增长点；深化供给侧改革创新，不断探索适应学生需求和人才需求的教育教学新模式；推进服务创新，围绕经济社会发展和资源环境主题开展多学科联合攻关；加快体制机制创新，促进大学治理结构的制度创新。

坚持"特色发展"的办学方向。凝聚资源环境与经济管理总体特色，拓展多层次学科专业群交叉渗透特色，突出学生"创新能力＋实践应用"的人才培养特色，强化"资源环境＋"的科技创新特色，深化地大内涵的大学文化特色，使学校人才培养、科学研究、服务社会和文化传承创新的大学职能得到更好体现。

（二）办学定位

学校发展定位：以持续提升"人与资源环境和谐发展水平"为主题，以"资源环境＋"逐步建立围绕主题的多圈层同心包容性学科专业群为途径，以知识创新、协同创新和体制机制创新为手段，不断提高学校在人才培养、科学研究、服务社会和文化传承创新的综合实力。

学校类型定位：创新型多科性大学。

总体目标定位：省内一流、国内知名、国际上有较强影响力、在资源环境及相关领域有突出优势的创新型多科性大学。

办学层次定位：以本科教育为主，积极发展研究生教育。

办学特色定位：坚持"人与资源环境和谐发展"的价值取向，突出资源环境与经济管理总体特色，强化地球科学、经济管理科学、环境科学、土地测绘科学、信息技术科学、人文社会科学、基础科学等多层次学科专业群的协同发展和深度交叉融合。

人才培养定位：培养社会责任感强烈、人文素养较高、专业基础扎实、知识结构融通、实践技能突出，富有自我学习精神和创新能力的复合型人才。

三、发展愿景及目标

（一）中长期发展愿景

站在新的历史起点，河北地质大学从2016年开始实施"三步走"发展战略：到2020年学校进入河北省重点骨干大学行列，部分学科达到河北省一流水平；到2030年跻身河北省重点骨干大学第一层次行列，部分学科达到国内领先水平；到2053年建校100周年时，总体建成省内一流、国内知名、国际上有较强影响力、在资源环境及相关领域有突出优势的创新型多科性大学。

（二）"十三五"发展目标

根据学校中长期发展愿景"三步走"战略，到2020年，实现学校整体实力能够有力支撑河北生态文明建设，服务国土资源领域改革发展能力进一步增强，创新性应用型人才培养质量不断提高。反映学术水平和整体实力的若干重要指标进入河北省高校前列，并迈入河北省重点建设骨干大学较高层次行列。具体体现在6个方面。

1. 学科布局更加完善，特色优势进一步巩固。围绕"人与资源环境和谐发展"，学科交叉融合程度进一步提高，资源环境与经济管理学科群的优势地位和水平得到显著提升。对区域经济建设、行业科技进步、社会发展有重大影响的学科数量明显增加，建成一批达到省内一流水平的学科和优势学科群。学科建设与评价机制不断优化，力争实现特色优势学科排名在教育部学科评估中得到提升。

2. 人力资源队伍素质不断提升，支撑学校发展能力增强。教师队伍规模和结构更加合理，整体素质持续提升，形成可持续发展的教学队伍和学术研究梯队。人才引进取得重大进展，力争引进国内外有较大影响力学术领军人2~3名，带动形成2~3个高水平的学术团队。人才培育取得新突破，中青年学术骨干数量明显增大，利于留人用人的软硬件环境逐渐形成。建成一支务实、高效、职业化的管理人员队伍。

3. 人才培养结构更加合理，培养质量进一步提高。人才培养中心地位不断巩固，学分制管理全面实施，各项保障机制不断完善。依托学科优势特色，专业布局和人才培养结构进一步优化，力争实现博士学位授予权的突破。"通识教育＋专业教育＋创新教育"三位一体创新性应用型人才培养模式改革不断成熟，毕业生就业竞争力和发展潜力明显增强。生源质量总体提高，人才培养效果迈上新台阶。

4. 科技创新水平不断提高，服务社会能力显著增强。建立灵活开放的科研组织、激励机制，增强对高层次学术带头人和科研骨干吸引力，形成若干高水平学术团队和结构合理的人才梯队。依托学科优势，孵化一批具备发展潜力的科研力量，产出一批面向前沿、交叉融合具有较强现实意义的研究成果，力争实现面向产业的成果转化。服务地方经济社会发展和国土资源领域的能力不断增强，重大研究和重大政策的参与度显著提高，建成一批高水平的智库团队。

5. 开放办学力度不断加大，社会影响力显著提升。跨机构、跨区域、跨国界开放共享合作得到强化，在人才培养、师资队伍建设、科学研究、社会服务、文化传承等领域建成若干实质性长期合作平台。省部共建得到深化，通过开展常态化的交流合作，促进共建三方合作共赢，力争取得更多高层次的支持。学校文化内涵不断深化、传播途径不断丰富，文化形象及影响力得到进一步提升。

6. 办学条件显著改善，学校发展环境不断优化。顺利完成新校区征地和老校区置换相关工作，正常教育教学工作实现平稳过渡。完成新校区建设工作，将新校区打造成为适应学校可持续发展的绿色、人文、智慧、平安校园，师生工作、学习、生活条件极大改善。办学经费来源渠道不断拓宽，数额显著提高。社会资源开发能力不断增强，在资金、政策、信息等多方面获取更多支持。

四、发展思路

实现"十三五"发展目标，必须以加强内涵建设和提升办学质量为中心任务，以争取博士授予单位为突破口，紧紧围绕"十三五"期间重点任务和实施工程，坚持走统筹发展、特色发展、创新发展、开放发展、和谐发展的道路，全面提升学校整体办学水平。

坚持统筹发展。加强站在"大学"层面的全局性、系统性、整体性战略部署。处理好学校改革发展的重大问题，重点推进不同学科、不同学院之间的协同发展，让广大师生员工共享学校改革发展成果，促进各项事业全面协调可持续发展。

坚持特色发展。不断将行业特色转化为学校的办学优势、学科优势和资源优势；把学科特色转化为学校的人才优势、科技优势和社会服务优势；把历史文化特色转化为学校独特的大学精神、大学理念和大学氛围。

坚持创新发展。围绕破解制约学校改革发展的难题，不断推进发展理念、学科体系、人才培养、师资队伍建设、科技创新与社会服务、治理体系改革创新和学校文化的凝练与创新。

坚持开放发展。着力推进与行业合作共建，实现与行业的互利共赢；强化与各级政府和部门合作共建，全方位服务行业和区域经济建设；以优势学科和重大项目为依托，开展与国外高水平大学和科研机构的合作共建，推进学校国际化进程。

坚持和谐发展。完善党委领导下的校长负责制，深入推进依法治校，促进学校治理体系和治理能力现代化。坚持以人为本，凝聚各方力量，营造和谐环境，形成建设河北省一流大学的基本保障和强大合力。

五、主要发展指标

为明确重点发展任务与目标的主要特征，并能检查和对比发展的成效，提出主要指导性发展指标如附表1。

附表1 河北地质大学"十三五"主要发展指标

项目（指标）	单位	2015 年	2020 年	备注
● 事业发展规模				
（1）教职工总数	人	1400	1700	当年
其中：专任教师总数	人	812	1100	当年
（2）全日制在校学生数	人	14185	19030	当年
其中：本科生	人	13500	18000	当年
硕士研究生	人	685	1000	当年
博士研究生	人	0	30	当年
● 学科学位点建设				
（3）省级一流（重点）一级学科	个	0	2	新增
（4）省级一流（重点）二级学科（含发展）	个	9	9	新增
（5）一级学科硕士点	个	5	8	累计
（6）二级学科硕士点（含专业硕士）	个	6	12	累计
（7）博士点	个	0	1	累计
● 人才培养				
（8）国家级教学成果奖	项	2	2	新增
（9）省级教学成果奖	项	4	10	新增
（10）本科生一本生源率	%	40	60	平均
（11）学生就业率	%	90	95	平均
（12）用人单位满意度	%	80	95	平均
（13）体质达标率	%	80	95	平均
（14）教授给本科生授课率	%	60	90	平均
● 队伍建设				
（15）博士学位教师	人	187	500	累计
（16）双师型教师	%	10	30	累计
（17）省级以上教学名师	人	2	10	累计

项目（指标）	单位	2015 年	2020 年	备注
（18）省级以上教学团队	个	2	6	累计
（19）双聘高层次人才*	人	0	20	累计
（20）引进高层次人才*	人	0	2	累计
●科研与创新				
（21）年度科研总经费	亿元	1.66	2.5	累计
（22）省部级重点实验室、工程技术研发中心、协同创新中心	个	2	6	累计
（23）人文社科重点研究基地与智库	个	5	10	当年
（24）国家级课题数（主持）	项	42	80	累计
（25）国家级科技成果奖励（排名前五）	项	0	2	累计
（26）国家级人文社科优秀成果奖	项	0	2	累计
（27）省部级科技及人文社科成果奖励	项	44	100	累计
（28）ESI 高被引论文数	篇	0	5	累计
（29）SCI，EI（期刊）收录论文数	篇	250	500	累计
（30）SSCI 收录论文数	篇	0	5	累计
●开放办学				
（31）参加国内学科评估数	个	0	2	累计
（32）国家工程教育认证	个	0	5	累计
（33）3 个月以上国外研修经历教师数	人次	100	200	累计
（34）主办、承办国际学术会议	次	10	40	累计
（35）海外访学经历学生数	人次	120	500	累计
（36）在校留学生数	人次	0	200	累计
●教学科研条件保障				
（37）仪器设备总值	万元	85379.35	120000	当年
其中：教学科研设备总值	万元	14387.55	20000	当年
（38）教学科研行政用房面积	平方米	123079.38	380000	当年
（39）图书馆面积	平方米	26712	50000	当年
（40）馆藏图书	万册	105.3	210	当年

注：*高层次人才包括：院士、人文社科资深教授、"千人计划"入选者、长江学者特聘（讲座）教授、国家杰出青年科学基金获得者、全国教学名师。

第三部分　主要发展任务

一、强化协同创新，推动学科发展拓展与提升

（一）明晰学科建设思路

紧密结合国家、京津冀地区、河北省重大战略需求，瞄准学科前沿，强化学科建设对标工作，大力推行学科建设目标责任制。坚持内涵建设，构筑"师资队伍建设、科学研究、平台建设、高层次人才培养和国际合作与交流"五位一体的学科建设模式。以优势特色学科为依托，构筑多圈层同心包容性学科群，充分发挥学科建设对相关专业建设的带动作用。优化资源配置和激励机制，着力形成优势突出、特色鲜明、相互支撑、交叉融合、竞合协同的学科生态系统。

（二）构建多圈层同心包容性学科体系

以传统优势学科为核心，逐步建立包含转型类、主体类、拓展类和延伸类学科专业的多圈层同心包容性学科体系。以强势学科、优势学科和特色学科为依托，构建不同层次多学科互促共生、协同发展的学科专业群；逐步培育分层（强势学科、优势学科、培育学科、观察学科、暂停学科）与分类（地球科学类、经济管理类、特色工科类、特色文科类、基础学科类）多学科竞合发展的学科专业生态系统；强化地球科学类、产业链延伸类、新兴应用类和社会科学类等学科专业群多层次深度交叉融合，实现特色发展。

（三）实施地球科学学科群振兴计划

加大高层次人才引进和培养力度，着力提升传统地球科学学科群的办学实力和人才培养水平。紧密跟踪国内外学科专业及行业发展动态，积极发展战略性新兴产业资源勘查、非常规能源勘查与开发、服务社会与民生地质工程等转型类学科专业群。以资源环境类学科专业为依托，广泛开展纵向延伸类和横向拓展类学科专业群建设，努力培育学科专业新的生长点。积极参与地球科学领域的国际学术交流和国际学术组织，承担国内国际重大项目或计划，使地质学、地质资源与地质工程两个一级学科实现省内领先的基础上不断缩小与国内高水平大学的差距。

（四）实施经管人文社会学科群繁荣计划

加强对经济管理人文社会学科的政策倾斜、人才支持和资金保障，加快学科专业发展，不断强化经管人文学科专业的主体地位；加强学科带头人和学术骨干的引进和培养力度，有

效提升经管人文学科专业的综合竞争力。加强资源环境的经济、管理、法规、政策等相关问题研究，同时关注资源环境可持续发展，实现经管人文学科专业与资源环境类学科的深度融合，逐步形成不可替代的学科优势。加强推进经管人文社会学科专业建设的国际化进程，努力增强其学术影响力。

（五）实施工程与信息技术学科群培育计划

着力加强测绘工程、土木工程、计算机科学与技术、电子科学与技术、通信工程、网络空间安全等学科专业建设，增强学校服务国民经济主战场的能力。促进与资源环境、经济管理等人文学社会类学科的交叉渗透，努力打造工程技术类学科专业的特色竞争优势。注重对相关领域先进技术的消化吸收与再创新，提升工程技术类学科的整体实力和水平。

（六）实施基础类学科群强基计划

学校在资源配置中为数学、物理、外语、思政等基础学科的发展提供更多的经费投入、政策支持；加强师资队伍建设，在积极融入主流的同时强化特色研究，努力开创视角独特、领域前沿、水平领先的学科发展路径；在较高水平上实现与学校特色学科的对接，着力提高其教育教学水平，努力为各类学科的发展提供强力支撑。

（七）完善学科建设和绩效考核机制

逐步建立和完善学科分类指导、分层评估和分步发展的制度体系，全面落实学科专业建设目标责任制；完善以立项评审、过程评估和绩效评价为基础的学科专业评价与激励约束机制；持续提升学科带头人的国内外学术地位、学术团队竞争力、承担重大科研项目或成果转化能力、参与制订国家及地区经济社会发展规划和重大决策能力和教学科研成果水平；推动科研平台建设，提高资源共享程度、活跃国内外学术交流。

专栏1　构建多圈层同心包容性学科专业结构

以整合后的现有资源环境类学科专业为核心，逐步建立四个圈层的同心包容性学科专业群。一是转型类学科专业群。包括战略性新兴产业资源勘查（"三稀"资源：稀土、稀有和稀散）、非常规能源地质（煤层气、页岩气）、农业地质、城市地质、环境地质（地下水环境、土壤环境、矿山环境等）、灾害地质、旅游地质、海洋地质、军事地质、国土空间工程地质等。二是主体类学科专业群。包括经济、管理、法学、信息工程、网络空间安全等学科专业。三是拓展类学科专业群。沿资源环境产业链拓展的学科专业群，包括采矿工程、矿物加工工程、矿山机械工程、矿山电气工程、矿山安全工程、矿物材料工程、矿山信息工程等。四是延伸类学科专业群。包括文学、语言、艺术、创新创业、公共事业管理、社区管理等。

专栏 2　强化学科专业群多层次交叉融合的特色发展

> 一是围绕地质勘查、地球化学、物探、岩矿分析、探矿工程、水文地质、工程地质、测绘等学科专业群的交叉融合；二是沿资源产业链探、采、选、冶、加工、利用各环节相关学科专业的交叉融合；三是传统地质与农业地质、环境地质、城市地质、灾害地质、海洋地质、军事地质、数字国土、资源勘查开发云计算、地质环境大数据处理等相关学科专业的交叉融合；四是资源环境与经济、管理、法学、人文、艺术、计算机科学、网络信息科学等相关学科专业的交叉融合。

二、狠抓教育教学改革，提升人才培养质量

（一）牢固树立人才培养中心地位

树立科学的人才培养观，把促进学生的全面发展和适应社会经济发展，作为衡量本科人才培养的根本标准。将本科教育作为学校各项事业发展的根本任务，将学校的师资、科研、办学条件优势转化为人才培养优势，建设特色鲜明、社会满意的本科教育。完善以促进学生发展为目标的学生工作服务体系，逐步构建起"一切为了学生、为了一切学生"为核心理念的"服务型"学生工作新体系。

（二）深入推进人才培养模式改革

坚持德育为先、能力为重，不断优化人才培养模式，着力培养"有担当，善动手，能创新，潜力足"的现代应用创新型人才。以创新创业教育为突破口深入推进"通识教育＋专业教育＋创新教育"三位一体人才培养模式改革，逐步实现教育模式由以教为主向以学为主转变、由课堂教学为主向课内外结合转变、由结果型评价为主向形成性评价为主转变。深入推进学分制改革，建立健全与学分制相适应的教学管理体制和评价体系。扩大人才培养国际间、校际间交流合作，探索体系开放、机制灵活、选择多样的人才培养新模式。鼓励"第三方"参与人才培养全过程，加强与行业、企业的联系，着力构建理论、实践、创新相结合的应用型人才培养体系。强化文化、实践育人，以抓学生社团组织、学生活动、竞赛为着力点，搭建学生成长服务创新平台。

（三）优化人才培养结构

坚持依托资源环境与经济管理两大优势学科专业群育人，强化不同专业间知识渗透，优化专业结构，加强专业内涵建设，进一步提高人才培养质量。在现有专业条件和师资力量的基础上，改造部分传统专业，适当增加面向战略新兴产业和服务社会重大战略的专业或方向。建立专业建设动态监测和退出机制，完善专业评价标准体系，增强专业的适应性与竞争力，鼓励相关专业进行国家工程教育专业认证。以各级"质量工程"项目建设为抓手，促进项目成果转化为人才培养优势。提高生源质量，在稳定招生规模基础上，提高全国范围内所

有专业本一批次招生比例；抢抓国家高考考试招生制度改革机遇，积极探索招生宣传、选拔新机制。

（四）加强实验实践教育

不断优化人才培养方案，以实践教育改革为突破口，不断增加实践环节比重，保障实践环节教育质量。着力构建符合验证性实验、综合性实验、创新性实验等实验规律和过程，系统完善、结构合理、分工明确、相互支撑的实验实训平台体系。不断提高国家级、省级高校实验教学示范中心、实践基地、实验室建设水平，提高实践育人保障水平。加强与企业、行业合作，以多种形式打造一批新型实验实践基地。积极提高教师实践教育能力，鼓励学院（部）在相关学科专业的科研院所、企业设立培训点，选派青年教师参加培训。不断提高实验室建设的层次和水平，加强实验室开放共享力度，提升学校实验室建设和运行效果的影响力和品牌效应。

（五）不断深化研究生教育教学改革

坚持把立德树人作为研究生教育的根本任务，坚持高层次应用型人才培养为主体；以更好地服务国土资源领域及地区经济社会发展对高层次人才的需求为主线，以强化研究生创新精神和实践能力培养为目标，以学校资源环境类优势学科、地经渗透特色学科为依托，探索和实践培养类型多元化、创新素质导向化、实践能力系统化、课程教学输出化和人才培养开放化的"五化式"人才培养创新模式；建立和完善包括学术道德监控体系、培养过程规范管理体系、培养质量考核评估体系、研究生培养奖助体系、教育资源多渠道投入体系等在内的研究生培养保障体系。

（六）创新创业教育改革

完善学校创业教育工作组织机制，统筹协调学校相关部门和单位，系统组织开展学生创新创业教育，形成创业规划、创业训练、创业孵化、创业实践等较为完善的创业教育与实践体系。重点支持学生创新意识和能力的培养，促进教师各类成果与学生创业实践之间的融合共生。继续深化创业教育工作的国际合作，积极应对创新创业教育全球化、信息化的发展趋势。深入挖掘学校创新创业教育学院潜能，发挥其在统筹创业师资、创业团队、创业研究、创业资金、市场运作等要素中的体制机制优势，为创新创业教育营造良好的发展空间。

（七）积极构建特色鲜明的终生学习服务平台

发挥学科特色和平台优势，充分利用社会资源，大力发展继续教育，提高服务建设学习型社会能力。加强统筹协调，促进在职研究生、成人学历教育、职业培训等各层各类继续教育和谐发展。积极发挥MOOCs等互联网平台作用，以"互联网＋教育"为突破口，建立网上教学为主、传统面授教学为辅的继续教育新模式。面向国土资源行业大力发展岗前职业资格认证培训和职后继续教育培训。利用继续教育的窗口和桥梁作用，深入挖掘学校面向政府和企业的服务潜力。

（八）健全人才培养保障机制

着力构建以学校人才培养总体目标为统领，专业知识结构为导向，课程教学为抓手的校、院、室三级人才培养保障体系，明确各级权利责任，切实发挥各主体主观能动性。完善学生成长服务体系，充分发挥辅导员队伍、教师队伍、管理人员队伍的育人优势，协同合作，引导学生努力成才。完善以人才培养为中心的考核激励机制，不断营造教书育人、为人师表的良好氛围。加强对人才培养质量的动态监督，畅通多元主体参与评价的途径，健全以人才培养为核心的质量评价标准。健全与用人单位的常态化信息沟通和人才发展跟踪机制，及时获取外部对人才培养的反馈信息，倒逼人才培养改革。

三、紧盯行业和区域重大需求，增强科研创新服务能力

（一）强化重点领域科研创新突破

整合资源，强强联合，以优势学科高层次人才为核心，以各类基地与科研平台为依托，以构建协同创新机制为着力点，以重大项目为抓手，努力在以下科学研究领域实现重大突破：金属及非金属矿产和能源资源的形成、分布规律、成矿理论和找矿关键技术；地质环境、矿山环境、地质工程和地质灾害防治的基础理论和关键技术；煤层气、页岩气等非传统能源的勘查开发关键技术；地下水污染防治、土壤重金属污染与防治、测绘工程、地球探测新理论、新技术与新方法；矿产资源勘查开发战略与规划、土地资源规划与治理、矿产资源的资本化运营与管理、资源环境经济与管理、资源型企业预算管理与内部控制、资源型企业社会责任、资源环境法学等理论与方法。

（二）加强新兴领域科研创新能力培育

以学校规划的延伸类和拓展类学科专业为依托，以面向京津冀协同发展为立足点，以服务国家战略性新兴产业发展和创新驱动为目标，努力在以下领域培育新的科研生长点：采矿工程、矿物加工工程、矿山机械工程、矿山电气工程、矿山安全工程等方面的关键技术和方法；矿产资源新功能开发、微－纳米矿物岩石材料、珠宝设计与制造、矿产资源综合利用、矿产资源主体功能区循环经济、资源型产业集群创新与可持续成长等先进理论和方法；农业地质、城市地质、环境地质、海洋地质、军事地质、地质灾害预警、矿山安全监测等理论、方法与技术；地理信息、光电信息、智能计算、国土空间大数据、云计算、国土资源网络信息安全等基础理论和应用技术。

（三）加强科技创新平台体系建设

加强基地与平台建设，在大力提升现有重点实验室、研究基地、研究中心等层次和水平的基础上，加快推进与武警黄金部队共建国家级重点实验室建设工作，在资源环境合理开发

利用、国土资源规划与管理、资源经济可持续发展、资源利用法律法规等方面搭建一批高水平创新平台。围绕解决区域和行业热点问题，构建省部级重点实验室和跨学科协同创新中心组成的基础性研究和应用性研究创新平台体系。完善软科学研究基地、社会科学研究基地构成的社会科学研究平台体系，力争建成一批有较强影响力的人文社会学科智库。新建一批多学科交叉融合、冲击省部级科研平台的校级科技创新平台，构建起支撑学校跨越式发展的科技创新平台体系。以学校宝石与材料、艺术设计、光电信息技术、测信网（测绘技术、地理信息技术、信息技术、网络安全技术）等学科专业为基础，开发珠宝玉石、光电信息、文化艺术创意、测信网系统软件等产业园，打造集技术研发、成果转化、企业孵化、人才培养等功能为一体的创新平台。

（四）加强科技创新团队建设

围绕幔枝构造与地质找矿、地下水渗流数值模拟与水资源调配、地球化学与农业地质、地质灾害监测与防治、国土资源经济与可持续发展、矿产资源规划及管理、资源型企业全面预算管理与内部控制研究、土地资源复垦与整治、工业企业生态工程与社会责任、矿产资源勘查开发法律法规、环境与资源保护相关法规问题等主要研究领域，强化协同创新科研团队建设；充分发挥国家级项目预研基金、博士科研启动基金、青年教师科研基金的引导功能，围绕学校转型类、延伸类和拓展类等新兴研究领域，培养新的科技创新团队；依托重点实验室、协同创新中心、科学研究基地等科研平台，培育多学科交叉的科技创新团队。

（五）提升社会服务能力

聚焦国土资源领域发展需要，围绕土地资源、矿产资源、地质灾害防治与地质环境保护、地球科学基础前沿等领域开展科技攻关，并力争在资源保护与节约利用、海洋资源开发、对地观测等国家急需的重点领域取得突破。积极服务"京津冀"协同发展和河北经济转型升级，持续加强水资源可持续开发利用、智慧城市建设、产业生态化、新型城镇化建设、环渤海经济开发、2022 冬奥会筹备、精准扶贫等领域的科学研究和技术服务。对接地方经济转型升级，协助开发地质生态旅游、宝玉石开发与设计等行业，协助打造经济新增长点。提高开放服务力度，以省级重点实验室、研究基地为纽带，形成开放的科学服务基地，协助破解发展重大问题。强化特色智库建设，结合学校学科特色和人才优势，打造一批有较大影响力的智库组织新样板。加强《河北地质大学学报》《当代经济管理》期刊的建设，不断提高刊物的学术层次和社会影响力，提升专业和社会服务的能力和水平。

（六）完善科研服务与管理机制

强化学校科研创新重点领域的分析研判，积极跟踪行业社会需求和学校科研工作发展现状，科学推进学校科学研究的总体布局。完善在科技平台建设与管理、科技项目申报与过程管理的指导与服务，为教师创新活动提供环境保障。建立以高级别的科研项目、一流成果、一流人才、一流平台等为主要考核指标的学术激励机制，鼓励原创性、基础性和强应用性的学术研究，大力扶持研究成果产业化。完善创新群体和特色学科创新团队的过程管理机制，促进学科内部的资源共享和学科之间的交叉融合。完善相关财务及管理制度配套改革，为教师开展学术创新活动营造科学、宽松的政策环境。

四、坚持育引并重，提升人才队伍水平

（一）加强高层次人才引进与使用

加强杰出人才和领军人才队伍建设力度，实现院士、人文社科资深教授、"千人计划"入选者、长江学者等高层次人才引进的突破。重点围绕省部级科研创新平台着力引进发展急需人才，增强后备力量，壮大特色优势平台人才队伍。大力引进毕业于一流大学、学科或师从一流学者的博士、博士后，着力优化学校高层次人才学缘结构。积极依托国家级和省部级人才项目，进一步完善高层次及其后备人才培养体系和制度，尝试建立"人才特区"。

（二）大力加强青年教师能力培养

加强对青年教师的关心指导。鼓励青年教师参加国内外学术交流，进入各类创新团队、科研院所、兄弟院校和企事业单位挂职锻炼，在实践中提升青年教师视野和能力。努力为青年教师出国进修创造更好条件，教师出国研修要师从国际一流大学、一流学科或一流导师，并制订明确的进修计划。健全老中青教师传、帮、带机制，构建包容、大气、积极向上的人才成长"软环境"。

（三）提升管理和专业技术人员队伍水平

进一步强化管理人员岗位职责规范，建立健全党员领导干部德、能、勤、绩、廉的能力素质综合考评标准；着力提升实验队伍整体水平，通过岗位聘用政策引导和鼓励部分专任教师、博士、硕士毕业生进入实验教学或研究队伍；开展新进管理人员和专业技术人员的岗前培训和岗位知识技能培训；不断扩大管理人员和各类专业技术人员工作视野，分批派遣各类人员赴国外或国内高水平院校交流、进修，提高工作能力。

（四）不断深化人事管理制度改革

建立规范、科学、实用的人才考核评价体系，根据不同学科特点和教师类型制订人员考评办法，激发不同教师安心教学、潜心研究，促进教师多元按需发展。完善人才评议制度，建立高水平的人才评议专家库，推进评议主体多元化。创新高端人才聘用管理新模式，对部分急需人才或特殊人才通过校内外双聘等模式共享引进。根据学校事业发展需要，加强编制岗位宏观管理，规范编制审批程序，提高人力资源投入效能。

五、深化"达观博物"文化建设，提升学校文化内涵和文化影响力

（一）深入挖掘凝练"达观博物"文化内涵

进一步挖掘学校60多年优秀传统和文化精髓，吸收现代大学的办学理念与思想精华，形成具有时代精神的独具学校特色的"达观博物"文化，使其成为全校师生认可并遵循的价值观念和行为准则。凝练"达观博物"的科学内涵，不断丰富从聚焦自然到关注人文的科学内涵和办学活动，形成自由、开放、严谨的治学精神。凝练"达观博物"的人文内涵，积极传播学校杰出专家、教师、校友的先进事迹和宝贵精神，着力培养学生的人文素养和科学精神。凝练"达观博物"的环境内涵，合理布置校园中一花一木，一桌一椅，一阁一景，构建绿色、文明、和谐的物质文化；推进依法治校，营造务实、严谨、开放的办学文化。

（二）深入开展校风建设

以弘扬"达观博物"文化为载体，形成具有时代特征和学校特色的良好校园风气。扎实开展师德教育，制订完善师德规范，加强教师思想品德和学术道德教育，积极建设为人师表、教书育人、爱岗敬业的优良教风。制订完善大学生行为规范，严格学生日常管理，特别是加强考试纪律管理，努力形成笃学严谨、奋发向上、诚实守信、敢于创新的良好学风。充分发挥榜样的示范引领作用，深入挖掘大家周围富有示范意义的身边人和身边事，及时对学校发展中涌现的先进人物和典型事迹进行宣传报道。

（三）创新校园文化建设的主阵地

充分发挥微博、微信等新媒体在校园文化建设中的重要作用，不断拓展校园文化建设的渠道和空间。加强大学生社团建设，大力扶持学习型社团，鼓励科技创新型社团，正确引导兴趣爱好型社团，积极倡导社会公益型社团。以新校区建设为契机，组织广大师生参与校园楼宇、道路、景观的规划、建设、命名工作，营造良好的人文氛围，增强师生对校园文化环境的认同感。

（四）扩大学校文化的社会影响力

强化文化交流，以会议、竞赛等活动为载体，积极展现学校师生良好的精神面貌。加强与各级各类媒体合作，广泛宣传学校发展动态、典型事迹和人物，营造良好的舆论氛围。创新方式，积极发挥行业特色优势，加强相关科学知识普及宣传工作，不断扩大科学文化影响力。进一步加强校史馆、地球科学博物馆、钱圆金融博物馆等场馆的文化传播功能建设，逐步建成本省传播"创新、协调、绿色、开放、共享"发展理念的重要文化阵地。

六、稳步推进新校区建设，大力提升办学保障水平

（一）加快推进正定新校区建设

大力构建富有资源环境特色的生态型校园。遵循功能性、多样性、文化性和整体性的原则，合理规划新校区整体布局，努力建设独具风格的特色校园。科学谋划校园植被及园林景观设计方案，实现建筑景观、水面景观、园林景观等的艺术性融合，打造景色优美的魅力校园。积极推进新校区建筑节能环保、地热开发利用、雨污分流系统、太阳能利用系统，致力构建生态友好型校园。加快推进新校区各建设项目的论证、设计、招投标和施工建设进程，分期分批完成校园的整体搬迁工作。通过土地置换、争取国家投入、吸纳社会捐赠、校企合作等多种筹资方式募集基本建设所需资金，为新校区建设提供资金保障。

（二）配套跟进智慧校园建设

紧密结合新校区建设各项建筑工程的设计与施工部署，有计划、有步骤地开展智慧校园建设工作。全面规划校园接入网，基本实现万兆到楼、千兆到楼层，重点区域千兆接入到用户桌面的网络结构；实现校园无线网络全覆盖，与有线网的无缝链接与统一管理。合理设计支持校园公共服务的主机和存储系统的整体容量，提高资源共享程度。扩大高性能计算服务平台的计算能力、存储能力，建设完善综合数据中心，推进跨部门、跨系统数据共享和业务联动，为学校改革发展提供大数据平台支撑。

专栏3　智慧校园建设

智慧校园是为师生提供人与人、人与校园、人与物、物与物的和谐共处、节约高效的泛在网络和管理智慧。它运用物联网、云计算、光网络、移动互联网、应用集成等前沿信息技术手段，把学校里分散的、各自为政的信息化系统和资源整合为一个具有高度感知能力、协同能力和服务能力的有机整体，对学校的科教运作、校园管理和公众服务提供强有力的智能支撑。

（三）充实完善图书馆、博物馆建设

加快图书馆数字化进程，建设服务主导型数字化图书馆系统，推进数字图书馆和专业图书馆建设。优化馆藏资源内容，根据学科专业特色配置国内外主要学术数据库，满足学校教学、科研的文献需求。建设地球系统科学、经管社会科学信息资源网站，整合各类有关地球系统科学和经管社会科学各学科领域的信息资源和科普资源。积极推进地球科学和钱圆金融博物馆的馆藏规模、层次和水平，强化藏品分类、分区及布展区域规划和设计。深入挖掘藏品的知识内涵、科学内涵、文化内涵和艺术内涵，不断提升博物馆的科普功能、教学实践功

能、科技创新功能、服务社会功能和文化传承创新功能。

（四）扎实开展后勤保障建设

完善后勤管理运行机制，走专业化发展道路，提高资源使用效益，持续提升满足学校事业发展需要的后勤服务保障水平。全面梳理后勤服务保障业务，集中优势资源重点建设与人才培养、教学科研和校园生活密切相关的服务项目。进一步改善师生员工的就餐条件，建立绿色食品采购基地，完善学生营养膳食平台。加强教学楼、学生宿舍及相关配套设施的维修、维护和保养，提升物业配套服务工作满意度。推进平安和谐校园建设，健全维护校园安全稳定的综合防控体系，进一步提高应对和处理突发事件的能力。

七、着力优化内部治理体系，提升学校治理能力和水平

（一）完善学校内部治理结构

加强党的建设和领导，完善党委领导下的校长负责制，强化党委主体责任和纪委监督责任，健全议事规则和决策机制，提高科学、民主、依法决策水平。完善学校内部治理结构，明晰内部组织及成员的权利与责任，构建科学、高效、务实的组织架构。以深入实施《河北地质大学章程》为抓手，深入推进依法治校。完善监督和约束机制，加强教职工代表大会、学生代表大会建设，完善校、院两级教职工代表大会制度。

（二）完善校院两级管理机制

进一步明晰学校、学院（部、所）的管理职能和权限划分，逐步降低管理重心，建立责权利相统一、党政部门与学院协调配合、有利于调动学院积极性、提高执行力的运行机制。创新组织模式，有效整合不同学科专业优势资源，促进学科间交叉融合、协同发展。积极探索管理部门和学院（部、所）综合改革试点工作。

（三）优化学术管理机制

探索建立学校、学部、学院三级学术治理体系，明确各级学术委员会职责与权限，形成学术权力与行政权力相对独立、相互支撑、相互制衡的格局。探索教授治学的有效途径，充分发挥各级学术委员会在发展规划编制、学科建设、人才引进和学术评价中的作用。加强学科建设的水平评估和效益评价，建立以学术贡献为主要依据的资源分配机制和动态投入机制。建立科学的学术评价体系和考核评估制度，营造激励创新、竞争向上、客观公正、民主宽松的学术环境。

第四部分　重点实施工程

为实现学校"十三五"发展目标，完成发展任务，着重解决制约学校发展的瓶颈问题，在学术创新、队伍建设、人才培养、综合改革试点四个方面实施重点建设工程，力争取得实质性重要突破，推动学校核心竞争力显著提升。

一、学术水平提升工程

1. 协同创新能力突破计划。强化国际间、机构间、学科间协同创新，制订实施协同创新行动计划，加强省级、校级协同创新中心建设，积极争创国家级协同创新中心。重点加强"水资源可持续利用与产业结构优化"省级协同创新中心和"光电信息与地球探测技术"省级重点实验室建设，力争产出一批有较强社会影响力的研究成果和应用成果。深入推进"资源环境＋""互联网＋"协同创新，努力打造区域地质灾害预警防护与治理、区域经济社会与资源环境可持续发展、区域非常规能源勘查开发利用、微电子技术、公共安全技术等一系列特色研究方向和协同创新中心。强化国际协同创新，建设好"北欧研究中心"和"捷克研究中心"，在人才培养、师资交流、技术服务等方面开展务实合作，提高国际化服务水平与国际影响力。

2. 一流学科争创计划。强化对已有重点和优势学科建设力度，充分发挥重点学科的示范、辐射和带动作用，打造一批在省内和国土资源行业一流的优势学科。瞄准学科前沿，持续提升企业管理、水文学及水资源、人口资源环境经济学、矿产普查与勘探、技术经济及管理等省级重点学科的综合实力。按照河北省重点学科建设标准，进一步提升土地资源管理、会计学、地球探测与信息技术、经济法学等省级重点发展学科整体实力。进一步巩固优势和特色，加强地质资源与地质工程和工商管理两个一级学科所覆盖二级学科建设力度，力争实现两个一级学科建设水平的整体提升，达到省内一流水平。推动各优势学科参加国家学科评估，以开放的标准评价学科建设水平，促进一批学科争创一流。

3. 扩硕争博行动计划。以争取博士授予单位为统领，力争实现主要关键指标的实质性突破。提高硕士研究生培养质量，围绕优势学科门类和一级学科硕士授权点适度扩大培养规模，深化人才培养改革，力争产出国家级教学成果奖。积极承担重大科研项目，做好策划重大项目的顶层设计，围绕优势学科、交叉学科和新兴学科领域，每年提出若干个瞄准国家重点研发计划项目建议，争取承担重大科研项目，产出重要研究成果。重点支持高水平研究论文发表，力争在国际重要学术刊物上发表论文，增加被 SCI、ISTP、SSCI 等收录的论文篇数，优势学科 ESI 高引用论文数量实现较大突破。大力改善办学条件，加强专业实验室建设，充实教学科研仪器设备，重点引进代表学科先进水平的大型仪器设备。

二、师资水平提升工程

1. 人才队伍保障计划。坚持育引并重，打造一支高层次人才队伍。结合学校教学科研与战略发展需要，启动实施"引智计划"，完善高层次人才引进机制，引进若干学术成就突出的学术带头人。启动实施人才提升"135"计划，选送优秀教学科研及管理骨干赴海外攻读博士学位100人次；300名在国内外知名教学科研单位进行进修访学，并做中长期交流；500名专业教师对接行业、企业岗位顶岗锻炼。提高师资队伍建设服务支撑水平，成立教师发展促进中心，组建顾问和服务团队，为教师职业发展提供参考意见建议和服务。

2. "山海学者"促进计划。探索实施"山海学者"系列人才计划，对重点引进的高层次人才、有突出贡献的各类专家学者、有重大培养潜力的青年教师和师德师风标兵等分类给予重点支持。完善"山海学者"系列人才计划分类指导、评价机制，激发各类人才发挥潜力，确保支持对象能上能下、能进能出。

3. 深化校内分配制度改革。完善以提升质量为目标的校内分配制度，将投入与建设绩效挂钩，建立高效合理的资源配置模式。尝试实行多种收入分配形式，对部分急需人才或特殊人才实行协议工资等灵活多样的分配办法。完善分类考核机制，对不同学科领域的教师实行分级分类考核。完善校院两级核算分配体制，明确分配标准的关键性指标，确保资源分配发挥最大办学效益。

三、教育教学水平提升工程

1. 扎实推进迎评促建工作。坚持以评促改、以评促建，务实、高效的原则，统筹推进2018年审核评估筹备工作。2016年启动审核评估准备工作，广泛开展评估工作相关政策、知识和相关经验的学习宣传，出台学校评估迎评方案。2017年逐步启动学校有关环节自评工作，积极组织各部门开展自查评估工作，并及时整改完善。2018年集中准备迎接国家评估工作，明确迎评工作责任分工，在充分展示学校在教育教学中取得成绩的基础上，客观对待发展中存在的困难和不足，积极主动地寻求专家对学校教育教学工作改革发展的意见建议和帮助。

2. 着力构建特色人才培养体系。开展人才培养特色大讨论活动，凝练具有学校历史传承特色、行业背景特色、学科特色、专业特色的人才培养模式。深入开展人才培养方案修订工作，依托学校学科特色及服务面向标准，推进各专业课程体系建设。重点建设10门通识核心课、50门大类核心课、100门专业核心课，形成具有学校特色的核心课程体系。以建设教学改革示范课为抓手，稳步推进课程内涵建设，根据面向专业、课程性质、学生类型的不同，加强课程在授课理念、授课内容、授课方法等方面的改革。创新协同育人机制，加强跨学科专业交叉复合型人才培养。

3. 深化创新创业教育改革。完善人才培养质量标准，将创新创业教育目标要求纳入人才培养质量标准，将创新创业教育融入到整个培养过程。举办创新创业教育实验班，深入实施系列"卓越计划"。加强学生创新创业教育教学改革与实践研究。实施弹性学制，放宽学生修业年限，允许调整学业进程、保留学籍休学自主创业，自主创业休学时间可视为其参加实践教育时间，建立学分积累与转换制度。加强学校省级创新创业示范基地建设，到2020年，推动建成一批优秀的创客实验室、创业实验室和训练中心。在人员、经费、科研等方面对创新教育研究和创业教育研究予以支持。

四、综合改革试点工程

1. 职能部门综合改革试点。遴选具备试点条件的职能部门推进部门职能转变，由传统管理模式向事前指导、事中服务、事后负责型部门转变。加强多部门间协作联动，充分整合资源，推进一站式服务建设。探索实践试点职能部门信息公开新途径，通过信息化手段实现重点工作任务办理进度、办理结果等信息的常态化监测。建立健全考核评价新机制，营造鼓励改革、保护改革的良好氛围。

2. 学院综合改革试点。积极推动学校办学行为重心下移，启动学院综合改革试点工作，明确学院作为办学主体的责任与权利，扩大其人、财、物等方面的管理权，激发学院办学活力和创造力。积极探索试点学院在学科建设组织模式、人力资源配置机制、创新人才培养模式、协同研究平台建设、开放合作与社会服务等领域的综合改革。建立完善试点单位考核评价体系，建立试点单位动态调整机制，确保试点单位能进能出。

3. 基层学术组织改革试点。探索建立学术特区，激发基层学术组织活力，培育新兴学术增长点，在管理上给予试点基层学术组织更大的权利与自由。加强学术特区组织体系建设，深化基层学术组织的结构性改革，适应教学和学术创新需要，突出教授主体作用和团队协作攻坚的动态管理机制，打破原有学术组织和主体壁垒，促进人才、信息、资源重组共享，进一步提升基层学术组织活力。完善特区内学术组织考核评价机制，实现试点组织的动态调整。

4. 开放办学改革试点。打造对外交流特色品牌，探索建立"长城研究院""国土资源经济学院"等灵活组织机构，依托学科优势推进特色研究和开放办学，提升服务能力和文化影响力。深化国际合作办学改革，积极发挥国际化研究中心、境外合作高校的平台作用，创新合作模式，继续在人才培养、师资队伍建设、科研创新等方面展开深度合作。充分挖掘校友会、院士工作站、友好企业等平台潜力，通过成立基金会、奖学金、组建发展论坛等形式建立多渠道科学化、常态化的合作模式，构建"双赢"机制实现共享发展。

第五部分　保障措施

本规划是指导学校站在"大学"新起点的第一个5年改革发展纲领性文件。贯彻实施本规划是一项十分艰巨的系统工程，任务重、要求高，全校上下要统一思想、凝聚共识，不断完善规划体系，加强统筹协调，明确任务落实，强化监督考核，确保"十三五"规划目标的实现。

一、加强实施保障

加强组织领导。为切实有力推进"十三五"规划的实施，学校成立"十三五"规划实施工作领导小组，定期听取职能部门、院（部）等规划实施进展汇报，研究解决规划实施中的重大问题和新情况，督促落实规划的实施工作。学校战略规划办公室作为领导小组办公室，履行协调推进、检查评估规划实施等具体职能。

建立动态规划机制。坚持规划实施一致性与灵活性相统一的原则，在做好事前主动决策的同时，注重事中分析和创新性决策。建立常态化的发展信息采集和大数据平台，加强规划执行过程中对外部环境和形势的分析研判，对学校发展可能产生重大影响的内外部环境变化，及时完善规划战略举措和实施细则。

完善规划体系。加强总体规划与专项规划、学院规划在总体要求、发展目标、发展重点及重大项目布局等方面的衔接。做好学校年度教代会、年度工作要点等与"十三五"规划之间的衔接，确保在总体要求上方向一致，在推进过程上步调一致，坚持一张蓝图干到底。编制《河北地质大学"十三五"规划重点建设项目任务书》，明确时间节点、任务要求及测算依据，落实责任单位和责任人。

建立经费投入保障机制。坚持规划先行，以规划定项目，以项目定预算，发挥资金的杠杆和导向作用。规范项目审批制度，建立科学、有效的预算管理机制，统筹财力，通过项目实施促进规划落实。加强项目与资金管理，优化经费支出结构，建立项目经费使用公开制度，增加经费使用透明度，控制和降低行政运行成本。根据规划实施的进展，及时调整经费支出重点，合理分配经费使用领域。建立健全自我约束与外部监督有机结合的财务监管体系，对项目经费投入进行绩效评估，提高经费使用效益。

注重宣传引导。通过专题学习、交流座谈等形式，组织全校师生深入学习规划基本内容和主要精神，深刻理解学校的目标定位和战略部署，并通过广泛宣传吸引广大校友及其他社会力量进一步关心支持学校改革和发展，为实施规划营造良好的社会环境和舆论氛围。

二、强化监督评估

分解任务目标。对"十三五"规划的目标和任务进行分解，建立重大项目库，提出年度详细目标、重点任务、落实单位以及实现目标的具体工作部署，制订和完善配套专项规划、行动计划及相关政策。

落实目标责任。各学院（部所）和各部门要在学校的统一领导下，明确各自目标、责任和任务分工，与学校签订目标责任书和绩效责任书。学校以适当方式公布各院系和各部门、直属单位规划。

做好绩效评估。建立规划实施"信息罗盘"，实现对学校规划和各子规划的实施情况及各项关键指标的常态化检测。探索多元化规划实施评价机制，积极吸纳校友、用人单位等第三方参与评估，保障规划评估的客观性和公正性。重视评估结果的应用，将评估结果作为绩效评价、资源配置、干部选拔任用和奖励惩戒的重要依据。

河北金融学院"十三五"发展规划

"十三五"时期是学校全面推进内涵建设、全面提高教育质量的重要时期，也是学校全面加快金融特色鲜明的高水平应用型财经大学建设的关键时期。为促进学校事业持续健康快速发展，根据《国家中长期教育改革和发展规划纲要（2010－2020年）》《河北中长期教育改革和发展规划纲要（2010－2020年)》等相关文件精神，结合学校实际，特制订本规划。

一、学校"十三五"发展面临的形势

（一）"十二五"时期学校建设发展的主要成绩

"十二五"时期，是学校内涵建设与深化改革加速推进的5年，是学校教育质量与综合实力稳步提升的5年，是学校物质文明与精神文明建设同步发展的5年。"十二五"期间，在省委、省政府、省委教育工委、省教育厅的正确领导下，在学校党委的带领下，在全校师生员工的共同努力下，顺利完成各项目标任务，取得显著成绩。

圆满完成本科教学水平合格评估。学校坚持"以评促建，以评促改，以评促管，评建结合，重在建设"方针，凝练了"大金融、大开放、大实践"的办学特色，确立了"金融特色鲜明的高水平应用型财经大学"的建设目标，夯实了"特色立校、质量兴校、人才强校、依法治校"的办学理念，形成了一切工作为了教学，一切工作服务教学的全方位育人格局，展示了"辛勤耕耘、公而忘私，团结协作、阳光和谐，锲而不舍、注重细节，荣誉至上、追求卓越"的评估精神，得到了教育部评估专家组的高度评价，成为学校向更高水平、更高层次、更强实力跨越的新起点。

办学层次实现重要突破。学校成功获批金融专业硕士研究生培养试点单位，形成研究生教育、本专科教育、继续教育、国际化教育等各类型教育协调发展的办学格局。学校跻身河北省"高等学校创新能力提升计划"（即"2011"计划）高校之列，办学层次实现新突破。

学科、专业建设成果丰硕。按照"有所为有所不为的原则"，形成以经济学、管理学两大学科为主体，文、法、理、工为支撑，金融特色鲜明的学科体系。新增省级重点（发展）学科3个，校级重点（发展）学科、优秀基础学科6个，学科布局更加合理。遵循"大金融"专业建设思路，突出"金融＋X"与"X＋金融"的专业建设理念，形成具有金融特色的专业生长点。19个专业通过省学位办学士学位授权专业评审，4个专业获批国家级（省级）专业综合改革试点。金融学、会计学专业进入本一批次招生，录取分数线居河北省同类院校首位。

人才培养质量持续提升。学校坚持"大金融、大开放、大实践"的应用型人才培养之路，推行"翻转课堂""共振课堂"等新型教学模式，推广"特色班"等新型校企合作育人模式，大力开展实践教学，为高素质人才培养奠定了良好基础。"十二五"期间，立项省级教改课题16项，荣获省级优秀教学成果奖2项；签订校企战略合作协议110余项，设立特色班15个；新建国家级（省级）大学生校外实践教育基地2个，国家级（省级）实验教学中心6个。打通第二课堂与第一课堂学分转换渠道，激发创新创业活力，学校学生在高水平学科竞赛、创新创业大赛中，获得国际奖励23项、国家级奖励514项、省级奖励366项。搭建起"大学生创业孵化基地—大学生创业实验区—保定大学科技园"一条龙式创业服务体系，荣获河北省首批"大学生创业教育示范学校""全国大学生KAB创业教育基地"等多项殊荣，成为全省创新创业教育典范，《人民日报》《光明日报》、中央电视台等国家级重要媒体多次对学校创新创业教育经验进行报道。学校毕业生始终呈现"三高一契合"特点，入选全国就业50强高校。

科研服务能力显著增强。学校实施"科研强校"战略，强化应用型科研导向，增强精品科研意识。"十二五"期间，科研课题到账经费、市厅级以上科研课题立项数量、核心期刊以上论文发表量，分别较"十一五"增长449.9%、350.17%、35.06%，并在国家软科学、国家社科基金等重要科研项目上相继实现突破。获批"河北省科技金融协同创新中心"等4个省级科研平台和3个市厅级科研平台，平台建设实现了跨越发展；成功组建"国际金融研究院"，高端智库建设步伐加快。聚焦地方发展需要，承担保定市、邢台市金融业"十三五"规划编制等重大任务，与阜平县政府合作建立"金融扶贫研究基地"；创办《金融咨政》，部分研究成果呈送中央领导参阅，30余项研究成果获得省市主要领导肯定性批示，应用对策研究成效显著；建立"河北省农村信用联社培训学院"和"保定银行培训学院"，培训行业高管和员工16000人次，为行业发展提供了强有力的支持。《金融教学与研究》更名为《金融理论探索》，办刊质量不断提高。

师资队伍建设成效显著。学校围绕"高水平、应用型、国际化"的师资队伍建设目标，紧抓优化、培育和引进三个环节，促进青年人才成长、优秀人才聚集、拔尖人才脱颖而出。截至"十二五"末，学校教职工总数达到754人，其中，具有硕士以上学历的教师占比达77.2%，具有高级技术职务的教师占比达33.6%。聘请12位国内高水平知名学者担任首席专家；引进24名重点专业紧缺高层次人才；新增省管优秀专家1人、有突出贡献的中青年专家2人、百名优秀创新人才支持计划3人、"三三三人才工程"22人，高层次人才总量大幅增加，高端人才集聚效应初步显现。重视青年教师培养，实施"中青年教师专业水平提升计划""青年教师实践能力提升计划"，青年教师的教学科研水平和实践能力快速提升。实施"骨干教师国际研修计划"，鼓励教师出国学习，培养国际视野，具有国外学习经历的教师占专任教师比例达16%，双语课教师占专任教师的比例达6.7%。

国际交流与合作大步迈进。学校不断拓展对外合作新空间，推动国际合作向"高水平大学""高层次办学"和"高端资源引进"方向发展。与国外数十所高校及教育科研机构建立合作关系，开设中外合作办学本科项目 2 个，专科项目 5 个，在校生规模达 2700 余人，居省内高校首位；与澳大利亚新南威尔士大学等国际知名院校开展专本连读、本硕直通车、硕士海外培养等跨国双校园培养，接收两批韩国全日制留学生，实现了由单一输送向双向交流、由专本科向研究生层次转变；与新加坡高校合作，引进外方资源，成立河北省首个 AC-CA 特色班，获批河北省首个 ACCA 常规考点。"十二五"期间，赴海外高校学习交流学生达 300 余人次；建成教师海外研修基地 2 个，赴海外研修教师达 96 人次。

校园文化建设卓有成效。学校成功举办建校 60 周年华诞系列庆典活动，展示了优良传统，弘扬了金院精神，凝聚了人心力量。推进文明校园建设，完成楼宇文化、形象文化等系列文化建设项目，深入开展社会主义核心价值观、"中国梦"、法制宣传等主题教育活动，学校连续两年荣膺"河北省文明单位"称号；推进书香校园建设，举办"书香讲坛""文化讲坛"等系列文化活动，营造了良好的校风、学风；推进绿色校园创建活动，建设节能监管平台和绿色校园管理中心，获评"全国第一批节约型公共机构示范单位"；推进平安校园建设，完善安全保障体系，维护了校园和谐稳定。

办学条件明显改善。学校持续推进校园基本建设、公共服务体系建设和后勤保障体系建设。"十二五"期间，学校累计投入 11550 万元，完成田径运动场、文体活动中心、研究生公寓等建设项目。截至"十二五"末，学校建筑总面积达到 22.13 万平方米，固定资产总额 43923.32 万元，教学科研仪器设备值达到 6341.38 万元，图书馆纸质藏书达 122 万册、电子图书达 320 万册。建成省内高校最大的货币金融主题博物馆，成为国家金融战略教育基地；建成万兆核心网络，实现"六网合一"，启用远程互动教学平台系统，初步构建了融教学、科研、管理、生活和服务为一体的数字化校园体系。推进后勤标准化管理，推动向规范型、能动型、智能型后勤转变，后勤的服务保障能力不断提高。

管理体制改革深入推进。学校坚持依法治校，《河北金融学院章程》获省教育厅核准实施，编纂《河北金融学院制度汇编》，新制订、修订规章制度 110 余件，为学校治理提供了重要的制度遵循。调整机构设置和人员编制，初步建立起精简高效、权责明晰、运行顺畅、保障有力的内部管理机制。推动管理重心下移，进一步下放人权、财权、物权，构建校院（系）两级管理体制，调动了院系办学的主动性、积极性和创造性。积极推进民主管理，充分发挥教职工代表大会职能，保障教职工参与学校管理的权利。

党建和思想政治工作进一步加强。成功召开第一次党代会，选举产生新一届党委领导班子，为学校科学发展提供了组织保证；坚持和完善党委领导下的校长负责制，认真贯彻民主集中制原则，落实"三重一大"制度，确保了决策的科学性、民主性；完成中层干部届满考核、竞聘工作，初步建立了一支素质过硬、敢于担当的干部队伍；加强党风廉政建设，认真落实党委主体责任和纪委监督责任，营造了风清气正的发展环境，学校被评为"河北省党建工作先进集体"。深入开展党的群众路线教育实践活动和"三严三实"专题教育活动，党员干部的党性修养和宗旨意识明显增强。不断完善思想政治教育领导体制和工作机制，思想政治教育工作取得显著成效，荣获"河北省思想政治工作先进集体"称号。

（二）"十二五"建设经验和存在的主要问题

5 年来，学校快速发展的宝贵经验是：

坚持以人才培养为根本，推进内涵建设。学校遵循高等教育规律，坚持以提高质量为核心的内涵式发展道路，以建设"金融特色鲜明的应用型高水平财经大学"为引领，走"大金融、大开放、大实践"的应用型人才培养之路，整体优化人才培养方案，持续创新人才培养模式，全面提高人才培养质量。

坚持以优势学科为基础，培育办学特色。优势学科是学校发展的重要引领。学校依托优势学科，不断加强与行业的密切联系，搭建与行业的交流平台，拓展与行业合作渠道；不断强化特色培育，突出特色建设，以重点突破带动整体提质；不断适应新的发展需求，构筑新的发展优势，为特色发展奠定了坚实基础。

坚持以改革创新为动力，激发办学活力。学校坚持以改革促发展，积极推进管理体制和运行机制改革，通过改革推动体制机制创新，适应学校新的发展战略，明晰发展路径；通过改革解决制约学校发展的难题，理顺内部关系，激发办学活力；通过改革完善协同发展机制，构建协同发展体系，促进可持续发展。

坚持以服务社会为目标，提升综合实力。学校按照应用型大学的建设思路，进一步明确了为地方经济建设和行业发展服务的社会责任，坚持以社会需求和行业需要为导向，走产学研用一体化道路，在服务社会中培育优势，在服务社会中增加贡献，在服务社会中提升实力。

"十二五"期间学校教育事业取得了长足发展，但还存在一些亟待解决的问题。一是学校综合实力，尤其是优势学科核心竞争力、服务社会贡献度、先进文化创新等仍有待进一步提升。二是师资队伍结构与学校发展战略还不相适应，高水平学术团队欠缺，"双师型"教师、具有博士学位的教师占比还比较低，青年教师占比较大且成长机制尚待进一步完善。三是高水平领军人才和科研创新团队缺乏，高层次科研成果、精品科研成果数量较少，成果应用转化率较低；承接重大攻关项目，解决区域经济社会发展的关键性问题的能力有待提升。四是管理体制及运行机制还不能完全适应学校发展的需要，管理水平有待进一步提升；二级院系的自主权有待进一步扩大，自我发展的意识和能力亟待提高。五是以应用型人才培养为核心的课程建设力度不够，毕业论文和课程考核方式对应用型人才培养支撑力度不足；单纯灌输式为主的传统教学模式尚未根本改变；实践教学环节和实习实践基地建设需要加快推进，学生创新精神与实践能力还有待进一步提高。

（三）学校面临的机遇和挑战

"十三五"时期是全面建成小康社会的决定时期，是全面深化改革的关键时期，是全面从严治党的深化时期，是全面依法治国的重要时期。新形势、新使命，新任务、新要求，对学校发展带来新的机遇和挑战。

一是经济"新常态"对高等教育改革发展提出的新要求。当前，我国经济进入以"速度变化、结构优化、动力转化"为特征的经济"新常态"。适应、引领"新常态"，成为高等教育首要战略任务。这就要求，高校更加注重内涵发展、更加注重特色发展、更加注重创新发展、更加注重需求导向，解决高等教育"大而不强"、人才培养质量与经济社会发展不相适应的问题。

二是治理现代化对高等教育管理评价带来的新变化。高等教育治理体系与治理能力现代化是高等教育领域深化改革的主攻方向。这就意味着，高等教育的管理与评价将由以政府管理与评价为主，向政府主导、高校自主管理、市场评价引导的模式转变。这就要求，学校进一步增强社会责任意识，加强自主管理，提升自我发展能力，彰显学校的使命与追求。

三是全面深化改革对高校创新发展催生的新动力。随着社会主义市场经济体制的日渐完善，人才市场的供需关系正由高校为主导的供给驱动转变为行企为主导的需求驱动。这一根本性的转变要求学校必须树立起市场竞争的意识和优胜劣汰的危机感，通过全面深化改革，注重内涵建设，坚持特色发展，主动对接行业产业需求，优化人才培养结构，提高人才培养质量，实现由"以量谋大"到"以质图强"的战略转变，增强核心竞争力。

四是深度开放融合对高校办学模式带来的新挑战。开放是时代潮流，国际化是重要内容。在国际交流日新月异的今天，学校需强化开放办学的理念，全方位推进国际化进程，把国际化水平提升到一个新高度。同时，新的科技革命，特别是移动互联网等现代信息技术与教育的融合，正在引发教学理念、教学内容、教学方式方法等的创新升级和人才培养模式的改革突破，这对学校人才培养提出新的要求。

五是京津冀协同发展对学校服务社会赋予的新使命。在京津冀协同发展的战略下，高校的地位和作用进一步凸显。这就要求，学校人才培养要以更好地对接京津冀协同发展需要为目标，学校的科学研究要以破解区域协同发展重大问题为方向，学校的社会服务要以支持京津冀协同发展为指引，通过拓展服务能力和提升贡献力实现与区域经济的深度融合和协同发展。

六是高水平通过本科评估对学校发展奠定的新基础。高水平通过教育部本科教学水平合格评估，学校办学定位更加明确，服务地方（行企）发展的思路更加清晰，办学特色更加突出，教学中心地位更加巩固，应用型人才培养的合力进一步增强，为学校未来发展奠定了良好的基础条件。全体教职工展现出来的"辛勤耕耘、公而忘私的奉献精神，团结协作、阳光和谐的团队精神，锲而不舍、注重细节的进取精神，荣誉至上、追求卓越的担当精神"，为学校向着新目标冲刺提供了强大的精神支撑。

二、学校发展愿景、定位及思路

（一）发展愿景

建设金融特色鲜明的高水平应用型财经大学，其内涵是：

"特色鲜明"是根本。具体体现：依托学校金融行业底蕴深厚的有利条件，发挥金融的中心、引领和带动作用，以金融构筑发展新优势、培植发展新动力、拓展发展新空间，形成人才培养突出金融素养、学科建设凝练金融方向、科学研究彰显金融优势、社会服务倾向金融领域、文化建设注重金融特色的格局，提升学校的核心竞争力。

"高水平"是目标。具体体现在：人才培养与行业发展的适应度高，人才培养质量具备强势竞争力；科学研究与行业发展的契合度高，产生一批具有较大影响力的领军人才和标志性成果；社会服务对行业发展的贡献度高，建成金融战略研究和金融政策咨询的"思想库"；文化创新对行业发展的支撑度高，形成一批具有影响力的金融特色文化品牌。从而实现学校的综合实力位居省内同类院校前列，若干优势学科在全国同类院校中领先，在国内有一定知名度，在行业具有较强的影响力。

"应用型"是导向。具体体现在：学校发展与行业（地方）发展、专业设置与行业需求、学生学业与职业要求、科学研究与解决行业实际问题实现有效对接，将学校的办学、管理和人才培养环节融合于产业链、公共服务链和价值创造链。从而使学校成为高素质应用型人才培养的重要基地，应用型科研成果产出的重要源泉。

（二）指导思想

以邓小平理论和"三个代表"重要思想为指导，全面贯彻《国家中长期教育改革和发展规划纲要（2010—2020年)》和习近平总书记系列讲话精神，遵循高等教育发展的客观规律，落实"创新、协调、绿色、开放、共享"的发展理念，秉承"明德守信、求真尚行"的校训精神，传承办学传统，围绕金融特色鲜明的高水平应用型财经大学的建设目标，突出内涵发展、强化特色发展、注重创新发展、坚持开放发展，不断提升人才培养、科学研究、社会服务、文化传承创新水平，服务京津冀协同发展战略，为行企（地方）发展做出更大的贡献。

（三）办学定位

总体目标定位：建设金融特色鲜明的高水平应用型财经大学。

人才培养目标定位：为行业和地方培养适应社会经济发展需要，具有创新精神、国际视野和良好发展潜质的应用型人才。

办学类型定位：教学型大学。

学校类别定位：财经类院校。

学科专业定位：以经济学、管理学两大学科为主体，文、法、理、工为支撑，服务行业和地方经济社会发展。

办学层次定位：以本科教育为主体，办好研究生教育。

服务面向定位：立足河北，依托行业，面向基层，服务社会。

（四）发展思路

"十三五"时期，学校发展的基本思路是：贯彻"特色立校、质量兴校、人才强校、依法治校"的办学理念，围绕"立德树人"的根本任务，突出内涵发展、强化特色发展、注重创新发展、坚持开放发展、践行绿色发展，向着金融特色鲜明的高水平应用型财经大学的建设目标阔步迈进。

——突出内涵发展。在稳定规模、优化结构的基础上，合理配置学校资源，把发展重心转移到质量提升上来。对照高水平应用型大学的核心要素，遵循教育发展规律，强化顶层设计，明晰发展方向，以质量求生存、以贡献求支持，推动学校整体办学水平的不断提高。

——强化特色发展。牢固树立特色发展的理念，在办学历史中传承特色，发挥行业背景优势，进一步密切与行业的联系，丰富合作内涵；在时代发展中培育特色，彰显学科专业优势，研究行业发展新动向，抢占互联网金融等新兴业态人才培养高地；在服务社会中彰显特色，突出综合优势，完善产学研用作合作机制，为行业发展提供支撑，用特色构筑学校的核心竞争力。

——注重创新发展。创新高等教育发展理念，紧紧把握高等教育发展趋势，科学谋划高等教育发展思路；创新人才培养模式，探索具有创新精神、国际视野和良好发展潜质的应用型人才培养的有效路径，提高人才培养质量；创新管理体制和运行机制，完善内部治理结构，研究和化解制约学校发展的重大问题，激发办学活力，提高办学效益。

——坚持开放发展。坚持开放办学战略，探索建立校校协同、校企协同、校地协同、海内外合作的"开放、集成、高效"的合作机制，构建互融、互通、共享、共荣的协作模式；推进国际化办学进程，学习借鉴国际先进教育理念和教育经验，引进国外优质教育资源，支持教师海外研修，提高国际化水平。

——践行绿色发展。用"绿色教育"思想培养人，培养具有可持续发展意识的高素质应用型人才；用"绿色科技"意识开展科学研究，将可持续发展意识贯穿到科学研究工作的各个方面和全过程；用"绿色校园"示范工程熏陶人，建设环境优美的生态校园，在为广大师生提供良好的工作、学习、生活环境的同时，使之成为环境保护教育和可持续发展教育的基地。

（五）发展目标

"十三五"时期，学校总体建设目标是：通过贯彻内涵、特色、创新、开放、绿色五大发展理念，实施十大提升计划，制订五大保障措施，把学校建成金融特色鲜明、区域影响力广泛、社会知名度较高的以本科教育为主体，研究生教育、继续教育、国际教育协调发展的财经类普通高等院校。学校若干优势学科在全国同类院校中领先，在国内有一定知名度；人才培养质量受到行业、社会广泛认可，毕业生就业层次和质量显著提升；师资队伍结构显著优化，高层次人才聚集效应显现，"高水平、双师型、国际化"人才队伍初步形成；标志性、高层次科研成果不断涌现，社会服务能力显著增强，在区域经济社会发展中的话语权大幅提升；河北省金融教育、金融研究、金融创新重要基地的地位更加凸显，河北省金融战略决策、金融政策咨询"思想库"的作用更加巩固，为建成金融特色鲜明的应用型高水平财经大学打下更坚实的基础。

三、"十三五"期间实施的十大计划

（一）育人为本的培养质量提升计划

人才培养是学校的中心工作。"十三五"时期，坚持以学生为主体，以教师为主导，充分发挥学生的主动性，把促进学生成长成才作为学校一切工作的出发点和落脚点，着力增强学生的社会责任感、创新精神和实践能力。

1. 预期目标。健全有利于高素质应用型人才培养的体制和机制，完善培养模式，产生一批具有较大影响的标志性教育教学成果。按照稳定规模、优化结构的原则，积极扩大研究生教育，稳步增加本科生教育规模，加快发展国际化教育。到 2020 年，学校全日制在校生规模稳定在 12000 人左右，其中，研究生达到 220 人以上，留学生达到 100 人以上。

2. 主要举措。

（1）以质量提升为根本，创新应用型人才培养模式。深化人才培养机制改革，以"卓越应用型人才培养试点工程"为突破口，深化教学改革，优化人才培养方案，发挥示范作用；以深化校企合作为着力点，构建行企全程参与人才培养的新机制，支持行企在人才培养方案制订、教材研发、课程建设、实习实践等方面发挥更大的作用，力争每个院（系）与行企合作新建 2～3 个特色班；以全面学分制改革为关键点，完善学分置换机制、建立学分储存机制，构建灵活有效的学习制度；以能力评价导向为支撑点，打破"一考定成绩"的单一评价模式，强化过程考核，建立基于能力的多元综合评价体系。

（2）以教学改革为核心，全面提高教学效果。深入推进教学范式改革，实现从单纯知识点的教学目标设定向知识、能力、素质等多维教学目标设定转变；从教师的单向传授知识向师生共同构建、共同发现和创造知识，形成教学共同体转变。在总结经验的基础上，普及基于实际应用的案例教学、项目教学，推广"微型研讨课""翻转课堂"等新型课程组织方式，推行启发式、探究式、讨论式、参与式等有效教学方式，力争到 2020 年，新型教学方法占比达到 50% 以上。充分发挥现代信息技术优势，推动教学与现代信息技术的深度融合，加强软件开发和应用，借助移动互联网实现向"能力培养为主"的教学转变。完善专业核心能力图谱，建立以能力培养为核心的课程体系，运用模块化形式组合课程。强化教材建设与管理，严格教材选用程序，确保新版优秀教材进课堂；推进校本特色课程开发，力争出版应用型教材 50 部。

（3）以能力培养为重点，强化实践育人环节。完善实验教学、社会实践、实习实训和创新创业教育等多方面相结合的实践育人体系。积极探索富有特色的实验教学模式，加强国家级（省级）实验教学示范中心建设，新增 3～4 个省级实验教学示范中心；健全专业实验室，研发综合性、设计性实验项目，规范实验教学开展，切实提升实验教学质量。借助政府、企业和社会力量，新建一批高水平的大学生校外实践教育基地。坚持全员性、全程性、课内与课外相结合、校内与校外相结合、集中与分散相结合的原则，支持学生参与社会调查、志愿服务、公益活动等社会实践活动，提高学生的思想政治素质和专业技能。强化创新创业教育，把创新创业教育贯穿人才培养全过程，鼓励学生参加学科竞赛、创业计划大赛和创业模拟大赛等高水平竞赛活动；整合学校资源，探索成立大学生创业基金，支持学生投身创业实践。积极开展阳光体育活动，增强学生体能。

（4）以质量保障为基础，完善监控评价机制。完善校、院（系）两级教学质量监控体系，构建科学的教学质量管理制度。探索建立基于"大数据"的新型教学评价模式，逐步实现从结果评价向过程评价转变，从定性评价向定量评价转变。到 2020 年，教学大数据评价占比要达到60%以上。发挥行业、用人单位在学校教育质量评价中的作用，健全行业、企业、用人单位和第三方机构共同参与的质量评价体系。

（5）大力发展研究生教育，提高研究生培养质量。完善"双主体、双导师、双考核"的金融硕士研究生培养模式，从行企聘任更多优秀管理者担任研究生导师，让行企全方位参与研究生培养。改革研究生培养方案，优化课程结构；加强研究生实习基地建设，拓宽研究生到企业实习的渠道，提高研究生的应用能力和实践能力；强化研究生培养的过程管理、目标管理和质量评估，完善研究生培养的质量保证体系。

（二）深度融通的学科专业提升计划

学科是学校各项工作的龙头。"十三五"时期，以构建应用型学科体系为总目标，积极推进学科内涵建设，进一步优化学科结构，凝练学科方向，突出重点学科建设，推进学科交叉融合，逐步形成和彰显学科特色，构筑学科集成创新平台，使学科综合实力和核心竞争力显著提高，服务行业和地方经济社会发展的能力显著增强，初步建成金融特色鲜明、在地方高校与同行中领先、在国内有一定知名度的若干优势应用型学科。

1. 预期目标。"十三五"期间，新增1~2个省级重点学科，2~3个省级重点发展学科；3~6个市场需求较大的专业；力争50%专业进入卓越应用型人才试点专业建设工程；新增1~2个专业硕士授权点。

2. 主要举措。

（1）实施优势学科提升工程。加大4个省级重点（发展）学科建设力度，在人才引进和经费投入等方面给予政策支持，努力发挥优势学科对其他学科的辐射和引领作用，增强优势学科服务地方经济社会发展的能力，形成一批标志性研究成果，把学校优势学科集群建设成省内同类学科"高地"。

（2）实施学科国际化发展工程。深化与爱尔兰格里菲斯学院的合作，逐步实现从共办专业向共建学科延伸；推动学校重点学科与国外高校同类学科在人才培养和科学研究等领域的合作，提升重点学科的竞争力；支持学科骨干教师出国学习研修，培育具有国际化背景的学科队伍。

（3）实施学科、专业调整工程。以做强一级学科、增强服务金融行业和地方经济社会发展的能力为目的，遵循相近性、均衡性、发展性、优化性原则，按照"调整结构，突出特色，扬优扶新，全面规划，协调发展"的思路，对部分学科专业布局及院系组织结构进行调整，推动形成集中度较高的学科、专业群。

（4）实施"新兴专业生成"工程。围绕区域产业转型升级需要，紧跟金融新兴业态发展，着力培育行业产业急需的专业，推动金融同信息技术、统计学、法学等专业的交叉互补和深度融通，生成具有金融特色的专业和专业方向。到2020年，计划新增互联网金融、数理金融、金融法等3~6个新兴专业方向。

（三）引培并举的师资人才提升计划

师资队伍建设是学校最重要的基础性工程。"十三五"时期，学校以提高业务能力为核心，以优化师资队伍结构为重点，以深化人事制度改革为关键，着力完善岗位聘任制度，强化人才引育，健全人才考核、激励和评价机制，力争建成一支师德高尚、业务精良、数量充足、结构合理、特色鲜明、富有创新意识和团队精神的应用型师资队伍。

1. 预期目标。到2020年，专任教师达到600人以上。其中，具有博士学位的教师达到100人以上；高级职称教师占比达到40%；"双师型"教师占比达到30%；具有国外学习、研修经历和国内访学经历的教师占比达到20%；双语课教师占比达到15%。

2. 主要举措。

（1）深化人事制度改革。完善用人制度，形成"选人有条件、上岗有职责、竞争有规则、考核有标准、奖惩有依据"的用人制度体系；改革岗位聘任制度，按计划推进岗位设置和工资改革，完善各类人员岗位设置和聘任；改进人才评价机制，探索建立分层分类考核评价机制，调动各类人才的积极性和创造性；设立人才储备编制，充分发挥编制管理的杠杆效应，有计划地为高层次人才引进预留编制；健全人才激励机制，促进教师教学能力、学术水平的提升。

（2）实施高层次人才引进工程。本着"按需引进、突出重点、讲求实效"的原则，进一步拓宽选才渠道。着眼于学校长远发展，积极引进具有较高理论水平和实践能力的行业专家、专业带头人和紧缺专业高学历人才，构筑人才高地，汇聚领军人才；着眼于学科、专业建设需要，招录重点向高学历人才倾斜，选拔一批优秀高学历人才充实一线教师队伍；着眼于队伍稳定，探索建立稳定的人才引进渠道，处理好引进人才和稳定人才的关系，为高层次人才更好地发挥作用创造条件。

（3）推进师资队伍"四化"建设进程。加快师资队伍"双师化"建设进程，鼓励教师考取高含金量的职业资格证书和技术等级证书，有计划地安排中青年教师到企业挂职锻炼，逐步提高"双师型"教师占比；加快师资队伍"博士化"建设进程，搭建平台，支持教师攻读博士学位，提升学历层次；加快师资队伍"国际化"建设进程，优先支持学术骨干赴海外高校研修，拓宽视野，提升学术水平；推进师资队伍"名师化"建设进程，强化各级各类"人才工程"人才培养工作，完善培养体系，努力构筑由领军人才、学术带头人、学术骨干组成的优秀师资队伍。

（四）创新驱动的科学研究提升计划

科学研究是学校的重要职能。"十三五"期间，学校的科学研究将围绕京津冀协同发展、"一带一路"战略和本省加快转型升级、实现绿色崛起的需要，努力实现从速度扩张向质量提升转变，凝练出一批金融特色鲜明的学科研究方向，发挥科研对学科建设的支撑作用。

1. 预期目标。建设1~3个在国内具有一定影响力的高水平科研平台，努力产生一批具有鲜明金融特色和影响力的科研成果，培养3~5名在省内外有一定影响力的领军人才；面向国家和区域战略需求，将国际金融研究院打造成立足河北、面向全国、具有国际视野的高端金融智库；深化科研的内涵和外延，初步形成管理体制较理顺、管理手段较完善、管理程序更规范的现代化科研治理能力体系，到2020年学校科研实力在全国同类高校中居于领先地位。

2. 主要举措。

（1）实施大科研形成工程。建立教学、科研、人才培养、政产学研用合作一体的协同创新新框架。完善科研合作网络，搭建多层次科研合作格局。在整合校内优势科研资源的基础上，通过建设大学联盟、校企联盟，提升承担大项目、产出大成果的能力，形成网格化高效协同创新新机制。

（2）实施金融智库建设工程。实施人才集聚工程，发挥协同创新的作用，建立涵盖政府、企业、金融机构、民间智库在内的多源的、多学科交叉的人才库；实施金融咨政工程。重点打造 1~3 支在省内有一定影响力的咨政团队，面向河北经济建设主战场，紧密结合河北省经济建设发展特点，重点开展应用研究，为区域、地方发展咨政建言；实施服务行业、企业工程，发挥学校学科优势，依托省市级科研平台，为全省金融行业和各类民营企业提供研究咨询。

（3）实施科研平台提升工程。科研平台建设的中心任务是提质、增效。通过建立平台协同创新机制、指导平台错位发展、建立平台考评机制和培育机制等举措，实现资源整合，增强平台自身建设能力，提升平台建设质量。

（4）实施产学研协同创新工程。深化产学研协同创新进程，探索建立多层次、多样化、多主体的协同创新合作体系，健全产学研协同创新激励机制和合作协调机制，扩大对外合作范围。加强与地方政府、行业、金融机构、科研院所的合作力度，完善产学研协同创新的驱动机制、运行机制和保障机制。

（5）实施青年教师科研能力提升工程。聚焦青年教师科研能力提升，实施科研骨干甄选计划、科研精英培育计划、咨政精英培育计划、科研领军人才奖励计划等支持计划，激发青年教师的科研热情和创新能力，加速青年教师成长，促进青年人才脱颖而出。

（五）多维立体的对外交流提升计划

开放办学是学校改革和发展的必由之路。"十三五"时期，学校将继续推进开放办学战略，加强与国外高校、教育机构的交流与合作，拓展交流合作领域，搭建交流合作平台，提升交流合作层次，丰富交流合作内涵，提升国际化办学水平。

1. 预期目标。到 2020 年，新增本科层次以上中外合作办学项目 1~2 个；新增 10 所以上国外高水平合作院校；新建 1~2 个教师海外研修基地，选派 100 名左右教师赴海外研修访学。

2. 主要举措。

（1）推进人才培养国际化。借鉴和引进国外先进的教学模式、课程体系、教学方法和管理经验，推动学校教育教学改革。继续吸引外籍教师来校任教或短期讲学，聘用外籍教师力争达 100~120 人次。推进海外高端引智工作，引进 3~5 名高水平专家。拓宽出国学习交流渠道，提高学生跨文化交流能力和综合竞争力，出国学生人数增长 30% 以上。

（2）拓展合作新领域。积极寻求高水平的国际合作伙伴，探索多层次、多样化的国际合作模式，打造合作办学精品项目，进一步提升合作层次和水平。将科研合作作为对外合作与交流的一项重要内容。依托国际金融研究院，推进亚太金融经济研究中心等三个海外研究中心建设，力争开拓2～3个海外科研项目，鼓励教师利用访学、培训等与国外同行建立联系，开展合作研究，带动学校科研水平的整体提高。优先支持专任教师出国研修，鼓励管理干部及其他人员赴海外培训，适当加大管理干部出国交流比例，引导各类人员学习国外先进教育理念、管理理念，提升教育和管理水平。

（六）以质立身的继续教育提升计划

继续教育是学校人才培养和社会服务体系的重要组成部分，是构建学习型社会和终身教育体系的重要一环。"十三五"时期，学校继续教育以培育核心竞争力、塑造高端品牌为目标，努力构建学历继续教育、非学历继续教育和现代远程教育协调发展的继续教育格局，力争使继续教育成为河北省金融机构培训教育基地和终身学习培训中心。

1. 预期目标。到2020年，函授学员达800人以上，培训各类学员18000人次，实现社会效益和经济效益双丰收。

2. 主要举措。

（1）强化质量意识，打造高端培训品牌。质量是继续教育的生命线，是继续教育发展的前提。"十三五"时期，学校把提升继续教育质量放到重要位置。健全继续教育质量评价和监控体系，完善学校、社会各方面共同参与的质量评价机制，突出社会评价在质量评价中的作用。建立继续教育培训专家库。依托学校优势学科，整合全校继续教育优质资源，打造高端培训品牌，提升继续教育的核心竞争。

（2）开拓特色市场，扩大服务面向。在保留学校原有特色培训的基础上，针对培训市场的新变化，开拓特色市场，扩大服务面向。对接行业和企业需要，推动继续教育从普及型培训向高端培训转变，由短期培训向短、中、长期培训相结合转变，由一般性培训向特色培训转变，不断拓展各类中高级专业技术人员知识更新培训和各类职业技术人员转岗就业培训，增强学校优质终身教育资源为地方经济建设和社会发展服务的能力。

（3）加快信息化建设，丰富教育培训方式。加大网络教育平台硬件和继续教育网络课程建设力度，积极推进现代网络远程教育技术在成人高等学历教育，特别是函授教育中的应用，探索开展基于网络远程教育技术的非学历教育培训。

（七）共建共享的校园基建提升计划

1. 预期目标。校园建设是学校发展的重要保障。"十三五"时期，学校继续推进基本建设、改善办学条件，健全后勤服务保障体系、增强保障能力，美化校园环境、完善校园功能，力争建成功能布局合理、基础设施完备的大学校园。

2. 主要举措。

（1）加强校园基本建设。以完善校园功能布局为中心，制订合理的建设方案，突出重点，统筹推进，提高资源利用效率。"十三五"时期，率先完成学生学习中心建设，改善教学条件，保障各项教学改革的顺利进行；启动图书馆及信息中心（二期）项目建设工程；根据实际需要，适时启动培训中心项目建设，增强对行企培训的吸引力。

（2）美化校园环境。按照校园硬件环境建设与文化环境建设有机结合的理念，努力构建集绿化、美化、亮化为一体，融校园、公园、家园于一身的优美校园环境，强化环境育人功能。新建5处以上校园景观，新增20000平方米以上绿化面积。推进便民设施建设，为师生员工创造高效、便捷的学习、工作和生活环境。宣传绿色理念、普及绿色知识、运用绿色技术、推广绿色生活方式，推进绿色校园建设。

（3）完善后勤服务体系。完善统一、开放、有序、高效的后勤服务保障体系，全面推进规范化、标准化、精细化管理。到2020年，形成保障能力更强、发展后劲更足、运转效率更高的后勤，餐饮服务师生满意度达到85%以上，保洁绿化服务师生满意度达到95%以上，水电服务师生满意度达到90%以上，基本建成"满意的后勤""高效的后勤""和谐的后勤"。

（4）加强国有资产管理。完善资产清查制度，定期开展资产清查，及时掌握资产盘盈、盘亏情况，真正做到资产的家底清、账实相符；建立学校资产管理信息系统，实现资产动态管理；建立高效的资源共享机制，打破部门界限，调剂学校内部资产，提高资产使用效益；建立资产绩效考评机制，形成符合学校实际的评价指标体系，提高资产的利用率。

（八）彰显特质的文化引领提升计划

1. 预期目标。文化传承创新是学校的重要任务。根据学校总体规划的发展阶段，通过5～10年的努力把校园文化建设与学校的发展定位、学科建设和学校特色结合起来，与学校的文化传统和人文精神结合起来，与学校人文环境和自然环境结合起来，逐步形成具有学校独特个性和与时俱进的校园文化，即"内涵丰富、特色鲜明，品味高雅、兼容开放"的校园文化，使学校成为具有深厚人文底蕴、鲜明金融特色、浓厚学术氛围、幽雅自然环境和一流文化品位的大学，争创国家级文明校园。

2. 主要举措。

（1）实施社会主义核心价值观教育和实践工程。打造由思想政治理论课、专业课程、社会实践、网络教学等构成的教育教学体系，发掘各学科思想政治教育资源，丰富社会主义核心价值观教育的内容，促进社会主义核心价值观融入课程教学。建立河北金融学院师生志愿服务体系、实施"实践育人共同体建设计划"、组建河北金融学院社会主义核心价值观"大学生讲师团"、深化暑期"三下乡"等社会实践活动，推进社会主义核心价值观融入社会实践。加强优秀传统文化和传统美德教育，创新主题教育活动，打造校园文化品牌，推动社会主义核心价值观融入文化育人。实施《河北金融学院大学生德育测评体系》，建立全面、科学的评价机制，为大学生思想道德品质养成提供可视化的基本准绳和可量化的测评标准，推动社会主义核心价值观融入日常生活。

（2）实施教师文化培育工程。大力实施"师德提升工程"，不断完善以"师德教育为引领、师德监督为保证、师德宣传为支撑、师德激励为手段"的师德建设体系。加强名师精神培育与弘扬，为教师队伍注入精神营养，提升教师队伍整体形象。

（3）实施"三风"建设工程。营造优良教风，建立健全与优良教风建设有关的各项规章制度，构建优良教风建设保障体系、激励机制；营造优良学风，完善和实施优良学风创建、专业素养训练计划等长效机制，分层次、分阶段地对不同年级的学生进行学风指导和管理，努力培养学生的自主学习能力和研究能力；弘扬优良校风，继续弘扬"笃学、创新、唯实"的校风精神，不断丰富其内涵，成为全校师生自觉的行动遵循。

（九）服务为先的学生工作提升计划

学生工作是人才培养的重要环节。"十三五"时期，学校将贯彻"全员育人、全方位育人、全过程育人"的理念，围绕人才培养目标，致力于满足学生成长成才、全面发展的需要，积极构建科学高效的学生工作体制机制。

1. 预期目标。到2020年，学生的思想道德素质、文化素质、专业素质、健康素质明显提高，就业竞争力、社会适应力和社会贡献率明显增强，毕业生就业率稳定在95%以上，持续位居全省高校前列，就业层次和质量普遍提高。

2. 主要举措。

（1）开展人格修养教育工程。完善辅导员队伍的管理机制、培养机制和考核机制，提高辅导员队伍的职业化、专业化水平。持续开展文明行为规范养成教育，进一步完善校园文明行为守则，引导学生形成良好的行为习惯。加强班级建设，提高班集体的凝聚力和向心力。

（2）开展服务质量提升工程。完善"大学生事务中心"功能，构建集教育、管理、服务于一体的"一站式"高效率学生工作服务平台；开展就业质量提升工程，完善就业服务体系，强化学生职业生涯规划教育，推动建立"招生—培养—就业"联动机制；实施"金心"工程，推进心理健康工作品牌化建设，提升学生心理问题精细化服务水平；加强资助育人工作，规范资助工作流程，不断吸纳社会资金参与到校内资助体系中来，让更多的家庭经济困难学生受益；推进公寓文化建设，积极探索建立"书院式公寓"管理模式。

（十）互联互通的智慧校园提升计划

信息化校园是学校发展的有力支撑。"十三五"时期，以建成满足教育改革、教学管理、科学研究等工作的网络信息平台为目标，推进网络资源共享，拓展数字化校园建设的广度和深度，为广大师生提供更加优质的现代信息服务。

1. 预期目标。到2020年，校园总宽带提升到2G，逐步实现校园无线全覆盖；在线课程达到90%以上，在线考试的课程达到30%以上；加大教学、科研、管理信息系统开发力度，开发学评教、虚拟仿真实训等平台；部署自助服务设备，为师生提供全天候信息服务。

2. 主要举措。

（1）提升信息化工作水平。"十三五"时期，校园信息化建设以完善信息基础设施建设为先导，以建设数字校园服务平台工程、云数据中心工程和大数据分析平台工程为引领，聚焦云数据中心和公共管理服务平台、线上线下混合式教学服务平台、校园社区服务平台、社会化服务平台、大数据分析平台等五大平台建设，推进信息技术与学校管理、教学改革等工作的深度融合，提升学校教育信息化和整体工作信息化水平。

（2）加强数字图书馆建设。加快推进图书馆转型，着力加强数字化建设，构建富有财经特色的数字资源体系，逐步实现从传统图书馆向数字图书馆的转变；进一步优化馆藏结构，强化图书资源对学科建设的支持力度。

（3）加强档案资源的建设和利用。加强档案信息化建设，构建覆盖学校教学科研的档案资源体系和方便教学科研的档案利用体系，提供更加精确、全面和及时的档案信息服务。做好校史馆建设工作，加强对校史资源的搜集、整理和挖掘工作，充分发挥校史资源的育人功能和宣传作用。推进校友会工作，充分发挥广大校友在学校发展中的重要作用。

四、保障措施

（一）加强党建工作，为规划实施提供坚强的政治保障

深入学习贯彻习近平同志系列重要讲话精神，全面落实从严治党的各项举措，为学校事业发展提供坚强的政治保障。

1. 加强党的领导。坚持和完善党委领导下的校长负责制，健全党委统一领导、党政分工合作、协调运行的工作机制。发挥学校党委的领导核心作用，坚持集体领导和个人分工负责相结合的制度，贯彻民主集中制原则，不断提高决策的科学性。落实"三重一大"制度，重大事项严格按照"集体领导、民主集中、个别酝酿、会议决定"的原则进行决策。探索改进领导方式、提高领导水平的新举措，把全校教职工思想和行动统一到高水平应用型财经大学建设目标上来。

2. 加强中层部门领导班子和干部队伍建设。逐步配齐中层部门领导班子，规范和落实党政联席会议（处务会会议）制度、三会一课制度等，强化中层干部培训，促进中层领导干部的思想政治素质、理论政策水平和中层领导班子的组织管理能力、干事创业能力和政策执行能力的全面提升。完善中层干部选拔任用、培养管理、考核监督机制，努力建设一支信念坚定、为民服务、勤政务实、敢于担当、清正廉洁的干部队伍。加强干部梯队建设，完善后备干部的培养选拔管理制度，构筑利于优秀人才脱颖而出的机制。

3. 加强基层党组织建设。以开展学习型、服务型、创新型党组织建设为抓手，把加强思想教育与解决实际问题结合起来，指导各党总支、党支部开展形式生动、内容丰富的学习教育活动和志愿服务活动，增强基层党组织的凝聚力和战斗力。进一步提高党员发展质量，完善入党积极分子的两级培养教育制度和预备党员教育考察制度，严格党员发展的标准和工作程序，重点做好在青年教师和研究生中发展党员的工作，做好不合格党员处置工作，保持党员队伍的纯洁性和先进性。

4. 加强党风廉政建设。落实党风廉政建设党委主体责任和纪委监督责任，构建党风廉政建设责任体系，强化责任制检查考核和责任追究。落实《河北金融学院落实惩治和预防腐败体系2013—2017年工作规划方案》，强化权力制约和监督，规范权力运行，加大对重点领域、重点环节监督检查范围和力度，确保防患于未然。贯彻中央八项规定，巩固党的群众路线教育和"三严三实"专题教育成果，坚决防止"四风"问题抬头，构建作风建设长效

机制。加强纪律建设，严明党的严明政治纪律、组织纪律、财经纪律、工作纪律、生活纪律，引导广大党员牢固树立纪律意识和规矩意识。制订党风廉政建设责任制检查考核办法，规范和完善领导干部述职述廉制度，完善党风廉政建设责任制考核评价体系。深入开展廉政文化进校园活动，营造风清气正的校园环境。

（二）建设和谐校园，为规划实施提供坚强的环境保障

1. 全面落实安全稳定工作责任制。树立"大安全、大维稳"理念，改革学校安全稳定工作体制，构建全校安全稳定部门责任目标体系，推进全面覆盖、全员参与的安全工作体制建设。按照分级负责和一岗双责的原则，将学校安全稳定工作任务层层分解，逐级签订安全稳定目标管理责任书，形成层层负责，人人有责的长效工作机制。

2. 增强安全工作实效性。加强安全教育，健全思想疏导机制，强化源头防控。定期开展安全教育培训和应急演练活动，增强师生的安全意识和防范能力。完善安全隐患常态化排查整改机制，实现学校安全隐患排查专业化、管理信息化、整改实效化。推进"人防、物防、技防"建设，重点加强校园警卫室、校园视频监控、防侵入报警、一键报警、校园车辆自动识别系统等建设，实现校园视频监控无死角。确保校园不发生重、特大恶性刑事案件，有效控制重大盗窃案件，杜绝重大火灾事故，建设和谐平安校园。

3. 深入开展校园及周边综合治理工作。主动联系并积极配合辖区公安、文化、卫生、交通、城管、消防等部门做好校园周边治理工作，加强交通安全设施建设，切实解决好学校周边治安秩序、交通、消防、食品卫生安全等重点问题。

（三）加大资金支持，为规划实施提供坚强的财务保障

1. 建立多元筹措机制，增强筹资能力。积极争取国家"中央财政支持地方高校发展专项资金"及省政府专项资金。研究省市政府资金支持的重点和方向，通过各种途径、渠道和项目，全力争取省市政府对学校发展的资金支持。结合自身学科专业特色和行企发展需要，主动与行业和企业建立战略合作关系，积极利用社会资源服务学校教育事业发展。加大校友工作力度，创新沟通与服务形式，争取广大校友对学校的捐赠，并借此扩大学校接受社会支持和资助规模，提升学校面向社会的筹资能力。此外，学校将充分发挥资产在育人中的作用，盘活资产存量，增强自身造血功能，扩大经费来源。

2. 加强预算管理，增强财务运行能力。充分发挥预算工作委员会作用，加强对学校重大财务事项必要性、合理性、有效性的论证，进一步细化预算编制，努力提升预算编制的精细化、科学化水平。严格预算进度管理，确保各专项建设按计划完成预算进度。健全以资金使用效益为核心的绩效评价体系，优化资源配置，把更多资金投入到学校内涵建设上来，提升资金使用效益。完善内部财务约束机制，通过对学校经济活动的审计监督，确保各类资金使用合法合规合理。完善学校收费管理办法，规范学校收费行为和收费资金使用。牢固树立勤俭办学理念，严禁铺张浪费，大力推进节约型校园建设。

3. 推进分配制度改革，确保教职工待遇稳步提高。强化"办学以人才为本，以教师为主体"的观念，不断改善教师的工作、学习和生活条件。根据国家有关政策，推进分配制

度改革，建立与学校财力发展水平相适应的教职工收入正常增长机制，使全校教职员工的收入待遇与学校发展同步提高。继续在工资待遇、职称评聘、评优评奖等方面向一线教师倾斜。积极开展丰富多彩的教职工文娱体育活动，提高教职工幸福指数。关心离退休人员的生活，进一步提高离退休人员的福利待遇和生活水平，让他们共享学校改革发展成果。

（四）加强组织领导，为规划实施提供坚强的组织保障

1. 成立学校规划实施领导小组。成立以学校党政主要负责人任组长、其他校领导任副组长、相关部门主要负责人为成员的"十三五"事业发展规划实施领导小组，负责组织、领导规划实施，协调解决规划实施中的重大问题，审议规划调整方案。规划实施领导小组下设办公室，由党政办公室、教务处、科研处、人事处等相关部门负责人组成。

2. 建立规划实施的监控和考核机制。学校各部门要根据《纲要》确定的目标任务，逐项研究，明确落实各项任务的路线图和时间表，把任务和指标层层分解，落实到人。《纲要》提出的各项指标纳入对中层干部和中层部门的年终考核、任期届满考核体系。同时，各部门要结合《纲要》的要求和部署，制订本部门的规划，推动《纲要》的有序实施。学校将定期对规划执行情况进行检查、跟踪和分析，评估执行效果，确保执行质量。

3. 加强宣传引导。要面向全校师生，广泛宣传《纲要》，在全校上下形成关心和参与实施的积极氛围；要统一全校上下的思想认识，协调校内各方的力量，调动一切积极因素，形成推动学校改革与发展的整体合力。

（五）深化体制改革，为规划实施提供坚强的制度保障

1. 推进现代大学制度建设。坚持和完善党委领导下的校长负责制，健全党委常委会和校长办公会的议事和决策制度，进一步提高决策的科学化水平。坚持依法治校，全面梳理和规范学校规章制度，构建以《河北金融学院章程》为龙头的规章制度体系，全面提升治校水平。充分发挥学术委员会在校内学科建设、学术评价、学术发展等学术事务上的作用。完善教职工代表大会制度，依法保障教职工参与学校民主管理和监督的权利，维护教职工的合法权益。健全校务公开制度，拓展信息公开渠道，提升信息公开的完整性、实效性。支持民主党派、群众组织和学生团体参与学校民主管理和监督，为学校改革发展建言献策。

2. 深化校院（系）二级管理体制改革。遵循大学教育的基本规律，按照学校现有体系架构，对支撑学校可持续发展的体制机制进行前瞻性、系统性地探索和改革，理顺管理权限，解决学校发展中的深层次矛盾，提升精细化管理水平。继续推进校院两级管理体制改革，通过简政放权、重心下移、职能转变，明确学校和院（系）部的职责和权限，在教学科研管理、人事管理、财务收支等方面给予院（系）部更大的自主权，逐步形成学校宏观决策、二级学院实体化运行的两级管理模式。

3. 加强职能部门效能建设。推动职能部门进一步转变工作职能，转换工作方式，增强

主动服务意识。落实限时办结、首问负责、服务公开承诺等制度，明确工作职责，公开工作流程，建立规范化、流程化管理服务体系，切实提高行政工作制度化、规范化和科学化水平。提升信息化管理水平，以信息化手段简化工作流程，提升工作效率。

"十三五"时期，我们正站在新的历史起点上，面临着难得的历史机遇，也面临着光荣的建设任务，这就需要我们秉承"明德守信、求真尚行"的校训，弘扬"金院精神"，同心同德，群策群力，以更加自信的心态去直面未来，以更加开放的姿态去挑战未来，以更加激昂的步伐去开创未来，为实现金融特色鲜明的高水平应用型财经大学的建设目标不懈奋斗。

河北经贸大学"十三五"发展规划

为牢牢抓住"十三五"的关键时期，促进学校各项事业加速发展、持续发展、健康发展，根据国家《国民经济和社会发展第十三个五年规划纲要》《河北省经济和社会发展第十三个五年规划》《国家中长期教育改革和发展规划纲要（2010–2020年）》精神，特制订本规划。

一、"十二五"学校发展回顾

"十二五"时期是河北经贸大学发展中不平凡的 5 年。5 年来，学校以第二次党代会、建校 60 周年纪念活动、党的群众路线教育实践活动、解放思想大讨论活动、"三严三实"专题教育为契机，进一步明确办学定位，凝练办学特色，坚持以提高人才培养质量为中心，以加强学科建设为龙头，以深化教学改革为重点，以全面深化改革为动力，坚持内涵建设，学校各项事业取得了长足发展，为社会输送了大量优秀人才，以坚实的办学实力赢得了良好的社会声誉。

（一）办学规模稳中有增

截至 2015 年底，在校生总规模达到 19312 人（不含经济管理学院和继续教育学生），比"十一五"末增长 5.2%。其中，在校本科生 17888 人，增长 3.4%；全日制硕士研究生1309 人，增长 31.6%，其中专业硕士达到 576 人，占研究生总数的 44.0%；来华留学生115 人，增长了近 90%，其中学历生占比达到 74%，语言生与学历生比例更加优化，留学生生源国由 20 多个国家增加到 42 个国家；继续教育学生达到 25000 余人。

（二）人才培养成效显著

"十二五"期间，本科毕业生初次就业率稳定在 90% 以上，研究生就业率稳步提高，学生质量就业率稳步提升。创业教育指导效果明显，涌现出了一批学生创业典型，对引导学生"以创业带动就业"提供了有效的榜样和激励作用。学生积极参加各类学科和专业竞赛，实践能力不断提升。2013~2015 年，学校学生在"挑战杯"创新创业大赛、英语演讲阅读比赛、计算机设计大赛、数学建模比赛、大学生艺术展演等各类大赛中获得国家级奖项 40 余项，省级奖项 160 余项。学校招生情况保持良好态势，生源质量不断提高，省内本科一批录取分数逐年上升，省内本科二批录取分数稳居全省前列。

（三）学科布局完善稳定

学校有本科招生专业 58 个，硕士招生专业 56 个，学科专业设置覆盖经济学、管理学、法学、哲学、工学、理学、文学、艺术学等 8 个学科门类，学科专业布局基本完成。新增 3 个省级重点学科，截至 2015 年底，学校共有 10 个省级重点学科，1 个省级重点发展学科，其中产业经济学为河北省优秀重点学科；新增 8 个硕士授权一级学科、5 个自主设置硕士学位二级学科、2 个硕士专业学位授权点，硕士授权一级学科达到 9 个，专业学位授权点达到 12 个；组建了 24 个特色突出的研究中心（所），形成了以省级重点（发展）学科为引领、校级重点（发展）学科为支撑、非实体性研究中心（所）为特色，以"经、管、法"学科为骨干，多学科、多层次共同发展的学科体系。学科队伍进一步优化，科研水平、服务社会经济发展能力以及学科影响力进一步提升，学科建设进入了重点突破、稳定规模、优化结构、内涵发展的轨道。

（四）教学改革纵深推进

个性化人才培养模式特点更加凸显，大类招生范围进一步扩大。深入开展教学范式改革，更加突出学生在教学中的主体地位。人才培养方案不断优化，学生转专业比例进一步增加，落实分层教育，主动引入校外优质网络课程，不断强化实践教学效果。全面实施荣誉学士学位制度。运用大数据分析，全面启动专业预警机制。设立教学"校长特别奖"，鼓励教师潜心教学。教学成果水平明显提升，建成国家级精品视频公开课 1 门，入选第二批"十二五"普通高等教育本科国家级规划教材 1 项，获得国家级教学成果二等奖 1 项，省级教学成果 10 项。"本科教学工程"成效显著，建成国家级本科教学工程项目 21 项，省级项目 65 项。现有国家专业综合改革试点 3 个、省专业综合改革试点 8 个、省综合改革试点学院 1 个。现有国家级实验教学示范中心 1 个，国家级企业运营仿真实验教学中心是目前河北省唯一的国家级虚拟仿真实验教学中心。研究生招生专业结构进一步优化。系统推进研究生培养模式改革，围绕专硕、学硕研究生分类培养，不断创新研究生分类培养、激励机制，建成 3 个省级专业学位研究生实践基地，获准立项建设 6 个专业学位案例库和 4 门精品课程。

（五）科学研究长足发展

"十二五"期间，全校纵向课题立项数量达到 1236 项，横向课题达到 265 项，其中国家社科基金项目 32 项，国家自然基金项目 8 项，国家软科学项目 2 项，科研经费总额达到 6678 万元，比"十一五"期间的 2694 万元，增长 148%。2014 年科研经费突破 2000 万元。省社科基金项目立项数、省软科学项目立项数、省发展改革委"十三五"重大招标课题立项数均居全省前列。在各级各类评奖中，共获得奖项 65 项。学术交流的范围不断扩大、层次不断提升，承办了一批在全国具有影响力的学术交流活动。社会管理德治与法治协同创新中心和京津冀一体化发展协同创新中心均跻身省级协同创新中心，为服务政府决策提供了有力的智力支持，智库作用明显。获批伦理与社会治理、现代商贸服务业、金融与企业创新、地方法治建设等 4 个河北省高等学校人文社会科学重点研究基地。《河北经贸大学》学报蝉联"全国中文核心期刊",并成为"三核心"(北京大学、南京大学、中国社会科学院)期刊,影响因子不断提升。

(六) 师资队伍结构优化

建成了一支年龄结构、职称结构、学历学缘结构合理的师资队伍。全校现有专任教师 1058 人,其中 45 岁以下教师 584 人,占 55.2%,具有高级职称的 648 人,占 61.3%,博士 262 人,占 24.8%,具有国外留学、研究背景的 167 人,占 15.8%。现有省管优秀专家 8 人,享受政府特贴专家 7 人,省杰出专业技术人才 3 人,省突贡专家 15 人,46 人次入选新世纪"三三三"人才工程。

(七) 学生工作机制健全

坚持育人为本、德育为先,大学生思想政治教育机制进一步完善。牢牢掌握思想政治教育的主动权和话语权,充分利用网上网下两个教育阵地,以品牌活动、网络教育为载体,思想政治教育成效显著。深入开展主题社会实践活动,学校曾被团中央学校部和全国学联授予"三下乡"社会实践先进单位荣誉称号。强化人文关怀,大学生心理健康教育体系逐步健全。建成了"以贷款为主要形式,奖、贷、助、勤、补"联动助学的资助工作体系,切实发挥资助育人作用。学生管理和服务更加注重规范化、制度化,通过开展阳光恳谈、阳光咨询等活动,为学生解决实际问题,营造了和谐的育人环境和氛围。专职辅导员队伍更加充实,辅导员队伍整体素质明显提升,专职辅导员职级、职称晋升路径更加清晰。

(八) 国际交流深入拓展

中外合作办学项目取得实质性成果,人力资源管理、市场营销两个中外合作办学项目得到教育部批准,招生保持良好发展态势。学校被批准为承担中国政府奖学金来华留学生培养单位。"十二五"期间,共有美国、加拿大、澳大利亚等 26 个国家的 69 个代表团来校进行交流,签署合作协议 20 余项。新增国外合作院校 15 个。全校共有 32 个部门、46 批次人员出访美国、加拿大、英国、法国等 22 个国家。共派出 76 名青年骨干教师到国外高水平大学进修学习。孔子学院建设成效显著,推动了中华文化和汉语在尼泊尔和赞比亚的传播推广。派出外派汉语志愿者 132 人,交换生 61 人,短期交流生 186 人。援外培训工作领域进一步拓宽,承办了 8 期援外培训工作,培训学员 224 人。

(九) 办学条件更加完善

基本功能用房逐步完善,"十二五"期间,学校共投资近 2700 万元,新建各类用房建筑面积共计 1.66 万平方米,缓解了学校学生宿舍紧缺,办公用房、教学科研用房不足的状况。加强文化育人阵地建设,学校校史馆和中国发票博物馆相继落成。体育基础设施建设力度加大,新建、修整运动场面积 5 万余平方米,学校运动场地总面积达 8.9 万平方米。校园环境品质大幅提升,增加绿地面积近 30 万平方米,校园绿化率达到 40%。学校图书馆服务师生能力进一步提高，藏书总量达 113 余万册，电子图书 350 万册，期刊报纸 1000 余种，基本满足了学校教学和科研对文献信息资源的需求。借阅环境更加舒适，建成了自动还书系统，馆内阅览座位达到 6000 余个，师生信息共享空间建设走在全省前列。数字图书馆系统平台基本建成，实现了馆内馆外、网上网下打破时间与空间限制的立体式便捷服务体系。校园网基础设施建设逐步完善，出口带宽达到千兆；数字化校园建设扎实推进，集成有关系统模块建立个人门户，办公效率大幅提升；北校区无线网络覆盖了教学、办公、学生公寓等重点区域。

（十）管理水平不断提高

坚持依法治校，在全省高校率先制订了学校《章程》；民主集中制基础上的决策机制进一步完善；通过教代会、职代会、团代会、学代会等多种途径，畅通师生参与学校民主管理的渠道，学校被评为"全国厂务公开民主管理先进单位"荣誉称号；扎实推行"三考合一"考核制度，考核办法更加科学化、人性化；共引进博士 40 人，完成了全校新版事业单位聘用合同签订工作，规范临聘人员管理，修订了《临时聘用人员管理办法》。学校资金总量由"十二五"末期的 2 亿元增加到 6.2 亿元，资金使用效益不断提升；平安和谐校园建设稳步推进，全面实施网格化校园安全管理体系，视频监控系统增加到 680 余路，基本实现了对校园内重点要害部位的全时段监控。后勤服务保障能力进一步提升，大力推进节能减排工作，完成了太阳能储热采暖及热水综合利用工程、采暖锅炉及食堂的天然气改造工程，环境效益、经济效益显著提升。食堂管理更加规范，保持了价格基本稳定。学生公寓管理模式进一步优化，学校被评为"全国高校学生公寓管理服务工作先进单位"。

（十一）党建工作全面加强

深入贯彻落实中央和省委的重大决策部署，开展了党的群众路线教育实践活动、"三严三实"专题教育和"解放思想大讨论"活动，在全校营造了浓厚的干事创业氛围。严格落实党委领导下的校长负责制，坚决贯彻执行民主集中制，坚持"三重一大"事项集体研究决定，领导班子民主决策、科学决策的能力和水平不断提高。干部选任更加规范，突出好干部标准，始终坚持德才兼备、以德为先的干部选任标准。切实加强党的基层组织建设，成立了 15 个二级学院党委，基层党组织的战斗力更加凝聚，充分发挥了战斗堡垒作用。党风廉政建设进一步引向深入，坚持把纪律和规矩挺在前面，不断强化"不抓党风廉政建设就是严重失职"的意识，严格落实中央八项规定精神，反对"四风"，切实落实"两个责任"，转变工作作风成效显著。学校获"全国创先争优先进基层党组织"和"全省纪检监察系统先进集体"的荣誉称号。

二、"十三五"面临的形势

（一）高等教育进入内涵竞争发展新时期

从国家政策层面看，面向"十三五"，我国进入供给侧结构性改革引领经济发展"新常态"的新阶段,高等教育在人才培养、服务转型、支撑创新发展中的功能作用日益突出。国家"十三五"规划纲要明确提出,要"全面提高高校创新能力,统筹推进世界一流大学和一流学科建设。"国务院发布了《统筹推进世界一流大学和一流学科建设总体方案》,为建设世界一流大学和一流学科提出了明确要求和路径,国家支持高等教育改革发展的力度不断加大,地方高校创新发展空间得到新拓展。面对高校重新洗牌的新形势,河北省也明确了将省属骨干大学分为三个层次,其中重点支持第一层次的 4 所高校建设一流大学和一流学科。学校要确保在第二层次中占据先进地位。要坚持以内涵发展、突出特色、打造品牌,提升核心竞争力为重点,在进军高水平财经大学的道路上,不断巩固提高学校在河北、在京津冀乃至全国范围内的影响力。

从高等教育发展方向看,"互联网 + 教育"模式方兴未艾,自主、协作、研究、实践型学习理念加速形成,对高等教育生态重构、质量提升、内涵发展提出了带有革命性的新挑战。

(二) 京津冀协同发展带来重大历史机遇和挑战

从京津冀高等教育发展上看,国家"十三五"规划明确提出,鼓励京津冀高等学校学科共建、资源共享,京津冀教育深度协同发展进程加快。这为学校更加充分地发挥经管法学科优势,提升学科、人才、科研三位一体协同创新能力提供了千载难逢的发展机遇,为学校打造内涵发展、特色发展、率先发展综合优势带来了千载难逢的发展机遇。

从服务河北地方经济社会发展上看,《京津冀协同发展规划纲要》第一次把河北全方位纳入重大国家战略,第一次明确了河北省"全国现代商贸物流重要基地、产业转型升级试验区、新型城镇化与城乡统筹示范区、京津冀生态环境支撑区"的功能定位。根据河北的功能定位,学校在大数据、物流建设、城镇化建设、发展旅游、创新创业等方面都大有可为。学校要充分发挥财经类高校的优势,从学校和学院两个层面加强与各级政府、企事业单位的合作,切实提高服务社会水平,实现学校学科专业特色与地方需求的对接,着力建设一批高水平智库,服务地方经济发展,这是今后学校长期发展面临的重大机遇也是重要挑战。

(三) 学校发展步入新阶段

以纪念建校 60 周年和合校 20 年为重要节点,经过几代经贸人的艰苦努力、奋发作为,学校初步建成了与建设国内高水平财经大学相适应的学科基础、管理体制和文化制度,办学实力和办学水平在快速发展中稳步提升,为实现学校的新跨越奠定了雄厚基础。通过深入开展党的群众路线教育实践活动和"三严三实"专题教育,工作作风进一步转变,全校师生的精神状态更加饱满,形成了全面深化改革的共识,激发了改革的活力,敢于担当,勇于负责,为实现学校的新跨越积聚了充沛的精神力量。

同时,必须清醒地认识到,学校在发展中还存在着思想解放力度不够、优势学科不多、高层次人才不足、人才培养特色不够鲜明、学校文化承载力薄弱、基础设施建设还需加强、管理体制机制还需要进一步完善等多方面的问题。

机遇成于奋斗,挑战孕育潜力。综合判断,学校未来 5 年加快发展的机遇和条件难得,总体形势有利于高水平财经类大学建设迈上新台阶。

三、"十三五"发展目标

（一）"十三五"发展的指导思想

以马克思列宁主义、毛泽东思想、邓小平理论、"三个代表"重要思想和科学发展观为指导，深入贯彻落实习近平总书记系列重要讲话精神，坚持"创新、协调、绿色、开放、共享"的发展理念，严格贯彻党的教育方针，遵循高等教育规律，按照《国家中长期教育改革和发展规划纲要（2010－2020年）》和《河北省经济和社会发展第十三个五年规划》要求，加强现代大学制度建设，坚持"高水平、有特色、国际化"的办学思路，牢牢把握京津冀协同发展、"双一流"建设等重大机遇，以提高人才培养质量为中心，以加强学科建设为龙头，以深化教学改革为重点，以提升科研层次为支撑，以全面深化改革为动力，以优良学风校风为保障，坚持内涵建设，全面提高学校办学层次和办学水平，实现学校跨越式发展。

（二）"十三五"发展目标

经过"十三五"建设，到2020年把学校建设成特色鲜明、全国地方同类院校中一流的教学研究型财经大学。

1. 建成一支高素质的师资队伍。有一批能在本学科学术前沿和国家重大战略需求领域有较高影响力的学科领军人物、拔尖人才，建成3~5支在国内有相当影响甚至领先的科研团队，培育6~8支在省内有较高影响力的教学团队，力争在国家级教学名师和百千万人才工程上取得突破。到2020年专任教师队伍规模达到1400人，博士数量突破500人，师资队伍的国际化水平进一步提升，具有海外留学、研修背景的教师和外籍教师突破300人。

2. 学科特色更加突出。全力争取获得博士学位授予权，实现办学层次实质性提升。集中优势资源，重点发展学校的强势学科，在3~4个学科领域取得突破性进展，冲击国内一流水平；挖掘、强化学科主流特色，对接国家及区域战略需求，变特色为优势，提高学科为经济社会服务的能力；鼓励服务于现代产业体系的新兴学科、交叉学科发展，进一步优化学科结构。一级学科硕士授权点数量保持稳定，新增若干交叉学科自设的二级学科硕士授权点。加强专业硕士学位授权点建设，通过动态调整实现结构优化。

3. 人才培养质量不断提高。人才培养中心地位更加明确，本科教学主体和基础地位更加凸显。人才培养机制特色鲜明，课堂教学范式改革取得明显成效，资源共享课、慕课等新教育媒体和教育资源利用率更高。与大类招生培养模式相配合的分层培养体系、学分制管理体制、成长路径设计更加完善，学生具有较强的自主学习意识和能力。在国家精品视频公开课和国家教学成果奖方面再有新突破。专业结构更加优化，专业设置与人才培养更加符合社会需要，特色专业优势明显，建设5~10个在省内、2~3个在国内有一定影响的优势本科专业。

积极发展研究生教育，研究生培养模式改革进一步深化，培养质量进一步提高。

继续教育谋求效益、质量同步发展，打造河北省财经类继续教育品牌，建成 1~2 个在省内有一定影响的教育培训品牌项目。

稳定本科生招生规模，本科专业控制在 50 个左右，招生人数控制在 4500 人左右，规模控制在 18000 人左右；大力扩大研究生规模，逐步压缩继续教育规模。

4. 科学研究能力全面提升。承担一批国家级重大科研任务。力争承担国家级课题总数突破 50 项，取得高层次成果 70 项。科研经费较 2015 年逐年稳步上升。协同创新体制机制逐步完善，培育 3~4 个在省内有重要影响的新型智库，打造 3~4 支高水平学术团队，大力扶持 3~5 个特色研究方向，使之成为在全国有较大影响力的研究方向。鼓励教师开展基础研究。建立资源丰富的大数据平台，为开展科学研究、服务各级领导决策提供数据支持。加强科研基地建设，建立联合攻关机制，围绕经济社会发展需求，产出一批高水平、标志性成果。建立科研促进教学的体制机制。保持《河北经贸大学学报》的三大核心地位。《经济与管理》进入河北省名刊行列。

5. 国际化交流与合作的层次进一步深化。不断增强全校师生的国际化意识。在师资队伍建设、教学合作、科研合作、人才引进等多方面，进一步拓宽国际化视野。把加强与国外高水平大学和科研机构的合作，作为提升学校办学实力的重要途径。在中外合作办学方面，新增 1~2 个本科专业，1~2 个研究生专业，积极争取申办非独立法人的中外合作办学机构。积极发展留学生教育，留学生总人数达到 300 人左右，学历生招生比例扩大到 80% 以上。建好中东欧国际商务研修学院，为河北省实施"一带一路"战略提供智力支撑。

6. 管理科学化水平显著提高。学校治理结构进一步优化，管理体制机制更加科学化，工作效率、服务效能、保障效果不断提升。二级学院办学活力得到充分释放。平安和谐校园建设取得新成效，智慧型校园建设快速发展，校园环境更加美化，校园文化承载力、影响力进一步增强。

四、"十三五"发展的主要任务

（一）加强师资队伍建设，打造更具发展力的学科和教学梯队

1. 引进与培养并举，实施高层次人才队伍建设"三大计划"。实施"杰出人才与创新团队引进计划"。重点引进包括"千人计划"入选者、长江学者特聘教授及知名高校领军人才和优秀群体。

实施"拔尖科研团队、领军人才帮扶计划"。对绿色金融、农业保险、伦理学、农村专业合作社等已在国内相关研究领域占有一席之地的拔尖团队及带头人进行重点扶持，从政策上给予倾斜，力争培养出在国内有相当影响甚至领先的科研团队和"准大师级"拔尖人才，形成河北经贸大学学术亮点。

实施"青苗培育计划"。从青年学术骨干中遴选一批"青苗级"人才,通过学术引导、外出深造、传帮带等方式,使之融入拔尖学术团队,成长为合格的学术接班人。继续鼓励教师攻读博士学位。

2. 加强教师培训与进修,实施教学能力提升"三大计划。加强教学培训,实施教学技能提升计划。针对不同学科、不同年龄层次人员提供包括课堂教学规范、教学策略与方法、课程设计、教学大纲设计、学生学习评价、现代教育技术应用和在线教学等多样化教学技能培训服务。

培育教学文化,实施教学交流服务计划。通过开设名师教学工作坊、教学沙龙、教学研讨会、组织课程录像等多种形式,为教师提供多方位交流服务。

注重校际交流,实施课程进修支持计划。定期开展教师进修需求调查,选择对标学校及课程,选派教师进行短期课程进修学习。从现有的课程教学团队中遴选出 5~8 个已有一定建设基础的优秀团队进行重点扶持,在教师进修、培训等方面给予政策倾斜,形成河北经贸大学教学亮点。

3. 加强激励与引导,鼓励教师潜心教学。健全教师教学荣誉体系,改进校长特别奖、校级教学成果奖、教学优秀奖、教学名师等评选奖励制度,加强对优秀教师的宣传力度,营造静心教学环境,鼓励教师在教育教学中追求卓越。通过数据挖掘推出校长特别奖人选10~15 名,发现并培养校级教学名师15~20 名,省级教学名师 5~6 名,国家级教学名师 1~2 名。完善专业建设负责人制和导师制,充分发挥专业带头人和骨干教师的作用。加大职称评审的教学直推政策倾斜力度,加大教学倾斜导向,适当调整基础教学承担单位的教学分值。

4. 实施师德师风建设工程,加强师德师风建设。大力加强对教师的道德修养、政策法规、业务能力等方面的培训,建立教师轮训制度,实现教师轮训常态化、制度化、规范化;坚持开展优秀教师评选活动,树立先进典型;将师德表现作为教师考核、聘任和评价的重要内容和依据;进一步完善监督机制,实现强化监督与提高自律的有机结合,树立良好的师德师风。

(二) 强化优势学科,扶持特色学科,优化学科结构,提升学科整体水平

1. 实施"一流学科建设计划"。以应用经济学、法学、马克思主义理论为授权学科,工商管理、公共管理、统计学为支撑学科,继续加强申博学科建设。以应用经济学、法学、马克思主义理论 3 个一级学科作为"国内一流学科"进行重点建设。以工商管理、公共管理、统计学作为"省内一流学科"进行重点建设,为今后增列国内一流学科建设序列奠定基础。重点培养绿色金融、农业保险、农产品流通、地方立法评估、伦理学等研究方向,为打造"国际品牌研究方向"积蓄实力。集中校内优势资源,引进和培养在国内有较大影响的学科带头人,加强学科队伍建设;凸显学科特色、提高科学研究水平;提升服务社会能力和国内影响力,为"双一流"建设提供支撑。

2. 实施"学科结构动态调整计划"。支持与社会需求对接、有发展前景、学校空白的一级学科和专业学位点建设,争取获得管理科学与工程、哲学一级学科授权,增加旅游硕士、工程硕士(计算机领域)、艺术硕士 3 个专业硕士学位点;支持新兴学科、交叉学科申

报自设二级学科硕士点；校内重点（发展）学科和非实体性研究中心（所）通过校内评估，实行准入、退出机制。重点加强法律、工商管理、会计、金融等专业学位点建设，为获得专业学位博士授权奠定基础。通过该计划，进一步优化校内教育资源配置，巩固学科基础；凝练学科研究方向，培养学科新的增长点和特色；培养"双师型"导师队伍，探索"学术型"和"专业型"人才培养模式；提高学科为本省经济社会服务的能力。

3. 实施"学科内涵建设提升计划"。加大人才培养和引进力度，建设高水平学科队伍。力争到2020年强势学科队伍中的博士比例达到90%。各学科要紧紧围绕"京津冀协同发展""一带一路"等国家战略和河北经济社会发展中的重大问题，依托学科方向开展科学研究，在创新性、应用性上下功夫，通过精心组织、认真谋划产出一批具有学术价值和应用价值的"精品"。积极试行"学科基地建设项目"。鼓励学科以研究方向为导向，选择符合学科发展规律，有助于科学研究和人才培养的政府管理部门、企业乃至村镇等作为固定观测点或案例采集地，建立校外学科基地。形成学科梯队成员及研究生驻基地工作学习机制，开展不间断教学科研实践和调查研究，提高学科研究成果对接地方经济社会发展的实用价值，发挥学科基地在学科梯队培养、研究成果产出和研究生教育方面的支撑作用。

（三）深化教学改革，打造特色人才培养机制

1. 建立多样化本科人才培养机制。全面推进人才培养机制改革，以适应国家与地方经济社会需求和学生发展为出发点和落脚点，搭建多样化成长路径，加强应用型人才培养，实现学生个性化成人成才。一是发挥财经类应用学科专业优势，突出实践能力培养，适应经济社会发展需求。二是推动双学位、辅修修读路径建设，发挥本科专业的交叉渗透优势，满足"一专多能"人才需求。三是完善荣誉学士学位表彰与培养跟踪制度，培养学术发展潜能。

2. 加强本科专业结构优化与特色提升。全面实施本科专业预警及退出实施办法，优化专业结构，提升专业办学水平。加快专业综合改革步伐，加强专业自我评估，促进专业优势和特色的凝练提升，推动全校各专业在人才培养模式、教学团队、教学内容与课程体系、教学方法与手段、教学管理等环节的改革和建设，增强专业发展活力。

3. 强化资源建设与教学管理，深化教学范式改革。继续推进课程教学范式改革，以学生为本，以成效为核心，以"自主、合作、探究"为特征，促进教育教学观念转变、教学内容更新和教学方法改革，培养学生自主学习的意识和习惯。推广使用新的教育载体和教学平台，完善网络学习课程教学模式。

以促进课程教学资源共享为重点，建设60门左右校级精品资源共享课、6~10门校级精品视频公开课。推进课程中心、经管教学案例库及网络教学平台建设，带动全校课程基本实现网络辅助教学。开展实验室建设项目绩效评估，改善实验实践教学条件，推动信息技术与实验教学深度融合。

加强教学管理创新，推进完全学分制改革，为学生自主选专业、选路径、选课程提供多样化教育服务。完善多维度质量保障和评价体系，政策激励引导教师积极投身教学。建立数据常态监测机制，完善年度教学基本状态数据采集、教学运行数据采集与教学工作质量报告制度，加强教育教学质量自我诊断和第三方评估。

4. 推进创新创业教育，促进学生全面发展。健全创新创业教育课程体系。挖掘和充实各类专业课程的创新创业教育资源，在传授专业知识的过程中加强创新创业教育，实现专业教育与创新创业教育有机融合。引进创新创业教育优质课程，开发研究方法、学科前沿、创业基础、就业创业指导等方面的必修课和选修课，建设依次递进、有机衔接、科学合理的创新创业教育专门课程群。

将创新创业活动纳入毕业学分体系，推进课程与各类活动协同培养。推进"双创"教育平台建设，通过开展创新训练营、创客俱乐部、创新创业大赛等多种形式提升学生创新创业能力。

5. 深化研究生教育教学改革。从招生源头入手，提高生源质量。完善研究生招生内控体系和激励机制，不断优化研究生招生专业结构，进一步完善《全日制硕士研究生招生工作管理办法》，健全研究生招生专业调整与退出机制，加大对优质生源的奖励力度，把好生源第一关。

创新研究生培养模式。实现专业硕士、学术硕士研究生培养的分类培养。加强研究生实践基地、案例库、精品课等项目的建设，着力推进研究生创新计划项目，积极探索产、学、研、用相结合的研究生培养路径，努力实现学校研究生教育与社会需求相对接、与实际部门相对接，不断提高学校研究生培养质量。

加强导师队伍建设。完善硕士生导师遴选办法，建立导师退出机制。加快培养年轻硕士生导师，改善硕士生导师年龄结构，实现硕士生导师队伍的可持续发展。

（四）提升科研创新能力，为学校发展提供有力支撑

1. 强化学术底蕴建设，夯实基础理论研究。鼓励和引导教师开展面向学术前沿问题、面向国家重大战略需求的基础研究。增强面向交叉学科和新兴学科发展的基础理论和学术研究积累能力，增强知识创新和原始创新能力，建立长期稳定的国际学术交流合作新机制，逐步提升学校哲学社会科学的整体实力和国际影响力，增强学校国内乃至国际学术话语权。

2. 进一步凝练研究方向，为学科建设提供支持。结合"双一流"建设，立足学校实际，瞄准学科前沿和地方经济社会发展需求，进一步凝练科学研究方向，推进跨院系、跨学科的协同研究，打造多学科交叉融合渗透的综合科研平台，为学校的优势学科群的形成提供支撑。围绕学校的学科结构优化、学科布局调整、学科资源整合工作，重点支持有助于新兴学科、前沿交叉学科发展的科研方向，为学科结构和布局调整提供支撑。

3. 打造特色平台和高端智库。

（1）建设基础数据平台。构建"人文社科经典文献数据库平台"。建设马克思主义文献数据库、中国优秀传统文化数据库、国外优秀文化数据库、学科专业经典著作数据库、学科前沿文献动态数据库、社会调查数据库、统计分析数据库、案例集成库等基础数据库，为科学研究和培养高素质人才提供人文社科经典和优秀文化数据信息支持。

全力打造"河北省经济社会发展地理信息大数据平台"。依托河北省地理信息局的相关数据，积极开展与省内数据拥有单位的合作，整合学校相关院所和研究人员组建跨学科攻关团队，力争在3~5年内，打造基于地理信息、融合各类数据、具有国内领先水平的数据平

台，为经济社会发展和政府重大决策提供基础数据支持。

（2）构建京津冀协同发展智库。紧密结合区域经济及产业发展特点和需求，全面加强与地方政府、非营利组织、企业的合作，搭建科研合作平台，以智库、研究基地、经济研究所、两个创新中心、非实体研究所为载体，整合团队，围绕地方经济社会发展中面临的重大理论和现实问题开展研究，面向研究需求、政府需求、企业需求，发挥思想库、智囊库的作用，为省内相关政府部门的决策提供支撑。

4. 整合校内外资源，提升科研质量。切实关注科研质量，引导和鼓励教师在科学研究中不断推进理论体系、学术观点和研究方法创新，经过长期积淀，产出对文化传承和理论创新具有重大影响的原创性、标志性成果。

通过对优秀项目与著作的后期资助、长期资助，加大对优秀成果的奖励和宣传力度等政策措施，提升科研成果质量和水平，产出一批在国内外有重要影响的高水平研究成果。制订并实施"SSCI提升计划"，提高科研成果的国际化水平。

鼓励和支持广大教师，特别是重点学科学术带头人、学术骨干开展多层次、跨学科、多形式的对外学术交流与合作，了解学术前沿，进一步提高科研创新能力。定期举办国内和国际学术论坛，争取到2020年打造在省内乃至全国具有较大影响的品牌论坛3~5个。

5. 进一步完善和创新科研考核评价机制。科研考核评价突出质量和创新，科研成果突出应用导向，鼓励为地方经济社会发展服务，同时建立以论文为主要形式的科研成果基本任务指标，逐步实行代表作制和免考核制。同时，建立健全科研诚信机制，建立科研信用档案，将学术诚信作为考评工作的重要依据。

积极推进和探索更加人性化的分类考核与评价标准。根据教师的不同学科、不同岗位类型，合理设置相应的考核办法、标准与考核周期。实行团队与个人考核相结合的评价方式。科研考评管理主体重心向学院转移，进一步扩大学院在科研管理方面的职能，形成校院两级分工合作的考核评价体系。

6. 提升科研对教学的支撑能力。积极推动教学与科研的相互转化，鼓励教师把最新科研实践成果引入课堂，探索建立大学生科研助手制度，推动教师科研项目向高年级学生开放，实现科研活动与教学的对接，推动教学研究深入展开。

大力推进科研教学基地建设。学校要与企业、园区、政府部门等主体合作建设科研教学基地。鼓励专业教师轮流到基地进行短期挂职，为学生的实践提供指导，切实提升学生实践的效果。"十三五"期间，力争每年建设科研教学基地3~5家。

（五）深化国际交流与合作，提升国际化办学水平

1. 提升师资国际化水平。扩大教师海外研究规模。每年选派不少于20名优秀青年教师和管理干部到国外著名高校进修学习，拓宽国际视野，提高科研和管理能力；重点支持一批领军人物和学科带头人赴国外参加学术交流活动，扩大其国际学术影响力；支持优秀学者出国参加学术会议，开展学术交流，展示学术成就。紧紧围绕争取博士点和重点优势学科建设发展需要，大力引进国际化师资。

2. 推进学科专业与国际化接轨。优选1~2个特色和优势学科专业，在课程体系建设、

师资队伍建设、教材建设等方面，积极开展与国外、境外高水平大学的合作，拓展师资和资源共享，逐步扩大学生国际交流规模。推进国际化课程建设，不断提高双语教学的水平和效果，完善留学生培养标准，提高留学生培养质量。拓宽留学生招生渠道，留学生生源国向欧美拓展。

3. 推进国际化合作平台建设。积极深化与国外、境外高水平院校在科学研究领域的合作。切实发挥中东欧国际商务研修学院的作用，抓住"一带一路"战略机遇，积极参与并大力开展全球和区域性重大科研项目。创新与国外联合办学新模式。加强尼泊尔和赞比亚孔子学院建设，将其打造集汉语教学、文化传播、学术研究于一体的综合文化交流平台。

（六）加强校园环境建设，让学校发展成果惠及师生

1. 加强基础设施建设。调整优化校园空间布局。根据学科的发展定位、学科之间关联性，以及学科和本科教育的关系，科学规划，对现有办公布局按照"分类集中、沟通便捷、方便高效"的原则进行统筹调整，形成总体布局明晰、功能分区清楚、各类用房适当的校园规划格局，服务教学和学科建设发展需求。经济管理学院集中到南、西校区办学，本一、研究生、留学生在北校区办学。建立教授工作室和教师午休室。建设高层次人才周转用房，为学校延揽高层次人才提供强有力的保障。推进学校水源地问题的解决，进一步改善教师和学生的教学、生活、文化条件，实施配套服务设施的改造和建设。

2. 加强文化载体建设。凝练宣传"经贸精神"，形成全校师生认同并遵循的价值理念。实施图书馆、发票博物馆、校史馆数字化工程及馆藏资源整理发掘工程，打造一批具有一定影响力的馆藏精品丛书、燕赵财经名人传记、经贸大学名师丛书等系列文化产品。完善打破介质限制、时间限制、空间限制的立体式文献信息资源保障体系，大力加强图书馆信息化建设，提升资源服务能力。以加强校史研究为基础，挖掘学校文化资源，提升学校文化的凝聚力、向心力、影响力；丰富学校文化载体，重视学校整体形象的塑造，实施"校园文化载体升级工程"，全面提升校园文化识别系统的文化底蕴及张力。打造3~5个在全省乃至全国具有较强影响力的校园文化品牌活动，着力推进文化育人。

3. 加强绿色校园建设。建立和完善节能减排长效机制，建设节约型低碳校园，注重校园自然环境和人文环境的有机融合，通过季节主题带动校园绿化，精心设计和改建生态公园、人工湖，形成个性鲜明、层次分明的玉兰林、法国梧桐林、银杏林、水杉林、云杉林等绿色格局，融绿化因素与文化内涵于一体，建设人与自然和谐的"绿色校园"。

4. 加强智慧校园建设。完善学校管理信息系统建设，为教学、科研、管理和服务搭建公共服务平台，提高信息化管理的效率；提升校内骨干网络带宽及网络覆盖范围，保障校园网络畅通、安全运行，为广大师生提供优质便利网络服务；加强云计算数据中心建设，促进源头数据标准化、完整化，积累学校大数据，构建智能决策系统；进一步丰富教学、文化资源，推动优秀资源的数字化、网络化。

5. 加强平安校园建设。健全校园安全网格化管理体系，落实安全管理"党政同责，一岗双责"。加强校园安全教育和法治教育，提高大学生安全防范意识和能力。提升校园电子监控平台建设水平，建设智能化安全管理指挥平台。健全完善校园预警机制，强化校园突发

事件的预案研究，完善安全管理模式，构建平安校园。

（七）推进管理体制改革，建立充满生机和活力的体制机制

1. 完善学校治理结构。严格落实《河北经贸大学章程》，坚持党委领导、校长负责、教授治学、民主管理，充分发挥学术委员会、学位委员会、教授委员会的作用，促进学术权力与行政权力协调发展。鼓励师生通过教代会、职代会、团代会、学代会等多种形式参与学校管理。进一步健全党务公开、校务公开等信息公开制度。

2. 深化管理体制改革。深化全校综合改革，大力推进管理重心下移，以学院（部）为办学主体，推进教育教学改革、人事管理、财务管理和资源调整配置等权限下移，激发学院（部）的活力。积极推进人事制度改革，实施人才分类管理，建立符合不同类型、不同层次人才特点的考核评价体系与考核机制，建立有利于优秀人才脱颖而出的激励机制。调整优化科研管理体制，由科研管理部门统筹管理各类科研项目。构建统一领导、分级管理的财务管理体制，加强内部控制建设，落实经费使用管理责任制，强化财务控制和审计监督，提高资金使用效益，防范财务风险。深化后勤管理体制改革，进一步提高后勤管理科学化、精细化、规范化水平，建设节约型、服务型、和谐后勤保障体系。

3. 充分调动各方面的积极性。加强学校党委对统一战线的领导，积极创造条件、畅通渠道，支持民主党派和党外人士履行职能、发挥作用。加强对工青妇等群众团体的领导，支持他们按照各自的章程创造性地开展工作，充分发挥他们在校园文化建设、思想政治工作与和谐校园建设中的积极作用。充分发挥离退休同志的专业特长，支持他们为学校发展多做贡献。扎实做好校友工作和各界人士的联络沟通工作，团结和凝聚国内外校友和各界人士为学校发展献计献策、贡献力量。

（八）全面加强党的建设和思想政治工作，为学校发展提供坚强政治保障

1. 大力加强思想建设。坚持不懈用中国特色社会主义理论体系武装党员干部，深入学习习近平总书记系列重要讲话精神，重点学习习近平总书记关于教育事业发展的论述，努力提高全校党员干部推进教育现代化的思想自觉和理论素养。深入开展中国特色社会主义和"中国梦"主题宣传教育，推动领导干部、广大党员坚守理想信念。

2. 大力加强组织建设。认真落实《中国共产党普通高等学校基层组织工作条例》，加强学习型、服务型和创新型党组织建设，充分发挥党组织在学校改革发展中的领导核心作用，加强党员队伍管理，切实提高党务工作者的工作能力和业务水平，形成各级党组织和广大党员团结带领师生员工齐心协力推进高水平大学建设的浓厚氛围。坚持党管干部的原则，认真落实《党政领导干部选拔任用工作条例》，按照习近平总书记提出的"好干部标准"，切实提高选人用人公信度。完善干部考核评价体系，科学运用考核结果。优化干部队伍学历结构。加强干部教育培训工作，创新干部培训方式方法，突出培训效果，培养一批政治过硬、业务精湛、崇尚实干、群众公认的干部，为创建高水平财经大学提供有力保证。

3. 大力加强作风建设。认真践行"三严三实"，对照"三严三实"要求，推进作风教育常态化、制度化，健全作风建设长效机制。严格落实中央八项规定精神，坚决反对"四

风",进一步完善相关配套制度。全面推进党务公开、校务公开,畅通教职工献言献策渠道和监督渠道,及时回应师生意见建议。

4. 大力加强反腐倡廉建设。严格落实党风廉政建设党委主体责任和纪委监督责任,促进落实"两个责任"具体化、规范化、程序化。把纪律和规矩挺在前面,严守纪律和规矩,特别是政治纪律和政治规矩。认真践行监督执纪"四种形态",着力加强反腐倡廉制度建设。改进和完善党风廉政建设考核和责任追究办法,严格落实一案双查和责任倒查制度。深化廉政建设宣传教育,切实增强党员干部和教师的反腐倡廉意识,提高拒腐防变能力。加强纪检监察干部队伍建设。初步形成不敢腐、不能腐、不想腐的体制机制。

5. 大力加强制度建设。认真落实党委领导下的校长分工负责制,认真落实中央关于《关于坚持和完善普通高等学校党委领导下的校长负责制的实施意见》,完善学校党委与行政议事决策制度,强化党委集体领导和领导班子分工负责制度。健全落实民主集中制、"三重一大"事项集体决策制度。规范民主生活会制度,巩固拓展党的群众路线教育实践活动专题民主生活会的成功经验,促进民主生活会规范化、制度化。

6. 大力加强思想政治工作。认真贯彻落实《关于进一步加强和改进新形势下高校宣传思想工作的意见》,进一步加强中国特色社会主义、社会主义核心价值观和"中国梦"教育。充分发挥课堂教学的主导作用,通过思想政治理论课教育、形势政策教育、军事理论课教育、心理健康教育、社会实践教育等多种形式,建立健全教书育人、实践育人、科研育人、管理育人、服务育人长效机制。建设一支高素质辅导员队伍,切实发挥好思想引领作用。将"大宣传"格局与加强思想政治教育紧密结合起来,打造思想政治教育的全媒体平台,特别是主动占领网络思想政治教育阵地,牢牢把握网络教育的主动权,打破思想政治教育的时间、空间限制,让思想政治教育更加贴近学生生活,取得扎实成效。

五、"十三五"规划落实保障

(一)加强领导

强化对落实"十三五"规划的宏观指导和统筹协调。把落实"十三五"规划情况作为领导班子和领导干部考核的重要内容,完善考核机制和问责制度,充分发挥考核"指挥棒"的作用。各单位要围绕学校"十三五"规划提出的发展目标、中心任务和重点工作,自觉把本单位的工作放在学校发展的全局中科学谋划、扎实推动。

(二)落实责任

对"十三五"规划的各项目标任务进行分解。有关单位要根据学校"十三五"规划认真做好师资队伍、人才培养、学科建设、科研工作、校园建设、数字化校园建设等6项专项规划的编制工作,做到专项规划与学校总规划无缝衔接。各职能部门要立足实际,认真制订重大工程、计划项目、改革试点项目等工作的具体实施方案,统筹把握任务进度,将任务指标细化为年度任务目标，做到层层分解、落实到单位和责任人。各学院要根据学校"十三五"规划研究制订学院"十三五"规划，确保各项任务落到实处。

（三）强化督导

成立专门督导机构，督导检查规划落实情况。组织开展规划执行情况定期检查和跟踪分析工作。适时召开规划执行情况调度会，统筹推进规划落实工作。各单位的年度目标任务完成情况，要主动公开，接受师生员工的监督。建立健全规划实施监测制度，进行规划实施情况中期检查，推动工作落实，确保学校"十三五"规划目标任务保质保量按期完成。

河南财经政法大学"十三五"发展规划

根据《国家中长期教育改革和发展规划纲要（2010－2020年)》《统筹推进世界一流大学和一流学科建设总体方案》《国家教育事业发展"十三五"规划》《河南省中长期教育改革和发展规划纲要（2010－2020年)》和《河南省教育事业发展"十三五"规划》精神，紧密结合学校实际，编制本规划。

一、发展战略

（一）指导思想

高举中国特色社会主义伟大旗帜，全面贯彻党的十八大和十八届三中、四中、五中和六中全会精神，深入学习贯彻习近平总书记系列重要讲话精神和治国理政新理念新思想新战略，以"创新、协调、绿色、开放、共享"发展理念为引领，全面贯彻党的教育方针，坚持社会主义办学方向，坚持依法治校，扎根中国大地办大学，以立德树人为根本，以人才培养为中心，以学科建设为龙头，以师资队伍建设为关键，以"双一流"建设为契机，以服务经济社会发展为要务，实施"人才强校、质量立校、学术兴校、特色名校、制度治校、文化厚校"六大战略，全面提高学校的核心竞争力、社会贡献力和国际影响力。

（二）办学定位

1. 发展目标定位。立足河南，面向全国，辐射"一带一路"，建成国内有地位、国际有影响、特色鲜明的高水平大学。

2. 办学层次定位。以本科教育为主，大力发展研究生教育，深化继续教育，扩大留学生教育。

3. 学科发展定位。以经济学、管理学、法学为主干学科，积极发展哲学、文学、理学、工学、艺术学、教育学等学科，形成交叉渗透、优势互补、协调发展的学科体系。

4. 培养目标定位。培养"厚基础、宽口径、强能力、高素质"的复合型、创新型、应用型人才。

（三）发展思路

坚持走内涵提升、特色发展之路，围绕"一个中心、两个突出、三项改革、四点着力、五类发展、六大战略"的发展思路，全面提升学校综合实力。

一个中心：牢固确立人才培养在学校工作中的中心地位，全面落实"立德树人"根本任务。

两个突出：一是突出人的发展。以学生全面发展为导向，着力促进学生德智体美综合素质不断提升；以教师教学能力提升为重点，着力促进教师价值不断实现。二是突出服务地方经济社会发展。加强协作攻关，打造高端平台，为"决胜全面小康，让中原更加出彩"提供思想库、智力源。

三项改革：一是人才培养模式改革。完善和优化专业设置，积极探索复合型、创新型、应用型人才培养的有效途径。二是办学模式改革。扩大开放，加强交流，形成"开放式、合作型、国际化"的办学模式。三是管理模式改革。完善学校治理结构，逐步推进管理重心下移，建设与现代大学制度相应的管理模式。

四点着力：一是着力提升办学层次，成为博士学位授权单位。二是着力优化结构，实现办学资源的优化配置。三是着力夯实基础，切实改善办学条件。四是着力改善民生，为师生发展创造良好条件和环境。

五类发展：一是内涵发展。以质量提升为核心，全面提高人才培养质量、科学研究水平、服务地方经济社会发展和文化传承创新的能力。二是创新发展。创新体制、机制，增强学校内生动力，激发教职工的积极性和创造性。三是协调发展。努力推进质量、规范、结构、效益协调同步，人才培养、科学研究、社会服务、文化传承与创新协调同步，教学、科研、管理协调同步，着力实现办学目标与国家发展战略相协调，专业设置与区域经济的产业结构相协调，人才培养与经济社会的人才需求相协调。四是开放发展。在开放中寻求合作，在合作中扩大开放。扩大内部开放共享，推动校内协同；主动对社会开放，充分利用社会资源；坚持对外开放，提升办学国际化水平。五是特色发展。充分彰显学校优势，努力打造学校的育人特色、研究特色、服务特色和创新特色。

六大战略：实施"人才强校、质量立校、学术兴校、特色名校、制度治校、文化厚校"战略，全面推进学校科学持续发展。

（四）发展目标

到 2020 年，学校综合竞争力显著增强，优势更加突出，特色更加鲜明，高水平大学建设取得显著成效，获得博士授权单位。

办学规模：全日制在校生规模稳定在 35000 人左右，其中本科生 30000 人左右（含中外合作办学本科生 5000 人），研究生 2000 人左右，留学生 800 人左右。

学科建设：建设国家一流学科 1~2 个、河南省优势特色学科 3~5 个，形成 3~5 个相互交叉、融合、支撑的学科群；力争 2~3 个一级学科获取博士学位授权，一级学科（学术型）硕士学位授权点达到 11 个。

人才培养：本科专业数量稳定在 70 个左右，重点建设 8~10 个国家级专业综合改革试点（含特色专业），15~20 个省级专业综合改革试点（含特色专业）。国家级精品课程、实验教学示范中心、教学团队等实现突破。新建大学生创新创业实践基地 50 个。

师资队伍：专任教师达到 2200 人，具有高级职称的教师达到 1000 人，教授数量达到 300 人，硕士研究生导师达到 400 人，博士研究生导师达到 100 人。具有博士学位教师比例达到 50% 以上，青年教师中具有博士学位教师比例达到 80% 以上，教师国内外访学、进修比例达到 100%。

科学研究：主持完成国家级科研项目 200 项，国家重点项目 10 项，省部级科研项目 1200 项；发表高层次学术论文 2000 篇，出版学术著作 600 部；获省级以上科研奖励 100 项，教育部人文社会科学优秀成果奖实现突破；科研经费突破 2.2 亿元。

基本建设：新增法学楼 4 万平方米、学生活动中心及人文楼 3.6 万平方米、MBA 楼及留学生公寓（含专家公寓）3 万平方米、学术交流中心 3.5 万平方米、科研信息大楼 2 万平方米、学生公寓 4 万平方米、综合用房 1.5 万平方米和体育场馆 1.5 万平方米。

河南财经政法大学 2016～2020 年主要发展指标

项目		指　　标	指标数
办学规模	在校生规模	总规模（万人）	3.5
		普通本科生（万人）	2.5
		中外合作本科生（万人）	0.5
		研究生（万人）	0.2
		留学生（万人）	0.08
		其他类学生（万人）	0.22
	中外合作办学机构（个）		1～2
	对外合作办学项目（项）		20
学科建设	博士学位授权一级学科（个）		2～3
	硕士学位授权点（个）	一级学科（学术型）	11
		专业学位	14
	该学科在全国高校排名	经济学	前 5%
		管理学	前 5%
		法学	前 10%
	国家一流学科（个）		1～2
	河南省优势学科（个）		1～2
	河南省特色学科（个）		3
	研究生	省级特色品牌专业（个）	5
		省级优质课程（门）	5
		示范性教学实践基地（个）	2
		学生科研创新基金项目（项）	100
		教师教学质量工程项目（项）	100

续表

项目	指 标		指标数
专业建设	本科专业数（个）		70
	专业综合改革试点（含特色专业）	国家级（个）	8～10
		省级（个）	15～20
	国家级精品课程（门）		1
	国家级实验教学示范中心（个）		1
	国家级教学团队（个）		1
	省级精品课程（门）		33
	省级实验教学示范中心（个）		6
	省级教学团队（个）		9～10
	本科毕业生就创业率（%）		≥98
人才队伍建设	教师人数（人）		2200
	辅导员（人）		175
	培养引进高层次人才	两院院士和同等层次者（名）	2
		教育部"长江学者"特聘教授、国家杰出青年基金获得者、国家"千人计划"入选者和同等层次者（名）	3
		国家级百千万人才工程人选、国家社科重大项目首席专家、省级"百人计划"入选者和同等层次者（名）	6
		省级特聘教授入选者和同等层次者（名）	10～12
	教师国内外访学、进修比例（%）		100
	博士学位教师比例（%）		≥50
	青年教师中博士学位教师比例（%）		≥80
	博士（人）		1100
	教授（人）		300
	具有高级职称教师（人）		1000
	省级教学名师（名）		8
	硕士研究生导师（名）		400
	博士研究生导师（名）		100
科学研究	科研项目（项）	国家级	200
		国家重点项目	10
		省部级	1200
	学术论文（篇）	二类以上	500
		四类以上	2000

项目		指　标	指标数
科学研究		学术著作（部）	600
		科研获奖（省级三等奖以上）（项）	100
		纵横向科研经费（亿元）	2.2
	研究基地	教育部人文社会科学重点研究基地（个）	1
		省级人文社会科学重点研究基地（含省级协同创新中心）（个）	12
		省高校科技创新团队和创新人才（个）	20
		省高校哲学社会科学创新团队（个）	9
	社会服务	智库建设（个）	20
		横向课题（项）	200
		校地/校企合作项目（项）	50
基础建设和资源保障		教学科研用仪器设备总值（亿元）	≥2
		图书馆藏书量（万册）	350
	新增项目	占地面积（亩）	1000
		法学楼（万㎡）	4
		学生活动中心及人文楼（万㎡）	3.6
		MBA楼、留学生公寓（含专家公寓）（万㎡）	3
		学术交流中心（万㎡）	3.5
		科研信息大楼（万㎡）	2
		学生公寓（万㎡）	4
		综合用房（万㎡）	1.5
		体育馆（万㎡）	1.5

二、发展任务

（一）坚持特色名校，提升学科整体实力

加强学科建设顶层设计，理顺学科管理体制，完善学科建设服务体系，统筹推进学科整体实力提升。

1. 加快一流学科建设。坚持统筹兼顾、分类发展、突出重点、整体推进。实施"高峰计划"，加大对应用经济学、工商管理、法学3个一级学科建设的支持力度，争取1~2个学科进入国内一流学科行列，并获得博士学位授权。实施"高原计划"，支持哲学、理论经济学、马克思主义理论、地理学、管理科学与工程、农林经济管理、公共管理等学科进入省内

一流学科。实施"高地计划",以校级重点学科和基础学科为基础,培育 10 个左右特色学科品牌,为进入省内一流学科奠定基础;积极促进经济学、管理学和法学等主干学科之间、经管法主干学科与其他学科的交叉融合和相互支撑,培育新的学科增长点;以"经济管理与现代服务业"省级特色学科群建设为契机,培育 3～5 个具有财经政法特色的省内一流、国内知名的特色学科群。

2. 理顺学科管理机制。推动学科体制机制改革创新,营造良好的学科发展生态。健全学科建设组织机构,成立学科建设专门委员会,论证和审议建设规划、建设方案、建设制度、资金分配等学科建设的重大问题;落实院系学科建设主体责任,理顺学校、院系、学科之间的关系;探索完善学术组织的管理形式,统筹一级学科建设,推进跨院系学科交叉融合;实施学科建设目标责任制,加强对学科建设的目标管理、预算管理和过程管理,实现全程监管、动态调整;建立以绩效为导向的资源合理配置机制,提高学科资源的使用效率。

3. 健全学科评估与服务体系。聚焦一流学科建设核心要素,以教育部第四轮学科评估为契机,完善学科评估体系。依托专业化大数据信息系统支持,建立学科建设和发展数据库;邀请国内外知名学者与管理专家,成立学科建设评估委员会;构建学科日常监测与周期性评估机制,实行第三方评估和校内评估相结合;发挥学科绩效评估结果在资源分配中的作用,促进学科自我调整和更新;根据学科发展建设的多元化需求,建立相关职能部门的学科建设服务联动机制,形成独具特色的学科服务保障体系,提高学科建设管理水平。

(二)坚持质量立校,提高人才培养质量

以教育部本科教学审核评估工作为契机,牢固确立人才培养在学校工作中的中心地位,创新人才培养模式和培养路径,促进学生德智体美全面发展。

1. 更新人才培养观念。深入贯彻素质教育思想,牢固确立以人才培养为中心、以学生为本的理念;坚持全员全过程全方位育人,把思想价值引领贯穿教育教学全过程和各环节,进一步强化教书育人、科研育人、实践育人、管理育人、服务育人、文化育人、组织育人;坚持人文精神与科学素养相统一、知识传授与能力提升相统一、通识教育与专业教育相统一、教学与科研相统一;树立以人才培养为根本的价值观、人才培养质量是生命线的质量观、学生多样化发展的人才观、"学生主体、教师主导"的教学观,培养具有优良的思想品格、深厚的人文素养、扎实的专业知识、强烈的创新意识、宽广的国际视野以及浓郁的本土情怀的复合型、创新型、应用型人才。

2. 创新人才培养模式。实施专业特色培育工程,着力实施三项计划,即专业结构调整优化计划、人才培养模式创新计划及特色专业建设与评估计划;组建有一定比例校外专家组成的专业建设指导委员会,逐步建立灵活的专业进退机制;建立健全专业评估诊断长效机制,启动第三方专业评估;围绕经济学、管理学、法学等特色学科,调整优化学科专业结构,适度扩大学科门类和专业数量;优化专业人才培养方案,积极探索科学基础、实践能力和人文素养融合发展的人才培养模式;适应招生政策改革,结合人才培养体系,稳定招生规模,优化生源结构,提高生源质量;从增加开设第二外语入手,逐步开设或引入国际化课程,探索涉外人才培养的新思路;采取有效措施,使主辅修制的选修学生比例达到 15% 左

右，积极开展"导师制、个性化、国际化"培养模式的探索；加强对学生的职业规划，探索分类指导、分类培养的人才培养模式，大力支持创新班、订制班等人才培养试点项目，积极引导学生实现考研、创业、就业等多样化的成长发展路径。

3. 强化课堂协同效能。实施课程效能提升工程，着力实施五项计划，即课程范式改革行动计划、课程标准化建设计划、实践教学环节创新计划、通识教育课程改革计划和优秀教材资助引进计划；以第一课堂为基础，提高课程教学、创新创业、实习实践基地、在线课程、校友网络等5类课堂的综合协同培养效能；继续深化课程教学范式综合改革，鼓励教学创新，运用现代信息技术推动翻转课堂和混合式课堂等课程教学改革，形成开放、互动、共享的教育模式；探索课程标准化建设模式，对不同类别课程进行标准化建设；积极加入省内外高校联盟，制订学分认定和转换办法，完善联合培养机制，实现学分互认，制订学生网络学习学分认定办法，构建基于互联网的自主学习体系；构建与理论教学相衔接的实践教学体系，改革实践教学内容和教学方法，提高实践教学效果；健全和完善教材选用和评价机制，严把教材选用质量关；优化通识教育课程结构，改革体育、艺术教育模式，面向全校开设《大学美育》通识必修课程和创新创业系列课程，培养学生综合文化素养；推动思想政治理论课综合改革创新，建成校内线上线下实践教学平台。

4. 提高教师教学能力。实施教师教学发展工程，积极开展专业核心课教授负责制试点和知名教授开设新生研讨课试点，培育高水平教学团队；建立名师工作室，引入激励与竞争机制，培育教学名师，推进新进青年教师导师制，对青年教师进行教学、科研的系统指导；完善基层教学组织建设和教研室工作制度，倡导团队学习和团队教学研究；建立优质的教学咨询团队、评估团队及志愿者团队，提供教学咨询与诊断服务，提升教师自觉改进教学效果与自主发展意识，着力提高教师教育教学能力，实现教师职业培训常态化和制度化。

5. 健全质量保障体系。建立科学合理的教学资源分配机制和教学优先保障机制，新增经费优先保障教学需要，新增生均拨款优先用于学生培养，保证四项教学经费实际支出占学费收入的30%以上，且呈持续增长趋势；完善本科教学基层组织建设和教学工作责任体系，继续落实教学质量第一责任人制、专业负责人制、课程负责人制、多媒体教学准入制、课堂教学效果一票否决制，推进教学管理重心下移；加强本科教学指导委员会、教学督导委员会、专业建设委员会对教学工作的指导和督导；以本科教学工作审核评估为抓手，改进评教、评学、评管方式，探索建立学生评教末位进修制度，健全教学质量监控体系、教学质量标准化体系和教学评价体系；构建网络化的现代教学管理支撑平台，推进教学管理信息化建设；强化教学全过程、全方位管理和服务，健全教学管理规章制度，进一步规范教学运行管理，保证和提高教学质量。

（三）加强研究生教育，提升办学层次

加强学位点建设，获得博士学位授权；扩大研究生规模，优化研究生生源结构；积极探索研究生培养模式创新，注重培养过程，不断提高研究生培养质量。

1. 加强学位点建设。对照博士学位授权单位和学科的条件及要求，加大投入，强化应用经济学、工商管理和法学等一级授权学科建设，获批博士学位授予单位；实施学位授权点

社会评估与自我评估相结合，加强研究生导师队伍建设，促进学位授权点和导师的动态调整，鼓励青年教师指导研究生；探索研究生管理模式改革，推进研究生管理重心下移，促进学术学位和专业学位研究生教育的均衡协调发展。

2. 优化研究生生源结构。扩大研究生培养规模，优化研究生生源结构。深化招生制度改革，进一步完善招生指标分配办法，通过增量安排和存量调控，积极支持优势学科、特色学科和交叉融合学科的研究生发展；积极探索研究生选拔制度改革，吸引更多优秀学生报考学校；充分调动院系和导师开拓优质生源的积极性，全面提高生源质量。

3. 提高研究生培养质量。加快推进研究生培养模式改革，建立健全研究生培养二级管理体制；深化研究生培养机制改革，逐步建立和完善学位与研究生质量监控体系；完善导师遴选和考核，不断提升导师指导能力，建立导师在培养指导研究生中的激励约束机制，推行产学研联合培养研究生的"双导师制"；深化研究生课程体系和教学模式改革，提升研究生科研能力和学术水平，大幅增加省级以上优秀硕士学位论文的数量；实施"学位与研究生教育创新计划"，建立研究生科研创新激励机制；加强研究生培养基地、精品课程建设，实施"名师计划"，促进优质资源共享；加强国际合作联合培养，推进研究生教育国际化。

（四）坚持人才强校，提高师资队伍水平

深化人事制度改革，创新人才和师资队伍建设机制，努力建设一支师德高尚、业务精湛、结构合理、富有活力的高素质专业化师资队伍。

1. 创新人才和师资队伍建设机制。在人员总量内修订完善岗位设置方案和管理办法，稳步推进"四定"（定编制、定岗位、定职责、定规模）工作，在岗位分类、职称评聘、考核评价、薪酬激励、流动退出等方面进行改革探索，着力建立一套符合国家人才政策和学校实际的人才队伍建设制度。强化目标责任制，进一步健全师资队伍建设的二级管理体制。实施"一工程两计划"，即"博士化工程"，专任教师队伍中具有博士学位的教师占总数比例达到50%以上；"师资队伍全员培训计划"，在国外学习培训的教师和管理人员达到30%以上；"学术交流计划"，鼓励教师通过多种途径和多种形式开拓视野、提升能力。

2. 加大高层次人才引进力度。坚持引进与培养并重、硬性引进与柔性引进并举，贯彻落实《河南财经政法大学人才引进暂行办法》《河南财经政法大学高层次人才柔性引进暂行办法》，对两院院士、教育部"长江学者"特聘教授、国家杰出青年获得者、国家"千人计划"入选者、国家百千万人才工程人选、国家社科重大项目首席专家、省级"百人计划"入选者及同等层次者等高层次人才引进，实行"一人一策、一事一议、合同管理"，全面加强重点学科、特色学科、新兴学科、人文基础学科建设所需人才的引进力度，重点加强对博士学位建设授权学科、支撑学科的人才引进。

3. 推进人员结构优化。针对不同岗位分类制订实施相应的考核评价体系与分配管理制度，对全校教师进行分类管理，探索实行年薪制、协议工资、项目工资等灵活多样的分配形式和分配办法；稳定专职科研人员队伍，加强合作交流，不断提升科研能力；适当增加实验技术人员、教辅人员，为教学科研提供有力保障；有计划地充实党政管理干部队伍，加强培养力度，不断提高业务能力和管理水平；加强工勤技能人员职业培训，不断提高业务技能。

4. 加强师德师风建设。不断提升教师的思想政治素质，加强师德师风建设，增强教师教书育人的责任担当。坚持教育者先受教育，围绕"有理想信念、有道德情操、有扎实知识、有仁爱之心"的目标，积极构建师德师风建设的长效机制，把教师个人理想、职业道德、学术规范及心理健康等教育纳入教师生活、学习和工作的全过程，引导广大教师在教书育人实践中实现"教书与育人相统一""言传与身教相统一""潜心问道与关注社会相统一""学术自由与学术规范相统一"，引导教师以德立身、以德立学、以德施教。完善师德考评制度，在教师考核、职称评聘、评优评先中实行师德"一票否决"，构建学校、教师、学生、家长和社会多方面参与的师德师风监督体系。坚持教师行为示范"五个第一"原则，引导教师坚持把老师作为第一身份、把上好课作为第一要务、把关爱学生作为第一责任、把培养人才作为第一宗旨、把学术声誉作为第一生命。

（五）坚持学术兴校，提升创新服务能力

建立和完善科研平台建设的制度和机制，加大投入，推进学术创新、协同创新和机制创新，全面提升科学研究和社会服务水平。

1. 强化平台建设。加强和巩固城乡协调发展河南省协同创新中心、现代服务业河南省协同创新中心等现有科研平台，形成科研力量汇聚基地；发挥学科优势，推进交叉融合，努力建设国家级、省部级科研平台。实施"123 平台建设计划"，新建 1 个教育部人文社会科学重点研究基地、2 个省级协同创新中心、3 个省级人文社会科学重点研究基地；实施"3060 双创计划"，依托科研平台和重要科研项目，培育 30 个校级创新团队、60 名校级创新人才；实施"协同创新 4 项计划"，即"校内协同计划""校校协同计划""校地协同计划""国际协同计划"，构建协同创新共同体。

2. 加强学术交流。坚持"走出去""请进来"，开展多层次的学术交流活动。实施教师学术交流计划，支持教师参加国内外学术会议，鼓励教学和科研单位主办或承办高水平的国内外学术会议；落实校内专家学术报告制度，学科带头人每年至少做一次全校性学术报告、教授每两年至少做一次全校性学术报告，形成常态化机制；举办学术交流与科研成果展，形成浓厚的学术氛围。

3. 建设新型特色智库。围绕河南发展战略，以解决河南经济社会发展中的重大现实问题为主攻方向，着力开展前瞻性、基础性、战略性研究，着重建立重大决策跟踪机制、需求对接互动机制、成果转化机制。实施"财智基地建设计划"，强化与政府、企业、高校、科研院所等多方合作，建立"强强联合、协同合作、优势互补、深度融合"的智库机构；实施"财智人才培养计划"，培养和打造一支"立场坚定、理论深厚、视野开阔、掌握政策、联系实际"的智库人才队伍；实施"财智成果转化计划"，形成一批"服务社会、服务经济、服务决策、服务河南"的智库成果。

4. 创新科研管理机制。实施"科研管理创新 4 项计划"，提升科研管理水平。实施"科研管理机制创新计划"，推进院系科研目标管理，建立科学规范、开放合作、运行高效的现代科研管理机制；实施"科研管理能力提升计划"，改革科研管理组织形式，提升科研管理队伍能力；实施"科研人员聘用制度创新计划"，建立稳定与流动相结合的科研团队；实施

"科研评价创新计划",形成重在质量、崇尚创新、社会参与的评价方式,建立以科研成果创造性、实用性以及科研对人才培养贡献为导向的评价激励机制。

(六) 加强国内外合作,提升国际化水平

实施开放办学战略,不断拓展合作办学空间,创新合作方式,完善"开放式、合作型、国际化"的办学模式。

1. 拓展合作办学空间。加强国内外合作交流,全面推进合作办学、合作育人。与国际知名大学建立战略合作伙伴关系,开展多模式、宽领域的国际合作交流,推进与重点合作伙伴合作的深度和广度,形成以学校为主导、院系为主体的合作办学格局;通过国际交换、海外游学、海外实习、文化交流、海外校园、国际竞赛、海外参展等项目,扩大在校生海外交流规模;创造条件,整合资源,争取创办中外合作办学非独立法人机构取得突破性进展。

2. 扩大留学生招生规模。积极参与各类国际教育展活动,利用网络和新媒体等渠道扩大招生宣传,提高学校知名度;加快留学生公寓建设,成立留学生招生及管理机构,配置专职教师及管理人员,改善办学条件;设立"校长奖学金"、实施"留学财大"计划等措施,吸引国外优秀留学生来校学习,扩大留学生规模。

3. 推进继续教育转型升级。充分发挥学校综合优势和学科特色,着力推进继续教育转型升级,打造学校继续教育品牌。稳步发展高等学历继续教育,大力发展非学历继续教育,实现传统成人教育向现代继续教育的根本转变;深化继续教育改革,实施校企、校地、行业等多元化合作,打造富有学校特色的继续教育新模式。

(七) 坚持立德树人,提高学生管理服务水平

牢固树立以学生为本的工作理念和为学生服务的思想,强化学生教育管理工作,构建全员育人、全过程育人、全方位育人的工作格局,注重学生综合素质和能力提升,促进学生全面成长成才。

1. 全面加强思想政治教育。深入开展中国特色社会主义理论体系学习教育,深入学习习近平总书记系列重要讲话精神,引导师生深刻领会党中央治国理政新理念新思想新战略,坚定中国特色社会主义道路自信、理论自信、制度自信、文化自信。培育和践行社会主义核心价值观,把社会主义核心价值观体现到教书育人全过程,引导师生树立正确的世界观、人生观、价值观;加强国家意识、法治意识、社会责任意识教育,加强民族团结进步教育、国家安全教育,加强社会公德、职业道德、家庭美德、个人品德教育,提升师生政治意识和道德素养;弘扬中华优秀传统文化、革命文化和社会主义先进文化,弘扬以爱国主义为核心的民族精神和以改革创新为核心的时代精神;充分发挥思想政治理论课的主渠道作用,全面落实高校思想政治理论课建设体系创新计划,各类课程与思想政治理论课同向同行,形成协同效应;加强马克思主义学院建设,打造马克思主义理论教学、研究、宣传和人才培养的坚强阵地。

2. 加强创新创业就业教育。坚持以就业为导向,加强对创新创业教育学院的支持力度,推进创新创业教育。探索建立具有学校特色的"双创"教育体系,创建国家级创业示范基

地；加强对学生的职业规划指导，探索分类指导、分类培养的人才培养模式；扶持创新创业教育试点项目，广泛开设学生课外科技活动、创业竞赛、社会实践活动、职业技能培训等第二课堂；推进"双创"工作和人才培养工作、大学生就业工作紧密结合，将"双创"教育贯穿人才培养全过程；鼓励教师到企业挂职或者直接参与创业实践，建设一支创新创业型师资队伍；以创新创业教育学院为依托，建立一支高水平的专职就业指导队伍；通过创业孵化基地、校企合作、创业模拟实验室等渠道，搭建大学生创业平台，锻炼大学生的实际创业能力。

3. 加强学生管理工作。实施大学生工作队伍提升工程，打造一支专职为主、专兼结合、数量充足、素质优良的工作队伍和专门力量。进一步健全学生辅导员的选聘配备、培养培训、管理考核、职称评聘和职务晋升机制，推进辅导员队伍专业化、职业化建设；有计划地遴选辅导员到国内外高水平大学开展访学研修，不断提高辅导员工作能力和业务水平；坚持专兼结合，探索实施专业课教师、管理干部和校友担任班主任制度，构建全员育人格局；加强学生工作信息化建设，提高学生管理服务的时效性、便捷性；做好以奖、助、补、减、免、贷、捐等为主要内容的资助服务和诚信教育工作，完善学生资助工作管理体系；加强团学组织建设，构建"凝聚青年、服务大局、当好桥梁、从严治团"的四维工作格局。

（八）坚持文化厚校，推进大学文化建设

坚持文化厚校，以五个平台建设为载体，努力建设格调高雅、健康向上、底蕴深厚、开放包容的大学文化。

1. 打造精神文化导向平台。以社会主义核心价值观为引领，积极汲取中华文化的精华，培育具有鲜明特色的大学精神并使之内化为每一个师生员工的价值追求和联系校友的"精神纽带"；积极开展形式多样的主题教育活动，使校歌、校训深入人心；凝练校风学风师风，使之成为广大师生员工共同的自觉遵循；健全文明创建工作长效管理机制，探索建立校内文明单位评价体系和精神文明创建工作督导检查机构；积极开展高雅艺术进校园、戏曲进校园、非物质文化遗产进校园、优秀影视作品进校园、民族民间优秀文化进校园活动；拓展网络在线文明创建平台，开展群众性精神文明创建活动，力争建设成为省级文明标兵单位。

2. 打造环境文化育人平台。实施环境文化育人工程，着力打造环境文化育人平台。统筹推进三个校区的校园环境标识系统建设，推动规范使用学校名称、标准色、标准字体及校标、校徽、校旗等文化符号，形成师生员工广泛认同的文化标识，建设若干与校园环境相协调、彰显大学精神的人文景观；完成郑东校区校训墙（石）、学术圣贤雕塑建设；设立毕业生和校友纪念林、纪念石，建设楼宇文化、艺术长廊，进一步提高校园文化品位；建设数字化和智慧型档案馆，加强校史的整理、校史文化的提炼和弘扬，继续编纂好《年鉴》，编撰《校史》《大事记》《学人谱》，完成校史馆校史资料征集、更新布展工作，拍摄制作校史宣传片，举办校史大讲堂。

3. 打造学术文化支撑平台。推进学校学术文化建设，建立和完善崇尚学术、尊重人格的文化氛围和体制机制。进一步扩大学术权力，加快行政权力与学术权力的分离，加强学术民主制度建设，优化学术环境，鼓励学术争鸣，构建务实创新、兼容并包的良好学术生态；

严明学术纪律，进一步完善教育教学规范、学术研究规范、校外兼职规范等制度；营造创新创业氛围，支持学生积极参与国内外高水平大学科技竞赛；坚持开展好以春雷话剧社、旅游会展文化节、法律学术文化节等为代表的文化活动，提升现有品牌的影响力；开展文化建设优秀成果评选，打造20个左右反映学校核心价值观和师生价值追求的文化活动品牌，打造文化建设的新平台、新亮点。

4. 打造校园文化传播平台。讲好财大故事，树立财大品牌，传播财大形象。加强校园文化产品的开发，将学校统一的文化符号融入校园文化用品之中；拍摄校园形象宣传片，展示学校的良好形象；加强校园网、广播台、校报、微信等校内媒体建设，使其成为展示学校风貌、加强对外交流、开展宣传教育、活跃文化生活的重要载体；大力培育校园体育文化，广泛开展阳光体育运动，促进师生养成终身锻炼的习惯，形成健康文明的生活方式。

5. 打造校友文化辐射平台。进一步提炼、丰富校友文化内涵，培育和弘扬健康积极的校友文化。加强校友组织建设，成立并运行校友发展基金会，在全国主要城市建立地方校友分会，逐步扩大校友分会的影响，充分发挥校友会、校友分会的桥梁纽带作用，铸就校友精神家园；建立母校与校友双向沟通的长效机制，通过校友网、校友报、微信、微博等多种途径，实现与校友联谊的常态化、制度化，增强校友对母校的认同感、归属感；完善校友资料库，编辑《历届校友名录》《知名校友访谈录》；完善校友回馈母校机制，充分利用校友资源，拓展校地、校企等合作领域，实现校友和学校共同发展。

（九）着力夯实基础，改善办学条件

整合办学资源，提高资源利用效率，不断改善师生生活、学习和工作条件。

1. 统筹三个校区资源利用。科学编制校园建设规划，明确三个校区的功能定位，统筹使用资源，完善配套设施建设，努力建成一所布局合理、功能齐全、设施先进、环境优美、管理高效的大学校园。郑东校区以普通本科教育、研究生教育为主，进一步完善办学条件；文北校区以国际教育学院和软件学院为主，积极进行修缮和改造；文南校区综合利用，提升资源利用效率。

2. 完善教学科研设施。加强新校区图书馆的硬件建设和内部功能的完善，完成对文北图书馆的修缮和具有现代图书馆服务功能的再造。以数字化图书馆建设为方向，着力打造以智慧图书馆、移动图书馆、信息共享空间等为基础的设备先进、功能多样的信息技术支撑体系，推进图书馆建设成为信息中心、学习中心、学术（研究）中心、文化中心和服务中心；加强经济管理实验教学中心、法学实验教学中心等公共资源建设，提升实验室服务实践教学的功能。

3. 推进"五个校园"建设。以弘扬和践行社会主义核心价值观为主题，打造见贤思齐、崇德向善的道德校园；利用"互联网＋"和大数据技术，推进校园信息化，建设智慧校园；实施全员阅读计划，开展多种形式的读书交流活动，建设书香校园；利用生态技术，开展生态教育，加强生态管理，建设"环境友好型、资源节约型"生态校园；加强校园安防工程建设，联合有关部门整治校园周边环境，加强对师生员工生命安全健康教育，完善矛盾纠纷排查化解机制和突发事件应急处置机制，建设平安校园。

4. 完善校园基础设施建设。根据学校建设规划和发展需要,拓展办学空间,新增 1000 亩校园建设用地;完善校园基础配套设施,加快建设法学楼、学生活动中心及人文楼、MBA 楼及留学生公寓(含专家公寓)、学术交流中心、科研信息大楼、学生公寓、综合用房、体育场馆各 1 栋,总建筑面积约 23.1 万平方米;加快建设学校周边道路、绿化 11 万平方米等工程。

(十) 着力改善民生,提高福利待遇

坚持共享发展理念,改善师生员工的生活、学习和工作环境,不断提高教职工待遇,不断提升师生的获得感、幸福感。

1. 提升综合保障能力。逐步完成文北、文南教工生活区的社会化管理;多方协商,解决教职工子女的就近入学;加强教师休息室、师生交流室、教师工作室的建设和管理;探索物业管理新模式,规范学校公共物业管理;全面推进和深化后勤改革,实行岗位目标责任制,健全奖惩制度,强化考核与督导,进一步提升后勤服务精细化水平;加强幼儿园建设,提高幼儿教育教学质量;进一步做好基本医疗、公共卫生服务及预防保健工作,建立健全医疗服务体系,加强师生健康教育,加大投入,不断提升校医院的医疗保健服务水平。

2. 改善福利待遇。全面推进事业单位养老保险改革;完善收入分配制度改革,建立收入分配持续增长机制,提高教职工和离退休人员收入水平,努力做到全体教职工收入随事业发展同步增长;加大扶贫济困力度,对困难教职工实行精准帮扶;多方努力,解决青年教师的住房困难,尽快落实教师团购房工作;进一步落实好离退休同志的生活、政治待遇,充分发挥离退休同志的优势。

3. 畅通民主参与渠道。完善民主管理和监督机制,扩大有序参与,积极探索师生代表参与学校决策的机制。进一步加强校务公开工作;广泛听取教职工的提案和意见,充分发挥工会、教代会作用;充分发挥共青团、研究生会、学生会等团学组织的桥梁和纽带作用,调动学生参与民主管理的积极性;积极引导、充分发挥民主党派和无党派人士在推动学校发展中的独特作用;坚持和完善校领导干部深入基层联系院系、校领导接待日等制度,畅通师生反映自身或学校问题的渠道,汇集师生智慧,解决师生共同关切的问题。

(十一) 坚持制度治校,提高综合管理能力

坚持依法治校,坚持和完善"党委领导、校长负责、教授治学、民主管理"的现代大学制度,全面建成内容科学、程序严密、配套完备、运行有效的管理制度和运行机制。

1. 完善内部治理结构。正确处理学术权力与行政权力的关系,理清学术事务与行政事务的边界;逐步推进学部制改革,建立以学科门类为基础的大学部制学术组织架构,充分调动院系学术机构的积极性和主动性;探索教授治学的有效途径,充分发挥教授在教学、科研和管理中的作用;加强教职工代表大会、学生代表大会建设,发挥民主党派和群众团体的作用,保障师生员工参与学校民主决策、民主管理和民主监督的权利。

2. 健全内部管理制度体系。探索形成统一的制度制订机制,形成一整套规范、科学的规章制度制订规划、制订程序以及监督执行办法,健全由根本制度、基本制度与具体制度构

成的全方位立体性内部管理制度体系。加强宣传培训研讨，让内部管理制度体系真正融入校园文化。完善工作组织机制，绘制内部制度体系流程图和工作路线图，构建层级授权、规划立项、审查备案、监督执行的管理制度运行机制。

3. 提高学校管理效能。建立一套协调、灵活、高效的工作机制，确保学校改革发展的活力。明确部门职责，简化办事程序，提高工作效率；下移管理重心，完善奖惩激励机制，充分调动各类人员积极性；通过教学科研管理制度改革，打破学科专业壁垒，营造有利于学科专业发展的内部环境。

4. 加强资金使用管理。规范校内执行预算管理体制，建立有章可循、操作性强、符合学校特点的预算编制、执行、调整、考核评价及奖惩机制；推进学校发展基金会建设，多渠道筹措办学经费，合理控制贷款规模，有效开展低息置换，维持资金良性循环，降低财务管理风险，推进财务信息公开，提高资金使用效益，合理分配办学经费，突出重点领域和薄弱环节，优先保证学科建设、专业建设、人才队伍建设和重大基础性工程建设的投入；进一步规范国有资产管理体制和运行机制，完善国有资产分类管理实施细则；加强财务监督和财务审计工作，盘活资产资源，确保国有资产的有效利用。

（十二）坚持从严治党，全面加强党的建设

围绕中心，服务大局，坚持从严治党，全面加强党的建设，为学校又好又快发展提供政治、思想和组织保证。

1. 加强思想建设。全面加强思想建设，不断增强党员的政治意识、大局意识、核心意识和看齐意识；完善党员干部学习制度，强化领导干部领学带学促学，加强和改进校、院系两级中心组学习；落实意识形态工作责任制，把意识形态工作放在突出位置抓紧抓好，牢牢把握意识形态工作的领导权和话语权；加强对校园网络、新媒体、课堂教学、报告会、研讨会、论坛、讲座和社团等舆论宣传思想阵地的建设和管理，巩固马克思主义在学校意识形态的指导地位。

2. 加强组织建设。坚持党委领导下的校长负责制，落实"三重一大"决策制度，建立健全决策、执行与监督相对分离、有机结合的运行机制；严把选人用人关，严格干部考核评价，完善干部轮岗交流、任期制度和教育培训制度，完善年度综合考核办法，增强领导干部主动适应推动学校科学发展的能力；全面落实党组织抓党建的主体责任，充分发挥党委的政治核心作用；加强基层党组织建设，创新党支部活动方式，严肃党内生活制度，发挥党支部的战斗堡垒作用；加强对党员的教育和管理，注重党员发展工作，切实提高党员发展质量，充分发挥党员的先锋模范作用；畅通党员参与讨论党内事务的途径，拓宽党员表达意见渠道，营造党内民主讨论的政治氛围。

3. 加强作风建设。深入推进经常性党章党规党纪教育，使党员时刻牢记自己的第一身份是党员，不断增强广大党员干部的党性修养；严明党的政治纪律和政治规矩，建立执行政治纪律和政治规矩专项监督检查机制；坚持民主集中制原则，坚持"三会一课"制度，坚持民主生活会和组织生活会制度，坚持谈心谈话制度，坚持对党员进行民主评议；深入落实中央八项规定精神，有效防止"四风"问题反弹，推动"两学一做"教育常态化、制度化；

加强党员领导干部联系和服务师生制度建设，进一步密切党群干群关系。

4. 加强党风廉政建设。深入推进党风廉政建设，严格贯彻《中国共产党廉洁自律准则》《中国共产党纪律处分条例》，加大党风廉政建设和反腐败工作的力度；认真落实党风廉政建设党委主体责任和纪律监督责任，校、院系领导班子成员坚持"一岗双责"；构建精准高效的廉政风险预警防控体系，强化重点领域、重点岗位、关键环节的监督，建立权力清单、负面清单和责任清单；坚持纪在法前、纪严于法，坚持监督执纪"四种形态"，强化监督执纪问责；强化党风廉政教育和校园廉政文化建设，按照"三转"要求，打造忠诚干净担当的纪检监察干部队伍。

三、组织实施

2016～2020年发展规划是学校在发展关键时期制订的顺应时代要求、指导学校未来5年建设与发展的纲领性文件，是学校制订政策和工作计划的重要依据。全校上下要高度重视，精心谋划，认真实施，确保各项目标和任务落到实处，力争规划目标的全面实现。

（一）编制专项规划，推进规划实施

根据学校总体规划，编制学科建设、师资队伍建设、专业建设、对外合作办学、校园建设、信息化建设、校园文化建设等专项规划、人才培养、研究生教育、科学研究等专题规划。各院系根据学校发展的总体目标和思路，制订并实施院系发展规划。为扎实推进规划各项建设任务的贯彻落实，学校成立规划实施工作领导小组，负责规划贯彻落实的指导、督促、检查和协调等工作。各单位要按照规划的总体要求，明确本部门规划实施的专门负责人，组成强有力的工作班子，结合本部门实际，制订本部门的落实措施。

（二）落实目标考核，加强监督检查

对规划中确定的发展目标和主要任务，实施"目标管理责任制"。学校将对主要目标和任务逐年分解，把5年规划与年度计划有机结合，并把主要目标和任务分解到各责任部门，明确相关目标完成的时序要求。相关部门按照目标化管理的要求具体落实。学校加强对规划目标落实情况的考核和监督。把规划目标完成情况作为重要依据纳入各级领导班子和部门负责人的绩效考核范围。同时，学校加强对规划执行情况的跟踪与检查，在强化规划实施年度检查的基础上，建立规划中期评估制度，及时把握规划实施情况。

（三）适时调整规划，保持稳步前进

为保障规划的实施效果，建立规划实施的监控和动态调整机制。要连续监控规划执行情况，对在实施过程中确因国家经济社会政策重大调整或学校出现重大新情况、新问题、新任务，造成部分预期目标和任务无法实现的，要在国家和教育部门战略规划的框架下，适时调整、稳步推进。

（四）广泛宣传动员，营造良好环境

充分利用各种媒介，通过多种渠道，宣传、介绍学校规划，充分展示规划内容和重要意义，增强全校师生员工对学校未来5年发展思路、奋斗目标、战略举措的认同感，以及学校改革与发展的责任感和使命感，不断提高对规划的参与意识和执行意识，为学校规划的实施创造良好的舆论氛围和宽松环境，使规划实施过程成为凝聚人心、达成共识、共谋发展的过程。

湖北经济学院"十三五"发展规划

建设特色鲜明的高水平财经大学是学校第三次党代会确定的战略目标，是全体师生员工共同期盼的美好愿景。中共湖北经济学院委员会《关于学校"十三五"事业发展的指导性意见》指出，"十三五"期间，学校处于内涵提升期、特色培育期、改革攻坚期，机遇难得，大有可为，必须围绕内涵建设、特色发展用力"爬坡"，着眼综合改革、治理能力奋力"过坎"，顺势而为，乘势而上，开创特色鲜明的高水平财经大学建设新局面。

一、发展环境

（一）发展基础

"十二五"期间，学校围绕建设高水平财经类教学型大学目标，面对高等教育改革发展的新要求和高校竞争加剧的新挑战，坚持调结构、夯基础、提质量，做了大量打基础管长远、增强"软实力"的工作，是学校内涵建设提质增效、若干领域取得跨越的5年。

1. 人才培养工作再上新台阶。专业和课程建设取得显著成绩，应用型复合型创新型人才培养模式改革继续深化，生源质量、升学率、就业率稳中有升，人才培养水平和社会美誉度明显提升。"十二五"末，全日制在校生规模达到15790人，其中，研究生171人，本科15324人，专科295人；本科专业发展到56个，其中，经济学类14个，管理学类29个，经管类专业占比达到76.8%，以经管为主的学科专业体系基本完备。"十二五"期间，本科教学工程建设成效显著，实施国家级专业综合改革试点项目1个、省级人才培养计划项目6个（战略性产业计划5个、拔尖创新计划1个），建成国家级特色专业3个、省级品牌专业5个；新建和升级改造省级精品资源共享课7门，立项建设首批国际化课程22门；建成国家级实践教育基地1个、实验教学示范中心1个，省级实验教学示范中心3个、虚拟仿真实验教学中心1个、实习实训基地4个（示范2个）；"大学生创业园——智慧园"被评定为全省大学生创业示范基地，"亿慧科技孵化器有限公司"获评大学生创业孵化示范基地；校政行企共建实习就业基地220个，校内实验实训室增加到65个。

2. 学科水平和科研能力进一步增强。省级重点特色学科、楚天学者设岗学科建设取得显著成绩。省级科研平台数量大幅增加，科研成果层次和数量持续攀升，服务地方经济社会发展能力显著提高。"十二五"期间，学校整合学科资源，成功申报省级现代服务业优势特色学科群,评定两个校级优势特色学科群(新一代信息技术与商业应用、文化与创意产业发展),省级重点(含培育)学科达到4个,获批楚天学者设岗学科达到14个,省级人文社科重点研究基地、智库、协同创新中心等学科和科研平台达到13个,承担国家级课题35项、省部级课题145项,科研经费累计达到4795.07万元。

3. 办学层次结构更加优化。学校获批硕士专业学位试点项目,停办专科教育,继续教育转型发展,法商学院稳步发展。"十二五"期间,获批会计硕士专业学位试点项目,独立招收会计专业硕士,在校专业硕士研究生171人,会硕中心组织师生参加全国MPAcc案例大赛连续两年获奖,会计专硕试点项目中期验收取得优异成绩;与中南财大、湖北大学联合培养博士、硕士研究生,在校联培博士硕士研究生35人,校内外导师123人,建成3个省级研究生工作站。

4. 人才队伍建设不断加强。师资总量扩大,高级职称教师、博士学位教师、有海外访学经历的教师比例不断提高,省级教学名师实现零的突破。"十二五"末,专任教师达到785人,其中,具有高级职称的教师415人(占52.86%);具有硕士及以上学历的教师698人(占88.92%),主干学科教师博士化率达到51.4%;"楚天学者"岗位引进人才总量达到16人,教师获评政府特殊(专项)津贴专家达到15人、二级教授10人、三级教授19人、全国优秀教师2人、省级教学名师1人、湖北省优秀教师1人,评选经院名师15人、杰出教师27人。

5. 开放发展效应初显。国际交流与合作渠道拓展、平台增加、机制灵活;校政行企合作发展、协同育人取得成效。与国(境)外高校、科研院所等合作伙伴发展到16个,主办国际学术会议(海峡论坛)、培训项目8次,派出各类访学、培训人员106人次,教师参加国际学术会议58人次,学生海外游学、见习597人次;与美国蒙哥马利奥本大学合作开设孔子学院,合作开办信息管理与信息系统本科办学项目,运行良好。学校与政府部门合作共建了一批研究中心、政府智库等支撑学科发展的高水平平台,与行业企业共建了一批实习实训和就业创业基地,校友会作用逐步显现,形成了学校与社会良性互动的开放发展格局。

6. 各项改革和治理体系建设不断推进。全员聘用、教师分类管理、职称评审制度、职员制、绩效工资等人事分配制度改革不断深化,科研管理和评价改革有效推进,下移管理重心做实院系取得进展,试点学院改革逐步展开。完成《湖北经济学院章程》制订工作,对学术委员会章程、党委常委会和校长办公会议事规则进行重大修订,现代大学内部治理结构框架基本成型。

7. 条件保障能力显著增强。"十二五"期间,加快基础设施改造升级,综合教学楼等新建工程陆续投用。信息化建设投入加大,数据中心完成改造升级。加快图书数字化资源建设,学校图书文献进一步丰富完善。"十二五"末,学校年度预算收入突破4亿元,银行债务归零。

8. 党建和宣传思想工作成果丰硕。深入开展党的群众路线教育、"三严三实"等各项主题学习教育活动,试行"党建工作在人才培养中的贡献度"考核制度取得成效,基层组织建设不断加强,党风廉政建设常抓不懈,领导干部作风持续好转。成功召开第三次党代会，明确了"建设特色鲜明的高水平财经大学"战略目标，引领全校师生发展共识。进一步加强和改进大学生思想政治教育，学生教育管理"思想引领航线、学风建设主线、安全稳定底线"落实较好，辅导员队伍职业化专业化建设取得成效。

（二）发展机遇

"十三五"是我国全面建成小康社会的决定性阶段，是实现第一个百年目标的关键5年，改革全面深化，经济进入"新常态"，创新成为新引擎，新一轮科技革命和产业变革蓄势待发，高等教育进入内涵发展新阶段。

1. 开放型经济体系全新构建，工业化、信息化、城镇化、市场化、国际化深入发展，国家经济结构转型升级，进入服务经济新时代，有利于学校学科专业更好地对接国家战略和湖北经济社会发展需要，促进学生就业创业，推动学校办学与经济社会发展互动互融。

2. 国内区域竞争与合作格局加速调整，区域间产业梯度转移趋势明显，湖北在全国发展格局中的战略地位更加显现，"一带一路"、长江经济带、长江中游城市群建设等国家重大战略加快实施，使湖北发展接续黄金期、升级进位，有利于学校发挥区位优势、学科优势，吸纳人才，汇聚资源，开放发展。

3. 高等教育发展方式从以量谋大向以质图强转变、发展环境从供给驱动向需求驱动转变、发展动力从要素驱动向改革驱动转变、发展定位从支持服务向支持与引领同步转变，一系列导向明确的改革政策有利于学校准确把握改革建设发展的方向和路径。

4. 学校经过10多年发展与行业企业建立了紧密联系，学科专业与产业行业高度契合，积累了行业优势、经管学科优势和培养应用型人才的优势。

（三）面临的挑战

1. 高等教育国际化、信息化，学科发展综合化趋势加快，迫切要求学校更新教育教学理念，创新学科发展机制和教育模式。

2. 国家和区域经济社会转型发展，社会有了多样化的人才需求，家庭有了多样化的教育需求，学生呈现出多样化的人生目标，迫切要求学校主动适应和迎接人才培养多样化、多元化、个性化的挑战。

3. 优质高等教育资源供给不足，高校之间生源、人才、资源竞争更加激烈。一方面，"双一流"建设将拉动高水平大学快速发展，放大高校间发展水平差距；另一方面，学校要遵循国家对地方高校转型发展的政策导向，进一步提高质量、强化特色、厚植优势、增强核心竞争力。

4. 学校发展还存在一些深层次问题：人才培养不能很好地适应社会需求，办学特色不够鲜明；高水平学科领军人物和科研人才紧缺，干部队伍的能力和素质不能很好适应建设高水平大学的要求；学科专业布局和结构还存在一定程度的分散、封闭、重复、低效问题，办学活力、内生动力和保障能力不足等。

二、指导思想、目标与思路

（一）指导思想

学校"十三五"事业发展的指导思想是：高举中国特色社会主义伟大旗帜，全面贯彻党的十八大和十八届三中、四中、五中全会精神，以马克思列宁主义、毛泽东思想、邓小平理论、"三个代表"重要思想、科学发展观为指导，深入贯彻习近平总书记系列重要讲话精神，全面落实创新、协调、绿色、开放、共享发展理念，以社会主义核心价值观为引领，以学生为中心，立德树人，本科为本，质量攻坚，打造一流本科教育，积极发展研究生教育，培养有思想、有能力的实践、实用、实干型人才，全面推进特色鲜明的高水平财经大学建设。

（二）总体目标

学校"十三五"事业发展的总体目标是：本科教育达到省内一流，研究生教育实现授权扩点，人才培养、科学研究提质升级，面向地方经济社会发展的人才和智力支撑能力明显增强，办学综合实力在全国同类财经院校中的排名大幅进位，为建成特色鲜明的高水平财经大学奠定坚实基础。

——内涵建设实现大发展。搭建学术平台，汇聚人才队伍，凝练学科方向，培育重大项目，产出高水平成果，建成现代服务业学科高地；学科专业布局更趋优化，"两有三实"人才培养特色彰显；生源质量位居省属高校前列，学生就业创业能力显著提升；办学保障能力明显增强，力争年预算收入达到5亿元。

——综合改革取得重大突破。深入系统地推进人才培养模式、教学行政机构设置、干部人事制度、后勤保障管理等关键领域综合改革，创新体制机制，激发办学活力，优化治理结构，健全现代大学制度，有效推进学校治理体系和治理能力现代化。

——党的领导得到全面加强。坚持从严治党，促进党建工作提档升级，党委领导下的校长负责制进一步完善，管党治党责任落实，各级党组织的创造力、凝聚力、战斗力增强，风清气正的政治生态形成；领导干部办学治校能力和素质显著提高，校风教风学风更加端正，从严从实、善做善成成为共同追求，厚德博学、经世济民的校园文化氛围浓郁。

（三）发展思路

深刻分析学校发展面临的机遇和挑战，学校"十三五"事业发展要以国家"四个全面"战略布局和五大发展理念为行动指南，全面贯彻党的教育方针，紧紧围绕提高质量主题，突出地方性、应用型，着力提升服务地方经济社会发展能力，着力深化产教融合校企合作，着力提高应用型复合型创新型人才培养质量，着力增强学生就业创业能力（以下简称"四个着力"），提升学校的地位、作用和价值。

一要坚持需求导向。深刻认识和准确把握社会对学校办学的需求、学生对学校教育的需求，优化学科专业布局，着力培养学生终身学习能力、可持续发展能力和就业创业能力，着力增强为经济社会发展和学生成长成才需要提供有效供给的能力。

二要坚持创新协同。以创新驱动发展为导向，破除制约创新的观念和体制障碍，支持有利于激活创新要素的探索和实践，协同、交叉、融合孕育创新，培育创新环境，培养创新精神，激发创新活力。加强学校与政府、行业、企业、科研院所深度合作，促进学科专业交叉融合、教学科研互促共融、教学管理服务协同配合、国际国内办学资源共享，吸纳、整合各种资源和力量，构建人才培养、科学研究、学科建设三位一体的协同创新机制，推动学校与经济社会互动互融、开放发展。

三要坚持人才强校。引育并举，重在培育，大力引进高水平领军人才，着力培育中青年学科带头人和学术骨干，落实高层次人才引进和培育的条件保障，切实加强以师资队伍为主体的人才队伍建设，改善人才队伍结构，提升人才队伍能力素质，建设一支与学校发展目标要求相适应的高素质人才队伍，破解制约学校发展的瓶颈问题。

四要坚持特色兴校。有所为有所不为，走差异化发展之路，从比较优势和学科交叉融合发展中培育办学特色，不断强化立足湖北服务地方经济发展的办学定位特色，面向现代服务业的服务特色、经管为主的学科专业特色、应用对策研究为重点的科研特色、"两有三实"的人才培养特色。

五要坚持依法治校。树立法治思维和法治观念，健全现代大学制度，完善治理结构，合理配置学术权力和行政权力，用制度管人、管权、管事，依法治理、科学治理、民主治理，提升学校治理能力和治理体系现代化水平。

三、战略任务

（一）实施本科教育创一流计划

牢固树立现代教育教学理念，确立人才培养在学校工作中的中心地位，强化本科教学基础地位，坚持本科为本、质量攻坚，落实"四个着力"要求，对接产业、行业、企业，围绕创新、创意、创业，以人才培养模式改革为抓手，打造应用型人才培养升级版。

1. 树立现代教育教学理念。确立促进学生全面发展的教育价值观，遵循教育教学规律和人才成长规律，围绕立德树人培养人才。确立"以学生为中心""为学而教"等现代教育教学理念；尊重学生的选择性需求，在课程修读、时间安排等方面，把学习权利还给学生；注重学生的个性化发展，通过实施个性化人才培养方案，充分发展学生的兴趣与特长；增强学生的自主学习能力，促进学生养成良好学习习惯并具备终生学习能力。教学实施中始终坚持因材施教、学思结合、知行统一，探索多种先进的教学方式方法，加强师生互动，提高学习效果。

2. 深化人才培养模式改革。探索招录制度改革，加强招生选拔与人才培养工作的衔接、融合，建立有利于学生发展的人才培养机制。创新应用型、复合型人才培养模式，探索拔尖创新、技术技能人才培养模式，探索跨学院、跨学科、跨专业交叉培养人才的新机制，建立学科专业交叉融合发展、教学单位与科研平台协同育人的新型学院。深化"六个共同"[①]"一制三化"[②]、工学交替等培养模式改革，推进完善学校与政府、行业、企业、科研院所融合式全流程协同育人机制，培育可复制可推广的重大教学改革成果，实现国家级教学成果奖的突破。

3. 加强专业内涵建设。按照提高本科教育"四个比度"[③] 要求，优化专业设置和布局，完善动态调整机制，对志愿率、报到率、就业率低的专业，逐步调减招生计划直至停招。探索专业设置跨学院申报和建设机制。巩固优势专业、打造特色专业、发展新兴专业，建设优势、特色专业集群。参照本科专业教学质量国家标准，制订学校本科专业标准，提高教师教学能力，加强教学团队、课程和教材建设，落实课堂、实验、实训、实习等关键环节，建成若干个高水平、示范性的经管类应用型专业。

4. 推动高水平课程建设。优化课程体系，制订课程标准，更新教学内容。加强通识课程建设，推动大学英语、高等数学、大学语文、大学体育以及思想政治课等课程改革。加快专业核心课程整合调整和综合化，确保选修课通开后学生必备的专业素养，注重专业要求与职业标准的衔接。推进互联网、云计算、大数据等信息技术与教育教学深度融合，建设一批以慕课为代表、课程应用与教学服务相融通的优质在线开放课程。加强教学工程课程项目建设，形成国家级、省级、校级精品资源共享课程体系。加强国际化课程建设，促进学校课程与国际高水平课程接轨与融通，同时为学校开办留学生教育奠定基础。

5. 加强创新创业教育。扎实推进融课堂教学、自主学习、众创实践、指导帮扶、文化引领为一体的创新创业教育体系建设。完善创新创业工作机制和资金支持、政策保障制度。健全创新创业课程体系，结合专业教育培养学生创新创业能力，建设具有专业特色、技术领先、功能多样的实验教学平台。筹建"现代服务业众创服务中心"，设立创业学院，建设一批校内外协同育人示范基地和大学生创新创业实践基地、服务平台。积极参与湖北省大学生创新创业计划。高质量完成省级、国家级"大学生创新创业训练计划"项目。鼓励并大力支持学生参加国际性、国家级创新创业大赛、创业沙龙、创业训练营等活动。

6. 改进教学方法和手段。推进信息技术在日常教学中的应用，营造信息化教学环境，促进教学理念、教学模式和教学内容改革，推进教学方法和手段的变革。改革传统课堂教学，运用数字时代的在线技术和教学技能，扩大在线开放课程应用，推广翻转课堂、混合式教学等新型教学模式，建立线上教学与线下教学有机结合、有利于教学方法创新和学生自主学习的教学运行机制，探索在线学习学分管理、学籍管理、学业成绩评价等制度。开展

---

① 指校政行企共同制订人才培养标准和培养方案、共同开发专业主干课程和实验实训教材及实习指导计划、共同打造专兼结合的高素质教学团队、共同建设高水平实验室、共建优质实习基地和就业基地、共建人才培养质量考核与评价体系。

② 指导师制，个性化、小班化、国际化。

③ 指办学定位对国家和区域经济社会发展需求的适应度；领导精力、师资力量、资源配置等对人才培养的保障度；办学质量和效益对现代化建设的贡献度；学生、家长、社会对人才培养质量的满意度。

"一师一优课、一课一名师"等信息化教学推广活动，激发广大教师的教育智慧，不断生成和共享优质教学资源。

推进教学方法改革和学习方式变革，推广案例教学，鼓励启发式、探究式、讨论式、参与式、情景式教学，支持一课多师、多师同堂等教学组织形式，构建师生学习共同体，推动教师从"为教而教"向"为学而教"、从"课堂主导"向"课内外结合"转变，促成学生从"被动学习"向"主动学习"、从"共性发展"向"个性发展"转变。建设案例教学发展中心。

探索以"重过程、重思辨"为特征的考试考核方法改革，支持教师运用课程论文、调研报告、解决方案、成果演示、随机测试等过程考核手段，鼓励教师采用综合面试、学生互评、小组讨论等考试考核组织形式，探索非授课教师、业界专家、校内外名师参与考试考核的方式。

7. 完善质量保障体系。提高教学管理规范化、信息化、科学化水平，依托"智慧校园"建设，完善教务管理系统，建设实验教学管理系统，实现教学及管理全流程信息化。建设网络课程学习系统，为课程教学改革和评价提供网络空间，满足学生在线学习、移动化学习、碎片化学习、在线评价的需要。

完善教育教学质量监控和保障体系，健全本科教学质量标准，建立教学质量管理校院两级责任制，引入第三方评价，改革评价方式，强化评估结果反馈和工作改进机制，注重对学生学习效果和资源使用效益的评价，定期发布本科教学质量年报、本科教学状态年度数据；试点"教考分开""管评分离"；做好2018年本科专业审核评估的各项工作，确保通过评估。教学建设和改革发展指标见表1。

表1　　　　　　　　　　　　　**教学建设和改革发展指标**

任务项目（指标）	2015 年	"十三五"发展指标值	备注
全日制在校本科生数（人）	15324	18000	力争
本科教学工程项目（个）	24	20	新增
优势特色专业集群（个）	—	3	新建
国家级教学成果奖（个）	0	1~2	保1争2
省级教学成果一等奖（个）	2	2~3	保2争3
省级优秀本科生论文（篇）	58	60	年均
本科教学审核评估	—	确保通过	
创新创业大赛获奖（个）	6	10	年均
学科竞赛获奖（个）	102	105	年均
大学生创新创业训练计划（项）	30	30	年均
整合建设高水平核心课程（个）	—	100	新建
优质在线课程（个）	3	30	累计
国际化课程（个）	22	60	累计

续表

任务项目（指标）	2015 年	"十三五"发展指标值	备注
优质实习就业基地（个）	—	200	优化调整
学生在实习基地参加实习实训的比例（%）	—	70	
就业率（%）	92.33	高于省属高校平均水平	
升学率（%）	15.4	20～25	
毕业生对母校满意度	—	省属高校前列	观测指标

注：本科教学质量工程项目数指国家级、省级特色专业、试点专业、品牌专业、精品资源共享课、示范性实习实训基地、实验示范中心等。

（二）实施学科高地建设计划

创新学科发展机制，充分发挥经管学科优势，推动学科交叉融合，构筑现代服务业学科高地，抢抓机遇培育新的学科增长极；实现研究生教育授权扩点，提高培养质量，打造专硕教育品牌。

1. 建成具有国内先进水平的现代服务业学科群。紧盯服务业现代化国家战略，通过构建现代服务业学科群建设项目库，引导各学科围绕现代服务业凝练学科方向，在宏观运行机制、微观主体行为、行业运行规律与政策以及相关技术支撑等领域展开有目标、有计划的研究。拓宽学科建设思路，密切结合行业、产业发展，采取交叉融合、协同创新方式进行深化研究，力争与湖北实施服务业提速升级行动和千亿元培育工程实现全面对接。

在传统科研或教学单一功能平台基础上，通过统筹整合资源，进一步完善和丰富现有平台功能，充分发挥学科平台在人才培养、科学研究和社会服务中的综合作用，重点加强碳排放权交易湖北协同创新中心、湖北现代服务业发展研究院、湖北水事研究中心等高水平平台建设，积极筹建中国改革试点探索与评估协同创新中心湖北分中心，实现国家级学科平台突破。

积极建设湖北经济体制改革研究中心、湖北土地制度与政策研究中心等省级高端智库，广泛开展多种形式的校政行企合作。不断提升现有的"现代服务业高层论坛""市场导向的绿色低碳发展国际研讨会""校厅论坛"等高端学术交流活动的影响力，办好"藏龙讲坛""青年学者论坛""校企论坛"等，营造良好学术氛围。

2. 积极培育新的学科增长点。主动顺应知识生产模式的变革，积极实施政策引导，加速推进学科专业间的交叉融合，加快建设新一代信息技术与商业应用、文化传播与创意产业发展两个校级学科群，培育新的学科增长点。创造良性竞争环境，鼓励经济学和管理学之外的第三个主要学科脱颖而出，为建成高水平财经大学创造条件。

3. 创新学科发展机制。建立学科动态调整机制，通过整合学科资源，优化学科布局，打破学院壁垒，强化学院在学科建设中的主体地位和职责。不断完善学科群框架体系中的重点学科和特色学科遴选与退出机制，力争法学、统计学省级重点特色（培育）学科升级为省级重点特色学科。

打造高水平学科团队，出台与学校三层次人才队伍建设相配套的学科团队考核和遴选制度，打造若干在省内乃至国内有影响力的稳定的学科团队。

构建学科群建设项目库，强化目标导向、对标管理，按有所为有所不为的原则，改革学科资源配置方式。加强学科经费绩效管理，建立健全与学科群建设相适应的专项资金管理制度，提高经费使用效益。

实施专业硕士点校内预申报制度，强化学科建设与硕士点建设间的有机联系，实现良性竞争、动态管理、以评促建、扬优扶新。

4. 积极发展研究生教育。按照专业硕士研究生培养和项目实施方案的要求，加强会计专业硕士研究生教育的各项条件建设，争取以优秀成绩通过验收评估，获得专业硕士培养单位授权资格。通过强化案例教学、做实实习环节、严格论文审核等手段，优化培养过程，形成培养特色，保证培养质量，打造专业硕士研究生教育品牌。

积极拓展专业硕士招生专业，及时跟踪国家研究生教育政策动向，多渠道争取政策支持，早日实现扩点。进一步完善专业硕士点校内预申报制度，为专硕扩点做好充分准备。"十三五"期间新增 5 个以上专业硕士点，在校研究生达到 500 人左右。

继续完善研究生导师遴选与管理办法，通过开展提升导师履职能力定期培训活动、建立导师工作绩效评价及相应的激励约束机制等措施，建成一支与学校研究生教育发展相适应的高素质、强能力、富经验、重责任的校内学术导师和校外业界导师队伍。

建立并不断完善案例库和案例教学管理制度，出台激励措施鼓励教师提高案例质量，围绕案例大赛开展专业硕士研究生第二课堂活动，积极组织参与全国 MPAcc 优秀教学案例评奖和研究生案例大赛，继续保持在国内同类院校中的领先地位。

加强省级研究生工作站建设，发挥省级研究生工作站的带动作用，加快研究生教育产学研合作与人才培养模式改革，不断完善相关制度和管理办法，充分调动师生参与研究生工作站建设的主动性和积极性，提升专业硕士研究生实践实训的水平与成效。"十三五"期间争取建成若干具有示范效应的研究生工作站。

做好联合培养博士硕士研究生工作，继续深化与中南财经政法大学的法学博士点联培工作，建立并完善相关管理制度，探索在应用经济学、工商管理等条件成熟的学科中依托彩虹学者扩展联培博士点范围。继续开展与湖北大学等院校联合培养硕士研究生工作，适度调整联培专业布局，进一步扩大专业覆盖面。学科建设与研究生教育发展指标见表2。

表2 学科建设与研究生教育发展指标

任务项目（指标）	2015 年	"十三五"发展指标值	备 注
省级重点特色学科（个）	4	4	法学、统计学"去培"
省级重点特色学科群（个）	—	1	新增
校级学科群（个）	—	2	新增
省级及以上学科平台数（个）		3 ~ 4	新建

续表

任务项目（指标）	2015 年	"十三五"发展指标值	备　注
专业硕士授权单位	—	获批	
专业硕士点数（个）	—	5	新增
在校硕士研究生数（人）	171	500	
省级及以上研究生工作站（个）	3	3～5	新增
省级及以上优秀硕士论文（篇）	—	4～6	保 4 争 6
硕士生导师数（人）	60（校内）	80	
	63（校外）	80	
省级及以上竞赛获奖项数（个）	2（教师）	5	
	2（学生）	5	
联培硕士点数（个）	6	10	累计
联培硕士研究生数（人）	34	50	新增
联培博士点数（个）	1	5	累计
联培博士研究生数（人）	1	30	新增
合作博士生导师数（人）	1	＞20	新增

（三）实施科研双提升计划

以增强科研竞争力为核心，以基础理论研究为先导，以应用对策研究为重点，整合校内外资源，推进科研创新体系建设，实现平台、人才、项目、服务一体化发展，提升科研服务人才培养和经济社会发展的能力，提升重大项目攻关和重要对策研究能力。

1. 把服务湖北发展作为重要使命。聚焦湖北经济结构战略性调整和产业转型升级的重大需求，主动发声发力，着重为政府、行业、企业提供政策依据、决策参考、咨询服务和技术支持，为湖北"挺起长江经济带的脊梁"发挥支撑作用。推进科教融合，促进教学科研相长，增强科研反哺教学、服务人才培养的功能。

2. 大力提升科研竞争力。立足现代服务业、环境生态等重点研究领域，加快引进、培养拔尖人才，新建湖北省高校优秀中青年科技创新团队 3～5 个。培育重大重点项目，力争新增国家级重大重点项目 1～2 项，国家级科研项目 50 项，省部级科研项目 180 项；权威核心期刊论文 450 篇；建立现代服务业研究文库，出版专著/译著 210 部；国家级科研成果奖获得突破；力争《环境经济研究》进入 CSSCI 期刊目录。科研竞争力在全国财经类院校的排名有较大幅度提升。

3. 加强科研平台建设。着力培育高层次科技创新平台，提升平台水平和综合功能，积极筹建国家级研究基地 1 个。积极与市（州县）、企事业单位建立战略合作关系。建设 1～2 个服务湖北的特色专项数据库。积极支持和参与政府智库建设。争取 5 年科研经费突破 1 亿元。

4. 完善科研考核评价机制。建立科研平台（基地）绩效评价制度及第三方评价机制，实行动态管理。实施分类评价制度，建立科学合理、各有侧重的评价标准。推进科研考核与奖励制度改革，强化科研工作学院目标考核，实行教师科研代表作制、高水平论文奖励制、科研经费绩效考核制，探索建立多方参与的开放评价机制。科研工作发展指标见表3。

表3 科研工作发展指标

任务项目（指标）	2015 年	"十三五"发展指标值	备 注
湖北省高校优秀中青年科技创新团队（项）	8	11 ~ 13	累计
国家级重大/重点项目（个）	1	2 ~ 3	累计
国家级科研项目（个）	35（5 年累计）	50	新增
省部级科研项目（个）	145（5 年累计）	180	新增
权威核心期刊论文（中英文，篇）	349（5 年累计）	450	新增
出版专著/译著（部）	163（5 年累计）	210	新增
国家级科研成果奖（项）	—	1	新增
《环境经济研究》进入 CSSCI 目录	—	力争进入	
国家级研究基地（个）	—	1	新增
科研经费（万元）	1509	年均 2000	力争

（四）实施人才队伍引育计划

实施人才强校战略，引育并举、重在培育，做强增量、做优存量、做大总量、量质兼取，建设一支"规模适度、结构合理、师德高尚、素质优良"的高水平师资队伍。

1. 加大高层次人才引进力度。制订并实施"腾龙学者"计划，引进 10 名左右在海内外具有前沿学术领域穿透力的高端领军人才，对接和储备国家、湖北省各类高层次人才支持计划，做好遴选、培育和推送工作，力争湖北省"百人计划"学者达到 2 ~ 4 人，"楚天学者"特聘教授达到 10 人、讲座教授达到 20 人，聘任产业教授 5 ~ 10 人，培育 3 ~ 5 支省级科研创新团队，建成 2 ~ 3 个省级教学名师工作室。

2. 加强人才梯队建设。制订并实施"三层次"人才遴选及管理办法，引进和培养 10 名在省内有较大影响、国内有一定知名度的学科领军人才，60 名学科和科研骨干人才，100 名有科研潜力的中青年人才。适时调整教师招聘政策，保持每年 50 名左右优秀青年人才的引进规模，专任教师总数达到 880 人以上，主干学科博士教师比例超过 70%。

3. 继续引进港澳台优秀人才。加强宣传，拓宽渠道，积极引进具有海外留学背景的港澳台全职博士教师，规模达到并稳定在 30 人左右。制订并实施国（境）外优秀人才短期来校工作管理办法，丰富高层次人才柔性引进方式。

4. 加快青年教师培养。高度重视青年教师成长，为青年教师职业发展创造良好环境。实施青年学者学术发展计划和青年骨干教师出国研修计划，促进青年教师学术成长。完善中青年教师社会实践和校外挂职制度，加强双师双能型教师培养，提高全校双师双能型教师占比。通过政策倾斜、重点支持、合作研究等方式，鼓励中青年教师进博士后流动站工作，借船出海，强化科研能力培养，为国家、省部级各类人才计划储备后备力量。

5. 提升教师综合能力。完善教师发展中心功能，制订并实施教师专业能力培训管理办法，实行教师聘期继续教育学习学分制。整合校内外师资培训资源，实行分类分层培训，新进教师进行专业基本能力培训，全体教师进行专业能力提升培训，对连续两个学年在全校专任教师学生评教中位列后 10% 者、聘期考核基本合格或不合格者，开展专业能力达标培训。

6. 加强师德师风建设。落实学校师德建设长效机制实施办法，通过文化引领、榜样示范、制度规范等措施提高师德水平，弘扬新风正气，引导广大教师肩负起立德树人的光荣使命，不断提高教书育人水平，提升对学校、对事业的忠诚度、归属感、荣誉感。实行教师入职宣誓和荣休制度，规范完善教师表彰奖励荣誉制度，激励教师做真学者、好老师。落实师德师风问题一票否决和追责制度。师资队伍建设发展指标见表4。

表4　　　　　　　　　　　　　师资队伍建设发展指标

任务项目（指标）	2015 年	"十三五"发展指标值	备　注
专任教师总数（人）	785	>880	累计
主干学科博士化率（%）	51.4	>70	累计
教师国际化率（%）	13	>25	累计
楚天学者特聘教授数（人）	3	10	累计
引进"腾龙学者"人数（人）	—	10	新增
港澳台籍博士全职教师数（人）	13	30	累计
湖北省"百人计划"人数（人）	—	2~4	保2争4

注：教师国际化率指具有 3 个月以上国外学习研修经历的教师及外籍教师所占比例。

（五）实施开放发展计划

以更广阔的视野推动学校开放发展，引入先进理念，促进人才、信息等办学资源在校内外、国内外双向流动，提高学校开放发展水平，提高师生的国际视野和跨文化沟通交流能力。

1. 提高办学国际化水平。推进人才培养国际化。开发多种中外合作培养方式，借鉴国外先进的人才培养理念和教学模式，引入国外优质教学资源和先进教学方法，促进人才培养模式改革。与海外高校合作开展学生互换、学分互认和学位互授联授等项目，拓展海外合作院校，为学生海外留学和游学提供更多机会。

推进教师队伍国际化。引进来与"走出去"相结合，完善聘任外国专家和外籍教师管理制度，聘请海外高水平学者来校从事教学科研工作，吸引若干世界知名学者来校讲学，鼓励教师积极争取国家留学基金资助赴国（境）外高水平大学研修访学。

推进科研国际化。与国际高水平大学和科研机构开展稳定的实质性交流与合作，搭建高层次国际科研合作平台。鼓励教师主持、参与海外合作项目。每年重点资助举办1~2个高水平国际学术会议，支持一批教师参加国际学术论坛。

促进办学资源双向流动。加强和完善孔子学院建设，坚持孔子学院特色发展，项目和招生人数每年增长1/3，充分发挥其在国际交流合作中的平台作用。积极开展来华留学生教育，"十三五"期间，招收留学生争取达到50人以上。

2. 吸纳社会优质资源办学。以推进校政行企深度融合、产学研用协同育人为路径，坚持合作共赢，引入重大项目、政策机遇、决策智慧和人才、资金等社会优质资源参与办学，提高人才培养质量，提升科学研究服务地方经济社会发展的水平，培育办学特色，增强办学能力。

挖掘有利因素，做好社会捐赠工作。大力支持校友会发展，建立以母校为纽带的校友爱校互助平台。积极筹建教育发展基金会，逐步实现社会捐赠规范化、专业化管理。试行理事会制度，广泛吸纳政府、行业、企业的优质资源参与办学，坚持合作共赢，探索与行业企业共同开发项目、共建共管二级学院。鼓励学院吸纳地方、行业和用人单位建立理事会、专业指导委员会。

3. 建立开放的教育评价体系。在加强自我监督、自我评估的基础上，重视政府、社会中介机构等外部评估，构建开放、多元的教育评价体系。建立完善毕业生跟踪调查制度，重视用人单位对毕业生评价信息的反馈和应用。实施办学信息公开制度，按要求公开办学信息，发布学校信息公开年度报告，主动接受社会监督。开放发展指标见表5。

表5 开放发展指标

任务项目（指标）	2015 年	"十三五"发展指标值	备 注
教师海外研修访学（人次）	106	240	累计
海外合作院校（所）	16	10	新增
国（境）外学生交流项目（个）	8	20	累计
国（境）外科研平台（个）	0	1~2	新增
教师参加国际学术会议（人次）	58	92	新增
赴国（境）外学习的学生（人次）	597	1200	新增
招收来华留学生（人数）	—	50	新增
社会捐赠总额（万元）	—	>1000	5 年累计

任务项目（指标）	2015 年	"十三五"发展指标值	备 注
"中支地"项目（万元）		＞2000	力争每年
"中西部"项目（万元）		10000	
校友数据库建设		一院一库	
毕业生跟踪访问（％）		20 （＞50）	每院每年 （毕业生＜50 人的， 学生全部计入跟踪范畴）

（六）实施智慧校园建设计划

加强学校信息化建设的统筹领导，加快智慧校园建设，按照"统筹规划、分步实施、应用驱动、重点突破、融合创新"的原则，使信息化建设更好地支撑教育教学改革，推动教育思想理念转变，提升师生信息素养，促进学生全面发展，加快建设智慧的信息化教育环境和数字化教育资源，推动形成基于信息技术的新型教育教学模式与服务供给方式，使教学更加个性化、管理更加精细化、决策更加科学化。

1. 打造智慧校园环境。提升信息化基础支撑能力，推进"无线校园"建设，实现无线网络全覆盖。统筹规划云计算平台建设，避免硬件设施重复浪费，集中建设 IDC 机房，持续扩充计算资源和共享存储空间，提升数据处理能力。营造信息化教学环境，实现网络学习空间应用普及化，加快建设适应混合学习、泛在学习等学习方式的新型数字教育资源，为师生提供方便快捷的服务。搭建智慧的管理服务环境，培育智慧的创新环境。积极建设学校网络新媒体平台，为培育大学文化、传播学校形象提供多种信息平台支持，优化网络生态环境。健全校园网络与信息安全体系，强化校园网络安全管理，逐步完善安全标准和规范，提升安全防护水平，确保网络信息安全。

2. 为师生提供一站式服务。完善全校统一的信息化标准规范体系，夯实校园信息化公共支撑平台，促进各类数据有序开放与共享。着力做好已建系统运行与服务，促进资源平台、管理平台的互通和衔接，彻底消除"信息孤岛"。建设统一身份认证平台，以教学、科研、校园生活等各种活动为中心，围绕学生全生命周期管理、教职工综合信息服务、学校决策综合信息服务三条主线，为师生提供一站式服务，全面提升信息化支撑教学科研业务、管理、服务和监测评价的水平。

3. 推进大数据应用。依托教务、人事、学工、财务、资产、校园一卡通等核心业务管理系统，建立各类主题状态数据库，整合挖掘数据，增加大数据可视化分析维度。通过数据分析为学校招生就业、教学改革、人才队伍、学科发展等提供决策依据。构建统一的数据服务和决策支持系统，满足学校各级管理决策对跨部门综合信息的统计、查询等个性化需求，发挥监测、评价、预测及预警功能，运用大数据提升科学决策和宏观管理能力。智慧校园建设发展指标见表6。

表6 智慧校园建设发展指标

任务项目（指标）	2015 年	"十三五"发展指标值	备 注
无线网覆盖面（%）	报告厅、行政楼等局部	校园 100	
出口带宽（G）	1.5G	10G	利用率80%以上
信息基础支撑平台（个）	1	4	云平台、数据中心、信息门户、身份认证
核心业务系统升级或新建（个）	5	9	整合财务、教务、科研、招生、资产、一卡通等系统，新建大学工、大人事、大后勤等系统
在线学习平台（个）	0	2	校内资源平台、校外共享平台各1个
数据存储容量（T）	40T	200T	
计算资源	64Core	256Core	
IPV6 用户数（万）	0.2	1	

（七）实施特色经院文化建设计划

以树立正确的世界观人生观价值观为导向，以建设优良的校风教风学风为核心，以建设人文、绿色、智慧校园为抓手，弘扬主旋律，突出高品位，努力建设以"厚德博学、经世济民"校训精神为内核的特色校园文化，讲好经院故事，传承经院精神。

1. 弘扬和践行社会主义核心价值观。高举社会主义先进文化的旗帜，引领广大师生坚定"四个自信"，把培养社会主义事业建设者和接班人的核心要义贯穿到教育教学全过程，把用马克思主义理论武装人、用社会主义核心价值观教育人、用"中国梦"共同理想激励人的要求落小落细落实到教材、课堂、头脑中，使学生手脑并用、知行统一。

充分发挥思想政治理论课主渠道作用，深化思想政治理论课教育教学改革，增强思想政治理论课实效性和感染力。做好形势与政策教育，增强时效性。以重大活动、节庆日和纪念日为契机，开展爱国主义教育。落实领导干部上讲台制度。完善辅导员参与思政课实践教学机制。

2. 建设优良的校风教风学风。倡导以学生为中心、尊师重教的校风。建立全员育人激励机制，做实教书育人、科研育人、管理育人、服务育人、实践育人"五个育人"工作，鼓励教师和干部深入学生学习和生活，引导人生、教导学业、辅导科研、指导就业创业。建立经济困难、心理困惑和学业困难学生的解困帮扶机制。在制度安排上保障学生更大的学习主动权和学业选择权。

营造争做"真学者、好老师"的教风。积极营造敢为人先、百家争鸣、宽容失败的学术氛围，鼓励支持教师潜心学术研究，甘坐"冷板凳"，学而不厌，诲而不倦，追求真学问。全面落实师德建设相关制度，保持师德教育长抓不懈，引领广大教师增强责任意识、担当意识、奉献意识。组织开展好"我最喜爱的老师"评选活动，完善"经院名师""经院杰出教师"评选制度。

大兴"勤学好问、知行合一"的学风。办好校长学术沙龙，组织好各类学术讲座、学术研讨会，营造浓厚的学术氛围。教师要身体力行，为学生做严谨治学的榜样，用优良教风带动形成良好学风。完善以学业标准为主的学生评价、奖惩制度，大力培育学术型学生社团，培养学生良好学习习惯和学习主体意识，调动学生学习主动性积极性。健全完善党委中心组、党员领导干部理论学习制度，倡导读原著、读经典，提高领导干部的理论素养和政策水平。倡导全校阅读，广泛开展读书评书活动，让读书成为一种校园生活习惯。

3. 优化校园文化环境。重视制度文化建设，通过完善制度体系，充分体现办学思想、管理理念和人文关怀，培育"从严从实、善做善成"的管理文化。结合经济管理学科特点和学生职业面向，加强公民道德教育和法制教育，引领和培育学生"崇实守信、崇廉拒腐"的职业操守，践行"厚德博学、经世济民"大学价值观。积极组织师生参与国际交流活动，积极开展校园文化体育活动，丰富校园文化生活，培育"务实进取、求是拓新"的精神气质。

积极开展"高雅艺术进校园"活动，精心组织"科技节""社团文化节"等特色校园文化活动，打造"一院一品"校园文化品牌，力争国家级校园文化奖项。完善校园识别系统，规范校名、校徽等学校文化符号的使用与管理，规范校内山水路桥、楼堂馆所的命名和内涵解释，加强校园文化产品管理。科学规划、系统设计校园人文景观和绿化工程，开辟校友林、校友石等特色景观，完善校史展览馆，维护好钱币陈列馆、计算工具陈列馆、茶酒文化室等，为开展爱校教育活动提供有效载体和阵地。

4. 创造优良发展环境。加强师生健康教育，发展校园体育文化，加强传染性疾病预防和职业病防治，实施教职工一年一体检。培育师生环保理念，提倡绿色生活工作学习方式，加强校园绿化，落实环境整治常态机制，争创全国文明单位，建设健康校园、美丽校园。

健全重大事件应急响应机制，完善校园安全基础设施，加强校园周边综合治理，确保校园安全稳定。不断改善教室、食堂、宿舍、家属区等公共保障，为师生学习、工作、生活提供更优越的环境和条件。确保教职工收入稳定增长，不断改善离退休老同志的生活和福利待遇，让教职工充分享受学校改革发展红利，建设平安校园、幸福校园。

提高公共服务保障水平。加强图书文献资源建设，优化文献资源的保障体系和结构，超前规划、持续投入、分期建设，形成大规模、高质量、全学科覆盖的数字图书资源，实现图书资料储备充足，数据库内容广泛、功能完备、使用便利。继续加强后勤保障条件建设，有计划地推进校园设施设备维护维修改造工程，后勤服务机构要努力提高服务效能，改善服务态度，提升服务品质。特色经院文化建设发展指标见表7。

表7 特色经院文化建设发展指标

任务项目（指标）	2015 年	"十三五"发展指标值	备　注
校园识别系统		完善	
国家级校园文化奖项（个）		1	力争
品牌校园文化活动		一院一品	
"高雅艺术进校园"活动（次）		1～2	每年
学生体质健康合格率（%）	88.33	＞95	应届毕业生体质测试
教职工健康保障		一年一次	
教职工文化体育活动		年均4次	分单位组织
校园人文景观（项）		2	新建
绿化景观升级（亩）		200	年均
师生对管理服务工作满意率		逐年提高	观测指标

（八）实施综合改革攻坚计划

以人才培养模式改革为核心，系统、协调地推进关键领域综合改革，创新完善有利于彰显"两有三实"人才培养特色的体制机制，有利于做实学院、增强学院发展能力和综合实力的体制机制，有利于加快人才队伍建设、激发教职工干事创业主动性创造性、争做真学者好老师的体制机制，有利于提升服务地方经济社会发展能力、办"湖北的经济学院"的体制机制。

1. 推进学校治理体系和治理能力现代化。完善党委领导、校长负责、教授治学、民主管理的治理体系。以学校章程为核心，清理各项规章制度，完善与学校办学定位和发展相适应的各项内部管理制度，建立相对完备的运行规则体系。健全以学术委员会为核心的学术管理体系与组织架构，明确各级学术委员会的职责权限和运行机制。完善党代会、教代会、团（学）代会等民主制度。坚持制度先行，强化制度权威，增强师生对制度文化的理解力、服从力和认同感，推进依法办学，建成依法治校省级示范校。

2. 推进院系管理体制改革。围绕建设特色鲜明高水平财经大学目标，按照遵循规律、优化结构、突出特色的原则，调整学科专业布局和院系设置，深化校院两级管理体制改革，厘清校院两级权责，确保事权相宜、责权一致，促进学院自主管理、自我约束、自谋发展。完善学院目标管理和绩效评价考核。积极推进学院内部治理方式改革，完善学院内部治理结构。做实试点学院（特色学院）改革。"十三五"期间，学校宏观管理、学院自主发展的体制机制形成，学院主体地位凸显，发展活力迸发，办学实力大幅提升。

3. 推进行政管理改革。以提升治理体系和治理能力现代化水平为目标，坚持规范、精简、高效的原则，整合部门职能，优化部门设置，探索行政职能部门大部制，推动项目制、扁平化管理，激发活力、提高效能。改革对部门的管理方式，实行部门年度目标责任制和履职尽责考核管理。推动预算绩效评价、学分制收费制度、专项经费配置方式等财务管理改革。

4. 推进人事分配制度改革。改革收入分配制度。以绩效工资分配改革为突破口，坚持"多劳多得、优劳优酬"的分配原则和向教师倾斜的分配导向，建立健全有利于优秀拔尖人才脱颖而出、奋发有为的分配激励政策；结合分类分级管理，建立符合岗位特点、体现岗位绩效的多种分配形式；探索年薪制、协议工资制和项目工资制等分配形式；完善校院两级收入分配机制，扩大二级单位分配自主权，优化分配结构，合理调整绩效工资中基础性部分与奖励性部分比重；积极向主管部门争取支持政策，形成绩效工资总量与学校事业发展水平相适应的动态调整机制。

改革完善教师评聘制度。按照竞争择优、能上能下，有利于优秀人才脱颖而出的原则，修订教师分级分类管理、职称评聘、考核评价制度，为建设一支师德高尚、业务精湛、结构合理、充满活力的高素质、专业化教师队伍提供制度保障。

深化全员聘用制度。健全聘用制度和岗位管理制度，真正实现人事管理由固定用人向合同用人转变、由身份管理向岗位管理转变，建立起以合同管理为基础的用人机制；科学核定各类岗位数量和结构，进一步明确各类各级岗位聘用条件、工作职责、聘期目标，加强目标管理和岗位考核，形成人员能进能出、职务能上能下、收入能高能低的激励约束机制。

推进养老保险改革。贯彻落实党中央、国务院和湖北省关于机关事业单位养老保险制度改革精神，实行社会统筹与个人账户相结合的基本养老保险制度，在此基础上建立职业年金制度。

5. 推进后勤管理体制改革。理顺独立核算单位管理运行机制，以市场化为基本方向，推行绩效管理；以服务质量和效率为核心，提升后勤服务保障水平。支持各经济实体做大做强，激发财富创造活力。

（九）实施党建工作提档升级计划

落实全面从严治党主体责任，加强党的领导，健全组织体制，落实责任链条，营造有利于凝神聚力、干事创业的良好政治生态，提升各级干部办学治校能力和综合素质，服务师生、推动发展、促进和谐。

1. 加强党的领导。落实党委领导下的校长负责制，健全党委统一领导、党政分工合作、协调运行的工作机制，完善党委常委会、校长办公会决策机制，提升依法决策、科学决策水平。全面落实《中共湖北经济学院委员会关于进一步加强党的领导的实施意见》，构建横向到边、纵向到底的管党治党责任体系。坚持党要管党，首先从党内政治生活管起；坚持从严治党，首先从党内政治生活严起。教育、引导广大党员干部增强政治意识、大局意识、核心意识、看齐意识，切实做到对党忠诚、为党分忧、为党担责、为党尽责，自觉做共产主义远大理想和中国特色社会主义共同理想的坚定信仰者、忠实实践者。

2. 加强宣传思想工作。落实意识形态工作责任制，着力推进"两室一网"建设和管理，牢牢把握意识形态领导权管理权话语权。加强马克思主义学院建设，引进5名左右思想政治教育理论课特聘教授，深入推进中国特色社会主义理论体系进教材、进课堂、进头脑，"马工程"教材使用率达到100%。加强教师思想政治教育，严格师德师风考核管理，加强学术道德建设。完善新闻信息发布和发言人制度，做好网络思想政治教育和舆论引导工作。完善大学生思想政治教育工作机制，创新大学生思想政治教育方式方法，落实辅导员直接责任，推进"青年马克思主义培养工程"。全面落实《中国共产党统一战线工作条例（试行）》，加强党对统战工作的领导。建立党外知识分子联谊会。

3. 加强基层党组织建设。健全完善各级党组织明责、履责、考责、问责机制，将基层党组织建设向下延伸，抓好二级单位党委书记主体责任的落实，发挥学院党委凝聚人心、服务师生、促进和谐、推动发展的职责作用。试点学院党政主职"一肩挑"，全面实施教师党支部书记双带头人培育工程，落实教师党支部书记责任。深入开展"两学一做"党员教育活动，落实党支部"三会一课"制度全覆盖，加强党员教育和管理，发挥基层组织和党员作用。进一步加强和改进大学生党建工作，落实学生管理网格化，创新大学生党员教育管理服务方式方法。

4. 加强党风廉政建设。落实党委主体责任和纪委监督责任，保持正风反腐高压态势，落实党风廉政建设责任制和责任追究制。全面贯彻把纪律挺在前面的要求，落实《准则》和《条例》，落实"三严三实"要求，驰而不息纠正"四风"。落实"一岗双责"，完善腐败风险防控措施，加强监督执纪问责。加强二级单位纪检监察工作，逐步扩大二级纪委试点范围，发挥纪委委员（纪检委员）作用。建立校纪委对二级单位巡察制度，推动全面从严治党向基层延伸。

5. 加强领导班子能力建设。按照"五好"领导班子标准加强领导班子和干部能力建设，逐步开展校级领导干部任期全职化试点。树立以实干论实绩、以实绩看德才、凭德才用干部的导向，完善干部选拔任用考核评价机制。全面加强干部履职尽责管理，完善干部能上能下机制。建立全覆盖、全过程、多途径的干部培养机制，加快干部知识更新、能力锻炼，优化干部队伍知识能力素质结构，使各级领导干部努力成为做好工作的行家里手，提高领导干部办学治校能力。党建和宣传思想工作发展指标见表8。

表8　　　　　　　　　　党建和宣传思想工作发展指标

项目（指标）	2015 年	2020 年	备　注
"马工程"教材使用率（%）	90	100	每年
思想政治理论课特聘教授（人）	—	5	新增
学生管理网格化	启动建设	全覆盖	2018 年起
党建工作品牌活动建设	—	一院一品	2018 年起
教师党支部"双带头人"	试点	全覆盖	2017 年起
党支部"三会一课"落实情况	—	全覆盖	每年保持
"两访两创"应访对象访谈率（%）	100	100	每年保持
领导干部上讲台落实率（%）	—	100	每年保持
院系党政联席会议制度执行率（%）	100	100	每年保持
中层及以上领导干部民主测评满意率（%）	—	>80	目标考核

四、保障措施

（一）建立规划执行监管体系

规划执行由党委常委会统一领导，下设规划执行委员会（与"目标责任管理与考核办公室"合并设置），全面负责规划实施工作的领导和统筹，建立规划目标分解、任务分配、预算配置、调整修订、绩效评估、检查考核等组织体系，按年度、分项目、有计划地组织实施好规划任务，确保完成规划目标。

（二）建立规划实施制度保障机制

学校实施二级单位年度目标责任管理制度，统筹"十三五"规划的任务分配与各二级单位年度目标任务的制订，在明确年度任务的基础上，确定考核评价的约束性指标，考核结果作为各级领导班子和领导干部考核的依据，落实责任链条，加强考核问责。

（三）建立规划项目资源配套保障机制

根据学校总体规划和年度工作计划，坚持集中资源、保障重点、应急与谋远相结合的原则，分类、分项、分阶段统筹考虑资源配置，优先保证规划重点学科、重要领域、重大项目，通过年度预算落实"三重"规划专项资金。试点资源有偿使用制度，促进办学资源高效利用。按照学校章程，落实教学院系资源分配自主权，提高资源配置和管理的灵活性、科学性。

（四）完善民主管理监督机制

在学校"十三五"事业发展规划的制订和实施工作中，涉及重大原则、重大理念、重大决策、重大改革等问题，都要通过座谈会、研讨会等，充分听取各方面专家、代表意见，提交教代会充分讨论，决策程序、落实情况、实施效果等都要接受民主管理和监督。建立规划实施效果评价制度，开展规划实施认同度、满意度调查。

（五）加强财力保障

实施多元筹资，千方百计增加收入，力争年预算收入达到 5 亿元。保持办学规模稳中有升，保证财政拨款和学杂费主业收入。积极争取中央财政拨款专项资金和省级学科、教学及科研类财政竞争性分配资金。积极争取"中西部高校基础能力建设工程（二期）"等国家和湖北省"十三五"重大项目，对接转型发展政策，力争政策性专项资金支持，改善本科教学条件，带动教学改革建设。完善科研服务与激励措施，努力增加科研收入。合理让渡学校资源市场。支持继续教育拓展行业培训市场，推进职业技能培训与鉴定。大力支持法商学院提高质量、发展规模，保障办学收入。畅通增收节支渠道，加强经营性资产管理，盘活老校区资产，适时启动新校区东区开发，为学校持续增收开辟渠道。健全完善办学经费使用绩效评价制度，加强预算执行情况监督，严格财务管理，精打细算，节约支出。

吉林财经大学"十三五"发展规划

前　言

"十三五"时期（2016～2020年）是我国全面建成小康社会的决胜阶段，是加快高等教育综合改革、全面提高高等教育质量、统筹推进一流大学和一流学科建设的关键阶段，是学校努力提高人才培养质量和科学研究水平、争取成为博士学位授权立项建设单位、全面建成高水平财经大学的攻坚阶段。深刻认识并准确把握新形势、新变化，面对新的挑战，牢牢把握发展新机遇，科学谋划学校又好又快发展，促进学校事业再上新台阶，具有十分重要的意义。

根据《吉林省国民经济和社会发展第十三个五年规划纲要》《吉林省"十三五"教育事业发展规划》和《中共吉林省委 吉林省人民政府 关于建设高等教育强省的意见》精神，依据《国家中长期教育改革和发展规划纲要（2010－2020年）》和《吉林省中长期教育改革和发展规划纲要（2010－2020）》的战略部署，在全面总结"十二五"成就的基础上，从学校实际出发，着眼科学发展、跨越发展和长远发展，编制《吉林财经大学"十三五"改革与发展规划》，主要阐明学校战略意图，明确事业发展目标、主要任务、重大举措和策略选择，是学校履行职责的主要依据，是全校师生的共同愿景和行动纲领。

规划期自2016～2020年。

一、规划背景

（一）发展基础

"十二五"期间，在吉林省委、省政府的正确领导和国家税务总局的亲切关怀下，学校党委始终坚持正确的办学方向，全面贯彻落实建设高等教育强省战略，带领全校师生励志图强，攻坚克难，以立德树人为根本，以提高教育教学质量为核心，以建成博士学位授权立项建设单位为目标，以强化科学研究和服务社会为重点，以优化人才队伍为抓手，以全面深化改革为动力，不断提升创新能力，全面推进"十二五"规划任务落实，实现了学校全面快速发展。

1. 综合实力进一步增强。经过全校共同努力，学校办学各项指标均有显著提升，学校建设取得了突出的成绩。"十二五"末期，学校在全国大学综合排名第 311 位（艾瑞深中国校友会网《2016 年中国大学评价研究报告》），较"十一五"末期提升 34 位；在全国财经大学排名第 22 位，较"十一五"末期提升 3 位；在吉林省省属大学排名第 6 位，较"十一五"末期提升 4 位。

2. 办学规模进一步扩大。"十二五"末期，在校学生 12879 人，其中，普通本科生 11096 人，硕士研究生 1703 人，外国留学生 69 人，较"十一五"末期分别增长了 3.77％、41.41％、130％。

3. 教学质量进一步提高。入选全国首批"卓越法律人才教育培养基地"建设项目；税收学专业点被教育部评选为地方高校第一批本科专业综合改革试点；注册会计师专业方向在中注协教学评估中进入 A 级行列；获批省级特色专业建设项目 10 个、省级品牌专业建设项目 7 个、省级人才培养模式创新实验区 4 个，新增省级精品课程 17 门、省级优秀教学团队 8 个、省级实验教学示范中心 6 个、省级教学名师 7 人；荣获省级教学成果奖 7 项、省优秀教材奖 12 项；新建实习实训基地 35 个；学生获得国家级和省级各类表彰奖励 500 多项；本科生第一志愿考生录取率稳定在 90％以上，录取分数一直处于省属院校前列；本科生年底就业率平均在 90％左右，硕士研究生就业率接近 100％。

4. 人才队伍进一步优化。通过实施"人才兴校"战略，学校师资总量稳步增长，师资队伍结构进一步优化，教师素质不断提高。学校现有专任教师 570 人，其中，具有博士学位教师 186 人，具有高级专业技术职务教师 284 人，较"十一五"末期均有较大幅度增长。学校有 4 人被评为吉林省拔尖创新人才，5 人被评为吉林省有突出贡献的中青年专业技术人才，1 人被评为吉林省杰出创新创业人才，1 人被评为全国优秀教师，1 位教授被遴选为吉林省"长白山学者"特聘教授，引进的 2 位海外学者被遴选为吉林省"长白山学者"讲座教授。

5. 学科建设水平进一步提升。通过实施"学科水平攀升工程"，学科结构进一步改善，学科水平进一步提升，学科特色进一步凸显。"十二五"期间，新增 6 个硕士学位授权一级学科，3 个硕士专业学位授权点。7 个一级硕士学科被遴选为"十二五"省级优势特色学科，占学校硕士一级学科总数的 87.5％，其中 2 个学科被遴选为吉林省"重中之重"立项建设学科。

6. 科研实力进一步加强。学校教师共承担各级各类科研项目 690 项，其中包括国家自然科学基金项目和国家社会科学基金项目 19 项，科研经费累计到款 3019 万元，较"十一五"增长了 171.24％；发表学术论文 1344 篇，较"十一五"增长了 34.4％，其中被 A&HCI、CSSCI、SCI、EI 检索 771 篇，较"十一五"增长 37.42％；出版学术著作 123 部，较"十一五"增长了 101.64％；2 项成果荣获教育部高等学校优秀科研成果奖（人文社会科学），1 项科研成果荣获第五届张培刚发展经济学优秀成果奖，47 项科研成果荣获省级优秀科研成果奖；新增吉林省高校人文社会科学重点研究基地 1 个、吉林省高校重点实验室 2 个、吉林省社会科学重点领域研究基地 2 个、吉林省高校创新团队 2 个、吉林特色新型高校智库 1 个；"财政金融与区域经济发展协同创新中心"成为首批"吉林省 2011 计划"重大需求协同创新中心。

7. 国际交流与合作进一步扩大。与美国、澳大利亚等 10 个国家和地区的 40 所大学建立了校际合作关系；成为教育部选定的"中国—俄罗斯经济类大学联盟"中国 13 所高校之一；留学生培养人数逐年增加，培养层次日趋多样，"十二五"期间共接收各类外国留学生 320 余人次；中外合作办学规模稳定，质量逐步提升，社会反响良好；国际科学研究合作实现零的突破，获教育部"春晖计划"立项项目 4 个，国家外国专家局立项项目 1 个，合作完成研究报告 2 份，合作编写教材 3 部；教师和学生出国（境）交流人数显著增加。

8. 办学条件进一步改善。陆续建设了逸夫教学楼、综合楼、大学生活动中心、学生公寓、外国专家公寓和留学生公寓，共计 56313 平方米；新增教学科研仪器设备 2265 台（件），总值 3360 万元；馆藏纸质图书、电子图书、中外文数据库，分别较"十一五"增长 16.46%、59.09%、104.55%；学校经费收入和支出，分别较"十一五"增长 104.45% 和 121.7%。

9. 现代大学制度建设进一步完善。颁布实施了《吉林财经大学章程》，明确了学校依法办学、依法治校的基本纲领；进一步完善了《吉林财经大学学术委员会章程》《中共吉林财经大学委员会常务委员会议事规则》《吉林财经大学校长办公会议事规则》等规章制度 184 项，为学校实施"党委领导、校长负责、教授治学、民主管理"提供了有效的制度保障。

10. 党建工作进一步强化。开展了以"为民、务实、清廉"为主题的党的群众路线教育实践活动和"三严三实"专题教育，全校党员干部进一步增强了党性、转变了作风。学校党委被省委评选为"先进基层党组织"，被省高校工委评选为"先进基层党组织标兵"，学校被中华全国总工会授予"全国模范职工之家"称号，学校团委被评为"全国五四红旗团委"，学校被评为 2013～2015 年度"吉林省文明单位"，涌现出一批在全国有影响的优秀学子和先进典型。

"十二五"时期发展成就的取得，得益于学校的办学目标定位与国家战略、区域经济、行业发展、人民需求的深度契合；得益于全校师生对"学科立校、人才兴校、科研强校、特色名校"办学指导思想的深刻理解和科学实施；得益于全校师生对"育人为根本、质量为生命、教学为中心、创新为灵魂"发展思路的高度认同和积极实践；得益于全校师生对建设"在国际有影响、国内知名、省内地位显著、特色鲜明的高水平财经大学"发展目标的坚定信念和执着追求；得益于学校领导班子对"从严治学、从严治教、从严治队、从严管理"管理理念的创新探索和坚强领导；得益于全校教职员工"爱岗敬业、爱生如子、以校为家、校荣我荣"的优良传统和无私奉献。

（二）面临形势

"十三五"时期是吉林财经大学加大改革步伐、奋发图强、攻坚克难、全面提升整体实力与核心竞争力的关键时期。在新的起点上，学校面临的机遇与挑战并存。

1. 发展机遇。国家发展大局和重大发展战略为学校改革发展提供了新机遇。"十三五"期间是国家实施创新驱动发展战略、"一带一路"战略和东北老工业基地全面振兴战略的重要时期，客观上为学校提供了新的发展环境，学校必须牢牢抓住这一重要战略机遇期。

高等教育改革发展的新形势对学校的发展提出了新要求。2015 年国务院正式颁布了《统筹推进世界一流大学和一流学科建设总体方案》，明确提出到 2020 年，建设若干所大学和一批学科进入世界一流行列。"双一流"建设成为国家战略，是党和国家对高等教育改革发展提出的新要求。学校必须进一步凝练改革发展目标，努力培养一流人才、产出一流成果、做出一流贡献。

学校"十二五"期间办学实力的快速提升为改革发展奠定了新基础。办学 70 年的历史积淀，特别是"十二五"期间学校的全面、快速、和谐发展，为学校凝聚了发展共识、积蓄了发展实力、提供了发展经验、厚植了发展基础，学校发展步入新阶段。

2. 面临挑战。全球经济、科技、社会发展的新形势深刻影响着高等教育发展。"互联网＋""大数据""工业 4.0"等新技术变革，正改变着传统教育的结构和形态；世界科教中心的东移和中国国际地位的变化提升，深刻影响着国际高等教育的布局；人才、科技、文化等要素在全球范围的流动进一步加快了教育的全球化、国际化进程。

国内高校之间的竞争态势空前激烈。"985""211"大学在资源争夺方面依然占据着有利的位置；与国内同类院校相比，学校在地理位置、经济社会发展水平、外部政策环境等方面处于劣势；与省内地方大学相比，学校在学科覆盖面、学校规模、学术平台等方面不占有优势。百舸争流、不进则退。

学校在发展中自身也存在着一些矛盾和问题，主要表现在：学科建设仍需进一步做优做强，重点学科的特色还不够鲜明；科研能力和水平仍需进一步提高，标志性科研成果的数量还有上升空间；人才队伍建设仍需进一步加强，教师数量不足，学术领军人物匮乏；基础建设仍需进一步推进，实践教学、实习实训的条件还不能满足学校人才培养的需要；现代大学制度还需进一步完善，实现学校治理能力现代化的任务还很艰巨；学术平台建设仍需重点着力，博士学位授权单位还需尽早争取。学校未来发展，任重而道远。

二、总体要求

（一）指导思想

高举中国特色社会主义伟大旗帜，全面贯彻落实党的十八大、十八届三中、四中、五中全会精神，以邓小平理论、"三个代表"重要思想和科学发展观为指导，深入贯彻习近平总书记系列重要讲话精神，全面贯彻党的教育方针，以立德树人为根本，以全面提高办学质量为核心，以全面深化综合改革为动力，以全面推进依法治校为保障，以全面加强党的建设为根本保证，坚持内涵发展、特色发展、创新发展、开放发展、和谐发展，为全面建成特色鲜明的高水平财经大学而努力奋斗。

（二）发展思路

全面贯彻中央和吉林省的决策部署，依托建设高等教育强省战略，引进和培育一批学术大师和学术领军人才,加快一流学科建设步伐。强化财经类特色,促进学科交叉融合,打造高水平的科研平台和团队。始终坚持以立德树人为根本,培养具有扎实专业理论基础和现代知识结构、具有较强的创新精神和实践能力的高素质应用型人才;始终坚持以科学研究为支撑,不断抢占学术前沿阵地,提升科学研究水平和为经济社会解决现实问题的能力;始终坚持以服务社会为着力点,服务国家重大战略需求,为建设创新型国家和全面建成小康社会做贡献,同时立足吉林,为吉林经济社会发展、为财政金融领域创新提供智力支撑。

——坚持内涵发展,增强学校综合实力。遵循教学研究型大学的发展规律,强化顶层设计,明晰发展方向。在发展方式上更加注重规模、结构、质量、效益协调发展,合理配置办学资源,着力提高办学质量和效益。

——坚持特色发展,提升学校核心竞争力。彰显学科特色,加强优势特色学科建设;突出区域特色,在服务地方经济社会发展中发挥重要支撑作用;体现时代特色,积极主动参与"互联网+""大众创业、万众创新";强化行业特色,突出财经领域培养人才和科学研究,解决实践问题。

——坚持创新发展,激发学校办学活力。创新人才培养模式,培养高素质应用型专门人才;创新引才引智思路,汇聚一批一流学术大师和创新团队;继续推进协同创新,提升自主创新能力;创新管理体制和运行机制,完善内部治理结构,不断完善现代大学制度。

——坚持开放发展,提高学校对外影响力。抓住国家"一带一路""互联网+"等战略机遇,坚持引进来与"走出去"并举,不断完善开放办学机制,推进国际化办学。在积极推动吉林省人民政府与国家税务总局共建的框架下,以贡献促共建,以服务求支持,进一步密切与国家税务总局的合作关系;积极推动政校合作、校企合作,将政府、行业需求与学校发展紧密结合,开展深度合作;加强与兄弟院校和科研院所的合作,实现优势互补、互利共赢。

——坚持和谐发展,增强学校发展凝聚力。着力保障和改善民生,将学校改革和发展成果切实体现、落实到师生员工身上;加强党建与思想政治工作,为学校又好又快发展提供政治保障;进一步凝练、弘扬特色鲜明的学校文化和学校精神。

(三)办学定位

发展目标定位:在国际有影响、国内知名、省内地位显著、特色鲜明的高水平财经大学。

类型定位:多科性、教学研究型大学。

办学层次定位:以全日制普通本科教育为主体,大力发展研究生教育,健全完整的学历教育培养体系,积极拓展留学生教育,稳步发展继续教育。

学科发展定位:以经济学门类与管理学门类为主体,法学、文学、理学、工学等多学科相互支撑、协调发展。

培养目标定位:培养符合社会主义现代化建设和未来社会发展需要、具有扎实专业理论基础和现代知识结构、具有较强的创新精神和实践能力的高素质应用型人才。

服务面向定位:突出财经特色,立足吉林,面向全国,面向税务系统。

（四）基本原则

贯彻落实"十三五"规划，必须遵循下列基本原则：

——坚持育人为本。围绕人才培养的根本任务，更新发展理念，将办学资源重点投入到人才培养和师资队伍建设中，着力解决教育教学和教师发展中的一系列根本性问题，大力提高教师队伍整体水平，不断创新人才培养模式，进一步促进拔尖创新人才和学术领军人才脱颖而出。

——创新体制机制。以教育教学改革、学科建设体制改革、科研管理体制改革和内部管理体制改革为着力点，以深化人事制度改革和收入分配制度改革为突破口，实现管理重心下移，充分发挥二级单位和各类专门委员会的作用，探索建立符合中国国情和学校发展要求的现代大学管理制度。

——加强综合调控。坚持勤俭办学，汇聚多方资源、实施办学资源的宏观综合调控，增强学校的资源配置能力，构建集约高效、动态平衡的资源配置模式，充分发挥师生员工的积极性、主动性、创造性，努力提高办学资源的使用效率和办学效益。

——科学规划实施。探索和遵循教学研究型大学的建设规律，坚持长期规划、分段实施，统筹好当前建设与长远发展的关系；坚持顶层设计、部门协调、院部实施，处理好重点建设与整体推进的关系，持续提高办学质量与学校竞争力。

三、发展目标

（一）总体目标

到 2020 年，实现专业结构更加合理，师资队伍数量与结构更加合理的"两个更加合理"，实现学科整体实力显著提升，科学研究水平显著提升，教育教学质量显著提升，人才培养质量显著提升的"四个显著提升"，基本形成办学特色鲜明的高水平教学研究型大学框架，争取成为博士学位授权立项建设单位，学校综合实力进入国内财经类高校前列。

（二）具体目标

1. 人才培养。到 2020 年，全日制普通本科生力争达到 12000 人以上，在校研究生规模达到 2200 人左右，在校留学生规模达到 200 人左右。人才培养在学校建设和发展中的核心地位进一步突出，育人为本的理念更加牢固，教育教学改革成效更加明显，教学水平和教育质量显著提升，人才培养模式更加完善，毕业生综合素质得到社会广泛认可。

2. 人才队伍建设。大力实施人才兴校战略，切实加强人才队伍建设。坚持引育并举，重点加强高层次人才引进和培育工作；加强优秀中青年教师的选拔和培育工作；通过深化校内人事收入分配制度改革等措施，努力破解制约学校发展的人才瓶颈；进一步优化人才队伍结构，提高教师队伍整体水平。

3. 学科建设。以经济学、管理学两大学科门类作为学校发展的特色和重点,加大整合资源力度,集中优势力量,全面提升学科实力。重点支持具有传统优势的学科申请博士学位授权点,建成学校学科高峰;加大资源投入力度,大力支持新兴学科的建设发展,支持部分学科尽快进入省级"重中之重"学科;稳固基础学科建设,鼓励基础学科与其他学科间的交叉融合,对优势学科和新兴学科的发展提供支撑,形成人才培养和科学研究的特色。到"十三五"末期,力争部分学科在教育部学位与研究生教育发展中心的评估中位次比进入前 35% 。

4. 科学研究。进一步提升学校的科研实力和创新能力,加快建设高水平创新平台,培育"大数据""互联网+"等新兴创新平台;建成一批国内、省内有重要影响的科学研究基地;形成一支结构合理、素质精良的科研队伍;推动科研项目在立项数量和层次上实现新突破;产出一批高层次的科研成果;全力办好"两刊"。

5. 社会服务能力。服务国家和地方经济社会发展能力进一步增强,以问题为导向,主动为地方经济社会发展提供智力支持;产学研协同创新体制机制不断完善,建成 2 个省级智库和协同创新中心;努力构建终身教育服务体系,为学习型社会贡献力量。

6. 国际交流与合作。大力开展留学生教育,创新对外交流合作工作与留学生教育体制机制;积极开拓国际办学空间,大力加强与欧美高校之间的交流合作;加大引进外籍任课教师和专家的力度;拓展国际学术交流与项目合作新空间,进一步获取和利用国际优质教育资源;开展长短期的学生互换交流,促进教师之间的互访与合作,进一步提升学校的国际知名度。

7. 基本建设。集中人力、物力、财力,进一步做好校区规划设计和建设,努力建成布局合理、功能完善、设施齐全、环境优美、管理高效的节约型、数字化、生态化、人文化的平安和谐校园;加大对校园基础设施、校园环境、人文景观、教学科研仪器设备、数字化校园建设的投入;加强档案馆建设,建成多功能学术中心,高质量完成国家"中西部高校基础能力建设工程(二期)"等工程项目建设,着力改善办学条件;拓宽办学资金渠道,积极争取国家和地方更大的财政支持,实现校企合作、校友基金、社会捐赠等资金来源渠道的多元化。

8. 制度建设。全面统筹推进学校综合改革,深化治理结构改革,全面推进依法治校工作;推进以"党委领导、校长负责、教授治学、民主管理"为核心的现代大学制度建设,深入贯彻实施学校章程,进一步加强学校制度体系建设,完善决策机制、执行机制和保障机制,推动管理重心下移,充分发挥学院办学主体作用,构建与学校改革发展目标相适应的现代大学制度。

9. 党的建设。全面加强党的建设,不断加强领导班子建设、基层党组织建设、党员领导干部作风建设和党风廉政建设。着力增强党对学校改革、发展、稳定的领导能力,着力提高思想政治教育科学化水平,着力提高干部队伍素质和管理水平,为全面建成特色鲜明的高水平财经大学提供坚强的政治保证。

学校"十三五"事业发展主要目标一览

指标名称	"十三五"规划数	属性
一、人才培养		
1. 办学规模		
（1）普通本科生（人）	12000 以上	预期性
（2）硕士生（人）	2200	预期性
（3）留学生（人）	200	预期性
（4）成人教育在校生（人）	10000	预期性
2. 教师教学发展		
（1）培养国家级教学名师（人）	1	预期性
（2）培养省级教学名师（人）	5	预期性
（3）每年出国（境）进修学习教师（人）	10	预期性
（4）2020 年具有国外学习经历教师占教师总数比例（%）	15	预期性
3. 专业课程建设		
（1）国家级精品在线课程（门）	3	预期性
（2）省级精品在线课程（门）	15	预期性
（3）校级精品在线课程（门）	30	预期性
4. 实践教学		
省级实习实训基地（个）	新增 10	预期性
5. 教研项目与教材建设		
（1）国家级教学成果奖（项）	1	预期性
（2）国家级规划教材（部）	3	预期性
（3）承担教育部高等教育教研项目（项）	5	预期性
（4）承担省级高等教育教研项目（项/年）	30	预期性
（5）省级教学成果奖（项）	7	预期性
6. 研究生教育		
（1）研究生在核心期刊发表论文（篇）	200	预期性
（2）省级优秀硕士论文奖（篇）	65	预期性
（3）校级研究生精品示范课程（门）	20	预期性
（4）获得硕士学位推免院校资格		预期性
7. 就业质量		
年底就业率（%）	92	预期性

指标名称	"十三五"规划数	属性
二、人才队伍建设		
1. 教职工总数（人）	1100	约束性
（1）专任教师（人）	700	约束性
（2）专任教师中博士学位比例（%）	70	约束性
2. 引进高水平学术带头人（人）	10	预期性
3. 培养和引进"长白山学者"特聘（讲座）教授（人）	8～10	预期性
4. 选拔培养校内优秀人才（人）	10	预期性
5. 选拔培养校内优秀青年教师（人）	10	预期性
6. 每年到国内一流大学访学（人）	10～15	预期性
三、学科建设		
1. 博士学位授权一级学科（个）	1	预期性
2. 国家级品牌优势特色学科（个）	1	预期性
3. 省级"重中之重"学科（个）	新增1～3	预期性
4. 省级重点学科（个）	新增1～2	预期性
四、科学研究		
1. 国家级研究基地（个）	1	预期性
2. 国家社会科学基金和自然科学基金项目（项）	30	预期性
3. 教育部优秀科研成果奖（项）	新增4	预期性
4. "十三五"期末当年科研经费（万元）	1500	预期性
5. 出版高水平学术专著（部）	60	预期性
6. 省级人文社科重点研究基地（个）	4	预期性
7. 省级协同创新中心（个）	2	预期性
8. 省级科研创新团队（个）	7	预期性
9. 省级特色智库（个）	2	预期性
五、国际交流与合作		
1. 校际合作关系院校（所）	新增10	预期性
2. 加入高水平国际大学联盟（个）	新增1～2	预期性
3. 学生联合培养项目（个）	新增8～10	预期性
4. 中外合作办学项目（个）	新增2～3	预期性
5. 2020年在校留学生（人）	200	预期性
6. 每年出国（境）交流（访学）学生（人）	200	预期性

指标名称	"十三五"规划数	属性
7. 每年聘任的外籍教师（人）	20～30	预期性
8. 设立孔子学院（所）	1	预期性
六、基本建设		
1. 校舍建筑面积（平方米）	380000	约束性
（1）教学科研及辅助用房建筑面积（平方米）	153000	约束性
（2）学生公寓建筑面积（平方米）	167000	约束性
（3）行政办公及其他生活用房建筑面积（平方米）	60000	约束性
2. 光纤接入出口带宽（G）	10	约束性
3. 校园无线网络覆盖（％）	100	约束性
4. 纸质图书（万册）	173.5	预期性
5. 电子图书（万册）	130	预期性
6. 外文原版期刊（种）	80	预期性

四、主要任务

（一）立德树人，培养高素质应用型人才

全面落实立德树人根本任务，牢固确立人才培养在学校的中心地位，坚持以学生为主体，以教师为主导，以育人为根本，深化教育教学改革，提高教育教学质量和人才培养质量，培养符合社会主义现代化建设和未来社会发展需要、具有扎实专业理论基础和现代知识结构、具有较强的创新精神和实践能力的高素质应用型人才。

1. 提升生源质量。科学核定学生规模，稳定本科招生规模，适当调整研究生结构比例。不断提升生源质量，合理调整招生专业结构和区域结构，保持生源结构的多元化。进一步加大招生宣传力度，继续实施招生工作"阳光工程"，选拔优质生源。

2. 全方位推进本科教学改革。深化本科教学改革，创新人才培养模式，强化本科专业建设和课程、教材建设，加强教师队伍建设和师德建设，不断提升本科人才培养质量。

强化人才培养模式创新。全力推进卓越人才培养计划，借鉴一流大学卓越人才培养模式，积极拓宽创新培养渠道，新增人才培养模式创新实验区3～5个。积极开展启发式、讨论式、参与式、探究式教学，扩大小班化教学覆盖面，建立激发学生潜能、培养合作精神的现代教学模式。以突出培养学生创新思维能力为重点，强化实践实验环节，创新课程体系。继续加强与国内其他高校，尤其是财经类高校的交流与合作，推进国内学生交流，力争与10所国内高校建立起学生互换交流关系。

加强本科专业建设。合理调整专业布局，培育新的专业增长点。重点发展税务、金融、会计、工商管理、经济及国际经济与贸易等省级品牌专业，努力将其提升为国内一流专业；保持发展学校办学功能需要专业；限制发展就业率低、设置趋同、招生过剩专业。合理设置3~5个新专业，新增5~10个品牌专业，优化调整专业招生结构，使本科专业数量稳定在35~38个。

加强在线课程资源开发，积极推进优质教材建设。依托校级课程平台建设项目，积极推进互联网、大数据等信息技术与教育教学资源的深度融合，实施在线课程建设工程，建成150门校级优质在线课程，30门校级精品在线课程，15门省级标准精品在线课程，3门国家级标准精品在线课程；建设20门教学方法改革示范课程和10门优秀双语教学示范课程。积极推进优质教材建设，力争3部教材入选国家级规划教材。

加强教育教学成果奖培育。分步实施，制订系统可行的培育方案；加强组织领导，建设高水平的教学团队；加强宣传，扩大培育成果的社会影响力，推动培育项目最终转化为教学成果。认真做好第八届吉林省高等教育省级教学成果奖的申报工作，争取获得7项省级教学成果奖励，并实现国家级教学成果奖的突破。

加强教育资源智能平台建设。充分利用互联网技术和国家鼓励开放的互联网骨干企业数据资源平台，整合国际国内优质教育教学资源，构建智能化、数字化教育资源智能共享平台，让广大师生共享全球优质教育教学资源。加大网络建设的人力、物力、财力投入，扩充服务器容量，充分利用图书馆视频数据库资源，推进教育资源智能平台建设，实施在线学习、线上辅导、线下考试、开放教育、自主学习、承认学分的现代教学模式。

强化教学质量保障体系建设。以新一轮本科教学工作审核评估为契机，加快校内本科教学状态数据常态监测平台建设，完善教学质量保障体系，健全多元化教师教学评价制度。

3. 全面提升研究生培养质量。以迎接教育部硕士学位授权点合格评估为契机，继续深化研究生培养机制改革，不断完善研究生人才培养体系，全面提升研究生培养质量。

加强"学术学位"与"专业学位"研究生教育的分类培养。学术学位研究生教育要加强理论教育和创新能力的培养，以研究生科研立项、学科竞赛、学术交流为抓手，大力提升研究生科研水平，形成一批优秀的研究生科研成果；专业学位研究生教育要突出职业能力和实践能力的培养，打造一支满足专业学位教学需要的"双导师"队伍。

进一步完善研究生教育的监督、评价和调整机制，推进质量保障和监督体系建设，强化导师责任，加强指导过程管理，提高研究生学位论文质量，争取65篇左右硕士学位论文入选省级优秀硕士学位论文。

理顺研究生管理体制。加强研究生学院对全校研究生思想政治工作的统筹管理、指导和监督，明确研究生学院与各培养单位在育人方面的职责分工。

积极申报、努力争取，使学校获得硕士学位推免院校资格。

4. 加快发展留学生教育。加大学校对外宣传力度，积极吸纳来自世界各地的留学生。做好留学生学历教育和非学历教育的合理布局，力求学位生的比例达到30%以上。继续扩大中央和地方两级政府奖学金留学生数量，完善留学生培养方案，发挥学科专业优势，将相关特色专业打造成对来华留学人员具有竞争力和吸引力的品牌专业。争取获得"中国政府奖学金来华留学生接收院校"资格。

5. 加强学生的思想政治教育。进一步加强学生思想政治教育，健全学生思想政治工作机制，注重学生课外科技活动、体育活动和社会实践等活动与课堂教学的统筹协调和有机统一，做好学生的品德评定和综合素质评价工作，推动社会主义核心价值观成为广大学生的日常行为准则，促进每一个学生全面健康成长。积极做好学生党员发展工作，保证学生党员发展质量。加强和改进学生党支部的建设，创新学生党支部设置形式，加强学团干部队伍建设。进一步加强网络思想政治工作，营造多层次的校园网络文化，用正确、积极、健康的思想文化占领网络阵地。

6. 深入推进创新创业教育。整合全校实践教学资源，设置创业教育与实践教学中心，建设创新创业实训平台，提升创新创业教育与实践教学水平。构建校内外结合、专兼职结合、核心骨干教师相对稳定的创新创业教育和实践教学教师队伍。改革"双创"教师的技术职务评聘规则，保障"双创"教师以实践教学为重。建设依次递进、有效衔接、科学合理的创新创业教育专门课程群，鼓励学生积极选修创新创业教育模块课程。继续健全和完善就业创业指导服务体系，提升就业层次，加强就业创业工作研究，指导学生树立正确的职业理想，持续提升毕业生就业竞争力。

专栏1　教育教学质量提高工程

> 教育资源智能平台计划：构建智能化、数字化教育资源智能共享平台，推进教育资源智能平台建设，实施在线学习、线上辅导、线下考试、开放教育、自主学习、承认学分的现代教学模式。
>
> 人才培养模式创新计划：吸收和借鉴世界一流大学的教育理念、教学方式方法、教学管理模式与评价方式，改变旧的培养模式，改革传统教学模式，创新课程体系；借鉴一流大学卓越人才培养计划模式，积极拓宽创新培养渠道；推进国内学生交流，通过优势特色专业互派优秀学生交流学习，拓宽学生视野。
>
> 创新创业实训平台建设计划：整合全校实践教学资源，切实提升创新创业教育与实践教学水平。加强创新创业教育和实践教学教师队伍建设，鼓励学生积极选修创新创业教育模块课程。

（二）引育并举，建设高水平人才队伍

深入实施"人才兴校"战略，优化队伍结构，建立和完善有利于优秀人才成长发展的制度环境，引育并举，努力形成一支以专任教师队伍为主体，以管理人员队伍为支撑，以专业技术人员队伍为保障，相互协调、促进发展的人才队伍。

1. 营造人才稳定发展的环境。坚持"以人为本"，致力做到尊重教师的人格、尊重教师的劳动、尊重教师的专业发展，不断健全引才聚才的政策环境、创造有为有位的工作环境、改善聚心留人的服务环境，用事业、待遇、感情稳定人才、留住人才。

2. 加大高层次人才引进力度。制订学校高层次人才引进办法，确定不同层次人才的引

进标准和待遇。根据学科建设需要统筹人才引进的导向和布局，采取全职和非全职引进并举的方式，积极引进杰出人才和领军人才，重点引进学术带头人和学术骨干，汇聚国内外具有学术潜质的优秀博士，充分调动学院用人积极性，建立起以学院教学科研及学科建设等需求导向为主，学校把关监督为辅的高层次人才引进机制。

3. 加大青年教师选拔和培养。建立健全对青年人才普惠性支持措施，加大对优秀青年教师的扶持力度，关注青年教师职业发展与个人进步，引导青年教师个人学术兴趣与学校学科建设紧密结合，为青年教师成长搭建平台。坚持开展青年教师岗前培训，组织实施青年教师导师制。

4. 统筹推进"三支队伍"建设。加大力度培育校内优秀人才，完善选评机制，调动各类人才积极性，提高教师综合素质，形成以校内优秀教师为主体、以引进和外聘教师为补充、专兼结合的专任教师队伍；重视青年干部的选拔和培养，完善党政管理人员和专业技术人员的职业发展渠道、岗位间合理流动模式，逐步形成"人人面前有通道、人人脚下有台阶、人人心中有愿景、人人身上有动力"的队伍建设机制，实现学校事业发展与个人发展的有机结合。

5. 加快推进人事制度改革。完善校内收入分配制度改革，建立健全绩效工资总额宏观调控机制，在保障职工基本工资正常增长的基础上，努力探索实施以教学、科研基本工作量制度为核心、以体现履行岗位职责和突出业绩为导向的校内绩效工资稳定增长的长效机制；建立教师岗位分类管理制度，健全和完善不同岗位教师的考核评价体系和职务晋升制度，引导和鼓励教师根据自身特长合理定位、自主择岗，明确发展目标和努力方向，破解制约学校发展的人才瓶颈。

6. 加强师德建设。进一步强化教师师德建设，加强宣传和教育，完善师德考评制度，在教师考核体系中将师德指标单列，突出师德目标的导向机制，增强教师的事业心和责任感。引导教师自觉遵循职业规范和学术道德，争做职业道德标兵。在教师职务聘任、职务晋升、业务进修和评优奖励等过程中实行师德一票否决制。

专栏2 人才队伍建设优化工程

高端人才引进计划："十三五"期间，通过高层次人才引进政策引进高水平学科带头人8~10人，培养和引进"长白山学者"特聘教授、讲座教授8人左右。

校内优秀人才培育计划：制订校内人才激励政策，明确选拔标准和人才待遇，在"十三五"期间选拔和培养出在国内同学科领域有重大影响的校内优秀人才8~10人。

青年教师选拔培养计划：制订并实施青年教师选拔培养计划，选拔一批优秀青年教师，实施全方位支持政策，加快对青年教师的培养。

青年教师发展计划：加强青年教师创新能力培养，大力支持青年教师开展出国进修、国内访学活动，积极探索"双师型"师资队伍建设模式，鼓励学院依托相关学科专业的实践基地加强青年教师的实践能力提升。

（三）优化结构，推动学科内涵式发展

按照"突出优势、扶持新兴、坚实基础"的方针，分层次加大学科建设力度，营造良好的学科建设生态，坚持"队伍建设、人才培养、科学研究、学术平台、合作交流"五位一体的学科建设思路，以学术队伍建设为核心，以体制机制改革为动力，加大学科整合力度，促进学科交叉融合，构建与高水平财经大学建设相适应的学科体系。

1. 优化学科结构布局。依据学校办学定位和服务面向，分层次、有重点地加强学科建设，通过统筹规划、整合资源、调整结构，优化学科布局、凸显学科特色、提升学科竞争力。着力发展优势学科、加快发展新兴学科、稳固发展基础学科，围绕学科优势特色和区域发展需求，凝练学科方向，积极发展面向地方经济社会发展急需的学科专业，逐步形成特色鲜明、重点突出、相互支撑、协调发展的学科体系，营造良好的学科生态环境。

2. 着力发展优势学科。优势学科是带动学科发展的龙头，对全校学科的建设发展具有引领、示范和辐射的作用。以建设一流学科为目标、以突出学科优势特色为导向，重点支持理论经济学、应用经济学、工商管理等"申博"学科的优先发展，以一级学科为单位，进一步凝练学科方向，整合各种学术资源，改革学科建设体制机制，明确学科建设主体责任，加大资源投入力度，全力支持优势学科彰显特色、快速发展。

3. 加快发展新兴学科。新兴学科是学科发展中的活跃因素，加快新兴学科的发展是推动学科建设的重要动力。学校将积极支持法学、统计学、管理科学与工程、公共管理等新兴学科加快发展，凝练学科建设方向，拓展学科建设领域，精准投入学科建设要素，引进和培育学科带头人，完善学科建设绩效考核机制，促进新兴学科快速发展。

4. 稳固发展基础学科。基础学科对其他学科发展具有重要的支撑作用，是其他学科人才培养、科学研究的重要基础。学校将进一步加大马克思主义理论、外国语言文学、新闻传播学、数学、计算机科学与技术等支撑学科的建设力度，稳固学科建设基础，促进与其他学科的交叉融合，形成鲜明的学科特色，充分发挥其在人才培养和科学研究中的作用，支撑其他学科可持续发展。

5. 改革学科建设体制机制。充分发挥学院、学术带头人在学科建设中的主体地位，明确学科建设主体责任，分解落实学科建设任务，实现学科建设责、权、利的统一。通过体制创新和机制创新，打破学科和行政单位壁垒，促进学科间交叉融合，进一步提高学科建设绩效。

专栏3 学科内涵建设提升工程

学科资源整合计划：打破学科壁垒，以一级学科为基础，整合学校资源，建立跨学院的学科建设平台，以项目建设依托，凝练学术方向，明确学科建设的主体责任，构建以绩效和业绩考核为基础的资源投入机制，进一步完善责、权、利相统一的学科建设的体制机制。

> 学科分层建设计划：根据学科的定位、优势、特色、绩效等要素，将学校学科划分为高峰学科、高原学科、基础学科三个层次进行建设，在人、财、物等资源配置上给予不同的政策支持，实行绩效考核，动态管理。
>
> 学科交叉创新计划：以国家和地方经济社会发展需求为导向，建设一批跨学科平台，开展交叉学科研究，组建跨学科、跨学院、跨学校的学科建设团队，共同开展协同创新，进一步提升学校学科建设与服务国家和地方需求的适配性，提升学校服务社会和文化传承能力。

（四）强化创新，提升科学研究水平

主动服务经济社会发展重大需求，开展国家、区域急需的战略性研究，涉及国计民生重大问题的前瞻性研究。瞄准学术前沿，加强基础研究，培育创新平台和创新团队。推进科研激励计划，充分调动广大教师科研的积极性，以高水平的科学研究促进高水平的教学和高质量的人才培养。推动科学研究工作扎实推进，进一步提升学校学术水平和学术影响力。

1. 推进协同创新和智库建设。以国家和区域重大需求为导向，转变科研组织方式，加强协同创新和智库建设，积极探索符合学校实际、行业特点的产学研协同创新机制，增强人才、学科、科研"三位一体"的协同创新能力；推动学校与兄弟高校、科研院所、行业企业、政府部门之间的协同创新和智库建设。

2. 强化科研团队建设。创新科研体制机制，强化协同创新，鼓励和支持跨学科交叉的品牌团队建设，在科研用房、办公条件、科研经费、科研时间、技术职务晋升等方面予以支持。全力支持以品牌学科带头人为引领、中青年骨干教师为梯队、特色智库为平台的"三位一体"学术创新团队。形成一批层次清晰、梯队合理、富有活力的品牌团队，实现个体优势向整体优势转变。

3. 提升教师科学研究能力。鼓励教师积极参加国内外学术会议，通过举办青年学者论坛、名家讲座等学术报告浓厚学校科研氛围；利用寒暑假开展旨在提升重点专业领域教师科研能力的研修班，从研究方法、研究内容等方面开展规范性的系列培训，切实提升教师的科研水平；评选优秀科研工作者，培养一批具备深厚学术底蕴、深邃学术眼光、宽厚学术气度的学术带头人。

4. 创新科研项目组织管理模式。以培养青年教师科研能力、培育可冲击国家"两金"的项目为目标，抓好校级科研项目的落实工作。加强各级各类项目的申报、开题、中期检查、结项等组织管理工作，注重项目研究过程中高水平成果的产出；做好国家社科基金、国家自科基金项目的精心培育，从立项数量、研究质量、成果产出上重点突破。

5. 完善科研奖励评价制度，产出优秀科研成果。实施优秀科研成果奖励制度，着力支持原始创新，持续支持基础研究，重点支持精品力作，适时调整学校刊物等级目录，拓宽教师成果发表途径，开阔学术视野。建立以质量为中心、兼顾数量的评价体系，注重对应用型研究成果的评价和认定，对为地方经济社会发展服务的应用型成果与其他成果等同评价，鼓励学校教师产出一批高质量的研究成果。继续加强《当代经济研究》与《税务与经济》的建设和质量提升，不断扩大学校的学术影响力。

6. 加强学术道德规范建设。进一步完善学校学术治理体系，大力推进学术民主、保障学术自由、建立学术诚信、规范学术评价、促进学术发展；健全校内学术不端行为调查及处理办法，加强对学术不端行为查处的力度，树立良好的学术风气。

专栏4　科学研究事业繁荣工程

> 品牌科研团队支持计划：全力支持以品牌学科带头人为引领、中青年骨干教师为梯队、特色智库为平台的"三位一体"学术创新团队，鼓励组建"专家＋团队"建设模式，构建结构合理的科研品牌团队建设。
>
> 研究能力提升计划：浓厚学校科研氛围，开展系列培训，切实提升教师的科研水平；评选优秀科研工作者，培养一批学术带头人。
>
> 科研项目培育计划：重点培育扶持可冲击国家"两金"的项目，实现立项数量、研究质量、成果产出上重点突破。
>
> 科研成果培育计划：实施学术著作出版资助制度和优秀科研成果奖励制度，鼓励教师发表一批高水平学术论文，出版一批高质量学术著作，产出一批具有重大社会效益和经济效益的应用型研究成果。

（五）面向地方，增强服务经济社会发展能力

立足吉林，面向全国，面向税务系统，以服务国家战略为重点，坚持"以服务求支持、以贡献促发展"的原则，突出财经特色，将学校发展与经济社会发展紧密联系起来，牢牢抓住历史机遇，发挥学校智力、人才优势，通过全方位开放合作，为学校发展赢取更多空间、资源和机遇，不断提高学校的社会贡献度。

1. 加强高水平研究基地建设。紧紧围绕国家、行业和区域重大战略需求，强化问题导向，加大支持培育力度，力争新增1个国家级研究基地、2个省级"新型智库"、2个协同创新中心和4个省级人文社科重点研究基地，积极参与决策咨询，主动开展前瞻性、对策性研究，充分发挥智力优势，推出一批有影响的决策咨询和政策建议。

2. 积极服务行业、地方经济与社会发展需求。建立政产学研合作机制，继续加强与地方政府、大型企业、科研院所的稳定合作，积极参与行业、区域的技术创新体系建设，推动行业与区域经济社会发展。

主动加强与国家税务总局的联系，不断深化省局共建的合作力度，认真规划和落实省局"共建项目"，积极打造"大企业税收研究中心"等研究平台，进一步彰显税务专业优势特色，科学定位人才培养目标，分层次为国家、地方培养各类税收人才，加大面向地方税收专门人才和高级管理人才的培训力度。

深度参与地方经济社会发展，主动围绕"一带一路""东北老工业基地振兴""长吉图开发开放先导区"建设需要，为产业发展和现代服务业的科技创新提供支持。

扎实开展精准扶贫工作。贯彻落实中央和吉林省精准扶贫相关文件精神，充分发挥学校

在人才扶贫、科技扶贫、智力扶贫、信息扶贫等方面的优势，创新地方高校参与精准扶贫有效模式，为全面建成小康社会做贡献。

3. 做好校友服务工作。坚持以情感为纽带、以沟通为前提、以双赢为目标，健全"学校主动服务校友发展、校友全力支持学校发展"的长效机制，使校友工作步入常态化。充分利用微信、QQ群、校友刊物等交流手段，全方位搭建校友交流平台，加强校友管理信息系统建设，形成立体化校友联系网络。进一步完善校友会、基金会工作机制，支持国内省市级校友会的建立，适时在校友集中的国家和地区建立海外校友会。

4. 完善继续教育和培训体系建设。推动成人教育向继续教育转型，优化继续教育结构，积极拓展办学资源和办学空间。以质量促发展，以品牌创效益，发挥学校传统培训教育优势，加强面向政府、行业、企业培训，把学校的优势特色专业建设成为国内继续教育和现代远程教育的品牌，构建灵活开放的终身教育体系。

专栏5　服务经济社会发展工程

> 服务行业计划：不断加强与国家税务总局的联系，不断深化省局共建的合作力度，认真规划和落实省局"共建项目"，积极打造"大企业税收研究中心"等研究平台，进一步提高培训服务能力和水平。
>
> 服务地方计划：继续加强与地方政府、大型企业、科研院所的稳定合作，积极参与地方及区域的创新体系建设，稳定现有合作关系，积极拓展新的实质性政产学研合作伙伴。

（六）深度开放，提高国际交流与合作水平

坚持"走出去"与"请进来"相结合的原则，坚持开放办学，加快形成"全方位、多领域、高层次"的国际交流与合作新局面。

1. 拓展国际交流空间。继续巩固与已有国（境）外大学的合作，逐步增加国外友好学校的国别和数量。根据学校自身学科优势和特点，选定世界排名靠前，尤其是欧美高水平大学作为重点合作对象，力争使每个学院都有与国外高校长期、稳定和实质性的合作项目，到2020年与国外合作大学的数量达到50所。加强与国际性教育组织的联系与合作，争取再加入1~2个高水平大学联盟。积极响应国家推进共建"一带一路"教育行动计划，签署双边、多边教育合作协议，依托学校优势学科为沿线国家培养培训教师和各类技能人才。

2. 拓展在校学生海外学习项目。继续扩大与国（境）外高水平大学在本科教育、研究生教育的合作与交流，大力推进人才培养的国际化水平。完善在校生出国留学、学生互换、短期游学机制，选拔更多优秀学生进入国外高水平大学学习与交流，力争每年有200名学生赴海外交流学习，着力培养一批具有国际视野、创新精神和实践能力的高素质人才。

3. 探索中外合作办学新模式。进一步完善并优化与澳大利亚查尔斯特大学的合作办学项目，稳定办学规模，不断提高教育教学水平和人才培养质量。积极拓展新项目，创新办学新模式。与英美等国家高水平大学合作，立足在学校优势专业和特色专业中新增1~2个研

究生层次的合作办学项目。制订学校的国际化教学计划,选择1~2个专业进行教学国际化改革试点,建设全英文课程,提升本土学生的竞争力,提高外国留学生来校学习的人数和层次。

4. 促进师资队伍国际化建设。积极引进高水平的海外人才和知名学者来校长期工作;改善外籍教师结构,增加专业课外籍教师和专家的比例,引进更多的具有国际一流水平、在某一学科领域具有较高造诣的外国专家来校任教、讲学、联合指导研究生,开展合作科研。选拔有潜力的年轻教师出国进修和从事研究,培养高水平的教师科研团队。支持一批重点学科带头人赴海外进修,为学校培养一批具有国际视野、外语熟练、理念先进、熟悉现代研究模式的高素质教师队伍。

5. 推进科学研究国际化。设立专项基金,积极承办或合作举办国际学术会议,支持优秀教师参加各类国际会议,在国际学术舞台展示学术成就。支持在校研究生参加各类国际学术竞赛及交流活动,提升研究生教育国际影响力。利用东北亚中心区的地理位置优势,联合日、韩、俄友好学校,结合学校优势特色学科,共建国际和区域研究中心。

6. 加快学校海外办学步伐。继续做好对外汉语教学工作,加强对外汉语教师的培养和培训。积极参与国家国际汉语推广计划,积极参与国家汉办汉语教师派遣工作。力争在欧美国家的高校建立一所孔子学院,扩大学校影响,提升学校国际知名度。

专栏6 对外交流促进工程

> 国际和区域研究中心建设计划:以教学单位和科研院所为载体,结合学校优势学科和地理位置优势,依托日、韩、俄友好学校,联合共建国际和区域研究中心。
>
> 教师与学生交流计划:选拔有潜力的年轻教师出国进修和从事研究,重点支持一批重点学科带头人赴海外进修,完善在校生出国留学、学生互换、短期游学机制,选拔更多优秀学生进入国外高水平大学学习与交流。

(七) 深化改革,完善现代大学制度建设

适应学校发展建设需要,构建充满活力、富有效率的现代大学运行机制,不断推进学校治理体系和治理能力现代化,完善现代大学制度。

1. 改革完善治理结构。坚持"党委领导、校长负责、教授治学、民主管理"的办学体制。进一步完善党委领导下的校长负责制,发挥党委领导核心作用,监督、支持、保障校长依法行使行政权力。健全学校决策机构议事规则和决策程序,完善决策机制,增强领导班子依法决策能力。深化机关机构改革,调整机关机构的设置和职能,以服务教学、科研和师生为宗旨,下放管理权力,提升管理服务效能。健全校院两级管理体制,推进管理重心下移,赋予学院更多的自主权,加强对学院的指导和监督,完善学院党政联席会议制度,推进学院治理体制机制改革。进一步理顺学校与政府、社会及利益相关者的关系。

2. 加强以章程为核心的制度体系建设。贯彻落实《吉林财经大学章程》,维护章程权威,加快健全完善以学校章程为核心的规章制度体系。适时修订学校章程,及时废止、修

改、新建学校相关规章制度，提高制度建设水平，形成以章程为核心的层次合理、内容规范、简洁明确、协调一致的内部制度体系。健全议事规则与决策程序，规范决策行为，提高决策水平。构建起与学校发展目标相适应的现代大学制度体系。

3. 推进教授治学。继续强化学术委员会在学科建设、科学研究、学术评价和教师职务评聘中的重要作用；在学术委员会制度框架下，完善学位评定委员会、教学指导委员会、学科规划与建设委员会、专业技术职务评审委员会和学风建设委员会等学术组织的建构，保障其职能的发挥，进一步规范学术权力的组织架构与运行规则，推动教授治学。

4. 加强民主管理与监督。发挥教职工代表大会及群团组织作用，健全师生员工参与民主管理和监督的工作机制。加强教代会、学代会建设，充分发挥民主党派、工会、共青团、关工委、其他社团组织以及无党派代表人士的重要作用，推进党务公开、校务公开与信息公开，及时向师生员工、群众团体、民主党派、离退休老同志等通报学校重大决策及实施情况，落实教职工和学生在学校管理、决策中的知情权、参与权和监督权，推动学校决策、民主管理与监督的科学化、民主化和法治化。

5. 全面推进依法治校。坚持依法治校，规范管理，认真贯彻和落实学校章程，把学习和落实章程作为加强现代大学制度建设、推进依法治校的重要抓手。根据相关法律法规，健全和细化各项规章制度，保障依法治校工作"有法可依"。坚持依法治校与精神文明建设、学校文化建设相结合，不断提升全校师生的法制观念和各级干部依法决策、依法管理、依法办事的能力。充分发挥学校法律顾问的职能与作用，大力开展普法宣传教育和法律实践活动，强化法制宣传，全面提高依法治校工作水平。

（八）整合资源，推进学校文化建设

坚持以社会主义核心价值观引领学校文化建设，恪守"学术为本、学生为本、教师为本"的理念，以精神文化建设为核心，以制度文化和形象文化建设为载体，以学校精神弘扬和人文景观建设为抓手，唱响主旋律，突出高品位，努力建设兼具思想内涵和物化景观、兼具历史传统和时代风格的学校文化，为全面建成特色鲜明的高水平财经大学提供精神动力和文化支撑。

1. 弘扬学校精神。继承和发扬学校优秀传统文化，秉承"明德崇实"的校训，弘扬"尚学致用、择善鼎新"的学校精神，将学校精神内化为师生的行动自觉，物化为优美的校园环境，积极培育"善治、善教、善思"的校风，"正己、正学、正人"的教风和"唯真、唯志、唯行"的学风。

2. 加强标识系统建设。充分发挥校旗、校徽、校歌等文化符号的标识作用，加快校园视觉形象识别系统建设，发布《吉林财经大学视觉形象识别系统手册》，增强师生对学校文化的认同感和归属感。

3. 创新文化载体。以重大纪念日、节庆日、入学毕业典礼等重要节点为契机，积极开展"与青年对话"系列活动，建设覆盖全校的学术讲座体系。以校园文化活动的"专业化、精品化、特色化"为导向，大力推进高雅艺术进校园，着力打造一批品牌文化艺术精品。充分利用传统媒体和新媒体，挖掘典型事迹，做好舆论引导，讲好学校故事，传播校园好声音。以校史馆为依托，增进广大师生对学校历史文化的了解与认同。

4. 加强人文景观建设。以弘扬学校精神为目标，通过开展道路楼宇命名、校园广场扩建、河湖改造、廊亭设计等校园人文景观建设，将学校精神物化到山、水、园、林、路之中，融校园建筑的使用功能、审美功能和教育功能于一体，为师生营造优美的校园文化环境。

5. 加强爱心教育。以学校爱心教育为切入点，大力推进社会主义核心价值观教育，加强学校文化内涵中"善"的教育。全面贯彻"开展爱心教育、弘扬爱心文化、推动爱心传承、培养爱心学生"的学校人才培养理念，积极推进爱心教育活动的广泛开展与总结验收，推动爱心教育活动的项目化，形成全校爱心育人的良好局面，使学校"善"的教育成为工作常态，增强爱心教育活动的影响力和有效性。

专栏7　文化建设弘扬工程

> 全面建设兼具思想内涵和物化景观、兼具历史传统和时代风格的大学文化，为建设高水平财经大学提供强大精神动力。

（九）凝心聚力，全面加强和改进党的建设

坚持党要管党、从严治党，保持党的先进性和纯洁性。坚持党对高校的领导，增强基层党组织的凝聚力和战斗力。不断提高党的建设科学化水平，为学校发展提供坚强政治保证。

1. 加强党的思想建设。深入贯彻落实《关于进一步加强和改进新形势下高校宣传思想工作的意见》，健全理论中心组学习制度，完善党员学习教育体系，加强马克思主义理论学科建设和宣传思想阵地建设，坚持用中国特色社会主义理论体系武装全校师生员工，不断深化对习近平总书记系列重要讲话精神的学习教育。巩固党的群众路线教育实践活动成果，践行"三严三实"要求，扎实开展"两学一做"学习教育。充分发挥哲学社会科学的学科优势，推动理论研究成果更好地为思想理论建设服务，建设政治过硬、师德高尚的学校宣传思想工作队伍和思政课教师队伍。进一步规范党内政治生活、严守政治规矩，教育引导党员、干部在思想上、政治上、行动上同党中央保持高度一致，牢牢掌握学校意识形态工作的领导权和话语权。

2. 加强领导班子和干部队伍建设。严格执行党委领导下的校长负责制，加强校级领导班子建设。按照"好干部标准"和"四铁"标准，选强配齐二级单位领导班子。优化干部队伍结构，完善干部选任办法和能上能下机制，完善分类考核办法，建立工作督办和责任追究机制，提升干部考核与考核结果使用的科学性，深入实行干部轮岗交流和聘任制。加大干部教育培训力度，实行分级分类培训，增强干部教育培训的系统性和实效性。制订后备干部队伍建设实施办法，加大年轻干部、女干部、党外干部、少数民族干部的培养力度。提升干部思想政治素质和求真务实、干事创业能力。完善并实施领导干部个人有关事项报告、查核和干部档案审查等相关制度，从严从实管理监督干部。

3. 加强党的组织建设。全面落实"五创五强"工程，切实加强服务型党组织建设，建

立健全基层党建工作责任制和换届工作制度，完善基层党组织设置，健全基层组织体系。完善并实施党政联席会议制度，加强专职党务干部队伍建设，增强党务干部抓党建的主业意识。推进基层党建述职评议工作，促进基层党建工作责任的落实。严格党内政治生活，落实书记上党课、"三会一课"等党内组织生活制度。从严把握入党条件，严格程序要求，加强教育管理，确保发展党员质量。

4. 加强党的作风建设。牢固树立马克思主义群众观，贯彻落实中央八项规定精神，完善领导干部联系基层、党员、师生等制度，形成作风建设的长效机制。不断总结并巩固党的群众路线教育实践活动和"三严三实"专题教育的经验和成果，转变机关和基层干部队伍工作作风，进一步提升党性修养，增强宗旨意识，提升服务水平，畅通联系服务师生的"最后一公里"。加强统一战线工作，发挥群团组织作用，推进学校各项事业健康发展。

5. 加强反腐倡廉建设。坚持全面从严治党，深入落实党委主体责任和纪委监督责任，制订实施切实可行的责任追究制度。进一步健全权力规范运行的各项制度和监督机制，推进学校"教育、制度、监督"并重的惩治和预防腐败体系建设。严格遵循党章，严格执行其他党内法规，坚持把纪律和规矩挺在前面，坚持监督执纪"四种形态"，加强党内监督，构建不敢腐、不能腐、不想腐的体制机制。大力弘扬党的光荣传统和优良作风，加强反腐倡廉宣传和教育，进一步加强廉政文化建设，将廉政理念融入日常工作，营造风清气正的良好氛围。

五、保障措施

（一）财力保障

通过深化改革，加强财务管理，积极拓展收入来源渠道，使学校总体收入保持稳步增长。加强预算管理，完善预算指标的定额控制体系，实行精细化管理，不断增强学校财务的宏观调控能力、集中财力办大事的能力。进一步规范资金安全运行效益管理，建立健全学校监督和内控机制，加强学校内部审计监督。加强学校资产的监督和管理，确保资产的安全完整与保值增值。积极争取校友和社会各界支持，扩大办学经费来源渠道。强化服务意识，准确把握相关政策，为教学、科研、学科建设提供优质高效服务。

（二）民生保障

坚持以师生为本，关心和维护师生员工切身利益，根据学校发展实际，增加教职工收入，为师生员工办实事。注重校园自然环境和人文环境的有机融合与大力保护，建立和完善节能减排长效机制，建设节约型低碳校园，完善校园绿地系统，加大校园环境整治力度，建设人与自然和谐的"绿色校园"。加强校园信息化建设，不断提升信息化对教学、科研、管理和服务的技术支撑能力，全面建设数字化"智慧校园"。加强校园交通基础设施建设，改善校园交通环境，保障校园交通安全。加强校园综合治理，推进学校安全技术防范体系建设，完善人防、物防、技防"三位一体"的安全体系，健全维护学校安全的长效机制和处理各种突发事件的预警机制，构建平安和谐校园。

（三）机制保障

"十三五"规划是指导学校教育事业改革发展的纲领性文件。贯彻实施本规划是一项十分艰巨的系统工程，任务重、要求高，必须明确责任目标，确保各项目标、任务落到实处。一要完善规划体系。以"十三五"规划为指导，科学制订专项规划以及学院发展规划，构建学校发展规划体系。二要加强宣传引导。通过专题学习、交流座谈等形式，组织全校师生深入学习规划的基本内容和主要精神，深刻理解学校的目标定位和战略部署，并通过广泛宣传吸引广大校友及其他社会力量进一步关心支持学校改革和发展，为实施规划营造良好的社会环境和舆论氛围。三要明确工作任务。对规划总体目标任务进行分解，落实责任单位，制订切实可行的实施方案，明确工作任务、进度和责任主体，并将主要任务和核心指标分解到年度工作计划中，分阶段、分步骤组织实施。四要强化监督管理。加强对规划执行情况的跟踪与控制，探索建立科学的绩效评价考核体系，实施年度检查、中期评估和期末考核，及时掌握规划实施情况，发现和解决存在的问题，并将检查评估结果纳入单位绩效考核和干部考核范畴。

"十三五"是学校全面建成高水平财经大学的关键时期，全校广大师生要深刻认识学校发展面临的机遇和挑战，进一步增强使命感、责任感和紧迫感，全面落实好规划的各项部署和任务，确保建设目标的胜利实现，共创学校事业发展新的辉煌！

江苏财经职业技术学院"十三五"发展规划

为主动适应经济社会发展需要，推动学校事业又好又快发展，根据《国家中长期教育改革和发展规划纲要（2010～2020年）》《现代职业教育体系建设规划（2014～2020年）》《高等职业教育创新发展行动计划（2015～2018年）》《江苏省"十三五"教育发展规划》《江苏财经职业技术学院章程》以及学校第二次党代会精神，结合学校实际，制订本规划。

一、"十二五"时期学校事业发展的回顾

"十二五"期间，学校认真贯彻党的十七大、十八大和十八届三中、四中、五中全会精神，在江苏省教育厅正确领导和关心支持下，坚持"立足淮安、面向江苏、突出财经"的办学定位，围绕"独具特质、充满活力、令人向往的新财院"发展目标，在"特色鲜明，质量出众，师生幸福，人人出彩"财院梦的引领下，大力弘扬"努力学习，精益求精"财院精神，团结带领全校师生员工大力实施"专业调整、合作办学、素质提升、人才强校、机制创新"五大发展方略，扎实推进"校企合作机制创新、示范重点专业建设、师生素质共同提升、创业就业基地拓展、职业素养基地建设、服务经济社会转型、财经职教集团辐射、校友联谊互动发展"八大建设工程，着力推进省级示范校建设，顺利完成了"十二五"事业发展规划确定的主要目标和任务。

（一）"十二五"时期学校事业发展的主要成绩

1. 全面深化教育教学改革，内涵建设质量显著提升。五年来，学校紧紧围绕人才培养这一根本任务，不断推进内涵建设，教育教学质量迈上新台阶。

——人才培养质量稳步提高。学校坚持以人才培养为中心，在着力培养"脑子灵、懂管理、善经营、会动手、身心好、讨人喜"具有财院特质的高素质技术技能型人才的实践中，深入推进师生素质提升十项主题实践活动，积极构建"1349"素质教育育人体系。五年来，有近千人次在省部级以上技能大赛中获奖，获得各类技能大赛团体奖100余项，其中包括在全国大学生企业经营管理沙盘模拟大赛、全国会计信息化技能大赛、全国电子商务创新创意及创业挑战赛、全国大学生机械创新设计大赛、全国大学生数学建模大赛等全国性技能大赛中获得特等奖和一等奖；各届毕业生的职业资格和技能等级证书获取率始终保持在90%以上；有2131名学生通过"专转本"考试，758名学生通过"专接本"接受本科教育。

为此，学校多次被评为"专接本"工作先进集体。在创业教育方面，学校通过组建创业实践团队、扩建创业中心、举办"学做小老板，勇当创业人"等特色活动，有效地增强了学生创业实践能力。2012年11月，顺利通过江苏省创业示范校验收。学校每年在校内举办数十场人才招聘会，五年共为社会输送了14346名高素质技能型人才，毕业生就业率一直保持在98％以上，多次被评为"江苏省高校毕业生就业工作先进集体"。

——专业体系日趋完善。学校紧紧围绕江苏省"大力推进产业结构战略性调整，着力构建现代产业体系"和"淮安苏北重要中心城市建设"对高端技能型专门人才的需要，积极构建以财务会计专业群为主体的龙头引领型专业体系，努力构建彰显文工交融各具特色、协调发展的专业建设新格局。五年来，学校新增中央财政支持的重点建设专业2个，省A类品牌专业1个，省级重点专业群3个和重点专业13个，省示范重点建设专业5个，省特色专业1个，省优秀教学团队1个；先后建成中央财政支持的实训基地1个，省级人才培养模式创新实验基地1个，省教育改革试点项目1个，省级实训基地3个，省、市级培训服务基地9个。积极参与教育部、财政部立项的高等职业教育会计专业和金融专业教学资源库建设，参与全国财指委、粮指委专业标准和课程标准的制订工作，取得了显著成绩。

——质量工程硕果累累。学校根据相关技术领域和职业岗位群的任职要求，参照对应的职业资格标准，切实推进专业课程体系建设，着力加强精品教材建设。五年来，新增国家和省教学成果一、二等奖共5项，新增高等职业教育"百门精品"课程1门、省级精品课程8门、校级精品课程52门，优质课程72门，校企合作开发课程46门；新增国家级精品教材1部，国家"十二五"规划教材13部，教育部高教社"百门精品"教材1部，省级精品教材6部，省重点教材5部。

2. 全面推进"三大战略"，办学综合实力显著增强。学校大力实施"集团化、信息化、国际化"发展战略，全面深化"产教融合、校企合作"，全力推进江苏财经职教集团建设，着力打造智慧校园，不断加大开放办学力度。

——集团化战略深入实施。学校牵头组建江苏财经职业教育集团，成立由政府部门、相关行业、骨干企业代表以及知名校友共同组成的校企合作理事会，不断完善校企合作人才培养机制。建立了"今世缘营销学院""紫金保险学院""中央新亚管理学院""京东商城电商学院""新道创新创业学院"等校企合作二级学院以及中锐汽车商务基地、用友会计人才培养基地等多个校企合作发展基地；与十方通信、超达模具、京东商城三家企业紧密合作，在三个专业（群）正式试点"现代学徒制"；与沙钢集团、京东商城等大中型企业合作订单培养班级数30余个，订单培养学生850余名；与海尔集团、淮钢集团等537家单位签订学生顶岗实习与就业创业协议。初步实现了人员互聘、基地共建、成果共享的校企合作运行机制。

——信息化建设成效显著。信息化网络基础设施逐步完善，业务应用系统建设成效显著，数字化教学系统功能日趋完善，为学校的教学、科研、管理等工作提供了信息保障。利用现代信息技术，以大学城空间建设为抓手，通过微课、慕课等进行翻转课堂教学改革，举办"今世缘"杯教学竞赛，鼓励教师参加各级各类信息化教学大赛，获得江苏省高等学校优秀多媒体教学课件一、二等奖3项；全国高校微课大赛三等奖3项，江苏省高校微课教学比赛一、二、三等奖 16 项,省信息化教学大赛一等奖、三等奖 6 项。启动了以课程资源和自主学习资源为主的智慧教室建设,实现了校园网络全覆盖。

——国际化办学积极推进。2012 年启动自主组团赴国(境)外培训,2014 年开始组织学生赴境外交流,国(境)外友好合作高校不断增加,学校国际影响力进一步提高;"十二五"期间,输送学生赴国(境)外高校深造达 55 人次,引进和聘用专兼职外教 16 名,派出教师赴美国、德国、加拿大、澳大利亚、新加坡、中国台湾等国家和地区共计 18 批,达到 131 人次。积极与国(境)外高校开展联合培养项目,组织 42 名学生分赴台湾东南科技大学、龙华科技大学研习。

3. 全面推进科学技术创新,社会服务领域不断拓宽。五年来,学校充分发挥专业、人才、科研、基地等综合优势,围绕地方经济转型和产业优化升级,积极搭建社会服务平台,主动开展"进乡入企,理财培训""粮油安全,社区行动""对接园区,服务外包,携手中职,辐射提升"等特色服务,取得了显著的社会效益和经济效益。

——科研实力显著增强。先后建成省级工程技术中心(平台)2 个,市级技术服务中心(平台)8 个,专业咨询(服务)公司 3 家,积极为地方企业提供科技服务。五年来,共获市级以上科研立项项目 196 项,其中,教育部课题 1 项,省级立项课题 33 项,市厅级立项课题 162 项;发表学术论文 1331 篇,其中核心 208 篇,EI 收录 17 篇,SCI 收录 1 篇;新增科技创新载体 5 个;获淮安市科技进步奖、淮安市自然科学优秀论文奖 28 项;获得授权专利 51 项,其中,发明专利 4 项,软件著作权 39 项;出版著作 7 部;建立校级研究所 6 个,为推进淮安地方文化与经济发展,以及学校教育教学改革发展发挥了积极作用。

——社会服务不断提升。与地方政府部门合作建立了全国家居消费指导师国家职业培训基地、淮安市中小企业服务基地、淮安饲料安全公共技术服务中心、省中小企业应用软件工程技术研发中心等 20 多个产教研平台与培训基地。年培训量达 10000 人次,提供业务咨询和技术服务近 100 项。同时,学校与贵州商业高等专科学校、宁夏工商职业技术学院签订共建协议,在专业建设、精品课程和精品教材建设、教师培训、学生交流等方面开展合作。学校还成功承办了省高职高专院校会计专业、市场营销专业、财务管理专业等中青年骨干教师和"双师"素质培训班,累计培训近 400 人次。

4. 全面创新内部管理机制,各项事业开创新局面。五年来,学校在积极探索党委领导、校长负责、教授治学、民主管理、社会参与的现代大学管理制度进程中,坚持依法治校、强化管理、规范运作,学校管理逐步走入科学化、制度化、规范化轨道。

——依法治校有效实施。落实《全面推进依法治校实施纲要》,制订《江苏财经职业技术学院章程》,积极构建服务主导型教育教学模式,推进目标管理,认真落实院(系、部)党政共同负责制,稳步实施校院(系、部)二级管理改革,不断扩大二级院(系、部)自主管理权限,逐步实现教学管理、财务管理、人事管理等管理权限重心下移,积极开展"管理创新、服务创优,着力推进精细化管理"主题活动,进一步明确职能、理顺关系,规范服务程序、优化服务流程、兑现服务承诺。

——师资结构日趋合理。学校始终坚持"人才强校"发展战略,深入开展师德教风建设,实施"五个一"工程和"双百"工程,加强教学团队和社会服务团队建设,全面提升教师的综合素质。五年来，新增教授 20 名、副教授 32 名、博士 6 名、在读博士 10 名，江苏省教学名师 1 名、江苏省教育厅"青蓝工程"青年骨干教师培养对象 6 名，新增省级优秀教学团队 1 个；引进硕士 21 人，35 周岁以下青年教师中硕士及以上学位比例达到了75%，师资结构日趋合理。专业基础课和专业课中"双师"素质教师比例达到了86%，兼职教师数量和结构也得到了进一步改善。

——办学条件显著改善。五年来，学校累计投入资金 2.15 亿元，建成 23231 平方米的图书馆、1500 平方米的工科实训中心，改善一批专业教学实训场馆和公共场所设施，为学生宿舍安装空调，完成四支渠校内河段改造工程，精心打造一批文化场馆，如周恩来"五观"教育基地、淮安商业文化展示馆、货币文化馆、艺术文化馆、今世缘文化馆、物流文化馆、汽车文化馆、翔宇广场、清风苑、会计文化长廊、粮食文化长廊以及建成以地方文化为题材的"湖畔四景"，为学校内涵建设提供重要保障。学校积极推进后勤社会化管理与企业化管理，改善师生生活条件，相继荣获省教育收费规范高校、省会计基础工作规范化考核优秀单位、省园林式校园、省爱国卫生先进单位、省文明食堂、文明宿舍。学校高度重视安全稳定工作，构建了维护安全稳定的长效机制，多次被授予淮安市"经济文化保卫工作先进集体""消防工作先进单位"等荣誉称号。

——社会影响不断扩大。五年来，学校成功举办了第八届全国职业院校"用友杯"沙盘模拟经营大赛全国总决赛、2015 年全国大学生银行综合业务技能大赛、三届省高等职业院校会计技能大赛、两届省高等职业院校银行业务技能大赛、一届省中等职业学校沙盘模拟企业经营技能大赛。同时还成功举办了全国"商业发展与职业教育"暨"店长人才素质"研讨会，全国商科类高职院校"宣传运河文化、支持大运河申遗"活动，主办"海峡两岸职业院校商科人才培养高层论坛"、淮安市中小企业发展论坛，有效地提高了学校的知名度和美誉度。顺利通过教育部第二轮人才培养工作水平评估，成为全国财政、金融、商业、统计、粮食、报关等六个职业教育教学指导委员会委员单位，被评为全国高职院校创新创业教育工作先进单位，省首批关工委常态化建设合格单位，省对外宣传工作先进单位，省"五五"普法工作先进单位，省教育系统关心下一代工作先进集体，省教育科技工会"模范职工之家"，省大学生"进社区、进乡村、进工地"法律援助志愿服务活动先进集体，省红十字示范校，省暑期"三下乡"社会实践先进单位。

5. 全面加强党的建设，不断引领学校科学发展。五年来，坚持将党的思想、组织、作风、反腐倡廉和制度建设放在更加突出的位置，着力提高各级领导班子的思想政治素质，提升科学决策、战略规划和统筹协调能力，有力地促进了学校改革与发展。

——坚持党委领导下的校长负责制。校领导班子成员分工协作，形成有效的工作合力。深入开展"创先争优"活动，巩固先进性教育成效；积极开展党的群众路线教育实践活动，推动建设为民务实、清廉长效机制；扎实开展"三严三实"专题教育，推进党的思想政治建设和作风建设。校党委中心组连续五年获得淮安市"理论学习中心组先进集体"称号。试行的党代会常任制被江苏省委教育工委评为"党建工作创新奖"，并入选"全国基层党建理论创新与实践案例"。为加强基层党组织建设，共设置二级院（系、部）基层党总支 11个，党支部 36 个。五年来，培训入党积极分子 6458 人，发展党员 1172 人，其中青年骨干教师党员 36 人，学生党员 1136 人。

——干部队伍素质整体提升。坚持德才兼备、以德为先的用人标准，先后完成两轮中层干部换届工作。提拔中层正职干部 12 人、中层副职干部 30 人、部门助理 7 人。加大优秀年轻干部选拔和交流换岗力度，2014 年中层干部交流轮岗 31 人，达到 47%，中层干部选聘后平均年龄 48.7 岁；具有研究生学历及硕士、博士学位的占比 55.56%；具有副高及以上职称的占比 73.61%。中层干部学历学位结构和职称结构较"十一五"期间均有较大幅度提升，推进了学校干部队伍"四化"建设，优化了干部队伍结构，完善了后备干部队伍。

——党风廉政建设卓有成效。抓好反腐倡廉工作，认真履行党委反腐倡廉主体责任、纪委监督责任以及党风廉政建设责任制，切实抓好作风建设。大力推进廉洁教育"6611"工程，积极开展廉政文化进校园活动，广泛开展警示教育；积极开展专项审计和专项治理工作，针对全力运行"关节点"、内部管理"薄弱点"和问题易发"风险点"，建立健全党政统一领导、纪检监察组织协调、审计财务等业务部门各负其责的内控机制，为学校的科学跨越发展营造风清气正的良好环境。

（二）"十二五"时期学校事业发展的主要经验

"十二五"期间，学校建设与发展取得了令人瞩目的成绩，积累了很多宝贵的经验。这些经验是：

必须坚持把"党的领导，依法治校"作为学校和谐发展的坚强保证。一定要坚持党委领导下的校长负责制，严格遵守大学章程，积极推进依法治校，不断提高各级领导干部的政治意识、大局意识、核心意识和看齐意识，不断增强各级党组织的凝聚力、战斗力和创造力。

必须坚持把"努力学习，精益求精"作为学校持续发展的精神追求。一定要把"努力学习，精益求精"内化为财院人的精神气质，外显于推进学校改革发展的自觉行动。

必须坚持把"价值引领，文化育人"作为学校特色发展的核心工程。一定要深入推进"1349"素质教育育人体系建设，把文化教育融入人才培养全过程，提升学生的文化品位和人文素养。

必须坚持把"内涵建设、质量提升"作为学校创新发展的不竭动力。一定要坚持加强内涵建设，持续深化教育教学改革，着力提高人才培养质量，不断提升核心竞争力。

必须坚持把"以人为本，服务师生"作为学校科学发展的根本任务。一定要把师生幸福作为办学治校能力的终极价值追求，尊重师生的主体地位，尽最大努力为师生发展搭建平台、创造机会。

二、"十三五"时期学校事业发展面临的形势

（一）学校发展面临的机遇

——从全国形势看，习近平总书记提出了"全面建成小康社会、全面深化改革、全面

依法治国、全面从严治党"的战略布局,《中共中央关于制订国民经济和社会发展第十三个五年规划的建议》明确要求"教育现代化取得重要进展","必须牢固树立创新、协调、绿色、开放、共享的发展理念","建设现代职业教育体系,推进产教融合、校企合作",这将进一步促进高等职业教育的改革发展。经济发展进入"新常态",企业加快转型升级,"一带一路"、创新驱动、大众创新万众创业、中国制造2025、"互联网+"等战略的实施,必将对高素质技术技能型人才提出更多更高的要求。高职院必须积极主动适应社会发展,努力满足时代要求,在服务中广集办学资源,在服务中求得发展动力和发展空间。

——从省市发展看,当前和今后一个时期,是本省加快全面建设更高水平小康社会、基本实现现代化的关键阶段,也是深化教育改革、加快教育发展、建设教育强省、实现教育现代化的重要时期。江苏省在"十三五"时期将坚持发展是第一要务,以提高发展质量和效益为中心,加快形成引领经济发展"新常态"的体制机制和发展方式,以"五个迈上新台阶"为重点任务,以"八项工程"为主抓手,统筹推进五大建设,着力打造"强富美高"新江苏,必将赋予高职院更多新的使命与责任。淮安市全力建设苏北重要中心城市,着力打造"4+2"优势特色产业升级版,必将要求学校提供相应的人才、科技和智力支撑,也为学校发展提供了良好的机遇和环境。

——从教育发展看,党中央、国务院对职业教育高度重视,在全国职业教育工作会议前,习近平总书记对职业教育工作作出重要指示,李克强总理亲切接见与会代表并发表重要讲话,中央领导同志的重要指示和讲话,立意高远、内涵丰富,具有很强的思想性、指导性,为加快发展现代职业教育指明了前进方向。特别是《国务院关于加快发展现代职业教育的决定》《现代职业教育体系建设规划(2014~2020年)》《高等职业教育创新发展行动计划(2015~2018年)》的相继出台,为职业教育发展创造了前所未有的机遇。

(二)学校改革应对的挑战

社会经济、文化、科技以及教育发展为学校提供了发展机遇,同时也会带来许多挑战。当前和未来学校面临的严峻挑战,主要表现为:

——从外部来看,国家正加快建设现代职业教育体系,国际化、开放化、信息化、集团化办学的迅速推进,对高职教育内涵建设提出了更高要求;江苏大力推进高教强省,高等教育现代化脚步日益加快,对提升学校治理能力提出了更大挑战;经济发展进入"新常态",用人单位对高素质技术技能型人才的要求更加严格,学校如何调整专业结构、创新人才培养模式、提升教育教学质量显得更为迫切、更加重要;高等教育发展已经进入内涵提升新阶段,职业教育发展竞争更趋激烈,"应用型"本科院校转型,高职院数量递增,无论是省属高职院还是地方高职院都在努力办出特色、提升水平,呈现激烈的竞争态势;江苏省高中毕业生数逐年减少,生源竞争愈加激烈,生源结构日趋多样,如何发挥自身的主观能动性,改革招生策略,办人民满意的高职教育,对学校事业发展带来了各种挑战。这些问题的解决,是高职教育发展所面临的极为艰巨的任务,也是学校在"十三五"期间需要高度重视、积极应对的严峻挑战。

——从内部来看,"十三五"期间,学校发展面临新的问题与挑战:一是基于双赢互利原则的校企合作长效机制尚未完善,校企合作办学、合作育人、合作就业、合作发展的紧密度还不够高,继续教育尤其是职业培训还不能满足社会发展需求,学校与行业企业紧密联系的体制机制尚未真正形成,产学研深度融合与全面服务社会能力有待进一步提升;二是专业设置、调整与区域经济社会快速发展和地方产业转型升级的需求有待进一步契合,服务淮安经济社会发展能力有待进一步增强;三是人才培养质量有待进一步提升,学生的创新精神与创业能力培养有待进一步加强;四是专业教师队伍素质、结构与高素质技术技能型人才培养的需求还不完全适应,行业内高层次领军人才培养亟待加强,青年教师学历结构亟待优化,教师转型还没有到位,具有企业工作经历、较高专业技术水平和一定实践能力的专业教师队伍有待进一步充实;五是学校内部治理结构和管理机制还不够活、管理效能还不够高,服务意识、工作效能与执行能力还有待进一步提升。

三、"十三五"时期学校事业发展的指导思想、目标和战略

(一)指导思想

"十三五"时期,学校将高举中国特色社会主义伟大旗帜,以马克思列宁主义、毛泽东思想、邓小平理论、"三个代表"重要思想、科学发展观为指导,全面贯彻党的十八大和十八届三中、四中、五中全会精神,深入贯彻习近平总书记系列重要讲话精神,以总书记视察江苏重要讲话精神为引领,紧扣"四个全面"的战略布局,以创新、协调、绿色、开放、共享的发展理念为先导,以建设国家优质学校为契机,紧紧围绕"全面建成高水平特色财经类高职院"发展目标,大力实施品牌化、集团化、信息化、国际化发展战略,紧扣"提高教育质量"发展主题,抓实"立德树人"核心任务,统筹推进人才培养、科学研究、社会服务、文化传承与创新和党建工作,着力建设质量高、特色显、环境优、师生幸福感强的新财院,谱写好"特色鲜明、质量出众、师生幸福、人人出彩"财院梦的新篇章。

(二)发展目标

今后五年,学校将按照国家优质学校建设要求,努力在"质量高"上取得重大进展、在"特色显"上创造更多成果、在"环境优"上取得新突破、在"幸福感强"上让师生有更多的获得感。到2020年,将学校建成国内领先、省内同类院校位居前列的高水平特色财经类高职院。

——办学规模 到"十三五"末,学校全日制高职在校生人数达到9000~10000人,成人学历教育规模在8000人左右,成人非学历教育规模在10000~12000人次,逐步实现多形式招生、多元化办学的新格局。

——专业建设 坚持"立足淮安、面向江苏、辐射全国,助力中小企业发展"的办学定位,努力构建以财务会计类专业群为龙头,以管理贸易类专业群为支撑,人文艺术、工程信息类专业群协调发展的专业体系。到"十三五"末,学校专业总数基本控制在28个左

右。全力打造 1~2 个国家级骨干专业和特色专业，推行会计专业四年制职业教育试点，逐步形成"优势专业精、传统专业强、新兴专业特"的专业格局。

——校企合作　深入推进"产教融合、校企合作"，到"十三五"末，各院系建成产教深度融合的办学实体 1~3 个，各专业对接紧密合作企业 3~5 个，不断创新现代学徒制人才培养模式，试点专业增加到 10 个。

——素质教育　以"价值引领，文化育人"为导向，不断优化"1349"素质教育育人体系。指导学生参加国家级、省级技能大赛获奖 50 项；获得省级以上优秀毕业设计（论文）20 篇，打造优秀毕业设计团队 10 个；建设校级精品社团 10 个，品牌社团 20 个，优秀社团 30 个；毕业生就业率稳定在 98% 以上，就业质量和社会满意度明显提高。

——队伍建设　到 2020 年，拥有高级职称的教师比例达到 35%，拥有博士学位的教师比例达到 12%。建设国家级优秀教学团队 1 个，省级优秀教学团队 1~2 个；培养省级教学名师 1~2 名，省"六大高峰"或"333 第三层次"人才 2~3 名、省"青蓝工程"中青年学术带头人 2~3 名、优秀青年骨干教师 5~8 名，拥有一批具有较高水平和影响力的专业带头人和青年骨干教师。

——科研工作　"十三五"期间，培养国内有影响的学术带头人 3~5 名，省内有地位的学术骨干 10 名；培养优势明显的科研团队 3~5 个，并力争建设省级科研团队 1 个；实现国家社会科学基金项目、自然科学基金项目、全国教育规划项目"零"的突破；争取省部级科研成果获奖 1~3 项，市厅级科研成果获奖 30 项以上；国家级、省级重点项目 3~5 项，纵向科研项目累计 100 项以上，科技服务经费年均增长 30% 以上，累计达到 300 万元以上；在 SCI、SSCI、CSSCI 发表学术研究与教育管理论文 20 篇以上；获国家专利 10~15 项；出版学术专著 20 部。

——社会服务　发挥学校办学资源优势，积极打造社会服务品牌，组织开展职业与技能培训工作，年服务人数不少于 3 万人次，社会服务收入不少于 500 万元。加强与国内外职业院校、行业组织的往来，不断提高学校的辐射能力。通过集团化办学等形式，对口支援西部地区职业教育发展。

——基础建设　"十三五"期间，新增省级以上实训基地 1~2 个，校企合作共建实训基地 3~5 个，虚拟实践实训中心 2~3 个。不断改善办学条件，积极筹措建设资金，建成青年教师公寓、科技园，力争建成大学生活动中心；改善教学设施，完成智慧教室建设。

——文化建设　大力弘扬"努力学习、精益求精"的财院精神，注重特色校园文化建设和校园文化在人才培养工作中的重要作用，将行业、工业、企业、地方文化与校园文化有机结合，打造一批有影响、有特色的文化品牌，以文明校园、绿色校园、平安校园、和谐校园建设为抓手，持续推进学校美化、绿化工作和卫生、消防、安全综合治理，为师生学习、工作、生活营造舒适优美的生态环境和安全环境。

——对外交流与合作　持续推进与国（境）外院校学分互认、学生互换和教师互派工作，每年交流学生 60 人，实施"国（境）外访问学者计划"，新增国际通用资格证书 1 项，培养国际通用高技能人才。

——体制机制改革　完善大学内部治理结构，探索建立现代大学制度。发挥教代会制度和信息公开制度在学校民主管理中的重要作用。以学校章程为遵循，以作风建设为重点，以制度建设为基础，深入实施校院两级管理，扎实推进目标管理，调整优化组织机构，扩大院（系、部）办学自主权；进一步深化人事和分配制度改革，不断优化学校改革发展环境。

（三）发展战略

"十三五"期间，为了实现发展目标，将大力实施四大发展战略：

实施品牌化战略。以国家优质校建设要求为蓝本，以省级品牌专业建设为重点，全力打造一批国内有影响的专业群，强劲拉动学校各专业共生共荣。

实施集团化战略。以江苏财经职教集团和学校校企合作理事会为基础，积极探索多元化的职教投入机制和以利益为纽带的职教集团运作模式。

实施信息化战略。加快智慧校园建设，全面提升学校教学、科研、管理、服务信息化水平。

实施国际化战略。学习借鉴国外先进的职教经验，加强对外合作交流，着力提升教师的跨文化交流能力和学生就业竞争力。

四、"十三五"时期学校事业发展的主要任务和具体举措

（一）深化人才培养模式改革创新，校企合作提升专业建设水平

加强专业建设的理论研究，构建适应社会发展的专业体系。加强高职教育研究与学习，探索高职专业建设的指导思想、方针政策等重大问题，加强对区域经济转型升级的研究与分析，确定专业建设的各种要求和举措。遵循"以校企合作为依托、以社会需求为导向、以职业岗位为依据、以教育资源为基础"的原则，有计划、有步骤分类开展专业建设，根据人才需求的变化不断调整优化专业结构、设置新专业，依据岗位的变迁及时调整专业培养方向，逐步建立起结构合理、数量适中、稳定有序的专业体系。建立与人才市场、就业市场相适应的专业预警和调整机制，形成主动适应社会需要、自我发展、自我约束的专业建设和发展机制。

遵循专业建设分类管理，做精、做优、做特三类专业。按照"做精品牌专业，做优传统专业，做特新兴专业"的思路，以省 A 类品牌专业——会计专业建设为契机，加强专业内涵建设，加大建设力度，给予政策支持，努力形成 3~5 个水平高、师资力量强、教学成果突出、教学质量高并具有区域、行业优势、有特色、实力强、声誉高的品牌专业；改造传统专业，以提高质量和优化调整为重点，依据产业结构调整和区域结构优化的要求，适应行业和地方经济发展的需要和各专业发展的趋势，适当调整专业培养目标，更新或增添专业方向，增强市场适应性，同时加强各专业之间的交叉渗透和协作联合，适当调整专业的课程设置，更新教学内容，试点"会计＋"人才培养综合改革，优化专业人才培养方案，拓宽传统专业发展空间，重点建设 6~8 个优势明显、行业有影响的专业；面向现代服务业和先进

制造业，积极培育与国家新兴产业和地方支柱产业相关的5～10个新专业，在经费投入、图书资料、设备添置等方面给予必要倾斜，保证其高起点、高规格地培养人才，并在短时期内建设成特色明显、人才培养质量有保障的专业。

积极完善"人才共育、过程共管、成果共享、责任共担"的紧密型校企合作人才培养机制。鼓励各院（系、部）与行业龙头企业、行业部门、中高职院校、应用技术类本科院校合作办学，在校院两级理事会的指导下，推进多元投入主体依法共建办学实体建设，通过人员互聘、平台共享，探索建立基于产权制度和利益共享机制的集团治理结构与运行机制。健全学校与地方、院系与行业、专业与产业联动发展长效机制，推进政行企校深度融合。积极探索引企入校、订单培养等多种校企合作模式，开展校企联合招生、联合培养的现代学徒制试点。在校企人才培养方案共订、课程共担、教材共编、师资共训、基地共享、人才共育、课题共做、质量共评等方面取得成效，形成3～5个以产学研用结合和订单式培养为显著特色的专业（群）。依托江苏财经职业教育集团与高职院校、省外职教联盟、境外教育机构等开展合作，积极吸收科研院所及其他社会组织参与职业教育集团，建立基于学分转换的集团内部教学管理模式。

加强专业内涵建设，实施职业岗位任务与项目驱动的系统化综合实践教学模式，深化课程开发，完善专业教学资源建设。建立和完善各专业建设指导委员会成员结构，邀请企业技术专家、行业协会专家等参与专业标准制（修）订、专业培养计划完善、课程开发与实施等，使人才培养的目标、规格、模式、层次、知识能力结构等适应一线岗位的要求。依托学校体制机制优势，将职业标准和岗位标准融入专业标准，构建基于校企合作的综合实践体系，深化以职业岗位任务与项目系统驱动的课程体系改革与建设。"十三五"期间，力争主持国家教学资源库课程建设1～2门，建成省级精品开放课程1～2门，校级精品开放课程8～10门，出版"十三五"规划教材5～8部，省级重点教材6～10部，校企合作特色教材15～20部，建设以企业技术应用为重点，涵盖教学设计、教学实施、教学评价的数字化专业教学资源库3～5个，满足专业建设共性需求，实现优质资源共享。构建开放式的教学模式，积极探索理实一体的教学内容、教学方法、课程资源与教学评价改革；持续利用世界大学城空间，开展"翻转课堂"教学改革；利用现代信息技术，通过未来课堂、智慧教室建设，实现智能环境控制、电子课程教学、移动学习、远程协作共享等教学方式变革。同时，及时总结教学改革成果，争取获得国家级教学成果奖1项，省级教学成果奖2～3项。

构建校企互动双赢、产学研一体化的实训基地。加强实践教学基地建设，明确建设目标，改善教学条件。配合科技园建设、现代学徒制试点工作，优化以"校中厂""厂中校"为合作机制特色的产学研一体、校内外联动的实训基地建设；按照专业（群）升级整合校内实验实训基地，提高原有实验实训场所利用率，实现资源共享；创建模拟仿真与真实职业环境相结合的开放型、生产型实践实训中心，同时大力开发虚拟实践实训中心。"十三五"期间，新增省级实训基地1～2个，校企合作共建实训基地3～5个，虚拟实践实训中心2～3个。

打造行业、企业、学校"三结合"的"做中学、做中教、做中研"的理实结合型教学团队。依托江苏财经职教集团、校企合作理事会，通过校企共建的产学研一体化合作基地，以远程视频教学异地互动技术为支撑，以校企共创产学研合作项目为载体，构建体现"做中学、做中教、做中研"的学习型组织模式，充分发挥校企双方在共同参与教育教学改革与发展、共同推动技术研发与社会服务等方面的作用，打造校企共建的高水平专兼职专业教学团队，全面推进行业、企业和学校三结合的"双师"素质提升机制。推进校企合作"专业双带头人负责制"和"专业领军人物计划"。通过外引内培，提高学校高层次人才所占比例，到2020年底，达到教授35人、博士30人。通过持续推进"五个一工程""双百工程"，专业教师"双师"比例达到95%以上。

推进教学管理创新，完善质量评价体系。积极探索弹性学制，建立"学分银行"，实施分层教学、走班制、辅修制、导师制，适应不同层次和类型学生的多样化需求，促进学生自主发展和个性成长。完善教学管理信息化建设，提高教学管理规范化、科学化、现代化水平。加强教学督导，建立教育教学质量保障体系。探索企业参与人才培养质量的全程评价，完善行业、企业和学校"三结合"的人才培养质量评价体系。迎接第三轮人才培养工作评估，完善人才培养数据采集和专业人才培养质量年度报告制度。健全教学质量工程建设体系，实施国家、省、校三级质量工程项目，努力形成具有标志性的教育教学改革成果。

（二）彰显文化育人特色，增强学生综合素质

坚持"立德树人"，着力加强社会主义核心价值观教育。牢牢掌握高校意识形态工作领导权和话语权，发挥思想政治理论课的主渠道作用，深化思想政治理论课改革，推进社会主义核心价值体系进教材，进课堂，进学生头脑。坚持育人为本、德育为先，坚持以文化人，师生共进，努力实现"五个一"的发展目标，即：构造一个具有学校鲜明特色的文化育人体系，建造一批具有一定社会影响的融职业性、专业性、地方性文化内涵为一体的育人基地，营造一个全体师生健康成长成才的良好文化环境，打造一套具有坚实理论支撑的江苏财院文化育人实践经验，创造一个具有全国领先地位的校园文化建设和文化育人成果。

坚持"价值引领"，着力培育"文化育人"的特色亮点。紧扣学校人才培养目标，努力做到"三个结合"，着力推进"八大文化建设"。即：把学生的思想政治教育和职业理想结合起来，把职业精神培育和职业技能训练结合起来，把专业文化与产业文化、优秀企业文化结合起来，进一步弘扬以"爱国、亲民、严实"为主要内容的恩来文化，引导学生确立正确的职业理想和职业信念；以"诚信、严谨、精进"为主要内容的专业文化，教育学生树立坚定的职业操守和职业追求；以"包容、开放、创新"为主要内容的地方文化，培育学生良好的职业意识和职业风尚；以"文明、得体、规范"为主要内容的礼仪文化，塑造学生优秀的职业习惯和职业形象；以"廉洁、自律、守法"为主要内容的法制文化，筑牢学生的道德防线和职业底线；以"创新、创业、创意"为主要内容的"三创"文化，提高学生的就业创业和职业发展能力。以"高雅、健康、豁达"为主要内容的美育文化，切实提高学生的审美能力和职业涵养；以"爱校、建校、荣校"为主要内容的校友文化，切实动员广大师生和校友为学校改革发展和社会进步作出应有的贡献。

坚持"1349"育人体系建设，着力打造学生素质教育精品。按照"让学生动起来，每个人都有人生出彩的机会"这一理念，紧扣学校人才培养目标，充分用好课程教学、实训实习、社会实践、校园文化建设、班主任和管理服务工作、社团工作、新媒体等多种育人途

径，推进职业理想和职业道德教育；紧扣学生思想状况和的身心发展特点，精心设计主题教育活动，组织开展各类校园文化活动，增强文化育人的针对性和吸引力；紧扣"人人出彩"的价值追求，充分利用各种节庆、仪式、典礼等开展主题教育活动，充分发挥学生社团活动的文化育人作用。各二级学院和系、部要紧紧围绕学校制订的"1349"素质教育实施意见，实施"学生身心健康促进计划"，积极组织开展各项活动，以鲜明的主题和价值取向引导学生健康成长。本着鼓励创新、注重实效、示范带动的宗旨，积极开展学校文化育人"一院（系）一专业一精品"遴选工作，激励二级学院（系、部）根据学生身心特点、思想实际和理解接受能力，积极拓展文化育人的途径，创新方式方法，结合专业培养目标要求，有针对性地进行教育引导，促进学生全面发展。

（三）贯彻"人才强校"战略，提升人才队伍整体素质

创新工作载体，加强师德师风建设。师德师风建设是师资队伍建设的前提与基础，"十三五"期间，根据教育部《关于进一步加强和改进师德建设的意见》《关于加强和改进高校青年教师思想政治工作的若干意见》等文件精神要求，构建师德考核体系，在教师职称晋升、先进评比、优秀评选等方面，对于师德考核不合格的，实行"一票"否决。继续开展"师德标兵"评选活动。

优化人才队伍结构，提高教书育人能力。完善"教师层级开发"机制，依托教师发展中心，健全教师进修培训制度，分类制订在职人员和校外兼职教师进修培训办法，有序开展国（境）外培、国培、省培和企业培训项目，加强青年教师、转岗教师的集中培训。鼓励和支持中青年教师在职攻读博士学位，选派中青年教学科研骨干到国内外高校进修，实施"专业带头人国外培训、骨干教师境外培训、成长教师国内知名高校培训"计划。实施人才培养"四大工程"，加强教授、博士高层次人才的引进和培养，提升专业教师团队整体实力。积极发挥校企一体、师资共建的优势，引进行业企业及社会上具有实践经验的名师专家、高级技术人员到校任教，聘请一线技术人员、能工巧匠为兼职教师，建立专兼结合的专业教学团队。配齐建强高校宣传思想工作队伍，统筹推进高校党政干部和共青团干部、思想政治理论课教师和哲学社会科学课教师、辅导员班主任和心理咨询教师等宣传思想工作骨干队伍建设。遵循"德才兼备、以德为先，注重实绩、群众公认"的原则，进一步优化干部队伍结构，提高领导干部综合素质。

完善双师素质培养机制，提升教师专业实践技能。依托学校的校企合作平台，利用行业企业优势，通过校企共同开发实践教学项目、共同研发产学合作项目等手段，构建与企业合作共同提升专业教师实践能力的新机制。通过课程教学改革，尽可能多地把课堂安排到社会、企业进行产学结合教学，完善教师下企业实践锻炼实施办法，对尚未达到双师要求的专业教师分期分批选派去企业顶岗实践、提供技术服务或从事课题研究或产品研发等，以解决专业实践经验不足的问题；确保专业教师"双师"比例达到95%以上，以适应经济社会和企业转型升级对培养技术技能人才的需要。

深化校内分配制度改革，完善多元化教师考核考评体系。进一步深化校内人事分配制度改革，建立统一规范的岗位管理体制，坚持"按需设岗、以岗定薪、按劳分配、优绩优酬、

统筹兼顾、和谐发展"的原则,完善学校津贴分配制度,最大限度地调动和发挥学校各级、各类人员的积极性,创造更加有利于优秀人才脱颖而出的良好环境。严格日常考核和年终考核制度,以考核结果作为教师奖惩和职称评聘的主要依据。优化职称评审办法,完善职称评审条例和职称评审积分制,制订科学、可行、有效的考核指标体系,坚持公开、客观、全面的原则,确保职称评审的规范透明,过程的公开、公平、公正。

(四) 创新产学研用多方合作机制,服务地方经济社会发展

进一步提升科技创新能力。积极探索产学研用多方合作体制机制的创新模式,与市县区政府、行业协会、地方骨干企业合作,培育产学研用一体化的特色项目,取得一批科学性、实用性的成果,提供"短、平、快"的科技服务与科技成果转化,使各级各类纵横向课题数量和技术服务收入都有较大幅度增长。针对不同专业门类的特点,进一步完善科研评价体系和激励机制,在人才引进、资源配置、项目经费配套和岗位聘任等方面予以政策倾斜,发挥六个文化研究所的积极作用,强化高等职业教育研究工作,努力办出在全国有影响的学报。

进一步提升社会服务能力。通过横向合作研究、"四技服务"、平台建设、决策咨询研究、科技特派员队伍建设等各种形式服务地方社会发展,进一步增强服务社会发展的能力。横向合作研究项目数和外来经费总量实现递增。提升科技服务地方支柱产业和新兴产业发展的基本能力,进一步提升周恩来文化研究、淮商文化研究、地方文化与区域经济发展研究等领域研究和服务工作的影响力。与淮安及周边区域科技合作不断深化。积极参与各类创新创业活动,力争建成有自身特色的大学科技园。以"服务外包产业园"建设为抓手,创建淮安经济开发区服务外包企业孵化发展基地,成立"淮安开发区服务外包产业园管委会",引进事务所、电子商务、管理咨询公司、软件公司等服务外包型企业 10 家入园。以"驻企(驻校)工作站"管理为切入点,年承接服务外包项目 40 个。健全教师社会服务激励机制,多方参与、多元评价的科研质量保障机制,东中西部校际合作成效机制。继续开展服务政府、民众的食品安全、投资理财、法律援助及咨询等社会公益活动;推动图书馆面向社会开放借阅服务等工作。

(五) 推动智慧校园建设,促进信息技术应用

加快推动数字化校园建设。到 2020 年,教室、实训室、图书馆等重要教学、办公场所实现桌面千兆、核心万兆的网络速度;有线、无线网络覆盖到学校的每个教学、生活和办公场所,保证师生能随时、随地、安全、高速、便捷接入互联网,实现校园免费无线网全覆盖。实施智慧教室建设,力争实现校园智慧教室全覆盖,推动数字化图书馆建设。

不断提升信息化建设水平。实施智慧校园建设,争取到 2020 年,实现校园的网络虚拟漫游,为各院(系、部)仿真实验实训室和各文化场馆提供网络支持和技术保障。优化整合各类教学、科研、管理、学习、研究、生活等应用系统,构建课堂教学、教师教研、学生学习、教学管理和评价、家校沟通、学校安全管理一体化、智能化的校园环境。为方便教师教研和学生学习,建设 5～30 个学习、生活类移动应用程序。完成全校 183 个多媒体教室的

升级改造，全部实现有线联网。建立常态化录播系统、精品录播及演播厅等设施，全面开展校内精品课程、微课等优质视频教学资源的建设工作。

（六）探索实施国际化建设工程，提升国际化办学水平

不断深化对外交流与合作。拓展国（境）外合作办学项目，力争与台湾技职大学"3 + 1"高职、本科分段联合培养学生，继续鼓励学生到国（境）外交流学习，新增国际通用资格证书项目 3 ~ 5 项。

不断提升教师国际化水平。与国（境）外高校签订合作协议，为教师创造 6 个月及以上的专业研修机会，争取项目或课题合作，推行骨干教师"国（境）外访问学者计划"。邀请国（境）外合作院校专业教师来校为相关专业教师进行师资培训，为相关专业学生授课，开展嵌入式教学。

着力培养具有国际竞争力的高职人才。每年组织 2 批学生赴台湾技职院校进行为期 1 学期的研习；到 2020 年，组织 2 批学生赴新加坡、马来西亚等国外高校进行短期研习；吸引和邀请国（境）外学生来学校进行非学历短期研习；联合举办学校与国（境）外学生夏令营活动。

（七）推动继续教育转型发展，激发自主办学活力

加快发展继续教育，不断扩大办学规模。积极发展非学历继续教育，大力开展各级各类培训。到 2020 年，成人专科教育在校生规模保持在 1500 人左右，网络（本科）学历教育规模力争达到 1000 人左右，自考人数达 2000 人左右。建设政府授权的职业技能、专业技术培训点、考试点 3 个，承办政府委托的继续教育培训项目 5 项，引进国内高端培训项目 3 个，各院（系、部）拥有"精品＋特色"培训项目至少 1 个，初步形成适应地方经济发展需求的继续教育项目群和高层次培训品牌，建设继续教育省级精品课程 1 门和省级规划教材 2 部。在成人高等学历教育和网络远程教育领域，重点建设会计、物流管理、工商管理、金融管理、法律事务、粮食工程、机电一体化等 7 个专业。努力建成继续教育管理信息平台，积极打造具有特色化与职能化特点的继续教育教学与管理队伍。

创新继续教育模式，拓宽社会服务渠道。依托江苏财经职教集团，立足淮安、面向江苏开拓非学历教育的培训。针对培训市场的变化，改进培训方式，逐步建立具有学校特色的培训项目。坚持"规范办学、稳步发展、加强管理、提高质量"的原则，根据江苏成人学历教育的生源变化情况，建立校外办学点 6 ~ 8 个。到 2020 年力争继续教育办学收入达到 300 万元。

（八）加大基础设施投入力度，创造优美校园环境

进一步加大投入力度，建成青年教师公寓、科技园，力争建成大学生活动中心；稳步推进校园环境建设，完成校园景观升级改造、教育生态园建设；进行电力扩容，完成教室、学生宿舍空调安装；强化安全管理，建立健全安全工作长效机制，减少校园安全事故的发生，提高安全工作效率，在校园的重要场所、主要干道建设高清视频监控，完善消防安全监控机制。

五、"十三五"时期学校事业发展的保障措施

（一）切实加强党建工作

认真落实全面从严治党要求，推动学校党的建设迈上新台阶，为学校科学发展提供坚强的政治思想保证和组织保证。强化思想引领，深入学习贯彻习近平总书记系列重要讲话精神和党的各项规章制度。巩固马克思主义在意识形态领域的指导地位，坚持不懈用中国特色社会主义理论体系武装全体师生员工。坚持党委领导下的校长负责制和院（系、部）党政共同负责制，不断完善党代会常任制。进一步发挥学术委员会、教代会、学代会在学校民主管理中的作用，完善学校内部治理机构。加强基层党组织建设，深化学习型、服务型、创新型党总支和标准化党总支建设。加强干部教育培训工作，提升干部队伍能力素质。加强党员队伍建设，组织开展党员教师先锋工程、大学生党员素质工程，健全教育、管理、监督、服务四位一体的党员队伍先进性建设长效机制。加强党员干部作风建设，认真开展"三严三实"、"两学一做"专题教育，持之以恒落实中央八项规定精神。加强党风廉政建设，认真落实党委主体责任和纪委监督责任，全面推进体现学校特点的惩治和预防腐败体系建设。

（二）全面推进依法治校

依据国家法律和《江苏财经职业技术学院章程》的原则与要求，健全科学决策、民主管理机制；规范内部机构组织规则、议事规则和办事程序；完善教学科研、对外合作、学生管理、人事管理、资产管理、财务管理、后勤管理等方面的制度。充分发挥教职工代表大会作为教职工参与学校民主管理和监督主渠道的作用。积极拓展学生参与学校民主管理的渠道，完善学生代表大会制度，推进学生自主管理。全面推进"七五"普法工作，全面提高领导干部依法治校、管理人员依法行政、广大教师依法治教能力和学生遵纪守法意识。

（三）加强资产经费管理

坚持内涵建设优先的原则，优化经费支出结构。努力争取国家和江苏省内涵建设和重点项目经费。加强学校国有资产的管理，完善各项规章制度，明确监管责任，强化对院（系、部）、后勤、膳食等部门以及科研经费、基建经费等专项费用的内部控制；健全学校财务审计制度，强化对二级学院、系财务监督和校办企业审计监督。

（四）加强领导落实责任

加强对规划实施的组织领导，统筹推进规划组织实施。健全学校党委、行政主要领导负总责，分管领导分工负责的责任体系，将规划实施情况纳入年度目标管理考核体系。明确规划责任分工。职能处室和院（系、部）在编制本部门专项规划时与学校总体规划相衔接，对学校总体规划提出的目标任务进行分解，明确责任分工，制订行之有效的实施方案。对改

革和发展的重点任务,制订时间表、路线图并予以公布,确保各项目标任务落到实处。加强纪委、监察和督导队伍建设,健全督政、督学和质量监测制度,完善监测评估制度,加强对规划实施情况的跟踪监测、中期评估和终期总结。

(五) 营造良好舆论氛围

加强宣传工作,构建立体化的宣传网络,充分发挥校报、橱窗和网络媒体作用,加大对规划重要意义和主要内容的宣传,动员全校师生关心支持学校事业改革发展。进一步加强主题特色宣传、成就经验宣传、先进典型宣传,全方位、多层次宣传学校改革发展进程中的新举措、新成就、新经验,推动面上工作的开展。加强学校安全稳定工作,完善校园安全防范体系,提升师生安全意识和整体防范能力,强化安全教育、生命教育、心理健康教育和学校安全管理,确保学校长期安全稳定。坚持正确的舆论导向,及时回应师生关切,加强学校政策解读和舆情分析,注重对重点热点问题的有效引导,着力营造学校改革发展的良好舆论氛围。

附件一

党建与精神文明建设"十三五"实施纲要

为贯彻落实党的十八大精神以及习近平总书记关于全面从严治党的重要指示精神，切实加强和改进学校党建工作和文明建设，保障学校"十三五"时期各项事业又好又快发展，特制订本意见。

一、"十二五"时期党建与精神文明建设工作回顾

"十二五"时期是学校在"建设独具特质、充满活力、令人向往的美丽新财院"实践中，坚持"加强内涵建设，提升育人质量"发展主题，紧扣"创建示范，赶超进位"发展主线，持续推进学校内涵式发展的重要阶段。五年来，学校始终以培养人才为中心任务，切实加强学校党建和精神文明建设工作，坚持将党的思想、组织、作风、反腐倡廉和制度建设放在更加突出的位置，不断提高各级领导班子的思想政治素质，提升科学决策、战略规划和统筹协调能力，有力地促进学校改革与发展。

坚持党委领导下的校长负责制和院系党政共同负责制，切实加强民主集中制建设。着力推进民主管理，不断完善党代会常任制和党代表任期制，充分发挥职代会、群团组织、民主党派的作用。积极推进学习型、服务型、创新型党组织建设，积极开展"创先争优""党的群众路线教育实践"活动和"三严三实"专题教育，充分发挥基层党组织和全体党员的作用。积极构建具有学院特色的教育、制度、监督并重的预防和惩治腐败体系，为学校营造了风清气正的发展环境。特别是在着力培养"脑子灵、懂管理、善经营、会动手、身心好、讨人喜"的具有财院特质的高素质技术技能型人才的过程中，学校始终将思想政治教育和精神文明建设放在首位，通过精心培育"文工交融、科学育人"的办学特色，大力实施"二元共育、五进五融"的工学结合人才培养模式，深入开展师生素质提升十项主题活动，有效地将社会主义核心价值观融入到人才培养全过程，取得显著成效。期间，学校相继荣获省文明单位、省高校思想政治工作先进集体、省对外宣传工作先进单位等荣誉称号。

二、"十二五"时期学校党建与精神文明建设面临的形势

高校肩负着学习研究宣传马克思主义、培养中国特色社会主义事业建设者和接班人的重大任务。加强党对学校的领导，加强和改进学校党的建设，是办好人们满意高职院的根本保证。为此，学校必须坚持立德树人，把培育和践行社会主义核心价值观融入教书育人全过程；强化思想引领，牢牢把握学校意识形态工作领导权；坚持和完善党委领导下的校长负责制，不断改革和完善高校体制机制；全面推进党的建设各项工作，有效发挥基层党组织战斗堡垒作用和共产党员先锋模范作用。当前，全面从严治党的战略部署，对高校坚持和完善普通高等学校党委领导下的校长负责制、进一步加强和改进新形势下高校宣传思想工作、加强高校群团和统战工作，特别是党员作风建设和反腐倡廉工作都提出了新的要求、新的任务。就精神文明建设工作来看当今世界正在发生广泛而深刻的变化，世界多极化、经济全球化深入发展，科技进步日新月异，知识经济方兴未艾，国际力量对比出现新态势，全球各种思想文化交流、交融、交锋日益频繁，国际上不稳定、不确定、不安全因素显著增多；我国经济建设、政治建设、文化建设、社会建设以及生态文明建设全面推进，工业化、信息化、城镇化、市场化、国际化深入发展，国内社会思想多元、多样、多变的趋势日益明显，人们思想活动的独立性、选择性、多变性、差异性不断增强，互联网传播的大众化、媒体化、数字化趋势更加凸显。为了有力地应对社会经济、政治文化的发展，促进学校向"高水平特色财经类高职院校"迈进，关键要进一步解放思想，与时俱进，开拓创新，用精神文明建设的最丰硕的成果来保证和促进学校事业向又好又快的方向发展。

三、"十三五"时期党建和精神文明建设指导思想和主要目标

（一）指导思想

高举中国特色社会主义伟大旗帜，坚持以马列主义、毛泽东思想、邓小平理论、"三个代表"重要思想和科学发展观为指导，认真贯彻党的十八大、十八届三中、四中、五中全会精神和习近平总书记重要讲话精神，全面落实《中国共产党章程》《中国共产党党组工作条例（试行）》《中共江苏省委关于推动全面从严治党迈上新台阶的意见》精神，围绕学校中心工作，以社会主义核心价值观教育为引领，以提高领导水平和执政能力为核心，以强化办学治校能力和加强党的先进性、纯洁性建设为主线，以改革创新精神全面推进学校各级党组织思想、组织、作风、反腐倡廉和制度建设，努力把各级党组织建设成为坚定贯彻党的理论和路线方针政策，落实立德树人根本任务，加强社会主义核心价值观教育，培养具有学校特质的高素质技术技能型人才的坚强领导集体。为实现"十三五"发展目标，为把学校建成高水平特色财经类高职院校提供坚强的思想、政治和组织保证。

（二）工作方针

学校党建工作要继续贯彻"一个坚持、两个结合、四个加强、五个突出"的工作方针。"一个坚持"，即坚持党的教育方针和社会主义办学方向。"两个结合"，即把党建工作与学校的中心工作相结合，服务于学校人才培养、科学研究和地方经济社会发展；把党建工作与研究新情况、解决新问题相结合，努力创新党建和思想政治工作机制。"四个加强"，即进一步加强领导班子和干部队伍建设，进一步加强基层党组织和党员队伍建设，进一步加强师生思想政治工作和高层次人才开发工作，进一步加强党风廉政建设和统战群团工作。"五个突出"即突出整体性：全方位、多层次、多角度地研究、部署、落实学校党建与精神文明建设工作的整体思路和工作步骤；突出创新性：党建工作要适应新形势、把握新特点、探索新方法、开辟新途径；突出前瞻性：注重调查研究，特别要做好预测分析；突出科学性：坚持以人为本，正确处理改革发展稳定之间的关系；突出实效性：力求重实际，出实招，求实效。

（三）目标任务

经过五年的努力，党委领导下的院（校）长负责制为重点的内部治理结构和治理机制更加完善，领导班子和干部队伍素质能力明显提升，增强政治意识、大局意识、核心意识、看齐意识"四个意识明显加强"，更好发挥党委总览全局、协调各方的领导核心作用；学习型、服务型、创新型"三型"党组织建设更加完善，党总支政治核心作用和党支部战斗堡垒作用充分发挥；党员结构更趋合理，党员整体素质普遍提高，党员先锋模式作用明显体现；统战、党群、社团工作协同推进，先进性教育长效机制和思想政治工作创新机制进一步健全。力争把各级党组织建设成立求真务实、改革创新，艰苦奋斗、清正廉洁，富有活力、团结和谐的领导集体；把学校领导干部和党员队伍打造成为素质高、能力强、先锋模范作用突出的队伍；使其在探索校企深度合作办学、产学研人才培养模式改革、服务区域经济社会发展等方面迈上新台阶，取得新成绩，做出新贡献。

加强与改进思想建设。贯彻习近平总书记系列重要讲话精神，科学理解中央"四个全面"战略布局，准确把握加强党的领导这个根本保证，坚持全面从严治党、依法治党，不断增强党委凝聚力、公信力、干部执行力、制度约束力。使广大党员干部理想信念更加坚定，理论水平有新的提高，贯彻落实科学发展观的自觉性和坚定性明显增强；党的意识、宗旨意识、执政意识、大局意识、责任意识明显增强；党员和领导干部的理论修养、党性修养和道德修养不断提高。

加强与改进组织建设。贯彻落实《关于坚持和完善普通高等学校党委领导下的校长负责制的实施意见》《关于进一步加强全省普通高等学校领导班子建设的意见》，坚持民主集中制原则，党政联席会议制度得到更好落实；全面落实《党政领导干部选拔任用工作条例》，认真贯彻执行党的干部路线方针政策，建立科学规范的党政领导干部选拔任用制度，形成有效管用、简便易行、有利于优秀人才脱颖而出的选人用人机制。使领导班子结构更加优化，女干部、党外干部、后备干部配备更加合理。全面落实《省委教育工委关于加强教育系统学习型服务型创新型党组织建设的意见》《关于深入实施大学生党员素质工程的意见》，"三型"党组织建设的各项措施得到有效落实，基层党组织的活动方式以及民主生活会质量得到明显改善，基层党组织建设和党员队伍建设明显加强，党员整体素质明显提高。

加强与改进作风建设。自觉践行"三严三实""两学一做"，持之以恒落实中央八项规定精神，持续推进作风不断转变，切实从"严"上要求自己、向"实"处谋事着力，把"三严三实"内化于心、外化于行，善始善终、善作善成，不断取得作风建设新成效。使各级领导班子更加团结和谐，党群、干群关系更加密切；党员带头践行社会主义核心价值观，践行共产党人道德观，思想品德修养明显提高；党员和领导干部"以人为本"的服务意识以及理论联系实际的工作作风得到师生员工的肯定。努力创造经得起实践、师生、历史检验的实绩，在实现财院梦的征程中谱写新篇章。

加强与改进反腐倡廉建设。贯彻落实《中国共产党廉洁自律准则》《关于加强高等学校反腐倡廉建设的意见》《中国共产党纪律处分条例》《党员干部廉洁从政行为规范》，进一步统一思想，提高认识，继续按照中央的要求，认真落实党委主体责任、纪委监督责任，严格执行相关规定，建立健全领导体制和工作机制。领导干部廉洁从政各项规定得到贯彻落实，党风廉政建设责任制、领导干部廉政承诺制更加健全，领导干部拒腐防变能力明显增强，对领导干部的示范教育、警示教育、岗位廉政教育工作常抓不懈；全面构建学校反腐倡廉责任体系，把权力关进制度的笼子里，形成不敢腐的惩戒机制、不能腐的防范机制、不易腐的保障机制，以党风廉政建设的新成效推动学校各项事业新发展。

加强与改进制度建设。贯彻落实中央"党要管党，从严治党"精神，健全党建工作制度，进一步加强党的建设。按照创新型党组织建设的标准和要求，积极创新思维，努力拓展工作视野，加强党建工作体系建设，力图从制度层面根本解决管党治党工作"管一阵放一阵、严一阵松一阵"的问题，达到真管真严、敢管敢严、长管长严之目的。同时，在搞好制度配套衔接的同时，做到彼此呼应，增强整体功能，最关键的是要抓好制度的落实工作，增强制度的执行力。通过继续修定完善相关党建工作制度，坚持制度治党和思想建党密切结合，在党务干部队伍建设、党员教育管理、支部建设和制度建设方面积极探索，不断提高党建工作科学化水平。

加强与改进精神文明建设。按照把学校建设成为"高水平特色财经类高职院校"的发展目标和战略部署，精神文明建设着力在服务学校中心工作、促进学校改革和发展上作出新贡献。大力培育和践行社会主义核心价值观，努力在推进党组织建设、提高学校党员思想政治理论水平上取得新成效，在凝聚全校师生员工团结奋进的精神力量上开创新局面，在深入开展文明创建活动、推动校园文化建设上实现新突破，在提高舆论引导能力、提升学校品牌形象上迈出新步伐，不断提高校园文明程度和师生文明素质。

四、"十三五"期间党建与精神文明建设主要工作

（一）持续推进领导班子建设，全面提高办学治校水平

着力推进内部治理体系现代化。贯彻落实《关于推进全省教育系统全面从严治党的实

施意见》《江苏省普通高等学校坚持和完善党委领导下的校长负责制的实施办法》，坚持党委领导下的院（校）长负责制；严格按照《江苏财经职业技术学院章程》的要求，加强对学校工作的领导，充分发挥党委会、院长办公会、学术委员会等的作用，健全和完善两级管理制度、目标管理考核制度、党政联席会议制度等。

全力打造学习型领导班子。坚持中心组学习制度，切实把思想和行动统一到中央、省委的决策部署上来，切实用先进理论武装头脑、指导实践、推动工作；提高领导班子成员的思想政治素质和理论政策水平，熟练运用科学的世界观和方法论来解决学校改革发展中的重大问题，组织管理、驾驭全局和解决复杂问题的能力。使领导班子成为政治坚定、团结实干、开拓创新、清正廉洁的坚强领导集体。

持续推进党代会常任制。坚持民主办学，积极落实学校党代会常任制和党代表任期制。凡是涉及学校改革与发展、教职工切身利益的重大问题，都要广泛听取党外人士、教职工代表、基层党组织和党员干部的意见；凡是讨论和研究的学校重大问题，都要通过情况通报会、座谈会、分析会等形式和召开校院级党政主要负责人会议，沟通情况，听取意见。以党内民主带动校院两级民主建设。

（二）持续推进基层组织建设，全面提升服务师生能力

加强"三型"党组织建设。按照省委部署，继续做好学习型党组织、学习型领导班子建设工作示范点创建工作，引导党员干部坚定道路自信、理论自信和制度自信，提高辨别能力、政治定力和实践能力；继续实施服务型党组织建设工程，依据《江苏高校服务型党组织示范点建设基本标准》，积极参与服务型党组织示范点创建，推动学校服务型党组织建设整体上水平。做好"七一"表彰和"最佳党日活动"等评审和推荐工作；坚持以改革创新精神加强学校党的建设，针对党建工作的难点和热点问题创新理念、思路和方法，尊重基层党组织和党员的首创精神，认真总结创新的成功经验和做法，形成尊重创造、鼓励创新的导向和创新成果不断涌现的生动局面，增强基层党组织的创造力、凝聚力和战斗力。每年定期开展"党建工作创新奖"评选，加大对基层党建创新的支持奖励力度，推动基层党组织创新创优。

优化基层党组织设置形式。按照《江苏省普通高等学校党支部工作规定（试行）》，本着有利于开展工作的原则，进一步优化基层党组织设置，全面实现教工党支部按专业教研室设置，学生党支部按年级设置，并逐步探索学生党支部建在公寓、建在基地、建在班级；按期进行党支部委员会的换届选举，逐步推进党总支部书记公推直选、公开选聘等工作；强化党支部的服务功能，充分发挥党支部的战斗堡垒作用。

健全基层党组织长效机制。各基层党组织根据学校党委的工作部署，结合自身工作实际，积极探索党的工作进学生公寓、进学生会、进学生社团，建立党的工作全覆盖格局；进一步明确基层党组织工作职责，健全党总支书记例会制度、院（系）党政联席会议制度、党总支书记参加系务会议制度和党支部组织生活会制度等，完善基层党组织工作考核评价体系；继续实行党建工作目标管理，推进基层党组织建设的科学化、规范化；围绕学校"十三五"规划确定的教育发展改革任务和党建工作热点难点问题，积极开展调研活动，充分

发挥学校党建研究会的功能和作用，加强课题研究，努力形成一批应用价值高、指导意义强的党建理论成果。

（三）持续推进干部队伍建设，全面强化管理领导水平

完善干部选拔、任用和考核机制。深化干部队伍改革，坚持和进一步完善民主推荐、组织考察、任前公示、理论培训、交流轮岗等一整套行之有效的干部选拔、培养措施；进一步规范公开、公平、公正和竞争、择优的选人用人机制，进一步建立和健全干部能上能下、能进能出，充满活力的激励和更新机制；结合学校干部工作实际，认真做好学校实体化工作考核，完善中层干部群众测评指标体系；严格干部管理，强化干部监督，落实处级干部个人事项报告制度和问责制度，建立组织部门总负责、纪检监察部门督促、党员与群众参与、民主党派监督、领导干部廉洁自律"五位一体"的干部监督体系。

优化中层干部队伍结构。按照《党政领导干部选拔任用工作条例》要求，努力建设一支"铁一般信仰、铁一般信念、铁一般纪律、铁一般担当"的干部队伍，学历、年龄和专业知识结构更加合理，形成一支学历、年龄、性别、专业知识结构合理，平均年龄由48.7岁下降到45岁左右为主体的忠诚、干净、担当的中层干部队伍。

着力推进后备干部队伍建设。坚持备用结合，建立一支素质优良、数量充足、结构合理的后备干部队伍。大力培养后备干部，制订培养规划，落实培养措施，不断提高后备干部的思想政治素质和实际工作能力；大力培养年轻干部，尤其要将政治觉悟高、学历层次高、业务能力强的青年教师，尽早吸收到后备干部队伍中重点培养，使各级后备干部队伍得到进一步充实，处级后备干部以30～40岁为主体，85后甚至90后的后备干部有一定数量；女干部不少于20%，并有适当数量的少数民族和非中共党员干部。

切实提高干部教育培训工作质量。贯彻落实《干部教育培训工作条例》，大力推进学校干部队伍能力建设。按照省委组织部的要求做好领导干部培养培训，积极参与省委组织部关于党政管理干部培训领航计划和高校组织部长、院系党政负责人培训班以及教工（大学生）党支部书记示范培训班，进一步加强干部暑期培训工作，切实推进干部教育培训工作科学化、制度化、规范化，真正把培养造就高素质干部队伍任务落到实处。

（四）持续推进党员队伍建设，全面发挥示范引领作用

组织开展党员专题教育活动。按照中央、省委和市委统一部署要求，以落实全面从严治党为主线，扎实开展"两学一做"学习教育。巩固深化"三严三实"专题教育活动成果，强化整改落实、立规执纪，推动学校践行"三严三实"制度化、常态化、长效化。

做好党员发展工作。认真落实《中国共产党发展党员工作细则》等有关规定，坚决贯彻"控制总量、优化结构、提高质量、发挥作用"的方针，重点突出，措施到位；认真做好团组织向党组织推荐优秀团员作为发展对象的工作。进一步改善和优化党员队伍结构，正确处理发展数量与质量的关系，在加强培养教育工作的前提下，稳步提高全校发展新党员的数量和党员比例，逐步实现大学生党员、青年教师党员比例高于省内同类高校平均水平。

做好党员教育管理工作。贯彻落实《江苏省普通高等学校发展党员工作实施细则》，继

续推进大学生党员素质工程，组织实施教师党员先锋工程；全面落实《全省教育系统2014～2018年党员教育培训工作规划》；规范和加强学校党员组织关系管理工作，切实做好新生党员核查、毕业生党员组织关系转接和党员组织关系排查工作。强化学校两级党校主阵地建设，认真做好入党积极分子、党员的教育培训工作。

严格组织生活制度。加强党支部标准化建设，进一步把健全党内民主生活。基层党组织要做到"四个坚持"：坚持每月过一次组织生活；坚持每学年召开一次民主生活会；坚持每学期上一次党课；坚持每年进行一次民主评议党员工作。

（五）持续推进人才队伍建设，全面促进高层人才成长

完善党管人才的领导体制。坚持党管人才原则，创新党管人才方式方法，积极构建党委领导，组织人事部门牵头总抓，科研、教务、学工等相关部门各司其职、密切配合的人才工作新格局，切实履行好管宏观、管政策、管协调、管服务的职责，用事业凝聚人才，用实践造就人才，用机制激励人才，用法制保障人才，提高党管人才工作水平。通过健全学术委员会、举办教授、博士沙龙，发挥高层次人才在决策咨询、质量评价、民主监督等方面的作用。

建立人才开发保障机制。深化管理体制和人事分配制度改革，制订和完善院系两级人才队伍建设规划，明确人才发展目标，建立有利于培养人才、留住人才和吸引人才的激励保障机制；增强服务人才意识，加大人才工作宣传力度，加强联系和沟通积极提供服务，通过事业激励、精神鼓励、政策支持和环境保障，努力形成支持人才干事业、帮助人才干成事业的良好氛围。

创新人才管理工作机制。根据学校出台的定编定岗及人员聘任办法，强化岗位管理，建立岗位任务和目标管理制度，形成能上能下、能进能出、充满生机与活力的用人机制；完善人才评价考核标准，建立以岗位职责为基础、以绩效目标为核心、以能力和业绩为导向，包括专业技术、管理、工勤在内的各类人才考核评价指标体系，逐步实现由过程管理向目标管理转变；建立充分体现人才价值的激励机制，加大对关键岗位和有突出贡献人才的激励力度，使各类人才的薪酬水平与岗位职责、工作业绩和贡献大小相匹配。

（六）持续推进党政群团建设，全面体现统筹协作效应

积极做好统战工作。深入贯彻中央、省委和全国高校统战工作会议以及《中国共产党统一战线工作条例（试行）》精神，进一步重视党外代表人士队伍建设，加强统战部门自身建设，推进统战工作研究与交流；完善党委领导联系民主党派制度，支持民主党派按照各自的章程开展活动；有计划地选派各民主党派负责人培训学习，帮助各民主党派加强自身的思想建设和组织建设；充分发挥民主党派和无党派人士参与学校民主管理和民主监督的作用，广泛征求和听取他们对学院建设发展中重大事项的意见和建议；完善民主党派负责人情况通报会制度，每学期不少于两次；做好党外人士的举荐工作，注意培养、选拔、安排党外代表人士担任行政领导职务。

积极做好群团工作。认真落实《中共江苏省委关于加强和改进党的群团工作的实施意

见》，指导相关部门开好教代会，做好团干部和青年教师赴县（市、区）团委挂职选派工作；围绕学校改革发展稳定大局，充分发挥工会、妇委会维护、建设、参与、教育职能及党群之间的桥梁和纽带作用；切实发挥群团组织联系引导服务师生、参与民主管理、建设和谐校园的积极作用。

（七）持续推进反腐倡廉建设，全面提高拒腐防变能力

切实改进工作作风。始终坚持把服务理念根植在心中，强化宗旨意识，提高服务修养，锤炼服务品质，坚持问题导向，务求工作实效，以热忱、优质、高效的服务尽力解决好师生所急、所忧、所难，切实为广大党员、干部和各类人才提供周到的服务。进一步减少会议、文件，提高工作质量；完善督察制度，强化重点工作过程监控，认真开展机关作风评议工作；推进党务政务公开，提高工作透明度，健全师生来信来访接待受理工作机制；继续推进"管理创新、服务创优"工作，落实部门首问负责制。

健全党风廉政建设新格局。按照全面从严治党的要求，大力加强领导班子和领导干部政治纪律、组织纪律和廉政纪律建设；完善"党委统一领导，党政齐抓共管，纪委组织协调，部门各负其责，依靠群众的支持和参与"的反腐败领导体制和工作机制；把党风廉政建设作为中心组学习和民主生活会、党员组织生活会的重要内容；加强对纪检监察工作的领导，党委每学年至少听取一次纪委、监察处的汇报，专题研究纪检、监察、审计工作。

落实党风廉政建设责任制。全面落实党风廉政建设主体责任和监督责任，出台《关于党风廉政建设责任追究实施办法》，把党风廉政建设纳入到学校总体工作中，完善监督体系，实施责任追究；严格执行领导干部廉洁自律的各项规定，从制度上保证党员领导干部廉洁从政；各级领导班子成员和机关职能部门负责人要按照谁主管谁负责的原则，根据党风廉政建设责任制的分工，各负其责，认真抓好落实工作。

完善各项监督制约机制。健全"三重一大"（重大事项决策、重要干部任免、重要项目安排和大额度资金使用）集体讨论决定制度；认真贯彻执行党内监督的各项制度；进一步加强群众监督，民主党派的监督和舆论监督的作用；认真落实领导干部向教（职）代会述职述廉并接受评议和监督的规定；加强招生、基建、干部任用、校办企业等重点领域和关键环节的监督检查。

加强纪监审队伍建设。切实发挥好纪检、监察、审计的"保护、惩处、监督、教育"的职能。在继续加强重点领域和重要环节监督的同时，进一步拓宽工作领域，加大执法监察工作力度；注重对纪检监察干部的培养，经常组织纪检监察干部进行学习，注重学习新知识，积累新经验，增长新本领。建立和实行岗位定期交流制度。

（八）持续推进精神文明建设，全面提高师生思想政治素质

进一步加强理论武装工作。以中国特色社会主义理论体系为核心，坚持用邓小平理论、"三个代表"重要思想、科学发展观和习近平总书记系列重要讲话精神武装全校干部和党员教职工头脑。继续抓好学校党委、基层党总支（直属党支部）两级"中心组"和教职工、学生两个层面的政治理论学习。"十三五"期间，建立学校和二级学院层面中心组学习联系

制度，每位校领导分管的院（系）作为他们的联系点，每年参与一至两次分管院（系）的中心组学习。学校每年召开一次院（系）中心组学习交流会。不断丰富理论学习内容，创新理论教育形式，教育和引导广大师生坚定共产主义信仰，坚定走有中国特色社会主义道路的信念和对中国共产党的信任，进一步提高师生的政治分析能力、价值判断能力、是非辨别能力，培养与时俱进、开拓创新的品格，从而不断增强师生的政治意识、责任意识、大局意识，提高师生政治理论素养和思想文化水平。

加强和改进大学生思想政治教育。建立健全党委统一领导、党政共同决策，党政群各部门齐抓共管，兼职队伍相结合，各部门各负其责、全校紧密配合、学生自我教育，全社会大力支持，形成全面育人、全程育人、全员育人的领导体制和工作机制的局面。建立健全与法律法规相协调、与高等教育全面发展相衔接、与大学生成长成才需要相适应的思想政治教育和管理的制度体系。加大大学生思想政治教育工作的经费投入，不断改善条件，优化手段。在青年学生中，广泛地开展"价值引领，文化育人"活动。

认真做好"七五"普法工作。按照中宣部、司法部、全国普法办联合下发的通知要求，高度重视、精心组织开展主题活动。把法治教育纳入精神文明创建内容，纳入人才培养体系。进一步健全完善创新普法工作机制，完善工作人员学法用法制度。加强普法平台建设、普法信息建设、普法队伍建设。

加强新闻宣传舆论阵地的建设。强化校园意识形态管理，坚持正确的舆论导向，唱响主旋律，打好主动仗。坚持实事求是、团结、稳定、鼓劲、正面宣传为主的原则，做到"贴近学校、贴近教师、贴近学生"的三贴近。紧紧围绕学校中心工作，强化舆论引导，统一思想，鼓舞士气，外塑形象，内聚人心。进一步加强宣传工作队伍建设，配齐配足工作人员；加强宣传思想工作、阵地建设经费投入；加强校报、网络、广播和各种宣传阵地管理。加强校园学术报告、讲座、论坛的管理。实行新闻发言人制度，定期举办新闻发布会。在办好现有的校报、校园网、广播、阅报栏等基础上，不断加大管理力度，提高使用效率，扩大影响面，增强辐射力。

进一步抓好对内对外宣传。统筹对内宣传和对外宣传，及时反映学校"十三五"期间的建设成就，大力宣传学校先进人物、典型事迹，振奋精神，凝聚力量，进一步提升学校的知名度和美誉度。努力营造有利于学校发展的校内外舆论环境。整合校新闻主页、校报、新媒体、校园电视台等校内各种传播资源，打造多媒体新闻传播平台。加强与媒体的互动，及时掌握信息传递进程及衡量传播效果，更加有效地开展对外宣传，妥善处理危机事件，维护学良好牌形象。

五、"十三五"时期党建与精神文明建设保障措施

（一）加强党建与精神文明建设领导工作

党委坚持把党建工作列入重要议事日程，每年适时召开一次全校党建工作会议。党委成

员要坚持经常到各自联系的院系调查研究，了解情况，解决问题，指导工作。党委各部门要充分发挥在党建工作中的职能作用。党总支书记要切实履行抓党建第一责任人职责。

（二）进一步完善建设工作组织架构

合理设置党务管理岗位，落实党务工作人员编制。加强党委办公室、组织部、宣传部、统战部、纪律检查等工作部门建设；按照有利于发挥政治核心和战斗堡垒作用，有利于党员教育、管理、监督和服务，有利于密切联系师生的原则，进一步优化党支部的设置。

（三）加强对党务干部培养和管理

着力培养和选拔一批政治上靠得住、工作上有能力、作风上过得硬、师生信得过、热爱党务工作、综合素质高、年富力强且有一定党务工作经验的党务干部。明确党务干部的岗位职责、工作内容，制订相应的考核评价标准，逐步建立健全党务干部的目标管理制度；完善党务干部职称评聘、职务晋升的渠道。

（四）优化党建与精神文明建设的条件和环境

保证党建工作和党的活动所必需的经费投入，进一步整合、开发和利用人力、物力和智力资源，不断改善党建工作条件。保证党建工作必要的活动场所和设施设备，努力营造良好的党建工作环境。加大宣传引导力度，坚持正确的舆论导向，为加强党建工作营造良好氛围。

（五）加强理论研究和实践工作探索研究

进一步加强调查研究工作，不断提出新问题，研究新情况、解决新问题、总结新经验，探讨在新形势下开展党建工作的新思路、新途径和新办法，努力推进基层党建工作实践和理论的创新，确实增强工作的针对性和实效性。

附件二

专业建设与发展"十三五"规划

专业建设是高等职业院校重要的基本建设，是学校内涵建设的核心，是学校办学水平和人才培养质量的重要标志，是学校办学特色和优势的集中体现，搞好专业建设，对于优化教学资源配置和课程结构，提高学校办学水平和教学效果，保证应用型人才培养的质量，具有十分重要的意义。为贯彻落实《国家中长期教育改革和发展规划纲要》，进一步加强学校专业建设、优化专业结构，构建有竞争优势、特色鲜明、适应社会需求的专业体系，不断提高人才培养质量，特制订本规划。

一、专业建设现状

（一）建设基础

1. 专业结构不断完善。2011 年，学校制订《"十二五"专业建设规划》，坚持"立足淮安、面向江苏、突出财经"的办学定位，以服务为宗旨、以就业为导向，以机制创新为重点，不断调整专业结构，在突出传统优势专业的基础上，积极开发与区域经济发展相匹配的新兴专业，精心培育品牌特色专业，构建特色鲜明的专业结构体系和优势专业群，同时不断适应社会需求，调整优化专业结构，停招弱势专业。目前学校设有会计学院、金融学院、经济贸易学院、工商管理学院、人文艺术与法律学院、机械电子与信息工程学院、粮食工程与管理系、思想政治理论课教学科研部及基础教学部等九个教学单位，专业总数为 30 个，2015 年招生专业 29 个。初步形成了以财务会计类专业群为龙头，以经济管理与贸易类专业群、人文艺术类专业群为支撑，机械与自动化、电子信息类、粮食工程与管理专业群协调发展的格局。

2. 业建设水平不断提升。学校采取全面建设和重点建设相结合的方针，突出重点，兼顾一般，整合办学资源，优化资源配置。加大具有发展前景专业的建设力度，紧扣会计职业（岗位）群，运用重点突破战略，做强财务会计类；依托现代服务业，运用多样化战略，做优经济贸易、工商管理、财政金融和法律实务专业群；围绕苏北新型工业化，运用差异化战略，做新电子信息和机械制造专业群；面向粮油生产链；运用战略联盟，做活粮食加工专业群。2011 年上半年学校正式被省教育厅确定为江苏省省级示范性建设高职院校，会计、金融保险、市场营销确定为省级财政重点支持的重点建设专业，粮食工程、工商企业管理确定为非省财政支持的重点建设专业。同年，会计、金融保险专业被确定为中央财政支持的高等职业学校提升专业服务产业发展能力项目。2012 年，财务会计、经济管理、现代商贸 3 个专业群被省教育厅确定为省重点建设专业群。2015 年会计专业被确定为江苏省 A 类品牌建设专业。

3. 专业内涵建设初见成效。"十二五"期间，学校高度重视专业内涵建设，结合技术技能型人才成长规律与当前高职院校生源结构日渐多样化的客观实际，积极探索"二元共育、五进五融"为特征的工学结合人才培养模式，重构基于职业岗位能力的人才培养方案。通过教学基本建设与质量工程项目、教学改革项目、"今世缘杯"教学竞赛等活动、世界大学城空间资源建设，推动专业建设与教学改革，提高人才培养质量。通过五年的建设和积累，学校专业内涵建设初见成效：目前学校拥有省级人才培养模式创新实验基地 1 个，省级教育综合改革试点项目 1 个，五年来，新增高等职业教育"百门精品"课程 1 门、省级精品课程 8 门、校级精品课程 52 门，优质课程 72 门，校企合作开发课程 46 门；新增国家级精品教材 1 部，国家"十二五"规划教材 13 部，教育部高教社"百门精品"教材 1 部，省级精品教材 6 部，省重点教材 5 部。省高等学校优秀教学成果一等奖 2 项，二等奖 2 项，市哲学社会科学优秀成果一等奖 1 项，市科技进步奖一等奖 1 项，省政府哲学社会科学优秀成果三等奖 1 项，省级优秀教学团队 1 个，央财支持的实训基地 1 个，省级实训基地 3 个，省、市级公共技术服务平台 5 个，省、市级培训服务基地 9 个，全面参与了教育部、财政部立项的全国高等职业教育会计专业、金融专业教学资源库建设和全国财政职业教育教学指导委员会的专业标准、课程标准、实验实训标准建设。

4. 师资队伍结构日趋合理。学校通过"层级开发，目标激励""校企共育，项目推动"和"内培外引、双元联动"，基本构建了一支专兼结合、形神兼备的高素质专业化教师队伍。成立教师发展中心，通过组织教师教学能力培训，开办"教学沙龙"，开设"财院讲坛"，开展"一对一帮扶结对"活动，重塑教师的职教理念和执教能力；通过"双百工程"和"五个一工程"，着力打造双师素质团队，努力提升师资队伍整体职业素质。目前校内专兼任教师 370 人，其中，专任教师 329 人，教授、副教授 124 人，具有博士、硕士学位教师 249 人，"双师"素质教师 316 人。其中，包括"全国模范教师""江苏省教学名师"、江苏省"333 工程"科学技术带头人、江苏省高校"青蓝工程"中青年学术带头人、江苏省高校"青蓝工程"优秀青年骨干教师、江苏省优秀教育工作者、淮安市有突出贡献中青年专家等一批具有社会影响力的优秀教师。教师的年龄、学历、职称、专业结构上日趋优化和合理。

5. 校企合作机制不断创新。成立由政府部门、相关行业、骨干企业代表以及知名校友共同组成的校企合作理事会，不断完善校企合作人才培养机制、资源共享机制、项目开发机制和各项保障机制。牵头组建了江苏财经职业教育集团。建立了"今世缘营销学院""紫金保险学院""中央新亚管理学院""京东商城电商学院""新道创新创业学院"等校企合作二级学院以及中锐汽车商务基地、用友会计人才培养基地等多个校企合作发展基地；与十方电子、超达模具、京东商城三家企业紧密合作，在三个专业（群）正式试点"现代学徒制"；与沙钢集团、京东商城等大中型企业合作订单培养班级数 30 余个，订单培养学生 850 余名；与海尔集团、淮钢集团等 537 家单位签订学生顶岗实习与就业创业协议；初步实现了人员互聘、基地共建、成果共享的校企合作运行机制。

（二）存在问题

"十二五"以来，学校无论是在专业建设的数量方面，还是在专业建设质量方面，都取得了较大的成绩，为学校跨越式发展奠定了良好的基础。但是，这些年的专业建设也存在着较为突出的问题和不足，主要表现在以下几个方面。

1. 专业结构有待进一步优化。专业结构布局与地方主要产业布局没有完全匹配，专业设置缺乏政府的引导和行业的指导，没有建立起专业设置的动态调控机制。由于专业定位依据不足，出现整体专业结构不尽合理，专业布局相对分散，专业集群不够明显，专业设置与区域发展的关联性不强等问题，直接导致部分专业发展受到局限，招生遇到困难。

2. 专业特色有待进一步增强。目前学校会计专业一枝独秀，其他有明显发展潜力和优势的专业特色不够明显。有些代表学院品牌的、有着较好社会影响且具有广泛认同的专业优势还需要更好的彰显；一些区域经济急需、国家鼓励优先发展的领域的新建专业整体实力较弱，需进一步扶持；一些社会认同度不高的专业，尚待进一步优化和调整。

3. 师资队伍有待进一步加强。师资队伍的专业结构不够合理，专业骨干教师缺乏一线的实践经验，企业兼职教师在专业教学团队中所占的比例偏低，企业兼职教师承担的实践教学课时偏少。正高级职称的人才比例较低，特别是引领专业建设与发展的带头人不足，专业带头人在行业中的影响力不够，尚未形成高水平的教学、科研团队。缺少国家级质量工程项目、省部级以上科研奖励等已成为当前学校专业建设最主要的困难。

4. 资源配置有待进一步集中。近年来，由于学校基础设施建设投入较大，每年的正常专业建设经费相对较小，无法充分满足专业的建设与发展的需求。在已有的专业建设中，资源配置不尽合理。一是教师和实验设施设备存在分散及交叉的情况，造成资源分散；二是由于专业集群不够，有的实训室利用率明显偏低；三是新设专业的资源配置不足。

5. 合作机制有待进一步创新。校企合作互利互惠的专业建设长效机制有待进一步完善，校内实习实训条件、顶岗实习监控与管理和实践教学质量管理等有待进一步加强，工学结合人才培养模式有待进一步创新。

二、指导思想与发展思路

（一）指导思想

以马克思列宁主义、毛泽东思想、邓小平理论、"三个代表"重要思想、科学发展观为指导，全面贯彻党的十八大和十八届三中、四中、五中全会精神，深入贯彻习近平总书记系列重要讲话精神，以创新、协调、绿色、开放、共享的发展理念为先导，以建设国家优质学校为契机，紧紧围绕"全面建成高水平特色财经类高职院校"发展目标，大力实施品牌化、特色化、集团化、信息化、国际化发展战略。根据《国务院关于加快现代职业教育发展的决定》等有关高等职业技术教育的文件精神，深化体制机制改革，深化产教融合、校企合作，以专业结构调整为重点，系统加强人才培养模式、课程体系、教学内容、教学方法和手段的改革，合理构筑学生的知识、能力、素质结构体系，培养具有市场适应性和创新创业能力的高素质技术技能人才。

（二）发展思路

专业是学校人才培养对接社会需求的关键接口，专业建设发展要主动适应经济建设和社会发展对人才培养的新要求和产业结构调整对专业发展的实际需求，通过积极实施专业建设与发展规划，大力推进专业设置与经济建设和社会发展的紧密结合；立足专业设置和管理制度的创新，实施品牌战略，丰富专业内涵，凸显专业特色，优化教育资源配置和专业结构体系，提升专业水平；大力推进人才培养模式、课程体系、教学内容、教学方法与手段的整体改革，构建科学的理论教学体系、实践教学体系和素质教育体系，逐步建立符合社会经济发展和专业发展规律的专业管理体制和运行机制。

三、发展目标

（一）总目标

主动适应区域、行业经济和社会发展的需要，及时跟踪江苏省支柱产业、淮安市重点产业、新兴产业需求的变化，积极推动专业建设随着经济发展方式转变而动，跟着产业结构调整而走，围绕企业人才需求而转，适应社会和市场需求而变，灵活调整和设置专业。坚持"服务地方办专业、依托行业建专业、校企合作强专业"的发展思路，不断优化学院专业结构布局。通过项目管理、专业评估等方式，强化专业内涵建设。通过分期、分批调整专业结构，改造传统专业，培育特色专业，开设新专业，形成资源配置合理、专业特色鲜明的专业发展格局，构建与区域经济社会发展相适应的，贴近需求、总量适度、结构合理、特色鲜明、优势互补、相关成群的专业体系，更好地为经济社会发展服务。

（二）具体目标

1. 结构规模更加合理。通过专业结构调整，专业总数整合到 28 个左右，学校全日制高职在校生人数达到 9000～10000 人。

2. 专业布局更加科学。坚持"立足淮安、面向江苏、辐射全国，助力中小企业发展"的办学定位，根据人才需求的变化不断调整优化专业结构、设置新专业，依据岗位的变迁及时调整专业培养方向，逐步形成结构合理、数量适中、稳定有序的专业格局，努力构建以财务会计类专业群为龙头，以管理贸易类专业群为支撑，人文艺术、工程信息类专业群协调发展的专业体系。

3. 专业建设水平整体提升。“十三五”期间，新增国家级骨干专业 1 ~ 2 个，省级品牌专业 1 ~ 2 个，建成在省内有影响、有优势、有特色的专业 3 ~ 5 个，校级优势特色专业 5 ~ 8 个。以重点专业和优势品牌专业带动相关专业群的建设，形成集群优势，提高专业建设整体水平。

4. 师资队伍不断优化。通过外引内培，扩大高层次人才所占比例，到 2020 年底，拥有高级职称的教师比例达到 35%，拥有博士学位的教师比例达到 12%。建设国家级优秀教学团队 1 个，省级优秀教学团队 1 ~ 2 个；培养省级教学名师 1 ~ 2 名，省“六大高峰”或“333 第三层次”人才 2 ~ 3 名、省“青蓝工程”中青年学术带头人 2 ~ 3 名、优秀青年骨干教师 5 ~ 8 名等一批具有较高水平和影响力的专业带头人和青年骨干教师。

5. 实验实训条件逐步提升。按照专业（群）升级和整合校内实验实训基地，提高原有实验实训场所的利用率，实现资源共享；配合科技园的建设、现代学徒制试点工作的推进，引企入校，校企共建实训基地；创建模拟仿真与真实职业环境相结合的开放型、生产型实践实训中心，同时大力开发虚拟仿真实践实训中心；加大校外实训基地的建设，使校外实训基地数量有所提升，分布更为合理。“十三五”期间，新增省级实训基地 1 ~ 2 个，校企合作共建实训基地 3 ~ 5 个，虚拟仿真实践实训中心 2 ~ 3 个。

6. 课程建设与教学改革不断深化。全面优化人才培养方案，构建工学结合的课程体系，加大核心课程和教学资源的建设力度，“十三五”期间力争主持国家教学资源库课程建设 1 ~ 2 门，建成省级精品开放课程 1 ~ 2 门，校级精品开放课程 8 ~ 10 门，出版“十三五”规划教材 5 ~ 8 部，省级重点教材 6 ~ 10 部，校企合作特色教材 15 ~ 20 部，建设以企业技术应用为重点，涵盖教学设计、教学实施、教学评价的数字化专业教学资源库 3 ~ 5 个，满足专业建设共性需求，实现优质资源共享。构建开放式的教学模式，积极探索理实一体的教学内容、教学方法、课程资源与教学评价改革；持续利用世界大学城空间，开展“翻转课堂”教学改革；利用现代信息技术，通过未来课堂、智慧教室建设，实现智能环境控制、电子课程教学、移动学习、远程协作共享等教学方式变革。同时及时总结教学改革成果，争取获得国家级教学成果奖 1 项，省级教学成果奖 2 ~ 3 项。

7. 校企合作不断推进。大力推进校企深度融合，大胆探索具有新理念、新思想的校企合作模式。积极探索引企入校、办校进厂、订单培养等多种校企合作模式。到 2020 年，建成产教深度融合、校企紧密合作的办学实体 2 ~ 3 个，在校企专业共建、课程共担、教材共编、师资共训、基地共享、人才共育、课题共做、质量共评等方面取得成效，形成 3 ~ 5 个以产学研结合和订单式培养为特色的专业；特色（重点）专业均建立稳定的校企合作基地。形成以社会需求为导向，学校主动服务企业（行业），企业（行业）积极参与育人的校企合作办学长效机制。

8. 科学研究与社会服务能力不断增强。积极培育和凝练科研方向，形成比较稳定的科研团队。在未来五年，培养 3 ~ 5 名国内有影响的学术带头人，8 ~ 10 名省内有地位的学术骨干；培养 3 ~ 5 个优势明显的科研团队，并力争实现省级科研团队的突破；争取承担各类科学研究项目每年 50 项左右，其中省部级以上重点项目 3 ~ 5 项，产学研横向研究项目 20

项以上；实现自主知识产权的发明专利 10 项以上。根据地方与行业发展需求，拓宽社会服务领域，全力打造更多具有竞争力的社会服务品牌。积极打造科技产业园，服务人才培养，提高综合效益。新增 3~5 个具有资质的对外技术服务中心，鼓励和引导师生借助应用技术平台开展应用技术研究，对外承接应用技术服务项目，开展技术服务。

9. 国内外交流与合作逐步拓展。加强与国（境）内外高等学校的交流与合作，选择类型相同、专业相近的国（境）内外高水平院校联合开发课程，共建专业、实验室或实训基地，建立教师交流、学生交换、学分互认等合作关系，实现资源共享、优势互补；加强与国外职业教育机构合作，引进国际职业资格认证体系；与国（境）外高校结盟，争取与 3~5 所国（境）外应用技术大学建立合作关系，引进国际先进、成熟并且适用的人才培养标准、专业课程、教材体系等教育资源，建立教师交流机制和学生互派、学分互换机制。

四、主要措施

（一）建立专业设置的动态调控机制，加快专业结构调整

按照"开放、合作、改革、创新"的专业建设原则，以学校和行业企业紧密合作、深度融合培养专业人才为行动纲领，全面贯彻学校与行业企业"合作办学、合作育人、合作就业、合作发展"的办学原则，建立与人才市场、就业市场相适应的专业预警和调整机制，形成主动适应社会需要、自我发展、自我约束的专业建设和发展机制。一是建立新专业准入机制。新增专业必须符合相应的产业发展规划，符合区域教育发展规划，符合学校专业发展规划，符合专业资源的集约利用；二是建立专业调整机制。以就业率和在校生数及资源条件为专业设置及其结构调整的主要依据。对于社会需求量少、报考率低、就业相对困难的专业适当减少招生数量，或实行隔年招生，直至停办；三是建立专业预警机制。综合考虑招生人数、毕业生就业率、就业质量、专业对口、薪资等多种因素设置专业红、黄牌制度，加强专业建设的风险管理；四是建立专业评估机制。建立两年一轮的专业评估制度，对专业建设实施动态管理，进一步彰显代表学校品牌的、有着较好社会影响且具有广泛认同优势专业，扶持区域经济急需、国家鼓励优先发展的领域的新建专业，优化和调整一些社会认同度不高的专业，实现专业结构的整体优化。

（二）创新人才培养模式，分类开展专业建设

推进人才培养模式创新。坚持产教融合、校企合作，以深化体制机制改革为突破口，以重点专业为引领，深化订单培养、工学交替等工学结合的人才培养模式改革。以社会需求为依据，进一步明晰专业人才培养目标，参照相关技术领域和职业岗位任职要求，与行业企业共同制订专业人才培养方案；引入行业企业技术标准，完善双证书制度，校企合作共同开发专业课程和教学资源；适应经济全球化，将国际通用的高端技能人才职业资格标准融入教学内容；推行多学期、分段式等灵活多样的教学组织模式；开展校企联合招生、联合培养的现

代学徒制试点，校企共建以现代学徒制培养为主的特色学院，完善支持政策，推进校企一体化育人。遵循"以校企合作为依托、以社会需求为导向、以职业岗位为依据、以教育资源为基础"的原则，有计划、有步骤分类开展专业建设，按照"做精品牌专业，做优传统专业，做特新兴专业"的思路，以省级品牌专业建设为契机，加强专业内涵建设，加大建设力度，给予政策支持，努力形成一批水平高、师资力量强、教学成果突出、教学质量高并具有区域、行业优势、有特色、实力强、声誉高的品牌专业；改造传统专业，以提高质量和优化调整为重点，依据产业结构调整和区域结构优化的要求，适应行业和地方经济发展的需要和各专业发展的趋势，适当调整专业培养目标，更新或增添专业方向，增强市场适应性，同时加强各专业之间的交叉渗透和协作联合，适当调整专业的课程设置，更新教学内容，优化专业人才培养方案，拓宽传统专业发展空间，重点建设一批优势明显、行业有影响的专业；以现代服务业为主导，积极培育与国家新兴产业和地方支柱产业相关的新专业，在经费投入、图书资料、设备添置等方面给予必要倾斜，保证其高起点、高规格地培养人才，并在短时期内建设成特色明显、人才培养质量有保障的专业。

（三）深化专业教学改革，促进专业内涵建设

以教育部提出的"以教育思想观念改革为先导，以教学改革为核心，以教学基本建设为重点，注重提高质量，努力办出特色"作为宗旨，探索适合职业教育特点的专业建设途径。把课程建设作为专业建设的基础与核心，围绕精品开放课程建设提升内涵建设水平，以职业素质和职业技能形成为主线，进行全面课程改革。加强信息化建设，以大学城空间建设为抓手，进行微课、慕课、翻转课堂教学，加强与学生互动，培养学生自主学习能力。进一步加大规划教材、重点教材和校企合作教材建设力度。着力推广工作过程系统化、项目导向、任务驱动、理实一体化教材。坚持校企合作、工学结合，强化教学、学习、实训相融合的教育教学活动。推行项目教学、案例教学、工作过程导向教学等教学模式。加大实习实训在教学中的比重，创新顶岗实习形式，强化以育人为目标的实习实训考核评价。健全教学质量工程建设体系，实施国家、省、校三级质量工程项目，努力形成具有标志性的教育教学改革成果。

（四）搭建教师发展平台，优化专业教师队伍

创新教师整体素质"层级开发"机制，依托教师发展中心，完善教师进修培训制度，分类制订在职人员和校外兼职教师进修培训办法，有序开展国培、省培、企业培训项目，加强青年教师、转岗教师的集中培训。鼓励和支持中青年教师在职攻读博士学位，选派中青年教学科研骨干到国内外高校进修深造，实施"专业带头人国外培训、骨干教师境外培训、成长教师国内知名高校培训"计划，全面提升教师职业道德、职业能力、教学科研能力、社会服务能力和综合素质。实施职业教育领军人才培育工程，加强教授、博士高层次人才的引进和培养，提升专业教师团队整体实力。加强"双师型"教师培养培训基地建设，积极发挥校企一体、师资共建的优势，引进行业企业及社会上具有实践经验的名师专家、高级技术人员到校任教，聘请一线技术人员、能工巧匠为兼职教师，建立专兼结合的专业教学团

队。加强师德师风和学术道德建设，建立健全师德师风评价、考核、激励机制。进一步营造尊师重教的工作氛围，激发教师投身教育教学改革的热情和信心。

（五）推进教学管理创新，完善质量评价体系

在进一步实施学分制的基础上，积极探索弹性学制。建立"学分银行"，尊重学生选择，鼓励个性发展。通过推进分层教学、走班制、辅修制、导师制等教学管理制度改革，开辟学生自主成才的便捷通道。进一步完善教学管理组织系统，加快教学管理信息化建设，不断提高教学管理规范化、科学化、现代化水平。加强教学督导，建立教育教学质量保障体系。强化专业管理，健全专业管理组织体系，强化专业建设指导委员会作用，健全管理制度。加强分类指导，以人才培养工作状态数据为基础，开展教学诊断和改进工作，完善人才培养数据采集和质量年度报告制度，把毕业生就业率、就业质量、创业成效、学生思想道德素质和持续发展能力、用人单位满意度、对区域经济发展贡献水平作为质量评价的重要指标，不断完善质量评价体系。

（六）推进育人模式创新，提高人才培养质量

坚持"文化育人、实践育人、协同育人"。系统推进公共课程改革，促进专业教育与人文教育相互融通。充分发挥六大文化研究所功能，积极推进伟人文化、产（专）业文化、地方文化景观和场馆建设。加强专业文化建设，进一步完善以系训、系歌、系徽、系旗为内容的形象识别系统。以大学生思想政治教育为重点，深入开展中国特色社会主义和中国梦教育，在广大师生中积极培育和践行社会主义核心价值观，加强"两课"建设和体育、心理健康、公共艺术、职业规划、军事理论教育，深入开展社团活动、社会调查、军事训练、志愿服务、公益活动、勤工助学等实践活动，打造特色校园文化品牌，形成浓郁的校园文化育人氛围。完善课堂教学、课外活动和社会实践相互渗透的教育体系，保证学生在哪里，教育、管理、服务就跟到哪里。积极推进"大学生实践创新训练计划"，促进专业教育与创新创业教育有机融合，利用各种资源建设大学科技园、大学生创业园、创业孵化基地和小微企业创业基地，作为创业教育实践平台，完善技能大赛考核激励机制，支持学生参加各级各类创新创业竞赛和技能大赛。深化"1349"育人模式，构建"人人出彩"素质教育体系，促进学生全面发展。

五、建设保障

（一）明确职责任务

进一步完善校院（系）两级管理制度，学校相关部门要有效运用总体规划、政策引导等手段以及建设资金投入等杠杆，加强对专业建设的统筹协调和分类指导；二级院（系）要切实承担主要责任，结合本院（系）专业建设的实际情况，探索解决专业建设发展的难

点问题，切实制订和完善专业建设实施规划，加强师资队伍建设，在课程改革与建设、教材建设、校内外实训实习基地建设、教学改革与管理等方面落实相关人员责任，保证按期达到专业建设的预期目标。充分发挥校院（系）两级专业建设委员会的作用，形成工作合力。

（二）强化督导评估

教务处、质量监控和督导办公室要完善督导评估办法，加强对院（系）专业建设和发展的督导，对专业建设的质量、进度、效益进行监测。要落实督导报告公布制度，将督导报告作为对被督导单位及其主要负责人考核奖惩的重要依据。完善职业教育质量评价制度，定期开展专业人才培养质量和专业教学情况评估，实施职业教育质量年度报告制度。注重发挥行业、用人单位作用，积极支持第三方机构开展评估。

（三）营造良好环境

学校设立专业建设专项经费，主要用于专业进行各项基本建设与改革、与企业开展人才培养合作、教师开展教学研究与教学改革、学生开展创新实践活动、技能竞赛以及其他与专业建设相关的必要支出等。对重点专业、品牌、特色专业、教改试点专业的各项建设给予优先保证和政策倾斜，鼓励专业做出优势，做出特色。进一步完善教学改革和专业建设成果奖励制度，用优秀成果引领专业改革创新。通过政策扶持和引导，促进专业快速发展。

附件三

文化育人建设"十三五"规划

全面提高教育质量，必须大力推进文化传承创新，尤其要积极发挥文化育人作用，加强社会主义核心价值体系建设。为弘扬"劳动光荣，技能宝贵、创造伟大"的时代风尚，进一步落实学校第二次党代会提出的"价值引领，文化育人"的办学理念，将职业技能教育与职业精神培育结合起来，全力打造学校文化育人平台，"十三五"期间全面形成文化育人的浓厚氛围和办学特色，特制订本规划。

一、基本情况

（一）建设基础

"十二五"以来，随着学校由外延式发展逐步走向内涵式发展，文化建设取得了显著成绩，为实现文化自觉、文化自信向文化育人、文化兴校的深刻转变奠定了坚实的基础。

1. 具有学校鲜明特质的精神文化建设为推进文化育人指明了正确方向。"十二五"期间，坚持以财院梦想、财院精神引领学校科学发展，取得了显著成效。在大力弘扬"厚德尚能，经世致用"的办学理念，加强严谨、挚爱、躬行、奉献的教风建设，勤奋、践行、诚信、求实的学风建设，勤勉、敬业、团结、创新的校风建设的基础上，坚持以培养"脑子灵、懂管理、善经营、会动手、身心好、讨人喜"的具有学院特质的人才培养目标和"愉快地工作、出色地发展、健康体面地生活"的教师个人发展目标引领师生员工持续发展。坚持以"特色鲜明，质量出众，师生幸福，人人出彩"的财院梦和"努力学习，精益求精"的新财院精神激励师生员工不断进取。坚持在立德树人的实践中大力弘扬周恩来的学习观、科技观、教育观、职业观、群众观，积极培育"诚信、廉洁、严谨"的职场文化，努力践行"崛起江淮，包容天下"的新淮安精神。各二级学院（系部）结合各自的人才培养目标，形成了包含院（系）训、院（系）徽、院（系）旗、院（系）歌为内容的专业（群）文化体系。打造一批具有学校特色的文化、文艺作品。

2. 适应学校内涵发展的制度文化建设为开展文化育人提供了必要遵循。"十二五"期间，学校党代会常任制的试行，职代会的定期召开，学校章程的颁布、校院二级管理体系的确立、部门及岗位职责的细化都为文化育人提供了良好的运行环境。特别是"二元共育，五进五融"的人才培养模式大探索、"师生十项主题活动"深入开展和"1349"素质教育体系的构建,彰显人文素质教育与技术技能教育相融合的人才培养方案的修订,体现鲜明专业、学科特色的院系部文化节的制度化运行,文化课程与文化素质讲座纳入学分管理的有效举措都极大地促进了学校文化育人工作。在此过程中,学校开发了大学生素质教育系列教材;组建了近一百个学生社团,实现了大型活动届次化,小型活动经常化的目标;通过组织开展"省十八届运动会志愿者服务""财经素养大讲堂""'厚德杯'大学生演讲比赛""高雅艺术进校园""弘扬运河文化""'学做小老板,勇当创业人'创业实践""道德大讲堂系列讲座"、成立校友总会等活动,不仅增强了学生的文化素养,而且提高了学校的美誉度和知名度。

3. 特色显著形态多样的物质文化建设为实施文化育人创造了有利条件。"十二五"期间,学校在推进素质教育的实践中,建成了以"四中心一市场"(大学生事务服务中心、大学生创业中心、大学生素质拓展中心、大学生法律援助中心、大中专校人才分市场)为代表的学生教育服务平台,完成图书馆建设。特别是近两年学校在原有的现代企业管理全景体验中心、今世缘酒文化馆等文化场馆的的基础上又相继建成了校史馆、货币文化馆、艺术文化馆、物流文化馆、粮食文化长廊、会计文化长廊、周恩来五观教育基地、淮安商业文化展示馆、汽车文化馆,清风苑、沿湖地方文化长廊、校内电视台等一批文化场馆。成立了周恩来文化等六个文化研究所。通过道路楼宇命名、四支渠改造、绿化亮化工程建设,使得校园面貌得到了显著改观。

(二) 存在问题

总结"十二五"期间学校改革与发展的经验,深刻认识到:推进文化育人,有利于贯彻落实"育人为本、德育为先、能力为重、全面发展"要求,全面实施素质教育,提高学校人才培养质量。有利于增强学校文化"软实力",促进文化兴校、文化强校。有利于学校发挥引领辐射作用,为实现学校特色发展奠定坚实的基础。尽管"十二五"期间学校文化建设和文化育人工作取得了一定的成绩,但离真正形成"价值引领,文化育人"的办学特色还有一定差距。主要表现在:

1. 未能从时代和战略高度,充分认识到文化育人重大意义。学校倡导的文化育人是指在文化传承与创新的过程中,引导师生员工进行正确的文化选择,使得社会主义核心价值观以及"劳动光荣、技能宝贵、创造伟大"等时代精神真正转化为个体文化,实现全体师生自我完善与自我超越。对此,还有部分党员干部和教职工对"积极发挥文化育人作用"的重要意义认识还比较模糊。

2. 在教育实践中还缺乏广阔的文化视野,职业技术技能培训与职业精神培养还不够紧密。文化育人在于提升人的思想境界,涵养人的道德品德,激发人的生命激情。但目前学校在人才培养过程中往往重视工具性、技能性、专业性,忽视通识性、人文性和思想性;没有通过文化传承与创新,为师生提供身份的认同、社会的归属、思想的自由和精神的家园。

3. 对文化育人的特点和规律把握还不够深入全面,学校文化育人工作的实效性还有待提高。由于对学校文化的"整体性、差异性和渗透性"等特点认知不够,往往导致文化育人的整体合力尚未形成，力量较为分散，形式比较陈旧。

二、指导思想与发展目标

（一）指导思想

"十三五"期间，学校的文化育人工作将认真贯彻习近平总书记对职业教育工作作出重要批示和中共中央办公厅、国务院办公厅印发的《关于进一步加强和改进新形势下高校宣传思想工作的意见》精神，全面贯彻党的教育方针，强化政治意识、责任意识、阵地意识和底线意识，以习近平总书记关于"弘扬劳动光荣，技能宝贵、创造伟大的时代风尚"的重要批示为统揽，以立德树人为根本任务，进一步加强学校文化建设，大力发挥文化育人作用，不断加强与改进学生的政治思想教育，积极培育与践行社会主义核心价值观。努力打造一支对高等职业教育和学校改革发展具有高度认同感的教职工队伍，培养一大批自信自强、知书达理、充满活力的具有较高职业素养的技术技能型人才；使全院师生都能成为财院精神的弘扬者，财院梦想的实践者，财院"价值引领，文化育人"办学特色的彰显者。

（二）发展目标

"十三五"期间，学校将全面深化社会主义核心价值观宣传教育，牢牢掌握高校意识形态工作领导权和话语权，坚持育人为本、德育为先，坚持以文化人，师生共进，坚定不移地把社会主义核心价值观融入校园文化建设全过程，努力构造一个具有学校鲜明特色的文化育人体系，建造一批具有一定社会影响的融职业性、专业性、地方性文化内涵的育人基地，营造一个全体师生健康成长成才的良好文化环境，打造一套具有坚实理论支撑的江苏财院文化育人实践经验，创造一个具有全国领先地位的校园文化建设和文化育人成果。

三、建设内容

"十三五"期间，学校文化育人工作将紧扣培养"脑子灵、懂管理、善经营、会动手、身心好、讨人喜"高素质技术技能型人才培养目标，努力做到"三个结合"，着力推进"八大文化建设"。即：把学生的思想政治教育和职业理想结合起来，把职业精神培育和职业技能训练结合起来，把专业文化与产业文化、行业文化、优秀企业文化结合起来，进一步弘扬以"爱国、亲民、严实"为主要内容的恩来文化，引导学生确立正确的职业理想和职业信念；以"诚信、严谨、精进"为主要内容的专业文化，教育学生树立坚定的职业操守和职业追求；以"包容、开放、创新"为主要内容的地方文化，培育学生良好的职业意识和职业风尚；以"文明、得体、规范"为主要内容的礼仪文化，塑造学生优秀的职业习惯和职业形象；以"廉洁、自律、守法"为主要内容的法制文化，筑牢学生的道德防线和职业底线；以

"创新、创业、创意"为主要内容的"三创"文化，提高学生的就业创业和职业发展能力。以"高雅、健康、豁达"为主要内容的美育文化，切实提高学生的审美能力和职业涵养；以"爱校、建校、荣校"为主要内容的校友文化，切实动员广大师生和校友为学校改革发展和社会进步作出应有的贡献。

四、重点工作

（一）培育和践行学校核心价值观

在"创新、协调、绿色、开放、共享"的发展理念指导下，在深入学习中国特色社会主义理论体系，大力弘扬社会主义核心价值观的前提下，根据学校生源特点和结构的变化，在继承和发展学校办学理念、发展使命、共同愿景、财院精神、育人目标的基础上，通过举办论坛、沙龙，组织座谈研讨、学习交流等途径，从多样的学校价值观中抽取的带有基础性的或能够为不同价值主体共同选择的价值目标，切实培育和践行学校核心价值观，以新的学校精神文化建设成果，增强师生的职业归属感、人生使命感和信仰皈依感，以坚定的理想信念和文化自信，引领师生人生出彩。

（二）构建学校文化育人管理体系

按照"服务主导型教育教学模式"的总体要求，秉承"厚德尚能、经世致用"的育人理念、"让学生动起来，让每个人都有人生出彩的机会"的工作理念，进一步健全文化育人领导体制和管理体系。学校党委将切实担负起"加强大学文化建设，发挥文化育人作用，培育良好校风学风教风"的重要职责，成立由党委书记为组长的学校文化育人领导小组，全面负责文化育人工作的领导、决策、组织、考核等重要环节。每年召开学校文化育人工作专题会议，研究部署相关工作。党委办公室和宣传部要加强谋划和调研工作，制订好年度工作计划。学生工作部、团委和教务处等职能部门要加强对文化育人工作的协调和组织管理。各二级学院、系部党政负责人担负起文化育人第一责任人的角色，在学院党政统一领导下创造性的开展工作。同时，建立各重点文化建设项目工作组制度，由分管校领导负责，职能部门和院系部共同参与，建立多方衔接的工作网络，强化工作合力，提升工作成效。

（三）健全学校文化育人运行机制

通过探索与实践不断完善学校文化育人工作实施意见、文化育人工作绩效考核办法、文化育人场馆管理办法、文化育人队伍建设办法、文化育人专项课题立项办法等各项制度，建立起涵盖学生思想政治教育、道德法制教育、党团建设、课堂教学、社会实践、顶岗实习、创业就业、社团建设、心理健康教育、学生志愿服务等若干分支的组织架构、岗位职责、工作流程、考核办法，激励措施。从而形成学校文化育人动力机制、整合机制、控制机制和保障机制。

（四）加强文化育人精品课程建设

各专业（群）要把产业文化和优秀企业文化融入人才培养全过程，在专业教学标准和课程教学标准的制订中，注意体现职业道德、职业标准、职业规范、产业文化、企业文化的有关内容要求；在教学管理、学生管理和教师管理中，借鉴先进企业管理文化，提升文化育人水平；在校园环境文化打造中注重吸收优秀产业文化、行业文化和企业文化进校园、进课堂。充分挖掘专业课程的育人功能，提升专业课教学的文化特色和魅力；积极组织开发会计文化、金融文化、税务文化、商业文化、管理文化等教学资源，构建起与学校专业发展相匹配的系列文化教材，打造3门凸显校本特色、地域特色、时代特色的文化育人精品课程。

（五）结合"1349"开展文化育人活动

紧扣社会主义核心价值观，发挥德育课的主渠道作用，深化德育课程改革，推进社会主义核心价值体系进教材，进课堂，进学生头脑。紧扣周恩来"五观"文化，扎实开展周恩来班创建活动，力争有10个集体获得省市级表彰；紧扣学校人才培养目标，充分用好课程教学、实训实习、社会实践、校园文化建设、班主任和管理服务工作、党团社团工作、新媒体等多种育人途径，推进职业理想和职业道德教育；紧扣学生思想状况和身心发展特点，精心设计主题教育活动，组织开展各类校园文化活动，增强文化育人的针对性和吸引力；紧扣"人人出彩"的价值追求，充分利用各种节庆、仪式、典礼等开展主题教育活动，充分发挥学生社团活动的文化育人作用，鼓励学生开展各类积极、健康、向上的社团活动。力争打造10个校级精品社团，20个品牌社团，30个优秀社团。各二级学院和系部要紧紧围绕学校制订的"1349"素质教育实施意见，积极组织开展各项活动，以鲜明的主题和价值取向引导学生健康成长。本着鼓励创新、注重实效、示范带动的宗旨，积极开展学校文化育人"一院（系）一专业一精品"遴选工作，激励二级学院（系部）根据学生身心特点、思想实际和理解接受能力，积极拓展文化育人的途径，创新方式方法，结合专业培养目标要求，有针对性地进行教育引导，促进学生全面发展。

（六）提高全体教师文化育人能力

在重点抓好各级领导干部和思想政治品德教师文化育人水平的同时，通过大力实施"师德、师风、师能"提升工程，组织开展师德模范、教学名师、"学生最喜爱的老师"评选活动，激励广大教师真正成为教书育人的楷模。更进一步加强班主任和辅导员文化育人能力培训，提高他们的思想政治素质和业务能力；进一步明确专业课教师文化育人的重要职责，引导专业课教师在成为技术工程师的同时，也要成为学生灵魂塑造的工程师；企业兼职教师要争做学生的技术师傅和德育师傅。开办"人文财院"论坛，定期邀请知名学者来校讲学。

（七）实施文化育人基地提升计划

完善校内文化场馆制度建设，建立场馆负责人制度、成立学校文化场馆师生讲解团。维护好、整合好、利用好校内现有文化育人基地。要结合师生素质提升、品牌专业建设、校园环境改造加快潘序伦文化馆（会计职业文化馆）、学生素质教育馆、创客空间、学校生态园、大学生活动中心等项目建设。同时，充分利用地方德育教育资源，发挥周恩来故居、周恩来纪念馆、周恩来五德教育馆、刘老庄八十二烈士陵园等爱国主义教育基地作用。

（八）打造学校文化育人优秀成果

在认真学习国内外高校文化育人的理论创新成果和实践经验的基础上，将重点探索建立培育和践行社会主义核心价值观长效机制，深化中国特色社会主义和中国梦宣传教育；凸显时代特征、突出学校特色，加强校风、教风和学风建设的工作举措与实践项目；发挥文化传承创新功能，促进校园文化繁荣的校园文化建设新载体；加强网络文化建设和管理；深化中华优秀传统文化教育；陶冶大学生道德情操、丰富大学生文化生活，创造具有品牌影响力、深受学生喜爱的校园文化艺术活动；推动实践育人制度化、常态化、科学化，营造实践育人文化氛围的好经验、好成果等六个方面，进一步加强学校文化育人工作的理论研究和凝练特色，形成具有先进理论依据、显著特色亮点、有效实践支撑的全国高职院校领先的文化育人成果。力争在教育部组织的高校校园文化建设优秀成果评选中取得优异成绩。

五、保障举措

（一）提升自身素养，推进文化育人

加强党员干部的学习，使其能够把握文化发展的时代脉络，找准文化建设的着力点，切实在学校文化育人中发挥引领、指导、协调作用。加强教师业务培训，提高其文化育人的组织、实施、评价能力。定期专题研究和检查，把文化育人工作作为考核领导干部工作业绩和二级学院（系部）教育教学质量的重要依据。积极承办教育部职业院校文化素质教育指导委员会、全国高职院校文化素质教育协作会组织的相关活动，加强校际之间的合作，不断学习与借鉴国内外文化育人的先进经验和做法。

（二）强化二级管理，打造特色品牌

进一步推进和完善二级管理，在学校层面由党委宣传部、教务处、学生工作部、团委等职能部门牵头负责文化育人工作的组织实施，并加强对二级学院和系部的指导。团委要加大学生社团管理和指导力度，重点在引导社团健康发展，打造品牌社团上下功夫。二级院系要重点抓好专业社团建设，在"一院（系）一专业一精品"，社团普及，学生参与社团活动上下功夫。

（三）强化组织领导，组建实施团队

根据建设恩来文化、专业文化、地方文化、礼仪文化、法制文化、"三创"文化、美育

文化、校友文化的不同内容和特点，由学校分管领导负责、相关职能部门牵头、组织具有一定专业背景和敬业精神的教师，成立集组织、教学、研究为一体的工作小组，制订切实可行的工作方案和行动路线，在学校党委的统一领导下稳步实施，扎实推进。

（四）加强网络建设，占领舆论阵地

切实提高学校校园网络建设水平，优化校园网络环境和开发优质校园网络资源。向学生开放校内网络设施，提供和不断更新健康向上的内容，为学生利用网络接受教育、收集信息、自主学习创设良好的条件。大力开展网络道德教育，引导学生遵守国家法律和网络道德，增强对网络不良信息的抵抗能力。切实加强网络管理，对进入校园网络的不良信息进行有效过滤，对学校内上网场所进行有效监控。加强对网络、手机等新媒体使用的引导，发挥校内电视台、社交网站、微博、手机短信对学生的正面教育作用。

（五）加强环境建设，提供必要经费

进一步优化校园自然环境、生态环境，加强校园人文环境建设，彰显职教氛围，体现专业特色和区域特点。设立文化育人专项经费，确保每年用于文化建设的专项经费不少于××万元，保证学校各项文化育人项目落地生根，取得实效。

（六）健全研究机构，加强指导协调

进一步加强学校文化研究所建设，整合研究力量，支持各研究所积极开展社会调研、学术研讨及成果交流。重点加强社会主义核心价值体系贯穿职业教育全过程的研究，职业文化、企业文化、行业文化、产业文化的研究，学校文化育人工作的定位、实现形式、组织体系、评价体系、实施措施的研究等，为学校文化育人工作提供理论支撑和工作指导。

附件四

人才队伍建设"十三五"规划

"十三五"期间是学校全面建成国内领先，省内同类院校位居前列的高水平特色财经类高职院校，争创国家优质高职院校的重要战略机遇期，制订并实施人才队伍建设发展规划，为学校又好又快的事业发展提供坚强保障具有十分重要的意义。根据党的十八大和三中、四中、五中全会以及全国职业教育工作会议精神、《国家中长期教育改革和发展规划纲要（2010～2020年）》《国家中长期人才发展规划纲要（2010～2020年）》《国家专业技术人才队伍建设中长期规划（2010～2020年）》《教育部高等职业教育创新发展行动计划（2015～2018）》和《江苏省十三五教育事业发展规划》相关文件，结合学校实际特制订本规划。

一、基本情况

（一）发展现状

"十二五"期间，学校党委高度重视人才队伍建设工作，将"人才强校"作为学校发展的重要战略；按照党管人才原则，明确了新时期新阶段人才队伍建设工作的根本任务和基本思路；紧紧抓住引进、培养、使用、提升四个重要环节，加大高层次人才引进力度，通过层级开发、十项素质提升主题活动等载体，开展中层干部暑期研修班、举办教学和管理骨干与知名高校联合培训班、实施百名人才新港台境外培训等项目，使学校的人才队伍建设取得长足发展，为省级示范性高职院校建设提供了人才支持和智力保障。

目前，学校教职工488人，专业技术人员374人，其中具有高级职称的124人，具有博士、硕士学位249人，专任教师329人，"双师"素质教师316人，首席教师1人，教学名师5人，教学标兵7人，校级专业（群）带头人22人，骨干教师46人。具有江苏省优秀教学团队1个、江苏省教学名师1人、江苏省"333工程"第三层次2人、江苏省高校"青蓝工程"中青年学术带头人2人、江苏省高校"青蓝工程"优秀青年骨干教师5人、江苏省优秀教育工作者、淮安市533工程第二层次2人，第三层次32人。

（二）存在不足

"十二五"期间，学校人才队伍建设虽然取得了显著成绩，但从总体上看，人才队伍现状还不能完全满足新形势下高职教育发展的需求，人才问题仍然是制约学校发展的主要因素之一。主要表现在三个方面：一是教育思想观念和管理水平还不能完全适应不断改革创新发展高等职业教育的需要。二是管理人才和专业技术人才结构还不够合理。从年龄结构来看，40周岁以下骨干管理人才较为缺乏，高层次专业技术人才偏少；从学历职称结构来看，具有博士学位的教师所占比例偏低；从专兼教师结构来看，部分专业专任教师偏少，兼职兼课教师入口把关不够严格。三是人才队伍优胜劣汰的竞争机制、激励机制、约束机制、考核评价机制还没有完全形成良性循环，整体创新能力不强，教师的教育教学水平和创新能力迫切需要进一步提高。四是适宜人才成长的团队和学术群体发展较为缓慢，团队建设质量与水平普遍不是很高，管理创新、服务创优、有待于进一步提供。

二、指导思想与发展思路

（一）指导思想

全面贯彻党的十八大和十八届三中、四中、五中全会精神，以邓小平理论、"三个代表"重要思想、科学发展观为指导，深入学习贯彻习近平总书记系列重要讲话精神，坚持以人为本、党管人才的原则，大力实施人才强校战略，以服从服务于学院中心工作为核心，以开发人才资源为主题，以提高人才综合素质为目标，以合理配置人才资源、优化人才结构，培养和引进高层次急需人才为重点，建设一支有理想信念、有道德情操、有扎实知识、有仁爱之心、富有创新精神和活力的人才队伍。

（二）发展思路

以建立适应新形势下的人才队伍管理制度和优秀人才成长的有效机制为动力，构建和完善有利于优秀人才成长发展的制度环境；以提升师资队伍能力水平为核心，深入实施人才强校战略，营造尊重知识、依靠人才、鼓励创新和争先创优的环境氛围；以人才资源建设和开发为重点，充分调动优秀人才的积极性，激活其创造力；坚持培养与引进并重、学历教育与能力提高并举、师德教育与业务提升并进、理论水平与实践增强并行的方针，通过"结构优化工程""学位提升工程""骨干培优工程""素质培养工程"等四大建设为重点，优化、培养、提升和集聚优秀人才，建设高素质、高水平、职业化的人才队伍，开创学校人才队伍建设新局面。

三、发展目标

（一）总体目标

到"十三五"末，初步建立充满生机和活力人才工作机制和比较完善的人才政策体系，基本形成结构优化、层次提升、素质优良、数量适当、富有活力人才队伍，形成鼓励人才干事业、支持人才干成事业、帮助人才干好事业的良好氛围，培养造就一支师德高尚、业务精湛、结构合理、相对稳定、人员精干、专兼结合、开拓创新、具有活力与学校事业发展、社会需求相适应的教师队伍和懂教育、善管理、恪尽职守、管理创新、服务创优，能胜任学校改革与建设发展任务的管理干部队伍。

（二）具体目标

1. 人才规模。学校在校生规模稳定在 9000～10000 人，全校教师职工稳定在 550 人左右，其中，专业技术人员 480 人左右，专兼任教师 450 人左右，师生比为 20% 左右，加上校外兼职兼课教师，整个师生比达到 12%～15%，在校内教师结构中：基础课教师大约为 30% 左右，为 135 人左右（包括辅导员系列教师），专业课教师大约占 70% 左右，为 315 人左右。

2. 人才结构。学历结构：具有博士学位（在读博士）的专业技术人员 50 人左右，占整个专业技术人员 10% 以上，其中 40 岁以下占 15% 以上；具有硕士学位的专业技术人员 280 人左右，占整个专业技术人员 65% 以上，其中 40 岁以下占 90% 以上；

职称结构：具有正高职称的 35 名左右，占专业技术人员 8% 以上，副高职称 130 名左右，占专业技术人员 28% 以上，中级职称 200 名左右，占专业技术人员 45% 以上；具有双师素质的教师达到 80% 以上，其中专业课教师达到 100%。

3. 人才培养。建设 1 个国家级优秀教学团队，1～2 个省级优秀教学团队或科研团队，10 个左右校级优秀教学团队；培养 1～2 名省级教学名师，2～3 名省六大高峰或"333"第三层次人才、2～3 省青蓝工程学术带头人和 5～8 名优秀青年骨干教师，2～3 名校级首席教师，3～5 名校级教学名师；培养 10 名左右省内行业知名的高水平专业（群）带头人，20 名左右校内专业带头人，50 名左右较高水平和创新能力的中青年骨干教师；培养 3～5 名省内有影响的学术带头人，20 名左右市内同行有地位的学术骨干。

4. 师德建设。坚持师德常抓不懈，教育引导教师自觉践行社会主义核心价值观，热爱教师事业，勤业敬业，诲人不倦；激励教师严谨治学、团结协作、教书育人、为人师表；增强教师依法执教、尊重学生、关爱学生的职业意识。

5. 人才管理。建立健全人才分类管理制度，完善人才选拔任用方式，加强党政干部的法律和廉政教育，完善激励和制约机制，通过职业生涯规划和层级开发，创造"出色的工作、愉快的发展、健康体面的生活"良好环境，形成"师生幸福、人人出彩"的良好局面，促进人才资源的合理配置和高效运行。

四、主要措施

（一）实施"结构优化工程"，实现学校可持续发展

科学进行人才岗位设置。建立按需设岗、择优聘用，合同管理的岗位聘用与管理制度，

围绕岗位职责和发展需求，分类管理，以岗位吸引人，依托岗位培养人；优化年龄结构，形成合理的人才梯队；加大竞争性干部选拔任用工作力度，稳步推进竞争上岗、公开选拔、轮岗交流；建立结构优化、比例协调、层次清晰、科学合理的党政干部管理队伍和专业技术人员队伍。

调整优化专业人才结构。根据专业布局的调整和教师结构的优化，对部分专业教师和管理人员进行转型转岗培养，集中组织转型转岗教师新专业的本科、研究生学历教育，鼓励青年教师成长为双学历、双学位的复合型人才。

充实优化干部队伍结构。加强干部选聘工作的科学性、规范性，坚持公开、公正、公平原则，提高选人用人的公信度，及时发现和使用青年干部，热情关心和鼓励青年干部，使青年干部不断地脱颖而出。

（二）实施"学位提升工程"，改善人才队伍层次结构

加大对高层次人才引进力度。"十三五"期间，学校对急需的紧缺专业通过公开招聘，补充一部分具有硕士研究生学历的年轻教师，同时大力引进具有博士学位的高层次人才，确保每个主要专业具有教授和博士。

鼓励、支持中青年教师攻读博士学位。学校进一步完善政策，对攻读博士学位的青年教师采用分类管理，鼓励教师到国内外重点高校攻读博士学位，重点资助重点发展专业的青年教师攻读博士学位，同时，参照人才引进政策，对通过在职培养取得博士学位的教师提供一定的科研启动费或项目资助费。

加速高层次人才的国际化成长。为配合学校办学国际化的目标，学校将启动海外访问学者计划，搭建国际学术交流舞台，加大高层次人才的国际交流范围、层次和力度，以竞争优选的方式，每年选派和推荐一定数量的具有较强创新能力、较大发展潜力的中青年教学科研骨干出国（境）进修深造。

（三）实施"骨干培优工程"，提高人才队伍整体水平

加强高水平领军人才培养。进一步完善专业（群）带头人、优秀中青年骨干教师的选拔培养制、任期制与考核制相结合的滚动式动态管理，设立专项培养资金，对被选拔的对象进行重点扶植和培养，优先安排脱产进修或参加提高学历层次培训，鼓励并支持参加国内外学术会议，参与学术交流，举办学术报告会，通过培养迅速成长为校级、省级中青年骨干教师和专业（群）带头人。

以领军人才为核心带动教科研团队建设。以专业（群）带头人为核心，以中青年骨干教师为主体，青年教师参与组建高水平的教科研团队，鼓励团队协作，增强梯队人员的责任感、使命感和进取心，形成群策群力、互勉共进、团结协作、积极向上的工作氛围。重点支持方向明确、队伍稳定、业绩突出的教学团队，以凸显专业优势和特色，使其更具竞争力；在团队建设中加大后备队伍的培养力度，促使培养对象快速成长，成为新的教学和科研骨干。

健全教师进修培训制度，加强教师的在职培训。分类制订在职人员和校外兼职教师进修

培训办法,有序开展国培、省培、企业培训项目,鼓励和支持教师参加国家教育部、省教育厅举办的高级研讨班、骨干教师培训班、学术交流活动。实施"专业带头人国外培训、骨干教师境外培训、成长教师国内知名高校培训"计划。

丰富干部教育培训体系,管理骨干队伍建设。以思想建设、能力建设为重点,创新干部培训理念、内容和方式,加强培训的针对性,推进学习型干部队伍建设,通过上岗培训、业务培训、理论探讨、专题调研、暑期研修班等形式,提升干部队伍素质。

加强职工队伍建设,提升管理服务育人水平。持续推进"管理创新、服务创优",进一步规范党政管理岗位、教学辅助岗位、后勤保障的岗位设置,进一步规范辅导员、教务员、班主任岗位职责,开展职业生涯规划、职业技能培训和职业技能岗位练兵,加强岗位目标管理考核,加强管理育人、服务育人绩效的考核。完善非领导职务确定与晋升机制,激励管理人员管理创新、服务创优。进一步推进工勤岗位考工定级制度,鼓励工勤岗位人员钻研业务成为岗位标兵、技术能手。

(四)加大"素质培养工程"力度,提高教师教学水平和实践能力

加强教师能力培养,提高教学水平。开展多种形式的培训、讲座、沙龙等活动,通过青年教师教学设计比赛、教学技能大赛、教学空间建设比赛、微课制作比赛等形式,提高教师的信息化教学能力,职业化课程建设能力和职业化教材开发能力。开展青年教师的岗前培训,推行"见习期教师助教制"、建立"青年教师跟踪培养制",给每位青年教师指定一名教研工作经验丰富的教师作为导师,发挥老教师和骨干教师的传帮带作用,帮助青年教师快速成长。

加强教师企业锻炼,提升实践能力。修订完善教师下厂实习、挂职锻炼制度,有计划分期分批组织专业课教师到有关企业参加专业进修、短期技能培训、岗位挂职培训学习,健全考核机制,加大考核的力度。提倡教师一专多能,鼓励教师在条件许可的范围内申请和评定多种职业资格及技能证书,并在考试、培训、继续教育上给予政策支持。

加强教师师德建设,提高政治素质。坚持政治、业务标准并重原则,开展大力实施"师德、师风、师能"提升工程,不断强化以德育人、以德治教的观念,通过组织师德模范、教学名师、"学生最喜爱的老师"评选活动,开展形式多样、适合教师特点的思想教育活动,努力提高教师的思想政治素质。强化教师尤其是青年教师的职业道德和学术道德建设,引导教师树立正确的教育观、质量观和人才观,增强育人意识、创新意识和团队意识,增强实施素质教育的自觉性和责任感。

五、建设保障

(一)坚持党管人才,推进工作体制机制创新

坚持党管人才原则,充分发挥党委统揽全局、协调各方的领导核心作用,加快人才发展

体制机制改革和创新，建立健全人才管理运行机制，形成学校、院（部、系）两级管理的人才管理运行机制。明确学校、院（部、系）的责、权、利，实行目标管理。强化学校组织人事部门的宏观管理、规划指导、组织协调和督促检查职能，扩大院（部、系）用人自主权，发挥用人单位在人才培养、引进和使用中的主体作用。

创新人才培养机制。遵循按需培训、学用一致、注重实效的原则，围绕岗位职责和发展需求，以岗位引人，依托岗位培养人，建立层次清晰、科学合理的培养开发体系。

创新人才评价发现机制。建立以业绩为核心，由品德、知识、能力等要素构成的教师考核评价指标体系，发挥考核对师资队伍建设的促进作用。从重视目标管理向重视过程管理转变，从重视年度考核向重视聘期考核转变，从单纯重视数量评价向重视质、量结合的评价转变，从重视总结性、奖惩性评价向重视形成性、发展性评价转变。

创新人才选拔任用机制和人才流动配置机制。坚持民主、公开、竞争、择优的原则，完善人才选拔任用方式，优化人岗配置，促进人才脱颖而出，充分施展才能，形成能上能下的竞争择优和流转机制。

创新激励保障机制。根据"效率优先、兼顾公平"的分配原则，进一步深化校内人事分配制度改革，规范校内分配办法，使之与用人制度相结合、相支持、相促进，建立和健全与工作业绩相联系、鼓励人才创新创造、重实绩、重贡献的分配激励机制，从而有利于稳定队伍、吸引人才，有利于充分调动广大教师的积极性，多出创新性和高质量、高水平的教科研成果。

（二）科学设置岗位，强化岗位聘任工作

按照有利于实现学校发展目标、有利于优化人才队伍结构、有利于专业建设、有利于提高教学质量、有利于人才有序培养的原则，科学、合理地确定专业技术职务结构比例和各级职务岗位。

按照"按需设岗、公开招聘、竞争上岗、择优聘任、科学考核、合同管理、以岗定薪、岗变薪变"的原则，建立责、权、利相统一的用人机制，做到职责明确、要求严格、方式公开、程序规范，打破专业技术职务终身制，树立合同观念和绩效观念，增强岗位意识、竞争意识和履行岗位职责的意识，完善学校教师职务聘任制度。

（三）关心人才成长，加大建设经费投入

以人为本，建立尊重人才的风尚及和谐的人际关系，特别要处理好引进人才和稳定人才的关系，关注教职工的身心健康，营造良好的工作环境工作氛围，缓解专业技术人才的工作压力，进一步挖掘教师的科研潜力，提高教学基本建设和学术成果水平。

为保证人才队伍建设目标的实现和措施落实到位，学校要加大建设经费投入，设立人才工作专项经费，逐年增加人才培养专项经费，确保各项人才计划配套经费落实。统筹安排与合理使用人才工作专项经费，加强资金的监督管理，提高资金使用效益。

附件五

江苏财经职业技术学校社会
服务"十三五"规划

"十三五"时期是学校实现内涵发展和质量提升的转型时期,为推进社会服务工作的科学发展,主动适应区域经济社会的转型需求,全面提升学校的服务社会的水平和层次,有计划、有步骤地做好相关工作,确保学校事业发展战略目标的实现,特制订本规划。

一、基本情况

(一)发展现状

"十二五"时期,学校紧紧围绕淮安经济社会迅速发展的需求,充分调动师生员工的积极性,发挥现有基地、平台、中心、公司的社会服务功能,深化产教融合校企合作,整合学校现有的社会服务资源,实施面向淮安乡(镇)村和中小企业、面向淮安粮油饲料企业和市民的、面向职业院校的技术服务与咨询、技能培训等,全面提升学校社会服务能力,形成具有学校鲜明特色的社会服务品牌。

(二)主要成绩

1. 科研项目数量和层次有新的突破,科研为企业服务能力逐年提升。"十二五"期间,进一步完善科研保障机制,加强科研规范管理,畅通国家级、省部级、市厅级、院级四个梯次的课题申报路径,加强科研规范管理,在科研管理上由管理为主向管理和服务并重转变,在科研管理模式上,推行科研管理的院系二级科研管理体制,加大课题申报指导力度,落实完善科研保障机制,全院师生的科研热情得到进一步激发,科研项目数量和层级有了新的突破。五年来,教师共获省市科研立项项目196项,其中,教育部课题1项,省级立项课题33项,市厅级立项课题162项,院级课题立项共304项。学校教师共发表学术论文1331篇,其中核心论文208篇。EI收录17篇,SCI收录1篇,新增科技创新载体6个。获淮安市科技进步奖、淮安市自然科学优秀论文奖28项。同时,知识产权有了新进展,授权专利36项,其中,发明专利4项,软件著作权27项。出版著作7部。建立6个校级研究所,致力于淮安地方文化与经济发展和学校发展研究,涌现出一批研究成果。

学校科研发展经费投入逐年增加,累计拨款达 240 余万元,同时,广大教师承接横向课题 91 项,积极开展面向地方的科技服务,目前累计到账经费达 69.8 万元,彰显高职院校企合作,科技服务社会的办学特色。

2. 继续教育开创新局面。搭建平台,拓宽渠道,切实服务学生持续发展。先后与南京大学、南京财经大学、南京理工大学、南京航空航天大学、江苏师范大学等本科院校合作开办专接本教育,目前开设会计、工商管理、人力资源管理、金融管理、市场营销、电子商务、法律、机电一体化、数控加工与模具设计、计算机网络、食品科学与工程、艺术设计等 12 个专业,"十二五"期间共培养学生 1322 名,有 321 名学生获学士学位。2015 年与淮阴师范学院合作开办"专起本"财务会计与审计专业办学模式,首批招生 40 人。与山东大学、兰州大学等高校合作开展专接本、专起本和现代远程教育。

面向社会,开办成人教育专科,目前开设会计、物流管理、市场营销、财务管理、电子商务、计算机网络、机电一体化技术、电气自动化技术等函授专业,在籍学生 326 人。

不断加强校外培训项目的拓展,近年来开办注册会计师培训、农工委土地权软件培训、财政支农培训等项目,先后培训 11053 人次。

3. "政行企校"深度融合,不断完善服务平台,提高服务社会能力。"政行企校"四方联动,成立了江苏财经职业教育集团,与政府、企业签订全面合作协议,在科技服务、培训教育、资源共享等方面深度合作,实现互惠共赢,推动校企深度融合、工学紧密结合,先后与淮安市经济和信息化委员会、淮安市教育局、淮安市供销合作总社、淮安市开发区等部门以及今世缘酒业有限公司、淮钢集团、富士康科技集团、京东商城、江苏银行、紫金保险、中央新亚、用友软件、海通证券、苏宁电器、江苏十方通信、南通超达科技、中国移动、淮通物流、正大饲料等 537 家单位签订了合作协议,形成了稳定的协作关系。同时先后成立了今世缘营销学院、紫金保险学院、中央新亚管理学院、京东商城电商学院、中锐汽车服务基地、用友人才培养模式基地、淮安市中小企业服务基地、服务外包产业园等 20 多家校企(政)合作发展基地。通过"校企工作站"搭建产学研合作新型平台,不断开发"四技"服务项目(技术开发、技术转让、技术咨询和技术服务"四技服务"管理办法),积极推进社会服务工作。

"十二五"期间,学校不断完善扩建服务平台,充分利用已有的平台资源,创特色树影响,强合作谋发展,不断提升服务质量,不断强化服务效能,扩大学校在淮安地区、江苏省乃至全国的影响力和知名度。依托与淮安市财政局支农培训的合作,成功举办了 4 期淮安市财政支农培训,培训 12000 多人次,获得农村基层干部的普遍好评;依托与淮安市中小企业局共建的"中小企业服务基地"、依托与淮安市农产品经纪人协会共建的"淮安农产品经纪人培训基地"、依托与淮安市软件园共建的"服务外包产业园"、依托与淮安市工商行政管理局共建的"淮安市经纪人培训中心"等服务载体共开展 5 万多人次的岗位和技能培训,为 10 多万人次提供了科技咨询、法律服务、食品安全宣传。

积极探索校企合作育人模式。"十二五"期间,联合合作单位共同开展专业建设、课程建设、教材建设、实训基地建设、"双师"素质教师队伍建设,初步实现了人员互聘、基地共建、成果共享,在提高人才培养质量、促进学生顶岗实习与就业、提升企业竞争力等方面都发挥了积极的作用。尤其是学校先后与中央新亚、淮钢集团、苏宁电器、京东商城、南通超达、阿里巴巴、富士康集团、中投证券、天参饲料、欧蓓莎置业等20多家企业合作办班，实行订单培养，定向就业。在"工学交替、订单培养"的实践中，校企共同开发教材46本。

通过几年的建设，学院不仅成为江苏省财经类、粮油饲料行业、电子信息与软件行业高素质技能型专门人才的培养（训）基地，也是淮安市财经、淮安市粮油饲料科技研发与服务、淮安市信息化技术研发与服务的重要基地。

4. 利用现有资源，规范校办产业，为区域社会服务。"十二五"期间学校印刷厂利润每年均超百万元，累计利润总额达650万元，校内门面房收入五年累计超过200万元。

5. 组建学生志愿者服务团队，社会实践服务常态化。依托校志愿者协会，坚持长期开展社会实践活动。全校共有注册志愿者6000余名，占在校学生总数81.29%，建立各类实践服务队37个，实践基地160余个，五年来开展了以科技推广、企业帮扶、文化宣传、法律普及、支教扫盲、社区援助、环境保护等为主要内容的实践活动2500余次，服务10余万人，实现了学生在校期间、寒假、暑假的全覆盖、常态化。"财院青年志愿者"已成为学校服务社会的一个品牌。第十一届中国稻博会、第二届亚洲青年运动会、第二届夏季青年奥林匹克运动会、第十八届省运会等重大活动中，都有学校青年志愿者的身影。各类志愿活动先后多次被人民网、《中国教育报》《新华日报》《教师报》、江苏高等教育网、《淮安日报》《淮海晚报》、江苏电视台、淮安电视台等国家、省、市级媒体报道，引起了较好的社会反响。

过去的五年，面对江苏省从高教大省向高教强省的重大转折，面对学院建设"国内领先、省内同类院校位居前列的高水平特色财经类高职院校"的艰巨任务，面对学校质量立校、特色兴校、科研强校的发展战略，学校社会服务工作还存在明显差距与不足：学校服务社会的理念有待进一步加强；社会服务管理制度建设有待进一步加强；社会服务规范管理有待进一步加强；社会服务团队建设有待进一步加强；社会服务质量有待进一步提升层次；社会服务范围有待进一步拓展；社会服务经费有待进一步改善；社会服务水平与能力有待进一步提升；科研成果推广与科研成果转化有待进一步提高。

二、指导思想

以邓小平理论、"三个代表"重要思想、科学发展观为指导，切实贯彻习近平总书记重要指示精神，紧紧围绕"国内领先、省内同类院校位居前列的高水平特色财经类高职院"的战略目标，以有效服务教育教学决策、改善教育教学实践、服务区域社会经济为重要目标；以推动知识贡献、科技创新和社会服务为重要使命；以社会服务创新团队建设为抓手，以制度建设为支撑，以机制创新为保障，以争取重大项目、形成重大成果为导向，以产学研结合为纽带，加快成果推广与转化，不断深化产教融合，不断拓展学历与非学历教育项目，整合学校资源，推动学校的社会服务工作向更高水平更高层次迈进。

三、主要目标

（一）总体目标

通过五年建设，学校教师整体科研能力显著增强，产教融合企校合作，人才共育、过程共管、成果共享、责任共担的紧密型合作办学体制机制更加突出，合作办学、合作育人、合作就业、合作发展的局面更加深入，继续教育人数显著增加，服务经济社会发展水平显著提升，科研团队、社会服务团队结构更加优化，社会声誉更加显著，推动学校教育事业日臻完善。

（二）具体目标

1. 科学研究的能力进一步提高。科学研究是大学的重要功能之一，鼓励教师积极参与科学研究，"十三五"期间培养 3 ~ 5 名国内有影响的学术带头人，10 名省内有地位的学术骨干；培养 3 ~ 5 个优势明显的科研团队，并力争实现省级科研团队的突破；争取承担纵向各类科学研究项目每年 60 项左右，其中省部级以上重点项目 3 ~ 5 项，并实现国家级项目"零"的突破，产学研横向研究项目 50 项以上，争取省部级科研成果获奖 1 ~ 3 项，市厅级科研成果获奖 30 项以上；科技服务经费年均增长 30% 以上，累计达到 300 万元以上；出版学术专著 20 部，核心期刊发表学术与教育研究论文 500 篇，力争在 SCI、SSCI、CSSCI 发表学术研究与教育管理论文 20 篇；获国家专利 10 ~ 15 项。经过五年的建设，争取科研管理和科研创新工作进入省内同类院校先进行列。

2. 服务区域发展的能力进一步增强。横向合作研究、"四技服务"、平台建设、决策咨询研究、科技特派员队伍建设等各种形式的服务地方活动取得实效。横向合作研究项目数和外来经费总量实现递增。进一步提升科技服务地方支柱产业和新兴产业发展的基本能力，进一步提升周恩来研究、淮商文化研究、地方文化与区域经济发展研究等领域研究和服务工作的影响力。与淮安及周边区域科技合作不断深化。积极参与各类创新创业活动，力争建成有自身特色的大学科技园。

应用技术研发能力和社会服务水平大幅提高，服务转方式调结构促升级的能力显著增强。"十三五"期间，学校每年为企业及社会开展各类培训与鉴定不少于 2 万人次。

3. 继续教育办学点和在读人数不断增加。面向社区、行业、企业以及职业院校积极开展继续教育，广泛开展技能培训、职称培训和各类业务培训，学历教育在校生规模保持在 1500 人左右，网络学历教育规模力争达到 1000 人左右，自考人数 2000 人左右，其他非学历教育培训 10000 ~ 12000 人次。服务收入不少于 300 万元，努力创建省级高技能人才培训（培养）基地、继续教育示范基地以及职业院校师资培训基地，为社会成员创造多样化、个性化的学习机会。

4. 产教深度融合，政行企校合作不断深化。以"江苏财经职教集团"为依托，以

"校企合作理事会"建设为重点,新建紧密型校企合作重点企业 50 家;建成双主体学校 3 个,校企共建 5 个校内实训基地,引入"校中企"10 家;在"十三五"期间,建立 100 个学生顶岗实习基地、50 个社会服务基地、100 个学生就业基地、50 个专业教师技能提升基地、50 个校外兼职教师基地。合作成员单位从 102 家增加到 150 家,力争企业捐赠 200 万元校企合作专项设备、资金。

以"服务外包产业园"建设为抓手,创建淮安经济开发区服务外包企业孵化发展基地,成立"淮安开发区服务外包产业园管委会"。引进事务所、电子商务、管理咨询公司、软件公司等服务外包型企业 10 家入园。

以"驻企(驻校)工作站"管理为切入点,承接服务外包项目 40 个。积极发挥学校专业人才优势,为淮安经济开发区培训服务外包 1000 人次。推荐 50 名教师到企业锻炼、开展横向课题研究 15 项。

5. 加速产业资源整合与规范化建设。校办产业是教育事业的重要组成部分。正确认识校办产业的功能和作用,把对举办校办产业思想认识统一到为经济建设和社会发展服务上来。加强经营性国有资产的管理,完善各项规章制度,明确监管责任,强化对企业的内部控制,加强对学校所投资企业的审计监督;健全校办企业的财务会计制度,强化对企业的财务监督;建立企业预算管理制度,提高企业风险控制能力。"十三五"期间完成创收 1000 万元。

6. 社会声誉不断提高。以学生"三下乡"、志愿者服务等形式的专业服务项目不断扩大,支持教师带领学生进社区、进企业的机制基本形成;多方参与、多元评价的质量保证机制更加完善;基于增强发展能力的东中西部合作机制更加成型;继续开展服务政府、民众的社会公益活动,如食品安全、投资理财、法律援助及咨询等,年服务人数不少于 3 万人次,社会服务收入不少于 500 万元。

四、保障措施

(一) 加强组织领导

各职能部门负责协调全校的相关社会服务工作,制订学校年社会服务工作计划,牵头制订校级层面的政策、制度。各二级学校主动协调配合,指导本部门的社会服务工作,结合实际制订好本部门计划,协调项目预算、保证任务落实。

(二) 强化管理考核

加强学校社会服务评价和管理机制研究,积极地顺应学校发展变化,稳妥推进机制改革。完善校、院两级管理体制改革,鼓励二级学校结合自身实际,灵活制订社会服务评价和管理政策,创造性地开展社会服务管理工作。

加强社会服务工作的考核和评估。将社会服务工作列为对二级学校(系、部)、室等部门业绩考核的核心指标，逐步形成服务兴校的意识和氛围。

（三）落实经费保障

按照学校财政预算要求，统筹各类项目经费，保证计划方案的顺利实施；推动社会服务项目培育，出台政策、配套条件，有效解决瓶颈问题。注重优化投入结构，不断提高产出和效益。优先保证服务地方、服务社会领域投入的稳定增长。通过推进产学研结合和服务地方、服务社会，积极争取地方政府、企事业单位的支持，为学校事业的进一步发展增添活力。

附件六

江苏财经职业技术学院信息化
建设"十三五"规划

党的十八大提出 2020 年要基本实现教育现代化，而信息化水平已成为学校综合实力和现代化水平的重要标志。为全面提升学校在"十三五"时期的数字化、信息化和智慧化水平，进一步服务学校优质教育资源的建设与共享，满足学校日益增长的人才培养、科学研究、社会应用、日常办公等需求，现结合学校实际，制订本规划。

一、"十二五"期间学校信息化建设的回顾

"十二五"期间，学校信息化重点围绕基础工程建设和教学互动应用建设，在基础设施、信息集成、应用系统、网络安全等方面取得了一定的成绩，圆满完成了"十二五"事业发展规划既定的主要目标和任务，为学校的教学、科研、管理等工作提供了有力的技术支撑和服务保障。

（一）"十二五"期间信息化建设的主要成绩

1. 完成基础网络构建，夯实学校信息化建设基础。完成学校中心机房的设计与建设，完成老机房的顺利搬迁，保障了新图书馆的及时启用。实施"三通两平台"建设，对学校教学区网络进行升级扩容和网络优化，初步建成主干万兆、楼间千兆、桌面百兆的基础校园有线网络，基本实现"宽带网络校校通、优质资源班班通、网络学习空间人人通"的目标。

2. 完成网络安全部署，保障学校校园网安全运行。根据教育部和省教育厅文件要求，"十二五"期间学校分期实施了教育信息系统安全等级保护工程。完成学校网站、教务系统、财务系统、一卡通等 8 个重要系统的信息系统定级备案工作，明确了安全责任单位；完成校园网出口安全网关、网页防篡改、入侵防护、网络行为审计、信息系统企业安全管理中心等安全设备及软件的运维，保障了学校信息系统的高效稳定运行。

3. 完成智慧课堂建设，促进信息技术与教育教学的深度融合。以大学城空间为抓手，推动课程改革，分批建成了学生自主学习平台和教师信息教学平台。加大对教学场所现代教育设备的投入，所有教师均配备了笔记本，所有教室均接入互联网、配备了高清投影仪，所

有实训场所均配备 70 寸互动触摸电子屏，实现所有教室多媒体化、所有实训场所互动化，推动了大学城空间、微课、慕课、反转课堂等在教学中的运用。鼓励教师参加各级各类信息化教学大赛，获得省高校优秀多媒体教学课件一、二等奖 3 项；全国高校微课大赛三等奖 3 项，江苏省高校微课教学比赛一、二、三等奖 16 项，省信息化教学大赛一等奖、三等奖 6 项。

4. 完成信息资源整合，提升学校信息化管理水平。完成学校网站群项目的规划和部署，将所有院（系）部的主站迁移至学校的网站群系统中，并建立特色网站、专题网站，站点数已达 30 个以上。对校园基本实施进行信息升级和智能化改造，建成覆盖全院校园监控及报警系统、智能门禁系统、LED 大屏系统以及考试监控系统等一批智能化项目，实现了校园管理由人工向智能化的突破。通过硬件升级及虚拟化部署，对学校部分服务器进行服务器系统虚拟化和云计算，将领导干部测评系统、审计系统，国赛系统、新招生网站等系统部署于虚拟服务器，为建设学校云计算服务中心进行技术储备。

（二）"十二五"期间信息化建设与管理工作存在的不足

围绕信息化建设要实现"教育资源信息化、教学手段信息化、管理和服务信息化、数字校园效益最大化"的目标，学校的信息化建设仍然面临一些突出的问题，主要表现在三个方面。一是软硬件投入方面。相比同类高校，学校在信息化软硬件投入方面明显不足，亟须在应用建设和服务体系建设方面加大投入力度，充分挖掘应用服务潜力，以推动学校信息化水平向更高层次迈进。二是队伍建设方面。学校信息化建设人才缺失严重，引进、培养、留住、用好高水平、有技术的专业人才，是"十三五"期间信息化校园建设十分重要的工作。三是相互协作方面。部分单位、部门之间大局观念、协作意识不强，存在"信息烟囱"和"信息孤岛"现象，而信息化建设强调全员参与、各部门协同，这迫切需要单位、部门间彻底打破壁垒，加强信息、数据资源的全面共享共用。

二、"十三五"指导思想与发展目标

十八大以来，党和国家在信息化应用方面主要有两大重要部署，一是进一步提升信息化的地位和作用，信息化成为新"四化"之一，二是加强信息空间安全建设。2015 年的全国人大三次会议上，国务院总理李克强在政府工作报告中提出"制订'互联网＋'行动计划，推动移动互联网、云计算、大数据、物联网等高速发展"。当前，以云计算、大数据、物联网、移动应用、智能控制技术为核心的"新 IT"浪潮已风起云涌，高校作为互联网技术研究与应用推广的前沿场所，其信息化发展道路也必将借助这些新兴技术，在服务化、智能化、自适应、随需而变上做大文章。为此，学校应紧紧抓住机遇，加快建立一套全新的、科学的理论体系指导，使信息化建设从局部规划和设计向全局规划和顶层设计转变，最终走向可持续发展的轨道。

（一）指导思想

"十三五"期间，学校信息化发展将坚持以科学发展观为指导，全面贯彻落实《国家中长期教育改革和发展规划纲要（2010～2020年）》，按照《教育部教育信息化十年发展规划（2011～2020年）》《江苏省"十三五"教育信息化发展专项规划》及《江苏财经职业技术学校第二次党代会报告》要求，大力推进职业教育信息化、职业院校智慧校园建设，全面提升教学、实训、科研、管理、服务方面的信息化应用水平。抓住互联网＋发展机遇，夯实信息化建设基础，推动校园网更好更快地发展。加强云计算与大数据建设和移动校园建设。做好网络与信息系统建设管理工作。加强信息安全管理，建立教育信息化安全运行保障机制，为信息化发展提供安全保障。深入优化教学环境，建立优质教学资源库，为实现三维虚拟校园建设等工作提供平台支持、技术服务和保障工作。

（二）基本原则和发展目标

"十三五"期间，学校的信息化建设应遵循统筹规划、注重实效、应用驱动、共建共享基本原则。

根据学校第二次党代会提出的大力实施"集团化、信息化、国际化"发展战略，"十三五"期间学校信息化建设的主要目标是：坚持以人为本、以应用为目的，加强智慧校园的建设与应用；注重数据的整合、公共资源的共享、教育教学资源的建设、流程的优化、系统的集成，显著提高教育管理信息化水平，为广大师生员工提供高度集成和个性化的信息服务；以合理的组织管理体制、规范的处理流程作保障，提升信息化建设成果的应用水平，为教学科研提供规范服务，为学校提供管理决策工具；在已有系统日趋稳定、用户群日益扩大的基础上，更加注重服务品质的提升，加强系统性的培训，促进信息化建设成果的应用推广；建立专门化的运维服务队伍，加强服务管理和内部规范，创建安全、稳定、可靠的信息化应用环境，实现可持续发展。

三、"十三五"主要任务与措施

（一）做好信息化建设组织管理工作

成立以校领导为组长的信息化建设领导小组，加强对信息化建设组织管理工作，负责对信息化建设统一规划、组织和实施，疏通信息渠道，及时充分利用信息资源，确保信息化建设科学、规范、有序进行。

加强运行维护管理制度建设，完善日常管理巡查制度，将问题解决在出现前，确保信息系统的安全可靠运行。

开展网络与信息化各种培训，提高教职员工的信息化素养，推动全校信息化应用能力建设。对信息化管理人员建立学习培训制度，积极组织参加各种形式的培训服务，提高业务水平，提升服务能力。

（二）抓住互联网＋发展机遇，夯实信息化建设基础，推动校园网更好更快地发展

1. 做好整体规划，分步实施完成基础网络全面升级。到 2020 年，全校范围内实现主干万兆、楼间千兆、桌面千兆的网络速度。网络带宽满足教学、科研、办公、生活等需要，能支持高峰期的群体并发访问，保证正常的访问速度。逐步淘汰老旧设备，更新工作不稳定的设备，解决因设备故障导致网络与系统不畅问题。用云计算系统替换现有的存储运算系统，提高整个信息系统的稳定性与可靠性。

2. 完成线网络全覆盖系统建设。建成快速、稳定、实用、安全、经济的无线网络全覆盖系统，实现所有教学、生活和办公场所无线信号无死角，保证全校师生高速、快捷接入互联网。

（三）完成智慧校园建设工程

1. 开发移动 APP，为教师教学科研和学生移动学习提供服务和技术支持。推动各类信息的微信、微博服务建设，完成 5～30 个学习、生活类移动应用程序的开发，将信息化相关服务搬到这些广受欢迎的平台上，实现智能终端在线学习、办公、阅读、娱乐、消费等功能。

2. 消除信息壁垒，建成完整统一、技术先进、覆盖全面、安全可靠的智慧校园。围绕校园的各项服务管理工作，建立校级统一信息系统，通过数据共享，为广大教职工提供全程网络化办公，彻底消除信息孤岛和应用孤岛，全面提高工作效率，更好地满足教学、科研和管理工作的需求。完成一卡通系统建设，实现校内外消费流通、学生入学身份认证、缴费及门禁管理等一站式服务，构建便捷、高效、高雅、健康的数字化生活环境和电子商务服务平台。

（四）加强安全管理，建立教育信息化安全运行保障机制

严格执行国家和省有关网络、信息安全方面的法律法规，建立信息安全组织管理体系，制订网络运行、网络安全、数据安全等规章制度和技术保障措施。落实信息安全责任制，加强信息内容管理和网络安全监控，全面实行信息安全风险评估与等级保护制度，确保网络健康发展。

（五）深入优化教学环境，建立优质教学资源库

1. 不断优化教学环境，改善教学设施。完成所有 183 间教室由多媒体教室到智慧教室的升级工作。对上课教师、学生、课件进行多种模式的录制和直播，并与教务系统对接，按课程名称、主讲人等基本信息自动保存到学校的视频课程资源库中，丰富教学素材内容。

2. 建立常态化录播系统。整合录播室、演播厅等设施，全面开展校内优质视频教学资源的建设工作。

3. 整合丰富各类资源。整合数字图书馆、精品课程、大学城空间、微课、智慧教室视频资源等教学资源，构建先进实用的网络资源平台，创建自主式、互动式教学与学习平台。

（六）完成虚拟校园建设

1. 校园外景仿真。建设 3D 虚拟校园漫游系统，采用 Web3D 技术和先进的引擎开发，实现对学校的教学楼、图书馆、食堂、宿舍楼、体育场、道路、广场、花园、树木等虚拟呈现。系统支持校园漫游导航、信息查询等功能，用户通过该系统可如同身临其境般畅游校园，为各院（系、部）仿真实验实训室和各文化场馆提供网络支持和技术保障。

2. 校内网络、监控等资源分配图。管线是重要基础设施，三维管线建模与可视化是构建三维"数字校园"、实现校园现代化管理中不可或缺的重要组成部分。在完成校园场景仿真建设的基础上，实现管线数据的层次模型和组织方式。

四、保障措施

（一）加强领导，创新引领

探索现代信息技术与学校教育事业发展的全面融合，促进教学与学生管理等领域重点难点问题的解决。发挥组织领导在信息技术改革发展中的支撑引领作用，推进技术创新、服务创新互动并进。

（二）多元创新，共建共享

从信息化教学与管理应用需求出发，创新多元的数字资源形态，促进现代信息技术融入教学和管理的核心业务。构建信息化教与学环境，建立组织引导、多方参与、共建共享的开放合作机制，实现人人皆学、处处能学、时时可学。

（三）统筹规划，协调推进

根据学校教学发展进度和特点，统筹做好教育信息化整体规划，强化顶层设计，形成部门协同、上下联动的良好格局。加快资源整合、推进集约化建设、整体提升学校信息化建设效益和应用水平的同时，明确建设重点，分层指导、分类推进、分步实施，为学校各部门工作开展提供技术支持和服务保障工作，提供稳定、高速的后台支持。

附件七

江苏财经职业技术学院国际交流
合作"十三五"规划

一、基本情况

《国家中长期教育改革和发展规划纲要（2010～2020年)》指出，"坚持以开放促改革、促发展。开展多层次、宽领域的教育交流与合作，提高我国教育国际化水平。"国家政策的定位与支持对于学校的国际化办学工作提出了更高的要求，也带来了更多的发展机遇。我国已进入全面建设小康社会、加快推进社会主义现代化的关键时期。随着社会经济的发展，个人和社会的经济支付能力大幅度提高。出国出境学习、进修和参加游学项目及夏令营项目的学生越来越多，社会组织、单位和个人希望出国出境扩大国际视野的意愿可以得到足够的经济基础作为保证，这为高等学校加快留学生教育发展和学生出国学习提供了良好的物质基础和发展契机。

国际化是当今世界高等教育发展的必然趋势和重要特征，也是高职院校改革和发展的重要方向。为进一步扩大对外开放，推进国际交流与合作，提升学校综合实力，实现跨越式发展，根据《江苏财经职业技术学院"十三五"事业发展规划》，特制订《江苏财经职业技术学院"十三五"国际交流合作专项规划》。

（一）发展现状

学校自2009年开始自主聘任外教，拥有国际合作办学项目，2012年开始自主组团赴国（境）外培训，2015开始组织学生赴境外交流，国际合作与交流启动较迟，但在"十二五"发展期间，仍取得了一定的成果。

1. 国（境）外友好合作不断提升，国际影响力进一步提高。学校先后与美国、英国、澳大利亚、加拿大、中国台湾等5个国家和地区的10所大学或教育机构建立了友好合作关系，"十二五"期间，共输送学生赴国（境）外深造或研修达55人次，成功开展多层次、多形式合作项目，进一步提升了学校的国际影响力。

2. 外籍教师队伍渐趋合理，引智层次逐年提高。在江苏省教育厅、省外专局等上级领导的关心支持下，努力引进高水平外籍教师来校任教，"十二五"期间共引进和聘用专兼职外教16名，所有外教持证上岗，教授专业英语，促进了学校有关专业外语教学水平的提高。

3. 师生出国留学人数增多，国际视野更加开阔。学校加大出国（境）培训力度，注重交流效益，"十二五"期间派出教师赴美国、德国、加拿大、澳大利亚、新加坡、中国台湾等国家和地区共计 18 批，达到 131 人次，为提高学校中层领导干部及部分骨干教师的国际视野起到了良好的促进作用。

根据不同学生的发展要求，学校积极与国（境）外高校开展联合培养项目，学生交流范围不断扩大，组织 42 名学生分赴台湾东南科技大学、龙华科技大学研习。

（二）存在不足

"十二五"期间，学校国际交流与合作工作虽然较以往有所突破，但与学校的整体发展要求相比还不能完全适应，离国际化发展的要求还有很大距离。

1. 国际化发展形势认识有待进一步提升。国际化发展水平是一所学校综合实力的体现。与省内其他高校相比，学校国际交流与合作工作相对滞后，缺乏国际交流与合作的整体规划和有效的运行机制，对国际化在学校创建高水平大学过程中的战略意义缺乏深刻认识。由此带来的国际交流与合作经费偏低、教师出国进修人数较少、国际化课程不足、相关配套设施不够完善、海外宣传力度不够等问题，严重制约着学校国际交流与合作工作的开展。

2. 硬件设施和软件配套与国际化发展要求尚存在一定距离。教学硬件设施、课程设置、培养模式、住宿条件以及配套服务等基础保障设施的不够完善，制约着学校国际交流与合作工作的开展。学生出国专业课程英文授课比例较低，对出国类英语水平考试缺乏了解，选修韩语、日语、法语等辅修课程难度较大。

3. 国际交流与合作的良性运行机制亟待进一步改善。学校国际交流与合作工作的良性运行机制亟待形成，对教师赴国（境）外进修、学习、研究的选派工作缺少谋划，对教师出国控制过严、经费太少，留学生及合作办学项目等拨入学院经费过低、外国专家待遇过低且人数偏少。随着两级办学体制的逐步推进，二级学院应成为国际交流与合作的主体，学校要不断完善运行机制，做好配套服务工作。

二、指导思想与发展思路

（一）指导思想

高举中国特色社会主义伟大旗帜，坚持以马列主义、毛泽东思想、邓小平理论、"三个代表"重要思想和科学发展观为指导，认真贯彻党的十八大、十八届三中、四中、五中全会精神和习近平总书记重要讲话精神，遵循全国职业教育工作大会对高职院国际化办学的工作指示，以科学发展观统领学校国际交流与合作工作，根据国家教育外事工作的方针和政策，遵循高等教育国际化的规律，解放思想，开拓视野，整合资源，发挥优势，实施全方位开放性发展战略，大力推动与国际接轨办学进程，不断开创学校国际交流与合作工作的新局面。以围绕提升学校学术竞争力、社会影响力和国际化水平为目标，不断扩大学校的对外开放，丰富国内与国际合作交流的内容，坚持务实合作、高效合作和长久合作，搭建互利双赢的对外合作平台，推进国际交流与合作的健康持续发展。

（二）发展思路

在学校现有的国际交流与合作基本构架的基础上，进一步充实内涵，提升水平，构建和完善特色鲜明的、全方位的国际交流与合作机制，以大力培养、引进国际化人才，开展国际合作项目，扩大校际合作交流，促进学术交流、科研合作、联合培养，旨在提升学校教研水平与社会声誉。

三、主要目标

（一）总体目标

大力实施高等教育与国际接轨战略，不断提高学校在国际上的知名度和影响力，力争在国际科研合作项目、合作办学、高层次人才培养及留学生办学规模等方面取得重大进展，重点建设好国际化特色工程，在国（境）外合作办学、教师合作交流、学生出国（境）交流等方面开创国际交流与合作事业的新局面。

（二）具体目标

1. 扩大国际合作办学规模。逐年增加国（境）外友好学校国别和数量，尤其加强欧美和东南亚市场的开拓，积极稳妥地开展国际合作办学项目；巩固、拓宽和提升现有合作办学项目，有选择地开办留学预科、专升本等各层次的合作办学项目。

2. 推进专业教学国际化改革。逐步增加非语言类专家和合作办学项目专家聘请人数；借鉴先进的国（境）外教学经验，制订学校的国际化教学计划，配备综合硬软件设施，选择 3 ~ 5 个专业进行教学国际化改革试点；研究、设计和增设部分能够培养学生具有国际意识、国际视野、国际知识和国际交流能力的相应课程；加强校内网络教学建设，通过网络现代教育技术引进国（境）外成熟的网络教学课程，纳入学校的相关专业课程教学体系。

3. 鼓励骨干教师海外学习。每年派出 2 批以上的教师和管理干部出国学习、考察、参加国际会议；争取到 2020 年全校有 60% 以上教师有出国学习、访问、与会、任教经历。实施"国（境）外访问学者计划"，自主选拔和派遣校内中青年教师作为访问学者赴国（境）外应用型大学进行半年以上进修。

4. 拓展学生海外研修项目。以学分互认、获取中外双方文凭或证书等形式，多渠道开展学生长短期出国交流学习项目，使每年有超过 20 名的学生有机会出国（境）交流学习。设立优秀学生出国（境）研习奖学金。以友好校际关系为依托，开展学生海外游学、暑期夏令营等活动。

四、主要任务

(一) 加强领导，健全机制，推动国际交流与合作纵深发展

全面加强对国际交流与合作的领导，加强各部门交叉工作的配合与衔接，健全国际交流与合作组织领导与协调机制。

按照"以专业为主体，以项目为基础，以教师、学生为中心"的指导思想，进一步明确工作职责，强化国际交流与合作的管理网络建设。二级学院要有目的、有计划、有步骤地推进国际交流与合作，与国（境）外大学的相关学科建立实质性交流关系，并不断推动深入发展，建立有效的国际市场拓展与跟进机制。建立定期总结工作制度，及时召开学校国际教育工作会议，系统总结和部署学校国际交流与合作工作，建立定期总结与展望机制。

(二) 加大投入，完善措施，切实提高国际交流与合作成效

1. 国（境）外合作办学。第一，持续开展"海外本科直通车项目"。大力宣传和引导"海通班"学生通过本项目出国；对在校"海通班"学生开展丰富多彩的英语活动，营造英美文化和留学氛围。第二，两年内拓展新的国际合作项目。申请与台湾技职大学的合作办学专业（是否涉及学历，因教育部对台教育政策而定）；开拓对澳大利亚、新加坡等其他具备先进职教理念和经验的国家的合作办学项目，与澳大利亚启思蒙学院开班中澳合作办学班级。第三，继续引入国际通用资格证书取证项目。鼓励学生到国（境）外合作院校考取国际通用职业资格证书。

2. 教师合作交流。第一，三年内开拓教师境外长期研修。开拓国（境）外学校，签订合作协议，为教师创造 6 个月及以上的专业研修机会；寻找国（境）外合适的合作院校，为学校教师争取项目或课题合作机会；实施"国（境）外访问学者计划"。第二，邀请国（境）外合作院校专业教师来学校为相关专业教师进行师资培训；邀请国（境）外合作院校专业教师来学校给相关专业学生授课，开展嵌入式教学。

3. 学生短期交流。第一，持续开展学校学生赴国（境）外研习交流工作，每年至少组织一批学生赴台湾技职院校进行为期一学期的研习，"十三五"期间，至少组织一批学生赴新加坡、马来西亚等国外进行短期研习。第二，吸引、邀请国（境）外学生来学校进行非学历短期研习；联合举办学校与国（境）外学生夏令营活动。

五、保障措施

(一) 完善机制，充实队伍，确保项目顺利开展

学校每年划拨专款，根据教学和科研的实际需要，聘请国际学术研究前沿的专家来学校

长短期授课、讲学和开展合作科研等活动；加强现有外事人员业务学习的同时，扩充外事人员队伍，为国际交流工作的开展提供人员保障。

（二）加强宣传，突出重点，全面推进交流合作

鼓励通过不同的方式，积极向海外宣传推介学校。通过制作学校画册、多媒体课件、光盘、招生简章等对外宣传资料，不定期在媒体上刊登宣传广告；积极参加国际教育展览并到海外进行招生宣传；利用好海外媒体及友好学校资源大力开展对外宣传，树立学校的国际形象。积极为青年教师出国（境）学习搭建平台，制订人才国（境）外培养计划，有重点地培养教学、科研和管理国际化人才；积极组织青年教师申请国家留学基金和省自筹经费出国留学资助项目，努力争取教育部、民间基金组织及政府间交流出国留学项目；鼓励各个学院用发展基金和科研经费支持青年教师出国（境）进修；鼓励自费出国访问、与会、留学；对于有条件开设国际课程、"双语"课程的教师，鼓励海外研修；鼓励骨干教师与海外研究机构共同研究。多渠道引进外籍教师，切实作好外籍教师的管理工作。争取与更多的地区和学校开展学生交换项目；依托各学院教学资源，切实拓宽国际合作办学途径，构建国际合作网络体系，为学生出国学习创设条件。加强与海外校友的联系，搭建学校与海外校友之间的沟通交流平台，随时关注他们的发展和学习生活情况，积极鼓励他们为学校的国际交流与发展做出贡献。

附件八

继续教育"十三五"规划

　　"十三五"时期是学校按照国家优质学校建设的重要阶段，也是学校建成省级示范学校的发展时期，更是学校大力实施品牌化、集团化、信息化、国际化发展战略的关键时期。为加快建设学校继续教育事业，根据学校"十三五"事业发展规划的要求，结合学校实际情况制订本规划。

一、"十二五"时期继续教育发展回顾

（一）办学机制改革取得初步成效

　　从 2011 年起，学校成立了继续教育与国际交流学院，归口管理学校继续教育与国际交流工作，并具体实施继续教育办学的管理体制。2013 年 7 月学校成立了继续教育学院，对学校继续教育工作实行了新的管理体制，理顺与明确了继续教育学院与二级学院的办学机制。

（二）形成了三类办学格局

　　1. 学历教育。学历教育办学已发展成为以业余、函授为主、网络远程教育为辅的办学模式。现有 13 个专科专业。截至 2015 年，在校生总数为 579 人。与山东大学、兰州大学等具有网络远程学历教育资质高校合作开展网络远程学历教育。5 年来，有 2131 名学生实现了"专转本"。

　　2. 高等教育自学考试。学校与省内高等教育自学考试主考院校南京大学、苏州大学、南京财经大学、南京理工大学、江南大学等 11 所本科院校开展"专接本"工作，对接人力资源管理、电子商务、会计、法律等 16 个本科专业，与淮阴师范学院开展"专起本"合作。现有在籍生 569 人。5 年来，有 758 名学生实现了"专接本"。

　　3. 非学历教育。初步形成了多层次、多形式的办学体系，办学项目主要有：淮安市财政支农项目培训、淮安市执业注册会计师培训、淮安市农民专业合作社财务管理软件培训等行业委托培训项目。5 年来，累计培训人数 7000 多人次。

（三）继续教育工作得到了社会的肯定

学校先后获批成立江苏省高等教育自学考试服务中心、成为江苏省成人教育研究会理事单位，张海军同志获得江苏省自学考试先进个人，学校多次被主考院校评为"专接本"工作先进集体等荣誉称号。5年来，省内外有近30多所高职院校来学院交流学习。

（四）学校继续教育发展还存在的制约因素

1. 在实际工作中存在对继续教育的地位和作用的认识偏差，普通教育与继续教育相对割裂，未形成优势互补的办学格局，继续教育管理体制还有待完善。

2. 成人专科学历教育开设专业与行业、产业结构的转型相对脱节。品牌化的课程体系尚待建立，适应成人特点、满足社会应用型人才培训需要的精品教材建设缺乏。

3. 继续教育的教学质量评价指标体系需进一步完善，授课教师缺乏继续教育教学实践经验，不适应针对在职从业人员的教学方式。

4. 继续教育的办学激励机制与"约束机制"有待建立，适应继续教育活动特点的规章制度建设还需要进一步完善。

二、"十三五"指导思想和发展目标

（一）指导思想

"十三五"时期，以马克思列宁主义、毛泽东思想、邓小平理论、"三个代表"重要思想、科学发展观为指导，全面贯彻党的十八大和十八届三中、四中、五中全会精神，深入贯彻习近平总书记系列重要讲话精神，落实学校"十三五"规划的要求，准确把握继续教育的新形势、新特点，以市场需求为导向，以服务学生为宗旨，推动学校继续教育向多元化的办学格局发展，根据学校自身的发展定位、师资力量和社会资源，紧贴江苏、淮安经济发展格局，从继续教育办学理念、体制机制、资源配置、质量保障等方面统筹规划，为地方经济发展、产业结构调整培养合格人才。

（二）发展目标

1. 总体目标

以学校"十三五"规划的总体要求为依据，通过改革与建设初步形成管理机制创新、办学结构合理、培训项目符合地方社会经济发展需要的模式，继续教育事业发展在省内高职院校中处于领先。

2. 具体目标

（1）成人专科学历教育在校生规模保持在1500人左右，网络本科学历教育规模力争达到1000人左右，自考人数2000人左右，非学历教育培训10000～12000人次。

（2）建设 3 个政府授权的职业技能、专业技术培训点、考试点，承办政府委托的继续教育培训项目 5 项，引进 3 个国内高端培训项目，各二级学院至少具有一个精品＋特色培训项目，初步形成适应地方经济发展需求的继续教育项目群和高层次培训品牌，培育建设 1 门省级精品课程和 2 部省级规划教材。

（3）在成人高等学历教育和网络远程教育领域，重点建设会计、物流管理、金融管理、法律事务、电子商务、粮食工程、机电一体化等 7 个专业。

（4）建成继续教育管理信息平台，打造具有特色化与职能化特点的继续教育教学与管理队伍。

（5）依托江苏财经职教集团，立足淮安、面向江苏开拓非学历教育的培训。针对培训市场的变化，改变培训方式，逐步建立具有学校特色的培训项目。

（6）坚持"规范办学、稳步发展、加强管理、提高质量"的原则，根据江苏成人学历教育的生源变化情况，建立 6~8 个校外办学点。

（7）到 2020 年力争继续教育办学收入达到 300 万元。

三、"十三五"目标实现的主要措施

（一）深化体制改革，理顺管理关系，完善运行机制

理顺继续教育管理体制，形成职责分明，效高质优的继续教育办学体系。突出继续教育学院办学窗口的功能，为二级学院开展继续教育工作搭建服务平台。充分发挥学校职能部门的作用，建立联动的协调运行机制，形成制度化、信息化、高效化的管理体系，保证继续教育持续稳定地发展。

（二）深化成人高等教育教学内容与课程体系改革，完善运行管理

围绕人才培养目标的实现，合理地制订教学计划，基本理论以够用、适度为标准，重点突出实践技能类课程的设置，培养适合社会需求的应用型技能人才。加强教材建设，组织编写适合成教特点的高质量的教材。

遵循继续教育对象社会职业属性、学习时间上的业余性、知识上要求实用性等特点，推进学分银行的建设工作，完善教学运行管理机制。

（三）加大非学历教育培训工作力度，努力打造具有江苏财院特色的培训品牌

面向地方经济发展需要，开发具有市场适用性和竞争力的培训项目。重视学校创新成果中可转化为继续教育的资源，开展针对产业从业人员，特别是中小企业人才的继续教育培训，实施"一院一品"战略。

加强与政府、行业（企业）、协会、其他办学机构的合作，开拓培训市场，扩大影响力。借鉴先进的培训理念和教育管理方法，加强与有关高校或知名培训认证机构的合作办

学，引进高端培训项目，促进继续教育品牌化、精品化、特色化。

（四）以现代教育技术为手段，打造网络化教育平台

借助网络技术开展远程继续教育，用现代远程教育技术改造、更新传统成人学历教育的教学方式，推进继续教育现代化、信息化，努力构造一个网络化、数字化、智能化相结合的网络化教育平台，以满足社会多样化的学习（培训）需求，使学校继续教育水平上一个新台阶。

（五）打造特色化与职能化的高素质继续教育队伍

建设以二级学院专业教师为骨干、专兼职结合，业务精良、结构优异的高素质师资队伍，以及具有较强教育经营能力、项目研发和管理队伍，为提高继续教育办学和管理的整体水平打下坚实基础。

四、保障措施

（一）建立规范的管理制度平台

制订科学合理的利益分配和绩效评价机制，激励教师积极承担继续教育任务。

（二）建立继续教育管理服务信息平台

按照学校数字化校园建设的总体要求，着手建设继续教育网络化管理服务系统和管理服务信息平台。

（三）建立科学的教学督导平台

成立继续教育督导小组，全面督查继续教育办学工作。完善继续教育教学监控与评价机制，加强校外合作办学（教学点）的质量监控与管理。

附件九

校园建设"十三五"规划

校园是学校人才培养、科学研究、社会服务和文化传承与创新的重要载体。为建设适应学校改革与发展的现代化校园，现结合《学校"十三五"事业发展规划》，制订本规划。

一、基本情况

（一）发展现状

"十二五"期间，学校坚持"育人为本"的办学理念，持续推进内涵建设，学校办学基础能力得到显著提升。基本建成了布局合理、设施配套、功能齐全、环境宜人的美丽校园，较好地满足师生正常的工作、学习、生活需要。截至 2015 年底，学校占地面积 812 亩，建筑总面积 24.76 万平方米。

（二）主要成绩

"十二五"期间，学校相继建成 23231 平方米的图书馆、1500 平方米的工科实训中心，完成四支渠校内河段改造工程，完成桃李园、海棠林、翔宇广场升级改造、东湖东面绿化带改造、致远北路行道树升级改造等建设项目，种植了遍布校园的银杏、香樟、榉树、朴树等 32 棵大型树木。安装 4 栋学生宿舍楼空调、改造 2 栋学生宿舍楼公共卫生间、修缮 300 余间学生宿舍卫生间、铺设道路 560 余米、维修防水屋面约 38000 平方米以及维修运动场看台、东湖周边木栈道、校园排水系统、自来水管道、供电网络等工程项目。

（三）存在不足

1. 基本建设方面。随着实践教学改革的不断深入，实践教学用房已经显得紧张，不能很好地满足校中厂等生产性实训、校办企业、新产业孵化基地建设、驻校服务外包企业入住等教学改革需要；大学生体育、文化和社团活动场所还未能充分满足更高层次的实践育人、文化育人的需求；住宿、饮食条件还不能满足做强做大继续教育的需要；生活配套设施还不能适应人才引进，特别是青年教师住房周转的需要。

2. 校园绿化方面。景观大道文化品位不高，没有突出景观特色；四支渠西侧绿化还没有到位;部分显耀位置绿化需要进一步提升与改造。

二、指导思想与发展思路

(一) 指导思想

通过对学校现状的分析和对学校发展方向的把握,根据学校实际财力,坚持实用、美观、经济的原则,以人为本的发展理念,注重推进基础设施建设、环境改造提升和制度完善创新协调推进,努力打造基础设施配置优越、校园环境优美安全,为学校"全面建成高水平特色财经类高职院校"提供可靠的物质保障和环境支撑。

(二) 发展思路

整体规划、分步实施。根据学校基建、绿化现状与五年后要实现的校园规划目标,从整体上制订五年校园建设规划,根据学校财力分步实施。

点面结合、重点突出。着力体现整体性、层次性的统一,把校园建设成基础设施完备、绿树成荫、花香四溢的乐园。

三、主要目标

(一) 总体目标

基础设施建设。规划建设适应教学改革、学生管理、社团活动需要的基础设施,修缮改造已有房屋及配套设施。

校园环境建设。以致远路为主线,重点打造绿色优美的生态校园环境、和谐舒适的育人环境。

平安校园建设。改造现有水电气及校园监控设施,落实安全机制,创建平安校园,保证师生在安全稳定的环境下学习、工作、生活。

(二) 具体目标

加大基础设施建设与维护经费投入力度,计划建设科技产业园、青年教师公寓、大学生活动中心;规划建设体育馆;改善学生居住条件,学生宿舍安装空调,并进行电力扩容;重视基础设施、设备管理、维护、维修工作,提高现有设施、设备使用效率,加大巡查力度,建设节约型校园。

增加绿化建设资金,升级改造厚德东路及周边景观,建设教育生态园,做好零星绿化美化工程,重视校园已有绿化养护工作。

强化安全管理,加强安全设工程施建设,在校园的重要场所、主要干道、易发案地点、人员密集地方建设高清视频监控,将学生教学楼、宿舍楼的消防远程启泵与消防监控中心连接建立健全安全工作长效机制,减少校园安全事故的发生。

四、主要措施

(一) 组织领导

建立在党委领导下,以行政实施为主的校园建设组织体系,做到条块结合、分层管理。发挥学校党委的政治核心和领导作用,统揽校园建设全局。成立由学校领导担任组长的"校园建设领导小组"。领导小组负责组织实施、检查督促、总结表彰。校园建设由后勤管理处会同党委宣传部、院长办公室、国资处(膳食中心)、纪委(监察)审计处、教务处、学生处、团委、保卫处等职能部门,协调配合、组织实施。充分发挥校、院(系)学生会、学生社团等群众组织在校园建设中的重要作用,加强师生素质教育,自觉形成爱护校园、人人参与建设校园的文明风尚,建设设施配套、环境优雅、和谐安全的现代大学校园。

(二) 管理机制

建立健全校园建设的各项管理规章制度,就体制机制、管理服务、队伍保障、行动计划等形成规范的政策性文件,加强对学校校园建设的管理和监督。结合学校校园建设总体发展规划,将校园建设工作列入学校每年的工作计划之中予以实施。

(三) 实施举措

1. 建立人才队伍。建设一支具有政治素质高、工作能力强、具有高度责任感的校园建设与管理队伍。

2. 做好人才管理。选拔懂经营、善管理、清正廉洁的专业人员充实管理队伍,确保资金的高效和良性运行。

3. 加强监督约束。坚决落实各项工程项目公开招投标的相关法律法规要求,强化学校的监督检查功能。

4. 创新管理模式。引入项目管理模式,加强预算管理和支出管理,没有预算,杜绝支出。

(四) 保障措施

高度重视校园建设工作,把校园建设经费纳入正常的财政预算,设立校园建设专项经费,通过采取市场化运作、校友捐赠等多种渠道从社会上筹措校园建设资金。完善校园管理制度,规范校园管理秩序,人人关心校园建设、自觉爱护校园环境。

兰州财经大学"十三五"发展规划

"十三五"时期是全面建成小康社会的决胜阶段，也是学校更名后建设"有特色、高水平、开放性财经大学"的关键时期。为了适应经济社会发展的新形势和新要求，把握高等教育发展的新机遇和新挑战，落实学校第一次党代会确定的奋斗目标和工作任务，加快推进学校各项事业科学发展，根据国家和全省国民经济和社会发展第十三个五年规划和《国家中长期教育改革与发展规划纲要（2010～2020年)》等文件精神，结合学校实际，制订本规划。

一、"十二五"学校事业发展回顾

"十二五"时期，在省委、省政府的正确领导下，学校以邓小平理论、"三个代表"重要思想和科学发展观为统领，坚持社会主义办学方向，明确发展目标，完善发展思路，创新发展举措，提升发展能力，加快发展步伐，在全校师生员工的共同努力下，学校教学科研水平和办学质量显著提升，基础设施条件和校园环境得到极大改善，成功实现更名大学，成功召开兰州财经大学第一次党代会，为学校未来的建设与发展奠定了良好基础。

（一）取得的主要成绩

1. 学科结构不断优化，研究生教育稳步发展。学校坚持以学科建设带动全校内涵建设水平整体提升，建成省级重点建设一级学科4个、省级重点培育一级学科1个。研究生培养类型结构不断优化，规模稳步扩大，新增硕士学位授权一级学科4个、二级学科点13个，新增硕士专业学位授权点2个，获得少数民族高层次骨干人才研究生招生资格，在校研究生由719人增加至1109人。

2. 教育教学改革持续深化，本科人才培养质量显著提高。学校坚持内涵发展，扎实推进本科教改工程和"30100"质量工程，大力实施卓越人才培养计划，积极探索应用型复合人才培养的多样化途径。本科专业由40个发展到56个，普通本科在校生由16825人增加至17581人；新增国家级特色专业3个、省级特色专业8个，增列甘肃"一本"招生批次专业3个；建成国家级实验教学示范中心1个、国家级"大学生校外实践教育基地"1个；现有省级精品课程28门、省级教学团队7个、省级教学名师3人、省级实验教学示范中心3个，获得省级教学成果一等奖2项、二等奖2项、三等奖14项。大力开展创新创业教育，建成

"大学生创新创业教学中心",获批甘肃省首批省级"众创空间",获得"互联网+"大学生创新创业大赛全国银奖等全国性竞赛奖励共计251项(人次)。

3. 科研协同创新水平不断提高,服务社会能力明显增强。学校不断完善服务路径,凝练特色科研方向,加强科研平台和创新团队建设,科研水平和服务地方能力得到有效提升。5年来,共承担国家级科研项目38项、教育部人文社科规划项目26项,实现国家自然科学基金项目、国家社科艺术基金项目零的突破,获得全国统计科学研究优秀成果一等奖,甘肃省敦煌文艺一等奖;新增省级人文社科重点研究基地3个、省级"2011协同创新中心"1个、省级电子商务综合重点实验室1个。组建了丝绸之路经济研究院,大力开展校地、校企、校政合作,多项重点研究成果分别获得省领导批示或被相关部门参阅采用。

4. 人才强校战略全面推进,师资队伍建设迈出新步伐。学校坚持人才强校战略,多措并举狠抓师资引进和培养,专任教师的学历结构、职称结构、学缘结构日趋优化。5年来,师资总量由739人增加到1012人,其中,具有教授职称教师由62人增加到154人,高级专业技术职务专任教师比例由39.2%增长到47.5%;具有博士学位教师由42人增加至205人,研究生学历专任教师比例由48.7%增长到70.6%,新增教育部新世纪优秀人才支持计划入选者4人、甘肃省"飞天学者"4人、甘肃省领军人才14人。

5. 对外交流不断扩大,开放式办学稳步推进。学校广泛开展国际交流与合作,先后与美、英、法、俄等国的20余所大学建立合作办学关系,组建全日制"1+2+1"项目中美大学实验班,被国家外专局列为"西部中青年干部英语强化项目"重点培训基地,与英国胡弗汉顿大学联合建立"文化教育研究中心",不断拓展国际交流与合作平台。学校加入"一带一路"高校联盟,成立"中亚商学院",实现了学校留学生教育零的突破。同时,与中国人民大学、对外经济贸易大学等国内知名高校开展全面合作办学,与中南大学、西安电子科技大学等高校联合培养工程类硕士研究生,不断提升开放办学的层次和水平。

6. 办学条件明显改善,保障能力显著增强。学校坚持"发展抓项目、项目促发展",多渠道筹措办学经费,努力改善办学条件。五年来,先后完成和平校区图书馆、体育场、文化广场、教研楼建设及段家滩校区北教学楼加固等一大批基建项目,新增校舍面积23万平方米、绿化面积26.5万平方米、国有资产7.08亿元、馆藏图书33万册,网络基础设施建设稳步推进,和平主校区功能不断完善,段家滩校区功能进一步提升,办学条件跃上新台阶,被评为"兰州市花园式单位"。学校通过建设校史馆和商业文化博物馆,开展校训解读、校歌传唱、校史宣讲、校标设计和校园景观建设等活动,不断提升校园文化"软实力"。学校坚持共享改革发展成果,实施了提高津贴标准、办理房屋产权证等一批惠民生举措,增强了师生的凝聚力和向心力。

7. 党建和思想政治工作全面加强。学校党委始终以改革创新精神不断加强党的建设,认真学习贯彻党的十八大以及十八届三中、四中、五中全会和习近平总书记系列重要讲话精神,坚持和完善党委领导下的校长负责制,严格落实党风廉政建设主体责任,不断强化"四好"班子和"五好"干部建设,持续加强基层党组织和党员队伍建设,深入开展创先争优、群众路线教育实践活动、"三严三实"专题教育等活动,积极参与甘肃省"双联"行动和精准扶贫行动，扎实开展宣传统战和大学生思想政治教育工作，为推动学校科学发展提供了坚强的组织和思想保证。学校党委被省委评为全省先进基层党组织和全省思想政治工作先进集体。

总结和回顾"十二五"发展历程，得出以下主要经验，即：必须坚持解放思想、改革创新，必须坚持科学发展、内涵发展，必须坚持艰苦奋斗、自强不息，必须坚持以人为本、民主管理，必须坚持党要管党、从严治党。这既是全校师生员工集体智慧和心血的凝结，也是学校今后可持续发展的重要基础和宝贵经验，需要全校上下倍加珍惜，在新的起点上努力推进学校的改革和发展。

专栏 **"十二五"期间建设发展主要指标完成情况**

指标名称			"十二五"期初计划情况	"十二五"期末完成情况
办学规模	本科生（人）		18000	17581
	研究生（比例）（人）		>1100（6.11%）	1109
	成人学生数（人）		5000	4376
师资队伍	专任教师总数（人）		1100	1012
	硕士以上（人）		830	712
	博士（人）		280	205
	副教授以上（人）		660	481
	教授（人）		160	154
学科与专业	学科建设	支柱学科门类（门）	>4	5
		省部级以上重点学科（门）	6（二级学科）	5（一级学科）
	学位点建设	博士点（个）	1	0
		硕士点（个）	40	38
	专业建设	本科专业（个）	>50	56
教学与科研水平	课程建设	国家级精品课程（个）	<1	0
		省级精品课程（个）	25	28
	省部级以上实验教学示范中心（个）		3	3
	省部级以上重点研究基地（个）		3	3
	教学成果奖励	省级一等奖（项）	3	2
		国家级一、二等奖（个）	1	0
	科研成果奖励	省部级（项）	>80	61
		国家级（项）	2	0
	年均科研经费（万元）		800	900

指标名称		"十二五"期初计划情况	"十二五"期末完成情况
基础设施	生均占地面积（m²）	60	62.5
	生均校舍建筑面积（m²）	40	35.9
	生均教学科研行政用房面积（m²）	20	12.1
	生均教学科研仪器设备值（元）	4000	7450
	生均纸质图书（册）	>80	56.2（纸质图书总量1295602）

（二）存在的问题和不足

在肯定成绩、总结经验的同时，通过分析当前高等教育改革发展面临的诸多机遇与挑战，对照建成有特色、高水平、开放性财经大学的奋斗目标，学校建设发展还存在着一些问题和不足：一是在学校快速发展过程中积累的各种深层次矛盾日益凸显，主要表现在办学特色不鲜明，发展理念、发展机制、发展方式需要不断优化，学校顶层设计有待进一步完善等；二是在大规模扩招过程中积淀的各种现实性问题亟待解决，主要表现在办学水平不高，办学经费、师资队伍等办学基本条件亟待完善，教育教学质量、科研服务水平和毕业生就业创业能力有待全面提升，学校核心竞争力有待进一步增强等；三是在长期办学过程中形成的制约学校发展的各种陈旧性体制机制障碍有待破解，主要体现在开放办学力度不足，产学研合作需要继续加强，学校综合改革有待进一步深化等。

二、"十三五"学校发展面临的形势

"十三五"是学校建设发展的关键时期，面临着难得的机遇和严峻的挑战。

（一）发展机遇

1. "四个全面"战略布局和"五大发展理念"，为加快推进学校改革和发展明确了新的方向。"十三五"时期是协调推进"四个全面"发展战略、全面贯彻"创新、协调、绿色、开放、共享"五大发展理念、全面建成小康社会、实现中华民族伟大复兴"中国梦"的关键时期。国家和社会对高素质人才的需求更加迫切，高等教育综合改革加快了步伐。这些必将为学校进一步厘清发展思路、明确办学目标，抢抓政策机遇、提高办学水平，夯实办学基础、实现内涵发展，推进综合改革、建立现代大学治理体系等提供了新的奋斗方向。

2. 经济"新常态"，对学校建设有特色高水平开放性大学提供了新的契机。经济"新常态"下，建立健全以素质能力为核心的人才培养体系，大力培养经济社会发展重点领域急需紧缺的专门人才；优化学科布局，提升科研水平，增强科研服务经济社会发展能力，为经济社会发展提供人才支撑和智力支持等，都对学校建设有特色、高水平、开放性大学提出了新的更高要求。把握"新常态"、顺应"新常态"、服务"新常态"，既是成功更名后学校加快发展的重要机遇，也是学科专业结构布局优化调整的重大契机。

3. "一带一路"发展战略，为充分发挥学校大学功能提供了新的机遇。学校地处丝绸之路经济带黄金段，是黄河上游甘青宁三省（区）唯一一所财经类普通高等学校。"一带一路"战略的实施、甘肃建设丝绸之路经济带黄金段，必将需要大量高素质财经类应用型复合人才，这为学校进一步发挥学科专业优势，积极参与推进"一带一路"互联互通、经贸技术交流、产业对接合作、新增长极培育、战略平台建设和跨区域交流合作，更好地融入并服务于"一带一路"发展战略和甘肃省转型跨越发展，提供了广阔的舞台。

4. 互联网＋、大数据等新技术手段，为学校升级改造大学教育教学方式提供了新的支持。信息化时代已经来临，互联网＋、大数据等新技术手段，必将为信息化时代适合学生自主化学习、多样化学习的教学模式提供新的技术手段支持。因此，学校必须汇集和运用教育资源，运用互联网＋、大数据等新技术手段，升级改造传统教学方式方法，拓展新的"互联网＋教育教学"平台，全面推进各类新教学方法的融合运用，努力增强学生自主学习兴趣，提高学生分析问题、解决问题的能力。

（二）面临挑战

1. 大众创业万众创新的发展氛围，对学校实现有特色创新性内涵式发展预设了更高目标。加强创新创业人才培养，实现大众创业万众创新，既是加快实施创新驱动战略的迫切需要，也是深化学校人才培养模式改革的现实需求。学校必须深入贯彻落实国务院《关于大力推进大众创业万众创新若干政策措施的意见》和《关于深化高等学校创新创业教育改革实施意见》，树立先进的教育理念，以创新创业为引领，不断优化人才培养模式改革；必须建立科学高效的教学科研体系，搭建创新创业教育平台，形成浓厚的创新创业文化氛围，努力培养学生的创新意识、创造精神和创业能力。

2. 新的社会人才需求导向，对学校"培养什么样人才、怎样培养人才"形成了新的挑战。我国人才供给与需求的矛盾正由数量型转向"质量＋结构"型，新的社会人才需求导向需要精准分析和把握人才需求的市场特征，解决好"培养什么样的人才、怎样培养人才"这一高等教育课题。不断优化学科专业结构与布局，创新人才培养机制和教学模式，严把人才培养质量关。增强大学生创业就业的竞争意识和危机感，主动迎接新的社会人才需求导向形成的挑战。

3. 高等教育综合改革，对学校加快管理体制改革、建立现代大学治理结构提出了新的要求。随着《国家中长期教育改革和发展规划纲要（2010～2020年)》的深度实施，顺应社会需求，加强"专业＋综合素质"教育，全面提高人才培养质量成为学校综合改革面临的重大课题。作为财经类大学，必须更加注重内涵发展、特色发展、创新发展的路径设计；必须深化学校管理体制改革，构建富有发展活力的现代大学治理结构；必须更好地服务地方、服务社会，实现高等教育与经济社会发展的融合。

4. 西部高校"紧追快赶"型发展要求，对学校未来发展形成新的挑战。学校地处西部，目前发展面临的制约性因素还很多，"才""财"短缺的瓶颈约束依然明显。在全国财经类院校迅速发展、整体实力不断增强的形势下，学校必须抢抓机遇，争取和汇集各种资源，通过"提速换档"和"弯道超车"，实现发展的"紧追快赶"，唯有如此，才能缩小与国内高水平财经类院校的发展差距，拓展未来发展空间。

三、"十三五"学校建设和发展的指导思想与发展目标

（一）指导思想

全面贯彻党的教育方针和"五大发展理念"，按照提高质量、深化改革、优化结构、突出特色、注重创新的内涵发展思路，落实"12349"总体发展目标，聚焦丝路经济，商科争一流，"三商"（商文、商法、商工）结合创品牌，以本科教育为主体，积极发展研究生教育，拓展国际合作教育，立足甘肃，面向全国，以立德树人为根本任务，努力培养具有创新精神和实践能力的应用型高素质财经人才，努力建设西部一流、全国知名的有特色、高水平、开放性的财经大学。

（二）发展目标

到2020年，实现兰州财经大学第一次党代会确立的"12349"总体战略思路和发展目标，为建成西部一流、全国知名的有特色、高水平、开放性的财经大学奠定坚实的基础。

——完成一个转型。实现由学院到大学的转型跨越。

——实现两大突破。力争获得博士学位授权单位资格和国家级奖项及科研平台建设的突破。

——建成三大基地。努力把学校建设成为丝绸之路经济带甘肃段财经类高层次人才培养的重要基地、甘青宁三省（区）经济社会发展和现代服务业研究咨询的重要智库、丝绸之路商业文化传承与创新的重要平台。

——打造四大新平台。以加强科研协同创新为重点，着力打造丝绸之路经济研究院；以提升大学生创新创业能力为重点，着力打造大学生创新创业教学中心；以适应"互联网＋"电子商务为重点，着力打造电子商务综合实验室；以服务国家向西开放战略、为丝绸之路沿线国家培养高端商务管理人才为重点，着力打造中亚商学院。

——优化完善九大体系。按照内涵质量发展要求，不断优化完善学科专业体系、科研创新体系、人才队伍体系、课程体系、实验实践教学体系、学生服务体系、质量管理与保障体系、校园文化体系和公共服务体系。

（三）主要指标

到2020年，完成以下主要发展指标。

——办学规模。全日制普通本科生规模稳定在1.8万人左右，硕士研究生达到2000人

以上，继续教育学员保持在 6000 人左右，留学生达到 200 人以上。

——学科专业建设。加强 5 个省级重点一级学科建设，新增省级重点一级学科 2 个以上，新增硕士学位授权一级学科 2 个以上，硕士学位点达到 50 个以上，力争获取博士学位授权单位资格。本科专业规模控制在 60 个以内，获得 2~8 个教育部本科专业综合改革试点项目，确保本科专业全部通过教育部本科专业质量认证。

——人才培养。建成国家级精品视频公开课 1~3 门、省级精品视频公开课 5~8 门；国家级精品资源共享课 1~3 门、省级精品资源共享课 3~5 门；国家级卓越人才培养计划项目 1~2 个、省级卓越人才培养计划项目 3~5 个。建成各类优质在线课程 100 门左右。新增国家级教学团队 1~2 个、省级教学团队 5~8 个。新增国家级实验教学示范中心 1~2 个，省级实验教学示范中心 1~2 个；获得国家级大学生创新创业训练计划项目 2~3 个；国家级众创空间 1~2 个，省级众创空间 5~8 个；获得全国性大学生学科专业竞赛奖励 250 项以上。

——师资队伍。坚持人才强校战略，培养和引进高水平人才 150 人以上，专任教师总量达到 1200 人，具有高级职称的教师达到 600 人以上（教授达到 260 人以上）；具有硕士以上学位的教师达到 900 人以上（博士达到 300 人以上）；拥有以"长江学者""千人计划"入选者为代表的拔尖领军人才 1~3 人；新增以甘肃省领军人才为代表的优秀人才 10 人以上。

——科学研究。加大丝绸之路经济研究院和电子商务综合实验室建设力度，力争获取教育部人文社科重点研究基地，新增省级人文社科重点研究基地 2 个、省级重点实验室 1 个、省级高校重点实验室 1 个、省级协同创新中心 1 个、地（厅）级以上智库 2 个。获批国家级科研项目 40 项以上、省部级科研项目 200 项以上，获得省部级以上科研奖励 100 项以上，论文被六大检索（SCI、SSCI、EI、IST、CSSCIP、CSCD）收录年均增加 250 篇左右。

——公共服务。完成和平校区学生公寓楼、体育馆、创新创业教学中心、大学生活动中心等建设项目，新增建筑面积 10 万平方米；新增教学科研仪器设备值 5000 万元以上；新增纸质图书 50 万册以上；加快智慧校园建设步伐；加大人文景观建设力度，创建自然环境与人文环境相适宜的人文生态校园。

——国际交流与合作。加大"中亚商学院"建设力度，大力实施"1＋2＋1"中美大学实验班项目，加强与国外优质高等教育资源特别是中西亚国家高等教育资源的交流与合作，加大对海外优秀师资的聘用力度，学校聘请的长期在校的国外专家和外教达到 15 人以上，留学生规模达到 200 人以上。

专栏　　　　"十三五"期间发展规划主要指标一览表

指标名称（单位）	"十二五"期末	"十三五"期末
办学规模		
全日制普通本科生（名）	17581	1.8 万
博士研究生（名）	—	15~30
硕士研究生（名）	1109	2000
留学生（名）	8	200
继续教育学员（名）	4376	5000

续表

指标名称（单位）	"十二五"期末	"十三五"期末
学科专业		
一级学科博士学位授权点（个）	—	3~5
二级学科博士学位授权点（个）	—	5~10
一流学科建设项目（省级·个）		3~5
省级重点学科（个）	5	7
一级学科硕士学位授权点（个）	5	7
二级学科硕士学位授权点（个）	29	38
硕士专业学位授权点（个）	9	12
本科专业	55	60个以内
人才培养		
国家级教学成果奖（项）	—	1
国家级实验教学示范中心（个）	1	2
国家级大学生创新创业训练计划项目（个）	—	5~10
国家级大学生校外实践教育基地（个）	1	2~3
国家级卓越人才培养计划项目（个）	—	1~2
国家级精品视频公开课（门）	—	1~3
国家级精品资源共享课（门）	—	1~3
国家级教学名师（名）	—	1~2
省级教学成果一等奖（项）	2	4
省级实验教学示范中心（个）	3	5
省级卓越人才培养计划项目（个）	—	3~5
省级精品课程（门）	28	35
省级教学团队（个）	7	12~15
省级教学名师（名）	3	6
师资队伍		
专任教师数（名）	1016	1200
教授（名）	158	260
博士（名）	205	300
高级职称占专任教师比例（%）	47.74	50
博士学位占专任教师比例（%）	20.18	25
以"长江学者""千人计划"为代表的拔尖人才（名）	—	1~3
以甘肃省领军人才为代表的优秀人才（名）	24	35
科学研究		
教育部人文社科重点研究基地（个）	—	1
省级重点实验室（个）	0	1
省级人文社科重点研究基地（个）	3	5
省级协同创新中心（个）	1	2
省级高校重点实验室（个）	1	2
年均科研经费（万元）	—	1000
国家级科研项目立项（项）	27	40
省部级科研项目立项（项）	185	200以上
SCI、SSCI、EI、IST、CSSCIP、CSCD 检索系统收录论文（篇）	1021	年均增加250

续表

指标名称（单位）	"十二五"期末	"十三五"期末
办学条件		
教学科研仪器设备总值（万元）	7450.92	1亿元以上
教学科研用房面积（万平方米）	31.86	35
纸质文献（万册）	129	165
电子文献（GB）	8042	9042

四、"十三五"学校建设和发展的主要任务

（一）大力加强学科建设，提高学校办学层次

1. 优化学科结构布局，完善学科体系。按照"聚焦丝路经济，面向地方需求，以特色为核心，商科争一流，三商结合创品牌"的建设思路，进一步明晰学科定位，凝练学科特色，不断优化学科布局与结构。通过做优做强优势特色学科，努力发展基础与应用学科，积极扶持和培育新兴交叉学科，实施学科集群发展策略，着力提升学校在全国同类院校中的学科优势。以经济学、管理学等学科门类为主体，以理论经济学、应用经济学、工商管理、统计学、管理科学与工程等一级学科为主干，以法学、文学、理学、工学、艺术学等学科为支撑，逐步形成特色学科优势明显，基础与应用学科结构合理，主干与一般学科协调发展，各学科相互融合、互为支撑的学科生态。

2. 加快推进一流学科建设，全面提升综合实力。以凝练学科方向、加大学科建设投入、加强人才队伍建设、促使高水平科研成果产出为抓手，突出学科的地域特色、品牌特色，引导和支持应用经济学、工商管理、统计学、理论经济学、管理科学与工程等学科凸显优势，建成西部一流学科。发挥学科互补效应，做好商法、商文、商工融合大文章，引导和扶持法学、文学艺术、工学等相关学科探索特色研究方向（领域），办成区域特色学科。依托重点学科现有基础条件和优势，积极争取各项专项资金支持，建设一批有利于一流学科培育和学科可持续发展的重大项目平台。

3. 提升研究生培养层次，力争获得博士学位授权点。以提升研究生教育层次为目标，将应用经济学、工商管理、统计学、理论经济学等省级重点学科作为博士点（博士点项目）培育学科予以重点支持，力争在申报博士学位授权学科资格（博士点项目）方面取得突破。以优化硕士学位点结构为目标，力争使法学、马克思主义理论、设计学、新闻传播学、公共管理等学科建设成为硕士学位一级学科。以应用型特色学科为依托，适度扩大专业学位硕士点布局，保持专业学位硕士点与学术学位硕士点的合理比例。到"十三五"末，重点建设3～5个一级学科博士点培育学科，力争获得博士学位授权单位资格，新增硕士学位授权一级学科2～3个，新增专业学位硕士点3～5个。

4. 创新学科建设机制，健全学科管理体制。建立稳定的学科建设经费投入机制，健全

以重大项目为纽带的人才流动机制，完善以重点学科建设为中心的科研合作机制，构建以绩效考核为导向的学科资源配置机制，进一步完善学科绩效奖励机制，打破学科壁垒，形成多学科交叉融合的学科建设长效机制。进一步健全重心下移的现代化学科建设管理体制，充分发挥学院、学科带头人在学科建设中的主体作用。按照不同级别学科的建设要求、发展目标和重点任务，建立相应的评估机制和保障措施，集中优势资源进行重点建设，逐步形成分类组织、分级建设、目标管理、绩效考核的学科建设和管理体制。

5. 优化研究生培养机制，着力提升研究生培养质量。修订和完善研究生培养方案，不断优化课程体系，更新教学内容，改革教学方法和手段，着力优化研究生培养机制。以学术创新能力培养为目标，以教学与科研相结合为手段，着力培养研究生的创新能力、知识获取能力与转化能力。以就业为导向，推进专业学位研究生培养模式改革，加强实践能力训练，推进案例库建设，加强实践基地建设力度，积极探索研究生培养与行业资格准入相衔接的机制，着力培养专业学位研究生的实践能力与职业能力。进一步完善研究生教育的监督、评价和调整机制，推行"双导师制"，强化导师责任制，加强指导过程管理，完善研究生学位授予机制，着力提高研究生培养质量。

专栏　"十三五"期间一流学科建设重点项目

1. 甘肃省一流学科建设建设项目
2. 甘肃省重点学科建设项目
3. 甘肃省重点学科培育项目
4. 博士点培育学科建设项目
5. 新增硕士学位授权点培育项目

（二）全面深化教育教学改革，提高人才培养质量

1. 加强专业内涵建设，优化专业体系。紧紧围绕"一带一路"战略实施，按照"传统商科专业争一流、新型商科专业创品牌、商科交叉专业办特色"的建设目标，科学分配和整合现有资源，通过实施专业综合改革，推行专业质量认证，构建专业动态调整机制等专业内涵建设举措，打造一批一流传统商科专业，建设一批新型商科品牌专业，培育一批商科交叉特色专业，着力提升专业建设综合质量和水平。到"十三五"末，形成专业结构基本合理，传统专业发展稳定，品牌特色专业优势明显，新办专业水平不断提升，专业内涵建设逐步深化，专业核心竞争力不断增强的专业建设与发展新格局；建成适应区域经济社会发展需要的，以传统商科专业为主体，以新型商科专业为支撑，以商文、商工、商法、商艺等交叉专业为特色的本科专业体系。

2. 全面推进创新创业教育改革，培养学生创新创业能力。根据国家和甘肃省有关深化创新创业教育改革的基本要求，坚持"创新引领创业、创业带动就业"的基本理念，建立与创新创业教育相适应的激励机制和政策保障体系。不断更新创新创业教育理念，优化创新创业教育课程体系，改革创新创业教学方法，构建创新创业人才培养机制。加强教师创新创

业教育教学能力建设，打造高素质、多元化、专兼结合的创新创业教学团队。以省级众创空间为载体，强化创新创业实践平台建设和创新创业教育实践基地建设，加强与政府和企事业单位的多方合作，形成校内外相融合的创业教育基地，搭建良好的创业实践平台。

3. 优化课程体系，建设优质课程群和教学资源平台。进一步完善人才培养方案，构建由"通识教育课程、学科基础课程、专业基础课程、创新创业课程"四位一体、有机融合、层次分明、比例协调的课程体系。按照"突出优势、凝练特色、资源共享"的原则，以省级精品课程为重点，以优秀教学团队为依托，建设一批校级和省级精品视频公开课和精品资源共享课，为广大教师和学生自主学习提供优质的课程教学资源，并力争进入国家级精品资源共享课程和视频公开课程建设行列。依托大数据和互联网在线技术，引进和自行建设网络在线课程平台（微课、慕课等），建设一批以通识教育课程和素质教育课程为主体，以覆盖面广的学科专业课程为补充的优质网络在线课程。

4. 优化实验实践教学体系，构建实践育人新机制。不断完善公共基础实验、专业基础实验、专业综合实验、课程综合实验、创新创业模拟实验等五大实验教学模块，推动形成线上线下融合、注重过程体验、突出创新创业能力培养的实验教学新体系。加强学生实习实训管理，进一步加大各专业实践教学学分比例，强化实践教学环节，加快校内外实习和实践教学基地建设步伐，建设一批满足学生专业技能实践和创新创业能力培养需要的高水平实习和实践教学基地。主动适应新产业、新业态和新技术的发展，大力推进校企、校地、校校合作力度，探索与政府、社会、行业的协同育人新途径，建设一批联合培养与协同育人基地，逐步构建产教融合、校企合作的联合培养与协同育人新机制。

5. 强化教学管理，完善教学质量监控体系。不断充实教学管理队伍，提高各级教学管理人员的管理素质和管理水平，建设一支结构合理、业务水平高、服务意识强、具有开拓创新精神的教学管理队伍。规范教师教研活动，充实活动内容，提高活动质量。不断强化教学规范，严格落实主要教学环节的质量标准。加强对各学院本科教学状况的年度定期评估检查，确保学校以优异成绩通过教育部本科教学审核评估。进一步强化领导听课、教学督导、教学检查、学生评教等多种教学质量监控措施，建立健全教学目标监控体系、教学过程监控体系、教学信息监控体系等有机结合的教学质量监控系统。

6. 推进开放式办学，加大国际化人才培养力度。继续加强与中西亚国家高等教育资源的交流与合作，进一步加强"中亚商学院"建设，稳步扩大留学生培养规模。进一步加强与欧美国家优质高等教育资源的合作办学，优选、拓宽交流项目的合作渠道，建立良好合作关系。通过联合制订培养计划和培养方案，选拔和资助优秀本科学生赴国外高校学习，加强与国外高水平大学创新联合培养平台建设，逐步形成人才交流培养的新模式，着力培养具有国际视野的高素质财经类人才。

7. 优化继续教育结构，提高继续教育效益。不断优化继续教育结构，着眼于非学历化和高层次，积极拓展办学资源，构建多层次、多形式、多渠道的办学格局。结合国家建设开放大学的要求，适应经济社会发展新需求，运用现代信息技术发展新成果，加快推进继续教育与远程开放教育有机结合，加强信息技术与教育教学深度融合，不断创新继续教育模式和人才培养机制。坚持以质量促发展、以品牌创效益，发挥学校学科专业优势，打造继续教育品牌。创新继续教育管理体制和运行机制，整合培训资源，积极开展多种形式的非学历继续教育项目，努力建设西北地区财经类从业人员高级专业技术人员培训基地，不断提高继续教育的质量和效益。

专栏 "十三五"期间本科质量工程重点项目

---

1. 本科专业综合改革试点项目
2. 特色专业建设项目
3. 精品课程建设项目
4. 教学团队建设项目
5. 实验教学示范中心建设项目
6. 大学生创新创业示范基地建设项目

（三）深入贯彻创新驱动战略，提高科研水平和服务能力

1. 凝练科研方向，着力提升优势学科科研水平。按照"顶天立地、特色发展与重点突破、资助与奖励相结合"的原则，把握学科发展前沿，进一步凝练科研方向，提升优势学科科研水平。瞄准"一带一路""互联网＋""大数据"等新的发展战略和技术革命引发的科研课题，立足西部、面向全国，结合学校商科特色，努力形成具有理论创新价值和实践应用价值的研究方向。以省级重点学科建设单位和丝绸之路经济研究院为依托，集中优势学术资源，在政府决策咨询、现代商贸流通、文化产业发展、地方法制建设研究领域，围绕国家、甘肃省重大战略需求，形成特色科研方向，产出一批高水平科研成果，为博士学位授权单位建设提供强力支撑。同时积极向理工类、文艺类、科技创新领域拓展融合，在自然科学基金、发明创造、创意设计和文学艺术创作等方面的项目取得新突破。

2. 培育科研创新团队，提升科研平台创新驱动能力。紧紧围绕西部地区和甘肃省区域经济建设与社会发展的重点领域，聚集科研力量，大力推进理论创新、应用研究和技术研发。按照"国家需要、甘肃急需"的总体要求，择优选择2～3个优势科研平台进行重点建设，不断提升其引领和带动作用。努力提升省级"2011协同创新中心"、高校省级电子商务重点实验室和现有3个省级重点人文社科研究基地的创新驱动能力，培育和争取各级各类科研创新平台的立项建设。继续提高学报学术水平与质量，扩大学报影响力，更好地为学校科研、学科建设和人才培养服务。

3. 推进智库建设，提升服务经济社会发展能力。立足甘肃、服务西部，继续坚持"融入发展、智力支撑、协同创新"的服务路径，推动学校与政府、企事业单位等社会力量的协同创新，提升服务经济社会发展的能力。围绕国家和地方政府的重大战略部署，积极发声，充分发挥智库作用，不断增加学校话语权，以丝绸之路研究院建设为核心，努力产出一批高质量、接地气、有影响的咨政咨询报告，服务地方经济社会发展，为学校发展争取更多发展空间和资源。主动对接区域经济社会发展研究课题需求，健全"校企""校地""校院"等产学研合作机制，积极参与各行各业的技术创新、制度创新、管理创新和政策服务

咨询体系建设，成为政府决策的智囊团和思想库。

4. 创新科研评价和激励机制，促进高水平科研成果产出。围绕国家经济社会发展战略需求和区域经济发展中的重大问题，强化科研创新意识和科研服务意识，以"机制、基地、项目、成果"等为抓手，在高水平科研成果、高级别奖励和国家级重点科研项目等方面产出一批标志性成果。加强学术交流，坚持引进来和"走出去"战略，积极组织和参加高层次、高水平、高质量的学术交流活动。完善以创新和质量为导向的科研评价和激励机制，推行同行专家评议、"代表作"等国际国内通行的学术评价办法，加强学术道德和学术规范建设，建立健全公正合理、科学高效的科研评价体系和激励机制。

专栏　"十三五"期间科学研究重点方向

1. 以政府决策咨询、现代商贸流通、文化产业发展、地方法治建设等为特色研究方向，围绕国家、甘肃省重大战略需求，聚焦丝绸之路经济带建设，凝练重点科研方向，通过科研资源的重新配置，汇聚力量，培育高水平科研团队，产出高水平科研成果，为博士授权单位建设提供强力支撑。

2. 以丝绸之路经济研究院建设为核心，充分发挥智库作用，服务地方经济社会发展，主动对接区域经济发展需求，积极参与各行各业的技术创新、制度创新、管理创新和政策咨询服务，成为政府决策和企业管理咨询的智囊团和思想库。

（四）全力推进人才强校战略，提高师资队伍整体水平

1. 坚持突出重点，实施"高层次师资引进"计划。围绕学校人才培养实际需要，以优势学科和新兴学科为依托，以博士研究生为重点，通过设立专项基金，提高待遇，切实加大高层次师资引进力度，逐步实现新增师资博士化，快速改善师资队伍学历结构，着力提升师资队伍整体水平。

2. 坚持高端引领，实施"拔尖人才造就"工程。围绕国家和省上的重大发展战略，依托学校的省级重点学科和科研平台，充分运用国家级、省（部）级的人才项目和学校培养机制，发挥全职引进和柔性引进"两个机制"的作用，育引并举，专兼结合，面向海内外遴选和吸引具有国际、国内领先水平的学科带头人，形成国家、省、校三级拔尖人才梯队，开展原创性、重大理论与实践问题研究攻关，带动一批重点和急需发展学科迈上新台阶，提升学校整体学术地位和核心竞争力。

3. 坚持骨干优先，实施"兰财青年学术英才"计划。立足校内，以重点一级学科为主，兼顾其他优势特色学科，遴选学术潜力大、研究能力强的青年教师，给予专项学术经费资助，鼓励广泛参加国内外学术交流，深度参与重大项目合作，主动开展创新性科研活动，拓展学术视野，增强学术前瞻性，不断激发学术潜力、增强学术实力、提升学术影响力，使青年教师尽快成长为学术带头人。

4. 坚持夯实基础，提升师资整体素质。以学校教师发展中心为平台，建立师资队伍整体素质提升体系。根据学科建设需要，有计划、有重点地加大力度支持年轻教师在职攻读博

士研究生。加大师资赴国（境）外进修培训力度，拓展同欧美、中西亚国家高等院校在师资培训、非学历进修方面的交流与合作，提高师资国际化水平。充分发挥老教师的"传帮带"作用，推行青年教师导师制，促进青年教师尽快成长成才。

5. 坚持崇尚品行，加强师德建设。修订完善学校师德师风建设实施办法，把师德建设作为学校工作考核和质量评估的重要指标，将师德表现作为教师个人年度考核、岗位聘用、职称评审、评优奖励的首要标准，建立健全教师师德考核档案。坚决杜绝师德禁行行为、学术不端行为，实行师德师风、学术道德"一票否决制"，构建全员全过程全方位育人新格局。

专栏　"十三五"期间重大人才工程

1. 高层次师资引进计划
2. 拔尖人才造就工程
3. 兰财青年英才学术计划
4. 师资整体素质提升计划

（五）着力加强学生管理体系建设，提高学生工作水平

1. 完善学生管理体系，深入做好学生管理工作。坚持"育人为本"，以大学生全面发展为目标，以思想道德建设为基础，以人格健全教育为核心，以校风学风建设为重点，以行为养成为抓手，加强辅导员、班主任队伍建设，改革管理体制，进一步推进和落实"校院两级管理，以教学院部为主体"的学生工作运行机制，落实管理岗位责任和目标责任，健全完善学生工作考核、评价和激励机制、学生心理健康问题干预机制、学生管理预警机制和学风建设考核机制，形成全员、全过程、全方位育人的工作格局。深刻把握互联网新媒体环境下大学生的思想意识动态，有效整合校内外思想政治教育资源，加快学生工作网络信息平台建设，提升学生管理工作的规范化、科学化、精细化、信息化水平。

2. 加大创业扶持力度，完善就业服务体系。树立"以创业促就业"的工作理念，深入实施"大学生创业引领计划"，积极培育"全国高校实践育人创新创业基地"，加强就业创业政策宣传，完善落实创新创业优惠政策，加大创新创业场地建设和资金投入，不断增强创新创业服务就业工作水平。坚持就业工作"一把手"工程，明确学院在就业工作中的主体地位，强化就业工作目标考核。通过改革职业生涯规划和就业指导课程，加强职业规划和就业指导，努力提升实际效果，将就业指导贯穿大学教育的全过程。积极拓展毕业生就业实习基地，拓宽就业渠道，精准推送就业服务，加强与未就业毕业生联系，切实提高就业指导和服务能力。

3. 加大招生宣传力度，优化招生结构层次。进一步健全招生制度，规范录取程序，深入实施招生工作"阳光工程"。积极探索招生宣传工作的新载体和新模式，扩大招生宣传的覆盖面和影响力，在稳定招生规模的同时着力提高生源质量。结合社会经济发展对人才培养的新需求，以学生就业率为指标，逐步建立本科专业的动态调整机制，探索实行大类招生、

高年级分流培养模式，合理调整招生专业结构和区域结构，保持生源结构的多元化。积极探索研究生招生改革，招生指标向重点学科和重点研究领域倾斜，结合国家协同创新计划，逐步建立与其他知名高校和科研院所的研究生联合招生与合作培养平台。

4. 健全学生奖贷机制，完善学生资助体系。逐步健全家庭经济困难学生资助体系，完善奖助贷制度建设，优化奖助贷业务流程，加强信息管理和队伍建设，提升资助工作效率。拓宽社会助学渠道，加强校内外勤工助学岗位、基地的开发建设。探索实践资助育人新方法、新模式，实现物质资助和精神扶助相结合、专业能力培养与价值观塑造相结合，增强学生的感恩意识和回馈意识，切实增强学生资助工作的育人实效。

5. 拓宽校友服务渠道，优化校友联络机制。成立兰州财经大学校友总会，建立健全校友会工作制度和管理章程，完善校友联络机制。多领域多渠道挖掘校友资源，多层次多方位拓宽服务渠道，及时传递母校信息，积极宣传校友事迹，在经费筹措、建议汇聚、就业指导、创业帮扶等方面，发挥校友的社会影响和才智资源，加强与校友的沟通联系与合作共建，增强兰州财大人的向心力和凝聚力。

6. 建立一体服务平台，提高综合服务效能。以学生的学习生活需求为导向，树立"高效、便捷、集约、协同"的服务理念，积极创设学生服务平台和环境设施，建成"大学生就业指导服务中心""大学生活动中心"和"大学生事务中心"，整合校内信息资源，优化工作业务流程，推行多部门联合办公，实现"一站式"服务，提高工作效率和综合服务效能。

7. 完善机制充实队伍，加强学生心理健康教育。建设符合师生心理健康教育工作需求、设施齐备的心理健康教育和咨询场所，建设一支数量充足、结构合理、素质优良的专兼职心理健康教育队伍，建成较为完整的学校、学院、班级心理健康教育三级管理体系和教学、文化、服务、心理危机预防与干预四级工作体系，在省内高校师生心理健康教育领域创立学校特色，形成育人优势。

五、"十三五"学校建设和发展的保障措施

（一）全面加强党建和思政工作，提高党建和思政教育科学化水平

1. 以社会主义核心价值观为统领，加强思想政治建设。坚持用中国特色社会主义理论体系武装师生头脑，引导师生成为中国特色社会主义理论的坚定信仰者和忠实践行者。持续深化习近平总书记系列重要讲话精神的学习教育实践，用讲话精神武装头脑、指导实践、推动工作。大力加强社会主义核心价值观教育，使其内化于心、外化于行，成为全体师生的价值追求和自觉行动。牢牢掌握意识形态工作领导权、管理权和话语权。着力加强教师思想政治工作，严格规范教师课堂教学纪律，严把教师聘用考核政治关。加强宣传工作，注重运用新媒体，推动学校工作进论坛、进博客、进微博、进微信，广泛凝聚和传播正能量。

2. 以"四好"班子为标准，加强领导班子建设。坚持和完善党委领导下的校长负责制，

充分发挥学校党委总揽全局、协调各方的领导核心作用，切实履行好管方向、管全局、管干部、管人才以及管党治党职责，支持校长依法行使职权。贯彻执行民主集中制，完善党政议事决策规则，建立健全党委统一领导、党政分工合作、协调运行的工作机制。严格执行"三重一大"决策制度，提高科学决策、民主决策、依法决策水平。按照社会主义政治家教育家目标要求，加强领导班子思想政治建设和作风建设，努力建成"政治素质好、工作业绩好、团结协作好、作风形象好"的领导班子，不断提高思想政治素质和办学治校能力。

3. 注重固本强基，加强基层党组织建设。进一步强化基层党组织政治功能，使其成为落实党的路线方针政策和各项工作任务的坚强战斗堡垒。强化服务功能，增强基层党组织的凝聚力和感召力。加强基层党组织书记队伍建设，督促引导基层党组织书记尽职尽责抓党建。完善基层党组织制度体系，提升基层党组织工作制度化规范化科学化水平。探索基层党建工作新渠道新途径，创新工作载体，推进基层党建工作进教学科研团队、进学生社团、进学生公寓。按照控制总量、优化结构、提高质量、发挥作用的要求，抓好从大学生和青年教师中发展党员工作，强化党员日常管理。

4. 落实"两个责任"，推进全面从严治党。校院两级党组织要切实担负起全面从严治党的主体责任，发挥领导核心和战斗堡垒作用，践行"三严三实"，强化作风建设。增强宗旨意识，落实领导干部直接联系基层联系师生各项制度。健全党内组织生活制度，增强党内生活的政治性、原则性、战斗性。运用好监督执纪的"四种形态"，真正让干部不敢懈怠、不敢渎职。通过正党风、转作风、促教风、带学风、树新风，营造风清气正的校园环境。

5. 把纪律和规矩挺在前面，加强党风廉政建设。严格执行党风廉政建设"一岗双责"制度，聚焦监督执纪问责，深化标本兼治，强化党内监督。认真贯彻中央八项规定、省委"双十条"规定和学校党委"十一条"规定，深化"四风"整治，严控"三公"经费支出。紧盯"三重一大"，严把"七个关口"，围绕制约和规范权力加强监督检查。畅通信访举报渠道，完善纪检监察信访受理、处置机制。深入推进廉政风险防控工作，坚持用制度管权管人管事，着力构建党风廉政建设和反腐败斗争的长效机制。

6. 坚持立德树人，加强和改进大学生思想政治教育。坚持立德树人根本任务，完善学生思想政治教育工作机制，提高学生思想政治教育工作的科学化水平。加强本科生思想政治教育，充分发挥课堂的主渠道作用，持续推进中国特色社会主义理论体系进教材进课堂进头脑，实施大学生思想政治教育质量提升工程、青年马克思主义者培养工程等改革建设工程，开办中国特色社会主义理论体系校园大讲堂。加强研究生思想政治教育，建立"学校—处部—学院—导师"四位一体的研究生思想政治工作体系，充分发挥研究生导师在研究生思想政治教育中的重要作用。加强辅导员队伍职业能力建设，推动辅导员队伍专业化、职业化。

7. 丰富商科特色文化，优化完善校园文化体系。以社会主义核心价值观为引领，进一步优化完善校园文化体系。以精神文化建设为载体，传承和弘扬"博修商道"校训，唱校歌、明校情、知校史、行校训，积极培育爱校荣校之情，增强全校师生的认同感和自豪感。以行为文化建设为抓手，加强校风学风教风建设和学生养成教育，不断促进师生身心健康发展，形成全校师生共同遵循的价值准则和行为规范。以环境文化建设为依托，加快校园环境美化和人文景观建设，努力增强文化氛围，提升文化品位，倡导生态文明。以制度文化建设为保障，完善现代大学治理结构，推进科学管理和民主监督，凝聚共同的责任意识和利益观念。以商科文化为特色，传承创新丝绸之路商业文化，继承弘扬红色文化，弘扬商业精神，在传承和创新中培育具有兰财特色的大学文化。

（二）深化内部管理体制改革，提高管理和决策水平

1. 贯彻落实大学章程，完善学校治理结构。落实《兰州财经大学章程》，进一步完善党委领导、校长负责、教授治学、民主管理的学校法人治理结构和内部治理模式。坚持和完善党委领导下的校长负责制，严格执行学校党委常委会、校长办公会议事规则，改革和完善重大事项决策机制。健全学术管理体系与组织，出台和完善学术机构工作制度。制订《兰州财经大学理事会章程》，适时成立学校理事会，充分发挥理事会职能，进一步加强社会合作、争取社会支持、完善监督机制，推动社会力量支持学校发展常态化长效化。

2. 以管理重心下移为重点，深化校院两级管理体制改革。推动管理重心下移，进一步理顺校院两级关系，明确校院双方的责任、权利和义务，逐步建立健全学校宏观管理、学院自主运行的校院两级管理体制。明确各学院发展目标定位，促进学院分类发展、特色发展、科学发展。完善学院治理结构，规范学院决策、运行机制，建立起自我约束、自我管理的学院运行新模式。完善目标责任考核制度，建立科学合理的学院（部、中心）绩效评估制度，探索绩效评价与资源配置相关联的新型资源配置机制。

3. 创新管理机制，推进干部人事制度改革。完善干部选拔任用、能上能下、监督管理制度体系。建立健全业务干部任期制、管理干部交流轮岗制和干部任期目标责任制。建立完备的教师分类管理机制。建立以鼓励创新和业绩贡献为导向的薪酬激励机制，奖励各类岗位人员的工作创新和业绩贡献。建立健全以人员分类管理为基础，以实际贡献和能力水平为导向的绩效考核评价机制。进一步完善以竞争择优为导向的人员聘用机制，建立以社会保障为依托的人员退出机制。

4. 创新管理模式，提升职能部门服务水平。进一步创新管理模式，理顺职能部门组织架构，修订完善工作制度，编制岗位说明书，拟定上岗条件和工作目标，明确岗位职责，完善工作流程，规范权力运行，制订考核细则，真正构建起分工协作机制，以全面质量管理理念实施精细化管理。全面加强管理、服务队伍建设，推动管理服务队伍专业化。建立师生员工意见建议受理机制，推动面向师生的一站式服务。建立效能监督、举报投诉机制，建立全程全员参与的动态问责机制，建设具有自身特色的服务机关、效率机关和责任机关，切实提升职能部门的工作效率和服务水平。

（三）完善公共服务体系建设，提高保障能力和水平

1. 完善校园基本建设，优化校园功能布局。完善主校区的功能定位，完成和平校区体育馆、教师专家公寓、教学实验实训中心 AB 栋、学生公寓 5～7 号及 11～12 号附属用房等规划工程项目的建设任务。整合资源，科学调整段家滩校区各分部（段家滩、鱼池口、甸子街）的功能定位，规划建设本科生教育、研究生教育和继续教育功能板块。统筹规划，

科学调度，着力解决教研室、教授工作室、答疑室、学生文化活动等场地缺乏问题。加强校园基础设施建设，推进彰显学校文化的校园景观建设，构建有利于学生成长成才和教职工安居乐业的校园环境。

2. 多方筹集办学资金，提高财务管理水平。积极争取政府专项资金和扶持政策，通过资产重组、银行贷款、后勤改革、校友募捐、校企合作、社会捐赠等多种途径，全力筹措办学经费。健全财务规章制度，加强经费预算和管理，强化内部审计监督，严肃财经纪律，防范经济风险，提高资金使用效益。加强项目投资的可行性研究，防止重复投资和浪费。坚持开源节流，精打细算，勤俭办学，努力建设节约型校园。

3. 深化网络应用服务，推进智慧校园建设。加强网络基础设施建设，通过升级扩容和技术改造，提升传输速率和数据质量，实现无线覆盖和移动互联，构建完善的网络安全和运维保障体系。建立学校云计算、云存储服务系统和数据中心，不断创新信息服务模式，优化应用系统功能，提高信息服务水平，推进信息技术与教育教学的深度融合，建成"教学科研管理智能化、信息资源推送精准化、校务协同办公流程化、学习生活服务一体化"的智慧校园。

4. 加快数字资源建设，提升文献服务水平。以馆藏特色资源和个性化服务为抓手，推进图书馆文化环境和服务设施建设，优化两个校区的图书馆功能定位与馆藏资源结构，加快图书资源特别是数字图书文献资源建设，提高文献资源质量层次，加强图书情报交流共享平台建设，形成纸质文献与数字化文献资源相互补充，馆藏资源与虚拟资源相互依存的融合机制，力争形成具有财经特色的西北地区文献资源典藏和管理中心、区域社会发展智力和知识保障中心、经济管理信息咨询和服务中心。进一步推进档案管理数字化进程，提升档案信息化服务水平。

5. 优化资源配置体系，加强国有资产管理。完善资产管理制度，推进资产管理信息化建设，逐步建立和完善有利于学校科学发展的资产配置和管理体系。严格实行预算管理，进一步规范招投标程序，加强过程管理和监督。有效整合学校的办学资源，重视发挥资产效能，提高资产利用率，建立健全资产有效利用的评估机制、重点支持和优先配置机制。

6. 深化后勤服务改革，增强服务保障能力。有效整合校内外多方资源，探索后勤服务外包和联合服务机制，积极稳妥地推进以学生食堂、学生公寓、医疗服务、运输服务、家属院物业管理等为重点的后勤服务改革，建立符合校情的后勤管理与服务保障体系。加强后勤服务制度与服务队伍建设，建立健全校园服务设施设备的维护更新机制，规范后勤服务行为，提高后勤服务水平和保障水平。加强校园整治和安全保卫工作，积极协调各方力量，维护校园周边安全稳定，营造安全、和谐、文明的校园育人环境。

7. 重视民生工程建设，提高师生幸福指数。坚持改革发展成果师生共享。跟进国家政策，增强自有财源实力，深化收入分配制度改革，建立健全教职工收入增长与学校事业发展同步增长机制。改善教职工生活条件。加快和平校区专家公寓建设，推进南昌路家属院棚户区改造。推进物业管理改革，提高生活区物业管理与服务水平。重视教职工健康检查，建立教职工健康电子档案，逐年增加教职工体检经费。重视离退休工作，落实好离退休人员的各项政策与待遇。丰富教职工文化生活。扶持教工文体协会，鼓励全民健身，积极开展丰富多彩、形式多样的教工文化体育活动，增进身心健康。

专栏　"十三五"期间公共服务体系建设重点项目

1. 和平校区体育馆工程
2. 和平校区教学实验实训中心 AB 栋
3. 和平校区学生公寓 5、6、7 号楼及 11、12 号附属用房工程
4. 教师专家公寓楼工程
5. 财经类图书文献资源建设工程
6. 智慧校园建设工程

六、"十三五"学校建设和发展规划的实施

学校"十三五"发展规划是更名后的第一个五年规划，是指导学校未来五年改革发展的纲领性文件，是全校教职员工共同奋斗的行动纲领。为确保规划任务和建设项目落到实处，为学校发展目标的实现奠定良好基础，必须高度重视规划的实施和落实工作，加强督促检查和考核评估。

（一）健全落实机制，明确责任分工

建立健全规划落实机制，按照"规划"的总体部署和要求，明确各项重要建设任务责任分工，各部门密切协作，形成合力，使学校发展规划确定的目标、任务和各项措施切实得到贯彻落实。各职能部门要结合各自职责，完善专项分规划，分解落实好学校发展规划中的相关任务，重点工作制订实施方案，提出具体行动计划和措施，分阶段、分步骤组织实施。各学院、各科研机构和教辅单位要从实际出发，与学校规划密切衔接，细化完善本单位的"十三五"规划，明确发展目标，抓好重点工作任务的贯彻落实，全面推进学校的改革和发展。

（二）完善目标考核，加强督促检查

把学校规划与专项规划、年度计划紧密结合起来，对规划目标任务进行年度分解，作为学校资源配置、项目审批和资金安排等方面的重要依据，突出学校发展规划的权威性和导向性。加强对发展规划实施情况的跟踪、督促与评估工作，完善规划执行情况的监督反馈机制，结合年度工作考核、规划执行情况中期检查、中层干部述职等，对各部门、各单位工作完成情况进行系统评估，作为对部门（单位）、干部年度考核与实施奖惩的重要依据。

（三）广泛宣传动员，营造良好氛围

通过多种形式，加强对学校"十三五"发展规划的宣传和动员，宣传规划的重大意义，

解读规划的主要内容，进一步统一思想、提高认识、增强师生员工对学校"十三五"发展思路、奋斗目标与战略任务的认同感，动员全体师生进一步关心、支持学校教育事业的改革和发展，提高规划的执行意识，为规划的实施创造良好的舆论氛围，协调各方面力量，调动一切积极因素，形成共同推进学校改革与发展的整体合力。

南京财经大学"十三五"发展规划

"十三五"时期（2016~2020年）是我国经济社会发展和高等教育发展的重要战略期，也是学校建设有特色、高水平财经大学的重要机遇期。为了进一步明确学校未来5年的发展目标和努力方向，根据国家地方及行业发展的需求、高等教育发展中长期规划和学校的实际情况，按照"科学发展、改革创新、统筹协调、有所为有所不为"的原则，制订"十三五"改革与发展规划。

一、发展基础与面临的形势

（一）发展基础

"十二五"时期，在省委、省政府及省委教育工委、省教育厅的正确领导下，学校坚持以科学发展观统领学校工作全局，深入实施国际化、信息化、一体化三大发展战略，努力实现"两个转变"，主动服务"两个率先"，以江苏省人民政府、国家粮食局共建南京财经大学为契机，团结带领全校师生员工锐意进取，扎实工作，基本完成了"十二五"规划确定的主要目标与任务，学校综合实力得到较大提升，为未来发展奠定了良好基础。

1. 教育教学改革不断深化，人才培养质量显著提升。学校按照"入主流、定好位、办特色"的要求，不断深化人才培养模式改革，优化人才培养方案。"十二五"时期，学校新增国家级规划教材3种，国家级精品资源共享课立项项目2项，国家级专业综合改革试点项目2项，国家级实验教学示范中心1个，国家级大学生校外实践教育基地1个，5个专业入选江苏高校品牌专业建设工程一期项目。学校被评为首批"江苏省教学工作先进高校"。

2. 学科发展理念形成共识，学科整体实力稳步提高。学校按照"调整结构，凸显特色，争创优势，提升竞争力"的原则，逐步形成了多学科相互支撑、协调发展、重点突出的学科布局。"十二五"末，学校拥有博士后流动站1个（应用经济学），服务国家特殊需求博士人才培养项目1项（现代粮食流通产业发展与政策），硕士学位授权一级学科12个，硕士专业学位授权点9个。拥有江苏高校优势学科3个（应用经济学、工商管理、粮食安全与工程），江苏省重点学科1个（马克思主义理论），江苏省重点（培育）学科3个（统计学、软件工程、食品科学与工程）。建成江苏省高校协同创新中心2个（现代服务业协同创新中心、现代粮食流通与安全协同创新中心）。

3. 科研体制机制不断完善，科学研究水平持续提升。围绕国家发展战略需求和区域经济发展中的重大问题，以"基地、项目、人才、成果、机制"等为抓手，全面提升学校科学研究水平。到"十二五"末，建成粮食储运国家工程实验室1个，电子商务信息处理国际联合研究中心1个，省重点实验室3个，省部共建工程实验室1个，省部级工程技术研究中心2个，省级重点研究基地2个，江苏高校哲学社会科学重点研究基地2个，江苏高校人文社会科学校外研究基地1个，江苏省厅局共建科研机构6个，江苏省首批中国特色社会主义理论体系研究基地1个，1项成果获教育部人文社会科学三等奖。近5年来，学校教师主持承担国家级项目160多项。

4. 人才强校战略全面推进，师资队伍水平不断提高。学校按照"明确导向，完善机制，优化氛围、深化改革"的思路，加强师资队伍建设。"十二五"时期，学校共引进人才138人。其中，国内高水平博士103人，海归博士22人；共晋升教授44人、副教授113人。目前，学校共有教师总数1005人，其中专任教师813人，教授167人，占专任教师总人数的20.6%，副教授378人，占专任教师总人数的46.6%。"十二五"时期，入选国家"百千万人才"工程和有突出贡献中青年专家1人，省"双创人才"2人，省特聘教授2人，省教学名师1人，"333工程"培养对象26人，"青蓝工程"培养对象25人。学校共引进博士132人，目前具有博士学位的专任教师达391人，占专任教师总数的48.2%。

5. 社会服务实现新发展，政产学研一体化迈上新台阶。"十二五"时期，学校围绕国家粮食安全战略和粮食流通领域的重大问题开展研究。围绕江苏省发展现代服务业的重大现实需求，大力加强现代服务业理论研究、应用研发、成果推广和政策咨询。"十二五"末，学校已累计引进、孵化和培育现代服务企业30余家，承担各类横向委托研究课题200余项，撰写专题研究报告近30篇，获得省级领导批示成果5项。大学科技园建设基本完成。

6. 对外交流不断扩大，国际化办学特色更加突出。学校按照"走出去、请进来、抓项目、建基地"的发展策略，逐渐形成"以学校为主导、以学院为主体"的国际交流机制。到"十二五"末，学校长期外籍教师的比例达2%；双语教师比例达10%；有海外修学经历的学生比例达8%；获得国外高校本科毕业证书或进入国外高校攻读研究生的学生比例达7%；本校留学生比例达2%。

7. 办学条件明显改善，保障能力显著增强。"十二五"时期，学校在福建路校区建成科技楼，建筑面积65000平方米；在仙林校区建成工科楼，建筑面积18525平方米；在桥头校区建成塑胶田径场9000平方米。投入专项资金充实图书文献资料，图书馆引进中文数据库23个、外文数据库19个、电子图书约330万种。财务状况持续良好，固定资产稳步增长。

8. 党的领导不断加强，党建工作全面推进。认真学习贯彻党的十八大、十八届三中、四中、五中全会和习近平总书记系列重要讲话精神。深入开展党的群众路线教育实践活动、"三严三实"专题教育活动和五大发展理念学习活动。加强党风廉政建设。坚持和完善党委领导下的校长负责制。制订了《学院党委工作规则》《学院党政共同负责制实施办法》《发展党员工作若干规定》等，修订了《中层党政领导干部考核工作实施办法》。深化干部人事制度改革，通过多种方式培养、选拔中层领导干部。

对"十二五"规划的执行情况进行认真回顾，经验可以总结为：始终坚持抢抓机遇，牢牢把握学校发展的主动权和关键点；始终坚持育人为本，把人才培养作为学校的中心工作；始终坚持特色发展，把特色体现在学校的内涵建设之中。

（二）面临的形势

1. 从国家战略布局来看，"四个全面"战略是以习近平同志为总书记的新一届中央领导集体治国理政的总体框架，必须以此为引领谋划和推进学校的改革发展。从全面建成小康社会来看，学校必须提高学生的适应性与竞争力，提高社会的满意度；从全面深化改革来看，学校必须通过深化改革解决发展中的矛盾与问题；从全面依法治国来看，学校要以法治思维和法治方式推进学校治理体系与能力的现代化；从全面从严治党来看，必须持续改进学校党的建设，为办好中国特色社会主义大学提供政治保证。

2. 从国家发展理念来看，必须切实贯彻五大发展理念。第一，用创新发展理念引领教育创新与创新教育；第二，用协调发展理念引领学科的均衡发展与各层次教育协调发展；第三，用绿色发展理念引领校园生态文明建设；第四，用开放发展理念引领学校的对内对外开放；第五，用共享发展理念引领和谐校园建设。

3. 从高等教育发展态势来看，"互联网＋""大数据""工业4.0"等新技术变革，改变传统教育生态的结构与形态；"一带一路"的国家发展战略，深刻影响高等教育的布局；"创新创业"的浪潮已经在高校兴起，随着国务院《统筹推进世界一流大学和一流学科建设总体方案》的实施，学校所面临的竞争形势将更加严峻。学校必须主动适应变化的竞争环境，主动适应技术进步和变革带来的教学手段、教学方式、教学内容以及传统学术理论的挑战，进一步强化学科竞争意识，放眼国际竞争，关注国内竞争，引导校内竞争，主动寻求创新和突破，提升核心竞争力。

4. 从深化学校各项改革和事业发展来看，"十二五"时期，学校实施"两个转变"战略，为建设教学研究型大学奠定了坚实基础。但是，当前学校的发展状况与快速发展的高等教育改革形势相比，与兄弟院校的发展相比，还有差距和不足。在思想上，改革创新的意识还需要加强，学院办学主体意识和办学能力有待进一步提高。在核心竞争力上，学科的优势和特色尚未完全形成，标志性的科研成果偏少；师资队伍数量不足，领军人物缺乏，优秀年轻后备人才还不够多；人才培养质量有待进一步提高，学风建设有待加强；国际化水平不高；办学特色尚不够彰显。在办学保障条件上，学校债务压力依然严重，财力建设需要强化，浪费现象仍然存在，科学化管理不够，资源的使用效率有待提高。

"十三五"时期是学校改革发展的关键时期，学校人才培养质量提升与教学模式改革、学科建设与管理体制改革、师资队伍建设与人事制度改革、团队建设与学术组织改革、现代大学制度建设与校园治理改革是摆在目前的重要任务。"十三五"时期，必须全面提升内涵建设水平、全面提升教学研究型大学建设水平，在借鉴一流财经大学办学经验的基础上，结合国情、校情，努力建设有特色、高水平财经大学。

二、指导思想、办学理念与发展战略

（一）指导思想

全面贯彻党的教育方针，以立德树人为根本，以支撑国家创新驱动发展战略、服务经济社会发展为导向，以深化创新创业教育改革为突破口，以信息技术与教育教学深度融合为重要手段，牢固树立"大财经"的理念，大力实施"质量提升、特色发展、人才集聚、深度开放"战略，为建设有特色、高水平财经大学而努力奋斗。

（二）办学理念

"十三五"时期，学校要坚持"崇尚学术，育人为本"的办学理念。

——把育人作为学校工作的中心任务。牢固树立"教育以学生为本"的教育理念，努力打造良好的育人环境，崇尚学术，营造浓郁的学术氛围。树立科学的质量观，把促进学生的全面发展、适应社会需要作为衡量教育质量的根本标准。树立以提高质量为核心的教育发展观，注重学校的内涵发展，努力提高人才培养质量。

——把竞争力提升作为学校的核心工作。提高学校竞争力，师资是最基本的资源，要形成尊师重教的良好氛围，全力打造高水平的师资队伍；提高学校竞争力，学科是重要载体，以学科建设为龙头是学校发展的必然选择；提高学校竞争力，学术是重要标志，要营造宽松的学术环境，弘扬创新的学术风尚，形成科学的学术评价机制，创造高水平的学术成果；提高学校竞争力，学风是必要保证，要发扬与积淀基础丰厚、富有特色的良好学风；提高学校竞争力，人才培养质量是根本，不仅要授以知识，育以能力，更要成以创新精神，立以民族振兴情怀。

——把改革创新作为学校工作的强大动力。学校要发展，要迈向"高水平"，改革是关键。改革要遵循教育发展和高水平大学建设的内在规律，立足学校实际，大力推动理念、制度的创新，走出一条适合自身发展的改革之路。

——把强化特色作为学校工作的重大方略。把强化特色作为学校转型发展的战略选择。树立特色发展理念，坚持有所为有所不为，在传统学科中提炼特色，在新兴学科中打造特色，在为地方经济建设和行业发展服务中彰显办学特色。

——把内涵发展作为学校工作的目标要求。学校要建成有特色、高水平大学，就必须把内涵发展作为学校事业发展的生命线，瞄准一流财经大学加快内涵发展，不断缩小与一流财经大学的差距。

（三）办学定位

发展目标定位：有特色、高水平财经大学。

类型定位：多科性、教学研究型。

功能定位：以育人为本，统筹人才培养、科学研究、社会服务与文化传承，全面提升办学质量与水平。

办学层次定位：稳定本科教育，大力发展研究生教育，积极拓展留学生教育，做大做强继续教育。

学科专业定位：以经济学科与管理学科门类为主，粮食经济为特色，经济学、管理学、法学、工学、理学、文学、艺术等多学科相互支撑、协调发展。

培养目标定位：培养厚基础、强能力、高素质，德智体美全面发展，具有社会责任、国际视野、创新精神和创业能力，具备经济管理知识素养的复合应用型人才。

服务面向定位：立足江苏，面向长三角，面向粮食与财经行业，辐射全国，走向世界。

（四）发展战略

质量提升战略。坚持质量提升的战略不动摇，以体制机制创新推动学校又好又快的发展。努力提高人才培养、科学研究、服务社会的能力和水平。

特色发展战略。坚持有所为有所不为的原则，在人才培养、科学研究和社会服务方面走特色发展之路。进一步强化和拓展学科特色，铸就有引领力、凝聚力、感染力和南财精神的校园文化。

人才集聚战略。有效集聚各类人才资源，加大人才引进力度，提升人才培养强度，全力打造一支"师德高尚、业务精湛、素质优良、结构合理、充满活力"的教师队伍。

深度开放战略。一方面，加强对内合作。促进学校内部开放，打破学科阻隔和行政壁垒，建立健全多学科、多学院、多部门的协调合作机制；另一方面，深化对外开放。借鉴国际国内先进的教育理念和经验，引进和用好国内外优质教育资源，开展多层次、宽领域的教育交流与合作，促进学校改革与发展。

三、规划目标

（一）总体目标

经过建设与发展，力争到"十三五"末，使学校在人才培养质量、科学研究水平、社会服务能力等方面有明显的提升，初步建成有特色、高水平财经大学，整体办学水平位居全国各省属财经大学前列。

（二）具体目标

在人才培养规模方面，到2020年，全日制普通本科生稳定在16000人以内，在校研究生规模力争达到3000人，其中博士生30~50人。扩大出国访学和来华留学生比例，使在校留学生规模达到600人以上。

在人才培养质量方面，育人为本的理念更加牢固，教育教学改革取得明显成效，力争获得国家级优秀教学成果奖;毕业生综合素质及学业能力得到社会广泛认可,毕业生就业率达到98%以上。进一步办好成人教育,有选择地做好各类培训工作,提高办学效益。

在学科发展方面,通过努力,确保服务国家特殊需求博士人才培养项目顺利通过验收;使应用经济学、工商管理、粮食安全与工程3个优势学科达到国内先进水平;加强特色学科群、主干学科群和基础学科群建设;注重新兴学科的培育和发展。

到"十三五"末,力争获得博士学位授权一级学科1~3个,新增硕士学位授权一级学科1~2个,专业学位点3~5个。

在教师队伍建设方面,根据学校办学规模和办学层次的发展需要,结合独立学院体制转型的现实情况,到"十三五"末,教师总量达到1250人左右,其中专任教师1100人;教授200人左右,副教授400人左右,具有博士学位的专任教师比例达到65%左右,其中海归博士和有海外学术背景的教师比例达到18%以上,专业外教30名左右;高层次人才建设取得突破,新增长江学者、国家杰出青年基金人才、国家级教学名师3人以上。

在科学研究与创新方面,在应用经济学、工商管理、粮食学科等领域建设高水平创新平台,努力形成国内有重要影响的研究基地。积极培育"大数据""互联网+"等新兴学科创新平台;努力打造有重要影响的新型高端智库。

到2020年,力争年度国家自然科学基金和国家哲学社会科学基金年立项数达到50项左右,国家级重大重点研究项目平均每年1项以上;"十三五"时期各类科研经费累计达到3.5亿元以上,在国家级科研成果奖项上有突破,在SCI、SSCI期刊上每年发表论文数量达到100篇,在CSSCI期刊每年发表论文300篇以上。

在管理服务方面,牢固树立"教学以学生为本、办学以教师为主"的管理服务理念,完善现代大学制度,形成与高水平财经大学相适应的高效、优质的管理和服务体系,切实提高行政效率和服务水平,营造崇尚学术、尊师重教的校园氛围。

四、主要任务

(一) 深化教育教学改革,提高人才培养质量

牢固确立人才培养在学校的中心地位,立德树人,按照"厚基础、强能力、高素质"的培养原则,兼顾学生个性化发展需要,以提高人才培养质量为核心,以培育社会主义核心价值观为根本,主动适应社会需求,深化教育教学改革,在"大财经"的视域下推进人才培养质量的不断提高,努力培养厚基础、强能力、高素质,德智体美全面发展,具有社会责任、国际视野、创新精神和创业能力,具备经济管理知识素养的复合应用型人才。

1. 以人才培养模式改革为主线,全方位推进本科教学改革。按照经济社会发展的新需求、教育教学评估的新标准以及教育部颁布的专业建设新规范,结合经济社会发展对人才的新要求,修订和完善各专业的人才培养方案。

深化人才培养模式改革,因材施教,分类培养,分层教学,逐步构建学生个性化培养

体系。

积极推行双学位、辅修制，探索实施学生自主选专业、导师制、弹性学制相结合的培养模式。

探索实施拔尖创新人才培养计划，促使本科生和研究生培养过程有机衔接。推进学分制改革，逐步构建与之相适应的教学管理模式。

以江苏高校品牌专业建设工程一期项目建设为契机，系统推进教学团队、课程教材资源开发、实验实训条件建设、国内外教学交流合作、教学研究与改革等专业内涵建设。深化培养模式、教学计划、教学管理等各环节的综合改革，保证品牌专业建设有所突破，形成品牌示范效应，带动全校专业建设水平的提升。积极参加专业认证评估工作，不断推进专业综合改革，调整优化专业结构。根据国家发展新需求和学校实际，设置相应的新专业，根据就业率、办学条件和社会需求适当调减专业。

不断优化课程体系，加强课程资源开发。自建与引进相结合，推进互联网、云计算、大数据等信息技术与教育教学深度融合，加大在线课程建设力度，构建数字化教学资源库、开放式网络课程教学平台，完善数字化教学环境；实现全部课程的教学文件及教学资源等网上开放，积极构筑"虚拟课堂""虚拟学期"，提高课程网络资源的利用率；引入行业企业参与符合职业资格标准的新课程开发；不断精炼和更新教学内容。

按照统一性和多样性相结合的要求，加强公共基础课、专业基础课、专业主干课建设，提高专业选修课和通识选修课的比重，增开公共选修课程，为学生提供内容丰富、可选性强的通识课程，满足学生个性需求，促进学生全面发展。

积极参与省级以上各类课程建设项目，构建内容丰富、形式多样、开放共享、高质量的课程体系。

推进"大学英语""计算机基础""思想政治理论"和"体育"等公共基础课程的教学改革，不断提高教学效果，制订以能力水平为主要目标的考核办法。

积极推进教学方式改革，鼓励研究性教学，探索多样化教学方法，实行多元化考核。积极应对"互联网＋"带来的挑战，创新课程形式，倡导"翻转课堂"、混合式等教学新模式，建立线上教学与线下教学有机结合、有利于学生自主学习的教学运行机制，创新在线学习的学分管理、学籍管理、学业成绩评价等制度。

创新人才培养的评价制度，改革学生课程考核方法，加快建立以过程评价为主的学生学业评价体系，充分调动学生学习的主动性、积极性和创造性。

彰显育人本质，全面提高"第二课堂"活动的质量与水平。把"创新、创业"教育融入人才培养全过程，加强对创新创业教育的组织领导，实现创新创业教育与专业教育、素质教育、职业发展与就业教育的有机结合。强化创新创业教育理念，不断提高师生对创新创业教育的思想认识。积极构建创新创业教育实践体系，尝试开设创业实验班、成立虚拟创业学院等。深化教学内容和课程体系改革，优化创新创业教育内容和教学方法。

强化创新创业实践平台建设与创新创业教育实践基地建设。加强与政府、企事业单位的多方合作，形成校内校外相融合的创业教育实践基地，搭建良好的创业实践平台。

建设一支高素质、多元化、专兼职结合的创新创业指导教师队伍。建立与创新创业教育相适应的激励政策与制度，创新创业教育经费纳入学校预算。

进一步加强学生实践能力的培养，按照培养方案的要求，加强教学实验室和校外实习基地建设，认真开展教学实验、实习环节的督导检查工作，做实、做好教学实验与实习工作，切实提高学生的实践能力。

完善学校公共实验平台、学院特色实验中心、学科前沿实验室和实践教育基地在创新型人才培养中的共性协调功能，大力提高实验室的共享度。

完善人才培养质量标准，建立健全符合国家标准的人才培养质量标准体系；建立本科教学基本状态数据库，做好本科教学质量和毕业生就业质量年度报告的发布工作，调动社会各界关注和支持学校事业发展的积极性。

发挥好教师教学发展中心作用，不断提高教师教学的能力和水平。

"十三五"时期，要顺利通过教育部组织的本科教学审核评估；确保5个省级品牌专业建设达到预期目标，顺利通过验收；争取获得3～5项省级"优秀教学成果奖"，1～2项国家级"优秀教学成果奖"。

2. 以分类培养为着力点，大力提升研究生培养质量。按照"服务国家特殊需求博士人才项目"的目标要求，加大投入，加强博士生培养过程管理，确保博士生培养质量达到项目建设要求。

按照服务于国家创新型人才和高层次应用型人才的不同需求，进行"学术学位"与"专业学位"研究生教育的分类培养。学术学位研究生教育要加强理论教育和创新能力的培养；专业学位研究生教育要突出职业能力和实践能力的培养。积极探索并完善全日制专业学位研究生培养模式，积极推行产学研结合的"双导师制"，建立一支适应专业学位研究生教育的师资队伍及相应的教学科研评价体系。

加大研究生招生宣传力度，不断提高博士研究生、硕士研究生生源质量。

要进一步完善研究生教育的监督、评价和调整机制，推进质量保障和监督体系建设，强化导师责任，加强指导过程管理，提高研究生学位论文质量，在江苏省研究生论文抽检优秀率位居省属高校前列。

3. 以优化继续教育结构为抓手，不断提高继续教育效益。优化继续教育结构，着眼于非学历化、高端化，积极拓展办学资源和办学空间；以质量促发展，以品牌创效益，发挥学校传统优势，把学校的优势特色专业建设成为国内继续教育和现代远程教育的品牌，同时带动和促进其他专业的设立和建设，构建灵活开放的终身教育体系，搭建继续教育的"立交桥"。

（二）充实内涵，提高水平，大力加强学科建设

牢固树立学科建设的龙头地位，坚持"凝练学科方向、汇聚学科队伍、构筑学科高地"的建设原则，以国家和地方经济社会发展需求为导向，做强特色学科，发展交叉学科，培育新兴学科，进一步优化学科结构，提升学科建设层次和水平。

1. 紧抓主要任务 。把服务国家特殊需求博士人才培养项目作为学科建设的主要任务来抓，确保通过国家验收，使学校跻身博士学位授权高校行列，加强建设并力争获得博士学位

授权一级学科 1~3 个。

2. 打造学科高峰。精心组织实施好"应用经济学、工商管理、粮食安全与工程"3 个江苏省优势学科建设项目,确保建设任务按期完成,使之整体达到省内领先、国内先进水平,形成学科高峰。

3. 建设学科高地。加大支撑学科的建设力度,努力把理论经济学、统计学、软件工程、马克思主义理论、管理科学与工程、法学等有较好基础或发展潜力的学科,建设成学科高地。

4. 发展新兴交叉学科。通过政策支持与资金投入,以点带面,突出特色,在互联网金融、大数据科学、电子商务、现代物流、新媒体、文化创意等新兴学科领域开展创新研究,培育若干具有发展潜力的新兴学科方向或新的学科增长点。鼓励公共管理、理学、文学、艺术学、体育学等学科的特色发展。

5. 改革学科管理机制。完善学科发展的激励机制;充分发挥学院、学科带头人在学科建设中的主体作用;推进学部制管理改革,通过制度创新和机制创新,破除学科和行政单位壁垒,进一步提高学科建设绩效。

以"现代服务业"和"现代粮食流通与安全"2 个江苏省协同创新平台为依托,以重大学术问题为纽带,实现不同学科、不同学院、不同单位学术人员的有机结合,提高协同创新能力,提升学科水平和影响力,确保 2 个协同创新中心通过验收。

(三) 引进与培养相结合,全力加强师资队伍建设

以服务国家发展战略和特殊需求为根本宗旨,以人才培养、科学研究、社会服务的具体需求和任务为基本导向,以优势学科建设为依托,按照"人、队、群"的思路,以"人"带"队",以"队"统"群",人、队、群良性互动、有机融合,构建师资队伍全新体系。通过全面实施以"人才引进计划""高端人才支撑计划""青年学者支持计划""海外学者支持计划"为主的"师资队伍水平提升计划",做大增量、激发存量,不断促进教师队伍整体水平提升与可持续发展,造就一支"总量适应、结构合理、水平突出、平台支撑"的高素质专业化师资队伍。

1. 创新观念,牢固确立师资人才是第一资源的理念。进一步树立师资立校、师资强校的发展理念,把师资队伍、学术人才作为学校事业发展的第一资源。充分尊重信任教师,科学合理地激发教师的潜能,最大限度地保护、调动和发挥教师的积极性。在引进、培育、使用、服务等各个环节,努力更新观念,营造宽松的人际氛围,构建广阔的合作空间,搭建事业平台,营造"公正、规范、有序"的爱才、惜才、用才、育才的氛围和服务方式。

2. 着力改革,不断优化师资人才管理服务体系、机制。实施校聘教授、副教授制度、新一轮岗位聘用制以及高端人才支持计划;完善差别化人才引进制度;推行评聘分开和教师的分类管理制度;实施职员职级制、流动岗位制;试行"人才特区",汇聚一批优秀拔尖人才;试行按照学术团队进行考核的制度,切实发挥教授的学术带头人作用;试行教师在职称晋升期限内"非升即走、非升即转"的优胜劣汰政策;探索实施高层次人才的校内定制化服务制度等改革举措,不断建立健全依法管理和服务体系,实现以增量带动存量,存量海纳

增量，增量存量互动发展的师资队伍整体格局。

3. 明确责任，构建师资人才多层级责任体系。进一步明确学校、学院以及博士项目、优势学科、协同创新中心、重点学科等学科或创新平台负责人在师资人才队伍建设方面的职责与具体任务，完善相关考核体系和任务指标评价。按照"德业双馨"的要求，持续推动引进与培育相结合，理论与实践相统一，教学与科研相促进，国内与国外相融合；完善机制，营造氛围；差别对待，协同推进；深化改革，政策导向。

学院层面要继续完善并实施教师综合素质提升计划，在强化师德建设的基础上，整体提升教师的教学、科研水平和跨文化交流能力、实践能力。继续把引进放在突出位置，把培养和使用落到实处，营造和谐干事创业的环境。各有关平台负责人要充分发挥举荐、关怀、引导的作用，把师资人才建设作为一项重要任务和职责。新增长江学者、国家杰出青年基金人才、国家级教学名师3人以上。

建好首个博士后流动站，把博士后流动站建成学校人才汇聚、科技创新、师资补充的重要基地；本着"不求所有、但求所用"的理念，进一步创新海外引智工作思路，健全引智保障机制，充分发挥海外智力在师资队伍建设和学校事业发展中的作用。

4. 加大投入，保障师资队伍建设的资金需求。多渠道筹措人力资源保障经费，统筹好各类专项建设资金及学校事业经费，加大对人才引进与建设的投入。"十三五"时期，师资队伍建设经费不少于2.5亿元，每年师资队伍建设经费5000万元左右。加大高层次人才和青年拔尖人才的经费支持力度，有效保障学校的各类人才支持计划、人才特区制度以及其他相关支持政策的经费落实，在优秀人才的持续培养和建设中带动学校学术地位和竞争实力的提升。

稳步推进分配制度改革，完善教师奖励性绩效工资分配办法，探索按任务、按业绩确定报酬的收入分配制度。通过向一线教师队伍和优秀拔尖人才的待遇倾斜，不断激发教学科研岗位教师工作的积极性和创造性。

（四）突出特色，强化创新，不断提高科研水平

进一步突出科研工作在学校发展中的先导地位，按照"量为基础、质为核心、促进教学、服务社会"的原则，加强科研资源整合和研究方向的凝练，完善科研激励机制，全面提升学校的科研能力与核心竞争力。

1. 立足学科前沿，加强学术创新。继承"崇尚学术、追求真理"的优良学术传统，不断推进学术创新。坚持服务国家目标与鼓励自由创新探索相结合，以重大现实问题为主攻方向，加强应用研究。站在学科发展前沿，注重"大数据""互联网＋"等新技术革命引发的新兴学术问题，结合学校研究特色，凝练重大攻关方向，争取在新的研究领域有所作为。

不断推进科学研究的国际化、本土化、规范化，努力产出具有重大理论创新价值和实践应用价值的研究成果。到2020年末，力争获得省部级优秀科研成果一等奖5项左右，国家级科研成果奖有所突破。

实施基础研究扶持计划，支持原始理论创新与应用基础创新研究，鼓励前瞻性和新兴学术领域方向的研究，不断提高科学研究的贡献率和影响力，每年承担国家自然科学基金和国

家哲学社会科学基金项目数达到 50 项左右，国家级重大重点研究项目平均每年 1 项以上，各类科研经费年平均达到 7000 万元以上，每年在 SCI 和 SSCI 期刊上发表论文数量达到 100 篇，每年在 CSSCI 等期刊上发表论文达到 300 篇以上。

建立以鼓励学术创新为目标的人才引进标准、科研评价与激励机制，营造有利于学术创新的氛围。大力促进科研与教学互动，与创新人才培养相结合。

加强高水平学术创新的载体建设，继续办好《产业经济研究》，不断提升《南京财经大学学报》和《粮食经济研究》的办刊水平。

2. 加强组织协调，推进协同创新。深化基层学术组织改革，择优选择 1～2 个学校重要研究平台进行重点建设，不断提升科研水平，使之成为国内先进的重要科研基地或政府决策的新型高端智囊机构。

按照"国家急需、江苏一流、制度先进、贡献突出"的总体要求，充分发挥"江苏省现代服务业协同创新中心"和"现代粮食流通与安全协同创新中心"两个江苏省高校协同创新中心的独特作用，以国家和区域发展的重大需求为导向，以重大协同创新任务为牵引，以体制机制改革为保障，汇聚优秀创新团队，聚集各种创新资源，创新人才培养模式，深化国际合作交流，优化创新环境，提升人才、学科、科研"三位一体"创新能力，完成好协同中心的建设任务，使协同创新中心成为具有国内重大影响的学术高地、行业产业共性技术的研发基地、区域创新发展的引领阵地和文化传承创新的主力阵营。

3. 鼓励团结协作，构建学术团队。增强科研共同体意识，加强各类创新团队建设。通过学校推动、自发形成等途径，逐步形成以学科建设为重点的学科创新平台、以重大项目攻关为纽带的科研创新团队、以提供智力支持为重点的社会服务团队、以本科人才培养为目的的各类教学团队、以研究生培养为载体的基层学术组织、以问题为导向的灵活多样的科研组织。完善创新团队建设的政策和机制，鼓励跨学科、跨学院、跨领域的合作研究，逐步形成一批在学界和业界有影响力的创新团队，争取在国家级创新团队方面有所突破。

4. 完善科研评价制度，提高学术评价科学化水平。完善以创新和质量双驱动的科研评价机制，增强科学研究的学科意识，引导学术研究主动促进学校学科建设和人才培养水平的提高。健全科学合理的学术评价体系，进一步完善理论研究和应用研究并重的评价与激励制度，完善合作类与应用类研究成果的认定和评价办法。逐步推行"代表作"制度、同行专家评议等国际学术评价的通行做法，为教师和科研人员潜心研究，产出高质量的创新性研究成果营造更加宽松的学术氛围。完善二级单位科研管理制度，健全教师学术休假制度。加强学术道德和学术规范建设。

（五）面向行业和地方需求，不断增强社会服务能力

立足江苏，面向地方及行业经济与社会发展，以服务国家战略为重点，坚持"以服务求支持、以贡献求发展"的原则，突出粮食经济特色，将学校发展与经济社会发展紧密联系起来，敏锐抓住历史机遇，发挥学校智力、人才优势，通过全方位开放合作，为学校发展赢取更多空间、资源和机遇，不断提高办学质量和社会影响力。

1. 加强新型高端智库建设。紧紧围绕国家、行业和区域重大战略需求，加大"粮食安

全""现代流通产业""南京都市圈""现代服务业"等领域的研究力度，积极参与决策咨询，主动开展前瞻性、对策性研究，充分发挥智囊团、思想库作用，推出一批"叫得响、用得上"的决策咨询和政策建议，力争建成1个省级"新型智库"。打造行业智库，加强粮食经济发展研究院的建设，担当起国家粮食行业发展"智囊团"责任。

2. 积极服务行业、地方经济与社会发展需要。认真规划和落实省局"共建项目"，积极参与国家粮食安全、粮食储运技术与管理相关的财经管理问题的研究，积极打造"粮食经济大数据研究平台"，进一步彰显学校的粮食经济特色，增强和提高粮食行业服务的能力和水平。充分发挥学校人才培养的优势，科学定位各类粮食人才培养目标，分层次地为国家、行业、地区培养各类粮食人才。加大面向地方粮食产业类的专门人才和高级人才的培训力度。

深度参与地方经济社会发展，主动围绕"江苏沿海开发战略""长江三角洲地区区域规划"的需求，为粮食产业、现代服务业的科技创新提供支持。

建立政产学研合作机制，加强与地方政府、大型企业、科研院所的稳定合作，积极参与行业、区域的技术创新体系建设，推动行业与区域经济社会发展。

3. 做好校友服务工作。坚持以情感为纽带、以沟通为前提、以双赢为目标，健全"学校助力校友发展，校友支持学校发展"的长效机制。牢固树立"支持校友终身发展"的工作理念，服务校友职业发展。全方位搭建校友交流平台，加强校友管理信息系统建设，形成多维度校友联系网络。进一步加强校友会工作，支持国内省市级校友会的建立，适时在校友集中的国家和地区建立海外校友会。

4. 努力打造现代服务业大学科技园。坚持"资源整合、营造环境、开放共享"的基本原则，把学校大学科技园建成具有现代服务业特色的"大众创业、万众创新"的平台与载体。通过在大学科技园建设 2000～5000 平方米大学生创新创业平台示范区、5000～10000 平方米知识产权集聚试验区，打造具有现代服务业特色的科技创业创新载体。不断提升学校科技园有限公司的运营水平，提高国有资产保值增值能力，为服务地方经济建设和行业发展多做贡献，完成年度经营目标。发挥学校专业特色优势、校友资源优势，鼓励师生创业并入园。积极建设和申报省级、国家级大学科技园，不断提升服务社会的层次与水平。

（六）实施"深度开放"战略，进一步提升国际化水平

坚持请进来与"走出去"相结合的原则，坚持开放办学，建立和完善国际化的政策体系和组织机制，通过提升学生国际化、教师国际化、研究国际化和管理国际化水平，逐步形成"全方位、多领域、高层次"的国际合作与交流新局面。

1. 改革国际合作交流机制。改革国际合作交流机制，建立和完善以学院为主体、以教师为主力、以教学科研为主题的海外合作与交流工作新机制；健全有关教育国际化的规章制度，完善教育国际化工作评价指标体系，以国际化推动学校各项事业的发展。

办好商务孔子学院，并以此为窗口，扩大和深化校际合作交流。

到"十三五"末，每个有本科专业的学院都要与 1～2 个国际知名高校的相关学科专业建立持续稳定的国际合作交流关系，聘请 1～2 名外籍教师。在全校遴选 1～3 个条件好的专

业，采用全英文授课。争取与境外知名大学合作举办高等教育机构或学院，全面引进国外教材、教育模式及教学方法，不断提升国际合作与交流的层次和内涵。

2. 提升学生国际化水平。大力拓展学生交流项目尤其是中外双学位联合培养项目，鼓励并支持学生积极参加短期国际交流和国际学术会议，大幅提高海外访学和出国留学学生的比例，拓展学生的国际化视野，提升学生的跨文化交际能力。

到 2020 年末，新增 1~2 个国家批准的中外合作办学项目，3~5 个中外校际合作项目，努力创办国际合作高等教育机构或学院；使有出国（境）学习经历的学生人数与在校本科生及研究生总数的比例达到 1/10；进一步扩大留学生规模，使留学生来源结构更趋合理，提高留学生教学、管理、服务水平，全日制留学生规模达到 600 人左右。

3. 提升教师国际化水平。为了吸收和借鉴国外先进的教学理念、教学模式和教学方法，优化教学内容和课程体系，提升国际化人才培养质量，继续大力推进教师特别是青年教师的海外交流工作，积极吸引具有海外学习和工作经历的著名学者到校工作和交流，建设一支多元文化背景、善于学习国外先进经验的高水平师资队伍。

2020 年末，每个学院要聘请 1~2 名外籍教师，教授专业课程、指导青年教师、合作开展学术研究、发表高水平国际刊物论文。

4. 提升科学研究国际化水平。利用学校学科优势和国际学术资源建立若干个中外合作研究中心，开展联合科研攻关，申请立项的国际合作课题达到 5 个左右。

坚持"质量为本，为我所用"的原则，主办的高水平、高规格国际会议达到年均 1 次。

重视 SSCI、A&HCI、SCI 等英文检索期刊论文发表，大力推进国际论文发表工作。

统筹计划并积极参与国际专业评估和认证，推动商学院 AACSB 认证，鼓励各学院在本科、硕士各层次开展国际认证或评估。

5. 提升管理国际化水平。充实和加强各学院和职能部处负责国际交流的人员队伍。选派管理人员到发达国家高校进行短期学习研修。派遣工作业绩突出、外语水平高的年轻管理人员到国外高校进行学习培训。加强对管理人员外语、行政管理及国际礼仪等方面的培训，不断提高服务留学生和外籍教师的意识和水平。

（七）加强科学管理，推进现代大学制度建设，为学校事业发展提供条件保障

按照管理"精细化、信息化、法治化、科学化"的管理原则，构建充满活力、富有效率的现代大学运行机制；坚持开源与节流并重，逐渐增强财经保障能力，实现资源优化配置，提高资源使用效率；加强公共服务体系建设，增强图书馆、校园网、实验室等公共平台的服务功能、育人功能；加强校园绿化、美化工作，实现与学科建设、人才培养、科学研究相协调的功能布局；不断改善师生学习、工作和生活条件，营造和谐稳定的良好氛围。

1. 依法治校，提升科学管理水平。全面实施"依法治校"，依据《南京财经大学章程》，全面梳理和规范学校规章制度，提升学校依法办学和治校的能力。以《南京财经大学学术委员会章程》为依据，充分发挥学校学术委员会在学科建设、学术评价、学术发展中的重要作用。科学划分、规范行使各级行政权力和学术权力。

探索设立学校理事会，建立社会各界参与、支持学校发展的新机制。

进一步完善学校教职工代表大会制度和二级教代会制度等形式的民主监督机制，健全教代会执委会工作规范，不断提高广大教职工参与民主管理的积极性。进一步发挥教代会、学代会的积极作用，加强工会、共青团、学生会等群众团体建设。进一步完善同党外代表人士的联系交友制度，充分调动和发挥各民主党派与无党派人士、校友代表等各方代表人士参与民主管理和民主监督的积极性。

进一步完善红山学院的法人治理结构，建立健全理事会运行机制，实行理事会领导下的院长负责制。理事会按照学校的决策要求，根据理事会章程，负责研究决策红山学院改革与发展的重大事项，红山学院院长领导红山学院具体执行和落实理事会决定，具体负责红山学院的日常管理工作。桥头校区管理委员会代表学校具体负责协调红山学院办学中与地方、学校相关部门的关系，保证红山学院的正常发展。按照教育部《独立学院设置与管理办法》的要求，加快红山学院改制转型工作，建立规范、高效的独立学院运行机制，不断改善办学条件，进一步提高人才培养质量。

按照现代大学制度的要求，进一步加大校内管理组织机构改革力度，探索建立更有利于汇聚学科群的学部体系以及更有利于高效管理的大部（处）体系。

深化人事制度改革，加强人事管理，合理配置各类人力资源。实施教师分类管理，差别化考核，充分调动各类教师潜心教学、科研的积极性；探索干部职员制改革，规范双肩挑岗位设置，引导管理干部及其他非专任教师潜心管理服务；进一步完善人事管理制度，严明劳动纪律，规范各类人员的考评，努力形成奖罚分明、积极向上的工作氛围。

2. 开源节流，加强财力保障水平。以保障学校事业发展为目标，以预算管理为中心，强化收支责任，积极争取政府投入，努力提升科研经费总量，形成结构合理和稳定的财源，以充裕的财力保障学校"十三五"改革与发展目标的实现。

建立健全财经管理制度，创新财务管理机制，加强精细化与规范化管理，提高科学理财能力。加强预算管理，根据重点支持和全面保障相统一的要求，科学合理安排预算。缓解利息负担，制订具体计划，积极努力化解学校债务。优化支出结构，研究制订开源节流相应办法，调整收入分配政策，严格"收支两条线"制度。合理调配资金，增强学校归集、融通、调控资金的能力，确保资金链安全。广开财源渠道，全面提升学校筹资能力，下放财权，充分调动学院、部门积极性，培育创收增长点。掌握政府财政支持的重点和方向，全力争取重大项目资金，在确保各类专项资金收入稳定增长的前提下，每年再争取各级政府财政资金1000万元左右。

规范办好成人教育和各类培训工作，坚持有所为有所不为的原则，利用学校的学科专业优势，开展各类社会影响大效益好的培训项目，争取年均为学校财政创收700万元。

以合作发展为前提，以服务求支持，积极探索校友、企业、政府等社会各界支持学校事业发展的新形式、新途径，以学校教育发展基金会为平台，全面提升学校筹资能力，力争年均社会筹资1000万元。

积极采取有效措施，深入推进节水、节电、节材工作，努力减少能源消耗，降低运行成本。加强对新建及修缮项目的节能论证，加强管理节能和技术节能。严控行政运行成本，推行"阳光消费"，着力解决体制性、结构性、资源性浪费，杜绝不合理支出。大力加强教室、实验室、宿舍等公共场所对水、电的使用管理。加强节约意识的宣传教育，增强师生员工建设节约校园的能动性，积极营造节约氛围。水电开支力争比"十二五"时期年均节约800万元。

完善国有资产综合管理平台，规范管理好学校各类资产。盘活经营性资产，提高资产经营有限公司的管理水平，不断提高资产效益，力争年收益达到1000万元。

提高财务信息化管理水平，努力实现网上"报账"服务。

3. 育人为本，加强教育资源建设。加强校园建设，积极筹措资金，通过对仙林校区专1~专4楼的合理改造，改善教师工作条件，为每一位专任教师提供适当的工作空间；对外寻求适当的合作伙伴，逐步完成学生宿舍供热系统、大学科技园配套餐厅和招待所、学校体育场馆的改造维修与升级工程，不断完善校区功能，改善办学条件。

加强信息化建设，坚持"统筹规划、分步推进、资源共享、合理使用"原则，以网络建设为基础，以资源共享为核心，形成资源高度共享的信息化公共服务体系；拓展服务功能，改善教学科研信息化环境，为人才培养和科学研究提供有力支持。大力加强信息资源整合集成，切实提高校园门户网站、信息化门户平台的开发建设水平，构建数字化的学习、工作环境，提高服务的信息化水平，形成"智慧校园"，努力使学校信息化管理达到国内财经高校先进水平。

加强图书馆建设，丰富电子图书及权威数据库资源，重点保障人才培养和优势学科图书及数据库建设，适当增加人文社科和新兴学科图书及数据库，提高图书和数据库资源的学科覆盖面。逐步优化馆藏资源的配置比例，逐步提高馆藏质量。加强高校馆际交流与合作，提高馆际互借服务意识和水平，努力满足师生图书资料的需求。

加强科研平台和基地的建设和开放力度，发挥多学科综合优势，组建若干交叉学科创新实验平台，紧紧围绕教学科研任务，构建完善的基础实验、专业实验、综合与创新实验教学体系。

加大实验室开放和共享力度，增加学生自主设计实验机会，提高实验资源使用效率。不断提高实验教学信息化管理水平，逐步实现实验室门禁、选课、管理等实验教学环节的信息化。

加强档案馆建设，提升档案管理的规范化、科学化和信息化水平，规范归档工作，进一步整合开发和广泛利用档案等文博资源。

收集整理校史资料，规划建设好校史馆，使之成为继承学校历史文化、展示办学成就的资教育人基地。

4. 环境育人，建设美丽校园。遵循现代规划设计理念，坚持"适用、超前、创新、厚重"的原则，规划协调好三个校区的功能布局，优化教学资源配置，完善公用和基础设施，美化校园环境，加强环境育人功能，做到使用功能、育人功能和审美功能的和谐统一，实现与学科建设、人才培养、科学研究的相协调，形成布局合理、分区明确、功能完备、交通便利、设施先进、环境优美的校园。

按照仙林校区作为普通本科和研究生人才培养基地、科学研究基地和学校管理中心，福建路校区作为继续教育和社会服务基地，桥头校区作为独立学院办学及人才培养基地的功能定位，在确保主体功能充分发挥和有效利用的前提下进行校园建设。

对山、水、园、林、路以及各类人文景观进行精心设计，充分体现各校区及功能分区的不同风格，融绿化因素与文化内涵于一体。

加强校园基础设施建设、维护与维修，保障教学、科研及师生生活的基本需求。加强对校园周边环境治理，努力建设安全校园、美丽校园。

5. 关注民生，建设和谐校园。坚持把发展作为第一要务、稳定作为第一责任，不断改善师生学习和工作条件，维护校园和谐稳定，使广大师生员工切实享受学校改革发展成果，让师生有更多获得感。

着力改善民生，根据学校发展财力，逐步提高教职工收入水平，尤其是青年教职工的工作条件，关注师生健康，加强和改进离退休工作。

着力服务学生成长成才，完善特困学生帮扶机制，提高就业指导服务水平，关爱残疾学生，保障学生权益，改善学习生活环境，努力形成热爱学生、服务学生、培育学生的浓厚氛围。

着力提高后勤服务水平，以服务为宗旨，推行精细化服务、主动服务、亲情服务，完善服务目标体系、服务规范体系、服务标准体系、服务制度体系、服务承诺体系，推进后勤社会化、规范化、科学化管理工作，不断提高后勤服务质量和师生满意度。适时推进公车改革，研究出台新形势下的公车、班车的使用和运行模式。

加强校园保卫工作，着力维护校园稳定，进一步完善突发事件应急机制，健全校园治安防控体系，重视消防管理，加强消防隐患排查，建设安全校园。加强校园交通管理，防范交通事故，制订内外有别的合理停车收费办法，逐步实现校园机动车管理的信息化、规范化。进一步加强信访工作，从源头上预防信访问题的发生。

6. 文化育人，加强校园文化建设。打造"人文南财"，致力于培育新时期的"南财精神"，为建设有特色、高水平财经大学提供精神动力和文化支持。

继续发扬"自谦、自信、务实、超越"的校训精神，对学校文化品格、办学特色、校风、教风、学风等开展深入研究、凝练和规范，以文化人，不断提高学校文化建设的引领力、凝聚力和传播力。

充分发挥校旗、校歌、校徽等文化符号的认同和凝聚作用，发布《南京财经大学视觉形象识别系统（VIS）手册》。

通过道路楼宇命名，物化校训精神，实现校园建筑使用功能、审美功能和教育功能的和谐统一。

发挥共青团、学生会、学生社团等组织的积极作用，促进校园文化活动的蓬勃开展，不断提升校园文化的育人功能。

丰富学院（机关）文化活动，形成"相互尊重、相互欣赏、多样互补"的学院（机关）文化。

（八）加强党建工作，为学校改革与发展提供坚强的政治保证

实施"党建引领"工程，围绕提高学校党的建设科学化水平，全面从严治党，以改革

创新精神全面推进学校党的思想、组织、作风、反腐倡廉和制度建设，充分发挥基层党组织的战斗堡垒作用和党员的先锋模范作用，切实做好新形势下的群团工作，努力调动全校师生员工的积极性、主动性、创造性。

1. 加强学习型、创新型、服务型党组织建设。健全理论中心组学习制度，完善党员学习教育体系，加强马克思主义理论学科建设和宣传思想阵地建设，深刻领会"四个全面"战略布局和五大发展理念的丰富内涵，牢固树立中国特色社会主义共同信念。面对学校面临的新情况、新问题，力争在体制创新、文化创新等方面有新举措新作为。任何时候都要把广大师生的利益放在第一位，始终与广大师生心连心、同呼吸、共命运。

2. 加强领导班子和干部队伍建设。坚持和完善党委领导下的校长负责制，加强校级领导班子的建设。制订实施《南京财经大学 2016～2025 年干部队伍建设规划》，强化"想改革、谋改革、善改革"的干事氛围，抓好干部的培养与考核，着力建设一支与有特色、高水平财经大学相适应的高素质干部队伍。按照"民主、公开、竞争、择优"的原则，采取多种形式，选拔中层领导干部。逐步探索干部能上能下制度。加强领导干部作风和机关作风建设，实行领导干部质询制和问责制，对管理服务部门进行满意度测评。

3. 加强基层党组织建设。完善基层党组织设置，丰富和创新基层党组织活动的内容和形式，改进考核评价制度，增强基层党组织活力。继续巩固群众路线教育实践活动成果，充分发挥基层党组织的战斗堡垒作用和党员的模范带头作用。

4. 加强党风廉政建设。深刻领会"全面从严治党"的重要意义，认真抓好"两个责任"的落实。深入贯彻落实党风廉政建设责任制，加强反腐倡廉教育和校园廉洁文化建设，强化监督检查，完善廉政风险防控管理长效机制，严肃查处各类违纪案件。

5. 加强制度建设与党内民主建设。健全贯彻民主集中制的各项制度，进一步落实"三重一大"决策制度，完善集体领导与个人分工负责相结合的制度。加快推进党务公开，完善学校党内情况通报制度。保障党员民主权利，完善党内选举制度和民主决策机制，建立健全党代会代表发挥作用的制度和办法，增强学校党组织的创造活力。

6. 加强学生思想政治工作。进一步加强学生思想政治工作，健全学生思想政治工作机制，注重学生课外科技活动、体育活动和社会实践等活动与课堂教学的统筹协调和有机统一，做好学生的操行评定和综合素质评价工作，促进每一个学生全面健康成长。积极做好学生党员发展工作，保证学生党员发展质量。加强和改进学生党支部的建设，制订实施《南京财经大学学生党支部工作条例》，创新学生党支部设置形式，加强学生党支部书记队伍建设。进一步加强网络思想政治工作，营造多层次的校园网络文化，用正确、积极、健康的思想文化占领网络阵地。

五、组织与保障

本规划意义重大，影响深远，战略实施的时间跨度大、工作要求高。全校上下要高度重视，精心谋划，认真实施，确保各项目标和任务落到实处，力争战略规划的全面实现。

（一）高度重视、加强领导

本规划事关学校未来 5 年发展全局，事关每一位师生员工的切身利益。学校各级党组织、职能部门、二级单位以及各类群众团体，要高度重视，加强领导，认真贯彻落实战略规划。要广泛发动，统一思想，充分发挥师生员工参与战略规划实施的主人翁责任感，在全校范围内为规划的顺利实施和最终实现营造良好氛围。

（二）精心谋划、认真实施

各有关部门要在学校统一领导下，按照规划的部署和要求，按步骤、按职能进行目标任务分解，明确责任，各司其职；把规划目标与单位发展目标结合起来，把规划内容与年度工作计划结合起来，把规划实施与工作进度结合起来，把规划评估与工作绩效结合起来；同时加强协作配合，充分发挥各二级学院、职能处室、辅助部门的合力，密切配合，协同推进。

（三）鼓励创新、强化督查

规划的生命力在于执行到位。学校大力提倡在规划实施中的思路创新、措施创新、方法创新。同时，加强对本战略规划的执行力监督，通过直接督查、公开监督等方式，对规划实施情况进行动态评估和跟踪检查，并将执行情况与各单位及其负责人的工作考核直接挂钩。2018 年，学校将组织专家对"十三五"规划执行情况进行中期检查评估。

在新的起点、新的机遇、新的挑战面前，全校上下必须要有强烈的责任意识、敏锐的机遇意识、蓬勃的创新意识、深远的战略眼光、凝心聚力的文化导向，咬定目标不动摇，一张蓝图绘到底，以钉钉子精神抓落实，努力为实现学校"有特色、高水平财经大学"的战略发展目标做出应有的历史贡献。

附件　　　　　　　　"十三五"改革与发展规划主要指标

指标名称	"十二五"实现数	"十三五"规划数	属性
一、学科建设			
1. 博士学位授权一级学科（个）	0	新增 1～3	预期性
2. 硕士学位授权一级学科（个）	12	新增 1～2	预期性
3. 硕士专业学位（个）	9	新增 3～5	预期性
二、人才培养			
1. 培养规模			
（1）普通本科生（人）	15100	16000 以内	约束性
（2）博士生（人）	7	30～50	预期性
（3）硕士生（含专业学位）（人）	1900	3000	约束性
（4）成人教育在校生规模（人）	11000	11000	预期性

指标名称	"十二五"实现数	"十三五"规划数	属性
2. 就业质量			
（1）初次就业率	85%	90%	预期性
（2）总就业率	98%	98%	预期性
3. 教学质量			
（1）全省优秀硕士论文奖	10	15	约束性
（2）省级教学名师（人）	2	4	预期性
（3）国家级教学成果奖	0	1	约束性
（4）国家级教学名师（人）	0	1	预期性
4. 课程建设			
（1）选修课程比例	25%	30%	预期性
（2）全外语课程门数	25	40	预期性
（3）精品开放课程	2	30	预期性
5. 规划教材			
（1）国家级规划教材	3	5	预期性
三、师资队伍			
1. 专任教师（人）	813	1100	约束性
专任教师中博士学位比例	48%	65%	约束性
2. 引进教师（人）	138	300	约束性
引进海归博士（人）	22	60	预期性
3. 聘请外籍全职教师（人）	20	50	预期性
四、科学研究			
1. 国家社会科学基金和自然科学基金项目（项）	160	250	预期性
2. 一类（重奖）期刊论文（篇）	83	300	约束性
3. 纵向科研经费（万元）	15000	25000	预期性
五、社会服务			
1. 横向课题经费（万元）	7000	10000	预期性
2. 省部级优秀咨询报告（份）	4	10	预期性
六、国际化			
1. 具有海外学位的教师比例	5%	18%	预期性
2. 中外合作办学项目	1	2	预期性
3. 出国（出境）学生人数	1500	1600	预期性

指标名称	"十二五"实现数	"十三五"规划数	属性
4. 国际科研合作课题（项）	0	5	预期性
5. 留学生	2%	4%	预期性
七、信息化建设			
1. 校园无线网络覆盖	70%	100%	约束性
2. 电子图书（万册）	330	450	预期性
3. 数据库（个）	42	60	预期性

内蒙古财经大学"十三五"发展规划

"十三五"时期是内蒙古财经大学建设"具有鲜明地区和民族特色的高水平财经大学"的重要战略机遇期。为加速推进学校内涵建设与特色发展，依据《国家中长期教育改革和发展规划纲要（2010～2020年）》《内蒙古自治区国民经济和社会发展第十三个五年规划纲要》《国家教育事业发展"十三五"规划》和《内蒙古自治区教育事业"十三五"发展规划》等文件精神，结合学校发展实际，特制订本规划。

一、"十二五"发展回顾

"十二五"期间，在内蒙古自治区党委、政府的领导下，学校深入贯彻邓小平理论、"三个代表"重要思想、科学发展观，深入贯彻党的十八大、十八届三中、四中全会精神和习近平总书记系列重要讲话精神，坚持"育人为本、质量立校、人才强校"的办学理念，经全校师生的共同努力，"十二五"规划确定的各项发展目标基本实现，为国家和自治区的经济建设与社会发展做出了新的贡献，在办学质量与水平、社会服务与影响力等方面取得了诸多成绩。

"十二五"期间：学校办学层次显著提升，成功更名为内蒙古财经大学；新校区建设稳步推进，办学条件全面改善；人才培养模式改革创新，民族财经教育喜结硕果；招生就业再上新台阶，荣获"全国毕业生就业典型经验高校"称号；科学研究重点突破，成功获批自治区级协同创新中心；内部治理有序推进，绩效工资改革顺利实施。在完成上述重点工作的同时，全校师生员工爱岗敬业，踏实工作，锐意进取，使学校在发展空间与层次的拓展、发展平台与环境的改善、整体实力与影响力的提升等各个方面都取得新的成绩和进展。

（一）办学规模基本稳定

学校办学规模基本稳定，生源结构不断优化。学校全日制在校生从19551名增加到21067名，在校生规模稳定在21000人左右，其中，普通本专科在校生从19261名增加到20198名，硕士研究生从290名增加到636名，留学生实现零的突破。生源中外省市学生增加，占比达到8.4%，生源结构多元化，少数民族学生占比达到30%左右，民族财经人才教育特色凸显。

（二）师资队伍态势向好

师资队伍数量基本满足教学需求，发展态势向好。现有教职工 1460 人，其中，专任教师 929 人，博士与在读博士 296 人，硕士研究生 591 人；教授 151 人，副教授 337 人，专任教师中具有高级专业技术职务人员 488 人，占专任教师总数的 50.83%，具有硕士以上学位教师 777 人，占专任教师总数的 80.94%，其中，具有博士学位教师占比 21.9%。现有享受政府特殊津贴专家 12 名，自治区有突出贡献中青年专家 11 名，自治区"草原英才"工程人选 8 名，自治区"新世纪 321 人才工程"一层次人选 2 名、二层次人选 27 名，自治区高等教育人才培养"111"工程人选 3 名，"内蒙古自治区高校青年科技英才支持计划"人选 13 名，自治区级教学名师 10 名，自治区级教坛新秀 6 名，内蒙古自治区"草原英才"工程产业创新创业人才团队 3 个，内蒙古自治区高等学校"创新团队发展计划"2 个，自治区级优秀教学团队 10 个。

（三）学科建设稳中有进

经、管、理、法、工、文六大学科融合发展，基本形成了多学科相互支撑、重点突出的学科布局。现有 5 个内蒙古自治区重点学科和 2 个重点培育学科；4 个一级学科硕士学位授予权下设 23 个二级学科硕士学位授予点；招生专业由 5 个扩大到 17 个，在工商管理硕士（MBA）基础上，新增会计、金融 2 个硕士专业学位授权点，并于 2015 年首次招生。

（四）专业建设成效显著

专业数量基本饱和，专业建设重点由规模扩张向结构调整与质量提升转变。本科专业达到 54 个，其中，管理学类专业 25 个、经济学类专业 13 个、理学类专业 5 个、法学类专业 4 个、工学类专业 4 个、文学类专业 3 个。会计学、财政学、金融学 3 个专业为国家级特色专业，经济学、资产评估等 17 个专业为自治区级品牌专业，财政学、会计学为自治区重点建设专业，品牌专业占现设汉语授课专业总数的 31.48%。现设蒙汉双语授课专业 27 个，占学校专业总数的 50%。

（五）科学研究成果丰硕

研究基地建设初显成效，科学研究与社会服务发展势头良好。学校现有 2 个国家级研究基地，5 个自治区级研究基地，16 个校内虚体研究机构；有 3 个自治区级学术创新团队、4 个校级学术创新团队。期间共承担国家级项目 57 项，较"十一五"期间增加 36 项，增长率为 171%；承担省部级项目 261 项，较"十一五"期间增加 103 项，增长率为 65.19%。发表各级各类论文 5346 篇，较"十一五"期间相比增加 1946 篇，增长率为 57.24%；出版专著和教材 441 部，增长 120%；获得自治区哲学社会科学优秀成果政府奖 45 项，获奖数稳步增长。

（六）教学改革不断深化

教育教学改革不断深化，人才培养质量稳步提升。推行全面教学质量管理，先后出台或修订了一系列教学管理文件，明确并完善了教学各主要环节的质量标准和操作规范；人才培养模式多元化，将普通本科生中期分流的"3＋5"培养模式调整完善为"2＋6"模式，认真落实专升本制度和本科专业分流制度；计算机科学与技术专业（服务外包）、投资学专业（财富管理方向）实施与企业合作的联合培养模式；实施"2＋2"国际合作人才培养模式；完善"双证""双学士学位"培养模式；在经济学、财政学、金融学（蒙汉双语授课专业）开展基地班人才培养模式试点和"经济学—数学"双学位班建设，并将双学士学位教育与辅修专业教育有机结合；本科教学实行"3＋3"教学框架，即"必修＋选修""理论＋实践""第一课堂＋第二课堂"的教学模式；自治区级精品课程由25门增加到49门，校级精品课程由45门增加到100门。

（七）学生素质明显提高

招生—培养—就业（创业）一体化联动效应逐步显现，学生综合素质提升，社会反映良好。全校54个专业全部实现一本招生，金融、会计等一批专业区位优势明显。学生综合素质明显提高，期间有3284名学生被评为自治区级三好学生、优秀学生干部、优秀毕业生；在ACM国际大学生程序设计大赛、全国大学生数学建模大赛、全国大学生英语竞赛、"挑战杯"全区大学生课外学术科技作品竞赛、中国"互联网＋"大学生创新创业大赛、"创新创业"杯全国决策模拟大赛、"蓝桥杯"全国软件和信息技术专业人才大赛、全国大学生会计信息化技能大赛暨ERP应用技能大赛等重要赛事中多次获奖；毕业生就业率连续多年在自治区高校中名列前茅，荣获"2012～2013年度全国毕业生就业典型经验高校"称号。

（八）办学条件显著改善

新校区建设基本完成，教学、生活、服务等条件明显改善。第一生活服务中心、综合楼、学院楼、校医院工程、图书馆内涵建设工程、体育馆项目等顺利竣工并投入使用，校园绿化、美化、亮化工程陆续展开。教学行政用房增加到25.09万平方米，馆藏图书增加到150余万册，电子图书增加到90余万册，教学仪器设备值增加到15631.93万元，教学用计算机增加到11692台，教学设施、生活条件全面改善。

（九）党建思政保障有力

学校党委坚定贯彻执行上级党组织的决策部署，严格落实党委领导下的校长负责制，按照从严治党的要求认真抓好党的建设，党建思政工作对学校事业发展的引领与保障作用有效发挥。严格执行八项规定，认真开展了党的群众路线教育实践活动和"三严三实"专题教育实践活动，成效显著；成功召开了学校第二次党代会，选举产生新一届学校党委委员与纪委委员；党员发展与管理进一步规范，培训入党积极分子1.3万余人，发展党员近5000名；干部人事制度改革不断深化，建立了处级干部轮岗交流制度，开展了处级干部公开选拔，提高了选人用人的公信度，优化了处级干部队伍结构与岗位配置；加强了惩治和预防腐败体系建设，建立了较为系统的制度体系，党风廉政建设扎实有效，提高了干部群众反腐倡廉的自觉性。

在取得上述成绩的同时，学校还存在学科、专业布局不够合理，亟待从注重数量到注重内涵转变；教风、学风有待改善，教学管理亟待加强；教学改革滞后，教学效果不理想；高水平科研成果少，科研成果社会影响力小，科研成果转化有待加强；师资队伍的总量不足，结构不合理，高水平师资严重短缺；校园信息化程度不能满足教学科研需要；教学设施需要更新和完善；教学、科研、人才队伍建设经费投入不足；制度、文化、管理等"软环境"建设亟待加强等问题和不足。

专栏一："十二五"期间，学校完成了七件大事

（1）成功实现学院更名大学。2012年3月，教育部同意内蒙古财经学院更名为内蒙古财经大学，学校开启建设高水平财经大学的新征程。

（2）新校区建设基本完成。完成新校区内建筑拆迁工作，规划建设项目基本完成，校园建设进入体系完善与品质提升阶段。

（3）切实推进依法治校工作。制订上报《内蒙古财经大学章程》，全面推进学校各项规章制度建设，完成两轮制度建设修订工作。

（4）招生就业工作再上新台阶。2014年，经内蒙古教育招生考试中心批准，实现所有本科专业一批录取；学生就业率在区内高校中名列前茅并成为全国毕业生就业典型经验高校。

（5）蒙汉双语授课财经人才教育喜结硕果。2014年，经多年实践探索总结的"少数民族财经人才培养模式改革与实践"成果获得国家级高等教育教学成果"二等奖"，实现国家级奖项零的突破。

（6）成功获批自治区"2011协同创新培育中心"。2015年，中蒙经贸合作与草原丝绸之路经济带构建研究协同创新中心成功获批"内蒙古自治区2011协同创新培育中心"。

（7）实施绩效工资改革，配套措施逐步完善。2015年，绩效工资改革方案经多次讨论正式实施，相关配套措施正在研究改进中。

二、"十三五"形势分析

经过"十二五"时期的发展，学校全面进入了内涵发展的新阶段。"十三五"时期是国家全面建成小康社会的决胜阶段，也是学校学科建设上层次的关键阶段，是建设具有鲜明地区和民族特色的高水平财经大学和综合改革深入推进的重要战略机遇期。

未来5年，学校将面临难得的机遇。一是人力资源强国建设拓展高层次应用型人才需求空间。高等财经教育在经济"新常态"下的地位与作用日益凸显，学校应优化人才培养机制，进一步完善实践教学体系，切实培养一批高层次应用型财经人才。二是学位授权审定办法改革以及"双一流"学科建设促使高校加快学科调整。学校应紧紧抓住党和政府引导和支持高等院校优化学科结构的重要机遇，坚持具有鲜明地区和民族特色的高水平财经大学的建设目标，进一步凝练学科发展方向，突出重点学科建设，办出特色、办出水平。三是以互联网为代表的信息技术对高等教育改革产生全方位影响。学校应切实推动信息技术与教育教学的深度融合，创新教育理念和模式，创新教学组织形式与管理机制，加快推进教育信息化。四是国家倡导深入推进高校创新创业教育改革。学校应完善创新创业教育课程体系，将创新创业教育融入人才培养全过程各环节，开发开设纳入学分管理的创新创业课程，完善教学管理制度，建立创新创业学分积累与转换制度。五是国际化是高等教育改革和发展的必然趋势。在国家"一带一路"倡议的背景下，高校有了更多的跨国、跨民族、跨文化交流、合作和竞争的机会，地处边疆民族地区的学校面临不可多得的机遇与挑战。六是深化综合改革是高校未来一段时间建设和发展的重要主题。深化综合改革是学校建设具有鲜明地区和民族特色的高水平财经大学的必由之路，是提高核心竞争力的关键环节，是创新体制机制、增强办学活力的必然要求。

同时，学校发展也面临着新的挑战。未来 5 年，是我国基本实现教育现代化的最后 5 年，也是实施《国家中长期教育改革和发展规划纲要（2010～2020 年)》的最后 5 年，社会对高等教育的关注更多、期待更大。随着境外优质高等教育资源的进入和民办高校的发展，高等教育在开放竞争、平等竞争中面临着新的调整。学校面对的竞争不仅是同类型、同区域高校间的竞争，而且是更广范围、更高层次的竞争。学校办学质量与创新能力还需不断提升，特色发展、内涵发展的长效机制还需进一步完善，主要表现在：学科总体布局还需进一步优化，学科对教学、科研、国际化、人才队伍等的引领作用还需进一步强化；本科专业建设还不平衡，通识教育质量有待提高，研究生规模小且整体培养质量有待提升；科研成果的影响力还需持续提高，服务国家、行业、区域重大战略需求的能力有待提高；人才数量尚显不足，学术领军人才更是缺乏；国际交流与合作的层次仍需提升，学历留学生规模还需继续扩大；学校制度体系还需进一步统筹建设、系统集成。

面对新机遇新挑战，必须遵循大学发展规律，立足学校发展实际，以更加坚定的战略定力、更加开放的姿态、更加执着的毅力推动改革攻坚，着力夯实发展基础、补齐发展短板、促进发展均衡、厚植发展优势、提升发展水平，实现学校未来 5 年教育事业更好更快发展。

三、总体发展战略

（一）指导思想

全面贯彻党的十八大和十八届三中、四中、五中、六中全会精神，以马克思列宁主义、毛泽东思想、邓小平理论、"三个代表"重要思想和科学发展观为指导，牢固树立创新、协调、绿色、开放、共享的发展理念，认真落实《国家中长期教育改革与发展规划纲要（2010～2020 年)》精神，始终坚持"质量立校、人才强校、特色兴校"办学指导思想，以提升学科建设水平、提高人才培养质量、建设高水平师资队伍、增强科研及社会服务能力、深化教育体制机制改革、推进国际交流与合作、加快"双一流"建设等为工作重点，锐意改革，大胆创新，重点突破，不断提升学校的核心竞争力和社会影响力，努力建设具有鲜明地区和民族特色的高水平财经大学。

（二）发展目标

1. 中长期目标。学校始终以建设具有鲜明地区和民族特色的高水平财经大学为奋斗目标，在未来10年以及更长的一段时期内，坚持党的教育方针，遵循高等教育发展规律，适应地方经济社会发展需求，强化办学优势和办学特色，使学校教育事业得到全面发展，努力实现"六个显著提高"，争取打造"五个国内一流"，为把学校建设成为具有鲜明地区和民族特色的高水平财经大学奠定坚实的基础。

"六个显著提高"，即学校办学实力明显增强，社会影响力显著提高；教育教学改革深入实施，人才培养质量显著提高；学术研究方向不断凝练，科研创新能力显著提高；师资队伍建设取得较大改善，团队水平和国际化程度显著提高；办学开放度不断提升，社会服务水平显著提高；办学体制机制不断完善，学校管理服务水平显著提高。

"五个国内一流"，即国内一流的民族财经人才培养基地、国内一流的中蒙俄经贸合作研究基地、国内一流的民族地区经济社会发展研究高端智库、国内一流的少数民族经济管理干部再教育基地、国内一流的蒙商文化研究与传播基地。

2. "十三五"时期办学目标。学科结构更加优化，经济学、管理学学科优势更加明显，理学学科实力显著提升，法学、工学、文学学科发展更加融合与协调；开展博士学位授予权单位建设工作，夯实学科基础；争取新增硕士学位授权一级学科2～3个，新增专业学位3～5个，在校研究生数量达到1000人以上；本科专业结构与数量更加合理，专业总量控制在45个左右，努力打造2～3个优势专业群，自治区重点建设专业达到8个以上，人才培养质量显著提升；师资队伍结构与素质整体优化，具有博士学位教师比例达到35%以上，引进和培养10名左右国内有影响的学科带头人；科学研究质量与社会服务能力显著提高，打造3～5个国内有影响力的学术研究方向，力争获批3～5个国家级研究基地，把中蒙俄经贸合作及草原丝绸之路经济带构建研究协同创新中心建设成为国内有影响的学术创新平台和新型智库；开放办学、国际合作办学取得长足进展，新增合作办学项目2～3个，新建境外办学机构1个，留学生人数达到100人以上；校园建设进入功能提升阶段，公共服务体系更加健全完善，智慧校园初步建成。

（三）发展思路

以"调整结构、优化布局、突出特色、强化应用、开放合作、服务地方"作为基本遵循，全面实施"12345"建设工程，即牢牢把握"一个核心"，深入推进"两大改革"，争取实现"三个突破"，切实抓好"四项优化"，全力打造"五大工程"，努力建设高水平财经大学。

始终坚持一个核心：着力提高人才培养质量。牢固确立人才培养在学校工作中的中心地位，坚持立德树人，适应社会需求，不断提高人才培养质量。

深入推进两大改革：继续推进学校内部治理改革，全面开展教学综合改革。不断完善学校内部治理结构，继续推进优化绩效工资改革与校院两级管理模式改革，构建内部治理体系，提升内部治理水平；更新教育教学理念，探索创新人才培养模式，全面推进以教学范式改革为核心的课堂教学改革，深入推进以综合评教为核心的教学评价改革，着力推进"以第一课堂为主线，第二课堂为支撑的4年一贯的实践教学体系改革"，提升教育教学质量，提升人才培养质量。

努力实现三个突破：在博士学位授予权单位立项基础建设、国际交流合作、省部（省市）共建三个方面取得突破性进展。围绕四个一级学科以及若干重点研究领域，打造队伍，凝练方向，汇聚成果，夯实申报博士学位授予权单位立项基础；理顺国际交流合作的体制机制，积极引进与输出优质教育资源，合作建立境外办学机构以及教学科研平台，合作办学水平与质量显著提升；突出学校地区特色与民族特色，提升蒙汉双语财经人才培养优势，加强与相关部委及地方政府的沟通与合作，争取实现省部共建、省市共建。

逐步达到四个优化：通过结构调整与资源配置，使学科、专业、队伍、课程的结构更加合理，布局更为优化。在保持学科门类稳定的基础上，集中力量建设好与学校办学定位和办学特色相匹配的学科，使学科的相对优势更加凸显，学科排名显著提升；严格控制新增专业，逐步调控现有专业，按照学科归属整合专业配置，集中资源打造优势专业与特色专业，全面提升专业建设水平；稳步增加师资队伍数量，着力改善师资队伍结构，改革教师聘任与评价机制，促进教师职业成熟与多元发展，引领师资队伍整体水平全面提升；加强课程建设与管理，提升课程建设水平，精简素质教育选修课程数量，围绕优势与特色专业打造多个特色课程群。

重点抓好五大工程：重点围绕课堂教学质量提升工程、学术精品工程、名师团队工程、智慧校园工程、智库建设工程等五大工程开展建设。加强师德师风建设，规范教学行为，强化过程管理，改革教学范式，改革教学评价，着力提升课堂教学质量；改善学术环境，优化科研生态，提供引领支持，在优势特色学科和博士点培育学科产出一批高水平学术精品；搭建发展平台，完善发展机制，为国家级、省部级、校级教学名师职业发展创造条件、提供支持，以名师为核心，构建教学团队，开展教学示范与教学研究；着眼未来校园先进的管理与服务体系构建，综合运用大数据、云计算、物联网、移动互联等新一代信息技术，实现数字化校园向智慧化校园转型升级；确定服务面向，凝练研究方向，汇聚人才队伍，建设具有区域乃至国际影响的特色新型高端智库，服务经济社会发展实践与理论创新。

专栏二："十三五"期间学校标志性项目

（1）博士学位授予权单位基础建设。确定重点建设学科与研究领域，打造团队、汇聚成果，开展博士学位授予权单位建设工作，夯实队伍、科研等相关基础。

（2）省部共建（省市共建）。加强与相关部委及地方政府的沟通与合作，争取实现省部共建或省市共建。

（3）与境外机构合作办学。加大开放办学力度，合作建立境外办学机构1个，新增合作办学项目2～3个。

> （4）内部治理综合改革。深入推进并不断完善绩效工资改革与校院两级管理模式改革，构建内部治理体系，提升内部治理水平。
>
> （5）教学综合改革。积极开展教学范式改革、实践教学改革和教学评价改革，提升教学质量与人才培养质量。

四、主要建设任务

（一）学科专业建设

依据学校"十三五"发展规划确定的总体目标要求，坚持学科建设在学校发展中的龙头地位，"稳定学科门类、注重内涵发展、突出经管类优势学科"，做强、做优、做特经济学、管理学学科门类。在已有四个一级学科硕士学位授权点层面上，着力凝练和打造特色优势研究领域，积极开展博士学位授予权单位基础建设工作，有效提升学科建设水平。优化专业结构，打造优势专业群，逐步推行专业评估制度，全面提升专业办学水平。

1. 优化学科布局，促进学科融合。坚持以经济学、管理学为主，理学、法学、工学、文学融合发展的学科发展思路，坚持有所为有所不为，紧紧围绕经济社会发展需求，调整学科专业构成、凝练学科专业发展方向、精简研究方向，调整学科布局，改善学科生态，形成更为完善的几大学科相互支撑、融合发展、重点突出的学科布局。

打破学科壁垒，控制学科规模，优化学科资源配置，加快学科升级转型，突出学科建设重点，促使学科建设资源向重点项目所涉经济学和管理学等学科集中。根据国家和区域经济社会发展需要，结合学校学科发展定位及设置关系，对部分学科进行调整和优化。对优化调整后的学科，实施重点建设、绩效考核和滚动评估。

2. 聚焦研究领域，凝练学科方向。紧密围绕内蒙古及周边国家经济社会发展重大需求，立足四个一级学科特色、优势和学科实际，打造提升社会服务能力和学科影响力的攻坚工程。

在应用经济学一级学科领域着重聚焦"中蒙俄经贸合作与草原丝绸之路经济带构建研究""中蒙自由贸易区建设研究""少数民族地区经济发展研究""少数民族地区脱贫攻坚研究"以及"资源型经济转型升级研究"研究领域。尤其突出"中蒙俄经贸合作与草原丝绸之路经济带构建研究"。

在工商管理一级学科领域着重聚焦"蒙商文化研究""成吉思汗管理思想与企业管理研究""中蒙中小企业发展战略研究""草原畜产品绿色营销战略研究"等领域，重点突出"成吉思汗管理思想与企业管理研究"。

在统计学一级学科领域注重聚焦"大数据统计分析与应用""宏观经济计量分析与预警研究""小区域抽样估计方法与应用研究"以及"基于模型的统计推断研究"等领域，重点突出"大数据统计分析与应用研究"。

在理论经济学一级学科领域着重聚焦"蒙古族经济思想研究""内蒙古人口、资源与环境经济研究""马克思主义政治经济学研究""收入分配问题研究""内蒙古经济增长与精准扶贫研究""产权结构与组织治理研究"等研究领域，重点突出"蒙古族经济思想研究"。

3. 打造学科团队，优化梯队结构。围绕 4 个一级学科，在每个学科引进 3 名国内一流专家指导学科建设和规划；每个一级学科每年引进 5 个"985""211"及国内知名大学的优秀博士；每个一级学科在国内知名高校选聘 2～3 名学术导师；以优化学校 4 个一级学科梯队结构，提升学科梯队的整体层次。

4. 博士点授权突破，提高办学层次。"十三五"期间重点在博士学位授权点建设上取得突破。注重采取非均衡发展战略和重点突破模式，优先发展具有一级学科硕士学位授予权的 4 个一级学科，体现财经优势和民族特色，着力夯实获取博士学位授予权的建设基础，发挥其"龙头"效应。在制度、资金方面实施重点支持计划，调整、完善和健全相关制度体系，设立博士授予权建设专项基金；引进学科领军人物，加大学科队伍的培养力度；加强合作交流，注重兼职博士生导师的培养；结合学科申报方向进行集中建设，加大对博士授权点相关的学术成果资助或奖励力度；主抓出口，加大对硕士研究生的培养质量提升力度。

5. 优化专业结构，打造优势专业群。动态优化专业结构。根据国家战略、区域经济社会发展的需求，充分整合学校资源，适度创办适应未来战略需求和学校有条件创办的战略性专业、交叉性专业和综合性专业；建立科学合理的校内专业评估、专业预警和专业退出机制，对社会认可度不高、招生就业不理想、办学资源不足、与主流专业融合度不高的专业进行系统整合，使专业数量控制到 45 个左右。

促进专业交叉融合。按照"突出重点、统筹兼顾，优化结构、交叉融合、强化特色"的思路，分层次、分类型、有重点地推进专业综合改革，实现以经济管理学科专业为主，推动法商融合、电商融合、"互联网＋"协作发展，不断加强专业间的交叉和融合，实现优势互补、共生共赢发展，构筑与学校发展目标相一致的优势特色专业体系。

打造优势专业群。进一步优化调整专业结构，打造特色鲜明，优势显著，适应社会的专业体系，形成以国家级特色专业为"龙头"的，在国内有一定影响力和知名度的优势特色专业群，为区域一流学科建设提供有力支撑。支持建设 10 个左右教学改革示范性专业，使其在专业内涵、特色、质量方面做出突破，产生示范带动与引领作用。

建立专业建设标准体系。根据教育部本科类专业质量标准，结合地区经济社会发展对本科人才的培养质量提出的要求和学校实际，建立学校专业建设标准体系，推动学校专业的规范化、标准化建设。

（二）人才培养

牢固确立人才培养在学校工作中的中心地位，兼顾学生个性特点和个性化发展需要，以提高人才培养质量为核心，主动适应社会需求，深化教学改革，构建多元化的人才培养方案，实现人才培养的内涵发展、特色发展、创新发展、开放发展和合作发展。

1. 稳定人才培养规模，提高人才培养质量。"十三五"期间，注重内涵发展，在校生总数保持稳定；以全日制普通本科教育为主，大力发展研究生教育，积极发展留学生教育与高等职业教育，适度发展继续教育和非学历教育。扩大硕士研究生的招生人数，在校硕士研究生人数到 2020 年力争达到 1000 人以上；本科生规模控制在 18000 人左右；专科生规模稳定在 2500 人左右；外国留学生达到 100 人以上。

注重教育教学改革，有效提升人才培养质量，提高毕业生的综合素质。"十三五"期间，学校总体就业率保持在 85% 以上，本科生考研率达到 10% 以上，硕士研究生考博率达到 10% 以上，用人单位满意率达到 90% 以上。学生的文化修养、身心素质、国防素质整体得到增强和提高。

2. 积极探索多元化的人才培养模式。适应国家和社会发展需要，遵循教育规律和人才成长规律，以素质教育为基础，构建分类教育与能力培养相融合，通识教育与专业教育相融合，专业教育与个性化教育相融合，专业教育与创业教育相融合，专业教育与民族教育相融合的五个融合的多形式、个性化的人才培养模式。

加强通识教育，构建"2+2"培养体系，强化"复合型"人才培养；加强实践教学，构建综合性、仿真实验实训体系，强化"应用型"人才培养；加强创新创业教育，构建课堂教学、自主学习、实验实践为一体的创新创业教育体系，强化"创新型"人才培养。进一步加强导师制，推行"一制三化"人才培养模式，即导师制、小班化、个性化和国际化人才培养模式。

继续试点推进基础学科拔尖创新人才培养计划和非基础学科创新创业人才培养计划，部分专业探索开展校企合作"应用型"人才培养模式试点。

实现优化双学位、辅修及本科专业分流制度，试点推进"2+6"学科分流、"3+5"专业分流、"4+4"专业方向分流模式；民族预科班继续实施"1+4"专业分流模式。

积极开展本专科生校企、校校、校地、国际合作人才培养模式和"进阶式"合作培养模式，积极开拓"专本连读""本硕连读"以及"3+1""2+2""2+1+1"等国际国内合作模式。依托中蒙经贸合作与草原丝绸之路经济带构建这一协同创新平台，探索"本硕连读"拔尖创新人才和中蒙高校联合培养等人才培养协同创新机制。调整优化"双证"人才培养模式。

3. 系统推进教育教学综合改革，不断丰富教学体系。深化以课堂教学为主的教学全过程改革。进一步提升研究生课堂教学水平，加强课程系统化建设，着力提升公共课程教学难度和教学质量。继续完善各专业研究生人才培养方案，精炼课程内容，优化课程结构，加强实践创新能力培养，鼓励学生进行科研创新活动，有效提升学术型研究生的科学研究能力和水平。进一步扩大本科生分层分级教学规模和小班化教学覆盖面，探索混合式教学与翻转课堂，推动教师把最新研究成果融入课堂教学；进一步加强慕课、微课等在线课程建设与引进力度；改革考试考核内容和方式，注重过程考核，注重考查学生分析问题和解决问题的能力。

加强实践实训改革工作。建立以课程实践、调查实习、毕业论文和课外实践四个环节为重点，实施公共实践、学科实践、专业实践、综合实践四个逐层递进的分层次实践教学课程，构建以第一课堂为主线，第二课堂为支撑的 4 年一贯的实践教学体系。

深化创新创业教育改革。将创新创业教育融入人才培养全过程，建设依次递进、有机衔接、科学合理的创新创业教育专门课程群；构建第二课堂科技创新模块，实行学分制度，形成富有活力的创新创业教学体系。

4. 进一步加强民族教育教学工作。健全"招生、培养、就业（创业）"三位一体的培养机制，实施多元化人才培养模式。继续实施蒙汉双语授课拔尖创新人才基地班，尝试推进蒙汉双语创新创业实验班、与国外大学交流培养班模式；推进外语、数学的分层分级教学改革，完善多语种经济管理资源库平台的建设，充分发挥资源库的作用；加强民族财经教育理论研究，加大投入开展民族教育教学研究项目工作；加大蒙汉双语授课师资队伍培训力度；进一步加强预科生教育教学和学生管理工作，培养优秀的少数民族预科生。

5. 推进教学质量工程，健全人才培养质量保障体系。通过实施人才培养模式创新工程、优质教学资源建设工程、教学综合改革工程等，促进本科教育教学质量和整体实力的根本提升。落实以学生学习与发展成效为核心的教育质量观，尊重和激发学生的学术兴趣，促进教育教学工作向以学为主转变。健全以学生为本、以成效为核心的教育质量评价与监控体系，努力促进学生的长远发展。改变传统的终结性评价体系，建立过程评价体系，探索形成科学、规范、合理的评价机制；运用教学基本状态数据，分析人才培养质量；完善反馈制度，形成全面系统的教育教学反馈机制。

（三）师资队伍

队伍建设是学校事业发展的关键保障。为进一步加快学校人才队伍建设，实施人才强校战略，构建人尽其才的用人机制，促进人才工作与学校教育事业协调发展，培养和造就一支素质优良、结构合理、精干高效、充满活力、相对稳定的，有理想信念、有道德情操、有扎实学识、有仁爱之心的师资队伍。

1. 加强高水平师资队伍建设。高水平师资队伍是建设高水平大学的关键，学校将进一步深化人事制度改革，着力构建和完善有利于引进和培养优秀人才的长效机制。进一步创新以用为本、高端引领、多元并举的引才机制，继续大力引进海内外优秀人才，尤其是国家杰出青年科学基金获得者，"长江学者奖励计划"特聘教授等高层次、高水平、有作为、有影响力的专家学者，同时加大对博士研究生（博士后）的引进力度。发挥这些高层次人才的引领作用和示范作用，通过坚持不懈的努力，切实改善师资队伍的整体水平，优化整体结构。

在教师队伍建设中实施以"博士化"为主线的学历提升工程，争取到 2020 年具有博士学位教师占专任教师的比例达到 35%。按照"学用一致、注重实效，统筹规划、差异资助"的原则，从教育、教学、科研工作和学科建设的需要出发，进一步完善培养竞争和能力评价机制，鼓励中青年教师提升学历层次，充分利用校内资源积极探索适合在职人员特点的培养模式。

为了加快师资队伍的建设步伐，提升学校教师队伍的教学科研能力、知识创新能力和整体学术水平，学校计划培养一批高级专家学者后备人选、学科带头人和青年学术骨干；计划每年选派 30 名左右的优秀教师到国（境）外留学、研修、访学，全方位、多领域推进国际合作与交流，拓展教师学术视野，增强教师国际学术背景，了解、把握相关学科发展的新方向、新趋势，提升相关学科的国际竞争力。

进一步修改完善职称评审、岗位聘任、绩效工资等内部管理制度，逐步建立健全教师职业能力的综合评价体系，把教师实际能力、业绩贡献与事业发展、职务晋升和待遇水平紧密联系在一起，充分调动教师投身教育教学事业的积极性和创造性。

坚持政治与业务并重的原则，将思想工作、政策导向和物质激励三者有机结合起来，增强思想政治教育工作的针对性和有效性。大力表彰先进典型和道德楷模，营造积极向上、崇尚先进的氛围。建立并完善师德、师风评价机制，大力提倡教书育人、为人师表、严谨治学的教师风范，形成以师风促学风，以教风带学风的良好局面。

2. 加强学生辅导员队伍建设。进一步加强辅导员队伍的职业化发展与专业化培养，重点抓好优化结构、强化培养、规范管理和学科支撑等工作，构建辅导员队伍建设的长效机制，探索以同工同酬为基础的聘用制辅导员队伍的建立，打通晋升和发展通道，引导、支持中青年教师和干部兼职担任辅导员。建设一支多元化、高素质的专兼辅相结合的辅导员队伍。

3. 加强干部和管理队伍建设。坚持党管干部原则，坚持德才兼备、以德为先的用人标准，不断改进干部选拔、管理、监督、考核、激励机制建设，通过教育培训、国内外考察、轮岗交流、挂职锻炼、攻读学位等途径，不断提高各级领导干部的政治素质和管理水平。重视管理队伍建设，使管理队伍与教师队伍同步规划、同步建设、协调发展，为学校发展提供坚强的组织保证。经过努力，力争培养和造就一支既懂教育规律、又掌握现代管理技能的精干、高效、专业的管理干部队伍。

4. 重视教学辅助人员培养。通过岗位聘任、职务晋升、政策倾斜等措施，稳定现有教辅专业技术人员队伍，调动教辅人员投身学校教育教学工作的积极性、主动性和创造性。逐步提高现有教辅人员的学历层次，做到新进教辅人员至少具有硕士研究生以上学历，加大教辅人员的业务培训力度，有针对性地提高其业务能力和科研水平，真正打造一支过硬的教学辅助和服务队伍。

5. 加强后勤保障队伍建设。深化后勤管理体制改革，完善体制机制，强化岗位培训和技术练兵，开展技能竞赛，不断提高后勤保障队伍的业务技能水平和综合素质，形成一支以技术技能人才为主体、相对稳定的专业化后勤保障人才队伍。

（四）科学研究

紧密结合国家发展战略，依托现有学科优势、人才优势和区域资源优势，进一步强化创新意识、特色意识、质量意识，力争经过 5 年的建设，科研整体实力明显增强，培育出一批在区内外有较强影响力的知名学者、知名团队、知名成果，在基础理论研究方面实现突破，在解决区域基础性、战略性、前瞻性需求方面彰显出学校的科研实力和特色，学校的学术声誉和社会影响力达到新高度，在国际学术交流与合作方面实现重点突破，在优势特色学科和博士点培育学科汇聚一批高水平学术精品；力争使学校成为知识创新、社会服务、文化传承的重要基地，努力把学校建成自治区经济管理类研究的学术高地，服务内蒙古社会经济发展、中蒙俄经济走廊建设的高端智库与研究重镇。

1. 着力构建充满生机活力的科研体系。着力构建基础扎实、崇尚创新的科学研究队伍体系；着力构建支撑有力、成果层出的创新平台体系；着力构建团队攻关研究与个人自由探索并重的科研项目体系；着力构建崇尚奉献、注重实效的社会服务体系；着力构建互利共赢、灵活多样的对外交流合作体系；着力构建促进科技创新发展的科研管理体系。

2. 深入开展哲学社会科学重大基础问题研究。坚持马克思主义在哲学社会科学领域的指导地位，依托学校马克思主义学科资源，深入开展中国特色社会主义的道路、理论、制度研究；在继续重视和推动重大应用对策性研究的同时，大力支持基础理论研究，促进理论创新，推进学科理论向前发展，力求在理论研究层面形成新突破，助力学校哲学社会科学学科在指导思想、学科体系、学术体系、话语体系等方面形成学校特色和风格，力争获批国家级哲学社会科学重大项目1项。

3. 大力推进协同创新中心建设与科研平台升级。继续加大"中蒙俄经贸合作与草原丝绸之路经济带构建研究协同创新中心"的建设力度，争取获批为国家级协同创新中心；建立科学合理的组织管理体制、人才培养模式、质量评价机制、国际交流与合作模式，筹建"草原丝绸之路展示馆"；发挥协同创新中心的示范引领作用，筹建"蒙商文化研究与传播基地"，充分激发校内虚体研究机构的动能和活力，大力支持国家、自治区设于学校的研究基地开展学术研究，增强协同攻关与协同创新产出能力，力争获批5个国家级研究基地。

4. 着力加强学术骨干与创新团队培育。培养一批在本领域有一定影响的青年科技拔尖人才，聚焦基础理论研究、重大应用对策问题进行创新研究，并为自治区、国家等各类人才计划储备力量。同时，积极培养以学术名师、优秀学科带头人、学术骨干为核心，以优秀博士为主体的学术创新团队，建立起创新团队培育的层垒结构，推进哲学社会科学与自然科学的交叉、渗透和融合，围绕国家战略、党和政府政策方针以及经济社会重大现实问题，开展联合攻关和持续性研究，力争获批自治区级学术创新团队10个。

5. 全面实施新型高端智库与数据库建设。依托学校经管类学科优势，以国家和地区战略问题、公共政策为主要研究对象、以服务党和政府科学民主依法决策为宗旨，建设若干综合类和专业类智库，充分发挥智库在战略研究、建言献策、引导舆论、国际话语、人才培养等方面的功能作用，拟建设1个国家级"中蒙俄经济走廊建设与发展高端智库"；有效利用学校统计学、数学、计算机等学科的人才技术优势，深入贯彻国家大数据战略，建设若干专业数据库，拟建设中蒙俄经贸合作数据库、内蒙古自治区经济社会发展数据库、"百校工程"产教融合创新项目培育工程数据库、内蒙古自治区政府大数据公共服务平台等多个专业数据库。

6. 继续提升科研服务经济社会发展能力。广泛开展应用对策研究，特别是围绕国家"一带一路"倡议以及"中蒙俄经济走廊"建设开展相关研究，精准把脉国家和地方的战略需求，为政府、企业和社会管理部门提供具有重要参考价值的研究成果。推动政府部门、高校、研究机构、媒体、企业等部门相互联动，建立政、产、学、研、用相融合的服务地方经济社会发展的合作研究机制与平台，加强经济社会发展的保障机制研究，做好成果推广和转化工作，继续做好《内蒙古社会经济发展蓝皮书》的编撰和推广工作，打造一批精品学术品牌。

7. 积极开展国际学术交流与合作。通过多种渠道和方式，扩大学校与国际知名大学、知名科研机构、知名学者的交流与合作，推进科学研究国际化。同蒙古、俄罗斯等国家的知名学府开展深入性、实质性学术合作，逐步建立起类型丰富、体系完整、优势互补、务实深入的学术交流与合作模式，拟依托相关学院、学科建设 1～2 个高水平实质性合作平台；加强主办、承办国际会议的频次和水平，在某些研究方向上集聚一批优秀的国际化专家学者。

（五）内部治理

完善高校内部治理结构，适应教育治理体系和治理能力现代化的要求，是高校提升自身治理水平，提高办学能力的内在要求。"十三五"期间，学校将全面贯彻党的教育方针，大力推进依法治校，完善现代大学制度，深化学校管理体制改革，加快构建和完善依法高效运行的内部治理结构。

1. 健全学校制度体系。坚持和完善党委领导下的校长负责制，健全工作制度和运行机制。进一步科学明晰党委与行政的职责权限关系，理顺工作运行机制，依法规范和健全党委会、校长办公会等各类会议制度和议事规则。党委依法大力支持校长全面领导学校行政工作，建立学校内部重大决策合法性审查机制，建立重大决策终身责任追究制度及责任倒查机制。依法确保校长办公会在校长领导下民主议事、科学决策、分工合理、权责清晰、高效运行。

修订和完善学校章程，建立健全以大学章程为核心的现代大学制度规范体系。加快健全和完善学校财务管理制度、人事管理制度、日常工作制度、发展评估制度等具体运行制度和机制，使学校各项工作有法可依、有章可循、权责清晰、高效运作，努力提升依法治校水平。建立健全各种办事程序，内部机构组织规则、议事规则等，形成相互衔接、系统完备的学校制度体系。

依法建设平等校园环境，尊重和保护师生权益。加快形成比较完备的利益诉求表达机制、利益矛盾调处机制、权益侵害救济机制。依法保障师生员工的知情权、参与权、发展权等各项权益。提高运用法治思维和法制方式深化改革、推动发展、化解矛盾、维护稳定的能力。

2. 完善学校内部治理结构。进一步完善学校决策机制及相应执行与监督机制，保证管理与决策执行的规范、廉洁、高效。强化学术委员会、学位评定委员会、教学指导委员会等学术组织建设。发挥高层次人才、青年教师、非领导职务教授在学术管理中的作用。

推进科学民主决策，发挥教职工在学校办学中的主体地位和民主监督作用。加强教职工代表大会制度建设，积极推进二级教代会制度，进一步完善和落实学生代表大会制度，依法保障广大教职工和学生参与学校民主管理和决策监督。

3. 深化校院两级管理体制改革。学校将以全面深化综合改革为动力，依法科学划分校院两级职、责、权、利关系，进一步简政放权，努力构建院校两级管理完整统一、职责清晰、权利一致、监督有力、运行高效的体制机制。全面落实院系办学研究服务主体责任，充分调动学院层级在推动管理创新、科学发展方面的积极性和主动性。

进一步加快适应校院两级管理体制改革新要求，各级机关职能部门要努力转变工作职能，改进工作作风，强化服务意识，简化工作程序，明确工作职责，提升服务能力，切实提高各项行政管理工作的法治化、规范化、高效化、科学化水平。努力打造信息化管理服务平台，节约信息成本、提高信息利用效率，提升学校整体管理工作水平和工作效能。

（六）交流合作

开放办学是时代主流，国际化是必由之路。进一步强化国际化意识，坚持以开放促改革促发展，以构建新型中外合作办学机制为重点，构建教育对外大开放格局，不断提升学校人才培养质量和办学水平。

1. 深入实施国际化战略。全方位、多层次、宽领域、多渠道扩大教育开放，借鉴国际先进的教育理念和教育经验，促进学校教育改革与发展，提高学校国际化水平和国际影响力。理顺和优化对外开放和国际交流合作的体制机制，构建新型中外合作办学的制度框架和运行机制，进一步发挥学院作为国际化办学主体的积极性和主动性。适应国家经济社会对外开放的要求，培养一大批具有国际视野、通晓国际规则、能够参与国际事务和国际竞争的经济与管理类国际化人才。

2. 大力引进优质教育资源。吸引境内外知名学校、科研机构以及企业，合作设立教育教学、实训、研究机构或项目。鼓励学院开展学生交换、教师交流、联合研究等多种形式的国内外交流与合作，除已有的与澳大利亚斯威本科技大学会计专业的"2＋2"合作办学项目外，继续探索开展"3＋1"留学项目和研究生留学项目等。引进境外优秀教材。

大力发展双语教学。增强教学和科研的互动。广泛聘请国外优秀教师、国际知名学者来校访学、担任荣誉和客座教授及开展学术交流活动。构建系统完善的国际师资引进和共享机制。

3. 全面推进对外交流合作。加强与国内外高水平大学合作建立教学科研平台，联合推进高水平人才培养和科学研究。抓住国家"一带一路"战略机遇，大力开展中蒙俄高校间国际交流与合作，构建双边及多边合作平台。积极筹建同蒙古国国立大学和蒙古国商学院合作的乌兰巴托商学院。

探索教师互派、学生互换、学分互认、学位互授联授等具有实质内容的交流与合作模式。积极争取公派出国留学项目，重点做好国家公派研究生出国攻读博士学位及与国外大学联合培养博士生工作，实现本科生和研究生出国交流常态化，拓展学生国际视野和参与国际竞争的能力。举办面向国际学生的暑期夏令营。

支持教师走向国际学术讲坛和学生参加重要国际学术性活动。继续派遣中青年教师前往美国、澳大利亚、加拿大等国家进行为期 6～10 个月的课程研修；加强以学生为重点的人文交流，鼓励师生参与海外志愿者和社区服务等国际公益活动。

4. 进一步扩大留学生规模。积极拓宽俄蒙等海外市场，使境外学生来校短期访学规模实现新的增长。着力扩大留学生特别是攻读学位留学生规模，提高留学生教学质量，改进和加强留学生管理与服务，加强本土学生与留学生的交流。在不断提高留学生质量的同时，积极形成留学生国别结构的合理布局。以海外引进人才为主体整合资源，建设一批全英语专业主干课程，突破国际化基础建设的瓶颈。

（七）校园文化

"十三五"期间，学校文化建设坚持培育和践行社会主义核心价值观主线，加强思想道德建设，发展教育科学文化，为实现学校发展目标提供坚强思想保证、强大精神动力、充沛智力支持和丰润道德滋养。

1. 推进大学精神文化建设。遵照《内蒙古财经大学关于深入开展文明校园创建活动的实施意见》精神，落实各项工作任务。以文明校园建设为抓手，凝练学校精神。本着人文化、个性化原则，加强学校文化研究，进一步提炼提升学校理念要素，规范丰富定位目标，建设良好"三风"。完善教师教风评价机制，引导广大教师积极探索，高质量地上好每一堂课，引导大学生端正学习态度，过好大学生活。有效治理"四风"问题，不断改进干部工作作风，着力打造信念坚定、本领过硬、作风优良的干部队伍。

2. 推进大学制度文化建设。进一步完善以学校章程为核心的现代大学制度体系建设，建构完善的制度体系，进一步理顺管理体制，规范管理秩序，推进依法治校，营造良好发展环境，促进学校治理体系和治理能力现代化。持续培育民主环境，落实"一切为了师生、一切服务师生"管理理念，运用法治思维和法治方式落实机关管理机构和管理职能改革，提升效率，提高科学性。进一步完善和落实教代会和工代会制度，重要决策都要征求教职工意见。有序推进党务公开、校务公开，探索多元主体参与的学校治理新机制，进一步完善科学民主、依法决策机制，培育培植民主环境，保障师生员工在学校相关事务中的知情权和评议权，提高师生评议满意度。高度重视专家学者在学校管理决策中的咨询作用。充分发挥民主党派和无党派人士建言献策作用，自觉接受他们的监督。

3. 推进大学思想文化建设。不断强化"两个巩固"，进一步丰富内容、创新形式，增强师生"四个自信"。加强学习型党组织建设，充分发挥各级党组织在贯彻重大决策、引领中心工作、提高服务能力的重要作用。加强思想政治理论课、形式政策课的教学与科研，拓展思想政治教育渠道，提高师生思想政治水平。把培育和践行社会主义核心价值观融入教育教学和管理全过程。坚持用社会主义核心价值观引领大学文化建设，传承中华优秀传统文化，深入挖掘和阐发其时代价值，引导师生增强民族文化自信和价值观自信。以弘扬爱国主义为核心为主线，提高"崇德、尚学、明理、包容"校训认知度，开展大学文化建设专题研究，打造财经大学文化特质。着力打造好"理论学习讲坛""学术讲坛""团学讲坛"等校园讲堂。统筹规划校园文化活动，打造校园文化活动品牌，培育优秀校园文化成果。深入开展民族团结进步教育，开展主题鲜明、富有特色活动，营造和谐文化环境和守望相助民族团结氛围。调动学院积极性，提倡多样化，加强"一院一品"等文化品牌活动建设。加强社团文化建设，增强校园文化活动思想性、趣味性、知识性、实践性。编制"七五"普法规划和年度工作计划，完善工作机制，加强志愿者队伍建设，用好新媒体平台，有序稳步推进普法工作。建设和谐、美丽、文明、安全的校园环境文化。加强互联网管理，建设文明的网络文化。倡导积极健康的生活方式，广泛开展"三走"活动，弘扬体育精神。

4. 推进组织文化建设。继续运行好中心组学习机制，创新理论学习形式，提高学习效果。坚持民主集中制，认真贯彻执行党委领导下的校长负责制。开展具有学校特点的教育活动，分类推进、层层强化，将廉政文化建设制度化、经常化。完善沟通交流机制，持续激发组织活力。加强对基层团学组织的联系与指导，开展青年喜闻乐见的活动，增强基层党团学组织的凝聚力与号召力。关心教职工，维护和保障教职工合法权益。开展内容丰富的教职工文体活动，满足教职工文化需求。尊重、关爱老同志，充分发挥离退休同志的积极作用。

（八）校园建设

紧密围绕发展目标，以校园基本建设为核心，以信息化建设为重点，不断加强数字化建设力度，提升图书信息保障水平，进一步健全后勤服务保障体系，分类规划，整体协调，同步推进，为实现信息化、数字化、生态化现代大学奠定良好基础。

1. 进一步推进校园基本建设。在"十三五"期间要在学校整体建设规划的指导下，渐次完成体育馆建设、旧操场改造、学校东门建设等项目。综合实验楼、学院楼、体育馆等主要建筑物周边待规划场地要编制科学、合理的规划方案，并完成设计、施工、使用。

2. 建设数字化、智慧化校园。围绕智慧化校园这一高校信息化高级形态与建设任务，内蒙古财经大学将对现有数字化校园做进一步扩展、提升与改造，综合运用大数据、云计算、物联网、移动互联等新一代信息技术，立足学校当前发展的实际需求、着眼未来校园先进的管理与服务体系构建，以部门应用、师生应用为驱动力，围绕硬件、软件、信息资源、信息化服务，稳步开展建设、升级、改造活动。

到2020年，内蒙古财经大学要全面完成《教育信息化十年发展规划（2011～2020年）》所提出的教育信息化目标任务。以智慧化校园建设为中心，以三个平台（网络基础传输平台、网络基础支撑平台、信息化公共服务平台）、三个体系（信息安全保障体系、运行维护保障体系和组织结构保障体系）建设为重点，构建与内蒙古财经大学战略发展目标相适应的教育信息化体系，重点建设十二个应用工程，实现四个"深度融合"，即信息技术与人才培养的深度融合，信息技术与学术研究的深度融合，信息技术与学校治理的深度融合，以及信息技术与公共服务的深度融合。

3. 提升图书信息保障水平。优化学校文献资源结构，根据学校学科专业设置和重点学科建设情况，制订文献信息资源建设方案，形成具有本校特色的馆藏资源体系和合理布局。在文献采集中兼顾纸质文献、电子文献和其他载体文献，保持重要文献和特色资源的完整性和连续性，优化馆藏结构，加强电子资源的比例。适度提高面向新办专业、优势专业和特色专业及重点学科所需文献的采选比例。依托现代信息技术，不断提高业务工作质量和服务水平，最大限度地满足读者的需要。

4. 健全后勤服务保障体系。通过进一步深化后勤管理体制和运行机制改革，构建适应市场经济规律、符合现代大学办学规律的新型后勤保障体系，逐步实现后勤保障的社会化、市场化、专业化、集约化。做好信息公开，促进后勤保障管理更加公开、透明、阳光、规范。

完善对后勤服务保障能力和质量效益的评价标准体系和评价机制；不断完善校园生活服务平台，畅通师生与后勤服务的沟通渠道；构建管理运行高效的基本公共服务体系。校医院重点为师生提供安全、有效、便捷、价廉的公共卫生和基本医疗服务，不断完善突发公共卫生事件的应急预案，提高医疗卫生服务能力，加强医德医风建设。

5. 加强"四型"校园建设。

（1）加强生态型校园建设，营造校园生态文化空间。注重采用信息技术与环保节能材料，构建校园空间实体与自然的和谐，创造一个学习融入生活的有机模式，营造校园浓郁的生态文化气息，最大化地满足交通、教学、生活及环境的生态化需求。（2）加强绿色型校园建设，完善绿地景观系统。在静态景观设计中以大面积绿地为斑块，以道路两侧的绿化为廊道，以校园草坪、灌木、乔木等生物群落组成校园绿地景观系统。（3）加强节约型校园建设，建立校园环保节约体系。建立校园合理、高效、健全的垃圾分类回收设施与良好、有序的收集、回收系统，建设环保、节约的生态校园环境。（4）加强平安和谐型校园建设。提高师生安全防范意识，建立健全安全预警和应急机制，完善校园安全设施系统，切实保障人身安全、财产安全和公共卫生安全，全面加强校园周边环境的综合治理，积极推进平安和谐校园建设。

（九）党的建设

加强党对高校的领导，加强和改进高校党的建设，是办好中国特色社会主义大学的根本保证。要切实落实全面从严治党主体责任，不断加强和改进党的建设，发挥党委总揽全局协调各方的领导核心作用、基层党组织战斗堡垒作用和共产党员先锋模范作用，构建大党建格局。

1. 创新形式加强思想理论武装。以思想建设为根本，以党性教育为核心，大力推进马列主义、毛泽东思想、中国特色社会主义理论体系及习近平总书记系列重要讲话精神的学习，全面巩固党的群众路线教育实践活动、"三严三实"教育活动、"两学一做"教育学习成果，教育引导党员干部坚守共产党人的精神追求，增强广大党员和师生员工的道路自信、理论自信、制度自信和文化自信，增进师生对中国特色社会主义的思想认同、政治认同、理论认同和情感认同。创新思想政治教育形式，创新工作手段和载体，开辟思想教育新阵地，加强师生思想政治工作，提升党员干部师生的思想政治素质，牢牢掌握党对学校意识形态领域的领导权和主导权。坚持把立德树人作为中心环节，把思想政治工作贯穿教育教学全过程，实现全程育人、全方位育人。

2. 不断完善体制机制建设。坚持党的教育方针，认真贯彻民主集中制，坚持和完善党委领导下的校长负责制，进一步完善党委统一领导、党政分工合作、协调配合的工作机制。加强学院领导班子建设，优化领导班子结构和功能。不断完善制度体系建设，严格执行学院党政联席会议制度，实行校院两级领导班子重大决策事项论证制度。加强党外代表人士队伍建设，充分发挥党外知识分子在学校发展建设中的积极作用。

3. 加强基层党组织建设。全面从严治党落实到每个支部每名党员。坚持政治功能与服务功能相统一，坚持分类施策与整体推进相结合，严格党内组织生活制度，创新基层党组织活动方式，增强组织活动的针对性和实效性。持续深化作风建设，着力加强教工党支部建设，强化党员教师的党性教育。建立基层党建工作重点项目牵引带动机制和协同创新机制。突出落实管党治党责任、意识形态、党风廉政建设、落实执行中央八项规定精神、统一战线等方面的工作内容。

4. 多措并举加强干部队伍建设。坚持党管干部原则,按照"忠诚、干净、担当"的要求,把握正确用人导向,建立健全科学有效的干部选任机制,提高选人用人公信度,选好配强领导班子和干部队伍。加强干部教育培训,着力提高思想政治素质和以法治思维、创新思维解决实际问题、处理复杂矛盾、推动学校建设发展的能力。加大干部交流力度,落实重要岗位任期轮岗制度,拓宽干部校外交流渠道。进一步完善干部日常管理和监督机制,重点健全一把手用权行为监督制约机制,加强对人财物等重点部门、关键岗位干部的监督。加强干部档案管理和数字化建设。

5. 深入推进党风廉政建设。巩固和深化群众路线教育实践活动成果,抓好"三严三实"主题教育活动,坚决防止"四风"问题反弹,推进作风效能建设。始终把纪律和规矩摆在前面,认真落实党风廉政建设党委主体责任和纪委监督责任。完善党员干部日常管理和监督机制,坚持从严管理监督干部。加强权力运行制约和监督机制建设,深入推进惩治与预防腐败体系建设。完善党风廉政工作联动机制。深入开展党风廉政教育,以学习贯彻《中国共产党廉洁自律准则》《中国共产党党内监督条例》为重点,继续加强廉政文化建设,营造风清气正的良好政治生态。

专栏三:"十三五"期间学校重点建设工程

(1) 课堂教学质量提升工程。强化过程管理,改革教学范式,改革教学评价,着力提升课堂教学质量。

(2) 学术精品工程。改善学术环境,优化科研生态,提供引领支持,在优势特色学科和博士点培育学科产出一批高水平学术精品。

(3) 名师团队工程。搭建发展平台,完善发展机制,以名师为核心,构建教学团队。

(4) 智库建设工程。依托学校经管类学科优势,以国家和地区战略问题、公共政策为主要研究对象,以服务党和政府科学民主依法决策为宗旨,建设2~3个综合类和专业类智库。

(5) 智慧校园工程。综合运用大数据、云计算、物联网、移动互联等新一代信息技术,实现数字化校园向智慧化校园转型升级。

(6) 校园文化建设工程。凝练内蒙古财经大学学校精神,充实校园文化内涵,创新文化载体,提升学校文化的品位和格调。

(7) 构建大党建格局。以五大发展理念为引领,以全面从严治党为主线,切实加强和改进党的建设,党建工作与业务工作深度融合,构建引领与保障事业发展的大党建格局。

五、保障措施

学校"十三五"发展规划是指导和规范未来 5 年学校事业发展的纲领性文件，是全校师生员工共同奋斗的行动指南，要切实保证规划任务和建设项目落到实处。

（一）加强宣传学习，统一思想认识

各部门各学院要面向全校师生员工广泛宣传规划，积极宣传规划目标、政策措施和主要任务，组织师生员工开展学习讨论，努力使规划的目标任务与各部门乃至每个师生员工的个人事业发展紧密相连。通过广泛的宣传，统一思想，提高认识，使学校的"十三五"规划落实到全体师生员工的行动之中。

（二）细化配套体系，整体协调联动

根据学校"十三五"总体规划和专项规划，各学院、各部门（含虚体研究机构）按进行安排部署，标志性工程与重点建设任务要组建专门的工作机构，制订具体可行的工作计划。学校在人员安排、资源配置上向学校重点工程倾斜，实现学校与学院，学校与各部门、科研机构及重点实验室工作目标和工作任务的整体联动。

（三）建立考核机制，保障规划落实

成立学校领导牵头，发展规划部门具体负责的规划管理小组，负责规划实施的监督协调。校级重点工程明确项目实施的责任部门与个人，建立规划实施进程年报制度，确保规划落到实处。建立规划动态调整机制，认真开展中期评估，当校内外形势和环境发生重大变化时，学校应提出调整方案，并通过民主程序审议批准，完善规划调整的动态管理体制。

（四）开源节流并举，强化财务保障

规范利用学校资产，通过市场运作等方式，开拓收入来源。重点拓展专业学位教育、高端培训以及合作办学项目，增加教育事业收入。以校友会为纽带争取广大校友对学校的捐赠，并在校友的联系下利用好社会的大资源。做好项目设计与储备工作，积极申请财政专项。合理分配办学经费与其他资源，集中力量办大事，引导资源向提高办学质量和水平的方向配置，向重点工程与任务配置。完善校院两级预算制度，发挥学院资金的积极作用。

附件："十三五"规划核心量化指标

一、学科建设量化指标

项　　目	现状	2020 年目标
博士学位授予权单位基础建设	无	成为立项建设单位
自治区一流学科	无	3~4 个
硕士学位授权一级学科	4 个	6 个
专业学位授权点	3 个	6 个
研究生在校生数量	600 人	1000 人左右
博士生导师（含兼职博导）	8 人	20 人（含兼职博导）
国家级优秀硕士论文	无	1~2 篇

二、人才培养量化指标

项　　目	现状	2020 年目标
普通本科生规模	18000 人	18000 人左右
高等职业教育学生规模	2300 人	2500 人（其中高职本科达到 500 人左右）
继续教育学生数	2300 人	2500 人左右
留学生人数	5 人	100 人左右
本科专业	54 个	45 个左右
本科毕业生毕业率	97%	99% 以上
学士学位授予率	98.6%	99% 左右
应届毕业生当年国内外升学深造率	1.8%	10% 左右
毕业生就业率	86.02%	持续位居自治区高校前列

三、师资队伍建设量化指标

项　　目	现状	2020 年目标
专任教师数量	960 人	1100 人左右
教授	151 人	160 人左右
副教授	337 人	360 人左右
专任教师中具有硕士以上学位教师比例	80.94%	90% 以上
博士学位的教师总数	186 人	385 人以上
博士学位的教师占专任教师的比例	19.38%	35% 以上

四、科学研究量化指标

项　　目	现状	2020 年目标
国家级重大项目	无	1 项
国家级项目	57 项	70 项以上
"十二五"期间完成的学校认定核心期刊数量	312 篇	1000 篇以上
国家级科研成果奖	无	1 项
国家级科学研究平台	无	1 个
自治区级协同创新中心	1 个	2 个
自治区级科研团队	3 个	10 个

山东财经大学"十三五"发展规划

"十三五"时期是我国全面建成小康社会决胜阶段，也是学校建设特色名校关键时期。为深化改革，提高教育质量，促进学校创新发展、特色发展，更好履行大学使命，根据国家及山东省中长期教育改革和发展规划纲要、国民经济和社会发展第十三个五年规划纲要、国务院《关于印发统筹推进世界一流大学和一流学科建设总体方案的通知》和山东省《关于推进高等教育综合改革的意见》精神，结合学校实际，制订本规划。

一、"十二五"时期学校发展取得重大成绩

"十二五"时期，全校师生员工在学校党委、行政领导下，顾全大局，凝心聚力，按照山东省委省政府"五统一""三融合"要求，顺利完成山东财经大学正式建校，保持了安全稳定。在此基础上，学校抓住机遇，积极推进改革发展，取得一批重大标志性成果，省部共建成功实现，博士学位授予权如愿获得，山东省省部共建人才培养特色名校立项实施，"一体两翼"发展战略和"凝心聚力工程""特色名校工程"深入推进，本科教学工作审核评估顺利通过，规划的主要目标任务基本完成。学校发展平台进一步拓宽，办学层次进一步提升，办学条件进一步改善，综合实力进一步增强，为建设全国一流财经特色名校奠定了良好基础。

（一）内部治理体系形成新格局

内部治理体系逐步健全。《山东财经大学章程》核准生效并逐步落实；学校领导体制、学术管理体系、民主管理与监督机制逐步完善；校院两级管理体制基本形成；人事管理和分配制度改革深入推进；人才队伍培养、引进和管理服务制度基本建立。

（二）学科建设取得新突破

重点建设成效显著。学校获批博士学位授予单位，应用经济学、工商管理、管理科学与工程获得博士学位授予权；获得7个一级学科硕士学位授予权，新增2个专业学位授权点；获批6个省级特色重点学科、10个省级重点学科。现有3个一级学科博士学位授权点、10个一级学科硕士学位授权点、13个硕士专业学位授权点。设立3个一级学科协调机构，试建3个交叉学科、3个重点学科国际合作平台。

（三）人才培养取得新成绩

人才培养体系更加完整。博士研究生实现招生，研究生培养层次实现新突破，形成了比较完整的本硕博人才培养体系。培养本科生 40632 人、硕士研究生 3822 人、成人学历教育学生 15000 余人，开展各类社会培训近 20 万人次。现有全日制在校本科生 29871 人，硕士、博士研究生 2059 人。

专业课程和教材建设水平逐步提高。本科招生专业调减至 56 个。新增会计学国家级综合改革试点专业 1 个、金融学省级应用型人才培养专业发展支持计划 1 个、省级特色专业 6 个、省级精品课程 29 门、国家"十二五"规划教材 2 部。建成国家级实验教学示范中心 1 个、山东省高校骨干学科教学实验中心 13 个。

本科人才培养模式日趋多样。新增省级应用型高素质金融人才培养模式创新实验区 1 个。开设经济学、金融学、会计学创新实验班，探索创新型人才培养；实行主辅修双专业 6 个，试建交叉专业 3 个，探索复合型人才培养；与浪潮集团合作开展校企联合培养；与海外高校合作开展国际化人才培养。

研究生培养质量稳步提升。研究生发表学术论文 2000 余篇，其中 A 类论文 40 篇、B 类论文 138 篇；获得省级优秀硕士学位论文 15 篇、省级优秀创新成果奖 13 项、优秀实践成果奖 7 项；获得全国数学建模大赛一等奖 1 项、二等奖 2 项。

教学研究能力不断增强。新增省级教学改革研究项目 22 项、省级教学成果奖 13 项，其中，一等奖 4 项，二等奖 4 项，三等奖 5 项。新增省级研究生教育创新计划项目 57 项、省级研究生教学成果奖 5 项。

（四）科研水平实现新提升

高水平项目与成果显著增加。学校获得各级各类纵向项目 1309 项，资助经费总额 7978.8 万元。其中，国家社科基金项目 91 项（含重点项目 3 项），国家自然科学基金项目 61 项，教育部项目 121 项，省部级项目 551 项；承担横向课题 300 余项，合同经费总额 5000 余万元。教师发表学术论文 3420 篇，出版著作 300 余部。其中在《中国社会科学》发表论文 2 篇，在《中国科学》发表论文 10 篇，在《管理世界》《会计研究》等高水平中文核心期刊发表论文近百篇；SCI、EI、ISTP 和 SSCI 等检索收录论文 400 余篇，《新华文摘》全文转载文章 2 篇。获全国高等学校科学研究优秀成果奖 6 项；山东省社会科学优秀成果奖 107 项，其中，重大成果奖 1 项、一等奖 10 项、二等奖 33 项；山东省社会科学学科新秀奖 4 项；山东省科技进步奖 14 项；山东省文化创新奖 1 项。

科研基地平台层次提高。学校成为"中国财政发展 2011 协同创新中心"和"中国会计改革与发展 2011 协同创新中心"理事单位；牵头组建"山东省金融产业优化与区域发展管理协同创新中心"。新增省级研究中心 3 个、省级研究基地 3 个、省高校重点实验室 2 个、省高校人文社科研究基地 2 个、省高校优秀科研创新团队 2 个。

新型智库建设积极推进。组建山东金融发展研究院、齐鲁财经战略研究院、泰山资本市场研究中心等财经智库。

（五）人才和师资队伍建设取得新进展

人才引进培养成效初显。现有高层次人才 40 人，高层次后备人才 76 人。其中，国家百千万人才工程人选 2 人、国家有突出贡献的中青年专家 3 人、泰山学者岗位特聘教授 6 人、教育部新世纪优秀人才支持计划 4 人、国务院政府特殊津贴专家 15 人、省级有突出贡献的中青年专家 11 人、省高等学校重点学科首席专家 4 人。

师资结构进一步优化。现有教师岗位人员 1430 人，其他教师 506 人，生师比 18：1。其中，具有博士学位的 619 人，占教师岗位总数的 43.3%，高级职称教师占 60.7%，45 岁以下中青年教师占 56.6%。研究生导师队伍不断加强，增选硕士生导师 150 人，遴选博士生导师 46 人。

（六）人事分配制度改革进入新阶段

人事分配制度改革稳步推进。第二轮人事分配制度改革深入实施；校院两级人事管理逐步落实，副教授以下教师职务聘用权全部下放学院；教授分级定岗基本完成；各类人员岗位聘用和考核评价体系逐步健全；以绩效工资为主体、多种分配方式并存的薪酬分配体系初步形成。职工医疗保险、养老保险制度逐步落实。

（七）学生教育管理服务取得新业绩

第二课堂育人深入开展。社会主义核心价值观教育、学风建设、国防教育、社会实践、公益服务和各类科技文化活动蓬勃开展；学生职业生涯规划、就业指导、创业基础课程全部纳入教学计划和学分体系，学生就业创业服务体系进一步完善。山东财经大学大学生创业园投入运营，入驻企业 144 家，注册资本 4.89 亿元，被评为省级大学生创业示范园区。

（八）开放合作取得新成效

对外交流合作深入推进。组织赴海外访问团组 25 个，与海外高校签署交流合作协议 64 项；选派教师赴海外访学、进修或参加国际及两岸会议 200 余人；开展学生海外学习项目 38 个，选派赴海外学习学生 2000 余人；招收来华留学生 200 余人；每年聘请长短期海外教师 30 余人次。重点学科国际合作平台、课程国际化建设、院际国际交流项目启动实施。

独立学院效益良好。燕山学院和东方学院培养学生 16186 人，现有在校生 13086 人，办学质量不断提高。

（九）基础条件建设创造新环境

教学生活条件进一步改善。学校共投资 1.59 亿元，改造管道、供电等基础设施，维修教学楼、图书馆、学生公寓、食堂 15 万平方米。完成图书、实验和校园网络整合。莱芜校区启动建设，一期工程基本完成。

（十）党建和大学文化建设开创新局面

党建工作全面加强。学校领导班子逐步健全，首次中层领导班子和领导干部换届调整完成，基层党组织普遍建立；党的群众路线教育实践活动和"三严三实"专题教育深入开展，党员干部作风进一步好转。"凝心聚力工程"逐步落实，文化建设重点推进，群众性文化活动广泛开展，党建和大学文化建设呈现新局面。

二、"十三五"时期学校发展面临的机遇和挑战

"十三五"时期，学校发展既面临重要机遇，也面临严峻挑战。从内部看，学校保持长期稳定，发展基础和发展态势良好，提升空间较大，人心思变思进，具备较好的发展条件和环境氛围；同时也面临多校区分散办学、高层次人才总量偏少、办学经费短缺、体制机制不完善、社会服务能力不够强等诸多问题和困难，学校总体上还处于大而不强、负重爬坡阶段。从外部看，经济发展进入"新常态"，创新驱动战略推进实施，高等教育改革全面深化，改革发展预期向好，学校发展面临新机遇新挑战。学校必须积极适应经济发展"新常态"、人民群众新期待和高等教育发展新趋势，更加注重创新发展、协调发展、绿色发展、开放发展、共享发展，深入推进综合改革，在新的起点上努力实现学校发展新跨越。

三、"十三五"时期学校发展的总体要求

（一）指导思想

高举中国特色社会主义伟大旗帜，全面贯彻党的十八大和十八届三中、四中、五中全会精神，以马克思列宁主义、毛泽东思想、邓小平理论、"三个代表"重要思想、科学发展观为指导，深入贯彻习近平总书记系列重要讲话精神，以"创新、协调、绿色、开放、共享"发展理念为引领，全面贯彻党的教育方针，遵循高等教育规律，落实立德树人根本任务，把握学校发展的阶段性特征，继续实施"一体两翼"发展战略和"凝心聚力工程""特色名校工程"，坚持以提升质量、强化特色为核心的内涵式发展，以深化改革为动力，大力提升人才培养、科学研究、社会服务和文化传承创新能力，努力开创建设全国一流财经特色名校新局面，为国家和区域经济社会发展做出更大贡献。

（二）办学定位

1. 整体发展定位：国内一流、特色鲜明的高水平财经大学。

2. 人才培养定位：培养专业素质优良，富有社会责任感、创新精神和实践能力，具有国际视野的应用复合型人才。

3. 学科发展定位：重点发展经济、管理学科，协调发展文、法、理、工、教育和艺术及其他学科，形成结构合理、特色鲜明的学科体系。

4. 层次类型定位：以本科教育为主体，以发展研究生教育为重点的教学研究型大学。

5. 服务面向定位：以经济社会发展需要为导向，立足山东，面向全国，为区域和行业发展提供人才支撑和智力支持。

（三）总体目标

师资队伍全面优化，人才培养质量明显提高，科学研究与社会服务能力大幅提升，学科实力显著增强，体制机制更加完善。到 2020 年，力争应用经济学、工商管理、管理科学与工程等学科进入全国财经院校一流行列，少数优势学科进入山东省重点建设的国内一流学科行列，金融学、会计学等二级学科成为全省顶尖学科，学校综合办学实力进入全国财经类院校前 10 名，基本建成全国一流财经特色名校。

（四）发展思路

围绕建设全国一流财经特色名校和一流学科的发展目标，突出一个主题，贯穿一条主线，加强一个保障，用好六个抓手，提高学校核心竞争力和综合实力。

一个主题：推进内涵发展，提高质量效益，强化办学特色。

一条主线：深化综合改革，为学校发展提供强大动力。

一个保障：坚持依法治校，为学校发展提供制度保障。

六个抓手：用好学科对标定位、教学评估整改、科研评价激励、高层次人才引进培养、岗位绩效考核、信息综合平台建设六个抓手，打造学校发展升级版。

四、"十三五"时期学校发展的主要目标任务

（一）人才培养

以经济社会发展需求为导向，转变教育观念，创新人才培养机制，提高教学水平和创新能力，强化人才培养特色。

1. 强化人才培养中心地位。把教授为本科生上课作为基本制度。创新本科人才培养模式，实施少量拔尖人才和应用型人才培养创新试验。加强对博士研究生和学术学位硕士研究生科研训练和学术创新能力培养，强化专业硕士学位研究生的职业胜任能力和实践创新能力。实施教学奖评选表彰制度，调动教师教学积极性。

2. 优化规模层次结构。根据学科发展定位，优化调整学科专业结构，逐步调减专业数量，实现在校本科生规模稳中有减，积极扩大研究生招生规模。到 2020 年，本科专业控制在 50 个左右，全日制在校生 30000 人，其中研究生总量达到 3000 人。

3. 完善人才培养质量标准体系。加强本科生、研究生培养标准体系建设。优先制订学分制培养方案并组织实施。根据不同层次、不同专业学生发展需要，推进分类培养和分级教学。

4. 全面加强创新创业教育和实践教学。深化创新创业教育改革，完善实践教学体系，

增加实践教学比重，扩大实践教学基地数量。人文社科类和理工类本科专业实践学分比例逐步达到20%和30%。争取新增省级实验教学示范中心1~3个、国家级实验教学示范中心1个。实施《职业生涯规划》《就业指导》《创业基础》"三课合一"，提升社会实践"三千计划""挑战杯"和"创青春"等创新活动水平，发挥大学生创业园示范效应，构建大学生创新创业工作体系。支持学生参加教师的科研活动，建立学生创新实验室和创客空间，鼓励学生开展创新创业项目研究。

5. 加强课程教材建设。突出课程建设在专业建设与人才培养中的核心地位，以通识课、学科基础课和专业主干课三类课程建设为重点，以精品课程、优秀教材建设为抓手，全面提高课程建设水平。加大精品课程、优质课程、在线开放课程建设和引进力度，推进优质教学资源共享。新建校级重点专业5~10个、校级精品课程（群）25~30门。新增国家规划教材3部、山东省优秀教材奖10~15项。

6. 提高教师教学能力。发挥优秀教学团队的带动示范作用和教学名师的传帮带作用，推进翻转课堂、案例教学、启发式和研究式教学改革，广泛开展教学观摩和教学竞赛活动，提高教师教学能力和教学水平。健全研究生导师遴选和考核机制，完善双导师制，建立以科学研究和实践创新为主导的研究生培养机制。新增省级教学名师5~10人，新建校级教学团队25~30个。

7. 加强教育教学研究。鼓励教师开展高层次教学研究与改革，并根据学校教学工作实际，有针对性地开展教学方法、教学手段、考试方式等教学研究与改革，积极促进教改成果的推广与应用。争取省级教学研究与改革项目40项，获得省级以上优秀教学成果奖15项，其中，国家级优秀教学成果奖1~2项。获得省级研究生优秀教学成果奖5~10项。

8. 完善教学质量保障体系。落实学院教学工作主体地位，完善校院两级教学质量保障体系，优化教学质量保障机制，建立多元化教学评价制度。

9. 提升学生教育管理服务水平。加强思想引领，以社会主义核心价值观教育为重点，不断改进学生思想政治教育工作，构建全员、全方位、全过程育人格局；创新发展指导，建立完善学生发展指导体系，构建校院两级思想引领、学业指导、生涯规划、学长领航、校友分享平台，助力学生学业发展；完善服务保障，进一步做好学生资助、心理健康教育、公寓管理服务工作，增强服务意识，提升服务水平；改进服务方式，建立学生工作网络综合服务平台，提升学生教育管理服务信息化水平。改进完善校院两级学生工作机制，充分调动和发挥学院在学生工作中的积极性、主动性。

（二）学科建设

凝练学科方向，加强学科对标定位和资源整合，强化博士学位授权学科建设，提升学科建设水平。

1. 凝练学科研究方向。跟踪学科发展前沿及趋势，深入开展学科对标定位工作，实施学科建设成果认定制度，建立学科建设与教师研究选题、博士论文选题相结合的机制，整合学科建设力量，形成一批具有比较优势和鲜明特色的学科方向。

2. 统筹学科建设资源。加大学科建设经费支持力度，建立以质量和绩效为导向的适度竞争式资源配置模式。加大学科建设经费统筹力度，调动学院参与竞争性学科建设项目的积极性。建设一级学科协调机构，统筹一级学科建设工作。

3. 实施一流学科建设计划。对博士学位授权优势学科实施"攀登计划"，构筑学科高峰，争创国内一流；对硕士学位授权优势学科实施"提升计划"，打造学科高原，争创省内一流；对基础和交叉学科实施"培育计划"，形成学科高地，强化学科特色。

4. 推进学科和学位授权点评估。积极参与教育部一级学科评估，力争主干学科进入财经类院校前8名。实行学位授权点合格（专项）评估，完善研究生培养质量保障体系。完善学位授权点设置、预警和退出机制，推进学位授权点动态调整。试点部分学位授权点参与国际认证。

（三）科学研究与社会服务

推进学术创新，完善科研评价与激励机制，加强科研平台、创新团队和新型智库建设，推进科研成果转化应用，全面提升科学研究和社会服务水平，以高水平科学研究支撑高水平学科建设和高质量人才培养。

1. 推进学术创新。建立以鼓励学术创新为目标的科研评价与激励机制，营造学术创新良好氛围。坚持服务国家目标与鼓励自由探索相结合，提高基础研究水平；以经济社会发展现实问题为主攻方向，加强应用研究。力争承担国家级项目165项、省部级项目600项，发表A类论文500篇，获得省部级社科优秀成果奖100项。

2. 加强科研平台和团队建设。改进科研组织形式，构筑科研平台，建立政产学研协同创新模式。依托科研平台、学院、研究机构和重要科研项目，建设一批研究方向稳定、层次较高、结构优化、善于协作的优秀科研创新团队。

3. 建设新型特色财经智库。围绕山东"两区一圈一带"发展战略和建设金融强省需要，支持与政府、企业、科研机构等共建高水平财经智库，形成服务社会、服务经济、服务决策的服务山东创新体系，提高学校在财经领域的话语权和影响力。贯彻落实国家、山东省有关深入实施创新驱动发展战略的意见精神，充分发挥学校科研优势与特长，打通基础研究、应用开发、成果转移与产业化链条，实现学校科研与地方、企事业单位需求对接，积极推进科研成果转化。

4. 积极发展继续教育。转变继续教育发展方式，在稳定成人学历教育基础上，扩大高端教育服务规模。加强网络资源开发，推进校际合作，大力开展远程教育，提高社会效益和经济效益。

（四）人才队伍和人事分配制度

加强人才引进、培养，建设一支数量充足、结构合理、创新和实践能力强的人才队伍。健全教师职业发展机制，完善各类岗位聘用管理和多种形式并存的收入分配体系。到2020年，专任教师规模达到1600人，具有博士学位的教师比例达到60%左右，博士学位授权学科及其支撑学科的博士学位教师比例达到70%左右，高层次人才数量明显增长，生师比控制在17：1以内。

1. 加大人才引进和培养力度。采取超常规措施，扩大高层次人才队伍规模，力争各类高层次人才达到70人，高层次后备人才达到100人。围绕学科发展重点领域，实施"高层次人才引进计划"，争取引进长江学者、千人计划专家、国家杰青、泰山学者等高层次人才10人。完善人才成长激励机制，落实各类人才培养支持计划，自主培养高层次后备人才40人。围绕一流学科建设，依托泰山学者工程，新增省级优势学科人才团队3~5个。加强教师能力建设和素质培养，实施教师职业生涯发展计划。根据创新创业教育要求，加强"双师型"实践教师队伍和校外兼职教师队伍建设。

2. 优化人才管理服务。健全人才综合评价和分类管理体系，落实各类人才政策，完善服务保障措施，为各类人才提供事业发展平台和良好工作生活环境。

3. 加强管理和教辅队伍建设。以职员制改革为动力，建设一支整体素质高、大局意识强的职业化、服务型管理队伍。以增强服务意识、提高专业技能为重点，建设一支规模适当、结构合理、对教学科研支撑能力强的教辅队伍。

4. 深化人事分配制度改革。加强各类岗位聘用管理，推进教师分类管理和职员制改革。积极探索取消二级学院行政级别改革，提高二级学院管理的专业化水平。不断完善以绩效为主的考核制度，将发展性评价贯穿各类人员职业发展过程，将考核结果与薪酬制度、激励机制等有效结合。在建立以岗位绩效工资为主体，年薪制、项目工资制等并存的收入分配体系基础上，规范聘期考核，逐步完善薪酬调整机制。根据国家事业单位改革进程，不断完善职工养老和医疗保障体系。

（五）国际交流合作

实施开放办学战略，加快国际化办学步伐。拓宽国际化办学思路，创新国际合作方式，以扩大开放为动力促进学校改革发展，形成学校发展新的增长点，提升学校在国内外教育领域的竞争力和影响力。

1. 促进国内外联合培养人才。借鉴国际先进教育理念和经验，积极引进海外优质课程资源和教材，建设具有基础性、前沿性、交叉性的全英文授课课程。参照国际通行标准，积极参与课程国际认证。积极推进学生对外交流活动，扩大学生海外留学规模，到"十三五"末，具有海外学习和联合培养经历的学生达到在校生的5%左右。完善留学生招生和培养机制，建立以学院为主的留学生招生、教学工作体系，扩大留学生规模，到"十三五"末，在校留学生数量达到500人。

2. 拓宽教师国际视野。以建设高水平师资队伍为导向，拓宽海外优秀人才引进渠道。支持教师申报各类海外访学进修项目，鼓励青年教师以团队形式到海外名校、名学科、跟随名师进行半年以上的学术或教学研修。

3. 建设国际交流合作平台。理顺国际化办学体制机制，提高管理服务效率。进一步整合现有中外合作办学资源，建设高水平中外合作办学项目，探索建立中外合作办学机构。引进国际执业资格证书培训平台，开展国际培训项目和证书认证。与海外高水平大学或科研院所合作建设研究平台，扩大国际合作研究领域，共同举办国际学术会议，推动国际科研合作。实施"院际国际交流与合作"等项目，打造国际交流合作示范学院。

（六）内部治理结构

依据大学章程，完善党委领导、校长负责、教授治学、民主管理、社会参与的内部治理结构，构建充满活力、富有效率的管理制度和运行机制。

1. 健全以章程为基础的制度体系。建立健全章程落实机制，依据法律和章程，理顺和完善各项规章制度，规范各种办事程序、内部机构组织规则、议事规则等，推进学校治理体系和治理能力现代化。

2. 坚持和完善党委领导下的校长负责制。完善党委会、校长办公会的议事规则和决策程序；坚持党委会向党员代表大会报告工作制度；坚持校长向党委报告重大决议执行情况、向教职工代表大会报告工作制度；健全党委统一领导、分工负责、职能部门组织实施的工作机制。进一步明确权力边界，规范决策程序，提高决策水平，建立健全决策权、执行权与监督权既相互协调又相互制约的权力结构和运行机制。

3. 强化学术组织作用。健全以学校学术委员会和学院教授委员会为核心的学术管理体系与组织架构，充分发挥学术组织在学科建设、学术评价、学术发展和学风建设等方面的重要作用。

4. 完善民主管理机制。充分发挥教职工代表大会、学生代表大会等在民主决策中的作用。建立教授和专家咨询制度。积极探索师生代表参与学校决策的机制，扩大有序参与，加强议事协商，确保重大决策和重要举措充分听取师生意见。

5. 健全社会参与机制。建立健全理事会，充分发挥其在加强社会合作、扩大决策民主、接受社会监督等方面的作用。完善校友会、教育基金会运行机制，加强校友服务，争取更多海内外校友和社会各界人士对学校的支持。完善信息公开制度，保障师生员工、社会公众对学校重大事项、重要制度的知情权，接受利益相关方的监督。

6. 完善校院两级管理体制。稳步推进教学科研单位整合调整。积极推进学院在培养模式、治理结构、教师聘用等方面的改革，确保管理重心下移，激发学院办学活力。落实学院主体地位，形成责权利相统一、党政部门与学院协调配合、行政管理与学术管理有机衔接的管理运行机制。

7. 规范管理运行系统。完善集体领导、分工负责的学校管理体系。建立决策执行事前、事中、事后报告和评估系统；进一步明确分管领导在决策执行中的责任和作用；明晰各级管理机构的职责和权限。以作风与效能建设考评为抓手，优化服务流程，提高服务质量，建设服务型机关。加强对学校重点领域和关键环节的监督、审计。建立和完善校情民意反映机制、重大事项公示制度和责任追究机制。

8. 探索多元化办学体制。加强与莱芜市人民政府合作，推进莱芜校区特色发展。积极探索独立学院发展的新路径、新模式。

（七）资源配置与保障

以服务师生和保障教学、科研为中心，加强资源整合和统筹，优化资源配置和利用，全面提升公共服务现代化、信息化水平和保障能力。

1. 完善公共资源管理体制机制。进一步理顺公共资源管理体制，健全管理制度，改进公共资源配置方式。优化学校资产管理，完善招标采购管理体制。健全学校财务管理体系，探索财务预算与绩效评价相挂钩的机制。探索物业管理新模式，规范学校公共物业管理。

2. 加强公共资源建设。强化财务、审计、资产和后勤管理，努力构建环境友好型、资源节约型绿色校园。建立数据中心与计算平台，推进数字化校园建设。加大经费投入，加强图书、实验等公共资源建设。推进图书馆智能化与特色馆藏建设，充分发挥其对教学科研的支撑作用和文化传播功能。

3. 增强公共服务保障能力。加强资源管理与保障队伍建设。整合智慧校园应用系统，建立校内资源共用共享平台，努力打造公共服务"互联网＋"模式，不断改进服务方式，提升服务保障能力。

4. 优化校区布局和资源条件。积极创造条件，基本完成主校区建设。调整校区功能布局，探索相对集中办学模式，推进学科融合和文化传承。整合完善校区资源，推进资源共享，实现资源利用最大化。

（八）党建与大学文化建设

全面加强党的建设和宣传思想工作，推进大学文化建设，为学校科学发展提供政治、思想、组织保证和文化引领。

1. 加强党建暨党风廉政建设。健全理论学习制度，深入开展"两学一做"学习教育，坚持用中国特色社会主义理论武装党员干部、教育广大师生，增强中国特色社会主义道路自信、理论自信和制度自信。进一步优化基层党组织设置，做好新形势下发展党员工作，创建服务型党组织。健全党的建设制度体系，提高党的建设科学化水平。优化配强领导班子，完善干部考核评价体系，健全干部选拔任用和交流轮岗制度。落实干部能上能下制度，提高领导班子、领导干部的综合素质、领导水平和驾驭全局能力。巩固党的群众路线教育实践活动和"三严三实"专题教育成果，完善教育、制度、监督并重的惩治和预防腐败体系，落实党风廉政建设党委主体责任和纪委监督责任，严格执行党风廉政建设责任制。加强正风肃纪，严明党的纪律和规矩，严格执行领导干部回避的有关规定，强化权力制约和监督，严肃查处违规违纪行为。

2. 加强和改进宣传统战工作。围绕"四个全面"战略布局和"立德树人"根本任务，深入学习贯彻习近平总书记系列重要讲话精神，以社会主义核心价值观为主线，构建思政育人、文化育人、专业育人、实践育人"四位一体"的德育体系。全面落实学校党委《关于进一步加强和改进宣传思想工作的实施意见》，实行意识形态工作责任制，牢牢掌握意识形态工作领导权、主动权。加强重点马克思主义学院建设和思想政治理论课改革，发挥思想政治理论课在大学生思想政治教育中的主渠道作用。围绕中心，服务大局，充分发挥群团组织的桥梁纽带作用，调动师生员工的工作、学习热情和参与民主管理的积极性，维护好、实现好、发展好师生员工的合法权益。完善统战工作机制，落实统战工作制度，充分发挥民主党派和无党派知识分子在推动学校发展中的独特作用。落实离退休人员政策，丰富离退休人员精神文化生活，充分发挥离退休老同志对学校发展稳定的重要作用。

3. 推进大学文化建设。贯彻落实学校党委《关于加强文化建设的意见》，以提升办学理念、弘扬财大精神为核心，以建设优良校风、教风、学风和优化学校文化环境为重点，以增强师生的归属感和使命感为出发点和落脚点，建设境界高雅、底蕴深厚、开放包容、独具特色的山财大精神文化、制度文化、行为文化和环境文化。加强文化品牌建设，提升文化活动品位。完善学校形象标识，筹建校史馆、博物馆。

4. 加强校园安全稳定工作。以平安校园建设为重点，加强治安、消防、交通安全保卫工作，完善矛盾纠纷排查化解机制和突发事件应急处置机制，确保校园安全有序、和谐稳定。

五、组织实施

实现学校"十三五"时期的发展目标，必须坚持党委统一领导，坚持深化改革，坚持依法治校，坚持文化引领，统筹推进学校科学发展。

（一）加强组织领导

学校党委充分发挥领导核心作用，总揽发展全局，组织协调各方，抓好班子和干部队伍，把握发展方向，制订政策措施，加强督促检查，把阶段性目标和总体目标结合起来，把改革力度、发展速度和师生可承受程度统一起来，及时研究和处理学校发展中的重大问题，为学校事业发展提供坚强政治保证。全面落实《山东财经大学章程》，贯彻执行民主集中制，加强民主监督和财务审计，善于运用法治思维和法治方式，正确处理改革发展稳定的关系，为学校事业发展提供制度保障。深入开展解放思想大讨论，切实加强宣传思想工作和大学文化建设，坚持正确舆论引导和文化引领，继续实施"凝心聚力工程"，全面推进文化融合，为学校事业发展营造良好环境氛围、奠定坚实群众基础。

（二）明确职责分工

根据学校"十三五"时期发展目标和总体要求，分解具体任务，明确责任分工，落实工作要求。各专项规划小组牵头单位和各学院，要根据学校总体规划，结合工作实际，研究制订具有前瞻性、可行性和显示度高、操作性强的专项规划和学院规划，确保本领域、本学院规划目标如期完成。各部门、各单位主要负责人要切实担负起领导责任，精心组织实施，抓好本部门、本单位目标任务落实。要加强学校总体规划、专项规划和学院规划之间的衔接协调，保证各项规划的有效实施。要定期开展年度讲评、中期检查和验收评估，加强日常督办，落实奖惩措施，实行责任追究，确保阶段性目标和总体目标如期实现。

（三）制订推进计划

各项目标任务责任单位，均须制订总体工作计划和阶段性推进计划，明确路线图和时间表，严格标准要求，完善制度措施，精心组织实施。2017 年以前，总体上完成规划目标任务的 40%。至 2020 年，规划目标任务全面完成。

（四）强化资源保障

以建设特色名校和一流学科为目标，确定部分优势特色学科，实行常态化支持政策，加大专项经费支持力度，促进优势特色学科持续提升建设水平。实行以绩效为导向的竞争性资源配置机制，采取项目化资助模式，动态支持学校批准建设的重要项目。加大经费投入，实行年薪制、项目工资制、协议工资制等薪酬政策，稳定和吸引高层次人才，为学科建设和学校发展提供人才支撑。落实科研成果奖励和学院任期目标责任考核奖励政策。

山东工商学院"十三五"发展规划

"十三五"时期（2016～2020年）是学校完善办学条件、提升办学质量、加快特色发展的关键时期。"十三五"时期学校发展总目标是到2020年，基本办学条件明显改善，办学实力显著增强，有特色开放式高水平工商大学迈上新台阶。紧紧围绕这个建设目标，着力解决突出问题和明显短板，因势而谋、谋定而动、行且坚毅。

一、发展基础与环境

（一）"十二五"简要回顾

"十二五"时期，学校各项事业发展取得了很大成效，办学水平明显提升，社会影响力大幅提高。

完成硕士学位立项单位建设，成为硕士学位授予单位，获批硕士学位授权一级学科3个，硕士专业学位授权类别2个，由联合培养研究生转向独立招收培养研究生，办学层次取得了实质性提升；获批省级重点学科5个；圆满完成教育部本科教学工作审核评估，新增本科专业14个，新增国家特色专业2个，获批"山东省应用型人才培养特色名校立项建设单位"，成立中科创业学院，"校企联合软件服务外包人才培养模式创新实验区"获批省人才培养模式改革创新实验区；新增国务院政府特殊津贴专家3人、全国优秀教师1人、山东省有突出贡献的中青年专家2人、省重点学科首席专家5人、省高校教学名师4人、省高校十大师德标兵1人；获批国家社会科学基金、国家自然科学基金项目共60项，省部级项目304项，学科顶尖期刊学术论文11篇，获教育部高等学校科学研究优秀成果奖（人文社会科学）三等奖1项、山东省社科优秀成果一等奖1项，获批"山东能源经济协同创新中心"等省级科研平台5个；大学生创业孵化基地，获评省级"大学生创业孵化示范基地"和"大学生就业创业培训定点机构"，"OEC管理——大学生党建创新模式研究"入选全国高校辅导员工作精品项目建设计划；新增和续签友好协议和备忘录52个；图书馆藏书量增至234万册，西校区图书分馆建成并投入使用；成功举办建校30周年庆典活动；成立校友总会，初步构建校友工作长效机制；荣获"全国职工模范之家""省级文明单位""烟台发展突出贡献单位"等荣誉称号。

"十二五"以来，学校各项事业取得的发展，夯实了进一步提高的基础。对照大学设置标准，仍存在重点解决的问题。

基本办学条件与大学设置标准存有较大差距。资源约束仍比较明显，资源配置有待进一步优化。

人才引进与培养机制有待完善。专任教师数量严重不足，生师比与教育部审核评估要求差距较大；结构不尽合理，梯队建设存在明显不足，师资队伍后备缺乏，高层次教师（人才）储备严重不足，高水平领军人才、高层次学科带头人和创新团队短缺。

人才培养模式与经济社会发展对人才的需求还有较大差距。教育教学水平和人才培养质量有待提高，硕士学位授权点数量未达到大学设置要求，硕士专业学位授权类别有待增列，研究生教育规模与大学设置标准差距较大。

国家级科学技术奖尚未突破。高水平论文数量有待提高，尤其是顶尖成果有待突破，成果转化和知识创新偏少，服务地方经济社会发展的能力亟待提高。

（二）"十三五"发展环境

"十三五"时期，是建设有特色开放式高水平工商大学的关键时期，学校发展面临的内外环境深刻变化，既处于大有作为的重要战略机遇期，也面临诸多矛盾挑战。

经济社会发展"新常态"。适应把握引领"新常态"，是当前和今后一个时期经济社会发展的主旋律，也是高等教育发展的大背景。随着"四个全面"战略布局和"五位一体"总体布局深入推进，高等教育改革的红利进一步释放；实施创新驱动发展、"一带一路""中国制造2025""互联网＋"行动计划、鼓励大众创业万众创新等重大战略，发展动力创新活力进一步激发。高校是人才第一资源、科技第一生产力和创新第一驱动力的重要结合点，在经济社会发展中举足轻重。

高校竞争新态势。高等教育发展到新阶段面临供给侧结构性改革。深化教育领域综合改革、高校科技体制改革、创新创业教育改革、"双一流"战略等重大战略相继实施，深化改革、提高质量成为高校发展的核心任务，特色发展、需求导向成为高校面临的新要求，协同育人、突出实践成为高校人才培养模式改革的新亮点，高等教育已进入由"以量谋大"到"以质图强"的新阶段。山东省实施高等教育综合改革，促进高等教育优质特色发展，重点扶持6所左右省属高校和20个左右优势学科进入国内一流，推进教育强省建设，率先实现教育现代化。高等财经教育领域同一层次和同一种类型高校之间的竞争更趋激烈，学校办学核心指标与同类高校差距有继续拉大的趋势，学校发展面临在与同类院校竞争中谋求突围、跨越发展的重大课题。

区域经济社会发展新期待。山东省推进"两区一圈一带"战略，实现由"山东制造"向"山东创造"的战略性转变。山东半岛蓝色经济区、黄河三角洲高效生态经济区、"互联网＋""一带一路"和中韩自贸区建设等国家战略在烟台叠加实施，为学校发展提供了重大机遇。烟台作为山东半岛蓝色经济区区域发展战略惠及的核心城市之一，在建设"成功城市"中，蓝色经济新热点正在迅速崛起，并形成高端蓝色产业集群，"蓝色、高端、新兴"产业发展方向日益凸显，中韩自由贸易协定签署、中韩（烟台）产业园建设、高端装备制造、新一代信息技术、生物技术、新材料、新能源汽车、节能环保等战略性新兴产业规模化集聚化发展。学校发展面临在创新中谋发展、在服务中谋新篇的机遇和挑战。

二、指导思想与发展目标

(一) 指导思想

全面贯彻落实党的十八大和十八届三中、四中、五中全会精神,深入学习贯彻习近平总书记系列重要讲话精神,坚持以创新、协调、绿色、开放、共享发展理念为引领,以立德树人为根本,以完善条件、提升内涵、彰显特色、创新发展为主线,提升人才培养质量和办学水平,推进美丽山商、文化山商、和谐山商建设,加快推进有特色开放式高水平工商大学建设进程。

(二) 基本原则

建设有特色开放式高水平工商大学,必须遵循以下原则。

坚持科学发展。立足实际,遵循规律,顺应形势,坚持以人为本,树立全面协调可持续的发展观,在完善办学条件、建立现代大学制度、高水平人才队伍建设中,推动学校各项事业全面发展。

坚持提高质量。以立德树人为根本,遵循教育规律和学生身心发展规律,强化以提高质量为核心的教育发展观,把提高教育质量作为学校的生命线,把增强学生的社会责任感、创新精神、实践能力作为重点任务贯彻到教育全过程。

坚持问题导向。胸怀大局、把握大势、着眼大事,抓住主要矛盾和矛盾的主要方面,增强问题意识,确定主要任务,谋划发展战略,突出建设重点,强化办学特色。

坚持改革创新。基于新形势和新变化,与时俱进转变理念、创新机制、改进方法,全面推进综合改革,把改革创新作为破解工作难题的根本出路,通过改革创新促进教育事业长远发展。

坚持依法治校。全面贯彻依法治校、依法办学、依法执教,以法治思维和法治方式办学办事,落实大学章程,推进现代大学制度建设,完善内部治理结构,把学校事业发展纳入法制轨道,推进治理体系和治理能力的现代化。

(三) 发展主线

"十三五"发展主线:完善条件、提升内涵、彰显特色、创新发展。

完善条件是基础。以完善办学条件为补齐明显短板的首要任务,着力完善基本办学条件,着力壮大人才队伍,加快高水平人才队伍建设步伐,努力打造结构合理、质量较高、符合大学设置要求的师资、管理和服务保障人才队伍。

提升内涵是核心。以质量提高为核心,推动内涵发展,打造优势学科、特色专业,提升科研能力、教育教学水平,全面提高人才培养质量,促进学生全面发展。

彰显特色是重点。立身之本在于特色，发展之基在于创新。继承办学传统，立足办学实际，发挥自身优势，适应区域发展，坚持差异化竞争策略，走个性化发展之路，用历史积淀凝练特色，创新应用型人才培养特色，增强优势学科特色，打造独具风格的大学文化特色，明确特色、发展特色、强化特色，以特色构筑核心竞争力。

创新发展是关键。抓创新就是抓发展，谋创新就是谋未来。破解发展难题，厚植发展优势，牢固树立、切实贯彻创新发展理念，把发展基点放在创新上，把创新摆在学校事业发展全局的核心位置，不断推进制度创新、人才资源管理创新、人才培养创新、学术创新等，创新贯穿于学校事业改革发展的全过程。

（四）发展目标

"十三五"发展目标：基本办学条件明显改善，办学实力显著增强，更名为山东工商大学；学校在高校排名中进入山东省高校前20位，有特色开放式高水平工商大学建设迈上新台阶，见下表。

"十三五"时期学校事业发展主要指标

名称		项　目	目标	备注
办学规模		全日制在校生（人）	21000	约束性
		研究生（人）	500~600	预期性
		继续教育在校生（人）	4800	约束性
		留学生（人次）	300	预期性
学科专业	学科	山东省"十三五"优势学科（个）	1	预期性
		山东省"十三五"优势学科领域（方向）（个）	1	约束性
		省内一流学科（个）	1~2	约束性
		新增硕士学位授权一级学科（个）（其中工学1个）	2~3	预期性
		新增硕士专业学位授权类别（个）	3	预期性
	专业	专业数量（个）	50	约束性
师资队伍	专任教师	专任教师总数（人）	1040	约束性
		专任教师博士学位比例（%）	50	约束性
		专任教师中海外研修经历比例（%）	20	预期性
		兼任教师占专任教师比例不超过（%）	15	约束性
		引进国家级高层次人才（人）（万人计划人选、百千万人才工程人选、"海外高层次人才引进计划""长江学者奖励计划"特聘教授、"青年长江学者奖励计划"入选者、国家杰出青年科学基金获得者、国家优秀青年科学基金获得者、中科院百人计划支持对象、享受国务院政府特殊津贴等）	1	预期性

续表

名称		项　目	目标	备注
师资队伍	专任教师	引进和培养山东省高层次人才（人）（杰出青年基金获得者、"泰山学者攀登计划"人选、泰山学者特聘专家等）	1	约束性
		新增山东省有突出贡献的中青年专家（人）	4～6	约束性
		山东省高校优势学科人才团队培育计划（个）	1	约束性
人才培养	教学水平	国家级教学成果奖（项）	1	预期性
		国家教学名师（名）	1	预期性
		国家级实验教学示范中心（个）	1	约束性
		省级教学成果奖一等奖（项）	2	约束性
		山东省教学名师（名）	5	约束性
		山东省"十三五"优势特色专业（群）（个）	10	约束性
科学研究	项目	国家社会科学基金、国家自然科学基金项目（项）	80	约束性
		国家自然科学基金优秀青年科学基金项目（项）	1	预期性
		山东省自然科学杰出青年基金项目（项）	1	约束性
		科研经费（万元）	8000	约束性
	成果	国家级科研成果奖励（项）	1	预期性
		ESI 高被引论文（篇）	7	预期性
		顶级期刊论文（篇）	80	约束性
		权威期刊论文（篇）	500	约束性
		省部级科研成果奖励（项）	40	约束性
	平台	山东省高校优秀科研创新团队（个）	1～2	约束性
		省级人文社会科学研究基地（个）	2	约束性
		山东省高校智库建设推进计划（个）	1	约束性
		省级协同创新中心（个）	1	约束性
		省级重点实验室（个）	2	约束性
条件保障	建筑面积	新增教学、实验用房、宿舍面积（万平方米）	8	约束性
	设备经费	设备经费（万元）	6000	约束性
	图书	新增图书（万册）	30	约束性
	实习实训场所	新增实验室面积（万平方米）	1.8	约束性
		校外实习、实训基地（个）	200	约束性

三、主要任务与发展举措

（一）学科建设：争创省内一流学科

以"双一流"建设战略为指引，以支撑创新驱动发展战略、服务经济社会发展为导向，以重点学科为平台，坚持学位点建设推动学科建设工作思路，推进学科内涵发展特色发展，构建与应用型人才培养相适应的基础学科、应用学科、交叉学科、新兴学科之间相互促进、协调发展的学科体系。实施一流学科建设战略。实施优势学科提升计划，建设支撑地方信息技术、海洋经济、金融保险、文化创意等重点支柱产业发展的优势学科。力争获批山东省"十三五"优势学科或优势学科领域（方向）项目。

1. 强化重点特色建设。坚持以一流为目标、以学科为基础、以绩效为杠杆、以改革为动力，明确"造高峰、出高原"的学科建设目标，科学谋划重点建设的学科布局，用大学理念组织学科建设，坚持以一级学科为平台组织学科建设，重视硕士专业学位授权类别建设。

2. 优化学科建设生态。优化学科布局，进一步奠定以经、管学科为重点，经、管、理、工、法、文诸学科协调发展的学科生态。巩固和优化以经济管理学科为重点，推动经济、管理优势学科比照同类高水平学科发展，强化建设管理科学与工程、工商管理和应用经济学，主动参加全国高校学科评估，确保进入省内一级学科前三名，使三大特色优势学科成为国内有重要影响、省内一流学科，打造学科高峰；重点建设计算机科学与技术、电子科学与技术、法学、公共管理、数学等学科成为优势学科，奠基学科高原；建设理论经济学、外国语言文学、新闻传播学、马克思主义理论等培育学科，夯实基础支撑。尊重不同类型学科发展规律，实行分类管理、分类考核，激发学科自我发展、调整能力。

3. 强化学科团队建设。切实加大学科带头人引进工作力度，多渠道、多模式、超常规引进国内外知名、省内权威的学科领军人物。加大著名高校院所和留学归国博士的引进、培养力度。力争学科队伍博士化比例超过60%。实施"青年骨干教师能力提升计划"，建立健全对青年骨干教师和学术新人的培养机制。

4. 培育新兴特色学科。积极扶持新兴学科，努力促进学科交叉与融合，培育新的学科增长点。以学科交叉为切入点，推进不同学科之间的交叉渗透，逐步形成具有共生关系的学科群。

5. 增强与地方经济社会发展耦合度。对接地方经济社会发展新需求，优化学科结构和集成化发展，凸显学科建设对专业建设、人才培养、服务地方的支撑力，加强与地方、行业深度合作，形成全方位、多层次服务地方发展新局面。

（二）师资队伍：引育并举打造人才高地

引育并举，增加专任教师数量，加强高水平人才队伍建设。落实"凤凰人才工程"，加快引进、培养在学术前沿、适应地方经济社会发展需求的优势学科领军人物和创新团队。改革人事聘用薪酬分配制度。探索建立分类发展多元评价制度。优化教师成长发展环境。加强师德师风建设。

1. 加强高水平人才队伍建设。实施积极的人才政策，引进和培养并举，加大专任教师和青年博士引进力度。支持青年教师发展，强化青年骨干教师与学术新人的培养，扶助青年骨干教师尽快脱颖而出，建设强有力的学科后备梯队。建设教师发展中心，健全教师培养培训体系。加强应用型师资队伍建设，加快铸造师资队伍特色，着力提升教师的应用型能力，专任教师中具有较强应用技能、承担专业实践实训课程教学任务的教师达到20%左右。

2. 落实"凤凰人才工程"。创新以用为本、高端引领、多元并举的引才机制，加大高层次人才、高水平学科带头人和创新团队引进力度。积极探索引进具有丰富实践经验的优秀人才的机制，强化高层次人才队伍的培养培育机制，建立人才引育任务分解和落实机制，充分发挥院（部）和学科带头人在人才队伍建设中的主体作用。对接国家和省各类高层次人才支持计划，针对性地做好遴选、重点培育和推荐工作。围绕学科带头人，重点建设一批高水平创新团队，充分发挥学术引领作用。

3. 改革人事聘用、薪酬分配制度。深化以岗位聘任制和收入分配制度为重点的人事制度改革，加强岗位职责考核与岗位业绩评价，建立和完善适合各类岗位特点的充满生机与活力的选人用人机制，促进人员的择优聘用与合理流动。创新薪酬分配方式，绩效工资与岗位职责目标、工作成效相契合，强调多劳多得、优劳优酬，强化绩效考核导向激励作用，建立与编制和岗位相结合的调动活力、重视效力、调控有力的绩效工资制度体系。

4. 探索建立分类发展多元评价制度。实施人才分类管理。以加强高层次人才队伍建设为重点，以能力水平、业绩贡献为导向，针对不同学科特点、不同岗位职责、不同发展阶段的要求，分别制订教学、科研等考核评价指标体系。推进专业技术职务聘任制改革，完善专业技术职务评聘办法。建立科学合理的人才考核评价体系，形成分类引导、分类评价、相对平衡、有效激励的人才评价和发展支持机制，统筹推进教学科研、管理人员、服务保障人员协调发展。

5. 加强人才服务建设。引进人才、培养人才、用好人才、留住人才，加强人才服务环境建设。树立以人才为中心的理念，建立不同侧重的培养扶持机制，统筹高层次领军人才和青年拔尖人才队伍的培养，尊重不同学科不同类型人才的不同需求和成长规律，注重激励、考核、流转相结合，实现人才队伍全面、协调、可持续发展，让各类人才有发挥空间、实现梦想。营造公开平等、鼓励创新、容许失误的氛围，增强文化认同，推进协调发展，形成有效合力，做到用当其时、用当尽才、各有其位、各尽其能。

6. 建立健全师德师风建设长效机制。创新师德教育，把师德教育摆在教师培养首位，重点加强社会主义核心价值观教育，重视理想信念教育、法制教育和心理健康教育。创新教育理念、模式和手段。加强师德宣传，培育重德养德良好风尚。强化师德监督，有效防止师德失范行为，实行师德"一票否决制"。注重师德激励，激发教师加强师德建设的自觉性，增强教书育人的责任感和使命感。

（三）教育教学：提高应用型人才培养质量

以立德树人为根本，以需求导向、服务地方为思路，以差异化特色化应用型为培养规格定位，紧密对接区域经济社会发展及行业需求，培养具有良好素质和职业适应性的应用型人才。创新人才培养模式。优化专业结构。实施特色专业发展支持计划，重点建设与山东省支柱产业、战略新兴产业相对接的本科优势特色专业（群）。提高研究生培养质量，实现研究生教育规模和结构的突破。以共享发展推动优质教育资源共建共享。

1. 创新人才培养模式。遵循宽口径、厚基础的原则，突出分类培养，以知识传授为基础，以能力培养为核心，以提高综合素质为主线，以市场需求为导向，以培养应用型人才为目标，优化人才培养方案。构建纵向贯通育人模式，强化横向联合育人模式，完善校际资源共享机制，试点组建校际专业协同发展联盟，加强与科研院所、行业企业建立科教融合、产教融合的协同育人机制，探索"专业联盟＋行业企业"的校企协同育人模式。

推进课程体系改革。立足人才培养目标和办学特色，综合考虑社会发展、学生个人发展和知识发展的需要，对接行业需求、职业标准和学科发展前沿。

推进学分制改革。适应人才培养模式多元化的要求，改革学籍管理制度，完善弹性学制、双学位制、双专业制、转专业制等规章制度，建立创新创业学分积累与转换制度。建立和完善与学分制相配套的教学、教师、学生等管理制度体系，加强与其他高校建立教学联盟，推进跨学校、跨学科、跨专业的学分互认。

创新教学组织形式。树立大数据时代的资源观、教学观和教师发展观，促进信息技术与教育教学深度融合，实施线上线下互动融合式教学，改革教学方式方法和学习方式方法。鼓励和支持慕课（MOOC）、微课等新型工具和手段的使用。开发慕课，以慕课为代表的开放课程作为课堂教学重要补充，加入省内、省际、行业间大学慕课联盟。

推进创新创业教育。多形式开展创新创业教育实践，把创新创业教育融入人才培养体系，建立完善学校与政府、社会、行业、企业及国际合作的协同育人机制，建立跨院部、跨学科、跨专业交叉培养创新创业人才的新机制。完善创新创业教育课程体系，促进专业教育与创新创业教育有机融合。加快创新创业教育优质课程信息化建设。加强创新创业教育基础能力建设。加大投入建好省级创新创业教育示范基地，扩大创业孵化基地规模。建设好众创空间，实现创新与创业相结合、线上与线下相结合、孵化与投资相结合。完善大学生创新创业支持计划。

2. 优化专业结构。本着夯实基础、着眼应用、突出能力，加强教学要素建设，优化学科专业布局，逐步形成相互支撑、多科一体，背景鲜明、特色独具的学科专业体系。建立专业结构与区域经济社会发展和产业布局需求相适应的动态调整机制。实施特色专业发展支持计划，适应国家和地方经济结构调整和产业升级需求，设置战略新兴产业发展、传统产业改造升级、社会建设和公共服务领域急需专业，优先发展特色优势专业，加快发展社会急需专业，重点建设与区域支柱产业、战略新兴产业相对接的优势特色专业（群），建成一批国内有重要影响、省内一流的特色专业。

3. 加强实践教学。创新实践教学方法，改善实验实训条件，申报建成国家级实验教学示范中心。探索有财经特色的实验教学建设体制机制和模式。增强教师的实践教学与应用研究能力。实施校企合作共建计划，推进与信息技术、海洋经济、金融等产业领域骨干企业合作共建，促进与企业在人才培养、科学研究等方面的深度合作，拓宽学生实践创新和就业创业平台。

4. 注重学生能力发展。坚持以学生为中心，构建运行高效的教学质量监控与保障体系。创新教育管理服务体制机制，推进全员育人、协同育人，积极营造适应学生个性发展、全面发展的教育环境，全面提高人才培养质量。实施"卓越人才教育培养计划"。以人才培养质量和就业质量为导向，注重学生知识能力素质协调发展，培养适应地方经济社会发展和行业发展需要的高素质应用型人才。加强招生就业工作，加大招生宣传力度，提高生源质量，发挥优质生源对专业建设的推动作用，不断拓宽就业渠道，提高就业质量和毕业生就业满意度。

5. 积极发展研究生教育。优化研究生培养方案，加强研究生课程建设。强化导师责任制，加强研究生导师队伍建设。建立保障研究生教育质量长效机制，完善研究生学业考核和学位论文质量监控体系，提高硕士学位授予质量。

大力发展专业学位研究生教育。以实际应用为导向，以职业需求为目标，以综合素养与应用知识和能力的提高为核心，培养具有较强专业能力和职业素养，能够创造性地从事实际工作的高层次应用型专门人才。

（四）科学研究：提升科研水平和社会服务能力

实施"珠峰计划"，以高水平创新平台建设为基础，以国家科学技术奖、ESI 高被引论文为目标，创新体制机制，提升科研质量。大力推进科研组织模式创新，加强科研创新团队、科研平台建设，强化智库建设，打造一批具有地方特色和国内影响的新型智库，提高服务社会能力。推进成果转化，提高成果对经济社会发展的支撑度。

1. 创新科研组织模式。以协同创新为主导，加强科研平台建设。充分调动和发挥院（部）作用，整合校内外优势资源，探索以协同创新中心、人文社科研究基地、研究院为基础，积极搭建跨学院、跨学科的创新平台，大力培育和建设省、校两级协同创新中心。建立健全学院、创新平台的科研目标责任制考核办法。

整合优势学科资源和研究力量，重点建设若干跨部门、跨学科、综合性、以服务地方经济社会发展和战略问题为研究导向的研究基地，积极申报获批新的人文社会科学重点研究基地。

2. 强化科研创新团队建设。强化科研危机意识与问题意识，整合资源优势、发挥整体优势，围绕国家、山东省重大需求和重点方向建设跨学科、跨学院、跨领域的科研创新团队，建立运转灵活、高效有序的体制机制，打造具有专业优势、学科互补、创新能力强的优秀创新团队。

3. 加强新型智库建设。坚持问题导向，突出问题意识，坚持专业化，明确主攻方向，与地方战略需求、学校发展基础和现代化技术手段相结合，建设在烟台市、山东省有重大影响的高端专业智库。建设省级高端人才储备库。建设熟悉省情民情、善于政策研究、具有专业化素养的省级智库高端人才团队。

围绕国家、山东省和烟台市重大战略需求，聚焦地方经济社会发展的重点领域，主动服务产业升级和企业技术创新，以重大现实问题为主攻方向，开展急需的应用研究和技术研发。推进成果转化和技术转移。建立多形式的与产业对接平台，促进学科、人才、科研与产业互动，推动健全市场导向、社会资本参与、多要素深度融合的成果应用转化机制，提高科研成果对产业转型升级、经济社会创新驱动发展的转化率、贡献率。

4. 完善科研激励机制。改革科研评价制度，建立以科研成果的创造性、实用性和对人才培养的贡献为导向、体现分类管理原则的开放评价机制，把服务和贡献经济社会发展作为评价科研发展水平的重要标准，根据基础研究、应用研究、技术转移、成果转化的不同特点，实施科研分类评价。营造浓厚的学术氛围和宽松的创新环境，保护创新、宽容失败，大力激发创新活力。

（五）开放办学：提高对外交流与合作水平

强化国际化办学理念，依托"一带一路"发展战略，调整国际交流与合作的方向和结构，全方位、多层次、宽领域、多渠道扩大教育开放，深化合作领域，拓宽合作空间，提高合作层次，构建学校与国际高等教育发展相适应的开放办学格局。新增 1~2 个本科中外合作办学项目，在研究生培养项目上实现突破。有国（境）外留学或工作经历的教师占专任教师总数的20%以上。引进优质教育资源，充分释放人才、资本、信息、技术等要素的活力，不断拓展对外开放办学的广度和深度。

1. 创新人才培养国际化模式。以我为主、双向交流、合作共赢，推进更高层次、更广泛、更深入的国际合作与交流，积极寻求高水平的合作办学伙伴，探索多层次多样化国际合作办学模式。推进中外合作办学机构和项目建设。拓展与国（境）外高校、研究机构和企业的交流与合作。广泛开展学生国际交流。

2. 加强师资队伍国际化建设。加大全英语（双语）教学教师海外培训和骨干教师海外进修学习支持力度。建立国际化管理服务体系，构建良好的体制机制环境和支撑保障条件。积极引进国（境）外智力人才。

3. 提升科研与学术交流国际化层次。鼓励教师与国际知名学者联系，积极开展国际间的合作研究。大力推进国际学术交流，搭建国际学术讲坛，聘请国（境）外杰出学者来校进行学术交流。引导和鼓励教师按国际学术规范从事科学研究，在国际学术期刊上发表高水平学术论文。启动优势学科国际化研究项目，与国际学术机构建立交流合作关系。

4. 加强留学生教育。扩大留学生规模。逐步建立更具系统性的全英文学历教育体系。建设具有山商特色的汉语学习和中国文化学习体系，提升对外汉语教学水平和影响力。

（六）大学文化：建设理性、进取、和谐、包容的山商文化

用"中国梦"和社会主义核心价值观凝聚共识、汇聚力量，凝练大学精神，深化大学文化建设。内化于心、固化于制、外化于形，构建大学文化建设新格局，铸造特色鲜明、格调高雅的山商文化，全面提升学校文化"软实力"。构建绿色校园，倡导生态文明，以绿色

理念引领大学校园建设，建设文化山商。

1. 挖掘精神文化内涵。继承传统，追溯渊源，把握时代，凝练特色，既要发掘传承办学历程中沉淀而成的大学精神和文化品质，又要解放思想勇于创新，结合现代大学办学理念，深入凝练山商人文精神，挖掘底蕴深厚、特色鲜明的大学精神文化内涵，进而规范化体系化表达，成为全校师生行为规范和共有精神家园。

2. 推进制度文化建设。着力加强制度文化建设，引导师生员工将制度的强制性约束转变为日常的行为习惯。建立完整的规章制度，既是师生员工的行为准则，又是大学文化建设的重要内容。倡导讲原则守规矩的良好风尚，树立文明理性的行为风范，增强师生员工对制度的认同感，形成共同遵循的理想信念、价值准则、群体意识和行为规范，最终铸就大学灵魂。

3. 深化行为文化建设。厚植人文环境，涵养人文情怀，体现绿色行为。深入开展校园文化活动，以载体建设彰显具有山商特色的大学文化。积极开展大学生文化素质教育活动，立足于科学和人文教育相互结合，文理学科相互渗透，促进学生科学与人文素质的协调发展。进一步丰富文化生活，培养师生员工健康高雅的审美情趣。

4. 强化学术文化建设。营造崇实、唯实、求实的学术氛围。开展高品质学术活动，培育学术活动品牌，推进学术活动常态化。坚守学术诚信，完善学术人格，遵守学术规范，维护学术尊严。尊重个性，宽松包容，培育竞争共生的绿色学术文化生态。

5. 凝练院（部）特色文化建设。鼓励各院（部）结合自身历史传统、学科专业特色和时代发展要求，凝练"学院使命"和"学院特色"，形成各具特色的院（部）文化，促进院（部）特色发展、个性发展。

6. 加强人文景观文化建设。结合校园总体规划，加强人文景观建设与改造。科学设计、统筹规划校园人文景观布局，打造既包含历史文脉又有办学理念办学特色的标志性人文景观，彰显学校文化底蕴。

（七）条件保障：增强办学条件保障能力

强化资源意识，聚集和优化各类办学资源，以资源突破带动发展。拓宽财源建设渠道。推进校园基本建设。提高信息化意识和信息化领导力，推进数字化校园和智慧校园建设。加强图书情报档案工作。完善后勤保障服务系统，提高服务水平和服务质量。

1. 拓宽财源建设渠道。开源节流，多渠道筹措办学经费。坚持以服务求支持、以贡献求发展，充分发挥智力资源优势，拓宽服务地方经济社会渠道，努力提高多渠道财源建设水平。严格财经纪律，严格财务管理。做好年度预算管理，提高预算科学性，提高资金使用效益。发挥校友会的作用，完善校友平台建设，推进教育发展基金会建设，拓宽与校友的合作领域，全方位、多层次增强学校发展支持力。

2. 提高资源管理水平。改革和完善资源配置模式，构建权责明确、科学规范、便捷高效的资源管理机制。统筹公共资源管理，提升资源利用绩效。优化国有资产管理，稳步推进经营性资产的处置和监管。加强招标采购工作制度建设，优化工作程序，确保招标采购行为规范、高效。

3. 增强办学保障能力。增强后勤服务保障能力，推进后勤"制度化、规范化、信息化、社会化、精细化"建设，提升服务水平。加强监察审计与法律事务工作，提高依法依规办学水平。加强数字化图书馆建设，更新服务理念、拓宽服务领域、深化服务内涵，推进文献资源保障体系建设。整合信息资源，提升信息化应用能力，以数字化校园和智慧校园建设为着力点，加快推进教育教学、管理服务、公共服务等信息化平台建设，建立以"数据集中化、应用集成化、传播智能化"为技术特征、以"教学科研信息化、管理服务信息化、优质资源丰富化"为主要标志的信息化体系，提升管理效能。做好安全稳定工作，完善矛盾化解机制，建设和谐山商。

4. 推进校园基本建设。科学预测、合理安排、结合实际，修订完善校园建设规划。推进校园基础设施建设。加快西校区学生公寓、教学楼、实验楼建设，逐步扩建运动场地面积。贯通东西校区地下通道扩建工程。稳步推进教职工住宅改造项目和东西校区师生食堂建设，努力改善校园人居环境。谋划教师发展中心、文献信息中心立项工程。

（八）综合改革：激发内生动力，释放办学活力

围绕有特色开放式高水平工商大学建设目标，破除制约发展的体制机制障碍，完善内部治理体系，加强整体设计，综合施治，分步推进，聚焦聚神聚力，调结构、补短板、上水平，发挥改革综合效益，促进事业快速发展，办出特色、争创一流。

建立有山商特色的现代大学制度。全面推进依法治校，改革内部治理结构，推进制度建设，构建以学校章程为统领的健全、规范、统一的制度体系，激发内生动力，促进学校内涵发展和质量提升。

创新人才培养模式。构建全员育人工作新局面，提高人才培养质量，推进开放办学、特色办学，形成独特的山商育人风格，促进学生个性发展、全面成长。

创新学科建设和科研管理体制机制。坚持统筹规划、目标牵引，完善评价机制，推进协同创新，突出重点、精准发力，开创学科建设和科研工作新境界。

深化人事制度改革。建立健全干部考核任免和绩效激励机制，研究绩效工资实施方案、改革薪酬分配制度，完善职务评聘办法，统筹建立各类人才多维发展机制和动态多元的绩效薪酬体系，激发师生干事创业热情和动力。

稳步推进校院两级管理体制改革。统筹规划，简政放权，分类指导，分步实施，逐步建立起学校宏观调控、部门监督指导、学院自主办学的目标管理考核机制，增强学校整体办学活力，实现二级学院实体化办学目标。

优化资源配置模式。构建以目标管理为导向的资源综合配置体制机制，完善资源共享平台建设，提高资源使用效率，不断完善办学条件。

（九）党建思政：加强组织领导，提供坚强保证

发挥党的领导核心作用。坚持学校党委总揽全局、协调各方的领导核心作用。以改革创新精神全面推进党的建设，保持和发展党的先进性、纯洁性。加强领导班子和干部队伍建设，完善政绩考核评价体系和奖惩机制，调动干部干事创业积极性、主动性、创造性。强化基层党组织整体功能，发挥战斗堡垒作用和党员先锋模范作用，提高基层党组织的凝聚力、

战斗力、影响力和创造力。

聚焦全面从严治党。巩固拓展党的群众路线教育实践活动成果,健全完善"三严三实"作风建设长效机制,把党的纪律和规矩挺在前面,落实好党风廉政建设的主体责任和监督责任,深入开展党风廉政宣传教育,着力强化内控机制建设,把守纪律讲规矩摆在更加重要的位置,切实把党要管党、从严治党的要求落到实处。

推进民主建设。加强学校教代会、工会、共青团、学代会等群团组织工作,巩固和发展统一战线,充分发挥民主党派、无党派人士作用,最大限度凝聚共识、汇聚力量、推进改革。

深化思想政治教育。加强宣传思想政治教育工作平台建设,健全意识形态工作责任制,建好课堂主阵地、守好舆论宣传阵地、用好网络新媒体阵地,强化政治意识、责任意识、阵地意识和底线意识,不断坚定广大师生中国特色社会主义的道路自信、理论自信、制度自信。

四、实施保障

(一)形成实施合力

建立高效的实施机制。在校党委的统一领导下,学校规划领导小组对规划提出的目标任务分解,落实责任,明确分工。规划领导小组办公室负责规划实施的组织协调。各有关单位积极配合,密切协作,共同抓好贯彻落实。做好总体规划与专项规划、各院(部)规划紧密衔接,上下联动,远近结合,形成合力,使总体规划确定的目标、任务和各项措施切实得到贯彻落实。

各部门、院(部)要按照学校总体规划的部署和要求,深入分析本单位、本部门工作的现状、面临的形势和存在的问题,制订本单位本部门的发展规划,对建设任务进行分解落实,细化专项规划和院(部)发展规划,明确发展目标,明确责任分工,提出具体措施,分阶段、分步骤组织实施。

加强总体规划和专项规划、院(部)规划之间的有机衔接,形成合力。根据规划提出实施细则,加强可操作性。

(二)动态监测评估

建立健全规划评估和监督机制,强化年度考核。发展规划处密切跟踪规划实施进展情况,定期对规划的实施进行督促和检查,监督重大项目的执行情况。规划实施和考核结果纳入院(部)、部门综合评价和绩效考核体系。

在规划实施的中期阶段,要围绕提出的主要目标、重点任务和措施,组织开展实施评估,全面分析检查实施效果及各项措施落实情况,将中期评估报告提交规划领导小组审议,以适当方式向全校公布。主动接受学生家长、社会、媒体参与规划实施的监督。

强化跟踪指导,实施动态监测,及时发现改革、建设中遇到的问题,及时采取针对性的解决措施。

山西财经大学"十三五"发展规划

"十三五"时期，是我国全面建成小康社会的关键时期，是国家统筹推进世界一流大学和一流学科建设的开篇布局期，是山西省高等教育振兴行动计划的开始。这对具有经济学、管理学、法学、统计学等优势学科的学校而言，正是赶超图强、振兴崛起的重大战略机遇期。果断抓住这个难得的发展机会，建设忠诚财大、创新财大、包容财大、实力财大、文明财大、幸福财大，是全校广大师生员工的热切期盼，也是学校的使命担当和历史责任。为保证学校教育事业在新的历史条件下更好发展，早日实现"有特色高水平国内一流财经大学"建设目标，特编制此规划。

一、总体战略

（一）指导思想

坚持以马克思列宁主义、毛泽东思想和中国特色社会主义理论体系为指导，全面贯彻党的十八大和十八届三中、四中、五中全会精神，深入贯彻落实习近平总书记系列重要讲话精神，遵循"四个全面"战略布局，践行"五大发展"新理念，紧紧围绕"立德树人"根本任务，坚定"以马克思主义为魂、以中华优秀传统文化为根、以人类优秀文明成果为翼"的办学思想，树立"崇尚学术、追求卓越"的办学理念，以"海纳百川、赶超图强"为战略方针，以"建房、挖人、正风、铸魂"为战略重点，以"创新发展、人才强校、素质立校、文化引领、国际化"为战略途径，着力建设忠诚财大、创新财大、包容财大、实力财大、文明财大、幸福财大，全面提升学校综合实力和竞争力，努力培养德智体美全面发展的社会主义建设者和接班人，为服务国家和地方经济社会发展、实现中华民族伟大复兴的"中国梦"贡献力量。

（二）基本原则

必须把好正确方向。高举马克思主义的伟大旗帜，牢牢把握中国特色社会主义的办学方向，特别是要以习近平总书记系列重要讲话精神为指导，坚定不移地坚持党的领导，坚决同党中央保持高度一致，不断为中国特色社会主义事业培养合格建设者和可靠接班人。

必须精心服务学生。牢固树立以学生为中心的办学思想，以仁慈之心、大爱情怀关心学生的学习和生活，特别要资助贫者，扶助弱者，帮助需要帮助的学生，努力让每一个学生学习得更好、生活得更好、成长得更好。

必须坚持改革开放。始终在改革中探索，在继承中创新，在实践中发展，解放思想，海纳百川，开放包容，坚决破除一切妨碍学校健康发展的思想观念和体制机制弊端，把人民满意作为办好大学的根本标准。

必须优化创新环境。牢固树立创新则强、创新则胜的思想理念，形成支持创新、鼓励创新的政策环境和体制机制，营造崇尚探索、宽容失败，激励成功、善待挫折的创新文化氛围。

必须持续正风铸魂。坚持全面从严治党治校，正风肃纪，反腐倡廉，着力加强大学文化、大学精神和大学灵魂建设，努力形成具有强大吸引力和感召力的共同价值追求，让浓郁的新风正气、博大的奉献精神充满校园。

（三）战略方针

海纳百川。就是要解放思想，转变观念，以包容的心态、博大的胸怀，学习借鉴、吸纳融汇国内外先进的办学思想、办学理念和办学经验，集古今智慧，纳天下英才，为我所用。

赶超图强。就是要以超常的智慧和胆略，坚韧不拔，不屈不挠，奋起直追，后来居上，实现人才培养、学科建设、科学研究、队伍建设、基础保障等方面的超常发展，大幅缩小与高水平财经类大学的差距，实现跨越发展。

（四）战略目标

实现设施先进、校园美丽、校风优良、人才荟萃、文化彰显，力争跻身全国财经类大学十强，为建设有特色高水平国内一流财经大学努力奋斗。

（五）战略重点

建房。就是要加强基础设施建设，稳步推进公共服务体系建设，拓展办学空间，完善办学条件，优化校园环境，着力解决土地资源、教室资源、公寓资源、图书资源等严重不足问题，在硬件建设方面实现大发展大突破。

挖人。就是要挖掘人才资源，核心是教学科研人才。立足校内挖，把有潜力、有后劲的人才发现出来，培养起来，力争使他们成为学科带头人乃至名师大家。放眼全球挖，重点是挖博士、挖学科带头人、挖名师大家、挖一流团队，把挖大师作为挖人的重中之重。

正风。就是要正风肃纪，反腐倡廉，全面从严治党，全面从严治校。以坚韧不拔的意志、顽强不屈的毅力、刮骨疗毒的勇气，坚持不懈地解决"四风"问题，坚持不懈地解决党风、政风、校风、学风、教风、考风、作风等问题，营造凝心聚力、风清气正的发展环境。

铸魂。就是要熔铸强大的思想灵魂。创新内容、创新形式、创新手段，加强思想政治工作，加强校园文化建设，加强核心价值观建设，不断坚定师生员工的理想信念。全面增强师生员工的政治意识、大局意识、责任意识、奉献意识，修德立信，博学求真，形成理念先进、底蕴深厚、开放包容、独具特色的财大文化、财大精神、财大灵魂。

（六）战略途径

创新发展。就是要积极推进内容创新、手段创新、方法创新、学科体系创新、学术观点创新、话语体系创新。要以学科带头人培养和学科团队建设为重要抓手，创新学科建设机制；打造"山西财大智库"，提升服务经济社会能力；创新现代大学体制机制，推进学校治理体系和治理能力现代化。

人才强校。就是要实施更为务实高效的政策措施，实施领军人才引育工程，千方百计吸引一批优秀学科带头人，加大人才培养力度，激活人才队伍存量。

素质立校。就是要推进人才培养模式的改革创新，推行研究性学习，注重培养学生的批判性和创造性思维，着力增强学生的社会责任感、创新精神与实践能力。

文化引领。就是要坚持培育和践行社会主义核心价值观，把学校悠久的文化传统、良好的精神风貌、积极向上的价值追求融入学校改革发展，形成学校的特色文化、精神标识和价值理念。

国际化。就是要加大开放力度，"走出去"、引进来，拓展国际交流与合作，互派留学人员，着力培养理念先进、视野开阔、引领前沿的国际人才，全方位提升国际化办学能力和水平，扩大学校在国际上的知名度和影响力。

二、发展目标

（一）奋斗目标

按照国家"双一流"建设总体方案要求，坚定实施学校发展"三步走"战略。

第一步到 2020 年底即"十三五"末，学校人才培养模式更加适应我国经济社会发展的新需求，人才培养质量得到进一步提高，特色学科群建设要取得突破性成效，师资队伍建设的层次和水平大幅提升，领军人才引育效果显现，科学研究体制机制不断创新，科学研究能力持续增强，社会服务功能再上台阶，"山西财大智库"平台优势充分发挥，国际合作局面取得突破，为学校国际化发展打下基础，大学文化建设广博深厚，文化"软实力"作为一种大学精神被不断丰富和发扬光大，并成为学校创新发展的强大精神动力，公共服务体系建设更加完善，服务教学、科研、学生的理念深入人心，忠诚财大、创新财大、包容财大、实力财大、文明财大、幸福财大初步建成，学校在全国财经类大学排序中跻身十强，为实现有特色高水平国内一流财经大学目标奠定坚实基础。

第二步到 2030 年左右，学校"硬实力"和"软实力"均成功实现跨越，一批学科成为国内一流学科，建成有特色高水平国内一流财经大学。

第三步到 21 世纪中叶，学校建校 100 年即我国全面实现"两个一百年"奋斗目标时期，学校部分优势特色学科进入世界一流学科行列，把学校建设成为国际有影响、国内高水平大学，从而实现学校的"百年梦想"目标。

（二）具体目标

到"十三五"末，学校发展的具体目标是：

人才培养。普通全日制本科专业稳定在 50 个左右，本科生规模在现有 16000 多人的基础上，随着东山校区的建设加速扩容。各类研究生规模突破 4000 人（其中博士研究生达到 150 人左右）。留学生人数实现零的突破，力争突破两位数。各类继续教育学生人数在现有规模的基础上稳步发展。国家级教学质量项目达到 40 项以上，省级教学质量项目达到 150 项以上。省级教学成果奖不少于 12 项，大幅度增加一等奖项目，力争实现国家级教学成果奖零的突破。争取在国家精品在线开放课程、国家级教学团队等教学质量与改革工程项目上取得突破。

学科建设。力争新增 1~2 个一级学科博士点。加大硕士学位授权点建设力度，保持总量稳定、结构优化。争取立项省服务产业创新学科群计划项目 1~2 项，力争进入省优势学科攀升计划 1 项。

师资队伍建设。在现有编制规模的基础上，专任教师力争达到 1200 人左右。每年引进博士 50 人以上，从青年教师中每年培养博士 20 人以上，到"十三五"末，具有博士学位的教师达到 500 人，博士化率超过 40%。具有高级专业技术职务教师的比例力争符合省里要求。力争引进和培养"长江学者""千人计划"入选者、国家"百千万人才工程"入选者、国家杰出青年科学基金获得者、国家优秀青年基金获得者、"三晋学者"等 10 名左右的领军人才。增加 1~2 个博士后流动站。

科学研究。国家级课题力争达到 100~150 项，其中国家级重点重大项目、杰出青年项目力争达到 10 项。科研经费力争达到 0.8 亿~1.2 亿元。发表 CSSCI 来源期刊、CSCD 核心库论文 1000~1500 篇，SSCI、SCI 高级论文 30~50 篇。力争获得国家级科研奖励 1~2 项、省部级科研奖项 50 项。新建省级优秀创新团队 2~3 个。

社会服务。充分发挥学科优势和特色，全方位开展社会服务，促进经济学、管理学、法学、统计学等学科群与地方经济社会的结合，建设"山西财大智库"，发挥"思想库"和"智囊团"作用，为山西省经济社会发展提供智力支持，使学校学科优势转化为地方经济社会发展的优势。

国际交流与合作。国际访问学者突破 150 人。每年出国留学生数争取超过 300 人。来校留学生规模力争突破两位数。扩大对外合作办学范围，与更多国外高校在更高层次建立合作办学和合作交流关系。

校园文化建设。培育社会主义核心价值观，引导师生坚定中国特色社会主义共同理想，以学校深厚历史文化底蕴和浓郁财经特色为根基，丰富校园文化内涵，凝练山西财大文化，铸造山西财大精神。

公共服务体系建设。推进传统图书馆向数字图书馆转型，构建财经特色鲜明的文献信息资源体系。加快校园信息化建设，提升公共服务信息化水平。加强校园基础设施建设，拓展办学空间，改善办学条件，见表 1 所示。

表 1 　　　　　　　　　山西财经大学"十三五"发展规划重点指标

类别	序号	发展指标	2020 年	属性
人才培养	1	本科专业数	稳定在 50 个左右	约束性
	2	研究生在校生规模	突破 4000 人	预期性
	3	国家级教学成果奖	力争实现零的突破	预期性
	4	国家级规划教材	3～5 部	预期性
学科建设	5	一级学科博士学位授权点	力争新增 1～2 个	预期性
	6	一级学科硕士学位授权点	新增 1～2 个	预期性
师资队伍建设	7	专任教师总数	力争达到 1200 人	预期性
	8	具有博士学位的教师	达到 500 人	约束性
	9	领军人才	力争 10 人左右	预期性
	10	博士后流动站	增加 1～2 个	预期性
科学研究	11	CSSCI 来源期刊、CSCD 核心库论文	达到 1000～1500 篇	约束性
	12	SSCI、SCI 高级论文	达到 30～50 篇	约束性
	13	国家级科研项目	达到 100～150 项	约束性
	14	科研经费	达到 0.8 亿～1.2 亿	约束性
	15	教育部人文社科优秀成果奖	力争获得 1～2 项	预期性
	16	国家级人文社科研究基地	力争实现零的突破	预期性
社会服务	17	重大决策咨询报告	力争实现国家层面突破	预期性
	18	"山西财大智库"建设	完成建设	约束性
国际交流与合作	19	出国访问学者	达到 150 人	约束性
	20	出国留学学生数	超过 300 人/年	预期性
	21	来校留学生规模	突破两位数	约束性
	22	国际合作交流	增加合作交流高校数量	约束性
校园文化建设	23	视觉形象识别系统建设	完成建设	约束性
	24	"山西财大艺术团"建设	完成建设	预期性
	25	筹建艺术学院	力争成功筹建	预期性
公共服务体系建设	26	新图书馆建设	完成建设	约束性
	27	数据库建设	完成建设	约束性
	28	数字校园基础设施建设	完成建设	约束性
	29	东山校区一期建设	力争完成建设	预期性

三、主要任务

"十三五"时期，是山西财经大学赶超图强的决战期，我们必须充分发挥积极性、主动性和创造性，团结一心、鼓足干劲、改革创新、攻坚克难，全力建设忠诚财大、创新财大、包容财大、实力财大、文明财大、幸福财大。

（一）人才培养

坚持"立德树人、提高质量、形成特色"原则，创新人才培养方式，建立和完善符合学校发展目标的人才培养体系，着力培养高素质专门人才、拔尖创新人才、具有国际视野的经济管理人才。

落实立德树人根本任务。加强学生社会主义理想信念教育，把立德树人作为提高教育教学质量的首要政治任务。尊重教育规律和学生身心发展规律，把促进学生成长成才作为学校一切工作的出发点和落脚点。完善学生行为养成教育和学生教育管理体系，推进德智体美教育，促进学生全面发展。改革思想政治理论课教学，通过高水平的教师和"具有艺术感染力"的讲授，提高思想政治理论课的吸引力和讲授效果。完善学风考核和评价机制。

创新本科人才培养模式。创新"特色＋综合"的人才培养模式，培养高素质专门人才。完善"实验班"建设，打造拔尖创新人才培养平台。积极探索国际交流与合作，培养具有国际视野的经济管理人才。改革和完善学分制，逐步形成具有学校特色的学分制体系。

创新本科课程教学体系。按照"宽口径、厚基础、重实践、强能力"要求，用新理论、新知识、新技术更新教学内容，修订完善人才培养方案，创新课程设置和教学体系，适当引入英文原版教材，探索英文授课，推动大学外语教学改革，强化数学基础教育。创新实践教育教学理念，提高实践教学水平。加大实验室建设投入，改善实验室条件和环境，提高实验室利用率。改革实践教学考核评价机制，提高教师从事实践教学的积极性。加强实习实训基地建设，增加综合性、设计性实验项目，提升学生实践能力，加强实践育人效果。

提升本科教学质量。按照国家高等学校本科教学评估要求，深入开展教学改革，力争国家级教学成果奖、国家级教学名师、国家级精品在线开放课程等实现零的突破。加强国家级规划教材建设。加大国家级实验教学示范中心建设力度，提升实验教学水平。建立健全教学质量监控体系，发挥教学指导委员会的教学指导作用，创新学生网上评教机制和领导听课制度，规范课堂教学改革，制订教师课堂教学行为规范。

加强本科专业建设力度。力争把金融学、会计学、统计学、财务管理、国际经济与贸易等特色专业建设成省级或国家级优势专业。促进经济学、金融工程、管理科学、工商管理、劳动与社会保障、法学（经济法方向）、计算机科学技术等重点专业的发展。加强税收学、体育经济与管理、文化产业管理、土地资源管理、商务英语、金融数学等新增专业建设。探索设立文学、国学、史学、环境经济与管理等专业。

探索研究生教育新模式。按照"科研主导、导师负责、协同培养"要求，创新研究生教育理念，改革培养模式，优化课程体系，提高培养质量。健全以提高创新能力为目标的学术学位研究生培养模式和以提升职业能力为导向的专业学位研究生培养模式。探索"本硕、硕博、本硕博连读"人才培养模式，着力培养拔尖创新人才。明确导师是第一责任人的研究生培养理念，把研究生作为导师科研团队成员。提高学术学位研究生和博士研究生毕业要求，大幅提高培养质量。加强研究生联合培养基地建设，探索与国外大学及企业协同培养研究生途径。完善双导师制，推进案例库建设，探索专业学位研究生教育新模式，加强 MBA 教育品牌建设。

完善创新创业就业机制。加大"双创"教育力度，促进专业教育与创新创业教育有机结合，着力培养学生创意创新创业能力。完善创新创业教育课程体系，实施大学生创业引领计划。建立创新创业学分积累与转换制度，探索学生休学创业。完善毕业生思想教育和就业指导服务体系。建立健全毕业生就业评价体系和毕业生社会评价体系。

创新继续教育体制机制。按照"稳定规模、保证质量、提高效益"要求，把继续教育教学质量放在首位，坚定不移走质量和品牌的特色之路。转变继续教育发展理念，加快"走出去"战略，促进继续教育逐步向非学历教育的转变。通过"给政策、放权力、增活力"方式，促进继续教育发展，提高继续教育办学效益。

（二）学科建设

坚持"突出重点、优化布局、打造高峰"原则，瞄准国家"双一流"建设目标，集中优势资源打造学科"高峰"，重点建设一批优势学科、重点发展一批特色学科、重点扶持一批新兴交叉学科，形成结构合理、特色鲜明、优势突出、可持续发展的学科体系。

优化学科布局。围绕理论经济学、应用经济学、统计学、法学、马克思主义理论、管理科学与工程、工商管理、公共管理等一级学科，重点建设经济学、管理学、法学、统计学学科群。继续加强省级重点学科、省级重点建设学科、省级重点扶持学科等学科建设，建设计算机科学与技术和外国语言文学学科，培育数学、艺术设计和旅游规划等新的学科增长点。支持应用经济学、工商管理、统计学等优势特色学科优先发展，争取实现国内一流学科的突破。

加强学科建设。以一级学科带头人的培养和学科团队建设为重要抓手，汇聚学科队伍，提升学科竞争力。紧盯学科前沿，立足山西需求，结合学校实际，凝练研究方向，一级学科博士点原则上凝练 4~6 个研究方向，一级学科硕士点原则上凝练 3~4 个研究方向。建立和完善学科带头人遴选办法和管理机制，实现动态调整。建立互不交叉、各自独立的学科团队，围绕研究方向，明确团队负责人，完善学科团队建设制度，建设 20 支左右具有国内影响力和竞争力的学科团队。

加强学位点建设。从理论经济学、管理科学与工程、法学、马克思主义理论等一级学科中遴选 1~2 个学位点进行重点建设；在建设好应用经济学、工商管理、统计学 3 个一级学科博士授权点的基础上，力争实现博士授权点的新突破。通过学位点的动态调整、结构优化和重点建设，力争将计算机科学与技术、外国语言文学建设成一级学科硕士授权点。积极推动金融数学二级学科硕士点建设，争取实现学院硕士点全覆盖。完成全校学位点的动态调整和合格评估。

（三）师资队伍建设

坚持"扩大规模、优化结构、提升水平"原则，以提高师德素养和业务能力为核心，创新师资队伍管理体制机制，全面加强学校师资队伍建设，通过引育并举，建设一支高水平师资队伍。

超常规引育领军人才。实施领军人才引育计划，力争引进和培养10名左右"长江学者""千人计划"入选者、国家"百千万人才工程"入选者、国家杰出青年科学基金获得者、国家优秀青年基金获得者、"三晋学者"等，发挥领军人才对师资队伍建设的引领和辐射作用。

大力度引育青年高层次人才。实施优秀博士招聘计划，引进260名左右优秀博士，扩大师资队伍规模。实施青年教师成长计划，鼓励青年教师攻读博士学位，促进青年教师博士化。力争培养扶持100名以上在省内外具有一定影响和较高学术地位的青年学术带头人和学术骨干，大幅度提升师资队伍水平。

推进博士后流动站建设。依托统计学、工商管理和理论经济学等学科，新建1~2个博士后流动站。加强博士后的管理与服务，发挥博士后的科研作用。

创新师资队伍管理。完善知名学者的延退制度，把有影响力的教授留下来继续为学科建设和学术发展贡献力量。柔性引进国内知名专家学者，吸引海外优秀学者来校从教，进一步丰富和优化师资队伍结构，提升师资队伍建设水平。结合国家"高端外国专家项目"，着力引进海外高层次人才。

加强师德师风建设。建立师德师风长效机制，完善考核和评价机制，实行师德师风一票否决制，逐步消除师德失范行为。开展尊师重教活动，发挥先进典型的榜样作用，引导广大教师自觉提升"有理想信念、有道德情操、有扎实学识、有仁爱之心"的"四有教师"境界，切实做到为人师表。

（四）科学研究

坚持"营造氛围、跟踪前沿、服务地方"原则，以创新和质量为导向，紧紧围绕国家重大理论和现实问题、地方经济社会发展需求，把服务国家目标和服务地方经济建设与鼓励自由探索相结合，加强基础研究，以重大现实问题为主攻方向，加强应用研究，全面提升学校的科研创新能力。

完善科研评价体系。修订科研成果级别认定标准，完善科研奖励制度，构建以创新和质量为导向的科研评价体系。发挥科研机构引领作用和科研工作先进学院示范作用，调动教师科学研究积极性。鼓励教师关注学术前沿以及国家和地方的重大理论和现实问题，产出高质量的重大理论成果和决策咨询报告。加强科研诚信建设，引导教师恪守学术道德，营造崇尚学术的学术环境。

推动科研平台建设。在建设好资源型经济转型省级协同创新中心和资源型经济研究中心、晋商研究院、统计研究院、金融研究院4个省级人文社科重点研究基地的基础上，深度整合优质科研资源，新建1~2个省级协同创新中心，力争新建1~2个省级人文社科重点研究基地，努力创建1个高水平国家级科研平台，为承担国家重大项目、发表高水平研究论文、服务国家经济社会发展提供载体。

整合现有科研机构。立足学校学科优势特色及山西省经济社会发展需求，注重实体科研机构建设，围绕资源型经济研究院、晋商研究院、统计研究院、金融研究院等，组建6个左右的科研实体。突出科研机构学术性，加大科研设施设备投入，建设2~3个具有国内一流影响力的科研机构，构建科研成果产出的"桥头堡"。

提高学术期刊质量。强化品牌意识，进一步提高《山西财经大学学报》办刊质量和学术影响力。推进《高等财经教育研究》升级为核心期刊。探索山西财经大学学报的英文刊，扩大山西财经大学的国际影响力。

（五）社会服务

坚持"依托优势、立足山西、扩大影响"原则，按照服务经济社会发展新要求，以服务求支持，以贡献求发展，使学校的智力优势转化为经济社会发展的创新资源，努力建成"引领发展、充满活力、鲜明特色"的专业化高端智库，全面提升学校社会影响力。

建设"山西财大智库"。以国家和山西省重大需求为导向，以重大创新任务为牵引，以省级人文社会科学基地、协同创新中心、科研协作平台、研究机构等为基础，主动服务"一带一路"国家创新驱动发展战略，积极服务地方经济社会发展，努力建设国内有影响、省内有话语权的"山西财大智库"。

推进科研成果转化。创新科研成果转化机制，建立科研成果转化平台，推动科研成果向社会生产力的转化。深入推进产学研结合，促进具有重大学术价值和社会影响力的基础研究成果以及解决重大现实问题的原创性应用研究成果能够迅速转化，提升学校科研成果的转化率和服务社会的贡献率。

发挥培训基地作用。推进"山西省马克思主义理论教育基地"建设，充分发挥基地服务决策咨询的作用。发挥中华全国供销总社太原培训中心品牌作用，促进省社共建。整合优质资源，积极开展培训活动，为山西省经济社会发展培养紧缺人才。

（六）国际交流与合作

坚持"破冰前行、借船出海、全方位推进"原则，开展留学生教育，推动出国留学、合作培养、师资交流、出国访学、科研合作、学术交流，构建"学校为主导、学院为主体、师生为核心、项目为支撑"的国际化工作格局。

实施全方位对外开放办学。瞄准学科发展国际前沿，发展与境外知名大学、科研机构等长期稳定合作的伙伴关系，建立国际交流合作基地，推动校际学生联合培养、师资交流和科研合作，提升师生参与国际教育交流的深度和广度，全方位加快学校国际化建设进程。创新对外开放模式，积极参与中华文化"走出去"战略，力争筹建一所孔子学院。

创新留学生教育。做实对外交流学院，用好国家和山西省留学生奖学金政策，实施国外留学生支持计划，吸引国外留学生到学校留学。健全留学生教育体制机制，明确国外留学生招生专业，制订留学生人才培养方案，提高留学专业的吸引力和影响力。

推进人才培养国际化。实施国际学生交流计划项目，推进学生出国留学，扩大出国留学规模。拓展人才合作培养空间和渠道，加强与国外高校联系，推动学生国际化合作培养。按照"小规模、高水平、大品牌"要求，规范中德合作办学机制，着力提升办学内涵和水平，提高中德学院品牌影响力。

推进师资队伍国际化。实施中青年教师出国访学计划，开拓教师的学术水平和国际视野。用好国家和山西省留学基金政策，争取资金资助，加大教师出国访学力度。借助中德学院平台，促进师资国际交流。

推进科研合作国际化。鼓励教师发表 SCI、SSCI 等高水平文章，提升国际学术影响力。鼓励教师参加高水平国际学术会议。鼓励教师与海外专家、学者建立科研合作关系，推动科研交流国际化。

（七）校园文化建设

坚持"凝心聚力、彰显特色、引领发展"原则，根植于学校历史与特色这片沃土，凝练山西财大文化，铸造山西财大精神，以润物无声的文化力量触及灵魂、启迪智慧、唤醒心灵、活跃思想，形成浓郁的山西财大文化氛围。

培育社会主义核心价值观。弘扬以爱国主义为核心的民族精神和以改革创新为核心的时代精神，坚持社会主义先进文化前进方向，推进社会主义核心价值体系建设，把社会主义核心价值观融入学校教育教学全过程，发挥文化育人作用，引导师生坚定中国特色社会主义共同理想，为学校发展提供强大精神动力。

丰富校园文化内涵。繁荣学术文化，发挥"山西经济高峰论坛""中青年学者论坛""振东管理大讲堂"等校园学术文化品牌作用，开展学术论坛、学术讲座，推动学术交流，营造学术氛围。推进体育文化，推动"每天锻炼一小时"等为主题的常态化师生阳光体育健身活动，丰富运动会比赛项目，加强体育基础设施建设，推广校园足球、网球等运动项目，支持高水平运动队的建设发展，发展桥牌项目。丰富校友文化，种植"成长树"、设立"纪念石"、建立"校友林"、树立知名校友塑像、开展校友返校联谊活动。培养行政文化，形成科学、规范、顺畅、高效的行政管理和政务机制。强化法治文化，形成依法行政、按章办事、遵纪守法的办学氛围。

凝练山西财大文化。丰富校规、校风、校训、校旗、校徽、校歌等彰显校园文化和办学特色的标志内涵，建设山西财大视觉形象识别系统。挖掘、收集、整理学校历史文化资源，成立校史研究室，开展校史研究，建设好山西财大校史馆和山西财大票号与晋商博物馆，丰富学校文化内涵。开展主题鲜明、丰富多彩的校园文化艺术活动，充分发挥校园文化特色活动品牌作用和影响力，提升校园文化艺术品位。创新开学典礼、毕业典礼等内容和形式，逐步建立校庆、院庆等纪念活动常态化机制。组建"山西财大艺术团"，适时筹建艺术学院，提升师生文化艺术修养。树立学校品牌形象，培育人文情怀，凝练山西财大文化。

铸造山西财大精神。在中华优秀传统文化时代价值的基础上，挖掘学校深厚历史文化底蕴和浓郁财经特色，着力弘扬追求真理和学术自由的精神，广泛宣传典型的先进事迹和优秀精神品质，不断赋予山西财大精神新的时代内涵。

（八）公共服务体系建设

坚持"夯实基础、提升能力、服务中心"原则，拓展办学空间，完善校区功能定位，加强校园基础设施建设、文献信息资源体系建设和校园信息化建设，大幅改善办学条件，提高公共服务水平。

加强文献信息资源体系建设。推进传统图书馆向数字图书馆转型，大力推进数据库建设，积极拓展信息服务领域，构建财经特色鲜明的文献信息资源体系。提高馆藏利用率，提高服务水平和服务效率。逐渐将各学院图书资料纳入图书馆管理，探索总馆分馆制度，实现通借通还。

推进校园信息化建设。按照"信息化、数字化、智能化"要求，推进"智慧校园"建设。加大信息基础设施投入，实施万兆主干千兆桌面工程，大幅提升网络性能。推进无线校园网建设，实现无线网络全覆盖。建设高水平应用系统，实现学校门户、部门网站、个人网页的互联互通、数据共享。完成"一卡通"建设，提升公共服务信息化水平。加强网络信息安全建设，实现建设项目和安全项目同步规划、同步建设。

统筹校园基础设施建设。完善校区功能，明确校区定位，优化空间布局。加大东山校区建设力度，拓展办学空间。加大旧校区基础设施和体育设施建设，完成新图书馆建设，推进学生生活配套设施建设，改善办学条件。挖掘办学空间资源，力争解决学生宿舍严重短缺问题。加强节约型校园建设，推进学校绿色发展。

四、重大工程

（一）一流学科建设工程

重点建设应用经济学、工商管理、统计学等学科，创新学科建设管理机制，给予人才引育的特殊政策。推动经济学、管理学、法学、统计学学科群建设，服务山西产业发展。加快"硬件"基础和"软件"条件建设，超常规提升学科实力和水平。

（二）人才引育扶持工程

引进 260 名左右优秀博士，力争引育 10 名以上学科领军人才，力争培养 100 名以上在省内外具有一定影响和较高学术地位的青年学术带头人和学术骨干，超常规建设师资队伍。

（三）教学质量提升工程

加强金融学、会计学、统计学、财务管理、国际经济与贸易等专业建设，力争建设成为省级或国家级优势专业。培育国家级教学成果奖、国家级教学名师、国家级精品在线开放课程建设，实现零的突破。

（四） 高端智库打造工程

以资源型经济研究中心、晋商研究院、统计研究院、金融研究院、高等财经教育研究中心、中小企业发展协同创新中心、民营企业管理协同创新中心为重点，打造七大平台，通过相关学科的强力支撑，使七大平台成为"山西财大智库"核心。

（五） 校园文化引领工程

通过挖掘校史文化资源，凝练山西财大文化。建设山西财大视觉形象识别系统。组建"山西财大艺术团"，适时筹建艺术学院，丰富学校人文内涵。

（六） 数字校园建设工程

以统一身份认证平台、统一信息门户平台和数据中心为重点，建设完善学校管理信息系统，推动"一卡通"建设，提升校园信息化水平。

（七） 基础设施改善工程

以坞城校区新建图书馆、校园环境整治和旧图书馆等基础设施改造为重点，加快基础设施的维修改造，大幅拓展办学空间，改善校园环境。

（八） 东山校区建设工程

加快东山新校区新增教育用地的征地工作，做好一期选址的规划工作，积极推进东山校区一期工程的建设，见表2所示。

表2　　山西财经大学"十三五"发展规划重大工程项目预算表　　单位：万元

重大工程	包含项目	资金需求				
		国家投入	省政府投入	社会资金	学校自筹	合计
一流学科建设工程	应用经济学学科建设项目	300	100	—	100	500
	工商管理学科建设项目	300	100	—	100	500
	统计学学科建设项目	300	100	—	100	500
	学科群建设项目	—	800	—	800	1600
	重点学科建设项目	400	100	—	150	650
	学科增长点建设项目	200	100	—	150	450
	学科团队建设项目	500	500	—	750	1750
	一级学科博士学位授权点建设项目	200	200	—	200	600

重大工程	包含项目	资金需求				
		国家投入	省政府投入	社会资金	学校自筹	合计
一流学科建设工程	一级学科硕士学位授权点建设项目	100	100	—	200	400
	小计	2300	2100	—	2550	6950
人才引育扶持工程	青年教师博士化项目	600	200	—	100	900
	青年学术骨干出国访学项目	300	200	—	100	600
	领军人才引育项目	1000	500	—	500	2000
	青年学术带头人和学科骨干引育项目	1000	1000	—	4000	6000
	优秀博士引进项目	1000	1000	—	7100	9100
	博士后流动站建设项目	—	—	—	40	40
	小计	3900	2900	—	11840	18640
教学质量提升工程	优势专业建设项目	—	500	—	500	1000
	本科课程建设项目	—	—	—	200	200
	本科规划教材建设	—	—	—	100	100
	本科生实习实训基地建设项目	200	200	400	540	1340
	研究生联合培养基地项目	—	100	100	100	300
	研究生课程建设项目	—	100	—	80	180
	研究生教育教学改革研究项目	—	200	—	100	300
	教育教学改革研究项目	100	40	—	180	320
	基础课综合教学平台建设项目	300	200	—	180	680
	国家级实验教学示范中心建设项目	500	500	—	500	1500
	研究生创新项目	—	125	—	110	235
	本科生创新创业训练项目	—	110	—	130	240
	专业学位研究生案例库建设项目	—	—	—	300	300
	本科教学信息系统工程项目	500	300	—	450	1250
	小计	1600	2375	500	3470	7945

续表

重大工程	包含项目	资金需求				
		国家投入	省政府投入	社会资金	学校自筹	合计
高端智库打造工程	"山西财大智库"建设项目	—	200	—	1000	1200
	国家级科研创新平台建设项目	500	500	—	500	1500
	省级协同创新中心建设项目	—	500	—	1000	1500
	省级人文社科重点研究基地建设项目	—	1000	—	1000	2000
	小计	500	2200	—	3500	6200
文化引领工程	校史馆建设项目	—	—	—	200	200
	晋商博物馆建设项目	—	—	—	200	200
	视觉形象识别系统建设项目	—	—	—	30	30
	"山西财大艺术团"建设项目	—	—	—	400	400
	艺术学院筹建项目	—	—	—	800	800
	小计	—	—	—	1630	1630
数字校园建设工程	数字校园基础设施建设项目	1000	500	—	1080	2580
	数字校园软件建设（升级）项目	1000	400	—	510	1910
	校园"一卡通"建设项目	—	—	1700	—	1700
	小计	2000	900	1700	1590	6190
基础设施改善工程	图书馆建设项目	10000	1000	—	10000	21000
	旧图书馆改造项目	200	—	—	200	400
	食堂建设项目	—	—	150	—	150
	校医院搬迁与改造项目	100	100	—	150	350
	消防管网维修改造项目	200	100	—	400	700
	校园环境整治改造项目	500	500	—	580	1580
	小计	11000	1700	150	11330	24180
东山校区建设工程	东山校区土地征用补偿项目	—	—	—	30000	30000
	东山校区规划项目	—	—	—	400	400
	东山校区一期建设项目	—	—	—	120000	120000
	小计	—	—	—	150400	150400
重大工程投资总预算		21300	12175	2350	186310	222135

五、发展保障

（一）基础保障

加强学校保障能力建设，优化办学资源，为学校改革发展提供基础保障。

加强财务管理。统筹整合办学资源，创新融资模式，依法多渠道筹集学校建设发展所需资金。建立健全"统一领导、集中核算、分级管理"的财务管理体系。用好用足国家支持高等教育发展的各项政策，争取国家及地方的各类支持资金及基金项目。吸引社会资金投资，发挥社会资金在学校建设中的作用。利用学校学科优势和人才优势，建设合作平台，吸引各类资金投资兴学，闯出一条学校融资模式的新路来。加强监察和内部审计工作，提升监察审计效能和覆盖度。

完善国有资产管理。理顺和完善国有资产管理，提高资产管理的规范化和制度化水平。加强资产管理信息系统建设，建立和完善资产数据库，推进资产管理信息化。加强国有资产监管，完善监察、财务、审计等部门的联动机制。优化资源配置，提高国有资产使用效率。

强化后勤管理。按照"管理精细化、服务社会化"要求，改革创新后勤管理服务体制机制，推动后勤形象化、专业化、标准化、信息化建设，提升后勤"窗口"形象。树立"质量与服务"意识，提高后勤管理服务水平。

推进"平安校园"建设。按照"强化安全意识、加大安全投入、完善安全制度、落实安全责任、狠抓安全教育"要求，开展"平安校园"建设，提升安全能力，健全校园安全风险防控体制机制，实施校园安全网格化管理。完善学校突发事件应急预警处置体系，加强应急演练和师生自救能力培训，维护师生安全。牢固树立稳定压倒一切的思想，做好维稳敏感期、重要保障期和关键点的安全稳定工作，形成维稳工作长效机制。强化问题导向意识，加强舆情研判，完善矛盾纠纷排查和突出问题化解体系。

提高医疗卫生服务水平。完成校医院的维修改造和搬迁，创新校医院管理体制机制，提高医疗服务水平，改善服务质量。做好一年一度的教职工体检工作，加强卫生防疫工作，维护师生卫生安全。做好学校社区卫生服务站工作。

改善教职工生活工作环境。新建教职工住宅。推动住宅区和教学区逐步分离，探索实施教职工住宅社区物业化管理，改善教职工居住环境。盘活教学科研资源，彻底解决教师工作室问题。

加强档案管理。按照"为历史负责、为现实服务、为未来着想"要求，创新档案工作管理，规范档案工作程序，健全档案工作制度。加大档案基础设施投入，推进档案数据化建设。转变档案工作理念，注重实物档案的收集收藏。以校史馆建设为载体，积极开展校史研究。

创新校友工作。创新校友工作机制，挖掘校友资源，提高校友对学校发展的贡献度。完善校友会和校友基金会建设，加大校友资金筹集力度，支持学校的建设和发展。

（二）动力保障

加快顶层设计，实施精兵简政，全面推进综合改革，为学校发展提供动力保障。

管理体制改革。全面实施学校治理体系改革、机构设置改革、学院制改革、科研机构管理改革、财务管理体制改革等，优化内部治理结构，推进治理能力现代化。

人事制度改革。全面实施教师分类改革、专业技术职务评聘改革、岗位管理改革、个人考核与绩效工资改革、编制外用工制度改革、目标责任制改革等，进一步激发和调动教职工的创新意识、竞争意识和工作热情。

教育教学改革。全面实施本科生课程体系改革、课堂教学方式改革、大学外语教学改革、实验班培养模式改革、硕士研究生培养模式改革、博士研究生培养模式改革、博士研究生导师管理改革、学生评价与奖励体系改革、中外合作办学规范改革等，大幅提升教育教学质量和人才培养质量。

后勤改革。全面实施经营性资产管理改革、物业管理改革、住房管理改革、后勤服务机制改革等，不断提升后勤服务管理效率和服务质量。

独立学院改革。加快实施独立学院管理体制改革，依法规范华商学院办学体制，增强华商学院对学校的贡献度。

（三）法治保障

健全学校决策机制，完善学校规章制度，创新学校管理，建立"流程科学、运转顺畅"的行政管理体制，加强学校治理体系建设，为学校改革发展提供法治保障。

完善党委领导下的校长负责制。坚持党委的领导核心地位，保证校长依法行使职权，完善校长办公会议事规则与决策程序，建立健全党委统一领导、党政分工合作、协调运行的工作机制。

完善学校章程。落实好完善好学校章程，建立健全山西财经大学规章制度体系，夯实依法决策、依法管理、依法办学的制度基础，完善现代大学治理体系。

完善学术委员会制度。落实好完善好学校学术委员会章程，探索教授治学的有效途径，充分发挥教授在教学、科研和学术管理中的作用，促进学校治学水平提高。探索建立行政权力与学术权力相对分离、相互配合、相互监督的运行机制，积极推动现代大学制度建设。

完善民主监督机制。建立健全民主管理、民主参与、民主监督机制，进一步拓宽民主渠道，发挥教代会、学代会作用，充分调动教职工参与学校管理的积极性和主动性。完善校务公开制度，落实教职工知情权、参与权、表达权和监督权，不断提高教职工参与学校民主管理的能力，促进学校管理决策的民主化和科学化。

完善学院管理体制机制。加强学校宏观决策职能，切实推进教学、科研、管理重心下移，发挥学院的主动性、积极性、创造性，激发办学活力，推进学院改革与学校综合改革协调发展。

完善学校治理的制度体系。系统梳理学校各类规章制度，按照构建充满活力、富有效率、更加开放、有利于学校科学发展的体制机制，健全和完善学校的制度体系，做到有章可循、有章必循、按章管理、依法办学。

（四）根本保障

按照"保方向、凝人心、促发展"的工作思路，加强党的建设，发挥党委在学校改革发展中的领导核心作用，为学校改革发展提供根本保障。

思想建设。以全员育人为重点加强思想建设。强化思想引领、坚定理想信念，牢牢把握学校意识形态工作主导权，深入开展"两学一做"学习教育和"一学一养"主题活动，巩固全校师生团结奋斗的共同思想基础。按照"立德树人是根本、安全稳定是底线、严管厚爱是方法"要求，实施思想政治教育质量提升工程，培育和践行社会主义核心价值观，把思想政治教育贯穿于学生培养全过程。

组织建设。以夯实基础为重点加强组织建设。全面加强党的组织建设、干部队伍建设和党员队伍建设，充分发挥基层党组织战斗堡垒作用。完善学分制条件下学生党支部的设置方式和发挥作用模式，把"支部建在公寓"作为学生基层党组织建设的重要任务，推进教师党支部书记"双带头人"培育工程。严格发展党员工作制度，保证发展党员质量，加强党员教育培训和管理，充分发挥党员先锋模范带头作用。加强团学组织工作，增强共青团的吸引力和凝聚力。加强统一战线工作，充分调动党外知识分子及出国和归国留学人员等的积极性，发挥他们促进学校改革发展和服务经济社会的作用。加强离退休人员工作，支持他们建言献策，为学校多做贡献。

作风建设。以服务师生为重点加强作风建设。始终坚持马克思主义的群众观点和群众路线，把实现好、维护好、发展好广大师生的根本利益作为一切工作的出发点和落脚点，改善服务态度，提升服务质量，提高服务效率，巩固党的群众路线教育实践活动成果。

反腐倡廉建设。以正风肃纪为重点加强党风廉政建设。落实党委主体责任和纪委监督责任，把纪律和规矩挺在前面，强化政治意识、大局意识、核心意识、看齐意识，认真履行"一岗双责"，从严治党、从严治校、从严治教。深入开展廉政教育，建立廉政建设长效机制，筑牢师生思想防线。健全完善群众来信来访接待受理工作机制，发挥"书记、校长直通车"作用。

制度建设。以依法治校为重点加强党的制度建设。依据党章党规，制订并完善学校党建工作各项制度，形成党建工作制度体系。牢固确立校党委的领导核心作用，加强民主集中制建设，完善民主生活会制度，确保党的各项制度落到实处。深入开展制度宣传教育，引导广大党员牢固树立制度意识，切实把党章党规内化为自觉行动。

上海对外经贸大学"十三五"发展规划

根据教育部和上海市教委关于做好教育事业发展"十三五"规划编制工作要求，制订本规划。

一、"十二五"发展回顾

"十二五"时期是学校转型发展、承上启下的重要时期，在全体师生员工的共同努力下，学校事业取得较大发展，内涵建设水平和社会影响力得到不断提升。

（一）成功更名大学，转型发展呈现良好态势

学校于 2013 年成功更名大学，这是学校发展史上的里程碑。通过更名大学，学校主干学科和研本比达到教育部规定的标准；专任教师数从 570 人增至 667 人，高级职称教师特别是正高级专业技术职务教师达到国家规定标准；省部级以上科研奖励达到 15 项；学校占地面积（产权）从 2010 年的 724 亩增至 1003 亩；固定资产总值从 2010 年的 54133 万元增至 62421.9 万元。学校办学基础得到夯实，发展资源得到拓展，凝聚力得到增强。在对办学基础和发展方向进行认真研判的基础上，学校确立了"高水平、国际化、特色鲜明的应用研究型大学"的办学定位，为转型发展奠定了良好的思想基础。

（二）稳抓制度建设，管理水平得到较大提升

学校加快依法治校步伐，制订《上海对外经贸大学章程》。加大内部管理制度改革，出台各类管理文件 215 项。大力推进管理信息化制度，建设并启用办公自动化系统，通过流程控制使各类审批工作更加规范透明，实现管理流程重组改造与优化，协同办公能力显著增强。开展各类信息化项目建设，开发建设学生信息管理系统、人事信息管理系统、科研管理系统、教学教务管理系统、外事管理系统、资产管理系统、"一卡通"系统和汇文图书管理系统等，完成公共数据中心、统一身份认证系统和信息门户等三大平台建设，"绿色校园"建设取得很大进展。

（三）坚守育才使命，人才培养质量赢得良好声誉

学校坚守立德树人使命，本科人才培养特色与质量得到社会广泛认可。学生道德风貌、

自立自强和社会奉献精神突出，5 人获得"2014 上海大学生年度人物"提名奖，7 人获得"中国大学生自强之星"提名奖和"中国大学生新东方自强奖学金"，1 人获得"中国大学生自强之星标兵"称号。学校增设经济统计学和文化产业管理两个本科专业，普通本科专业达到 30 个。学校生源质量好，高考录取分数线总排名位列全国高校和上海高校前列。学生英语应用能力强，全国英语四、六级考试分数和全国英语专业四级、八级考试通过率均高于全国平均水平，在全国大学生英语竞赛等重大英语赛事中获得特等奖等成绩。学生专业实践能力强，在国际大学生会议策划演讲比赛、全国法语演讲比赛和全国大学生创业设计大赛等重大赛事中频获佳绩。学生就业竞争力强，就业率与就业质量稳居全国高校前列，进入银行和会计师事务所的本科毕业生占毕业生总数的 31%；进入世界 500 强企业就业和世界前 100 名高校深造的本科毕业生比例不断攀升。学校研究生教育质量稳步提升，3 篇硕士学位论文入围上海市研究生优秀学位论文，建有 2 个上海市示范级专业学位研究生实践基地，学生在杰赛普国际法模拟法庭大赛、国际商事模拟仲裁竞赛（中国）和全国研究生数学建模竞赛等国际国内重大赛事中崭露锋芒。

（四）把握发展契机，师资队伍建设成效明显

学校抓住更名大学契机，引育并举，大力加强师资队伍建设，人事管理制度明显完善，队伍规模明显扩大，队伍结构明显优化，教师国际化水平明显提高。学校废止、修订并制订、出台 32 项人事管理办法。各类专业技术人员总量达到 817 名，其中专任教师总量较"十一五"末增长 21.3%。高级职称专任教师 403 名，占专任教师总量的 60.4%，较"十一五"末增长 46%。专任教师中具有博士学位者 356 名，占专任教师总量的 53.4%，较"十一五"末增长 125.3%。获得海外博士学位的教师 40 人，占专任教师总量的 6%。高层次人才队伍建设取得较大进展，引进上海"千人计划"学者 4 名、"东方学者"5 名、"海外名师"9 名，成功申报上海领军人才 1 名。师资队伍国际化水平明显提高，具有 1 年以上海外学习经历的教师占专任教师总量的 20.8%，每年外聘外籍授课教师 80 余人。

（五）重视科学研究，学科建设取得长足进展

学校加大科研管理制度改革力度，制订实施 48 项科研管理文件，有效激发科研活力。学校在国际贸易中心和中国（上海）自由贸易试验区建设等领域的研究能力和影响力快速提升，为商务部和上海市政府提供重要决策支持。"十二五"期间，获得省部级以上科研项目 287 项，其中国家级项目 69 项，首次获得国家社科基金重大项目，国家级项目较"十一五"时期增长 446.2%，省部级以上项目较"十一五"时期增长 147%。教师在公开刊物发表论文 1700 余篇，出版专著 137 部，出版编著、译著和教材 220 余部。学科建设取得长足发展，应用经济学、工商管理获批成为上海高校"高原"学科，学位点数量和研究生教育规模实现跨越式增长，一级学科硕士点实现从无到有的跨越，二级学科硕士点从 10 个增至 35 个。研究生在校生规模从 2010 年的 869 人上升到 2015 年的 2026 人。在教育部第三轮学科水平评估中，学校参评学科均处于同类高校前列。

（六）坚持开放办学，优质办学资源有效集聚

学校坚持开放办学战略，通过多种渠道集聚国内外优质办学资源。学校新增 2 所孔子学院。学校成为全球首批、中国唯一的世贸组织（WTO）教席院校并被评为模范教席单位，学校教授荣任教席主持人；学校位居 WTO 秘书处全球学术网络核心层，是国际著名的 WTO 学术研究机构。与上海财经大学等高校联合组建中国（上海）自由贸易试验区协同创新中心，通过打造全球知名智库、开展自贸区领域学科和专业课程建设、进行顶尖学术研究和国际学术交流与合作等，为集聚一流科研和教学资源提供强大平台支撑。主动对接国际一流商学院标准，成为国际高等精英商学院协会（AACSB）和欧洲管理发展基金会（EFMD）会员单位。

二、"十三五"发展形势

"十三五"时期，是我国"四个全面"战略布局的推进期，是国家"一带一路"和上海"科创中心"建设的深化期，是上海基本建成"四个中心"和社会主义现代化国际大都市的冲刺期，是落实国家和上海市中长期教育改革和发展规划纲要、深化上海教育领域综合改革、率先全面实现教育现代化的攻坚期，也是学校向高水平、国际化、特色鲜明的应用研究型大学转型的关键期，学校事业改革和发展将面临多重战略机遇与挑战交织并存的新形势。

（一）发展机遇

1. 国家"一带一路"、长江经济带和上海自贸区建设带来的机遇。当前，国家推出的"一带一路"建设、长江经济带建设和中国（上海）自由贸易试验区建设等"三大战略"，将给学校打造高水平智库、培养高层次应用型人才和扩大来华留学教育规模等诸多方面带来重要契机。国家"三大战略"将对以全球和区域贸易与金融规则制订为核心的决策咨询研究提出迫切需求，是学校创新高端决策咨询研究、打造高水平智库的战略契机。推进国家"三大战略"还需要培养大批具有国际视野和跨文化沟通能力、能熟练运用国际经贸法律规则的高层次应用型人才。为服务国家"三大战略"，学校亟需建立"一带一路"沿线国家的教育文化交流机制和扩大来华留学教育规模，加强与长江经济带地区高校合作，推动国际化办学和内涵建设水平快速提升。

2. 上海"四个中心""科创中心"和国际化大都市建设带来的机遇。未来上海将成为全球高端要素集聚流动网络的重要枢纽，"四个中心"是实现全球城市核心功能的重要支撑。在"四个中心"建设驱动下，现代高端服务型经济的决策咨询研究面临巨大需求缺口，抓住机遇，学校事业发展将进入全新格局。未来上海"科创中心"建设释放的政策红利，将为学校构建全方位创新创业教育体系创造重要条件。在建设国际化大都市战略目标下，上海将成为国际国内人才集聚高地，系列海外引才政策将为学校引进高层次人才和加快教育国

际化转型升级提供难得机遇。

3. 高等教育重大改革和发展带来的机遇。作为国家教育综合改革试验区，上海高等教育综合改革将为学校破解深层次体制机制障碍、释放制度创新红利和办学活力提供重大契机。根据国家建设世界一流大学和一流学科战略部署，上海将重点支持若干市属高校冲击一流，推动更多市属高校进入部市共建行列，着力提升高等教育服务重大需求的能级水平。对接国家"双一流"建设方案，上海正大力推进"高峰高原"学科建设计划，努力实现上海高校学科"高峰凸显""高原崛起"。国家"双一流"建设和上海"高峰高原"学科建设为学校建设高水平师资队伍、培养高层次人才、产出高质量成果等带来新的契机。

4. "互联网＋教育"带来的机遇。新一轮信息化浪潮给人类思维、学习、生产和生活方式带来的革命性变化，对人类和社会经济发展带来全方位影响。网络时代的到来，促使教育理念和制度体系产生革命性变革，为改变以课堂、教材、教师为中心的传统教育教学方式，进而实施以学生发展、学生学习、学习效果为中心的教育教学方式提供了技术条件。充分发挥信息技术巨大优势，可以使学校突破教育教学的时空限制，为大力创新教育教学内容、方法和手段，建立线上线下协同育人新模式提供机遇。互联网时代的到来，使优质课程资源和优质师资共享更为便捷，将为学校全面提高教育教学质量提供重要技术支撑。

（二）现实挑战

1. 学校内部治理能力亟待提高。学校治理结构不够完善，多元主体参与的体制机制不够健全。学术权力与行政权力有待平衡与协调，两者相互支撑、相互制约的治理格局有待形成。学校管理重心相对偏高，学院办学自主权相对不足，制约办学活力和学术生产力的释放与提升。以权力责任清单为导向的目标管理体制有待建立和完善，基层单位责任意识、自主意识和开拓创新意识有待提升。绩效杠杆作用不明显，绩效考核和监督评价机制不够健全。基于信息化优势的管理决策分析系统有待建立，决策效率和决策科学性有待进一步提升。

2. 学校师资队伍建设亟待加强。专任教师中高层次人才比例偏低，缺乏国家级高水平领军人才，推动学校转型发展的人才"引擎"相对乏力。师资队伍与学科发展的关联不够紧密，师资结构不够合理，对主干学科的可持续支撑不够有力。有利于优秀中青年骨干教师脱颖而出的新机制尚未完全建立。政府、企业、高校和科研院所的知名专家与学校教师互聘互派的人才共享机制有待完善。

3. 适应高质量教育的体制机制亟待突破。以学生发展、学生学习和学习效果为中心的教育教学理念在人才培养模式中贯彻不够。创新创业教育力度不足，与专业教育有机融合不够。大学生众创模式、创客空间等创新创业平台搭建不够。专业教育与通识教育深度融合体制机制不够完善。以"互联网＋教育"理念构建在线教育平台、实现线上线下协同育人体制机制不健全。学校与政府、企业、科研院所联合开展人才培养、科学研究和成果转化的科教融合育人模式亟待建立。以研究反哺教学、将科研成果转化为教育教学内容的机制有待完善。

4. 服务国家和上海重大战略的科研能力亟待强化。学校服务国家和上海重大战略的快速反应机制和组织管理模式不够健全。围绕国家和上海重大战略加强一流学科建设的形势急迫,"高峰高原"学科和博士点建设任务艰巨。学科结构不够均衡,一级学科布局不够完整,专业学位点偏少。学校在国际贸易决策咨询研究领域的核心智库角色有待巩固。学校理论研究与应用研究协同发展的体制机制有待完善。

5. 教育国际化与信息化水平亟待提升。学校教育国际化战略规划和协同管理有待加强。学校国际认证工作、学历留学生规模、学生海外留学比例、中外合作办学项目水平层次、国际合作网络构建等仍有很大提升空间,教育国际化转型升级任务艰巨。管理信息化系统建设迫在眉睫,以"互联网+教育"理念进行全面优化改造、实现数据共享和科学决策的智慧校园建设刻不容缓,网络信息安全体系有待完善。

6. 影响内涵建设的资源保障条件亟待改善。学校各校区整合度和共享性不够。松江校区基础设施建设有待加强。统筹古北校区、松江校区和七宝校区基础设施建设以及资源优化配置的任务艰巨。学校财务内部控制制度体系有待进一步完善,办学经费使用效益和资源配置效率有待进一步提高。

三、发展战略

(一) 指导思想

高举中国特色社会主义伟大旗帜,全面贯彻党的十八大和十八届三中、四中、五中全会精神,坚持"创新、协调、绿色、开放、共享"发展理念,全面落实国家与上海市中长期教育改革和发展规划纲要、《上海市教育综合改革方案(2014~2020年)》《上海高等教育布局结构与发展规划(2015~2030年)》《上海高等学校学科发展与优化布局规划(2015~2020年)》精神,紧密围绕国家和上海重大战略需求及全球治理体系建设需要,根据学校深化综合改革方案精神,以现代大学制度建设为契机,以队伍建设为关键,以人才培养为根本,以学科建设为龙头,以社会服务为己任,全面提高办学质量和水平,加快推进高水平、国际化、特色鲜明的应用研究型大学建设步伐。

(二) 办学理念

坚持"以学生为本,以学术为魂"的办学理念。

紧紧围绕立德树人根本使命,着眼于学生全面发展和个性发展,扎实践行"以学生为本"的办学理念。创新知识、能力、素质"三位一体"的人才培养模式,优化"宽口径、厚基础、强能力、高素质、展个性"的人才培养方案。坚持教育公平,着力打造惠及全体学生的优质教育教学资源和管理服务体系。

紧紧围绕转型发展实际需要,积极培育崇尚学术、热爱学术的制度环境和文化氛围,扎实践行"以学术为魂"的办学理念。确立基于学术驱动的教师发展理念,建立人才培养、科学研究和社会服务深度融合机制,引导教师从事基础研究、教学研究和应用研究。激励学生积极参与教师科研项目,确立学生在学术共同体中的地位。

（三）办学定位

高水平、国际化、特色鲜明的应用研究型大学。

（四）发展目标

到 2020 年，全面推进向高水平、国际化、特色鲜明的应用研究型大学的战略转型，把学校建设成为一所规模适度、结构合理、层次完备，人才培养、科学研究、社会服务能力显著提升，办学综合实力居于国内同类院校前列的财经类高校。主要标志：

——高水平师资队伍。坚持"人才强校"战略，实施人才工程，大力引进和培养一批学术领军人才和高水平创新团队，形成有效支撑学科发展的高层次人才队伍和国际化师资团队。整合培训资源，全面提升教师能力，形成支持教师卓越发展的专业化培养体系。建立科学合理的师资队伍调控机制和多元用人模式，探索专兼结合或主聘副聘结合的联合聘用方式和人才共享机制，优化队伍结构和布局。创新人事管理模式，完善绩效评价和激励制度，全面激发师资队伍活力。全面加强师德师风建设，打造"四有"教师队伍，显著提升教师思想道德素养、教育教学能力和科学研究水平。

——高质量人才培养。大力创新人才培养模式，建立校内教育与校外教育协同、科教协同、通识教育与专业教育协同、第一课堂与第二课堂协同的育人模式，打造一流本科教育，在人才培养的重点领域和关键环节取得标志性成果，为国家和上海培养基础理论扎实、创新精神突出、实践能力和跨文化沟通能力强、科学人文素养并重、具有国际视野和社会责任感的高层次应用型专门人才。

——高标准学科平台。以一流大学和一流学科建设为引领，紧密对接国家和上海重大战略需求凝练学科特色，形成以"高峰高原"学科为标志，梯度明显、协同融合、竞争有序、动态调整的多学科协调发展的学科生态体系。按照重点突出和整体推进相结合原则，建设一级学科博士点，积极开展联合培养博士项目和专业学位博士点建设。到 2020 年，把优势学科建设成为在国际有一定影响、居于国内同类学科前列的学科。

——高品质社会服务。紧密围绕国家和上海重大发展战略，以问题导向、需求导向、服务导向为指引，建设若干高水平国别区域研究中心和具有重要决策咨询研究影响力的特色智库。围绕服务社会需要，将创新理念贯穿于学校学科专业建设和科学研究之中，把学校建设成为国家乃至全球具有经贸特色的学术创新基地和决策咨询思想库。以提供终身教育特色服务为目标，打造高端教育培训基地。

——高水准国际合作。强化教育国际化发展理念，创立和加入有国际影响力的高端国际战略联盟，为学校提高人才培养质量和科学研究水平凝智聚力。积极参与上海"一带一路"产学研协同推进联盟，加入"一带一路"教育共同体。建立集人才培养、师资互聘和科研合作于一体的国际化协同平台。以通过国际认证为突破口，跻身国际精英教育联盟。

——高规格智慧校园。着力打造智慧校园，推动信息化与教育教学创新的深度融合，实现信息技术在教学、科研和管理工作中的广泛应用，为师生员工提供更好的信息化服务，推动形成基于信息技术的新型教育教学模式、管理模式和决策模式，提升学校内部治理体系和治理能力现代化水平。

四、主要任务

"十三五"时期，紧密围绕学校发展目标，牢牢抓住外部机遇，沉着应对现实挑战，重点完成以下 10 大任务。

（一）完善内部治理结构，实现治理能力现代化

依据学校章程，以校院两级管理体制改革为重点，健全学校内部治理结构，深入推进依法办学、自主管理、民主监督、社会参与的现代大学制度建设。

1. 下沉学校管理重心，发挥学院自主性。建立以权力责任清单为导向的管理体制，实现目标管理与绩效考核相统一。建立校院两级管理体制，下沉管理重心，完善重大事项决策权和事务性决策权，在人才培养、科学研究、教师评聘与考核、财务管理等方面给予学院一定自主权，把学院建设成为充满活力的办学实体。

2. 完善内部治理体系，提高管理水平和效能。推动学校健全内部治理结构和组织运行制度，建立自主发展、自我约束、自我规范的内部管理和监督机制。健全学术委员会功能，实现学术权力与行政权力相互支撑、相互制约。完善多元主体参与的体制机制，探索建立校务委员会制度。建立基于信息化技术的管理决策分析系统，逐步探索试行"大部制"改革，提高管理效率。

3. 理顺学科归属关系，健全教研单位组织架构。完善学校组织架构，建立支撑学校发展目标的相关机构和院系。整合优化学科资源，理顺学科归属和学科管理归属关系，打造新生特色学科增长点，实现学科资源管理集约化、学科竞争环境公平化。积极培育有一定发展潜力的研究机构，使之发展成为具有相对独立的经费统筹权、人事管理权和资源调配权的实体机构。

4. 实施协同创新战略，全面激发办学活力。通过体制机制创新构建"五协同机制"：以培养高层次应用型人才为重点，形成与跨国企业高互动协同育人的"校企协同"机制；以开放经济下的全球治理结构及上海自贸区智库建设为重点，形成服务国家战略的高水平协同研究的"校府协同"机制；以高端特色教育培训为重点，形成高品质协同服务的"校地协同"机制；以优势特色学科为重点，形成高标准学科平台协同建设的"校校协同"机制；以跻身国际大学联盟为重点，形成高规格国际化协同办学的"校际协同"机制，见表 1 所示。

表 1   现代大学制度建设指标

指标名称	十二五	十三五
1. 新增管理机构和学院	3 个	3~5 个
2. 新增研究机构	6 个	8~10 个

（二）推进人才强校战略，建设高水平师资队伍

强化"人才是办学第一资源"的认识，充分发挥市场在人才资源配置中的决定性作用，深入推进人事人才制度改革，建设一支高水平国际化的师资队伍和管理队伍。

1. 实施系列人才工程，构筑高端人才高地。瞄准国际，聚焦高端，依托"人才特区"，对接国家和地方人才计划，实行适合海外高层次人才的特殊政策，大力引进海外高层次人才。实施"人才工程"，设立领军人才、杰出人才、青年英才三类拔尖人才岗位，实行与国际接轨的聘任制度，形成高层次人才梯队，加快高层次人才培养。充分发挥高层次人才领军作用，大力引进和培育高水平创新团队，加强队伍梯队建设和协同创新。继续实施海外名师计划和思源学者岗位计划，并进一步扩大范围和规模。成立人才工作办公室，建立健全高层次人才服务平台和保障体系。

2. 构建合理调控机制，优化师资队伍结构。建立科学合理的师资队伍规模结构调控机制，根据学校发展目标和办学需要，严控增量，激励和优化存量，为建立高水平师资队伍预留空间。建立师资队伍动态调整机制，优化师资队伍结构，形成能进能出的良性流动机制。探索跨境、跨校、跨部门、跨学科、专兼结合或主聘副聘结合的联合聘用方式，完善多元用人模式，构建多元化师资队伍体系，促进学科交叉和协同创新。探索建立学校宏观管理与教研单位自主调控相结合的人事管理配置制度，鼓励教研单位根据学科建设目标建立自主调控人员配置机制。

3. 创新人事管理模式，完善绩效激励制度。建立"人才特区"，实行"协议薪酬制"和"科研项目聘任制"等适合海外高层次人才的管理模式、薪酬体系和流动机制。探索建立准聘、长聘、常任教职等与国际接轨的教师聘任制度，建立相对稳定有效的激励机制，吸引和留住人才。实行分类管理，科学设定不同岗位类型教师的岗位职责和评价标准，以岗位任务和聘任考核为抓手，完善绩效评价和激励制度，激发活力。探索完善短聘、返聘和双聘等不同类型教师的管理制度，提升师资队伍分类管理成效。探索深化两级人事管理体制机制改革，逐步扩大二级单位人事管理自主权，建立人事绩效考核体系和定期沟通协调机制，形成上下互动的良性发展格局。以本科教学教师激励计划为抓手，把教师潜心教学纳入教师绩效评价之中。

4. 建立专业培训平台，提升教师职业能力。围绕高水平、国际化师资队伍建设目标，成立教师发展中心，形成统一的专业化人才发展支持体系，提升教师培养培训专业化管理水平。搭建集学位教育、学科专业知识进修、实践技能培训和高层次研究于一体的专业化培训平台。创新培训形式，拓展培训内容，逐步提升师资队伍培训的层级，适应教师个性化发展需求，形成贯穿教师职业发展全过程的多元的卓越师资发展和培养体系，持续提升教师职业能力。推进教师专业发展工程，促进优秀教师特别是优秀中青年骨干教师脱颖而出。

5. 重视管理队伍建设，打造一流服务团队。加大管理服务队伍培训力度，拓宽培训渠道，推进岗位轮换和交流制度，建成学习型、服务型、创新型管理服务队伍，提升管理服务水平。

6. 加强师德师风建设，打造"四有"教师队伍。加强师德建设，强化师德教育，实施"师德工程"。倡导奉献精神，鼓励教师主动服务国家和上海战略。倡导诚信治学，崇尚学术追求，提倡学术争鸣，杜绝学术腐败。打造一支有坚定理想信念、良好道德情操、扎实学识和仁爱之心的"四有"师资队伍，使教师队伍思想道德、学术研究和教育教学整体水平明显提升，见表2所示。

表2 　　　　　　　　　　　　师资队伍建设指标

指标名称	十二五	十三五
一、师资队伍规模与结构		
1. 专任教师（人）	667	800
2. 兼职教师（人）	200	300
3. 正高级教师（人）	107	
4. 副高级教师（人）	296	410
5. 博士学位教师比例（%）	53.4	≥70
6. 教师海外研修1年以上比例（%）	20.8	≥30
7. 管理人员国内外培训比例（%）	—	60~80
二、高层次人才		
1. 国家级高层次人才（人）	0	2~3
2. 上海市高层次人才（人）	9	15~20
三、青年人才		
1. 青年东方学者（人）	0	5
2. 青年千人计划（人）	0	1~2
3. 青年拔尖创新人才（人）	0	1~2

（三）改革人才培养模式，提高人才培养质量

以审核评估为抓手，创新人才培养模式，加快构建协同育人新机制，全面提升人才培养质量。

1. 坚守立德树人使命，提高学生综合素养。遵循教育教学规律，坚持育人为本、德育为先，促进学生德智体美全面发展。完善工作机制，提升思想政治教育科学化水平，深入开展社会主义核心价值观教育，不断提高学生思想道德素养。系统构建体育教育、心理健康教育、艺术教育、课内外相互融合的教育模式，促进学生身心健康发展，提升学生人文艺术素养。培养学生创新精神，提升学生创业能力。构建全过程、多维度工作体系，积极开展职业生涯教育，不断提升学生就业竞争力和可持续发展能力。创新社会实践工作组织运行机制，加强常态化、品牌化、基地化建设，引导学生积极投身各项社会实践。

2. 完善协同育人机制，打造开放合作育人平台。建立师生学习共同体，适应"互联网

+教育"趋势,打造在线教育教学平台,构建线上线下协同育人机制。以培养高层次应用型专门人才为重点,形成与知名跨国企业高互动的国际协同育人机制。完善人才培养与科学研究、社会服务融合贯通、互促协同的科教协同育人机制。与上海各大学园区高校、长三角地区高校、国内同类院校、海外高校建立校际协同育人机制。建立跨学科、跨机构、跨地域、跨国别的协同培养机制。

3. 创新人才培养模式,促进学生全面多元发展。坚持"三位一体"人才培养模式,优化人才培养方案,将创新理念贯穿教育教学改革全过程。健全招生考试体制机制,以"厚基础,宽口径"为原则,积极探索招生新模式。围绕高层次、国际化、应用型人才培养目标,探索建立将本科人才培养划分为通识培养阶段、大类培养阶段、专业培养阶段和多元培养阶段,配套开发通识课程模块、学科课程模块、专业课程模块和开放课程模块,培养专业学术型人才、专业应用型人才、复合交叉型人才和创新创业型人才,形成4个培养阶段、四大课程模块和多种发展路径有机统一的人才培养体系。

4. 深化教育教学改革,全面提高人才培养质量。坚持本科和研究生教育并举,打造一流本科教育和高质量研究生教育。深化学分制改革,加强专业建设和课程建设,强化实践教学,着力推进教学内容、课程体系、教学模式、教学方法和教学手段的改革。加快实施多种类型人才培养计划,重点推进实验班建设与改革工作,形成可复制、可推广、具有示范效应的教学改革经验。从国家战略高度审视创新创业教育,夯实创业学院建设基础,把创新创业教育理念融入人才培养全过程。对照世界一流标准建设本科专业。建立学术硕士和专业硕士分类招生、分类培养和分类评价体系,强化学术学位研究生的学术创新能力培养和专业学位研究生的创新创业能力培养,建立拔尖创新人才脱颖而出的机制。

5. 构建质量保障体系,优化反馈与改进机制。建立人才培养全过程、全覆盖的教学质量保障体系,完善符合现代大学制度要求的教学管理制度。基于国际标准和国家规范制订专业建设标准,完善专业评估指标体系和专业评估机制,建立专业动态调整机制。按照国际标准,启动国际专业认证工作。按照管办评分离原则,建立人才培养质量自我评估和第三方评估相结合的制度,公开发布质量年度报告。加强教学督导与反馈,建立多元化的教学评价指标体系,见表3所示。

表3 人才培养指标

指标名称	十二五	十三五
一、学生规模结构		
1. 全日制本科生(人)	9489	9500
2. 全日制硕士研究生(人)	2026 (含留学生29人)	3500
3. 学历留学生(人)	152	500
4. 生师比	17:1	≤17:1
5. 研本比	1:4.75	≥1:2.71

指标名称	十二五	十三五
二、专业建设		
1. 全英语专业（个）	3	5～8
2. 本科专业（个）	30	32～34
3. 专业自主评估（个）	6	28
三、课程建设		
1. 上海市级精品课程（门）	34	10～15
2. 上海市教委重点课程（门）	77	20
3. 上海高校示范性全英语课程（门）	13	10
四、教学质量		
1. 上海市级教学成果奖（个）	11	10～15
2. 国家级教学成果奖（主持）（项）	0	1
3. 上海大学生创新创业训练计划示范校（个）	0	1
4. 上海市研究生优秀毕业论文（篇）	3	≥10
五、思想道德		
学生志愿者服务（人次）	—	≥11000

（四）创新学科建设体制机制，提高科学研究水平

以一流学科建设为引领，紧密围绕国家和上海发展大局，以服务国家和上海重大战略为导向，强化学科建设龙头牵引作用，创新科研体制机制，大力提升学科建设和科学研究的质量与水平。

1. 造峰填谷双管齐下，促进多学科协调发展。进一步优化学科结构布局，以建立经济学、管理学学科为主干，经济学、管理学、法学、文学和理学诸学科协调发展的学科专业体系为目标，填补学科空白，夯实学科基础，积极发展理论经济学、公共管理、统计学等相关一级学科，扩大二级学科和专业学位硕士点覆盖面。以"高峰高原"学科为突破口建设高水平学科，全力提升学科层次和水平。建立各学科平等竞争、奋勇争先、动态调整的博士点建设机制，通过一级学科博士点建设的重大突破，实现学校学科层次和办学层次的双重提升。

2. 建立协同创新机制，深度激发科研活力。建立基础研究、教学研究、应用研究协同发展和多元评价机制，促进不同类型学术研究繁荣发展。建立跨境、跨校、跨学科、跨系统的外部协同研究机制，开展重大学术创新和重大攻关项目研究。围绕学校学科建设、科学研究和人才培养相关核心要素，建立跨院系、跨部门、跨学科协同创新研究机制。探索构建科研人员灵活聘用机制，试点建立项目合同制科研队伍，实现校内外科研力量的协同聚焦。

3. 构建新型科研平台，分层分类开展学科建设。以省部级重点研究基地为依托，重点

打造一系列特色智库。建立集首席专家负责制、项目与人员合同制、综合预算管理制于一体的智库管理制度，把智库打造成人才集聚和科研辐射能力突出的综合性功能实体。按照"统筹规划、扶需扶优扶强、有序竞争、特色发展"学科建设总体原则，实施分类分层建设，以实施"学科攀登计划"为抓手重点建设优势学科，以实施"学科振兴计划"为抓手加强特色学科建设，以实施"学科扶持计划"为抓手扶持一般学科，以实施"学科培育计划"为抓手培育新兴学科。

4. 激励约束相统一，建立健全科研评价保障机制。进一步明晰院系负责人学科建设权力和学科负责人相关职责权限。建立学科建设激励机制和目标责任制。建立定性与定量相结合的学科建设绩效评价指标和同行评议机制。加强科研保障机制建设，加强科研组织化管理，提升科研管理科学化水平。加强科研管理，建立科研孵化平台和基于信息化技术的科研人员信息库、科研项目库和科研信用档案。完善科研评价制度，建立多元评价标准体系，将被引率作为科研成果质量评价重要指标，逐步引进第三方评估和国际国内同行评价，见表4所示。

表4 学科建设和科学研究指标

指标名称	十二五	十三五
一、学科建设		
1. 优势学科国内排名（%）	51	第五轮学科评估全国前20
2. 特色学科国内排名（%）	43	第五轮学科评估全国前30
3. 基础、新兴、交叉学科布点（个）	—	6
二、学位点建设		
1. 一级学科博士点（个）	0	≥1
2. 一级学科学术硕士学位授权点（个）	4	5~6
3. 专业硕士学位授权点（个）	7	≥15
4. 联合培养博士学位授权点（个）	0	≥4
三、科研项目成果		
1. 国家级课题立项（项） 其中重大重点项目（项）	69 1	100 2
2. 省部级课题立项（项）	218	250（重点项目15项）
3. 国内权威期刊论文（篇）	305	≥600
4. 国际期刊论文发表（篇） （SSCI、SCI、A&HCI、EI、ISTP）	165	≥200
5. 专著出版数（部）	137	200
6. 国家级科研奖项（项）	0	2
7. 省部级科研奖项（项）	15	20

指标名称	十二五	十三五
四、年均科研经费		
1. 纵向科研经费（万元）	564	800
2. 横向科研经费（万元）	1738.5	≥4000
3. 科研经费增长率（%）	—	≥20
4. 基础研究科研经费占比（%）	—	≥10
五、科研平台		
1. 国家级研究基地（个）	0	1～2
2. 省部级重点研究基地（个）	8	10～12

（五）聚焦重点发展领域，提高社会服务能力

聚焦国家和区域重点发展领域，以国际化、特色化、信息化为引领，构建集决策咨询研究、人才培养和教育培训于一体的社会服务体系，大力提升学校社会服务品牌和社会影响力。

1. 提升产学研一体化水平，打造高水平特色智库。发挥创新资源集聚优势，推进产学研紧密合作，形成以优势互补、利益共享、风险共担、紧密合作、共同发展为主要特征的战略联盟。分层打造国家级、省部级和校级协同创新中心，开展高水平协同创新和咨政研究。夯实高端决策咨询研究基础，力争把国际经贸治理与中国改革开放联合研究中心、国家开放与发展研究院、国际战略与政策分析研究所、战略性大宗商品研究院、数字科学与管理决策重点实验室等打造成为上海知识服务中心和国家知识服务重要基地。

2. 提供高质量继续教育服务，打造高端人才培训基地。以提质量、建平台、促融合为目标，重点依托校内学科专业和人才资源，集聚校外资源，充分满足现代服务业对优秀经济管理人才的需求，建立广覆盖、多形式、更便捷的社会教育服务体系，促进成人高等学历教育与国际教育、职业能力教育有机结合，打造高端国际经贸人才培训基地。

3. 开展高层次教育培训，构建终身教育特色服务体系。以高端特色教育培训为重点，形成高品质协同服务体制。探索建立政府、企业、科研院所多方协同机制，整合校内资源，发挥学校学科优势，打造高端教育培训服务平台，以品牌化、国际化、职业化为目标，大力发展高层次非学历教育培训，提升市场竞争力，为构建终身教育服务体系做出积极贡献。

4. 构建"互联网＋教育"培训模式，搭建强大在线学习平台。以"互联网＋教育"理念为指引，大力开发网络教育资源，积极发展在线培训项目。紧密结合国家战略和上海城市发展需要，打造在线高端教育培训项目，制订在岗人员学力提升计划，发挥学校学科专业优势，努力为上海及全国培养和造就大批现代服务业和战略性新兴产业亟须的优秀人才，见表5所示。

表 5 社会服务指标

指标名称	十二五	十三五
1. 省部级以上智库或特色智库（个）	9	14~15
2. 决策咨询报告被采纳数（个）	—	≥200
3. 横向课题经费（万元）	1738.5	≥4000
4. 高端培训	20 班次	≥5000 人次

（六）实施开放发展战略，加大交流合作力度

以国际化战略规划为引领，加强对外交流合作，主动对接"一带一路"战略等开放战略，实现开放强校。加强国内交流合作，与在沪部属高校、长三角地区高校建立紧密合作关系，加快推进合作共赢步伐。

1. 搭建多维合作平台，提升学校国际影响力。以跻身国际大学联盟为重点，形成高规格国际化协同办学机制。做实、做强、做优中国（上海）自由贸易试验区协同创新中心、中东欧研究中心、澳大利亚研究中心等国际化教学科研平台。拓展国际交流合作平台，与国外高校开展多种形式人文交流，探索与国外高校建立交流互通机制。推进国际认证、国际联合研究中心、国际化新机制办学机构等国际化平台建设。推进孔子学院建设，争取成为孔子新汉学计划试点院校，探索孔子新汉学计划项目建设。积极举办高端国际学术会议，提升学术交流与辐射能力。

2. 强化国际合作力度，提升师生国际化水平。加强专任教师海外访学计划，大力引进海外高端人才，推动教师海外研修和管理人员短期培训，全面提升师资队伍国际化水平。加强国际教育，大力推进双向留学工程，实施来沪留学生支持计划，大幅提升外国留学生特别是学历生的数量和比例；实施学生海外学习实习计划，大幅提升本校学生赴海外交流学习的数量和比例。提升学生参加海外志愿服务和在本土跨国企业实习的比例。

3. 重视国内交流合作，集聚优质办学资源。通过部市共建合作机制，与在沪部属高校建立深度合作关系，积极推动校际全面合作。与长江经济带高校建立合作联动发展机制，在长江经济带大学创新走廊建设中发挥积极作用。与长三角区域高校建立协作发展机制，在学分、培训学分和学分银行建设方面探索有效衔接的机制和实现路径。与港澳台地区高校全面构建合作伙伴关系网络，开展多层次、宽领域的交流合作。充分挖掘校友资源，提高校友的智力支持、资金支持和社会资源支持，见表 6 所示。

表 6 教育国际化指标

指标名称	十二五	十三五
一、学生国际化		
1. 学生海外游学、实习、志愿服务比例（%）	11	本科生≥20 研究生≥40

续表

指标名称	十二五	十三五
2. 学生在本土跨国企业实习的比例（％）	—	≥20
3. 学历留学生（人）	152	500
二、教师国际化		
1. 外籍教师数（人）	60 余	100
2. 引进海外博士数（人）	66	120
3. 专任教师海外进修（一年以上）数（人）	70	150
三、国际化项目		
1. 中外合作办学项目（个）	8	10～14
2. 孔子新汉学计划项目（个）	0	1
3. 全英语授课专业（个）	3	5～8
4. 国际学校（个）	0	5
四、国际化平台		
1. 孔子学院（所）	3	4～5
2. 国际大学联盟（个）	3	3～4
3. 国际认证（个）	0	1～3
4. 国际联合研究中心（个）	0	2～3

（七）把握信息革命契机，建设高规格智慧校园

高度重视信息技术对高等教育的革命性影响，实现信息技术在学校教学、科研和社会服务等工作中的广泛应用，建设集网络基础平台、公共数据平台、智慧应用平台和综合信息服务平台于一体的智慧校园。

1. 夯实网络基础平台，提供智慧校园建设网络支撑。建设包括万兆交换传输网络、无线与移动网络和物联专用网络在内的智慧校园网络基础平台，为建设智慧校园提供泛在、高速、安全、智能的基础平台支撑。

2. 建设公共数据平台，实现数据资源融通共享。建设基于大数据分析的公共数据平台，规范各应用系统数据资源的创建和使用，实现各类业务数据的标准化和规范化。汇集各业务系统数据，实现系统之间数据交换，建立面向全校、跨部门的综合数据应用。充分利用大数据工具进行深入挖掘和分析，实现学校数据资源的深度开发和利用，为学校管理决策提供便利服务。

3. 建设系列应用平台，着力打造智慧校园。建设由平安校园、绿色校园、移动校园、智慧图书馆和科学校园构成的资源共享、绿色节能、平安和谐的智慧校园应用平台。平安校园建设集视频监控、自动报警、交通管控、射频识别巡逻、门禁管理等为一体的智慧综合安防管理平台，实现校园安全的立体防控；绿色校园实现设备、资源统一管理和学校能源使用

即时监测；移动校园实现随时随地计算、信息获取与感知；智慧图书馆建设成为集文献收藏、协作学习、学术研究交流与文化传播于一体的学术文化中心；科学校园为管理层提供智慧化的决策和预警服务。

4. 建立综合服务平台，提供便捷信息服务。以跨业务域的管理平台为支撑，以更好地服务教学、科研和管理以及更好地展示学校办学成就为目标，改版学校网站，增加公共基础服务。完善校园网统一门户，将校内信息发布、公共和个人信息查询以及校内各部门业务进行集中展现，面向全体师生提供工作和学习全周期一站式服务，见表7所示。

表7　　　　　　　　　　　　　　教育信息化建设指标

指标名称	十二五	十三五
一、基础建设		
1. 校园网带宽	校园网主干1万兆，出口带宽教育网500 M，电信100M，联通200M	校园网主干提升至10万兆，升级科教网带宽至1000M和电信出口带宽至500M
2. 无线网络覆盖	基本覆盖松江教学和办公区域	实现校园全覆盖
二、网络安全建设		
1. 安全防护	校园出口安装万兆防火墙	建立服务器防护体系；搭建本地云安全智能防护网络
2. 安全认证	实现无线用户上网认证	建立用户认证和上网行为管理系统
三、信息化系统建设		
1. 数据集成平台	建成公共数据中心	建成大数据中心平台
2. 管理决策平台	未建立	建成管理决策分析系统
3. 信息化应用平台	初步建立OA、人事、科研、财务、教务、学工、资产等应用平台；建立统一身份认证系统和信息门户	建成完善的移动校园服务平台；建成"一站式"师生综合信息服务平台
四、智慧图书馆建设		
1. 数字资源容量	90T	200T
2. 智慧图书馆应用平台	汇文图书管理系统、万欣机房管理系统、座位管理系统	建成立体互联、智能感知、无线泛在的智慧图书馆

（八）加强校园文化建设，营造良好育人环境

坚持以文化人、以文育人，大力加强校园文化建设，建成符合学校办学传统和发展目标要求、文化特色鲜明、文化内容丰富、文化形式多样的社会主义先进文化阵地。

1. 凝练学校精神，形成更具内涵的文化品格。拓展和创新群众性精神文明创建活动，

培育和践行社会主义核心价值观，进一步传承更名精神，大力弘扬"诚信、宽容、博学、务实"校训和上海对外经贸大学精神，凝聚师生、团结师生、激励师生，为发展提供强大的精神动力和思想保证。

2. 坚持突出重点，彰显更具特色的多元文化。弘扬"以学生为本、以学术为魂"的办学理念，倡导"崇尚学术诚信、坚守学术规范、捍卫学术尊严、勇攀学术高峰"的治学精神，打造追求卓越的学术文化；以艺术教育中心为依托，培育有助于引领师生树立正确的审美观念，陶冶高尚的道德情操，培养深厚的民族情感，激发想象力和创新意识的人文艺术文化；培育企业家精神，在创业指导、创业孵化方面加大力度，营造创新创业文化；大力开展志愿者活动，培育以志愿服务意识、感恩励志为主要内容的服务文化；注重开放多元，大力发展面向全球的跨文化体验活动，营造兼容并蓄的国际文化；立足校区布局现状，打造规划合理且涵盖广场文化、社区文化、体育文化、历史文化、休闲文化的区位文化；融入师生日常生活，培育尊重规则、诚实守信、儒雅高尚的行为文化。

3. 注重支撑有力，构筑更具时代色彩的文化平台。加强与政府机关和文化产业界的交流合作，加强国际贸易史研究，筹划学校贸易博物馆建设。建立以新媒体为重点的多元传播平台和以出精品为核心的品牌孵化平台，为校园文化建设提供持续保障和有效支撑，见表8所示。

表8   **校园文化建设指标**

指标名称	十二五	十三五
1. 校歌	—	完成校歌创作
2. 校史馆	1 个	建设网上校史馆
3. 校史	—	完成 2006～2015 年校史编写

（九）加强基础设施建设，提高资源保障水平

全面明确校区资源功能定位，针对基础设施建设薄弱现状，制订基础设施中长期建设规划，大力加强教学科研行政用房建设。优化资源调控机制，完善财务预算管理制度和监控体系，科学合理配置办学资源。

1. 明确校区功能定位，加强基础设施建设。明确松江校区、古北校区和七宝校区三校区定位，充分发挥各校区办学效益。根据学校发展目标、内涵建设和办学功能现实需要，完成新图书馆建设，大力加强档案馆和教学科研行政用房建设，完善学校基础设施配套。以建设和谐美丽校园为目标，优化校园道路交通和景观设计。

2. 健全内控管理体系，提高财务管理水平。健全校内财务决策制度，建立基于绩效评估的预决算管理制度，完善财务信息披露制度，提高办学经费使用效益。建立权责一致、制衡有效、运行顺畅、执行有力、管理科学的内部控制体系，推进学校内部控制建设。

3. 完善资产管理平台，提高资产管理效率。明确资产管理内涵，完善资源管理数据库和资产信息管理系统，完善公共资源配置机制，建立资源共享、协调保障和快速反应的综合

运行机制。在健全资产管理平台基础上，探索建立校内资源使用成本核算、资源有偿使用与合理分担机制，提升资源使用效能，见表9所示。

表9	基础设施建设指标	单位：m²
指标名称	十二五	十三五
一、松江校区		
1. 图书馆综合楼	已立项	18974
2. 冰壶馆	未立项	6000
3. 师生活动中心楼	未立项	13850
4. 学科楼	未立项	16750
5. 国际交流中心楼	未立项	32000
6. 创新创业实验综合楼	未立项	40300 列入市级规划
7. 体育馆	未立项	22000 列入市级规划
8. 档案馆	未立项	列入市级规划
9. 学生宿舍楼	未立项	10000 列入市级规划
二、古北校区		
综合楼	在建	18444
三、七宝校区		
教学综合楼	未立项	23000 列入市级规划

（十）全面落实从严治党，加强党建关注民生

全面贯彻落实中央和上海关于高校加强党建和思想政治工作的指导意见，坚持解放思想、改革创新、锐意进取、扎实苦干，坚持党要管党、从严治党，着力提高党建工作科学化水平和思想政治工作有效性，扎实履行学校党委意识形态工作、基层党建工作和党风廉政建设三大主体责任，推进民生工程建设。

1. 切实加强思想建设，坚定信念凝聚共识。坚持以中国特色社会主义理论和习近平总书记系列重要讲话精神武装头脑，着力加强理论学习和党性教育，坚定理想信念，注重在学习、工作和生活实践中锤炼党员品格，切实加强和改进宣传思想政治工作，着力培育和践行社会主义核心价值观，牢牢把握意识形态工作领导权和主动权，推动形成良好的党风政风、师德师风、教风学风，不断增强党员先进性和纯洁性，更加充分地体现党员先锋模范作用。

2. 切实加强组织建设，夯实基础发挥作用。全面贯彻落实《中国共产党普通高等学校

基层组织工作条例》和《关于坚持和完善普通高等学校党委领导下的校长负责制的实施意见》，坚持围绕中心抓党建，完善以主题活动为抓手的党建工作模式，进一步强化党组织的政治引领功能，深入推进基层服务型党组织建设，选优训强基层党组织书记，创新和改进党员教育和管理工作，着力提升党员发展质量，进一步鼓励基层组织创新实践，形成富有成效、各具特色的党建和思想政治工作品牌，突显基层党组织政治核心作用。

3. 切实加强作风建设，发扬民主重视民生。积极拓宽民主管理渠道，提升民主管理水平，切实保障教职工对学校发展重要信息的知情权、参与权、选择权、监督权。重视师生员工的意见并及时反馈，提高管理服务的精细化水平。高度关注民生，逐年加大学校投入，重点解决突出的民生问题，不断完善分配激励机制，不断提高教职员工的待遇和生活福利水平，切实保障教职员工合法权利。深化健康预防保健工作机制建设，积极预防和筛查各种疾病，建立师生员工广泛参与体育锻炼和心理调适的有效机制。深入推进与松江区政府合作举办"上海对外经贸大学附属实验学校"工作。逐步完善、更新和开发惠及全体师生餐饮交通、身心健康、文化娱乐、职业发展、成长成才的活动平台和基础配套设施。

4. 切实加强党风廉政建设，逐级压实主体责任。深入贯彻学校党委《关于落实党风廉政建设主体责任的实施意见》，严格执行"四书四会三报告"制度，以项目化推进方式，更好地推进党委主体责任与纪委监督责任的制度化、程序化、规范化，把纪律规矩摆在更加突出位置，深入贯彻中央八项规定精神，持之以恒纠正"四风"，加强廉政教育和监督管理，推进廉政风险预警防控，努力营造干部廉洁从政、教师廉洁从教、职工廉洁从业、学生廉洁修身的良好氛围。

5. 切实加强制度建设，改革创新激发活力。牢固树立"抓好党建是最大的政绩"理念，坚持思想建党与制度治党相结合，根据中央和市委《深化党的建设制度改革实施方案》精神，全面深化学校党的组织制度、干部人事制度和人才发展体制机制改革，建立系统完备、科学规范、运行有效，更加成熟、更加定型的党的建设制度体系，有效激发广大党员和干部干事创业的激情与活力，见表10所示。

表10   **民生建设指标**

指标名称	十二五	十三五
一、民生工程		
1. 合作举办附属实验学校（所）	0	1~3
2. 师生活动中心	未立项	建成

五、重点工程

（一）人才工程

加快高层次人才队伍建设，实施高层次人才"百人计划"。完善引进与培养高层次人才的体制机制，培养和汇聚一批具有国内外领先水平的学术领军人才和学术骨干，形成一批高水平师资创新团队。实行与国际接轨的聘任、薪酬与考核制度，营造"吸引人才、留住人才、用好人才"的制度环境。成立人才工作办公室，统筹协调，整合校内资源，构建高层次人才服务平台和保障体系。

（二）校院两级管理工程

制订并实施《上海对外经贸大学校院两级管理实施方案》，健全学校宏观管理、学院自主办学的校院两级管理体制，提升机关部处的工作效能，激活各二级单位办学活力，显著提高学校内部治理能力和管理效能。以校院两级管理为抓手，在机构设置、发展规划、学科建设、科学研究、人事人才、人才培养、学生管理、国际交流合作、财务管理、资产管理等十个方面全面厘清学校管理机构与学院的职责权限，形成校院两级联动、职责权限清晰的管理运行机制，实现"校办院"向"院办校"的根本性转变。

（三）博士点建设工程

强化组织领导，成立博士点建设工作领导小组。落实责任主体和责任人，对博士学位点建设工作进行事前规划、事中跟踪和事后评价。实施资源配置倾斜政策，集全校之力，通过对优势特色学科增量资源的大力倾斜，夯实一级学科博士学位授权点和专业学位博士点建设基础，争取博士授权点零的突破，探索与国内外一流高校、研究机构联合培养博士的机制。

（四）国际认证工程

积极引进全球知名国际专业教育认证标准，提高学校课程标准水平、人才培养质量标准水平和教学管理标准水平。成立国际认证办公室，制订推进国际教育认证进度表，明确国际认证的目标与方式，实质性推进国际认证工作。支持和鼓励各学院积极参与国际权威教育质量评价，以国际标准引领教育教学发展方向。

（五）双向留学工程

大力扩大外国留学生特别是学历留学生教育规模，提高重点学科专业外国留学研究生的就读比例。拓展丰富学生留学项目，尽可能满足学生多样化需求，建立多渠道经费保障体系，加大学生出国留学支持力度。建立健全留学生教育质量保障体系，支持留学毕业生创新创业。

六、保障措施

强化组织领导，充分调动全体师生员工积极性，以实施绩效评估为杠杆，以落实资源保障为依托，举校一致，确保学校"十三五"规划任务全面落实、目标全面实现。

（一）组织保障

坚持和完善党委领导下的校长负责制，建立健全党委统一领导、党政分工合作的学校"十三五"规划组织保障机制，确保各单位、各部门年度具体工作的制订、执行和评价与规划任务要求的有机统一。进一步发挥学术委员会、教授委员会、教职工代表大会、学生代表大会、民主党派等在贯彻落实学校"十三五"规划各项工作中的积极作用。

（二）机制保障

推进落实学校深化综合改革方案，确保学校"十三五"规划的顺利实施。进一步完善党务、政务公开制度，保障教职员工和学生的知情权、参与权、选择权和监督权，完善学校重大发展决策的监督机制。建立院系、管理部门分类绩效评估体系，建立规划执行监督预警机制和绩效评价机制。

（三）资金保障

积极争取财政性资金、高等教育专项经费、基本建设经费、各级各类项目经费以及社会资助等，实现资金来源和投入多元化，确保学校总体经费不断增长。深化预决算管理改革，不断提高学校经费使用的效率和效益。加大经费投入力度，确保学校"十三五"规划重大工程和战略举措的落实。

首都经济贸易大学"十三五"发展规划

"十三五"时期是我国全面建成小康社会决胜阶段，是京津冀协同发展战略背景下北京落实首都城市战略定位、建设国际一流和谐宜居之都的关键时期，也是学校全面实现建成"国内一流、国际知名"财经大学战略目标的决胜期。为了更好地为国家、首都发展做出积极贡献，确保学校战略目标的实现和事业的可持续发展，特编制《首都经济贸易大学"十三五"发展规划（2016～2020年)》（以下简称《规划》）。

第一部分 发展基础与环境

一、"十二五"发展回顾

（一）发展成就

"十二五"时期，学校抓住国家高等教育深化改革的机遇，奋发进取，务实高效，较好地完成了"十二五"时期发展规划确定的主要目标与任务，为实现建设"国内一流、国际知名"财经大学的战略目标奠定了坚实的基础。

1. 人才培养质量明显提高。以学分制改革为方向，初步建立了学生学业选择权机制，基本构建了多样化人才培养格局，本科教学取得重大突破。生源质量不断提升，招生计划生源省本科一批次投放比例由2010年的44.1%提高至2015年的90%。国家级教学名师实现零的突破，获得国家级教育教学成果奖二等奖1项，获批国家级"十二五"规划教材4部、国家级精品视频公开课1门、国家级精品资源共享课2门和教育部专业综合改革项目2个，新建1个国家级和4个北京市级校内外创新实践基地，国际及国家级大学生数学建模比赛奖项77项。深化研究生教育改革，研究生创新能力得到切实提高，专业学位研究生教育实现较快发展，获得全国百篇优秀博士论文提名奖1篇，北京市优秀博士论文1篇，全国研究生数学建模大赛奖项48项。毕业生就业率和用人单位满意度达到全国高校前列，2015年，本科毕业生就业率达到99.18%，研究生毕业就业率达到97.79%，用人单位满意度达到88%。

2. 学科建设成绩斐然。学科布局趋于完整，逐渐形成了以特色谋优势，以优势促发展的学科建设良性循环机制。2011年获批统计学、管理科学与工程、工商管理学3个一级学科博士学位授权点，2012 年和 2014 年又获批相应的博士后流动站，目前学校共有 4 个一级学科博士学位授权点和博士后流动站。一级学科硕士学位授权点从 3 个增加到 10 个，专业硕士学位授权点达到 17 个。在教育部第三轮学科评估中，应用经济学排名第 12 位，统计学排名第 15 位，在财经类高校中均列第 5 位。

3. 科学研究成果丰硕。承接各类研究课题 1550 项，其中，国家社会科学基金项目 94 项、国家自然科学基金项目 47 项，国家级项目立项数量是"十一五"时期 4 倍多，并且首次实现国家级项目全覆盖。科研经费快速增长，项目研究经费共计 1.38 亿元，增长率高达 84%。出版专著、编著、教材及译著 832 部；发表论文 5469 篇，其中国际高水平论文 45 篇、权威论文 626 篇，核心以上期刊论文约占 48.75%；科研成果获省部级及以上奖项 42 项，获批专利 32 项。

4. 社会服务能力有效提升。科研协同创新不断加强，新设立了特大城市经济社会发展研究院等 6 个协同创新研究机构，"北京市哲学社会科学 CBD 基地"和"北京市经济社会发展政策研究基地"通过验收，举办了"特大城市发展论坛"等一系列具有一定影响力的高层次学术论坛。学校研究成果得到有效转化和推广，获得中央政治局常委、国务院副总理张高丽同志等中央领导的重要批示 8 份，省部级领导批示 17 份，《京津冀蓝皮书》连续两年获得全国优秀皮书一等奖，4 篇社科基金研究成果在《国家社会科学基金项目成果要报》上刊发。

5. 师资队伍结构得到优化。坚持实施人才强校战略，深化人事制度改革，师资队伍数量与质量稳步提升。五年来，补充专任教师 282 人，其中正高职人员 7 人，博士 269 人。专任教师中，具有博士学位的教师比例达到 65.14%，45 岁以下教师比例为 61.18%，教师学缘构成中有 83.65% 来自外校。聘用中组部"千人计划"获得者 1 人，入选国家百千万人才工程 1 人，教育部新世纪优秀人才支持计划 3 人，新增享受国务院政府特殊津贴 3 人，获得全国优秀教师称号 1 人，获得北京市优秀教师称号 2 人，获得北京市优秀教育工作者称号 1 人，入选北京海外人才聚集工程 7 人，获评市级师德先进个人 4 人，入选北京市"高创计划"2 人。发挥教师促进中心作用，关注教师发展，促进了教师的教学相长、科研提升和身心健康。

6. 海外影响不断扩大。成立首都经济贸易大学国际经济管理学院，引进优秀海外人才，学院自成立以来发表（含已接受）国际 A 类论文 27 篇、国际 B 类论文 17 篇等国际高水平论文，2013 年有 5 篇论文列入"全球经济学科研究机构排名"，这是学校首次跻身国际公认的经济类最高水平论文收录榜，2015 年学校排名上升到国内高校的第 4 位。与美国芝加哥大学、英国南安普顿大学等 37 所境外高校签订了校际合作交流协议，国外合作院校层次和水平较"十一五"时期有显著提高。坚持开放办学，国际交往频繁，稳步提高留学生教育水平，扩大学生赴国外学习交流规模，开阔学生国际视野。

7. 现代大学制度建设取得实质性进展。制订完成《首都经济贸易大学章程》，是首批获北京市教委核准的市属高校。完成《学术委员会章程》修订工作，理顺学校各类学术组织的运行机制。完善工会、教代会、学代会等民主管理和民主监督机制建设。深化内部管理体制改革，逐步实施校院两级管理体制，提高内部管理运行机制的科学化、透明化和民主化水平。

8. 文化建设不断深化。重视大学文化的引领作用，通过师德建设、校史校志编撰、校歌创作、艺术团和运动队建设、楼宇景观新名称推广等系列工作丰富了校园文化体系，获评"国家生态文明教育基地"称号，获得国际与国家级艺术教育奖项 13 项，在 2014 年和 2015 年分别荣获教育部全国高校校园文化建设优秀成果一等奖和二等奖，高水平运动队在游泳和篮球项目上成绩喜人。

9. 办学条件明显改善。完成校本部（含新征地）总体规划工作，完成一批基建项目并投入使用，启动学术研究中心建设，初步完成华侨学院资产权益购置工作，学校办学空间得以进一步拓展。筹资能力不断提高，各项经费收入较"十一五"期间有较大增长。通过信息化基础设施升级改造、数字图书馆建设、后勤一站式服务、医疗服务体系完善等工作，增强了公共服务体系的保障能力。

10. 党建和思想政治工作进一步加强。深入学习和宣传贯彻党的十八大、十八届三中、四中、五中全会精神和习近平总书记系列重要讲话精神，积极开展"中国梦"宣传教育和社会主义核心价值观教育活动，坚持校院两级理论中心组学习制度。制订并实施学校两轮党建工作规划，不断加强基层党组织建设。完善干部选拔任用、培训和考核制度，领导班子和干部队伍素质进一步提高。通过开展党的群众路线教育实践活动和"三严三实"教育活动，加强领导班子的思想和作风建设。通过全面落实党风廉政建设责任制、加强对重点领域的监督、推进惩治和预防腐败体系建设等工作，党风廉政建设不断深入。学校党建工作成效显著，获得第六次北京市党的建设和思想政治工作先进高校提名奖；2012 年，顺利通过"北京普通高等学校党建和思想政治工作基本标准"集中检查，成绩优秀；2015 年，学校被确定为市级建设学习型党组织工作示范点。

"十二五"时期所取得的成就超过预期，与学校党委的坚强领导和全校师生高度共识下的奋发进取是分不开的。学校以学科为引领，提升科研与社会服务水平，推进高端智库建设，扩大学术和社会影响力；坚持人才强校，吸引优秀海内外人才，构建"启动—优青—拔尖—领军人才"的教师职业发展体系；强化科学规划，完善现代大学制度，制订大学章程，推进内部治理现代化。这些有益的经验是完成"十三五"时期各项任务的宝贵财富。

（二）面临问题

"十二五"时期，学校各项事业取得长足发展，但与战略目标相比，也面临着一些发展瓶颈和不足。

1. 学科整体水平有待进一步提高。学科整体实力和影响力与学校目标还有差距，学科核心竞争力和优势不够突出，领军人才缺乏，高水平师资队伍建设形势严峻。

2. 创新人才培养仍显不足。人才培养质量还不能较好地适应经济社会发展多样化和教育现代化的要求，人才分类培养格局尚未完全形成。

3. 标志性科研成果和社会服务有待进一步突破。高水平、有影响、有特色的科研成果不多，新型智库建设相对滞后，科研成果转化率不高。

4. 国际化办学水平有待提高。海外交流项目不能完全满足学生多元化学习需求，留学生教育仍有提升空间，与境外高校合作需要整合和扩展。

5. 学校办学的基础设施和条件保障需进一步加强。办学条件、保障能力不能满足高质量办学要求，与国际惯例、国民待遇要求相配套的公共服务体系尚有差距。

6. 文化、制度等"软环境"尚不能满足高水平办学要求。与一流财经大学相匹配的一流"软环境"尚未真正形成，学校的品牌、声誉和影响力有待进一步提升。

二、"十三五"机遇与挑战

（一）机遇

1. 国家"十三五"规划实施的新机遇。"十三五"时期是全面建成小康社会的决胜阶段，"创新、协调、绿色、开放、共享"五大发展理念将引领经济"新常态"体制机制和发展方式的转变，为国家各项事业的发展绘制了蓝图，学校也迎来了难得的历史机遇。

2. 国家创新战略和教育改革的新机遇。科教兴国战略和创新驱动发展战略是实现中华民族伟大复兴的重大战略举措，为充分发挥高校在知识、技术、经济和文化等方面的创新作用，推动高等教育内涵式发展、深化教育领域综合改革、促进高校协同创新等成为了高等教育改革的重点，为学校在教育教学模式改革、高质量的科学研究与社会服务、高水平师资队伍建设和内部治理等方面创造了良好环境。

3. 世界一流大学和一流学科建设的新机遇。为实现从高等教育大国到高等教育强国的历史性跨越，国家继"211""985"工程，以及"2011计划"后，做出建设世界一流大学和一流学科的重大战略决策，为学校建设一流财经大学和一流经管学科提供了前所未有的发展契机。

4. 首都发展的新机遇。北京拥有得天独厚的区位优势，在智力资源、经济实力和文化积淀方面有着巨大的吸引力。在国家实施"一带一路"、京津冀协同发展重大战略的背景下，"十三五"时期将是北京主动融入京津冀协同发展、落实首都城市战略定位、建设国际一流的和谐宜居之都的重要五年，也是北京服务"一带一路"战略的重要时期，为学校提供了更为广阔的发展平台。

（二）挑战

1. 教育国际化的挑战。随着世界多极化、经济全球化的深入发展，国际化成为世界高等教育发展的趋势，这使得我们在国际化创新人才培养、留学生教育、深层次国际交流与合作，国际高层次人才汇聚、国际声誉提升、多元化文化融合等方面面临新的考验。

2. "互联网＋"时代的挑战。由于信息技术的不断创新与发展，催生了"互联网＋"时代。在高等教育领域，信息技术也改变了教育活动的时空结构与形态，创造了教与学的新模式，为此，学校将在创新教育方式、智慧校园建设等方面面临巨大的挑战。

3. 国内高校竞争的挑战。新一轮高等教育的竞争日趋激烈，各校无不抢抓机遇和扩大竞争优势,学校经过"十二五"时期的发展,在本科生源和学术研究等方面获得了一定的优势,但在人才培养理念、教学质量、研究生教育和国际化水平等方面仍有差距,不进则退,慢进亦退,对此,必须高度重视,未雨绸缪。此外,北京高校云集的状况使得学校在吸引优质生源、优秀人才和办学资源等方面面临更为激烈的竞争,学校特色发展尤为紧迫。

4. 疏解非首都功能的挑战。随着北京"政治中心、文化中心、国际交往中心、科技创新中心"战略定位的确定,有序疏解非首都功能是实现北京可持续发展、建设国际一流和谐宜居之都的根本出路,也是京津冀协同发展的关键环节,这将对学校产生深远的影响。

第二部分　战略思路

一、指导思想

高举中国特色社会主义伟大旗帜,全面贯彻党的十八大和十八届三中、四中、五中全会精神,以马克思列宁主义、毛泽东思想、邓小平理论、"三个代表"重要思想、科学发展观为指导,深入贯彻习近平总书记系列重要讲话精神,坚持立德树人,遵循教育发展规律,立足学校办学特色和发展实际,以学科建设为龙头,以全面提高人才培养质量为核心,以综合改革和协同创新为动力,坚持内涵发展、质量优先,坚持特色化、国际化和品牌化的发展路径,夯实基础,跻身一流。

二、总体目标

"十三五"时期,学校总体目标是:立足北京、服务社会,把学校建设成为现代化、国际化、多科性、特色鲜明的国内一流、国际知名的财经大学,为融入国家建设"世界一流大学和一流学科"的战略奠定基础。

学校总体实现"六个前列"的目标。

1. 形成国内一流、国际有影响、优势突出的学科体系,主体学科进入国内学科排名前30%,优势特色学科跻身国内前列。

2. 形成高质量、高社会满意度、具有国际视野的应用型和创新型人才培养体系,人才培养质量和学生就业质量位居财经大学前列。

3. 形成以创新为主导的科学研究和社会服务体系,产出一批原创性、标志性的学术成果,打造高水平中国特色高校智库,特大城市经济社会重大问题研究取得创新性成果,协同创新中心的建设取得重大突破,科学研究和社会服务水平进入财经大学前列。

4. 形成以学术领军人才、学术梯队、创新团队为标志的一流人才队伍体系,高层次人才数量进入财经大学的前列。

5. 形成以加强国际合作与交流为核心的全方位国际化战略，加强国际化人才培养，发展高层次留学生教育，提升师资与科研国际化水平，学校国际化水平走在财经大学的前列。

6. 形成与高等教育发展趋势相契合的现代大学治理体系和学术创新"软环境"，提高党建与思想政治工作的科学化水平，不断丰富文化建设成果，"软实力"和党的建设走在财经大学的前列。

三、具体目标

（一）全面提高人才培养质量

通过深化本科教学改革，形成"以学生为中心"的人才培养体系，凸显多样化、个性化人才培养特色，课堂教学、课程体系、实践教学、教学管理等改革取得明显成效。提高学术型研究生的科研创新能力和学位论文水平，发展有特色、有竞争力的专业研究生教育。

（二）加强学科内涵建设

学科布局进一步优化，形成以经管学科为主、各学科协调发展、特色鲜明的学科格局。加强学科内涵建设，显著提升学科整体实力，巩固和提升经管优势学科地位，法、文、理、工学科建设成效显著，交叉学科和新兴学科获得发展空间，形成若干达到国内外高水平的学科和研究领域。

（三）形成高水平学术创新和决策咨询能力

理论研究取得突破，应用研究不断加强，逐渐形成一批在国内外具有重大影响的标志性成果。提升协同创新能力，中国特色高校智库建设取得突破性进展。提高学术影响力和决策影响力，学术地位得以巩固和加强。

（四）建设一流师资队伍

提升师资队伍的整体水平，梯队建设满足学校和学科发展要求，高层次领军人才和优秀中青年人才队伍实现数量和质量的双提升，重视教师的职业发展、身心健康和师德建设，人才竞争优势明显增强。

（五）加速推进国际化进程

实施国际化发展战略，提高国际化人才培养质量和留学生教育层次，推动师资队伍国际化，支持学术交流国际化，深化国际交流与合作层次，扩大学校国际知名度。

（六）营造师生满意的校园环境

合理规划办学空间，建设高水平的公共服务体系，积极筹措办学资源，改善师生工作、学习和生活条件，满足高质量、国际化办学需求，营造和谐校园氛围。

（七）大幅提升办学"软实力"

坚持文化传承和创新，构建首经贸精神文化体系。推进中国特色现代大学制度建设，完善内部治理结构。通过思想、文化和制度等"软实力"的提升，对内提高凝聚力和创造力，对外扩大学校影响力和吸引力。

（八）提升和加强党的建设水平

发挥学校党委的领导核心作用，坚持全面从严治党，加强思想建设、组织建设、作风建设、反腐倡廉建设、制度建设，着力建设服务型党组织，切实发挥各级党组织的战斗堡垒作用和广大党员的先锋模范作用，党的建设争创一流。

第三部分　主要任务

一、人才培养

（一）稳定招生规模，提高生源质量

学生总体规模基本保持稳定，本科生与研究生比例合理。稳定本科生招生规模，适度发展博士研究生教育，稳定学术学位硕士研究生规模，扩大专业学位研究生招生规模。

深化本科生招生改革，推进大类招生，强化分类培养，建立优质生源保障机制，吸引京内外优质生源。坚持"公开、公平、公正"的研究生招生选拔机制，完善推荐免试制度，试点开展以联合培养基地、重大项目和研究机构为特色的项目招生工作，吸引有潜质的生源。博士研究生主要实行"申请—审核"制度，扩大硕博连读招生比例，严格控制在职博士生比例。

（二）深化本科教学改革，提高本科生人才培养质量

继续深入推进学分制改革。坚持以"学生为中心"的教育教学理念，深化学分制改革，扩大和落实学生的选择权。以学生为本，完善多样化、个性化培养方案，推进弹性学制，增加课程数量和小班化教学占总学时数的比例。

提升专业和课程建设水平。优化本科专业结构，加强特色专业、复合型、交叉性专业建设，组织引导相关专业开展国内、国际认证和职业资格考试课程认证。遵循人才成长规律，坚持德育为先、全面发展的原则，完善课程体系建设，创新课程内容。以培养学生健全人格，培育科学精神、人文精神和时代精神为目标，基本形成人文、科学、美育、体育通识教育课程体系。实施外语、数学、计算机等基础课程教学改革，建立以学生需求和能力培养为

导向的基础课教学体系。推进慕课和微课程建设，提升课程建设质量。

创新教学方法。坚持因材施教，推动教学内容和方法的改进，探索课内课外、线上线下、校内校外的学习体系，引导课堂教学与课外学生自主学习相结合，提高课堂吸引力。

强化"创新创业"教育。把"创新创业"教育贯穿人才培养全过程，强化实践教学，进一步加强"四位一体"实践创新平台建设，提高校内外实践基地、实验教学示范中心的建设水平。深化大学生科研创新计划项目，组织学生根据特长和意愿参与各类竞赛。加大学生创客社区建设力度，探索建立具有首经贸特色的一体化创新创业教育体系，提高学生的创新创业能力。

促进教学信息化建设。开展基于数字平台与数字资源的教学改革，丰富教学资源，推动教学互动，试行考试改革，完善教学考评方式，使得互联网技术在教学工作中得到广泛应用，教学信息化水平达到国内高校先进水平。

加强本科教学质量保障体系建设。完善本科教学激励机制，建立教学质量奖评选制度，调动教师教学积极性。推行本科生导师制，促进教学方法的创新。完善教学质量保障机制和人才培养质量标准体系。开展教育理念、课程建设、教学方法等教育教学研究，提高教学质量。

（三）创新研究生培养模式，提升研究生培养质量

创新研究生培养模式，深化学分制和弹性学制改革，强化研究生的课程体系建设，构建高素质、复合型、国际化、本硕博教育贯通的创新人才培养体系。实施"研讨型小班教学"综合配套改革，加大对研究生科研创新的支持力度。

强化博士生的基础理论训练，重视学术素养、创新能力和实践能力培养，完善博士点学科专业主文献制度，鼓励以重点优势学科、重大创新平台为载体开展博士生培养工作。

提高专业学位研究生教育质量，以实际应用为导向，以提高职业发展能力为目标，推行产学研联合培养的"双导师制"，加强实践基地建设，发展与相关职业资格认证有机衔接的多元化专业学位研究生培养途径。

完善研究生教育质量保障体系。建立研究生教育质量自我评估制度，定期对学位授权点和研究生培养质量进行诊断式评估。完善研究生淘汰和分流机制，实施学位论文质量建设工程和问责制度。实行导师负责制，扩大导师自主权，发挥导师对研究生思想品德、科学伦理的示范和教育作用。完善研究生奖学金体系、科研项目资助和学术新人支持计划，发挥奖助体系对研究生的支持和激励作用。

（四）完善终身教育体系，实现继续教育转型

稳步发展以夜大、函授为主的学历继续教育，积极发展高端培训类的非学历继续教育，搭建远程教育平台，构建具有学校特色的继续教育体系。

提高学历教育的教学质量，优化专业设置，在校生规模稳定在3000人左右。为社会提供非学历继续教育服务，年均培训人数达到500～1000人。研发培训产品，培育特色项目，建成3～5个具有较好社会声誉的品牌项目。

构建网络化、数字化、智能化、媒体化相结合的远程教育平台和教学管理信息平台，开发一批优质网络课程，实现继续教育与网络教育的有机统一。

（五）构建学生成长全方位支持体系，提高学生发展核心素养

把握学生成长成才规律，实现学生工作由管理模式向服务模式、由知识本位向能力本位、由传统形式向智能形式转型。围绕学生发展核心素养，统筹理想信念、心理健康、就业创业、体育美育等教育资源，整合评奖评优、比赛竞赛、社会实践等课外教育手段，构建与学生成长和学校发展相适应的全方位支持体系，促进学生全方位发展。

实施大学生思想政治教育质量提升工程。创新学生思想政治教育的载体形式与话语体系，增强学生思想政治教育工作的感染力。推进"学生心理健康素质提升计划"，构建心理健康教育校院两级分工协作机制，塑造学生健全人格。完善大学生职业生涯发展培训和就业创业指导体系，引导学生树立生涯发展整体观念，增强学生就业创业能力。以校友会为基础，强化与社会各界联系，搭建校企、校地、校校合作平台，营造良好的学生成长环境。

二、学科建设

（一）优化学科布局，加强学科内涵建设

面向创新人才培养、学科主流和学术前沿、经济社会发展重大需求，遵循学科发展规律，优化学科布局，打造特色鲜明、结构合理的学科体系。

整合资源，突出特色和优势，巩固和提升经管学科整体实力和地位，积极发展法、文、理和工学等学科，培育新兴学科，发展交叉学科，拓展学科发展空间，形成学科集成优势和新的学科增长点，促进经、管、文、理、工和法学等学科相互支撑和协调发展。明确学科建设层次、重点和方向，以学科发展目标为依据配置资源。

（二）提升经管学科核心竞争力，加快法、文、理和工学学科发展

加强应用经济学、统计学、工商管理、管理科学与工程学科的建设，进一步凝练方向、突出特色，重视梯队建设，扩大学科优势和学术影响力，提升学科核心竞争力。保持"全球经济学科研究机构排名"国内高校前五名的水平，实现经济与商业学科达到 ESI 前 10% 的标准，为进入 ESI 排名奠定坚实的基础。在国内学科排名中，应用经济学和统计学进入前 15%，工商管理进入前 25%，管理科学与工程力争进入前 30%。

重视经管学科中相对弱势的学科发展，明确发展思路，凝练学科方向和研究重点，汇聚学术队伍，提升学科整体水平，理论经济学和公共管理学科建设在财经类大学中达到较高水平，争取增列为博士学位授权一级学科。

加快法、文、理和工学学科建设，明确定位和目标，找准主攻方向，整合资源，探索具有相对优势和财经特色的发展路径，法学、安全科学与工程争取增列为博士学位授权一级

学科。

（三）完善学科建设工作机制，建立学科评价体系

建立和完善一级学科建设指导委员会制度，按专业学位类别成立教育指导委员会，建立健全"学校主导、学院主体、多方参与"的学科建设工作机制，强化学校学术委员会对学科建设的指导。

以学科评价促进学科建设，支持学科参加全国一级学科整体水平评估，建立学科建设绩效评价体系和学科动态调整机制，探索国内外同行评价机制，提升学科竞争力。建立学科管理信息系统，开展相关研究，为学科发展提供支持。

三、科学研究与社会服务

（一）倡导学术创新，产出一批标志性成果

继承优良学术传统，突出学术创新，打造学术精品和标志性成果，以高水平科学研究支持高质量人才培养，提高学校学术影响力。强化对学科交叉、协同创新和学术前沿的引导和扶持，提高交叉研究、协同创新的广度和深度。处理好社会需求和自由探索的关系，支持重大理论研究和应用研究创新。

优化学术论文评价，突出论文的质量和学术影响力，注重论文的"刊物影响因子"和"他引次数"。积极参与国家和北京重大科学研究计划和项目，重视国家级课题申报质量，探索重大课题联合攻关的有效模式。逐步建立中长期项目支持制度，鼓励学者开展长线研究，扶持青年教师开展前沿研究。提升专利申请质量，鼓励发明专利申请，推进专利成果的转移和转化。

开展高水平科研团队建设，形成具有一定影响力的学科创新团队、重大项目攻关科研团队和社会服务团队，争取更多的团队进入教育部和北京市创新团队行列。

提升学校学术期刊的学术影响力，有条件的期刊适时向国际期刊转型，做大做强杂志总社和出版社，扩大学校国内外影响力。

（二）增强社会服务能力，打造新型高校智库

瞄准国家和首都发展中重大战略问题，围绕亟须解决的现实和民生问题，开展前瞻性、对策性研究，促进研究成果的转化与应用。强化华侨学院的对侨服务功能，丰富学校社会服务内容。

坚持"顶天立地、研以致用、协同创新"的理念，打造在国家和北京发展战略决策上有一定影响力的中国特色新型高校智库，体现出中国特色、国际水平。发挥特大城市经济社会发展研究院和京津冀大数据研究中心等科研平台的作用，主动为推进京津冀协同发展、"一带一路"建设提供智力支持。

结合"2011"协同创新中心建设要求，巩固和发展特色基地平台建设，探索校内外科研协同创新模式，理顺学校、学院与研究基地的关系，提高决策咨询能力。

（三）完善多维度科研评价机制，重视学术道德建设

坚持学术原则，正确处理短期效益和长远目标、数量与质量、个人发展与团队合作的关系，将科研评价与奖励制度结合，不断完善以质量和创新为导向、多维度的科研评价机制。

加强学术道德建设，处理好学术自由、学术规范、学术责任的关系，完善学术自律与学术监督的有效机制，规范学术行为，杜绝学术不端和学术腐败。

四、队伍建设

（一）扩大师资队伍规模，优化人才队伍结构

扩大师资队伍规模。到2020年，专任教师数量应达到人才队伍的60%以上。逐步优化和调整教师队伍的学缘结构、学科专业结构、学历结构、年龄结构，打造一支结构合理，富有活力的师资队伍。

优化教职工队伍结构。控制管理人员、专技人员的数量，逐渐减少工勤技能人员比例，逐步建立行政人员非事业编的补充机制，对事业编制和非事业编制实行统一核定和配置。

（二）坚持人才强校战略，建设高水平师资队伍

推进"1253"人才工程实施，即专任教师规模达到1000人，着力引进培养20名获得国家级人才项目称号、在国内外有重要影响的专家和学科带头人，培育50个创新团队，培养和储备学科后备人才300名。

完善人才布局，构建优秀人才培养体系。围绕重点发展的学科或研究领域，加大对领军人才的支持力度，培养和引进一批具有深厚学术造诣、国际视野、道德高尚的学科带头人、学术领军人物。通过后备学科带头人培育、项目资助、海外研修、社会实践等方式，培养出一批具有宽阔视野、把握学术前沿、扎实研究功底的中青年教师。

通过学术休假制度、教师休养制度、人才津贴、经费资助、团队建设、办公空间、关怀与服务等方式，激励和支持教师潜心学术。以教书育人为核心，加强师德师风建设，切实提高教师思想政治素质、职业理想、职业道德和业务能力。

（三）创新人才管理制度，营造有利于人才成长的环境

创新人才管理制度。推动人才引进和聘用方式多样化，完善"柔性引进机制"，落实全员聘用制，建立新教师准聘和长聘制度，完善"双轨制"海归人才管理机制。建立多元化人才分类评价体系，健全数量与质量结合、以创新和贡献为导向的教师评价和职称晋升机制，构建有利于党政管理、专业技术和工勤技能人员充分发挥才能的评价体系。完善绩效导

向的薪酬激励机制，建立重实绩、重贡献、向高层次人才和重点岗位倾斜的薪酬分配制度，逐步提高教职工收入水平，促进全体教职工福祉的提升。

完善教师发展体系，根据教师职业特点和不同职业发展阶段的教师需求，围绕职业生涯发展、能力提升、心理健康等主题，建立健全多层次、多渠道、多元化的教师发展与培训体系。

打破事业单位身份终身制，建立与人事制度相匹配、开放性的人员退出机制，形成人员能进能出、岗位能上能下的良好氛围，促进人力资源的合理配置。

五、国际化发展

（一）实施国际化发展战略，提高学校国际声誉

积极实施国际化战略，将国际化理念贯彻到学科建设、人才培养、科学研究、社会服务和管理工作的全过程，充分发挥学院作为国际化办学主体的积极性和主动性。

结合国家"一带一路"战略和学校发展目标，以实质性合作项目为抓手，探索"政府—大学—企业"多边国际合作创新模式，与国际一流大学、科研机构和企业建立长期稳定的战略合作伙伴关系。通过参与具有较大影响力的地区国际教育协会的活动、参加多边高等教育国际组织与合作联盟等方式，融入主流的国际合作交流渠道。构建海外校友网络，统筹海内外资源，服务学校发展。

发挥孔子学院在国际合作与交流中的平台作用，与"一带一路"沿线国家合作建设1～2个海外孔子学院，推动中国文化"走出去"，促进中外文化交流。

（二）推进国际化人才培养，发展高层次留学生教育

提高本土学生跨文化学习、交流和工作能力。适应国家经济社会对外开放、与国际接轨的要求，结合学校经、管、法、文等学科优势，培养一批具有国际视野、通晓国际规则的复合型国际化人才。加强实验班和国际化班建设，推动双语课程和全英文课程建设，优化课程设计和教材选用，实现高水平的国际化教学。实施海外交流提升计划，丰富学生交换和暑期学校等合作交流项目，推进联合授课、学分互认、国际学位互授联授、联合培养等工作，提高学生赴海外交流比例，扩大学生国际视野。

扩大留学生规模，优化留学生结构层次，发展高层次留学生教育。落实"留学首经贸计划"，实施"留学生教育吸引力提升工程"，吸引国外、尤其是"一带一路"沿线国家的优秀生源，加强优势专业、精品课程和特色研究方向建设，改善学习环境和生活条件，创建具有首经贸特色的留学生教育品牌，争取进入北京地区高校留学生教育的前列。

（三）加快师资与科研国际化，加强国际学术交流

推进师资队伍国际化。从制度和经费上支持教师赴海外访学，参加国际会议或讲学；建

立海外教师培训基地，推动师资队伍国际化建设。引进海外高层次人才、外籍教师、海归博士，吸引海外学者访学，发挥国际经济管理学院的海外人才聚集平台作用，提高师资队伍国际化程度。

提高科研国际化水平。支持与国内外高水平大学、研究机构开展科研合作，鼓励与主管部门的交流，参与政府和国际组织开展的国际合作研究项目，鼓励教师在海外高水平期刊发表论文和在国际知名学术出版社出版学术著作，组织优秀学术成果外文翻译出版工作。

深入广泛地开展国际学术交流。继续举办有影响、有特色的国内外学术会议，鼓励院系和科研单位主办或承办高水平国际学术会议和论坛，及时向国际学术界展示最新研究成果，扩大学校国际学术影响力。

六、"软实力"建设

（一）加强校园文化建设，不断丰富文化建设成果

把社会主义核心价值观融入教育全过程。培养师生爱国精神，促使其以高度责任感和使命感在社会进步和经济发展中实现人生价值。坚持文化传承和创新的统一，建设文化传承和文化交流体系，为实现中华民族伟大复兴做出贡献。

以60周年校庆为契机，系统梳理学校历史传统、人文底蕴和办学理念，进一步挖掘和凝练"崇德尚能，经世济民"的校训内涵。开展校史校志编写工作，加强对校史的研究挖掘，增强师生、校友的认同感和归属感。加强文化载体建设，发挥艺术团和高水平运动队的育人作用，打造校园文化品牌活动，推动校史馆、文化墙等文化设施建设，形成独特的校园文化气质。

坚持以人为本，促进"自强不息，求实创新"的校风建设。完善师德建设体系建设，以师德建设促进教风建设。加强学风建设，激发学生学习的积极性和主动性，营造鼓励独立思考、自由探索、勇于创新的学习氛围。

增强学校的新闻传播力和影响力。新闻宣传工作始终坚持正确的政治方向，围绕学校中心工作，发挥成风化人、凝心聚力的作用。统筹资源，推动传统媒体与新媒体的融合发展，适应分众化、差异化传播趋势，提升学校海内外传播力。

（二）推进现代大学制度建设，夯实依法治校的制度基础

开展中国特色现代大学制度建设，为学校发展营造良好的制度环境。贯彻实施《首都经济贸易大学章程》，全面梳理和规范学校规章制度，推进依法治校，提升办学水平。

坚持和完善党委领导下的校长负责制。建立健全党委统一领导、党政分工合作、协调运行的工作机制，完善领导班子议事规则和决策程序。探索教授治学的有效途径，充分发挥学术组织在学科建设、学术评价、学术发展和学风建设方面的重要作用，激发基层学术组织活力，实现学术繁荣。

增强院系办学自主权和活力。根据学校宏观管理、院（系）自主办学的改革方向，完善学院党政联席会议制度和"三重一大"集体决策制度，完善二级管理运行机制，落实学院（系）办学主体地位。

加强党对统战和群团工作的领导，推进民主管理和监督。充分发挥教职工代表大会、学生代表大会、研究生代表大会及工会和共青团等群团组织在民主决策机制中的作用，调动民主党派、无党派人士、教工团体、学生团体等组织的主动性和积极性，发挥离退休老同志在支持学校发展和关心下一代工作中的作用。推进民主的制度化、规范化、程序化，健全校务、院务公开制度，推动教代会提案制度的落实，保障广大师生员工的知情权、参与权、表达权和监督权。

七、办学条件

（一）做好校园规划和基本建设，合理规划办学空间

根据学校事业发展长期需要、办学特色，着力解决土地资源利用和空间配置问题，拓展办学空间。校园规划和建设坚持以人为本，体现文化品位、节能环保与硬件环境的有机结合，营造优美的校园环境。

学校本部主要发展研究生、全日制本专科生教育，强化教育、教学功能和与其相配套的辅助设施，完成学术研究中心、研究生公寓和综合服务楼建设以及图书馆综合改造，合理调配资源，提高空间利用率，改善师生的学习、办公和生活条件。结合北京和学校发展需要，进一步明确红庙校区功能定位和发展思路，将红庙校区建设成为高端教育和国际交流基地、智库基地、产学研创新基地。

（二）推进公共服务体系建设，提高师生满意度

提高公共服务水平。梳理机关职能，优化服务流程，建设为决策服务、为学术服务、为院系服务、为师生服务的服务型机关。以人为本，关注教职工、学生的身心健康，加强师生健康教育，开展心理咨询、体质测试、运动康复等服务，提高医疗服务水平。坚持公益性和安全性，深化后勤社会化改革，打造后勤保障"小机关，多实体、社会化"的体系格局，形成服务优良、竞争有序、效率提高的后勤保障体系。落实节能监控体系各项指标，建设节约型和花园式校园。推进"平安校园"建设提升工程，提高校园安全管理服务水平，确保校园安全稳定。

构建智慧校园。以需求和应用为导向，以数据管理为核心，建设数据融合、信息共享、校务协同和智能服务的智慧校园。以改建图书馆为契机，优化借阅环境，实现"藏借阅"一体化的服务模式，建设高水平学校文献中心。加强数字图书馆建设，推动从文献服务向知识服务的转型，构建富有财经特色的数字资源体系。加强档案工作的资源体系、利用体系、安全体系、制度体系及信息化建设。

（三）扩展资金筹措渠道，增强办学资源保障能力

拓宽学校资金来源。通过争取国家和北京市支持、吸引社会资源、拓展专业学位教育和高端培训、承接科研项目、教育基金会、资产管理公司运营等方式，增强筹资能力，实现学校收入持续增长。

完善财务和审计管理制度，实行校院两级预算管理。改革学校各类经费的再分配机制，提高资金使用效率和效益。在强化校级管理能力的同时，逐步尝试权责相匹配的财务管理权下放，完善和落实多层次的经济责任体系。

加强国有资产管理，逐步形成产权明晰、配置科学、使用合理、处置规范的资产管理模式，积极稳妥盘活现有资产，重视对学校品牌和无形资产的保护和利用，实现资产保值增值。

八、党的建设

（一）加强思想理论建设，筑牢党员干部思想基础

用中国特色社会主义理论体系教育师生，将培育和践行社会主义核心价值观融入育人全过程。落实青年教师"驼峰计划"，完善教师思想理论培训体系建设。加大对重大理论和实际问题的研究，发挥马克思主义学院和党建研究会的作用，形成若干高水平、有影响力、有价值的党建研究成果。

发挥党委理论中心组学习的示范引领作用，深化学习型党组织建设。完善校领导讲党课制度和党员干部学习制度，认真落实意识形态工作责任制。

（二）加强领导班子和干部人才队伍建设，提高办学理校能力

坚持党管干部的原则，优化领导班子配备和干部队伍结构。推进干部人事制度改革，优化完善选人用人机制。完善领导班子和领导干部考核评价体系，进一步加强考核结果的运用。坚持从严管理干部，完善从严管理制度体系，严格落实领导干部报告个人有关事项、经济责任审计、问责和任职回避等制度，逐步构建干部能上能下，能进能出的有效机制。

重视干部思想政治建设和能力建设，优化完善分层分类培训体系，着力加强新任干部、党务干部、非党员干部的教育培训工作。强化实践锻炼，做好干部校内外挂职锻炼和交流任职工作，提升领导干部综合素质和能力。

（三）创新基层党建工作，提高基层党组织的战斗力

优化基层党组织设置，认真执行党政联席会制度，健全校、院两级党建工作责任体系。进一步加强教师党支部建设，健全学生党支部、团支部、班委会协同工作机制。推进学习

型、服务型、创新型党组织建设，创新工作形式，引导各级党组织和广大党员为立德树人、学校发展和社会进步服务。

以坚定理想信念为重点，加强党员教育培训。严把党员入口关，强化思想入党，进一步做好在教师、学生中发展党员工作，优化完善发展前教育培养工作机制。严格执行"三会一课"制度，提高组织生活质量。从严加强党员日常管理，进一步健全党内激励、关怀、帮扶机制。

（四）推进党内民主和作风建设，增强党组织的创造力和凝聚力

完善党代表大会制度，实行重大事项票决制，落实党代表大会代表任期制和提案制。加强党内监督，深化党务公开，严格落实党代表情况通报制度、联系党员群众制度和党代表列席全委会、常委会向全委会定期报告等制度，健全全委会向党代表定期报告制度。

深化作风建设，贯彻党的群众路线，落实中央八项规定精神，践行"三严三实"，密切同师生的联系。推进领导干部深入基层、调查研究等有关制度的落实，改进会议、公文、公务接待等制度。坚持开好高质量的民主生活会，认真开展批评和自我批评，不断提高班子解决自身问题的能力。

（五）加强反腐倡廉工作，营造风清气正的校园环境

全面贯彻党要管党、从严治党的要求，认真落实党委的党风廉政建设主体责任，坚持"一岗双责"，加大责任考核和追究力度。认真执行党内监督条例，加强对民主集中制执行情况、领导干部廉洁自律情况、重点部门和关键环节的监督。

以干部人事、财务管理、科研经费、学术规范、招生考试、基建工程、物资采购等工作领域为重点，推进学校权力结构科学化配置、权力运行规范化监督和廉政风险信息化防控"三个体系"建设。深入开展诚信教育、领导干部从政道德教育、廉洁文化创建活动，加强反腐倡廉宣传工作，营造良好的舆论氛围。

第四部分　组织实施

一、加强组织领导

在学校党委的领导下，处理好当前与长远、局部与全局的关系，不断增强学校领导班子对《规划》的宏观指导、战略管理和执行能力，专项工作由分管校领导牵头，按照分工切实落实各项任务。学校发展规划处负责《规划》的组织、协调和督办，加强与各学院（系）、部门的沟通。

做好中长期规划纲要、五年规划、专项规划、学院（系）规划和年度计划相互衔接和互动，远近结合，形成合力，使《规划》中所确定的目标、任务和各项措施得到贯彻落实。

学校各院（系）和相关部门从实际出发，根据《规划》的精神，完善本单位的"十三五"规划，明确发展目标，分阶段、分步骤组织实施，自觉把本单位工作放在学校发展的全局中科学谋划、扎实推动，确保规划中的任务落到实处。

二、坚持改革引领

积极贯彻《中共中央关于全面深化改革重大问题的决定》的重要精神，以新的发展理念引领办学质量的提升，聚焦国家和北京市深化高等教育领域综合改革的部署，落实学校《关于全面深化综合改革的意见》（以下简称《意见》）精神与任务，改革创新，使学校在"新常态"下实现新发展，迈上新台阶。

《规划》的实施应与《意见》所设计的改革路线紧密结合，通过全面深化综合改革，切实解决在人才培养、学科建设与科学研究、人才队伍建设、国际化办学、内部治理、资源配置、信息化建设等重点领域和关键环节中阻碍学校发展的"瓶颈"问题，为实现"国内一流、国际知名"的战略目标提供强有力的改革保障。

三、完善监督评估

加强《规划》执行过程监督，定期对实施过程、进度和效果进行监测和评价，对发展方向、阶段性目标落实情况、各项强制性内容执行情况进行检查分析，提高《规划》的可操作性和实施效率。

健全规划中期评估制度，在"十三五"中期阶段，对《规划》实施情况进行全面评估、分析和反馈，充分考虑校内外的意见和建议，及时调整和完善发展目标、任务及举措，提升《规划》的执行力和时效性。

完善考核机制和问责制度，《规划》确定的各项工作任务和指标要纳入学校各单位的综合评价和绩效考核体系。

四、确保资源配套

以《规划》为导向，统筹学校人力资源、空间资源、物质资源、经费资源的配置，确保《规划》中各项建设任务的顺利实施。编制经费预算时，首先要保证《规划》中重点任务的需要，并明确经费主要投入方向。学校的目标管理、绩效考核、干部教师评价考核都需与《规划》的实施相结合。加强重大项目的审计和监督，提高资金使用效益和安全性。

五、强化规划共识

采取多种形式，充分利用各种媒介，广泛宣传和解读《规划》，统一思想认识，增强全校师生员工对学校未来五年发展思路的认同和实现战略目标的信心，形成落实《规划》的共识。

加强《规划》的执行意识，紧密依靠广大师生员工，充分发挥民主党派、离退休老同志、教代会、学代会、校友会等各类代表的积极作用，凝聚各方面智慧与力量，形成促进学校改革与发展的整体合力，确保学校战略目标的实现。

天津财经大学"十三五"发展规划

"十三五"时期是落实学校第一次党代会精神、实施"三步走"战略第一步的关键期，是主动助力天津经济社会发展、服务五大国家战略的机遇期，是全面深化学校综合改革、提升内涵发展质量的攻坚期，是赶超同类对标院校，建设特色突出、国际知名高水平财经大学的突破期。根据国务院和天津市有关统筹推进一流大学和一流学科建设方案、《天津市中长期教育改革和发展规划纲要（2010～2020年）》《天津市教育事业发展"十三五"规划》以及国家和天津市关于深化教育领域综合改革的总体要求，结合学校发展建设的实际，制订本规划。

一、学校发展基础与环境分析

（一）"十二五"事业发展回顾

1. 学科实力稳步提升。以学科建设为龙头，强化学科优势，突出学科特色，新增管理科学与工程博士学位一级学科授权点和博士后流动站，新增2个博士学位二级学科授权点，硕士学位授权专业由48个增至59个，其中专业硕士学位由4个增至13个。新增教育部人文社科重点研究基地——中国公司治理研究院（与南开大学共建），成立了天津市人文社科重点研究基地——法律经济分析与政策评价中心，新增5个天津市高校产学研合作服务基地。"中国滨海金融协同创新中心"获批天津市"2011协同创新中心"。在教育部第三轮学科评估中，应用经济学、工商管理和理论经济学位居财经类院校前列。

2. 人才培养质量显著提高。本科专业由38个增至48个，取得一批市级优秀教改成果，统计学专业获教育部首批地方高校专业综合改革试点项目，"经管类拔尖创新人才培养模式改革"被评为天津市教育体制改革试点示范项目，校企合作开展"定制式"人才培养，实现了学校—企业—学生的共赢。多篇论文获得天津市优秀博、硕学位论文。获得一批国家及天津市教学成果奖、精品资源共享课程和规划教材。作为主发起单位之一成立"信用教育联盟"。学校学生德智体美全面发展，在国内外各级各类竞赛中屡获佳绩，天财女篮铸就"十冠王"，并获得世界大学生三对三篮球赛冠军。国家级大学生实践教育基地建设实现零的突破。学校本科招生在全国30个省、市、自治区全部实现一批次录取，生源质量持续提升，连续跻身中国生源质量百强高校。开展创业教育，创办众创空间，本科生就业率始终保持在 96% 以上，2014 年被教育部授予"全国毕业生就业典型经验"高校。

3. 师资队伍整体素质得到加强。围绕学科建设目标，新增国务院学科评议组成员、教育部"长江学者奖励计划"人选、"百千万人才工程"国家级人选、国家级教学名师、教育部"新世纪优秀人才支持计划"、国务院政府特殊津贴专家、天津市教学名师、天津市"千人计划"、天津市特聘（讲座）教授、天津市"131"第一层次等国家级、省部级高层次人才 30 余人次。新增 11 个市级教学创新团队和教学团队。学校师资队伍结构进一步优化，副高级以上教师人数占教师总数的 48%，具有博士学位教师的比例达到 52%，有海外研修、访学经历的教师达到 155 人次。

4. 国际化办学取得新成效。与 68 所国外高校和科研机构建立合作交流关系，来自 52 个国家和地区的 3141 人次留学生来学校交流学习，获批成为来华留学中国政府奖学金、中美人文交流专项培养院校。分别与英国赫瑞·瓦特大学、美国西弗吉尼亚大学合作创办孔子学院。长城国际 MBA 项目连续两次荣获中外合作办学 MBA 项目评比前十名。ACCA 教育连续五年荣获白金级教育资质认证，留学生人数增长 37%，赴海外合作院校交流学习学生增长 229.4%。

5. 科研创新能力显著增强。以科研精品化为导向，实施"优秀青年学者培育计划""国家级重大科研项目培育计划"和"科研创新团队培育计划"。包括国家社科基金重大、重点项目和国家自然科学基金重点项目在内的国家级项目增长 157.6%。教育部项目增长 19.4%，其他省部级项目增长 54.7%，横向课题项目增长 15.5%，科研项目累计经费增长 64.7%。国内外 A 类期刊论文增长 27.1%，出版各类学术专著增长 79.8%。

6. 与国家五大战略精准对接。为服务天津自贸区建设、京津冀协同发展、国家自主创新示范区建设、"一带一路"建设和滨海新区开发开放等国家战略，分别成立了"天津市自由贸易区研究院""天津市京津冀协同创新发展研究院""天津市科技金融研究院"和"天津市科技金融学院""国合天财发展战略研究院"和"中国滨海金融协同创新中心"，成为首个与天津市五大战略全部对接的高校。高水平新型智库建设取得进展，多项研究成果获得国家领导人和市委、市政府等领导的批示，并被有关部门采纳落实。

7. 办学条件明显改善。加强校园基础设施建设，新增教学科研用房 38520 平方米、学生公寓 9750 平方米、教师公寓 53527 平方米、配套服务设施 2546 平方米、在建体育馆 15000 平方米。实施校园水电气等基础设施改造、校园道路改造和校园绿化美化工程。加快校园信息化建设步伐，无线校园网实现教学区全覆盖，教学、科研、管理等方面重点业务系统整体提升。图书馆藏书量增长 12.5%，数据库增长 100%。

8. 和谐校园建设结出硕果。推进现代大学制度建设，完成大学章程制订工作。深入实施凝聚力工程，坚持每年为师生员工办十件实事。筹措资金用以解决部分教职工、离退休老同志和学生的实际困难。提高奖学金标准，增设勤工助学岗位。实施老校区道路及地下管网维修改造工程，启动教学科研综合楼建设项目，解决和改善教职工住房条件，对原有家属区居住功能进行综合提升改造，维修大学生公寓。加强校园文化建设，完成新校徽的设计和制作，凝练反映天财精神的校训。发挥关工委在育人工作中的特殊作用，学校荣获"全国关心下一代工作先进集体"荣誉称号。召开校友代表大会，各地校友分会发展迅猛。加大人防、物防、技防投入，确保校园安全稳定。

9. 党的建设得到全面加强。组织开展创先争优活动、保持党的纯洁性教育、党的群众路线教育实践活动、"三严三实"专题教育等活动。积极探索大学生思想政治教育的新途径、新方法。加强干部队伍建设，采取民主推荐、竞争上岗和公推竞聘等方式选拔中层领导干部。加强基层组织建设，深化"强基创先"工程，召开学校更名后的第一次党员代表大会。认真落实党风廉政建设责任制，建立健全教育、制度、监督并重的惩治和预防腐败体系。校党委荣获"全国先进基层党组织"荣誉称号。

（二）"十三五"面临的发展机遇和挑战

1. 面临的发展机遇。从纵向层面上看，党中央、国务院做出了建设一批"中国特色，世界一流"的高水平大学和学科的重大决策，天津市也出台了相应的"双一流"建设实施方案，为提升高等教育综合实力和国际竞争力提供了政策支持；经济发展"新常态"对教育改革发展提出新要求，为推进学校治理体系和治理能力现代化，激发和释放发展活力提供了制度保障；国家大力推进高等教育领域"放管服"改革，为激发高校内生动力和创新活力，营造了必要的条件和良好的环境；天津五大国家重大战略叠加，需要高等教育与区域经济的发展需求同向同行，以综合性制度创新引领教育转型发展，为地方高校提供了难得的发展机遇。

从横向层面上看，与同类对标院校相比，学校办学规模适度，校区布局合理，在学科资源整合、交叉学科发展、人才培养模式创新等方面还具有一定优势。客观上讲，以学校现有的综合实力，通过"十三五"的建设和发展，有望跻身同类对标院校行列。

2. 面临的挑战。从全国层面上看，有近千所本科院校开设了财经类专业，形成了"校校办财经"的局面，高考招生制度改革将给生源格局带来新的变化，这使得学校面临的竞争形势更为激烈和严峻。

从财经类院校层面上看，学校对标的同类院校大多是教育部直属或共建院校，这些院校在历史进程中把握住了机遇，发展基础雄厚，财力支撑强大，因而赶超对标院校的难度相对较高，所要支付的成本相对较大。

3. 学校发展存在的主要问题及原因分析。与同类对标院校相比，学校在学科建设水平、科技创新能力、国际化办学程度、继续教育规模、校友资源开发等方面均存在着不同程度的差距，综合分析制约学校发展的主要因素体现在以下三个方面。

高水平师资队伍建设有待加强。一方面，现有高层次、高水平领军人才较少，国际化程度较低，梯队人才储备不足；另一方面，专任教师总量不足，生师比偏高。分析上述问题的原因，一是体制性障碍，用人自主权尚未完全落实，引人进人受"退一进一"政策的限制；二是制度性瓶颈，能进能出、能上能下的目标仍未实现，体制外的用人机制缺乏创新性；三是资源性短缺，学校的资源配置不能满足建设高层次人才队伍的需求，吸引高层次人才的竞争力较弱。

现代大学治理体系与治理能力有待提升。首先，顶层设计的系统性和实践性不足，在发挥优势、凝练特色过程中上下联动不够；其次，学院层面的自主权和主动性未能得到充分发挥和调动；再次，决策的执行力不强，各项管理运行机制以及科学化、规范化的管理服务流程尚待进一步优化。分析上述问题的原因，一是学校法人治理结构和内部治理模式不够完善；二是校院两级管理体制不够完善；三是依法治校机制不够完善。

办学经费相对缺乏。用于学校发展建设的专项资金相对不足。究其原因，一是学校经费来源主要依赖于财政拨款和学费收入，由于办学规模不大，相应的经费来源不足；二是国家级、教育部及其他省部级学科建设平台不多，纵向课题和横向课题经费较少；三是校友工作和教育发展基金会起步较晚，学校筹措社会捐赠资金能力有限；四是近年来基础设施建设经费主要来源于学校自筹，未能享受天津市新校区建设的政策支持，用于学校其他方面发展的资金积累不足。

综上，"十三五"时期，学校面临着前所未有的机遇和严峻的挑战。一所大学要形成自己的特色、理念、文化，需要持之以恒地建设、传承、积淀才能实现。新的形势要求我们要遵循高等教育自身的发展规律，准确把握所处的历史方位和发展特征，立足学校实际，坚持育人为本，聚焦深层次的发展瓶颈，从单项改革转变为综合改革，从增量改革推进到存量改革，从表层改革深化到深层改革，以更宽广的视野、更创新的思维、更开放的姿态、更执着的努力，摸索和总结出一套适应新的历史条件、具有天财特色的办学思路和发展模式，抢抓新机遇，谋划新发展，推进特色突出、国际知名高水平财经大学建设。

二、指导思想、发展定位和发展思路

（一）指导思想

高举中国特色社会主义伟大旗帜，深入贯彻党的十八大和十八届历次全会精神以及习近平总书记系列重要讲话精神，牢固树立"五大发展理念"，紧紧抓住"五大战略机遇"，把握"新常态"下高等教育发展的特征，秉承"学思达信"的校训，围绕立德树人的根本任务，以学科建设为龙头，以人才强校为支撑，以提升质量为核心，以国际化为必由之路，以彰显特色为重点，以综合改革为动力，以加强党建和思想政治工作为保障，依法治校，不断提升办学的质量、特色和效益，继续走国际化、信息化、生态化发展道路，为建设特色突出、国际知名高水平财经大学奠定坚实基础。

（二）发展定位

1. 阶段目标定位：到2020年，基本建成特色鲜明、优势突出、协调发展的应用研究型高水平财经大学。

2. 办学层次定位：适度增长本科生教育规模，积极扩大研究生教育规模，加快发展留学生教育，大力发展继续教育，努力拓宽中外合作办学渠道。

3. 学科建设定位：重点发展一流学科，强化建设优势特色学科，扶持培育基础学科和新兴交叉学科，着力构建优势互补、协同发展的多学科生态体系。

4. 专业发展定位：优化结构、提升质量，向标准化、综合化、国际化、品牌化①发展，建设一批与经济社会发展相适应的特色鲜明、绩效卓越的财经类专业和交叉学科专业群。

5. 人才培养定位：培养顺应时代要求、具有可持续发展潜质、德才兼备的行业精英和学术创新人才。

6. 服务面向定位：立足天津、面向全国、放眼世界，对接国家战略需求。

（三）发展思路

"十三五"期间，学校将遵循"一三四五"的发展思路。

——围绕"一个奋斗目标"，即：建设特色突出、国际知名高水平财经大学。

——落实"三步走"② 第一步战略构想（2016～2020 年）。

——实施"四大战略"，即：学科立校战略、人才强校战略、质量提升战略、国际化战略。

——突出"五个重点"，即：人才培养精细化、科学研究精品化、管理工作服务化、信息平台集成化、校园环境生态化。

三、总体目标

到 2020 年，进入天津市属本科高校高水平特色大学建设序列，传统优势学科向高水平一流学科快速迈进，教育治理体系和治理能力显著增强，主要发展指标位居全国同类高校前列，学校发展的核心竞争力和国际影响力显著提升，成为财经领域人才培养的重要基地、科技创新的重要平台、服务五大国家战略的重要智库、先进思想文化传承的重要阵地，学校综合实力跻身国内一流财经大学行列，实现建设高水平财经大学"三步走"构想第一步的战略目标。主要标志有：

——形成传统优势学科跻身国内一流学科行列、优势特色学科快速发展、多学科交叉融合的学科生态体系。

——形成以领军人才和高水平的学术创新团队为核心的高层次人才队伍。

——形成学术拔尖创新人才、实践卓越专门人才和交叉复合创业人才多类型协同发展的人才培养模式。

——形成与学校"三步走"战略构想相适应的高等教育国际化办学体系和运行机制。

——形成一批具有重大影响的原创性学术创新精品力作以及高水平决策咨询智库成果。

——形成与办学规模相适应的"文化引领、信息集成、服务便利、环境友好"的育人环境。

---

① 标准化、综合化、国际化、品牌化：制订专业质量标准、开展专业综合评价、推动专业参与主流的国际专业认证、打造天财专业建设品牌。

② "三步走"战略构想是在学校第一次党代会上提出的，内容详见党代会报告。

四、重点战略任务

（一）学科立校：以一流学科建设为重心，提升学科综合竞争力

战略目标：以建设一流学科为抓手，推进"学科立校"战略，通过调整学科布局和加强学科建设，培育新兴交叉学科和优势特色学科，创新学科建设体制机制，搭建优势学科创新平台，形成学科高峰高原，力争传统优势学科跻身国内一流学科行列，为建设世界一流学科奠定基础。

主要任务：

1. 优化学科结构。调整学科院系结构，完善学科布局，凝练学科方向，使院系设置更符合建设一流学科的目标要求。进一步支持市级重点学科建设，构建学科人才的合理学缘结构；着力推动市级重点学科向高水平一流学科迈进，强化一流学科优势，突出学科特色和建设重点，创新组织模式，打造学科高峰，全面提升学科竞争力；重点建设一批与天津优势主导产业、战略新兴产业和现代服务业紧密对接的优势特色学科（群），推动科研创新，催生精品力作，提升学校学科影响力与竞争力；鼓励各学科以基础研究创新带动应用研究创新，促进基础学科快速发展；坚持有所为、有所不为，在国际经济管理前沿领域着力选择几个相互关联的交叉学科作为突破口，错位发展、迎头赶上，实现经管交融、文理渗透、理工结合，打造达到国内一流水平的学科和学科群，形成经管学科国内领先，有一定国际影响力，文、法、理、工诸学科具备独特竞争力的高水平学科体系。

2. 加快一流学科建设。根据国家和天津市统筹推进一流大学和一流学科建设的方案，力争打造1~2个在国内本学科领域处于一流水平的学科集群，传统优势学科位居国内财经院校前列。争取统计学二级学科博士点获批为一级学科博士点，全力建设并积极申报理论经济学科一级学科博士点，新增1个博士后流动站。

在法学、数学、软件工程、马克思主义理论、中国语言文学、新闻传播学和设计学中，争取新增3个一级学科硕士授权点。在"十三五"期间教育部学科评估[1]中，具有一级学科博士或硕士授权点学科尽可能参加评估，应用经济学、工商管理位次百分位提升到前20%；管理科学与工程学科、统计学位次百分位达到前40%；理论经济学、法学和计算机科学与技术学科评估位次百分比进入前60%；公共管理和外国语言文学学科争取获得好成绩。力争进入财经类院校前5名的一级学科实现突破。瞄准一流水平，组织实施"十三五"综合投资规划，落实高水平学科专业建设计划，认真做好天津市重点学科的参评工作，工商管理、应用经济学和统计学3个学科力争进入市级一流学科建设序列，为进入世界一流学科国家层面重点建设行列奠定基础；管理科学与工程、理论经济学、公共管理、经济法学4个学科力争进入市级优势学科建设序列；扶持培育外国语言文学、计算机科学与技术2个基础

---

[1] "十三五"期间，教育部有可能开展两次学科评估（第四轮和第五轮），其中，2016年第四轮学科评估，学校统计学和计算机科学与技术未参加评估，规划中所设定的学科评估指标涵盖两次学科评估。

学科。

3. 创新学科建设的体制机制。明确建立"学校、学院两级管理,各职能部门分工协作"的组织管理体制,突出学院在学科建设中的主体地位,形成分层有序、分工协作的战略实施框架体系,推进学科专业一体化建设。调整、优化学科建设评价方案,建立学科建设绩效动态考评机制,做好接受第三方评估的准备和实施工作。根据学科评价结果动态调整学科建设资源配置方式。继续推进"2011 计划",按照"校级→市级→国家级"协同创新中心的建设序列,实施校级协同创新中心认证和建设工作,择优、择重培育新的市级协同创新中心,力争实现国家级协同创新中心取得突破。遵循国际惯例,探索建立学科特区,突破现有的学科组织结构模式,形成跨学科、跨学校的学科建设组织模式,推动学科集群建设。加强"十三五"综合投资项目库的建设和管理,探索构建高效、科学、合理的投资工作管理体系。

(二) 人才强校:以高层次人才队伍建设为重心,构建人才高地

战略目标:推进"人才强校"战略,采取"育引"结合,以高层次人才和高水平创新团队培养与引进为重点,以增强人才创新能力为核心,以深化人事制度改革为抓手,拓宽人才工作视野,建立一支师德高尚、结构合理的高素质专业化人才队伍,形成拔尖创新人才聚集高地。

主要任务:

1. 加大高层次人才和高水平创新团队培育和引进力度。制订并实施《天津财经大学高层次人才培养和引进行动计划 (2016～2020 年)》。实施"332"高层次人才工程,采用柔性引人机制和弹性引人方式相结合,依托国家和天津市各类高层次人才计划,根据学校学科总体布局和发展需要,有重点地培养和引进 30 名左右具有各类称号的海内外高层次人才,引领部分学科建成国内一流水平;依托学校对接天津市五大战略平台的优势,培养和引进 30 名左右在服务区域经济发展中做出突出贡献的特聘专家,提高学校服务社会的能力和创新水平;在特色专业和基础专业领域,培养和引进 20 名左右各级教学名师,引领课程体系的品牌建设。

加强各类创新团队建设。参照国家与天津市创新团队建设标准,每个一级学科遴选 2～3 个有基础、有特色的二级学科作为创新团队建设的方向。完善创新团队建设的政策和机制,鼓励跨学科、跨领域的合作研究。培养和引进一批团队领军人才,依托一流学科与特色学科专业建设、重大科研项目和重点研究基地,形成一批在学界和业界有影响力的创新团队,实现国家级科研创新团队的突破。

2. 加强中青年骨干教师队伍建设。优化师资队伍的学历结构、学缘结构、年龄结构、职称结构,降低生师比。实施教师专业发展工程,推进中青年骨干教师出国研修计划,拓宽中青年教师赴国内外一流大学教学科研机构进修学习的途径。加强学术梯队建设,实施特聘教授"青年学者"项目,培养引进"青年千人计划"和"青年拔尖人才支持计划"等青年学术英才,实施"青年教师资助计划",助推青年教师创新能力,逐步培养一支高水平的优秀青年教师后备梯队。设立"国际经济管理研究院"等平台,创新引人用人的体制机制。

引进国内知名高校博士,发挥博士后科研流动站的"蓄水池"作用,作为新聘教师的重要来源。加强师德师风建设,严守学术规范,端正学术风气。

3. 统筹推进各支队伍建设。减少管理层次,探索教育职员制改革,明确不同管理岗位的任职资格和条件,加强各级管理岗位干部的培养、选拔、配置和交流,建设一支既懂教育规律、又掌握现代管理技能的精干、高效、专业的管理干部队伍。推进辅导员岗位职级制建设,探索学生工作队伍朝着专业化、职业化发展,不断提高辅导员从事学生思想政治教育和学生事务管理工作的理论水平和实践能力。实施高技能支撑人才培育计划,培养和引进一批踏实肯干、素质优良的图书资料、实验、工程、会计、审计等专业技术骨干。探索科学的后勤服务队伍聘用机制,加强人员培训,强化服务意识,提升服务水平,为推进学校事业发展提供强有力的后勤保障。

4. 深化人事制度改革。

(1)改革人才聘用机制。学校人员控制数额①内,学校自主拟定教学、科研、教辅机构及岗位设置方案,安排、确定用人计划,公开招聘各类人才。实施千人计划、长江学者、特聘教授、产学研特聘专家等高层次人才全球招聘制,对于精品课教学名师实行特聘制。按照专职与兼职相结合、固定编制与流动编制相结合、存量提升与适度招聘相结合、事业编制与人事代理相结合的原则,构建"引得来、用得好、留得住、退得出"的多元化用人格局和人尽其才的用人机制。

(2)改革人才评价机制。推进人才评价与岗位聘用工作重心下移。改革二级目标责任制评价体系,将人才队伍建设的关键指标与领导干部任期目标和二级目标责任制考核相结合;注重对各类人才的教学科研量化考核,采取民主测评、社会评价和同行学术评价相结合的方式,突出对品德、能力和业绩的考核;学术评价实现由注重个人评价逐步向个人评价和团队评价相结合转变、注重年度评价逐步向注重年度评价和聘期评价相结合转变;探索建立教师分类管理、分类评价、分类激励的长效体系,建立以职称聘任为框架,岗位分级设置为纵向划分,分类岗位为横向区别的教工绩效评价结构。

(3)改革薪酬分配体制。深化绩效工资改革,统筹规划薪酬体系,探索规范化的收入分配模式,完善激励保障机制,构建以岗位绩效工资为主体,年薪制、协议薪酬制等并存实施的薪酬保障体系。以提升全体人员的收入水平为基础,规范聘期考核,完善考核机制,逐步建立规范化的薪酬调节机制。积极争取天津市高层次人才引进和培养的政策支持,实施高层次人才特殊津贴制度,分配上向领军人才倾斜,实现一流人才,一流业绩,一流待遇。

(三)质量提升:以人才培养精细化为重心,促进学生成长成才

战略目标:坚持立德树人,围绕校训继续推进质量提升战略,按照"变理念、换焦点、转模式、多样化"的思路深化教育教学改革。通过实施本科生"天财教改—2020"行动计划和"研究生教育质量提升工程",创新人才培养理念与培养目标,以专业建设为抓手,以

---

① 人员控制数额,是按照国家、天津市有关政策及天津市"双一流"建设方案中"深化高校人事管理制度改革"的要求,由市有关部门依据学校办学类型、学科特点、在校生数等确定的符合学校改革发展实际的人员数额。

导学体系建设为助力,以教学质量监控体系建设为保障,努力培养和造就"尚学、勤思、通达、诚信"的行业精英和学术创新人才。

主要任务:

1. 更新教育理念,激发师生教学活力。

(1) 树立教学学术理念,转换教学焦点。紧密围绕"引导学生主动学习""发挥课程对育人的有效作用""树立教师的崇高职业感"等教学核心问题,树立教学学术理念,推动教育理念与方法从"以教师教为中心"向"以学生学为中心"转变。

(2) 强化制度创新,提升教师教学能力。加强教师学术道德与教学规范教育,健全校、院两级优秀教师荣誉体系;优化教学质量评价体系,将教学质量评价结果与教师职称晋升、绩效考核等制度合理挂钩;建立"教学与学业发展中心",加强教学研究、教学培训与教改实践,建立新入职教师"学徒制"和"助课制",实施教师教学素养提升计划和教学发展资助计划,完善青年教师实践锻炼制度,加强教学团队建设;通过制度机制创新,鼓励教师进一步加大教学投入。

(3) 丰富教育手段,激发学生学习动力。强化"学生主体、教师主导"的教学观,探索设立导学和助学制度,实施本科生"研学导师制";公共基础类课程实施分级分类教学,推行大班上课、小班辅导的教学方式;专业类课程扩大小班教学覆盖面,推广讨论式、探究式、反转课堂等多样化教学方法及现代信息技术手段;推动多样化、累进式的课程考试考核方法改革,探索课程成绩的等级制评定方法,尝试建立学生学习能力和水平多元评价体系;加强多课堂教育协同,实施"书香校园"阅读计划、"领导力培养计划""综合素质拓展计划",探索体育课"俱乐部制"改革,增强学生的身体素质,以"教学与学业发展中心"为平台,加强对学生人生发展和职业发展指导。

2. 建立通识教育与专业教育相融合的教育体系,创新多类型协同发展的本科人才培养模式。

(1) 促进通识教育与专业教育相融合。加强通识教育顶层设计,完善通识课程体系,将自然科学、人文科学、思政教育全面融合;结合专业特色,制订本科专业质量标准,优化专业核心课程体系,开展专业综合评价,积极促进专业类(群)建设,推动本科专业参与主流的国际专业认证,提升专业建设水平。

(2) 创新多类型本科人才培养模式。坚持全面发展与个性发展相结合,积极推进以选课制和弹性学制为核心的学分制;优化学分结构,提高选修课程和实践环节比重,构建个性化人才培养方案;鼓励学院开展人才培养实验区建设,构建学术拔尖创新人才、实践卓越专门人才和交叉复合创业人才分类指导,个性培养机制;推进课程体系优化创新,积极推动慕课、全英文课、新生研讨课、研究性课程等新型课程的试点建设;完善由实验教学、专业实习、科研训练、学科及科技竞赛、社会实践、毕业论文(设计)、创新创业训练等环节组成的,辅之以各类课外活动的实践教学体系;深化创新创业教育改革,健全创新创业教育课程体系,构建创业苗圃、众创空间、孵化加速器三位一体的创业服务模式,为创业学生提供"一站式"创业服务;开拓各类交流平台,开展学生交流与交换培养。

3. 优化教学管理制度,完善教学服务体系。健全教学质量监控工作规章制度;完善

"学生评教、专家督导、同行评议、领导听课、自我诊断"五位一体的课堂教学质量综合评价体系；完善教学督导组织机构；建立毕业生质量社会评价跟踪与反馈机制和校院两级本科教学质量年度报告发布制度；推进教学管理流程优化再造；加快教学管理系统升级；强化各级教学管理队伍的培训与交流；完善教学管理人员评价与激励机制；积极建设"智慧教室"、"网络教学3.0"平台等教学基础设施。

4. 实施"研究生教育质量提升工程"。

（1）牢牢抓住"提高培养质量"这条主线。制订并实施研究生教育规划纲要及实施方案，建立健全学校研究生教育质量管理体系。

（2）完善研究生教育质量保障、研究生奖助激励两个体系。加强包括质量管理机制、质量监督机制和质量反馈机制在内的研究生教育质量保障建设；着力健全长效、多元的研究生奖助体系，发挥各种奖助形式对研究生的激励作用。

（3）健全导师激励约束、招生选拔、学生创新促进三大机制。强化导师在研究生培养过程中的主体作用，建立"导师培养评价考核体系"，将研究生培养环节中涉及导师的授课教学、科研成果、案例开发、实践教学等内容全面纳入导师培养评价考核体系；改革研究生招生选拔机制，提高研究生生源质量，合理确定各学位点研究生招生规模，探索建立学位点招生规模、学位点结构布局与经济社会发展相适应的动态调整体系，探索建立多学科交叉融合硕士生培养项目，探索实施博士研究生"申请—审核"制，逐步提高在校生中研究生的比例、硕士研究生中专业学位硕士的比例、博士研究生中硕博连读学生和脱产学生的比例；从创新意识、科学研究方法、创新环境、学术道德和学术规范等方面入手，形成健全的研究生创新促进机制，助推研究生学术团队、众创团队建设，支持与企业、科研院所共建实践基地。

（4）实施四类支撑措施，推进研究生分类培养机制改革。在博士研究生培养环节，推广"硕博连读"计划，倡导、鼓励实行导师组培养模式，探索博士研究生分流淘汰机制；在学术型硕士研究生培养环节，建立研究生数字化学习平台，建立"研究生学业评价考核体系"；在专业学位研究生培养环节，创新办学模式，鼓励建立长期、稳定、实质性的联合培养机制，大力提倡教师采取灵活多样的、新颖的教学方法，引进实践领域有丰富从业经验的高层次专业人士担任合作导师，全方位参与专业学位的培养工作；在质量监控环节，建立研究生教育质量信息平台，加大质量信息的公开力度，适时发布研究生教育质量年度报告，主动接受社会监督，营造浓郁的学术氛围，同时做好学术道德和学风建设工作，树立开拓创新的科研文化和学术严谨的学习文化。

5. 推进继续教育。大力发展继续教育，继续调整和优化继续教育结构，完善"学历教育、高端培训、远程教育、国际预科、职业技能和创业培训"六位一体办学机制，突出学历教育教学的特色和品牌化，形成"成人教育流程化、函授站点网络化、培训推广在线化、项目合作国际化"发展模式，实现生源规模、办学效益、教育品牌等的跨越式提升，构建灵活开放的终身教育体系和规范严谨的培训管理机制，最大程度地服务社会。

（四）国际化：以开放办学为重心，扩大国际影响力

战略目标：推进国际化战略，以培养具有国际视野的高级财经管理人才为目标，以深化

国际化工作体制机制改革为动力，将国际化理念贯穿于学校工作的各个方面，开展更高层次、更广范围、更具实效性的国际合作与交流，提升学校在国际高等教育领域的影响力和竞争力。

主要任务：

1. 借鉴国际先进理念和办学经验，提升人才培养国际化水平。积极借鉴和引进发达国家先进的教学模式、课程体系、教学方法和管理经验，助推学校教育教学改革。引入并参照国际权威机构对高等商科教育的认证标准，建立一套与国际接轨的、持续改进的工作体系。发挥二级学院的主体作用，创建"国际＋"人才培养模式，人才培养模式覆盖各类实验班。强力推进本科拔尖创新人才培养，开展本科生教育创新项目建设。拓展"赫瑞瓦特大学精算班"的建设，积极做好与西弗吉尼亚大学金融学（能源金融）专业本科层次合作办学项目，继续推进与加拿大西三一大学工商管理硕士国际合作项目，不断提高办学质量，力争在中外合作办学本硕博体系建设上取得突破。建设国际化特色学院，做大做强国际执业认证教育项目，继续打铸国际化育人品牌。建设全英文学科专业，大力开发全外语授课课程和双语课程。实施学生双向交流工程，拓展学生海外访学项目，建立学生海外实习基地，积极开发与海外高水平大学在本科和研究生层次的各种双联课程、学分互认课程、外部学位课程、外国考试机构课程等，力争国际交流学生数达到870人次，逐年提升具有海外交流经历的研究生比例。

2. 开展更高层次、更广泛、更深入的国际合作与交流。重点加强与世界知名高校、海外高校强势学科以及同类高水平高校的学术交流与合作。引导并支持教学科研人员申请或参与国际合作研究项目，鼓励各学院与海外高校、科研机构共建科研协作平台、产学研基地和实验室。面向全球广揽贤才，积极落实天津市"海外高层次人才引进计划"，加快海外高层次人才创新基地建设，使之成为国际人才培养、高端科研产出、海外人才聚集、引领创新开放的平台。充分发挥二级学院主体能动性和责任意识，引进国外优质教育智力资源，加强和改进外籍专家和留学归国人员的聘用工作。实施外语能力提升工程，支持教师和研究生参加国内外各类高水平学术会议，积极争取国家和省部级海外研修项目名额，力争有海外研修、访学经历的教师数达到270人次。提高在职管理干部中有海外交流、访学经历人员的比例。巩固与赫瑞·瓦特大学"苏格兰商务与交流孔子学院"和西弗吉尼亚大学孔子学院的办学成果，完善管理体制和运行机制，发挥财经学科专业特色，在彰显孔子学院商务文化与商务交流的办学特点、汉语教学和汉语师资培养、学术交流和文化推广等方面办出特色，形成品牌。

3. 加快发展留学生教育。按照"扩大规模、优化结构、保证质量、规范管理"的思路，优化生源结构，扩大留学生规模，提高学历留学生比例，争取实现2020年留学生规模达到1800人，其中学历生人数达到990人。鼓励在学优秀留学生在学校深造，引导各学院发展留学生短期项目，吸引更多欧美名校学生来学校留学。抢抓"一带一路"战略发展机遇，积极开拓沿线海外国家来华留学生市场，扩大中东欧国家来华留学生。突出"国际经济通商"专业特色，强化商务汉语教学建设，完善教育质量监控体系和教育质量保障体系，推进来华留学生实践基地建设。深化留学生管理，加强与驻津外企商会的合作，拓宽学历留学生的"出口",扩充留学生政府奖学金名额,做好来华留学生奖学金的评定工作。

(五)科研与服务:以服务国家重大战略为重心,催生精品力作

战略目标:继续坚持以科研精品化为导向,抢抓天津市五大战略叠加的机遇,通过创新科研体制机制,围绕基础理论、应用对策、咨询服务中的重大问题开展研究,到2020年,学校科技创新和服务能力进入财经类院校前列,承接国家级课题的数量和科技创新成果的转化率显著提升。

主要任务:

1. 凝练研究方向,增强科研综合实力。在哲学社会科学优势学科和研究领域中,规划出5个左右重点研究领域给予支持。注重基础研究,重点扶持对学科发展全局和学科创新起关键作用的基础研究项目,鼓励开展长期系统研究,增强科研创新后劲;加强应用研究,完善创新体系建设,创造激励科研创新的政策环境,紧贴国家重大战略和区域经济社会发展需求,选准突破方向,实施项目对接,在解决国家基础性、战略性、前瞻性需求方面彰显出学校的实力和特色。继续实施高校哲学社会科学繁荣计划,推进教育部(共建)和市级人文社科重点研究基地以及社科重大项目建设,推出一批体现原创性和时代性的精品力作,抢占本学科学术领域的制高点。争取"十三五"末期学校有若干个研究领域排名位居全国高校前列,承担国家级项目100项以上,累计科研经费增长40%以上,力争在国家和教育部优秀科研成果获奖数量上取得突破,SCI/SSCI/A&HCL等国际期刊上发表学术论文数量增长20%以上,高被引论文逐年增加。组织编纂好《中国大百科全书》(工商管理卷),提升工商管理学科的建设水平。加强学术创新载体建设,提升《现代财经》的办刊质量。

2. 加强创新平台建设,提升服务社会能力。继续推进"优秀青年学者培育计划""重大预研项目培育计划"和"科研创新团队"三大计划,着力提升人才、学科、科研"三位一体"的创新能力,促进科研与教学互动,科研与创新人才培养相结合。主动融入国家技术创新体系,发挥学科优势,整合学术资源,完善产学研战略联盟机制,建设好学校天津市高校产学研合作服务基地。鼓励与国家有关部委、省市政府、大中型企业、国内外著名高校和科研机构开展跨学科、跨领域的高水平合作研究、联合攻关,横向课题大幅增长。建设好与国家五大战略对接的研究院(中心)、各级协同创新中心以及其他科研机构等学科交叉研究平台,制订发展规划,凝练研究方向,规范管理体制,完善行业需求与科技成果对接机制,创新科研组织形式,挖掘各类科研创新平台的综合效应,推出一批标志性的研究成果和对策建议。完善智库资助支持机制,引导人文社科基地向战略研究型智库转变,着力培养和聚集一批高水平决策咨询专家,打造具有天财特色和国内影响的新型高校智库品牌,争取天津市高校智库达到3个,争创国家级高校智库,获市级以上批示或被采纳咨询报告的数量增长50%以上。加强学术交流平台建设,每年举办若干场高级别国际或全国性学术会议,继续推进国际经济学家天财论道、天财商道论坛、国合天财名师讲坛、青年学者论坛等学术活动的开展。

3. 改革和完善学术评价体系和考核机制。构建以创新质量和贡献为主导的科研评价机制和激励机制,以激励创新为出发点,深化学校科研领域"放管服"改革,修订科研项目

和科研经费管理办法，在科研运行保障、经费筹措使用、绩效评价、成果转化、收益处置等方面加大改革力度。发挥学术委员会的作用，完善科研评价标准和科研评价分类办法，坚持数量与质量综合评价的方法，从关注数量到提升质量，开展代表作制度试点，逐步完善国内外同行评价机制。完善科研分类评价办法，把原始创新作为基础研究的重要标准，把对经济社会发展的贡献度作为应用研究的重要标准，将科技成果转化、横向科研、应用研究和决策咨询成果纳入教师业绩考核，作为评优晋级的重要依据。加强科研组织管理，提高重大项目的组织与策划能力，加强重大项目监督，保证按时和高质量结项，加强重大科研成果的培育和国家级省部级科研成果奖的组织申报，提高科研成果的显示度。发挥学术规范委员会的作用，探索完善学术自律与学术监督相结合、学术自由与学术责任相结合的有效机制，规范学术行为，杜绝学术不端行为和学术腐败。

五、支撑保障体系建设

（一）全面从严治党，发挥党组织的核心作用

加强和改进党对学校的领导，发挥党在学校改革发展中总揽全局、协调各方的领导核心作用，增强以五大发展理念引领学校发展的思想自觉和行动自觉，动员全校力量，凝心聚力，努力实现"十三五"规划目标。

1. 加强组织队伍建设。

（1）领导班子和干部队伍建设。完善校院两级党委中心组学习制度，优化领导班子知识结构和专业结构，完善定期分析高等教育发展形势、党委研究学校发展战略、研究重大方针政策的工作机制；不断完善干部选拔任用机制，优化干部队伍结构，重视年轻干部培养，加大教育培训力度，强化监督管理，完善干部履职情况和工作绩效的考核评价机制。

（2）基层党组织和党员队伍建设。优化基层党组织设置，加强基层党组织书记队伍建设，组织开展好"两学一做"等党内经常性教育。严格党内组织生活，严格执行"三会一课"，定期开展党员党性分析和民主评议，提高党员经常性教育活动的实效性。加强党员队伍教育管理，优化党员队伍结构，注重在"双高"人员和青年教师中发展党员。

（3）人才队伍建设。坚持党管人才原则，完善党管人才工作运行机制，创新党管人才方式方法，加强人才工作机构和队伍建设，协调各方面力量，形成共同推动人才工作的合力，不断提升人才工作的科学化水平，为深化人才发展体制机制改革提供坚强的政治和组织保证。

（4）群团、统战、离退休工作。发挥工会、团委等群团组织对学校发展的促进作用。凝聚各民主党派和无党派的力量形成推动事业发展的合力，调动党外代表人士积极性，为学校事业科学发展献计献策。采取有效措施，抵制校园邪教和民族分裂活动。不断丰富离退休老同志的文化生活，实施"青蓝工程"，做好对青年教职工的传帮带和关心下一代工作。

（5）反腐倡廉建设。深入贯彻《中国共产党廉洁自律准则》和《中国共产党纪律处分

条例》，坚持从严治党，践行"三严三实"，健全领导干部带头改进作风、深入教学科研管理一线调查研究机制，持之以恒落实中央八项规定精神；不断完善学校惩治与预防腐败的体制机制建设，全面落实学校各级党委在党风廉政建设中的主体责任，认真履行纪委的监督责任，加强执纪、监督、问责工作；加强廉政风险内控信息化平台建设，强化重点领域和关键环节的监管。

2. 加强思想文化建设。

（1）大学生思想政治教育工作。坚持育人为本、德育为先，把社会主义核心价值体系融入思想政治教育全过程，落实全员育人、全过程育人、全方位育人。创新网络思想政治教育体系，做好中国特色社会主义理论体系和社会主义核心价值观进教材、进课堂、进头脑工作，完善马克思主义中国化学科建设及其研究生培养工作。开展大学生素质教育书院试点建设，为大学生提供通识教育和创新引领平台，开展学生的思想品德和行为养成教育。充分利用"教学与学业发展中心"平台，为青年学生心理健康和成长发展提供咨询、培训。加强大学生创新创业教育和职业道德教育，推进大学生创业服务中心建设，进一步培养大学生的创新意识、创业精神和创业能力。

（2）教职工思想政治工作。继续强化教书育人、管理育人、服务育人的理念，修订教职工行为规范。实施师德建设工程，特别加强青年教师职业理想和职业道德教育。整合优秀班导师、十佳教师、学生评教等评选表彰活动，选树先进典型，强化正面引导。将师德表现作为教师考核、聘任和奖励的首要依据，实行师德一票否决制。打造拓展凝聚力工程升级版，积极探索"新常态"下思想政治工作的有效载体，重视民生工作，畅通师生利益诉求和意见反馈渠道，坚持每年为师生员工办十件实事，不断改善师生员工的学习、工作和生活条件，努力提高教职工收入水平。

（3）校园文化建设。制订并实施《天津财经大学文化建设实施纲要》，凝练和弘扬天财精神，形成全校师生员工共同遵循的理想信念、价值标准、群体意识和行为规范，提升师生对学校文化的认同感。抢救校史资料，深入挖掘整理反映学校发展的各类文献、资料和图片、实物，修订编写出版《天津财经大学校史》，筹建校史馆和网上校史馆。弘扬名师文化，加强校友文化建设。打造校园文化活动品牌，加强校园大型活动组织和各种文化社团建设。统筹对内宣传和对外宣传，建立完善校园文化管理体系。加强研讨会、论坛、讲座、交流会等意识形态阵地和学术活动的监督管理工作，健全舆情预警和应急处理机制，加强危机公关能力，妥善处理危机事件。以校徽为核心，逐步规范学校形象标识和标志物的使用。加强校训宣传，完成校歌的创作改编。重视发挥学校景物、绿化等形象文化要素的功能，完成校园道路、设施、景观等的命名工作，完善校园导视系统。开发以校名、校训、校徽、校歌等标志物为文化载体的校园纪念品。发挥校园网、校报、校园媒体群、广播电台等媒体的作用，使之成为宣传学校形象的重要窗口。

（二）健全体制机制，完善治理结构保障体系

坚持依章治校，着力推进现代大学制度建设，完善内部治理结构，加强管理制度的系统性和工作程序的规范性建设，激发办学活力，构建充满活力、富有效率、执行力强、协调有

力的一流大学治理体系。

1. 现代大学制度建设。完善《天津财经大学章程》落实机制，形成以章程为统领的规范、统一的制度体系。坚持和完善党委领导下的校长负责制，不断探索党委领导、校长负责、教授治学、民主管理的管理模式，建立健全决策权、执行权、监督权既相互制约又相互协调的管理体制和运行机制，健全学校党委会议、党委常委会议、校长办公会议议事规则和决策程序，完善"三重一大"事项的决策机制；以校院两级管理体制改革为重心，深化学院管理体制改革，根据经济社会发展需要和学校事业发展需求，适度调整完善学院建制，强化学院（中心）相对独立的办学主体地位，完善党政联席会议、学术委员会、二级教职工代表大会分工合作的"三位一体"治理结构；健全学术管理体制，完善学术规范委员会、学位评定委员会、专业技术岗位聘任委员会的建设，优化以学术委员会为核心的学术治理体系；推进行政管理体制改革，切实转变行政部门的职能，提高工作效率，缩短办事程序，精简办事机构；完善校务公开、党务公开、信息公开等制度，发挥教代会、民主党派的监督作用。

2. 资产和经费管理。

（1）以拓宽办学经费渠道为重心，扩大资金来源。争取更多的"十三五"综合投资，努力寻求上级有关部门和社会各界的资金支持和帮助；要把对接天津五大战略机遇作为服务的重点，取得一批高水平的研究转化成果，以服务赢得社会的资金支持；创新科研管理机制，鼓励教师科研积极性，确保横、纵向科研收入的持续增长；扩大办学渠道，根据社会需求，利用现有的教学资源，举办各类培训教育及考试，增加办学收入；充分发挥教育基金会和校友会的作用，寻求海内外校友和社会各界人士对学校建设发展的支持。

（2）建设节约、高效、运转优良的资产保障体系。有效推动学校资产的保值增值，形成制度健全、管理规范、责任明晰、运转协调的资产管理格局。构建固定资产信息化管理平台，实现资产网络化、科学化、动态化管理。加强财务信息化建设，完善学校的财务管理体制、预算管理和预算执行制度、内部审计制度，加强专项资金管理，管好、用好学校经费，厉行节约，提高资金使用效益，保障资金运行安全。"十三五"期间，力争固定资产总值和教学、科研仪器设备总值均同比增长50%。

3. 安全生产管理。以推进平安校园建设为目标，贯彻"安全第一，预防为主，综合治理"的方针，落实《天津财经大学安全生产责任制规定》，建立部门负责、师生员工参与、学校监管、行业自律和社会监督的机制。完善包括学校安全管理、安全检查、消防安全、交通安全、校舍安全、设备安全、网络安全、饮食安全、安全应急等方面的制度建设；严格落实安全生产工作的主体责任，将安全生产工作纳入干部培训、考核、晋升等工作体系，实行安全生产一票否决；加强安全生产管理，改善安全生产条件，推进安全生产标准化建设，提高安全生产水平；提升校园安防建设水平，特别是对重点单位、要害部位、复杂场所，有效控制重大校园治安案事件和火灾事故发生。

4. 后勤服务管理。深化后勤服务社会化改革，加大服务外包力度。完善硬件设施，提升服务保障能力。利用信息化综合管理平台等现代化手段，建立完善后勤服务质量监督评价体系和成本控制机制。强化食品安全工作，各食堂餐厅达到A级管理标准，同时拓展服务领域，引进新的服务项目，完善后勤信息化系统，以不断提升师生满意度为努力目标，进一步提高师生餐饮服务、物业服务、学生公寓服务等后勤服务保障水平。加强校园绿化和环境卫生工作，实施节能指标化管理，倡导使用节能产品。

（三）推进环境建设，优化办学条件保障体系

按照发展规模和办学质量的要求，学校将持续改善办学条件，加大基础设施、校园环境和公用服务平台建设，为师生员工学习、工作和生活创造良好的校园环境。

1. 基础设施建设。完成《天津财经大学校园修建性详细规划》的修订工作。做好在建项目的收尾以及拟建项目续报续建工作，积极争取上级部门和各级政府对学校基础设施建设项目的支持。陆续开展综合餐饮服务中心、教师专家（含引进）公寓、学生宿舍、留学生教育中心、大学生公寓过街天桥等项目申报立项工作。完善并实施马场道校区提升改造规划。完成教学科研综合楼后期建设项目和新建综合体育馆工程。

2. 生态化绿色节约型校园建设。推进校园环境生态化建设。提升和营造育人生态环境。积极推广和应用节能产品与设备，建设能源智能监管平台。实施生态化绿色校园建设，针对校园各功能区域因地制宜，进行绿地、道路、水景等工程改造，开展新建教学科研楼、新建综合体育馆等周边区域专项提升工作，争取实现校园绿化覆盖率达到45%的目标，努力建设资源节约型、环境友好型的生态化绿色校园。

3. 公共服务平台建设。

（1）信息平台集成化建设。建成能够承载"十三五"信息化建设需求的专业化数据中心；校园网提升至具备万兆互联、千兆接入能力，无线网络基本实现校园全覆盖；建成学校主数据平台与学校核心业务主题数据库，并实现与校内各应用系统的集成；建成较为完善的涵盖学校教学、科研、管理、生活等多方面的应用系统体系；建成较为专业化的校园网运维服务体系，为校园网用户提供高质量的保障服务；建成较为专业化的网络信息安全管理体系，提高信息安全日常监控能力与应急事件响应能力，完成学校重点信息系统等级保护工作。

（2）图书档案建设。实施智慧型图书馆提升计划，改进文献资料管理模式，加大文献资源建设、图书馆现代化基础设施建设的投入力度。加强图书馆财经特色文献信息资源体系建设，构建具有学校学科特色的机构知识库。挖掘地方文献资源，促进纸质资源与数字资源协调发展。通过"十三五"的建设，图书馆藏纸质图书增加到150万册，电子图书增加到200万册，数据库增至150个。加强档案设施、档案工作队伍、档案信息化等方面的建设，构建科学的档案资源体系和方便的档案利用体系，提供更加精确、及时、全面的档案信息服务。

（3）落实管理工作服务化。服务基层，服务师生员工，实行管理服务化、服务便利化，完善学生事务"一站式"服务大厅和行政"一站式"服务中心建设，不断提升运行中的办事效率和便利化服务水平。围绕服务教学科研一线，完善实验教学中心软硬件建设与科学管理机制，加大实验室开放共享力度，加强实践教学基地建设，提高实验室的开放水平和使用效率。加强小班教室的多媒体设施建设，强化包括体育、文化在内的学校基础设施管理维护

和综合利用。

（四）加强统筹管理，落实规划实施保障体系

学校成立规划领导小组，负责规划实施的组织领导和统筹协调。各学院（中心）和相关职能部门要围绕学校"十三五"总体发展规划，修订细化相应的"十三五"规划，使之与学校总体规划有效衔接。各单位、各部门要制订出具体实施方案，分阶段、分步骤组织实施。为保障规划的实施效果，学校建立规划实施的监控、考核和调控机制。在规划实施过程中，各单位、各部门要密切配合，及时总结，适时调整，稳步推进，确保规划任务的落实完成。

1. 建立规划实施的监控机制。建立规划实施的跟踪监控机制，明确专门机构负责监督规划的执行，建立监督制度，加强督促检查。有关职能部门要加强对相关规划实施情况的跟踪分析，特别要加强对体现规模、结构、质量、效益实现情况的主要指标的监测，监测结果及时向学校规划领导小组报告。

2. 建立规划实施的考核机制。将规划实施考核与学科建设考核相结合，建立学科建设项目管理责任机制，明确考核的责任主体，将任务分解到单位、部门和人，分清责任并根据责任配置资源。完善学科建设的绩效评价与管理，加强规划建设项目的可考核性。建设项目实行并年度计划和年度完成进度报告制度。根据项目完成情况对责任部门单位进行督办和检查。在本规划实施的中期阶段，要对规划实施情况进行中期评估。

3. 建立规划调整机制。规划实施的过程也是规划不断完善的过程。规划实施过程中，在坚持发展战略不变的前提下，可根据外部环境的变化和学校事业的发展，对规划任务和建设目标做适当的充实和微调。当校内外形势和环境发生重大变化或因其他重要原因使学校实际运行偏离规划提出的目标时，学校将适时提出调整方案，并通过民主程序审议批准实施，完善规划管理机制。

天津商业大学"十三五"发展规划

按照国家和天津市"十三五"时期国民经济和社会发展的目标要求，依据《国家中长期教育改革和发展规划纲要（2010～2020年)》《统筹推进世界一流大学和一流学科建设总体方案》《关于引导部分地方普通本科高校向应用型转变的指导意见》等文件精神，制订《天津商业大学事业发展"十三五"规划》。本规划主要阐明"十三五"期间学校事业发展的指导思想、发展思路、主要任务和保障措施，是制订专项规划和年度工作计划的基本依据。

一、"十二五"工作回顾

"十二五"期间，学校坚持走内涵发展的道路，全面提升教育教学质量，不断完善人才培养体系，大力加强学科建设，积极开展国际交流与合作，不断改善办学条件，学校综合实力和核心竞争力得到显著提高，各项事业取得长足进步。

（一）工作成就

——深入推进教育教学改革，人才培养质量不断提高。主动适应天津市经济社会发展需求，实施了特色人才发展战略。进一步改革创新人才培养模式，构筑了"双平台＋多模块"的人才培养方案，探索了"大类招生—特色培养—就业导向"联动的人才培养机制，推进专业群与产业群"集群对接"，复合型创业型应用人才的培养特色更加鲜明。获批1个国家级卓越农林人才教育培养计划改革试点专业，1个国家级专业综合改革试点专业，11个天津市品牌专业和5个天津市战略性新兴产业相关专业。获批国家级精品资源共享课1门，"十二五"国家级规划教材3本，新增天津市级教学团队6个，市级教学名师6名，市级教学成果奖7项。获批国家级大学生校外实践教育基地1个，国家级实验教学示范中心1个，市级实验教学示范中心及建设单位12个，市级虚拟仿真实验教学中心1个。招生规模和生源质量逐年稳步提升，在校本科生规模由1.8万人增至2.1万人，招生地区覆盖面进一步扩大，第一志愿投档率和录取率逐年提高。毕业生综合就业率始终保持在90%以上，深受社会各界好评。学术型硕士学位二级学科招生专业新增9个，专业型招生专业新增10个，硕士点总数达到68个。计划内研究生招生规模从345名增加到457名，第一志愿率逐年提高，开始招收台湾地区研究生。

——持续加大学科建设力度，科学研究水平明显提高。学科建设取得新进展，新增市级重点学科2个，天津市工程研究中心1个，3支创新团队被评为天津市创新团队。科研项目的质量和数量稳步提升，承担国家级科研项目70项，省部级科研项目244项。SCI、EI收录论文466篇，CSSCI、SSCI、A&HCI期刊论文325篇。获专利授权596项，其中发明专利147项。获得省部级奖励17项。一批高质量的咨政报告得到市领导的批示肯定，在服务区域经济社会发展中发挥了积极作用。

——全面加强队伍建设，师资力量显著增强。坚持引育并举，出台高层次人才引进和培养政策，师资队伍的规模不断扩大、结构不断优化、质量显著提高。到"十二五"末，专任教师总数达到737名，其中教授146名，副教授258名，高级职称教师所占比例由51.8%提高到54.8%；具有博士学位的教师288名，比例由22.5%上升到39%。实现了天津市人才项目零的突破，新增"天津市千人计划专家"3名、"天津市特聘（讲座）教授"1名、天津市"五个一批"人才2名、"享受政府特殊津贴专家"1名，天津市"十二五"重点学科领军人才5名，47人次入选天津市"131"创新型人才培养工程梯队，46人获天津市"十二五"综投人才梯队资助，6支教学团队被评为天津市教学团队，2支教学团队被评为天津市教学创新团队。

——实施国际化发展战略，交流合作迈上新台阶。与美国佛罗里达国际大学合作举办的酒店管理专业本科教育项目逐步成为学校的特色品牌，在中国酒店管理专业大学竞争力排行榜中名列前茅，培养1306名毕业生，35.7%的毕业生考取国内外知名大学研究生。与澳大利亚查理斯特大学合作举办的财务管理专业本科教育项目，培养毕业生629名，30%以上毕业生在国内外知名大学继续深造。与美国东密歇根大学合作举办的人力资源管理硕士学位教育项目，培养硕士生124名，顺利通过教育部组织的中外合作办学项目试点评估。接待国外来访团组80多个，近千余人次；派出教师、干部出国（境）交流访学159人次；聘请223名外籍专家来校授课；与十余个国家和地区的近30所高校及教育机构签署合作协议，招收长短期留学生1350名；成功举办中国自由贸易园（港）区建设与服务业开放国际论坛等国际学术会议。

——深化体制机制改革，管理服务水平显著提升。全面实施人事分配制度改革，完成定岗定编和全校岗位聘用合同签订，实施绩效工资制度；开展制度的废改立，修订各类规章制度300余项；狠抓校务公开，管理的民主化科学化水平显著提升。加大信息化建设力度，校园网出口带宽达到2.9G，无线网覆盖率达到50%以上，建成统一信息门户等数字校园管理平台，财务信息化综合服务平台正式运行。积极稳妥推进后勤管理体制改革，不断提升服务水平，为学校发展提供有力支撑保障。

——发挥文化育人作用，校园文化建设成效显著。发挥校园文化教育功能，大力推进文化传承创新，促进大学文化建设与人才培养有机结合。开展主题鲜明、形式多样的思想、科技、文体、娱乐活动，不断创新活动载体，丰富活动内容。积极支持学生参加各级各类竞赛，学生多次获得国家级奖项。举办、承办多项国家级、市级竞赛，形成了一批有较大影响，具有学校特色的品牌活动。

——积极改善办学条件，和谐校园建设稳步推进。学校事业收入持续稳定增长，2015

年收入达 8.02 亿元，较 2010 年增长近一倍；固定资产总值由 8.92 亿元增加到 18.74 亿元，其中教学科研仪器设备总值由 1.71 亿元增加到 3.59 亿元。建成大学生运动员实训基地、风雨操场及近 5 万平方米学生宿舍，新体育馆开工建设。整合全校房屋资源，改善办公条件，缓解了教室和宿舍紧张状况。实施全校水电气等基础设施改造工程、校园环境提升工程，加快生态校园、平安校园建设步伐。大力改善民生，提高教职工校内绩效工资标准，多次提高公积金缴存基数和比例，人均年收入达到 11.5 万元；改善师生医疗卫生保障条件，在全市高校率先建立"教职工大病医疗互助会"，足额及时报销离退休职工医疗费用；完善学生奖、助学金评定制度，年发放总额达 3000 万元，切实维护了师生员工的利益。

——全面从严治党，不断加强党的建设。突出全面从严治党主线，强化思想引领，夯实基层组织，以创新党建工作载体为抓手，不断增强基层党组织的凝聚力、战斗力和创造力，为学校事业发展提供坚强保证。深入开展党的群众路线教育实践活动、保持党的纯洁性教育活动和"三严三实"专题教育。坚持和完善党委领导下的校长负责制，加强学习型党组织建设，建立完善校院两级中心组学习长效机制，党员领导干部带头学习。规范干部选拔任用工作程序，完善干部选拔任用机制。实施学分制，定期组织开展干部培训班，开通网上干部教育培训平台。认真学习贯彻中央八项规定精神、坚决反对"四风"，改进工作作风，厉行勤俭节约。严格执行党风廉政建设责任制，加强反腐倡廉宣传教育，加强惩防体系建设，为学校事业科学健康持续发展提供了强有力的政治保障。

（二）问题和机遇

在总结事业发展成绩的同时，也必须清醒地认识到存在的不足。学校商科特色尚不明显，转型发展、争创一流任重道远；学生创新创业能力还需进一步提高，人才培养质量与经济社会发展需求仍有差距；学科实力不强，承担的国家级项目偏少，高水平标志性的平台、成果较少，服务社会和科研转化能力不强；教师数量、质量和层次有待提升，师资队伍结构不合理，缺乏科研拔尖人才、领军人物，激励约束机制不完善。校园规划的系统性不够，基础设施严重老化，办学经费紧缺，后勤管理尚不能完全适应学校事业发展需要。内部治理体制不够完善，管理效能和服务水平还不能适应内涵发展的需要。校院两级管理机制尚未健全，学院活力仍需进一步激发。

同时也要看到，天津市"五大战略机遇"叠加、重点建设国家自主创新示范区、全国产业创新中心和国际创新城市等契机为学校发挥比较优势提供了广阔空间，国家引导部分地方普通本科高校向应用型转变为学校发展指明了发展路径，不同类型、区域、层次的高校联盟、协同发展为学校拓展办学空间提供了新思路。积极推进对内对外开放，是学校新的发展阶段的重要战略选择。借势发力，抢抓机遇，创新办学理念，是学校办出特色，争创一流，赢得新优势的内生动力。面对新的机遇和挑战，需要全校师生凝心聚力，攻坚克难，不断深化内涵建设，提高办学质量。

二、指导思想与发展思路

（一）指导思想

以马克思列宁主义、毛泽东思想、邓小平理论、"三个代表"重要思想、科学发展观为指导，深入学习贯彻习近平总书记系列重要讲话精神，牢固树立创新、协调、绿色、开放、共享发展理念，坚持党的教育方针，坚持社会主义办学方向，坚持立德树人根本任务，树立"育经世之商才，授致用之术业"的办学理念，以人才培养为核心，以学科建设为龙头，以转型发展为路径，以综合改革为动力，不断深化内涵建设，培养具有高度社会责任感、深厚商学素养的复合型应用型创新创业人才，建设商科特色鲜明、对接社会需求的高水平大学。

必须坚持以下原则：

——坚持党的领导。党的领导是学校事业发展的根本政治保证。必须贯彻全面从严治党要求，不断增强党组织的创造力、凝聚力和战斗力，坚持围绕中心抓党建，抓好党建促发展，把握正确的发展方向。

——坚持创新发展。创新发展是学校事业发展的不竭动力。必须把改革创新摆在发展全局的核心位置，加强体制机制改革，完善学校内部治理结构，发挥各类办学要素的最大效益，确保持续高效的发展趋势。

——坚持协调发展。协调发展是学校事业发展的内在要求。必须把握事业发展总体布局，正确处理好改革发展稳定的关系、教学科研与服务社会的关系、行政权力与学术权力的关系、内涵建设与外延建设的关系，维护均衡稳定的发展态势。

——坚持内涵发展。内涵发展是高等教育发展的重要目标。必须围绕立德树人的根本任务，更加突出人才培养的中心地位，强化师资队伍，加强学科建设，提高办学质量，推进以质图强的发展战略。

——坚持特色发展。特色发展是学校事业发展的必然选择。必须注重差异化发展，发挥比较优势，凸显商科特色，培养学生商学素养，服务社会经济发展，实施以特求存的发展策略。

——坚持转型发展。转型发展是学校事业发展的主要路径。必须强化应用型人才培养，瞄准区域经济社会发展的重大需求，优化专业设置，创新人才培养模式，增强学生创新创业能力，探索适应社会需求的发展模式，提高服务社会水平。

——坚持开放发展。开放发展是学校事业发展的必由之路。必须以更加宽广的胸怀推进开放办学，既要海纳百川，吸收引进各类人才，积极学习国内外高校先进办学理念，又要拓宽视野，促进产教深度融合，汇聚广阔丰富的发展资源。

（二）发展思路

牢牢把握立德树人这一根本任务，以建设商科特色鲜明、对接社会需求的高水平大学为目标，紧紧围绕提高人才培养质量这一主线，坚定不移走深化内涵发展之路，坚持质量立校，人才强校，特色兴校，以体制机制改革为引领，以制度创新为动力，以完善现代大学制度为保障，相对稳定办学规模，重点夯实办学基础，着力提高办学水平，不断提升办学实力。

扎实推进三大改革创新：人事制度改革创新，校院两级管理体制改革创新，后勤管理体系改革创新。

大力实施五大基础工程：特色人才培养工程，学科建设水平提升工程，师资队伍水平提升工程，科研创新能力提升工程，办学条件与校园环境提升工程。

力争取得五大标志性成果：教育教学质量显著提高，力争取得国家级教学成果奖励；应用型转型工作取得突破，力争部分专业转型任务基本完成；学科建设成效显著，力争获批授予博士学位人才培养项目试点单位；师资队伍建设水平提高，力争国家级人才取得突破；科研创新能力明显增强，力争获得国家级科研奖励。

（三）主要目标

——人才培养质量显著提升。建立产教融合、校企合作的协同育人模式，本科专业体系紧密对接产业链，复合型应用型创新创业人才培养质量不断提升。到"十三五"末，在校全日制本科生规模稳定在 2.1 万人左右，研究生规模达到 2000 人，特色优势专业达到全校本科专业总数的 40% 以上，就业率达 91%。学生创新创业能力明显增强，力争在学科竞赛中获得国家级奖励 50 项以上、省部级奖励 400 项以上，获批国家级大学生创新创业训练计划项目 200 项以上。教育教学改革取得显著成效，推出一批得到同类高校认同的本科教学改革成果，积极培育与申报国家级教学成果奖。

——学科建设成效显著。学科整体实力得到显著提升，结构优化，体系完善，优势突出，排名稳步提升，学科建设取得实质性成效。新增 1~2 个市级重点学科，获得 2~4 个省部级创新团队项目，学科支撑深化内涵发展能力明显增强。

——师资队伍水平显著提高。持续引进具有优秀学术基础、能够胜任高质量科研教学任务的高层次人才，不断优化师资队伍结构与规模，持续提升师资队伍建设质量，力争具有博士学位的专任教师总数超过 50%，新增天津市千人计划、特聘（讲座）教授 5~7 名，新增131 第一层次及其他各类省部级人才 6~8 名，8~10 人获得省部级人才项目，力争 30% 以上的教师具有海外学习或者合作研究的经历，50 岁以下教授占教授总数超过 50%，有一定比例的教师具备企业实践经验。

——科研与创新服务能力进一步提高。科学研究、学科建设与人才培养水平进一步提高，科研创新能力、社会服务能力明显增强，学术氛围更加浓厚，科研内生动力持续激发。力争国家级项目突破 100 项，科研经费总量达到 1.2 亿元，其中科技经费达到 9100 万元，社科经费达到 2900 万元，新增省部级科研平台 3 个以上，力争实现国家级科研奖励零的突破。提高科技成果转化效益，成果转化经济效益每年增长 8%~10%。

——国际化办学进一步推进。强化国际化办学理念，大力推动合作办学，推进教师、学生、教学、科研国际化，提升国际影响力。新增 12 个国际化办学合作项目，每年选派 100

名优秀学生到海外开展长短期学习交流,留学生规模力争达到1000人。

——内部治理体系改革取得明显进展。推进人事制度改革,对教师实施评聘分开、分类管理,健全教师薪酬制度,完善激励机制。优化校院两级管理体制,实现管理重心下移,增强学院对办学资源的统筹配置能力,构建责权利相统一的运行机制,激发整体办学活力。改革后勤管理机制,按照现代企业制度,组建后勤服务实体,增强保障能力,提高服务水平。

到2030年建校50周年时,内涵建设取得实质性成果,人才培养质量显著提升,专业转型取得明显成效,学科整体水平大幅提高,部分学科达到国内先进、建成区域一流,力争博士点建设实现突破,高层次人才数量大幅提升,学科领军人才凸显、骨干教师结构合理,科研创新与服务社会能力显著提高,整体办学实力进入全国同类院校前列,建成商科特色鲜明的高水平大学,见下表示。

"十三五"期间主要发展指标

类别	建设内容	指标
办学规模	全日制在校本科生(人)	21000
	全日制在校研究生(人)	2000
	留学生(人)	1000
人才培养	新增国家级教学成果奖(项)	1
	新增国家级规划教材(部)	5
	本科生和研究生就业率(%)	≥91
	国家级学生学科竞赛获奖(项)	≥50
	省部级学生学科竞赛获奖(项)	≥400
	国家级大学生创新创业训练计划项目(项)	≥200
学科专业建设	新增市级重点学科(个)	1~2
	新增一级学科硕士学位授权点(个)	1~2
	新增专业硕士学位授权点(个)	1~2
	新增省部级创新团队(个)	3
	本科专业(个)	55
师资队伍	专任教师数(名)	1100
	博士学位占专任教师比例(%)	50
	新增天津市千人计划、特聘(讲座)教授(名)	5~7
	新增131第一层次及其他各类省部级人才(名)	6~8
科学研究	纵向科技经费(万元)	6100
	横向科技经费(万元)	3000
	纵向社科经费(万元)	1400
	横向社科经费(万元)	1500

续表

类别	建设内容	指标
科学研究	国家自科基金项目（项）	60
	国家社科基金项目（项）	23
	其他国家级科研项目（项）	22
	国家级科研奖励（项）	1
	省部级社科科研奖项（项）	15
	省部级自科科研奖项（项）	5
	新增省部级重点实验室、工程中心（个）	1~2
	新增省部级人文社科基地或智库（个）	1~2
	新增省部级协同创新中心（个）	2~4
	SCI、EI 检索系统收录期刊论文（篇）	400
	CSSCI、SSCI、A&HCI 期刊论文（篇）	500
办学条件	教学、科研仪器设备总值（亿元）	5
	馆藏图书（万册）	215
	电子图书（使用权）（万册）	450
	新建校舍面积（平方米）	45000
国际化办学	新增合作办学项目（个）	12
	本科生研究生海外学习人数（人次）	500

三、主要任务

（一）提高应用型人才培养质量

加强社会主义核心价值观教育，发挥商学教育特色，实施特色人才培养工程，通过实施"模式改革、优势拓展、课程创新、质量保障、诚信塑造、质量提升"六大改革计划，打造"应用型、特色化、高质量"的国内一流教育教学体系，不断提高人才培养质量。

改革人才培养模式。积极探索产学融合协同培养、跨学科复合培养等多元化人才培养模式，推进实施"卓越人才培养计划"，建立高校与行业企业联合培养人才新机制。加强实践教学基地、实验教学示范中心、虚拟仿真实验教学中心建设。进一步优化实验教学体系，加大实验室开放力度。进一步完善创新创业教育体系，持续实施"大学生创新创业训练计划"项目，举办创新创业大赛，建立专兼职创业导师队伍，加强众创空间内涵建设，孵化高质量创业成果。

拓展专业优势。建设一批以国家级特色专业和市级品牌专业为核心，外有产业链、内有学科链支撑的专业群，促进优势特色专业资源和品牌发挥辐射与示范效应，增强学校服务贡献经济社会发展的能力。

建设精品课程与网络教学平台。以产业技术进步驱动课程改革，整合专业基础课、主干课、核心课、专业技能应用和实验实习课，加大以应用为本的课程群或课程模块建设力度。积极开展在线网络课程建设，打造集慕课、微课和混合式课程于一体的开放式课程平台。

完善教学质量保障体系。加强教师教学发展中心建设，建立优质教学咨询与评估团队，提供教学咨询与诊断服务，提升教学效果。探索多样化的教学模式，激发学生学习兴趣和主动性。完善教学质量评估标准和教学评价机制，健全教学奖励制度和激励机制，营造优良的教学氛围。

提升大学生思想政治教育实效性。深入开展社会主义核心价值观教育，深化思想政治理论课教学改革，切实提高思想政治理论课教学实效性、针对性。以教育、管理、服务为主线，以学生全面发展为目标，以诚信教育为重点，打造大学生思想政治教育品牌。完善学风建设载体机制，促进学生成长成才。构建辅导员队伍专业化职业化发展支持体系，建立科学化规范化的实践育人工作机制。发挥团学组织思想引领与成长服务功能，实施"诚信塑造计划"，不断提升思想政治教育的影响力和覆盖面。

提升研究生培养质量。以提高质量为主线，努力构筑"培养模式改革和质量保障体系改革"两个着力点，搭建"教学服务、学术创新能力培养和实践应用能力培养"三个平台。实现研究生培养教育的"发展方式从注重规模向注重质量提升转变"，"培养结构从以学术学位为主向以学术学位与专业学位协调发展转变"，"培养模式从注重知识学习向知识学习和能力培养并重转变"，"人才质量评价方式从注重在学培养质量向在学期间的学业表现与毕业后的职业发展能力并重转变"。统筹推进研究生招生改革、创新人才培养模式改革、健全导师责权机制改革、质量保障体系改革，努力营造学术氛围，强化学术道德，提高研究生培养质量。

（二）提升学科建设整体水平

实施学科建设水平整体提升工程。坚持重点发展战略，以进一步规划和凝练学科方向为基础，以加强高水平学科梯队建设为载体，以完善学科建设体制为保障，以获得标志性成果为重点，全面提升学科建设水平。

推进一流学科建设。以建成天津市一流学科为目标，重点建设应用经济学、工商管理、制冷及低温工程、农产品加工及贮藏工程、民商法学五个市级重点学科，统筹资源情况，结合学科实际，加强一级学科重点学科建设。服务国家重大战略与京津冀区域经济社会发展需求，突出行业与区域特色，整合学科优势资源，进一步凝练学科方向，突出重点，形成特色；坚持引育并举，创建一流水平学科团队，聚集一批高水平学科领军人才和创新骨干人才；积极承担国家级科研项目和重大横向课题，产出更多原创性、标志性成果，为获批授予博士学位人才培养项目试点单位奠定基础。

培育特色优势学科。以市级重点学科为依托，整合现有校级重点学科，大力扶持和培育食品保鲜与冷链物流、现代服务业等新兴特色学科群。围绕天津市经济社会发展战略目标，服务战略性新兴产业需求，瞄准学术前沿，加强应用技术研究，促进成果转化，形成多学科相互融合、相互支撑、协同创新、共同发展的综合优势。

打造学术创新团队。积极探索建立以学科带头人为核心，以重点学科、重点实验室、人文社科研究基地、工程研究中心、协同创新平台等为载体的人才组织新模式，通过合理规划、内培外引，打造跨学科、跨专业、多平台的学术创新团队，大力提升科研自主创新能力，加快学科发展。

完善学科建设体制。进一步完善学科建设的校院两级管理体制，明确学校、学院、学科带头人三者在学科建设中的作用和责权利关系，制订科学合理的学科评估指标体系，完善管理、考核与验收办法，加强学科建设绩效评价与动态管理，建立以学科评估结果为主要依据的学科建设资源分配机制。

（三）建设高水平师资队伍

坚持以人为本、人才强校的理念，实施师资队伍能力提升工程。以师德建设为基础，以提升师资队伍能力水平为核心，以引进和培育高层次拔尖人才和实施中青年教师能力提升为重点，以营造人才成长的良好环境为保障，建设一支师德高尚、业务精湛、结构合理、充满活力的高素质教师队伍。

对教师分类聘任管理。实施教师岗位分类设置与管理，激发个体、鼓励团队、支持竞争、着眼未来，构建多元化用人格局。对不同特点和专长的教师提供不同的发展平台与通道，实行不同的考核评价方式，更好地发挥教师的潜能，促进教师队伍人力资源的开发利用。

提升教师数量。借力政策，重点招聘优秀留学归国博士毕业生、以北大、清华为代表的国内重点高校博士毕业生和个别特殊专业硕士毕业生三类人才，适度扩充教师规模，建设一支规模与学校事业发展需求相适应的师资队伍。

集聚高层次人才。以重点学科、重点实验室以及省部级创新平台为依托，培养领军人物，加大引进学科带头人、海内外杰出青年人才的力度，逐步建设起"定位明确、层次清晰、衔接紧密、重点突出"的高层次人才队伍体系。

培育中青年教师。对新进博士教师，实施"青年教师起步资助计划"，使其科学研究尽快进入轨道；对具有较大发展潜力的青年骨干教师，实施"中青年骨干教师出国研修计划"，拓展国际视野；对具有较强创新能力的优秀青年教师，实施"青年英才百人计划"，力争经过 4~6 年重点培育，使其成为本学科领域的学术带头人。

促进教师专业发展。帮助教师科学制订专业发展规划，推动教师与国内外高校、研究机构、企业等开展广泛合作，通过访学、进修、攻读博士学位、产学研践习项目，全面提升教师教学科研水平及服务社会的能力。

建设兼职教师队伍。拓宽教师来源渠道，聘请企业、科研院所、行业协会、政府机关里具有较高学术造诣、丰富实践经验的各类高层次专业人才担任兼职教师，建成一支结构合理、能力突出的兼职教师队伍。

加强师德建设。坚持以价值引领、规范行为、奖惩激励、完善考评为原则，建立健全榜样引领、底线控制、社会监督、过失问责等师德建设长效机制，培育一批师德典型，发挥引领示范作用，铸师魂，育师德，建设一支为人师表、治学严谨、业务精湛、潜心育人的教师队伍。

（四）增强科研创新与服务社会能力

完善科研体制机制，实施科研创新提升工程。营造浓厚学术氛围，激发科研内生动力，支持培育一批青年科研骨干，促使科研成果和科技平台的质与量均有较大增长，不断提高服务社会的水平。

组织重大项目科研攻关。瞄准国家和地方重大需求，组织精干科研力量进行科研攻关，积极承担国家和天津市重大科研项目。以中国制造2025、京津冀协同发展、滨海新区开发开放等机遇为契机，结合学校特色优势，把握主攻方向和重点研究领域，重点推动国家级项目和大额度资金横向课题研究。

加强科研平台建设。以现有教育部工程中心、市级重点实验室、市人文社会科学重点研究基地、市级创新团队为依托，深度挖潜，适度扩容，建设更多优秀创新团队和跨学科合作平台。继续保持现代服务业发展研究在同领域的领先优势。力争在科研创新平台建设中有新的增长点。继续提高学报学术水平和质量，扩大学报影响力，提升学报学术培育能力。

培育高水平科研成果。重点推进高水平论文、学术专著以及发明专利等成果的产出，提高 ESI（高被引）、SCI、SSCI、EI 收录期刊论文的收录比重，特别是 SCI 一区、二区和社科高水平论文，提高发明专利的数量。鼓励科学研究成果积累，积极争取国家级和省部级科技进步奖、技术发明奖、自然科学奖，力争提高省部级优秀社会科学成果奖的奖励级别和数量，切实增强自主创新能力。

提升社会服务能力。立足天津市经济社会发展需求，高效整合资源，形成一批具有明显优势的社会服务领域。加强科技特派员队伍建设，通过科技特派员强化与企业、行业联系，服务学校转型发展，拓宽社会服务领域。

提高成果转化效益。促使科技成果与企业需求对接、资源共享与产学研互动，建成天津商业大学科技成果转化中心，促进成果直接转化为生产力。积极争取天津市高等学校科技成果转化奖励项目资金，对资金实行项目管理，提升学校科技成果转化工作整体水平。推进校企对接，把学校的学科、知识、技术优势和创新能力转化为现实生产力，不断提高科学研究成果的经济效益、社会效益。

（五）优化学校管理体系

以依法治校为保障，以管理规范化、科学化为手段，以建立校院两级管理体制为基础，优化资源配置，实现权责统一，增强管理效能，提高办学质量和效益。

全面推进依法治校。以法治思维和法治方式推动制度建设，提高依法治校能力和水平。坚持和完善党委领导下的校长负责制，建立协调运行的工作机制。进一步优化学术组织机构，强化学术委员会在学科建设、学术发展中的地位和作用，扩大教授在学术事务和学校管理上的参与权，探索教授治学的有效途径。

建设高效规范的治理体系。建立中国特色现代大学制度，完善学校内部治理结构。遵循学校章程，加快构建有利于学校事业发展的内部管理体制和运行机制，协调行政权力与学术权力、内涵建设与外延建设、改革发展与稳定的关系，推进管理的科学化、规范化。

完善校院两级管理体制。进一步明确校院职责和权限，强化学校宏观决策、过程监管、服务保障能力，转变学校行政管理部门职能，增强学院对办学资源的统筹、配置能力，实现管理重心下移、办学资源下放、主体责任下沉，建立人、财、事协调，责、权、利匹配的校院两级管理体制。

增强管理规范化水平。建设以大学章程为核心的层次清晰、内容规范的制度体系，以落实责任制和强化督办为抓手提高执行力。进一步加强信息公开，不断提高管理信息化水平。依法依规推进管理工作，建立健全决策程序，提升依法履责水平。

（六）提升国际化办学水平

树立高等教育国际化意识，以更加开放的理念丰富国际化办学内涵。全面推进双向开放，探索深度合作交流，努力获取国际优质教育资源。对接国际化人才需求，在重点学科、专业率先取得突破，搭建平台，拓宽渠道，全面提高国际化办学水平。

实施"国际化办学推进计划"。在已有合作办学项目基础上，拓展与世界知名大学的合作与交流。总结梳理合作办学经验，积极向非合作办学专业进行推广。力争每个教学学院均有一个品质优良、运行健康的国际合作交流项目。

大力推进学生国际交流。加强国际合作，探索课程互认、学分互认的人才培养模式。实行"2＋2""3＋1＋1"等人才培养模式，提高人才培养质量。设立专项奖励基金，实施交换生计划，推进研究生海外交流、学习实习项目，支持学生出国出境访学交流。遴选适合开展国际化招生的专业，逐步建设一批高质量、高水平的留学生专业课程。实施"留学天津计划"，建立"中国经济与文化"体验项目，努力吸引留学生来校攻读学位，扩大留学生规模，提高留学生生源质量和培养质量。

提升学术国际影响力。支持与海外院校、科研机构开展高水平科学研究和协同创新。加大青年骨干教师出国研修选派工作力度，创造条件推动更多任课教师赴海外学习研修。健全国家公派、单位（学校）公派和（教师）自费出国相结合的出国选派模式。引进具有世界知名大学学习或工作经历的教师来校承担核心课程的教学工作，提高教师队伍国际化比例。聘请高水平海外专家来校讲学、讲座、任教，支持教师参加高水平国际学术会议，组织承办高水平国际会议或文化活动。积极申办海外孔子学院（课堂）。

（七）加强校园文化建设

以社会主义核心价值观为统领，按照精神引领、环境熏陶、行为导引、制度约束的建设思路，不断丰富商科特色文化，以高品位的文化活动为载体，以传统媒体和新媒体为手段，突出文化育人，建设高品位校园文化。

建设特色鲜明的校园文化。不断丰富商科特色文化，弘扬商业道德，塑造诚信品质，激发创新创业精神，建设具有商科特色的大学校园文化。深入挖掘校歌、校训、校史的文化价值，知校史、明校情、行校训，积极培育爱校荣校之情。

开展高层次校园文化活动。以活动为载体，依托学生社团开展主题鲜明、健康有益、丰富多彩的线上和线下活动，开展高品味的思想、科技、学术、文体活动，开展名师名家、企业高管进校园，打造"天商大讲堂""创业大讲堂"等校园文化活动品牌。进一步规范学生社团管理，对学生社团实行分类指导、分级管理，促进学生社团健康发展。

加强校园文化环境建设。优化校园文化硬件设施，科学规划校园环境，整合各个校区资源和功能，提升校园环境质量。推广应用学校形象识别系统，加快校园环境美化和人文景观建设，倡导生态文明，提升文化品位，增强文化氛围，陶冶学生情操。

强化校风建设。以教风建设为关键，学风建设为基础，不断加强校风建设。倡导热爱学生、积极进取、甘于奉献的优良教风，培育创新学习、勤学多思、主动进取的良好学风，建设优良校风，促进师生身心健康发展，形成全校师生共同遵循的文化导引和精神规范。

（八）提高综合保障水平

统筹做好校园规划，提升基础设施建设水平，改善办学条件，完善公共服务体系，建设平安校园、美丽校园、和谐校园，助推学校内涵建设。

建设平安校园，提升校园安全稳定保障水平。完善安全稳定工作体系，建立安保长效机制。积极推进"平安高校"建设，不断完善安全管理规章制度，全面开展安全管理标准化建设，实现安全管理工作规范化、科学化。积极开展校园及周边综合治理工作，进一步增强师生安全感。实验室安全管理实现精细化、全覆盖，层层落实安全责任。严格执行可追溯的实名制危险化学品全程管理制度。加强对学生公寓、食堂等重点部位的监督管理。

改革后勤体系，提升综合服务保障水平。推进后勤管理体制机制改革创新，按照"实行精细管理，控制运行成本，健全奖惩机制，提高服务水平，增强保障能力"的思路，推动后勤改革。建设低碳校园、节能型校园和环境友好型校园，加强公共卫生与食品卫生安全管理。加强后勤队伍建设，充实专业化技术管理人才。

完善基础设施建设，提升办学资源与生态环境保障水平。新建与改造校园建筑相结合，制订实施校园整体改造提升规划，完成校园环境综合整治提升、主校门建设、新体育馆建设、原药校土地房屋改造，新建综合教学楼、学生公寓、学生生活服务中心综合楼，不断完善基础设施建设，建设功能清晰、布局合理的绿色生态校园，建成"美丽商大"。

加强信息化建设，提升信息服务保障水平。提高校园网整体性能和融合能力，推进移动校园建设，建设超融合云数据中心，推动信息技术与教学、科研和管理的深度融合，强化网络安全建设。加强图书馆数字资源建设与利用，建设智慧型校园。

开源节流降本增效，提升办学经费保障能力。努力增收节支，多渠道争取各类办学经费。加强学校全面预算管理，完善学校内部控制体系建设。加快预算资金执行进度，提高资金使用效率。严格执行政府采购各项规定，规范各类招投标采购。严格审计监督，发挥学校各类资源使用效益。

共享学校发展红利，提升民生保障水平。坚持以人为本，保障全体师生员工分享学校发展红利。实施惠民工程，深化收入分配改革，建立绩效激励机制，不断改善教职员工薪酬待遇和福利。办好教工食堂，服务教职员工，做好职工互助保障。

四、保障措施

"十三五"期间，将采取加强党的建设、形成规划实施合力、优化资源配置等三项保障措施，提高规划执行力，推进规划顺利实施。

（一）加强党的建设

坚持党要管党、从严治党，发挥各级党组织的政治核心作用，为实现"十三五"规划提供坚强保证。不断加强和改进思想政治工作，牢牢掌握意识形态工作的领导权管理权话语权。坚持和完善党委领导下的校长负责制，建立健全各类议事规则。加强领导班子和干部队伍建设，不断提高干部思想政治素质和履职能力。围绕"四种形态"，把监督执纪问责做实做细，落实党风廉政建设责任制。加强服务型基层党组织建设，以基层党建服务发展、服务师生、服务党员。发挥工会、共青团、学生会以及离退休老同志和广大校友的作用，做好统战工作，凝聚共识和力量，营造昂扬向上的发展氛围。

（二）形成规划实施合力

加强规划的统筹管理和衔接协调。遵循学校事业发展规划，制订学科建设、师资队伍、校园建设三个专项规划，各个学院（部）、职能部门制订发展建设子规划，形成以学校总规划为统领，以专项规划为支撑，以学院（部）、部门规划为基础的发展规划体系。做好学校整体规划与国家、天津市发展规划的衔接，做好学校五年规划与长远规划的衔接，保证规划的权威性和连续性。专项规划和学院（部）、职能部门规划要在指导思想、发展思路、发展目标、重点任务等方面与学校整体规划进行衔接，切实落实好学校规划的统一部署。要加强对规划实施的组织、协调和督查，细化落实学校规划提出的目标任务，提高规划执行力。要把学校"十三五"发展规划实施与年度工作计划紧密结合，有计划、有步骤地推动落实。建立健全规划评估和监督机制，定期评估规划的实施情况，监督重大项目的执行情况，将落实规划情况作为学校资源分配、项目审批和资金安排的重要依据，维护学校发展规划的权威性。

（三）优化资源配置

以"开放、共享"为原则不断加强办学资源的统筹管理，依据学科发展、专业建设、学生数量促进场地、设施、设备等资源的合理配置。以办学绩效为导向，优化人、财、物等办学资源的配置，提高办学水平和效益。预算安排和资金投入优先保证办学运行基本需要、保证重要改革任务和重点建设项目需要。通过多种形式对学校"十三五"发展规划进行宣传，为规划的实施创造良好的舆论氛围。要进一步增强师生员工参与规划实施、推动学校事业发展的主人翁意识，调动校内外一切积极因素，全面推进学校事业快速健康发展。

"十三五"期间,学校发展形势逼人、任务繁重,全校上下要强化转型发展、争创一流,继续深化内涵建设的意识,保持战略定力,坚定发展信心,增强驾驭能力,提升执行能力,为地方经济社会发展提供高质量的智力成果和人才支撑,为建设商科特色鲜明的高水平大学而努力奋斗!

新疆财经大学"十三五"发展规划

为进一步推动学校教育事业科学发展，落实国家和自治区"十三五"规划任务，根据《国家中长期教育改革和发展规划纲要（2010～2020年）》《新疆维吾尔自治区中长期教育改革和发展规划纲要（2010～2020年）》，结合学校事业发展实际，制订《新疆财经大学教育事业改革发展第十三个五年规划（2016～2020年）》。

一、学校"十二五"规划执行情况

"十二五"期间，在学校党委正确领导下，经过全校师生员工的努力奋斗，学校各项事业健康发展，较好地实现了"十二五"规划确定的发展目标。

（一）加强和改善党的领导，保证学校和谐稳定发展

学校坚持和完善党委领导下的校长负责制，健全党委工作规则和校长办公会工作规则，不断加强廉政风险防范管理，健全考核机制与问责制度，正确处理改革、发展和稳定的关系，在教学管理、学科建设、科学研究、人事分配、行政管理、后勤服务等方面进行了大胆探索。注重增强思想政治工作的针对性、实效性、吸引力和感染力，加强"四个认同"和"三个离不开"教育，培养学生正确的国家观、民族观、宗教观、历史观和文化观。围绕"反暴力、讲法治、讲秩序"工作要求，大力开展整治"三非"和"去极端化"等系列活动，构建了维护学校稳定的长效机制，确保了校园和谐稳定。校风、教风、学风建设不断加强。学校连续24年获得自治区级文明单位称号，并被评为自治区平安建设先进集体。

（二）加强学科建设，核心竞争力明显提升

学校实施了优势特色学科专业腾飞计划和新兴学科专业振兴计划，积极促进各学科协调发展，推动多学科交叉融合。建成5个自治区重点学科、1个自治区重点培育学科以及8个校级重点学科和4个重点培育学科。成功获得服务国家特殊需要博士人才培养项目，拥有二级学科博士学位授权点3个、二级学科硕士学位授权点26个、专业硕士学位11个，基本实现了"十二五"规划确定的学位授权点建设目标，形成了学士、硕士和博士完整的学位体系。初步建立了学术学位研究生主文献库与专业学位研究生案例库制度。健全了研究生助学

金、学业奖学金与"三助"体系，建立了研究生科研创新平台与学术奖励机制。MBA 教育克服不利因素，保持了良好发展势头。2013 年，学校 EMBA 入选"中国市场最具领导力 EMBA"20 强；2014 年，学校 MBA 学院荣获由光明日报出版社和《环球商学院资讯》杂志社评选的"中国最具价值的 30 所商学院"称号。

（三）加强人才工作，建设高素质教师队伍

教师队伍的学历、职称和学缘结构得到改善。已有正高职称教师 89 人、副高 279 人，高级职称教师比例达到 45.5%。45 岁以下教师具有硕士以上学位比例提高至 86%。招聘特聘教授 7 人、讲座教授 4 人、主讲教授 2 人。共引进博士 20 名、硕士 66 名。以定向、委托培养等形式，培养博士 39 名，派出进修教师 43 人、国内外访问学者 29 人。

（四）深化教学改革，提高人才培养质量

学校坚持内涵式发展，形成了结构更加合理、协调发展的专业体系。本科专业数增加到 35 个，国家级特色专业建设点增加到 4 个，获得教育部专业综合改革试点专业 1 个、自治区重点产业紧缺人才专业 3 个。国家级精品课程增至 2 门，自治区级精品课程达到 14 门，建成自治区精品视频公开课 1 门，校级精品课程达到 47 门。构建了多元化的人才培养平台。联合培养和"一体多向"及创新实验班人才培养模式改革不断完善，辅修制不断健全。民汉一体化教育模式改革获得自治区教育体制改革试点项目立项，以民汉混班教学为目标，民汉一体化教学改革扎实推进。全面加强和改革实践教学，构建了验证性实验、综合性实验、设计性实验和创新性实验四位一体、结构合理的实验教学体系，建设了网络化、仿真化、情景化实验教学平台和跨专业创新创业实验教学中心，基本满足了各专业实验实训和创新创业教育的需要。多措并举，实施教师教学能力提升工程。建立了本科教学质量报告制度，完善了人才培养质量保障与监控体系。

（五）加强学术工作，科研实力明显增强

学校按照总体推进、重点突破的方针，提高科研创新能力，为自治区社会治理、经济结构和产业结构战略性调整及现代化建设提供决策依据和智力支持。共承担国家级课题 55 项、省部级课题 161 项，共发表学术论文 3245 篇、出版著作 41 部，获得教育部人文社科奖 1 项、省部级科研成果奖励 61 项，10 余篇咨政报告受到中央和自治区领导的批示。成立了中亚经贸研究院，获得 3 个自治区人文社科重点研究基地，成立了 8 个校级人文社科重点研究基地（协同创新中心）。建立了应用经济学博士后科研流动站。

（六）加强对外交流与合作，教育国际化取得新进展

学校与美国、英国、哈萨克斯坦等国 20 余所高校建立了校际合作关系，派出 162 名交换生赴合作院校学习，接收 50 名交换生来学校学习。孔子学院顺利建立，汉语推广工作不断拓展，共接待 159 名孔子学院师生和哈萨克斯坦、土耳其等国家本土汉语教师来校培训。派遣赴国外学习、参会教师和管理人员 89 人次。雅思考点被评为全国优秀考点。

（七）加强校园基础设施建设，完善公共服务体系

校园网络带宽提高到 13.8G，实现了双链路并行运行，升级了校园网邮件系统，完成了财务、资产等管理软件的升级更新以及数字化校园平台的集成，建成数字化录播教室和远程视频教学系统。图书文献增加到 163.03 万册，新增 12 个中外文数据库，数据库总数达到 23 个。建设了英语自主学习平台、信息安全实验室、金融实验中心、旅游数字展示实验室、物流管理实验室、电视演播实验室、新媒体实验室等新型现代化实验室，建成自治区实验教学示范中心 4 个。建成高层学生公寓、研究生公寓、综合实验大楼以及 880 套教职工住宅。

总之，经过"十二五"时期的改革与建设，学校基本实现了由教学型大学向教学研究型大学的转型，学校确定的建设"新疆名牌、西北一流、全国知名、辐射中亚"的财经大学发展战略取得长足进展。

与此同时，学校教育事业发展，仍存在一些亟待解决的问题与困难。1. 人才引进困难较大，教师总量不足的矛盾未能得到有效缓解，学科领军人才和学术拔尖人才紧缺局面未得到根本改变。2. 教学的基础地位还不够突出，教学质量建设力度不够。3. 传统优势学科的优势还未得到充分发掘与释放，后发学科专业发展滞后。4. 研究生人才培养模式与机制改革还不能适应社会需求。5. 实验教学内涵建设发展较缓慢。6. 科学研究高地尚未凸显，高水平科研成果和高质量咨政成果偏少。7. 高等教育国际化步伐不大。8. 思政工作方式较为陈旧，学生"三自"教育的理念落实还不完全到位，学风状况还没有根本好转。

二、"十三五"规划指导思想、工作方针和战略目标

（一）指导思想

以中国特色社会主义理论和习近平总书记系列重要讲话精神为指导，按照中央"四个全面"的战略布局，全面贯彻落实中央教育工作会议和自治区党委教育教师工作会议精神，紧紧围绕新疆社会稳定和长治久安战略任务与丝绸之路经济带核心区及"五大中心"建设需求，以加快推进"新疆名牌、西北一流、全国知名、辐射中亚"的有特色、高水平教学研究型财经大学建设为目标，立足当前，着眼长远，统筹谋划，进一步理清办学思路，明确发展方向，找准改革的重点与难点，解放思想，求真务实，与时俱进，开拓创新。坚持依法治校，尊重教育规律，以人才培养工作为中心，以学科建设为龙头，以师资队伍建设为基础，以深化改革为动力，以提高人才培养质量为根本，稳定规模，优化结构，提高质量，凸现特色，努力把学校办成新疆人才培养、知识创新和社会服务的重要基地。

（二）工作方针

1. 育人为本，德育为先。把促进学生全面发展作为学校一切工作的出发点和落脚点，加强中国特色社会主义理论和社会主义核心价值观及公民意识教育，加强马克思主义"五

观"教育、"四个认同"教育、"三个离不开"教育，促进学生身心健康、和谐发展。

2. 质量立校，人才强校。始终坚持质量第一观念，努力实现质量、规模、效益、结构协调发展。完善有利于人才引进、培育、使用的制度机制，抓紧培养和造就一批具有创新能力和发展潜质的学科领军人才与学术骨干，使人才在总量上满足办学规模的需要，在结构上满足协调发展的需要，在层次上满足抢占学科制高点的需要。

3. 本科为主，学生为先。以自治区经济社会发展需要为导向，完善以本科教育为基础，以研究生教育、成人教育、留学生教育为有机构成的多层次教育体系，突出本科教育，协调发展各层次、各类型教育，努力提高教育质量，培育适应经济社会需求的高素质应用型人才。

4. 凝聚力量，追求卓越。加大学科建设力度，升级学科建设层次，转变学科发展方式。完善和创新科研体制，集中优势力量，凝练学科方向，精选重点目标，突出特色发展，把高水平智库建设作为主要努力方向，把产出高品质科研成果作为主要奋斗目标。

5. 做强优势，突出特色。把学校的发展与自治区发展战略紧密结合起来，积极主动地承担新疆社会科学重大课题研究，使学校成为自治区解决重大经济理论和实践问题的重要基地，成为培养经济管理创新人才的重要平台，为政府决策、企业发展、社会稳定提供智力支持，不断提高在西部地区的学术影响力，增强辐射中亚地区的能力，成为新疆加强与中亚国家教育合作的重要平台和向中亚地区推广中华文化的重要桥头堡。

6. 统筹兼顾，协调发展。注重制度建设和机制创新，正确处理改革与发展的关系、稳定与开放的关系、传承与创新的关系、教学与科研的关系、管理与服务的关系，坚持本科的基础地位、教学的中心地位、学生的主体地位、教师的主导地位、质量的核心地位和依法治校的关键地位，牢固树立全面、协调、可持续的发展观。

7. 战略导向，对标发展。要紧扣中央"四个全面"战略布局和自治区社会稳定和长治久安战略及构建丝绸之路核心区战略需要，科学确定发展参照，明确发展目标。

（三）学校定位

1. 类型定位：由教学研究型大学初级阶段向中级阶段迈进。

2. 学科定位：以经济、管理学科为主，更好地实现经、管、法、文、理、工等学科的协调发展。

3. 层次定位：基本稳定普通本科教育规模，做强学术型硕士研究生教育，做大专业硕士研究生教育，努力发展博士研究生教育，积极发展成人教育，不断扩大留学生教育。

4. 人才定位：着重培养具有创新意识和实践能力的高素质应用型人才。

5. 服务面向定位：立足新疆，面向全国，辐射中亚。

（四）战略目标

"十三五"时期，学校总体发展目标是要努力实现：一个大幅提升——依法治校水平大幅提升；二个重点突破——创新创业教育和优势学科建设重点突破；三个特别加强——优秀人才队伍建设、高层次科学研究、实践教学建设得到特别加强；四个根本转变——教风学风状况、内涵式发展模式、学术发展方式、服务保障效率得到根本转变。实现把学校建成新疆名牌、西北一流、全国知名、辐射中亚的较高水平的教学研究型财经大学的目标。

主要战略目标：

1. 进一步加强党的领导，构建现代大学制度。构建更加成熟的党委领导、校长负责、师生治学、民主管理、社会参与的现代大学治理结构，依法治校水平显著提高。

2. 主要优势学科跻身西北财经类院校先进行列，进一步凸显经济、管理学科群在区内院校中的优势地位，主体学科进一步缩小与国内先进水平的差距，对中亚地区的辐射能力显著增强。至少获得一个自治区一级重点学科。

3. 硕士点达到 40 个以上，实现应用经济学博士点由项目授权向一级学科授权的转换，并力争建设工商管理一级学科博士点。

4. 教师队伍规模、结构、层次更加优化，生师比达到合格以上标准，在岗教授达到 100 人以上。

5. 专业综合改革取得突出成效。构建成熟的多样化的人才培养模式和质量标准体系，人才培养质量显著提高，困扰内涵式发展的体制机制难题和实践环节瓶颈得到有效化解。社会美誉度大幅跃升。

6. 完成较成熟的创新创业教育体系的构建，创业教育课程体系、师资体系和实践教学体系与孵化平台建设在自治区高校处于领先水平。

7. 高水平科研成果产出能力大幅度增强，学术影响力在自治区高校位居前列，在同类型院校中处于中上水平。

8. 各类在校在籍学生人数控制在 2.3 万人左右。其中，普通本科生稳定在 13000 人左右，研究生达到 2300 人以上（含专业硕士），留学生达到 500 人以上，其他各类学生保持在 7000 人左右。毕业生就业率在全疆本科院校中名列前茅。

9. 教育国际化水平处于自治区高校先进层次。

10. 校园人文化、生态化、现代化水平显著提高，初步实现智慧化校园和美丽财大的建设目标。

三、"十三五"规划的具体目标和主要任务

（一）加强和改善党的领导，提高依法治校水平

1. 具体目标。坚持马克思主义在意识形态领域的指导地位，加强党的思想建设、组织建设、作风建设和党风廉政建设，努力建设一支信念坚定、勤奋务实、敢于担当、勤政廉洁的"四强"干部队伍和思想政治工作队伍，努力实现基层党组织战斗力、书记素质、党员队伍活力、基础保障水平"四个提升"。积极培育和践行社会主义核心价值观，不断坚定广大师生中国特色社会主义道路自信、理论自信、制度自信。大力加强学校精神文明建设，努力培养德智体美全面发展的社会主义建设者和接班人。

2. 主要任务。

（1）加强党的组织建设。围绕党的先进性建设，不断推进任期目标责任制的落实，进一步完善领导干部考核机制、党员队伍教育管理机制，突出基层组织在党建工作中的主体地位。努力提高干部队伍政治素质，强化创新意识，增强开拓能力，优化年龄结构。加大对辅导员、班主任常态化培训力度。

（2）强化理想信念教育与思想道德基础。深入开展中国特色社会主义和"中国梦"宣传教育，大力弘扬中华传统美德和中国新时代精神，强化道德教育的实践性，使社会主义核心价值观内化于心、外化于行，成为全体师生的价值共识和自觉追求。

（3）完善反分裂反渗透长效机制。加强"四个认同"、国家安全和各民族命运共同体教育，丰富教育载体，创新教育方法，提高教育艺术。加强以新媒体为主的思想教育载体建设，开展融思想性、知识性、趣味性、服务性于一体的网络思想政治教育活动，管好导向，管好阵地，管好队伍，坚决抵御和防范敌对势力对校园的渗透，牢牢掌握学校意识形态工作领导权、话语权，不断巩固马克思主义指导地位。

（4）推动文化传承创新。以现代文化为引领，更加自觉地培育和传承学校先进精神文化、制度文化、物质文化和行为文化，增强学校文化"软实力"。努力创建"全国文明单位"。

（二）加强学科建设与研究生教育，进一步提升核心竞争力

1. 具体目标。以建设自治区一级重点学科和博士授权点为目标，突出科教结合和产学融合，促进学科建设内涵发展。到 2020 年，学科建设水平整体进入西部同类院校先进行列。完善学位点布局，优化研究生教育学科结构和类型结构，建立完善的研究生教育创新体系，建设高素质研究生指导教师队伍，健全研究生教育质量保障评价体系，着力提高研究生教育质量。

2. 主要任务。

（1）按照"面向需求，优化结构，择优支持，分层建设"原则，以新疆丝绸之路经济带核心区商贸物流中心、金融服务中心建设为主要目标，实施"优创平台"建设战略，创新管理机制，进一步凝练学科研究方向，构建体现学校特色和优势、多学科协调发展的学科体系。优化学科梯队和人才队伍，造就若干在全国具有一定学术影响的学科带头人和在自治区有较大影响的学术带头人，培育若干高水平的创新团队。大力培育标志性科研成果。

（2）以社会需求为导向，以提高质量为核心，加强对学位授权点的统筹规划，优化硕士和博士研究生教育结构。实现国家特殊需求博士人才培养项目向应用经济学一级学科博士学位授权点的转型，为增列工商管理一级学科博士学位授权点奠定坚实基础，增设法学等一级学科硕士授权点。

（3）以学位点评估为基本依据，根据新疆经济社会发展需要，动态调整各学位点培养规模。博士研究生规模力求稳步增长，学术型研究生与专业型研究生规模之比大体保持在 40%：60% 之间。全日制研究生招录人数，年均增长保持 5% 左右，至 2020 年，在校生人数达到 2300 人左右。进一步做强 MBA 教育，将其打造成标志性教育品牌。对培养资源不足、生源及就业率低的学位点，实行退出机制。

（4）完善导师遴选、培训、考核和退出机制，强化师德素质、岗位责任意识和培养能

力。至 2020 年，专职导师年龄在 45 岁以下比例达到 50% 左右。细化学术型研究生导师和专业型研究生导师的遴选标准和指导规范。加强学术道德与学术规范体系建设。

（5）深化研究生培养模式改革，加强课程体系建设。确立价值塑造、能力培养和知识传授三位一体的人才培养理念。深化国内外校际合作，构建开放型研究生教育体系。强化研究生科研和实践活动，提高研究生创新能力。促进产学研联合培养研究生示范基地建设规范化、运行稳定化和评价科学化。根据研究生教育投入的增加，适时提高助学金和学业奖学金标准，完善导师对研究生研究助理的资助制度，健全研究生"三助"制度。严格中期考核制度和论文审核制度，严惩学术不端行为。力争在自治区优秀硕博论文、研究生学术论坛、研究生创新项目等各类评选中取得更好的成绩。

（三）深化教学改革，提高人才培养质量

1. 具体目标。根据社会需求，优化人才培养结构和培养体制机制。以创新创业教育为引领，深化人才培养模式改革。以质量提升为根本目标，以创新意识和创业能力培养为核心，增加教学投入，优化教学资源配置。以"互联网+"为抓手，促进教育教学升级增效。人才培养水平达到新疆一流、西部先进，构建品质更加优良、特色更加突出的本科教育。

2. 主要任务。

（1）深化人才培养模式改革，适应经济社会发展需求。坚持全面发展与个性发展相协调、通识教育与专业教育相结合、知识传授与能力素质培养相融通、基本人才培养目标标准与拔尖创新人才培养目标标准相兼顾的原则，深化人才培养模式改革。进一步优化课程体系与课程结构，注重学科间的渗透与交叉，加强跨专业跨学科选修课程资源库建设，为学生个性化发展和职业规划的高端取向，搭建多样化平台。积极扩大创新实验班、海内外联合培养、辅修培养规模。

（2）推进专业综合改革，增强专业教育的适应性。在教学团队、课程与教学资源、教学范式与方法、实践教学、教学管理等关键环节，深入推进综合改革。强化名师与优课培育机制，实施教学团队首席教师签约负责制和绩效导向型骨干教师激励计划，培育一批教学名师，构建适应人才培养改革要求的多层次、校内外资源结合的立体开放的教学团队，建设一批可动态升级更新的优质课程资源。鼓励高水平教师编写具有地方特色的高质量教材。建设 1~2 个国家级虚拟仿真实验教学示范中心。力争在经济管理类主干专业领域，获得 1~2 个国家专业综合改革试点立项、建设 2~3 个符合自治区战略发展和产业政策要求的特色专业。加强对不同类型专业的分类指导，稳妥推动部分应用性较强的专业向应用型本科转型。完善 5 年一轮的专业评估机制，力争在专业综合改革的基础上，推动 1~2 个成熟专业参加国家（或国际）标准认证。强化专业动态调整、预警和退出机制执行力度。

（3）继续探索民汉一体化教育多元实现方式，稳步推进民汉教育协调发展。坚持尊重规律、循序渐进、久久为功的思路，由点及面、由浅入深地推进民汉一体化教育改革。启动民汉一体化改革试验区二期建设工程，推动改革向深度发展。

（4）加强与调整双管齐下，促进预科教育发展。切实加强预科师资队伍建设，实行更加灵活的用人机制，努力满足小班教学需要。鼓励教师根据教学改革需求开展科学研究。完善课程体

系、丰富文化基础教育，强化养成教育，基本解决学生汉语听说和写作等实践能力不强的问题。

（5）着力推进课程教学范式改革，提高课堂教育效率。设立课堂教学建设专项资金，以立项方式支持教师或教学团队开展翻转课堂和混合教学模式改革，力争建设100门校级重点课程。按照在线授课、网络测试、线上与线下互动相结合、网络教学资源开放的思路，建设20门左右优质在线课程。加强学法研究，引导学生改变学习观念和学习方式，强化对学生学习方法的指导与训练。

（6）深化课程考核与评价改革，增强评价的科学性与多元性。根据各专业人才培养定位，完成必修课程标准制订，实施课程考核方式及考核标准改革，将学生运用知识分析解决问题的能力作为考核重点，加强课程的过程考核，由注重终结性评价向注重过程评价转变，从注重记忆性考核向注重知识的实际运用能力考核转变。强化本科毕业论文查重工作，覆盖面不低于50%。实行发明专利、项目研究报告、学术论文、学科竞赛成果、创业方案和创作作品等学习成果替代毕业论文的制度。

（7）完善实践教学平台，升级实践教学内容。完成实验室平台体系建设，充分满足各专业实验教学需要。根本改变实验教学内容脱离实际的倾向，构建与理论和社会实践紧密衔接的实验实践教学体系与质量标准，重点加强设计性实验和涵盖经济运行全过程的跨专业综合性实验体系。充分发挥学生专业社团和各类专业竞赛作用，实现第二课堂与第一课堂教育有机结合。充分发挥自治区实验教学示范中心对实验室建设的辐射带动作用，探索校企合作建设实践教学平台的有效路径，力争培育15个左右校企深度合作实践基地。在学校和学院四项教学经费中，将实践教学按不同环节进行预算单列，保证经费的有效投入。

（8）加强创新创业教育，推进协同育人。构建科学高效的创新创业教育管理体系，不断扩大大学生创新创业基金，加大对创业讲坛、创客空间、大学生创新创业训练计划项目、毕业生创业培训项目、各类学科竞赛项目的投入。加强校企协同、产教融合，建立校内教师与企业行业等部门兼职教师相结合的创业教育师资队伍，加强对校内创业课程教师的培训。建设学校创新创业孵化基地，构建符合市场规律的项目遴选与运行管理机制。扎实做好自治区级众创空间建设工作。

（四）完善科研机制，提高学术创新能力

1. 具体目标。紧密围绕新疆社会稳定和长治久安及丝绸之路经济带核心区"五大中心"建设等重大战略形成标志性成果，提升组织和承接重大项目的能力，建成1~3个左右有特色有影响的新型智库，产出一批理论顶天、对策立地的高水平咨政成果。力争承担国家级课题75项左右、省部级课题180项左右，教师人年均发表论文2篇以上，其中核心期刊（包括被SCI、SSCI、EI等检索）论文占35%以上，获得省部级及以上科研奖励60人次以上。

2. 主要任务。

（1）深化科研评价与管理体系改革，进一步激发学术活力。完善以创新和质量为导向的科研评价体系改革，以创新性、实用性和对人才培养的贡献度为导向，由数量评价向以标志性成果评价为主转变，针对不同评价对象、不同学科领域、不同研究类型成果，建立多元化、多类型、多层次的评价标准体系，积极探索分类评价、开放评价和动态评价相结合的评

价制度。科研奖励制度进一步向高质量理论成果和应用成果倾斜。继续实施纵向科研项目经费配套和奖励、优秀科研成果奖励和出版资助制度，突出对高质量成果和成果转化与运用的奖励。加强和完善科研经费的管理，实现规范原则与效益原则相结合、国家利益与个人利益相协调。加快建设科研诚信制度，更科学合理地编制科研经费预算，提高资金使用效益。进一步发挥学术委员会在学术评价、学术发展中的重要作用。进一步加大向院（部）科研管理放权的力度，实现科研资源配置的主体从学校向学院转移。

（2）聚焦"丝绸之路经济带"核心区建设等重大议题，着力培育科研品牌与特色。以重点学科建设为支撑，以高水平科研队伍建设为核心，以重大项目和重大创新成果的培育为主要抓手，强化基础研究，加强应用研究，突出对策研究，集聚和培养一批创新拔尖人才，重点在区域经贸合作、金融创新、企业管理、社会治理、法制建设等领域，构建学术高地，抢占科研主峰，产出一批有影响的标志性成果。以学科前沿为切入点，积极举办或参加国内外学术会议，聘请更多著名专家学者来校讲学。对外开放研究基地，促进与支援院校联合开展学术研究，共同推进成果转化。

（3）围绕自治区创新体系建设，促进科研资源与平台的整合。按照"国家急需、区内一流、制度先进、贡献重大"的总体要求，在抓好现有协同创新中心和人文社会科学重点研究基地建设的同时，继续积极申报自治区协同创新中心，着力推进与自治区地州、兵团师团、各类企业多方协同创新中心建设，通过校政协同、校企协同、校校协同、校研协同等机制，提升科研成果的产出、转化和服务社会水平。探索按一级学科构建科研平台的有效途径与形式，增强跨学科解决重大学术和现实问题的能力。

（五）加强人才工作，建设高素质教师与管理队伍

1. 具体目标。实施人才队伍建设"314"计划，即引进特聘教授3名以上，造就学科领军人才10名左右，新增博士学位教师100名左右，重点培养青年教学科研骨干100名左右，派出国外访学（研修）教师100名左右，教辅与管理队伍引进高素质人才100名左右。至2020年，专任教师达到900人左右。硕士和博士研究生导师队伍数量、素质与结构均满足需求。教辅与管理队伍整体活力与素质大为提高。

2. 主要任务。

（1）实施"杰出人才岗位计划"。分首席教授、学术领军人才和杰出青年人才三个层次遴选"杰出人才岗位"教师，按照行政与学术岗位、资格评审与岗位激励相分离的原则进行运作。

（2）以学科升级发展和学位点建设为聚焦点，通过引进、特聘、共享等多种方式，充实优秀人才队伍，确保每个重点学科达到西部地区高校同学科一流水平专家不少于2人，每个博士、硕士学位二级点导师数，符合自治区生师比要求。

（3）完善教师分类管理，进一步明确教学型、教学科研型和研究型教师的评价标准，使各类型教师各安其位，各展所长，形成更加科学合理的职称结构。

（4）继续实施"教学科研骨干人才海外研修计划"，每年派出20人。研修内容更加贴近"丝绸之路经济带"战略，更加符合学校人才培养、学科建设和科研发展需要。

（5）强化师德意识和岗位责任意识，完善教师上岗制度、培训制度、绩效评价制度，

造就一批具有新疆特色的"四好教师"。

（六）开拓对外开放新局面，促进教育国际化发展

1. 发展目标。着力提升学校国际化水平和在中亚地区的知名度，拓展国际合作领域，丰富合作渠道，扩大合作规模。5 年内，使教师队伍中有国（境）外学术交流与研修经历的人员达到 20% 以上。大力推进学生海外游学、实习，力争实现有海外游学经历本科生达到 8% 以上，研究生游学比例达到自治区标准。完善留学生教育体系和条件，稳步扩大留学生培养规模，学历教育学生有较大幅度增长。进一步办好孔子学院，在所在国形成良好的社会声誉和规模效应。

2. 主要任务。

（1）以中亚和俄罗斯为重点，开展多层次、宽领域的国际教育交流与合作。具有稳定、实质性合作关系的国外院校不少于 8 所。稳步扩大交换生规模，推进"1 + 2 + 1 中美人才联合培养""3 + 2 或 4 + 1 本升硕"、海外暑期课程、学生海外文化体验实习等项目。完善留学生教育基础条件，改革留学生人才培养模式，提高办学层次，构建符合国际规范的留学生奖助体系，不断优化留学生生源地结构。

（2）支持教师参加高水平国际学术会议，每年不少于 20 人。积极尝试与国外大学建立合作研究的实体机构。

（七）以云平台和大数据为重点，升级数字化校园建设

1. 具体目标。网络基础设施升级至 IPv6，实现高速优质有线网和无线网全覆盖，构建 10G 骨干网络系统和校园云计算平台，初步建成智慧化校园。开发整合校内各种数字资源管理服务系统，形成覆盖学校所有领域的综合业务管理信息平台，完善虚拟社区功能，建立涉及各类服务项目的"一站式"服务申报、受理信息系统，进一步完善统一的标准体系、严密的安全体系和规范的校园服务体系。

2. 主要任务。

（1）完成校园 IPv6 网络平台、数据中心私有云和资源中心建设，完善学校信息标准。

（2）完善综合应用系统，升级数字化管理水平。建立以学生为本位的综合应用系统，实现考生、学生、校友不同阶段身份过渡和转换，覆盖学生培养与服务全领域。设计开发以教师为中心的综合应用系统，整合教学平台、管理平台和科研信息平台。运用云平台和大数据技术，实现对教师教学工作的即时评价。实现师生综合应用系统有机衔接与数据共享，创造方便、快捷、人性化的智慧化校园。

（3）优化信息管理流程，打造一体化网络应用。建立在线财务支付系统，对财务业务关键环节和信息流进行优化设计，实现简化流程、降低成本、提高质量和增加柔性的目的，实现管理信息系统的整合和校园财务信息的标准化，实现资产管理全过程信息化。升级文书与办公一体化管理系统，建立档案管理数字化系统。

（八）加强图书馆建设，构建新型文献资源中心

1. 具体目标。以服务教学科研为中心，加强管理创新和服务创新，以文献信息资源建

设、开发、利用为重点，建立与教学、科研和学科建设相适应、纸质文献与电子文献协调配置的文献信息资源保障体系，把图书馆建设成为管理科学、业务规范、功能完备、资源丰富的学习中心、研究中心、信息服务中心。拓展图书馆空间，更新设施设备，优化环境设计，更加突出舒适性、便捷性、人文性和特色性。加大人才引进力度，使人员素质和数量与图书馆承担的使命任务相匹配。

2. 主要任务。

（1）保障经费投入，优化馆藏结构。增加15万册纸制图书和22万册中外文电子书。新增中外文数据库5个，新增自建数据库2个。完成数字图书馆资源整合系统建设，扩大网络存贮空间，进一步提升图书馆信息化、网络化、数字化、现代化水平，完善多学科、多类型、多语言、多载体的实体资源与虚拟资源互补的文献资源保障体系。

（2）改善服务体系，完善基础设施。升级图书馆信息化管理等业务系统，优化开放服务，更好地适应师生多样化需求。

（3）加强人力资源建设，提高整体素质。新进专业技术人员20名左右，优化人才队伍年龄、学历与职称结构，设立学科馆员，建设学习型、研究型馆员队伍，提高深层次服务师生的能力。

（九）完善基础设施，建设美丽财大

实施好"中西部高校基础能力建设工程（二期）规划项目"。积极推进室内体育馆建设，完成图书馆改扩建、地下网管改造、第二学生餐饮中心和学生综合服务中心建设。实施校园美化和人文提升工程，并对现有设施进行功能优化。做好学术交流中心建设研究论证工作。

四、实现"十三五"规划的主要保障措施

（一）切实加强党的领导，努力实现"四个全面"

1. 把贯彻党的教育方针、培养社会主义建设者和接班人贯穿学校"十三五"规划实施始终，充分发挥党委在学校改革发展中的领导核心作用，把全面依法治校、全面深化改革、全面提高质量和全面实现和谐稳定，作为今后5年党委中心工作任务，科学把握改革发展的方向，经常研究改革发展中的重大问题，健全决策机制，提高决策质量，强化执行能力，保证规划任务的顺利实施。

2. 加强学校中层领导班子建设，着力培养提拔一批优秀青年干部，增强干部队伍整体活力。加强对干部的教育培训，不断提高思想政治素质、履行职责能力和改革创新能力，强化任期目标责任考核，为规划的落实提供坚强有力的组织保证。

3. 加强和改进意识形态与政治思想工作，完善矛盾纠纷排查化解机制，深入开展平安校园、文明校园、绿色校园、和谐校园创建活动，把广大师生的热情、智慧与力量凝聚到改革发展上来。

4. 严格落实党风廉政建设责任制，加大教育、监督、改革和制度创新力度，为学校改革发展创造良好环境氛围。

（二）加强现代大学制度建设，完善学校治理结构

1. 认真落实《新疆财经大学章程》，依法治校，照章办学。构建符合中国特色现代大学治理要求的内部制度体系，坚持和完善党委领导下的校长负责制，不断健全校董事会制度，进一步规范党委与行政议事规则和程序，强化学术委员会、教学委员会和学位委员会在教学及学术事务治理中的权威地位与关键作用，进一步发挥工会和教代会在学校治理中的民主参与、民主管理、民主监督作用，充分发挥学代会在大学生自我教育、自我管理、自我服务中的核心作用。

2. 进一步完善校院二级管理体制，理顺职能关系，落实院部管理自主权，实现责权利的平衡统一。健全院（部）党政联席会议制度，建立和完善师生治学制度，提高院（部）自主发展与自我约束能力。

3. 健全党务校务公开制度，扩大师生员工对学校事务的参与权、知情权、监督权和问责权。

（三）深化人事制度改革，优化引人用人环境

1. 围绕用好用活人才来培养人才、引进人才，积极为各类人才干事创业和实现价值提供机会和条件，努力营造人人有发展梦想、人人可实现梦想的制度与文化环境，最大限度地激发人才的创造活力。优化人员结构，提高人力资源配置效率。

2. 深化收入分配改革，形成更加合理的收入结构。更好地处理公平与效率、保障与激励的关系，适当调整基础津贴与绩效津贴比例，提高科研激励标准，加大教学激励力度，更加突出质量因素在教学科研激励中的权重。

（四）完善对口支援机制，丰富和深化合作内容

1. 升级与对口支援院校的关系，打造发展共同体。从战略高度和长远角度制订合作规划，努力促进合作重心下移，充分调动学院积极性、主动性，使校际合作规划真正落地生根。

2. 突出合作重点，深化合作层次。着重加强在创新创业教育、"互联网＋"、新型智库建设、优势学科建设和教育国际化等方面的合作。

（五）加强预算管理，优化经费支出结构

1. 根据建设规划和普通高等学校办学条件指标，"十三五"期间经费投入的优先顺序是：教学质量建设、民生保障、学科建设、公共服务体系建设。通过申请中央和自治区财政专项及学校自筹等方式筹集经费。

2. 着力优化支出结构，实行精细化预算管理和绩效评估，加大审计力度，合理放权分权，构建权责一致、事权相宜的财务管理制度。

浙江工商大学"十三五"发展规划

"十三五"时期，是学校加快建设成为"大商科"特色鲜明、国内同类一流、国际知名的高水平大学的关键时期。根据《国家中长期教育改革和发展规划纲要（2010～2020年）》《统筹推进世界一流大学和一流学科建设总体方案》《浙江省中长期教育改革和发展规划纲要（2010～2020年）》《浙江省人民政府关于推动本省高等教育新一轮提升发展的若干意见》《浙江省高等教育"十三五"发展规划（2016～2020年）》等文件精神，结合国内外高等教育改革发展趋势和学校实际情况，特制订本规划[①]。

一、学校发展状况与环境分析

（一）建设成就

"十二五"期间，学校不断进行教育教学改革，坚持科学定位、特色发展，整体办学实力和办学水平明显增强。学校在最新武书连综合实力排行榜中列第132位，在最新邱均平研究生教育排行榜中列第176位，在两榜的全国财经类院校中分别列第7位和第8位。

人才培养质量显著提高。学校新增国家级综合改革试点专业2个，卓越法律人才教育培养基地、卓越农林人才教育培养计划改革试点项目各1个，省级优势专业11个，省级新兴特色专业9个。学校招生范围扩展至27个省市区；博士生招生人数已超过预定目标。获省第七届高等教育教学成果奖8项；新增国家级实验教学示范中心1个、省级实验教学示范中心重点建设单位4个；在省本科教学业绩考核中均保持前五位；毕业生继续深造率达19.24%，获全国毕业生就业典型经验50强高校；被评为高等教育自学考试全国示范学习服务中心；"十二五"期间连续五次获"挑战杯"竞赛全国发起高校资格；在全国大学生艺术展演和体育比赛中获得佳绩。

学科建设的整体实力得到进一步提升。"十二五"期间，围绕学校发展战略，不断加强特色学科和学科群建设，学科整体实力已在省属高校中位居前列。现拥有各类省级重点学科和基地13个，一级学科博士点3个，一级学科硕士点13个、硕士专业学位门类12个，统计学博士后流动站成功获批。根据全国第三轮学科评估结果，其中统计学进入全国前5%行

---

① 本规划所采用的数据除特别说明外，均包括杭州商学院的相关数据。

列，工商管理列前 8.3%，应用经济学列前 11.5%；优势学科实力不断增强，其中食品科学与工程列全国前 21.8%。

师资队伍结构不断优化。高层次人才引进和培养获得突破，已有国家"千人计划""百千万人才""教育部新世纪人才"、国务院特殊津贴专家等国家级人才 9 名，各类省级重点人才 20 名。引进博士 270 名，其中海外博士 66 名。实施"蓝天计划"，200 多位教师出国访学，有 38% 的专任教师具有海外留学或访学背景。"大地计划"推出以来，有 30 多名教师赴校外企事业单位进行实践锻炼。师德师风建设成效显著，14 名教师被评为省师德先进个人和优秀教师。

科学研究和社会服务的整体实力进一步增强。社科研究保持在省属高校中的前列，科研成果持续增长。全校获国家级项目 545 项，其中国家社科重大招标项目 2 项，省部级项目 920 项；获教育部高校科研优秀成果奖 10 项，省哲学社会科学优秀成果奖 48 项，省科学技术奖 18 项。科研平台建设喜人，东亚研究院获准省哲学社会科学重点研究基地。协同创新建设成果喜人，获得省级协同创新中心 2 个。学校已成为浙江省、商务部和教育部共建的高校。"大地计划"落地生根，服务国家和地方经济社会发展的综合能力显著提高，横向科研项目达 3300 多项。与深圳大疆集团等 30 多家单位建立合作平台，与商务部、阿里巴巴集团等开展紧密合作。数十份建议获国家、省部领导批示或采纳，研发的系列商品指数取得良好社会影响。

教育国际化水平进一步提高。对外交流合作领域更加广泛，交流合作层次显著提高。与美国哥伦比亚大学、英国曼彻斯特大学、新西兰坎特伯雷大学等建立合作关系。选派近 300 名学术骨干和管理干部到国（境）外高校进修学习，学校现有海外学习经历教师 560 多名，占比达 38%。至 2015 年，招收国际生 1400 多人，占比为 6.6%。已有 12 个本科、13 个硕士和 3 个博士专业实行全外语教学，学位国际生达 697 名。成功获批 5 个受国家留学基金委资助的优秀本科生项目，设立了学生出国留学奖学金，每年组织 50 个以上长短期出国交流项目。成功举办比利时西弗兰德大学孔子学院，受到国家汉办表彰。与魁北克大学合作的项目管理硕士研究生项目，培养了近千名项目管理硕士。法语联盟成为省内最受欢迎的法国语言文化中心。ACCA、CFA 等国际证书项目受到学生的欢迎和社会的高度认可。

文化传承与创新成效显著。学校发起和建设的浙商博物馆，已成为"天下浙商的精神家园"和传播浙商文化、展示浙商贡献的重要窗口，700 批次省内外各界参观团来馆参观。东亚研究院国际交流活跃，已成为我国南方唯一的东亚文化交流高地。成功申报了 HSK 考试点。学校出版社发展态势良好，获国家和省 9 个奖项；《商业经济与管理》获"全国高校精品社科期刊"称号，《浙江工商大学学报》获"全国高校优秀社科期刊"称号；学校艺术团赴德国举办专场音乐会并参加艺术节演出；中国饮食文化研究在大中华圈影响彰显。

学校内部治理结构逐渐完善，办学条件得到改观。《浙江工商大学章程》通过上级部门核准颁布。教代会实施办法和实施细则修订完善，教职工参与民主管理与监督权利得到保障。二级管理、目标责任制、全员聘任、收入分配等一系列内部管理制度不断完善。财务总体状况保持平稳。成立教育基金会，积极争取校友和社会捐赠。食品学院大楼、邵逸夫大楼、金工实训中心及桑达公寓、专家楼和两幢学生宿舍等交付使用，文体中心建设工程竣工；杭州商学院迁建工程一期及配套市政等项目交付使用，二期工程正顺利推进。不断加强图书文献资源、实验教学设施和数字化校园建设。建成办公自动化系统、综合信息查询系统、数字档案信息资源库及校园节能监管平台等。后勤服务质量进一步提升。校办企业管理进一步规范，国有资产保值增值明显，社会效益和经济效益显著。

（二）主要问题

学校正处于转型发展时期，以增量发展为特征的校内管理体制和运行机制的固有问题开始凸显，集中表现在学科专业资源分散、领军人物和标志性成果不足等方面。

优势特色学科集聚效应不明显，学科发展动力不足。学校作为财经类高校，在组织结构和学科建设上一直存在学院划分过细、学科与学院对应关系分散等问题，不利于学科建设和优势特色学科群集聚效应的发挥。从目前情况看，学校存在学科面宽、摊子铺得过大、优势特色学科群凝聚不足等问题。

专业数增长较快，尚未建立专业结构优化机制。"十二五"期间，学校有 67 个本科专业。其中，管理学和经济学合计 27 个专业，理学和工学合计 21 个专业，文学、艺术、法学、哲学和历史学合计 19 个专业。一些专业培养质量有待提高，专业停招和取消的预警机制尚未建立，专业的生存能力受到挑战，双专业复合型人才培养机制有待完善。

优质师资短缺，高层次人才引进遇到瓶颈。优质师资短缺已成制约学校发展的主要因素。一是生师比过高，"十二五"末为 17.61：1。二是教师的学源结构、层次结构不够理想，没有形成合理的师资队伍结构。三是缺乏领军人才和具有国内外影响力的学科带头人。同时，学科、科研团队建设滞后，激励机制不健全，不利于学校及教师的可持续发展。

国际化办学层次、结构和运行机制尚不完善。中外合作办学项目少，国际化专业建设和队伍建设相对滞后，留学生"趋同化"管理体制尚在建立过程中。此外，外派交换生和交流生占比、外国文教专家占比都偏低，主办或承办国际学术会议偏少。

标志性科研成果缺乏，社会服务成效不够突出。目前学校在大平台、大项目上缺乏优势，有较大影响的标志性科研成果不多，基础研究和高技术前沿领域原始性创新能力薄弱。在社会服务方面，学校主要以商科为主，对地方经济社会发展的支撑不像工科院校那样直接和显著，聚集度不高，缺少"拳头产品"，为区域经济社会发展提供有效服务的意识不强，服务水平有待提升。

（三）环境分析

"十三五"期间，学校面临重大的发展机遇和严峻的挑战。我国在国际政治经济舞台上发挥着越来越大的作用，同时国内全面深化改革不断推进，经济社会发展进入关键历史节点。国内乃至国际高校竞争激烈，高等教育质量的提升、世界一流高校和学科的培育，都为高校发展带来重大机遇和挑战。

国家发展战略带来的机遇与挑战。"一带一路"战略，跨境电子商务的实施，以及"互联网＋""中国制造 2025"等，都是我国主动应对全球形势深刻变化、统筹国内国际两个大局做出的长期重大战略决策，势必对我国经济社会产生重大全面和深远的影响。学校应发挥自身优势积极参与，力争成为相关领域的高端智库。此外，建设高等教育强国，推进世界一流大学和一流学科建设已经上升为国家战略，中央基本建设投资对世界一流大学和一流学科建设相关基础设施给予支持，这对位列全国前列的学校统计学等学科，是一个重大的机遇与挑战。

地方经济社会发展战略带来的机遇与挑战。全省正在扎实推进的浙江海洋经济发展示范区、义乌国际贸易综合改革试点、温州金融综合改革实验区、中国（杭州）跨境电子商务综合试验区、国家农产品现代流通综合改革试点等，皆为国家战略。本省还推出"七大万亿产业""五水共治""四换三名""城西科创大走廊""特色小镇"等特色发展战略，这为在大数据、跨境电商、食品安全、旅游养老、创新创业等方面进一步将学校学科专业特色与地方战略需求对接，是极大机遇。

省部部共建带来的机遇与挑战。我国经济发展重视供给侧改革，商贸流通业的先导地位、战略地位和基础地位日益凸显。学校长期以来坚持国内商贸流通业的研究特色和发展路径，多年来为商务部、地方政府、行业和龙头企业开展了深入的商贸流通领域服务。2015年12月，学校成为浙江省人民政府、商务部、教育部共建高校。省部共建对于促进学校发展上台阶和上水平，既是很好的机遇，同时也是挑战。

深化高等教育综合改革带来的机遇与挑战。我国高等教育的改革与发展，已由"以量谋大"战略转变到"以质图强"战略，其投入方式、结构和层次、评价方式的调整，必将对高等教育的发展产生积极而深远的影响。高校内部管理体制的重心，已经从横向的行政权力与学术权力均衡转向纵向的行政权力与学术权力的均衡，重点是要处理好管理与服务机构的行政权力与基层组织的学术权力的关系。校院两级管理体制改革将是学校深化综合改革的核心内容。

高等教育强省建设带来的机遇与挑战。浙江省提出到2020年，10所左右高校在全国同层次、同类型高校中处于领先地位的明确目标。为此，已经实施省重点高校建设计划的第一期。学校在"十三五"期间进入第二批省重点建设高校行列，以及深度参与国家和本省的"一流学科建设计划"，是历史和时代赋予我们的庄严使命。2017年开始，本省实行新的考试招生制度，考生志愿由"专业＋学校"组成，优势特色专业对学校的实际招生情况影响力加大。由于学校目前专业规模过大，将带来巨大的压力与挑战。

高等教育国际化带来的机遇与挑战。以国际同行公认的规范实施学科建设和梯队建设，以国际化的视野合作培养人才，在国际同行公认的顶级期刊发表成果，是从国内一流走向世界知名的必由途径。师资队伍建设是学科专业建设、人才培养和学校发展的关键，而学校建成国内同类一流、国际知名的高水平大学的目标，离不开众多海归人才的加盟。"十三五"期间需大力解放思想、探索国际化的学科特区等体制机制创新，吸纳和培养一大批海外博士学位人员。国际化人才如何吸引、如何培养、如何使用、如何留住是我们将面临的"新常态"，这是教育国际化的机遇与挑战。

二、指导思想、基本原则和主要目标

（一）指导思想

以邓小平理论和"三个代表"重要思想、科学发展观为指导，深入学习贯彻党的十八大和十八届三中全会、四中全会、五中全会精神和习近平同志系列重要讲话精神，坚持中国特色社会主义办学方向，认真贯彻执行党的教育方针，遵循高等教育发展规律，以立德树人为根本，以学科建设为龙头，以队伍建设为支撑，深化体制机制改革，在人才培养、科学研究、社会服务和文化传承创新等方面取得新突破。要深化教育教学改革和一流学科建设，坚定走以提高质量为核心的内涵式发展道路。要面向世界，面向未来，大力提升整体办学实力，为国家和本省经济建设与社会发展做出大贡献。

（二）基本原则与发展理念

学校要取得突破性的进步，必须立足于自身优势，认清定位，坚持错位发展、特色发展、科学发展。不盲目追求"大而全"，而要形成与众不同的特色。学校已经形成"大商科"办学特色的思路，即以开放的思维、国际化的视野，以社会营利组织商务活动为主要研究对象，基于商务活动的广泛社会联系、深刻社会影响与辐射作用，在商科与文、法、理、工等相关学科彼此互动交融中，实现人才培养特色和一流学科发展的理念。

"大商科"的根本要旨是特色发展，基本方法是融合创新，价值导向是追求卓越，实施策略是经管为主、工商融合、多科交叉、协调发展。平稳有序地实施院系专业调整，妥善解决学科、专业、平台整合中产生的问题。创新学科专业平台发展机制。优化院系、研究院（所）结构，建立学科、专业动态调整机制，促进优势特色学科群、专业群和智库的建设与发展。

为此，"十三五"期间要树立新的发展理念，激活新的发展动力，拓展新的发展空间，进一步振奋精神、凝聚共识、鼓足干劲，强化使命担当。

要树立创新、协调、绿色、开放、共享的新理念。一是形成促进创新的体制架构，将创新驱动作为学校发展的"新常态"；二是牢牢把握学校发展的总体布局，正确处理改革、发展、稳定的关系，增强"大商科"体系的协调性；三是坚持绿色发展、可持续发展，推进生态校园和绿色大学建设；四是顺应我国和本省发展趋势，发展更高层次的教育国际化，积极参与全球教育资源供给，深度融入浙江经济社会发展，提高学校社会贡献度；五是传承和弘扬校训精神，实现文化共享，做出更加有效的制度安排，使全体师生员工共享更多发展成果。

要深化综合改革以激活学校事业发展的新动力。一是完善顶层制度设计，研究制订学校全面深化综合改革方案，健全内部管理体制机制；二是以预算管理、绩效考核、目标考核为导向，优化资源配置，盘活存量资源，提高资源利用效率；三是实施分类管理和面向团队的科研考核，激发人力资源的创新活力和自主动力；四是积极培养学术领军人物和中青年学科带头人，形成具有核心竞争力的人才梯队；五是实施高层次引进人才及其团队的"双轨制"身份和薪酬体系，激发高层次引进人才带动学科建设和团队发展的动力。

要依托省部部共建平台拓展更加开阔的新空间。一是服务国家和地方发展需求，制订省部部共建专项计划，贯彻落实省部部共建任务，扩展学校发展新空间；二是按省重点高校建设目标推进学校发展，积极创造条件进入第二批省重点建设高校；三是挖掘校友资源优势，与社会各界包括行业协会开展多种形式的合作，在互利共赢中拓宽学校发展的新空间；四是面向教育国际化,打造学校的国际教育品牌;五是积极盘活教工路校区资源,争取更多办学经费与支撑条件。

(三)目标定位与发展战略

"十三五"的目标定位:依托省部部共建平台,进一步凝练"大商科"特色,使学校进入省重点建设高校行列,保持2个以上学科稳居国内前10%,并跻身全国百强高校行列,在各类大学排行的名次稳中有升,将学校建设成为特色鲜明、国内同类一流的高水平大学。

学校长期发展的目标定位:到2050年,将学校建设成"大商科"特色鲜明、优势突出、国内一流、国际知名的高水平大学,至少有1~2个学科进入世界一流行列,进入国内财经类大学前5名。

——国内同类一流,是指学校综合办学实力稳居全国财经类高校前8位,有2个以上学科进入国内前10%,并成为在这些学科领域与国家相应部委有紧密联系的智库平台和服务基地。

——国际知名,是指优势特色学科在世界同行中有较高知名度和影响力,教育理念、办学模式、教学方法与国际接轨,国际化人才培养和留学生教育达到相当规模,国际化的学科平台建设卓有成效,国际会议与各层次国际交流频繁,学校有一定国际声誉。

——特色鲜明,是指在专业设置和学科发展上,能够结合自身办学历史和当代经济社会发展需要,有所为有所不为,形成自己的独特优势。学校的特色是"经管为主、工商融合、多科交叉、协调发展"的"大商科"特色。

——高水平大学,是指学科建设有突出的成就,优势特色学科达到国内一流水准,标志性学科在权威排行中列全国前10%,且得到同行及社会瞩目的大学。

"十三五"的发展战略:"创新强校,特色名校,融合发展,力争一流"。

——创新强校是学校事业发展的必然要求。不断改革创新、锐意进取,对接国家和区域战略部署,才能使学校始终充满生机活力,实现力争一流的发展目标。

——特色名校是学校内涵建设的必然选择。不断凝练特色、彰显优势,聚焦重点任务、重大需求,才能提升学校的核心竞争力,做出显著社会贡献,获得良好社会声誉。

——融合发展是学校协同创新的必然途径。不断推进学科交叉、团队融合、资源整合,才能扬长避短,拓展新的发展平台和发展路径。必须不断加强与政府、社会、企业、高校等协同创新、融合发展,争取新的发展资源和发展空间。

——力争一流是学校顺应时代的必然使命。志存高远、争创一流,才能抢占当前高等教育发展的先机,建设国内同类一流、跻身全国高校百强,继续谱写商大人新的历史篇章。

为抓住机遇、迎接挑战,实现"十三五"期间学校发展的上述目标,关键体现在以下七个方面的重点突破。

一是在校内管理体制和运行机制上有所突破,增强学校发展的活力。抓住深化高等教育综合改革的机遇,突破学校原有的体制和机制,以利解决高等教育质量提升中的深层次矛盾和问题,是深化改革的必然选择。

二是在重点大学建设方面有所突破,提升学校发展的影响力。抓住本省高等教育强省建设带来的机遇，确保进入省重点建设高校第二批并稳定在重点大学建设计划之列，凸显学校对全省经济社会发展的智力支持和社会服务能力。

三是在高水平学科建设方面有所突破，推动一流学科建设。建立国际化的学科特区，抓住海外人才持续回流带来的机遇，以特殊的政策、特殊的平台、特殊的资源支撑，促进学科建设的加速发展。抓住国家一流学科建设计划实施带来的机遇，扶强扶优统计学、工商管理、应用经济学、食品科学等进入国家一流学科建设行列。

四是在智库建设方面有所突破，打造若干新型智库。全面实施省部部共建，抓住国家和地方发展战略带来的机遇和省政府、商务部和教育部共建带来的机遇，以优势学科为依托进行智库建设。

五是在专业结构调整优化方面有所突破，提升专业竞争力。实施本科专业的预警淘汰机制，实施学科和学科性学院的结构性调整，改造、整合、取消一批专业，优化学科专业资源，使有限的资源取得更好的效能。

六是在标志性成果的获得方面有所突破，彰显学校的价值贡献。力争获得科学研究和社会服务的标志性成果，并由此提升学校的整体办学实力，以及在同行和社会各界的影响力。

七是在高层次人才引进和培养方面有所突破，提升师资队伍的整体水平。使人才队伍建设尤其是领军人物的层次和数量迈上新的台阶，依次带动团队建设和平台建设，为提升人才培养、学科建设和科学研究水平创造首要条件。

三、重点任务

在竞争日趋激烈的高等教育领域，办学资源不足将成为"新常态"，实现学校"十三五"期间的发展目标以及七个方面的重点突破，任务艰巨且困难重重。必须坚定信心，强化使命担当，锐意改革进取。树立标杆意识、短板意识、创新意识、统筹意识，千方百计将各项工作任务落到实处。

（一）优化"大商科"人才培养模式，全面提升人才培养质量

坚持立德树人的根本任务，强化人才培养工作。以"专业成才、精神成人"的理念为指导，注重培养学生的自主学习、研究学习、终身学习能力，促进学生全面发展。加强"学生中心、教师发展、课堂开放"的教学文化建设。不断优化"大商科"人才培养模式，推动跨学科人才培养，打造一流的本科教育。大力培养一批有梦想、有才干、有韧性并敢于创新冒险、善于整合资源的创业家、企业家等综合性人才，使学校成为新浙商的摇篮。

1. 牢固确立人才培养在学校工作中的中心地位。推进人才培养与浙江经济社会发展需求相适应，加大培养高素质应用型和技术技能型人才力度，建设人才培养特区。实施"卓越人才培养计划"，深化与行业企业、事业单位、科研院所协同育人的机制。转变人才培养理念，切实强化学生能力培养，明确学校人才培养的目标与定位。

2. 实施优势特色专业建设计划。进一步强化专业建设，实施专业综合改革。建立专业

发展的预警机制，积极建立健全专业发展的长效机制，优化专业结构，招生专业数控制在55~60个以内。大力发展与地方产业紧密结合的专业。继续加强优势特色专业和优势专业群建设，以专业建设带动课程建设、课堂教学、实践教学。以优质的本科专业支撑一流的学科建设，实现国家级教学成果奖翻一番。积极参加国家在线课程建设。以国际化的指标体系制订专业标准，鼓励和组织各专业参与专业认证。重点建设省级优势专业10个，省级新兴特色专业6个，力争建立在国内有影响力的品牌专业6个。

3. 坚持立德树人，加强改进思想政治工作。强化思想引领，树立政治意识、责任意识、阵地意识，着力增强高校思想政治工作的针对性和实效性，确立育人为本、德育为先的育人观，把促进学生健康成长作为学校一切工作的出发点和落脚点，加强学生理想信念教育、思想道德和社会诚信教育，加强马克思主义宗教观教育。促进教育教学改革，培养高素质创新性专门人才。

强化师资队伍建设，提升学科建设水平，积极推进思想政治理论课建设，加强心理健康教育。"十三五"期间，思想政治理论课将纳入学校重点课程建设规划，校马克思主义学院成为省级示范马克思主义学院，保持大学生心理健康教育省内领先、国内先进的水平。新入选省级高校优秀中青年思政理论课教师择优资助计划人员2名以上。探索住宿书院制，引入导师制，鼓励不同背景的学生互相学习交流，满足学生的个性化发展需要，促进学生的全面发展。

4. 深化实施课堂教学创新计划，提升课堂教学质量水平。深化"一体多元"课堂教学改革，不断提高人才培养质量。提高教学管理水平和教师教学能力，完善课程体系建设，全面提高课程质量。促进科研与教学互动，加强学生学业指导，建立完善科学的教师教学评价体系和学生学习评价体系。获得省级教学成果奖8项，国家级教学成果奖1项。基于优势特色学科专业，为全校各专业学生开设丰富多彩的跨学科课程，在学科视野和校院文化氛围上体现"大商科"特色。

5. 实施大学生创新创业提升计划，加强大学生创新创业教育。明确创新创业教育目标要求，探索建立校校、校企、校地、校所的协同育人新机制。充分利用各类资源，参与创业基地、创客中心、创新工场等众创空间的建设。健全创新创业教育课程体系，加强创业教育培训，积极推动创业领军人才和创新团队建设。根据创新创业教育目标要求调整专业课程设置，开发开设创新创业教育必修课和选修课。以创新创业教育为切入点，进一步强化学生的创新意识和创业家精神的培养。创业学院成为省示范性创业学院，争取成为新型创新创业骨干人才培养试点单位，每年新增国家级创新创业项目30项。

6. 实施高等教育教学质量计划，切实提高教育教学质量。作好本科教育审核评估，积极推进信息化建设。推进校际课程互选、教师互聘、学分互认，鼓励学生跨校跨专业选课；大力推进与信息技术融合的教学改革，建立与完善慕课运行管理机制。将学校教师教学发展中心建设成为省级高校教师教学发展示范中心。获省级教学改革项目50项。建设省级大学生校外实践教育基地3个，争取新增国家级实验室建设平台2个。加强继续教育工作，重视社会培训和行业培训，保持继续教育的省内优势。

7. 本科招生规模基本稳定，继续扩大研究生招生规模。全日制本科生规模控制在16000

人左右（不含杭商院），研究生在校生规模突破 5000 人。加强对毕业生的就业指导，毕业生初次就业率达到 95%，继续深造率达到 19.5%。大力推进研究生培养机制改革，强化培养过程管理，积极引导研究生参加创新创业竞赛和学科竞赛，引领良好的学风和学术道德，提高研究生培养质量。建立科教结合、产学结合的研究生培养机制，健全研究生学位点授权体系，深化研究生招生改革，扩大导师招生自主权，进一步落实导师培养责任。加强与商务部的合作，在研究生导师聘请和研究生招生两个层面，聘请兼职导师和加大商务部急需人才的培养规模。扩大来华留学生中研究生的数量。做好 MBA 学院的国际认证工作。

（二）以学科建设为龙头，构建"大商科"学科体系

优先谋划一流学科、学科特区、交叉学科平台和重点研究方向布局，激发学科成长活力，坚持凝练"大商科"办学特色，走出"经管为主、工商融合、多科交叉、协调发展"的新路径。加快形成以学科为龙头的工作机制，理顺学科与学院的关系，建立跨学院一级学科的协调运行机制，健全以学科为导向的资源配置机制和考核激励机制。争创第四轮全国学科评估佳绩。

1. 制订各学科发展规划，结合省一流学科建设，实施一流学科建设工程。要使统计学、工商管理、应用经济学、食品科学与工程列全国前 10%，其中 2 个学科进入全国前 5%，统计学保持全国前 5 位，位列国家一流学科建设计划；法学、外国语言文学列全国前 20%；管理科学与工程、计算机科学与工程、信息与通信工程、设计学列全国前 30%；理论经济学列全国前 40%；公共管理、环境科学与工程列全国前 50%；马克思主义理论列全省前 3、全国前 60%；中国语言文学列全国前 60%。

2. 围绕"大商科"优化学科布局，打破学科学院分隔，促进学科交叉融合。通过"大商科"规划设计，进行涉商学科的调整优化，建设"大商科"学科生态群。学科群中的核心学科要主动惠及相关学科，促进跨学科融合；学科群中的弱势学科要主动向核心学科靠拢，在学科建设和学位点建设方面与优势学科合作，学校对其加以扶持，构建有机协调共同发展的学科群。对学科性学院和学科进行合理调整和归并，理顺学科关系。围绕浙江产业发展，积极拓展交叉学科。

3. 以国际化的视野，加强优势特色学科建设。鼓励统计学、工商管理、应用经济学、食品科学与工程等优势特色学科按照国际领先的学科标准制订规划，完善学科建设制度。引进国际高端人才，打造国际前沿合作研究平台，提升优势学科的国际化水平。

4. 实施学科特区建设计划，使其成为海归人才成长的特区和相关学科建设的"加速器"。在经费、人才引进和政策等方面给予重点支持，聘请海外院长，实行年薪制延揽海外高层次人才，确定硕博士招生的名额分配，直接聘请海外名师教授来校为本科生授课，开设全外语本科专业。

5. 积极推动学位点建设，为发展研究生教育创造更好条件。重点做好博士点学科建设，有序规划博士点支撑学科的培育建设工作，构建有机协调共同发展的学科群。一级学科博士、硕士点数取得较大突破，力争取得食品科学与工程、管理科学与工程、法学、外国语言文学一级学科、计算机学科博士点和建好理论经济学、公共管理和中国语言文学三个新增一

级学科硕士点。

（三）大力推动科研驱动，服务创新驱动发展战略

以学科发展方向为导向，改革研究机构设置，实施以研究平台为载体的团队建设，制订有利于团队良性发展的运行管理体制，提高研究方向、研究成果与学科建设的契合度。以国家大力实施"创新驱动"为契机，聚焦重大学术问题和社会现实问题，建立常态化培育大项目、大成果的科研制度和科研高地，催生一批高质量的标志性成果。加强社会服务与合作的统筹推进。

1. 依托省部部共建，提升对本省各级政府和商务部的智力支持力度。深入加强与中央部委、本省各级政府的合作，切实提升社会服务水平和成效。在联合开展学术研究和智库建设、信息采集与翻译服务、干部教育与培训等方面，与商务部、外交部开展深入合作，提升学校在国家"一带一路""互联网＋"发展战略中的独特贡献。从制度和运行上加强省级协同创新中心的建设，将学校的中国商务研究院建设成为我国商贸领域的国家智库。为商务部承担咨询项目40个，为本省各级政府承担咨询项目350个，建成特色智库5个。

2. 以体制机制创新促进科研团队建设，从源头上激活科研动力和活力。优化、完善科研管理体制和绩效评价机制，突出对科研团队的鼓励和引导，解除青年教师科学研究的后顾之忧。培育梯队式、可持续的研究队伍和研究方向，促成大项目、大平台和大成果。争取承担国家重大级项目5个以上，重点级项目10个，建设国家级（含教育部）科研平台2个，再获国家级科研奖1项；承担省重大人文社科公关计划重大专项2项，青年项目9项，科研经费到款4亿元。

3. 完善科研成果评价和科研激励机制。加大对重大科研成果的奖励力度，实现学校科研发展以数量为主的外延式发展向以质量、特色为核心的内涵式发展转型。提高SSCI论文发表的数量和质量，提升学校的国际学术影响力。注重科研产出的质量，不单纯以论文发表数量评价个人学术水平和贡献，提倡科学论文内在价值的判断，强调论文的被引用情况，并根据不同学科领域区别对待。

4. 树立成果转化和服务社会的责任意识，探索建立相应长效机制。鼓励教师积极参与社会服务，发挥领军人才的社会影响，提高学校在战略层面相关领域的话语权。围绕国家和本省"十三五"规划提出的重大现实问题，有针对性地强化咨询与技术服务能力，主动对接现代服务业、现代农业、"互联网＋"产业、特色小镇等领域和专项需求。加强与政府、企业、行业联盟的合作，形成若干有影响的社会服务平台和高端智库，并激发已有平台的运行活力。鼓励不同研究平台合作攻关，提高协同创新能力。吸引社会力量参与共建联合实验室、企业研究院等。以及积极打造学校的高端培训品牌。

（四）坚持培养与引进并重，汇聚一流人才队伍

围绕学科规划和人才培养任务，强化高端人才队伍建设。坚持培养与引进并重，在高层次人才、领军人物数量上实现较大提升。将生师比降至16∶1以下，优化师资队伍专业结构、年龄结构、学缘结构。改革人才聘用机制，创新绩效考核与薪酬激励制度，提升教职工

职业满意度,真正做到事业留人、感情留人、待遇留人。深化教师专业技术职务评聘制度改革,积极推进教师分类发展,妥善解决学科、专业整合中产生的问题。

1. 按学科发展方向编制人才引进规划,构建合理的人才队伍梯队。加大和确保人才引进的资金投入,实施精准引进,特别是向优势特色学科倾斜。形成一级学科有领军人才、二级学科有高水平带头人、各研究领域有重要学术骨干的人才梯队格局。新增人才工程和人才荣誉按学科配置,形成 3~5 个学科人才高地。

2. 实施人才领航计划,扶持中青年学科带头人成长。以培养中青年骨干教师为重点,以造就学科领军人才为核心,结合一流学科、优势特色专业、协同创新中心、重点学科和学位点建设,多形式、多途径培养中青年学科带头人。培养省级学科带头人 30 名。

3. 完善高层次人才引进机制,试行人才引进编制和待遇的"双轨制"。建立健全外籍高水平师资、海外院长、海外特聘教授、海外博士、海外博士后等组成的高水平海归人才引进和聘用机制。将国际化的学科特区,打造成高层次海归人才本土化的重要过渡平台和成长基地。到"十三五"末,国际化学科特区中高层次海归人才达 30 人。

4. 面向国家重大战略和区域发展需求,优化专业教师队伍结构。具有博士学位的教师比例达到 70%,优势特色学科达到 80%。专任教师留(访)学 3 个月及以上的比例达到 50%。在统计学、工商管理、应用经济学、食品科学与工程等优势特色学科,分别建成以 2~3 名国家级领军人才领衔,6~8 名省级学科带头人为核心的具有全国领先水平的师资队伍。

5. 继续提升基层学术组织治理水平,提升教师职业发展能力和职业幸福感。完善青年教师专业发展体系,注重教师教育教学能力建设,加强新入职教师岗前培训和中青年骨干教师专业发展培训,推进高校教师教学发展中心和教师培养培训基地建设,建设成省级示范性"双师"教师培养培训基地。实施"访问学者"计划,选派到高水平大学访学"访问学者" 250 名。

6. 积极推进教师分类发展计划,促进人员合理流动。进一步完善教师分类管理、分类评价办法,实施教师教学激励计划,探索以教学投入和教学效果为导向的薪酬分配办法。实施岗位评聘制度改革和人事分配制度改革,完善以业绩贡献和能力水平为导向的绩效考核评价体系,调动教师的积极性。对教师实行分类发展模式,在鼓励一些老师走"顶天"的国际水准的研究道路的同时,也鼓励另外一些老师走"立地"的本土化的社会服务道路,设立社会服务专职岗。

7. 加强师风师德建设,重视学术规范。强化"育人为本、师德为先"的理念,严格教师准入制度,建立健全师德考评制度;加强学术行为管理,实行师德表现一票否决制。重点做好青年人才的挖掘和储备。加大"蓝天计划"实施力度,增强针对性,提高实施质量;深化"大地计划",积极拓展"上挂""下派"的路径,提高实效。与商务部、教育部和本省展开全面的人员交流和挂职锻炼。增加博士后流动站设站学院,为学科建设服务。

8. 加强管理干部队伍建设,推动干部培训和轮岗。增强服务意识,建立一支精干、高效、专业、敬业的干部队伍;重视加强实际问题研究,培养开拓性、主动性和前瞻性的意识。形成各级干部开拓视野、提升能力,明确职责、落实责任,强化动力、加快节奏的氛围。形成优化考核、追究责任，选贤任能、能上能下的干部管理机制。推进管理干部的轮岗和培训。

（五）加快教育国际化进程，打造国际教育品牌

按国内一流、国际知名的高水平大学的建设要求，创新国际化工作思路，利用国外优质教育资源，拓展学校发展空间。借鉴国际教学科研模式，多种形式与国外高水平院校合作，提升合作层次。建设好省国际化特色高校，打造学校国际教育品牌。

1. 围绕学校优势学科，全面推进师资队伍国际化。以"蓝天计划"为依托，积极拓展高等教育的海外市场。创造条件引进海外优秀留学人员和高端人才，聘请更多高层次外籍专业教师来校任教，提升外国文教专家比例。尤其是加速提高长期专业类外国文教专家的数量，到"十三五"末，聘请人数达到200人，提高师资队伍的国际化水平。

2. 促进学生的双向交流，加快国际化人才培养。与国外知名大学开展各类学生交流项目，选送更多学生赴国（境）外交流学习，提高外派交换生、交流生比例。吸引更多的外国学生到学校留学，提高"趋同化"管理能力和服务水平。优化国际生生源结构，提高生源质量，增加国际硕士生、博士生、博士后的数量。探索与国际接轨的教学模式，提高国际生教育质量。到"十三五"末，招收国际学生的全外语授课专业30个，国际学生达在校生总数的9%，其中学历生达在校生总数的7%。

3. 积极拓展海外基地，实现中外合作办学项目新突破。建设海外留学校友网，大力拓宽学生出国学习的渠道。建设稳定的学生海外学习基地60个，出国学生达1600人。与海外知名大学合作开展更多财经类交流合作项目，增加合作办学项目。继续办好孔子学院，进一步落实"文化走出去"战略。

4. 加强国际合作，建设更多国际合作科研项目平台和国际合作基地。鼓励学院举办或承办更多国际学术会议，提升国际学术影响力。积极创造有利条件，与海外知名大学建设更多合作项目，多形式与国外高水平院校合作，提升合作层次，参与国际科研项目，建立稳定的国际合作科研平台。

5. 完善培养方案，调整专业课程与国际认证接轨，争取国际学分转换。整合师资力量，完善教学计划，加大建设全外语授课留学生专业的力度。构建综合管理机制，优化留学生来源，加强国际生教育和管理工作。积极加强国际化专业及课程群建设。从建设目标、建设重点、遴选条件、建设标准、遴选及管理办法等方面加强普通高等学校国际化专业和课程群建设，加快其他国际化办学的步伐。

6. 服务国家"一带一路"战略，凸显具有自身特色的价值贡献。特别是与义乌国际贸易和杭州跨境电子商务相结合，为商务部展开对国外官员和专家的培训等工作。以东方语言文化学院为依托，积极拓展东亚和西亚的文化交流，

（六）继续支持杭州商学院发展，实现应用型院校转型

继续大力支持杭州商学院发展。采取有效措施积极推动在人才培养、社会实践、科研转化、社会服务方面的深度合作。积极转变办学模式，明确办学目标，推进浙江工商大学杭州

商学院向应用型大学的转型。

1. 支持杭州商学院逐步完善独立运行的体制机制，提高独立办学能力。坚持"人文精神、职业素养、专业技能、创新思维、国际视野"的人才培养理念，不断深化人才培养模式改革，努力为社会培养理论基础扎实、具有创新创业精神的应用型人才。

2. 大力提高杭州商学院教学和师资队伍水平，夯实建设应用型大学的基础。以应用型大学的办学标准，充分发挥"大商科"办学优势，优化学科专业布局和人才培养机制，建立一支人心稳定凝聚力强、质量较高有影响力、年龄和专业结构合理的师资队伍，努力提高教学质量。

3. 完成杭州商学院基础设施建设，为培养应用型人才创造良好环境条件。多元投入，大力引资，支持杭州商学院二期、三期基础设施建设的完成。

四、规划实施的保障体系建设

实现"十三五"发展目标，要有以绩效为导向、以改革促发展的新思维，探索能动性激发、资源配置优化、协同融合、开放共享的发展之路。既要强化组织领导、提升治理能力，又要有具体的保障措施和良好的办学条件支撑，还必须加强党建和思想政治工作，关注师生员工的切身利益，以保证学校各项事业健康持续发展。

（一）党建和思想政治工作保障体系建设

深入贯彻全面从严治党要求，整体推进党的思想建设、组织建设、作风建设、反腐倡廉建设，进一步加强和改进思想政治工作，充分发挥党组织的领导核心和政治核心作用，为推进学校各项事业健康发展提供坚强的思想、组织和纪律保障。

1. 加强社会主义核心价值观教育，强化政治意识、政权意识、阵地意识。坚持用社会主义核心价值体系武装党员领导干部的头脑、指导实践、推动工作，做学生健康成长的指导者和引路人。将理想信念教育融入教育教学全过程，不断增强学生的社会责任感和使命感，培养具有创新精神和实践能力的建设者和接班人。

2. 加强师生的思想政治教育工作，努力提高德育工作的针对性和有效性。注重发挥思想政治理论课的育人作用，发挥文史哲类课程的德育功能。不断加强作风建设，将教书育人、管理育人、服务育人的全员育人机制落实到各个领域和具体工作岗位。充分重视工会、教代会、共青团、学生社团等的作用，形成优化育人环境的合力。

3. 加强队伍建设和组织建设，全面提高党的建设科学化水平。围绕"上、下、管、育、爱"，完善干部工作机制，提升干部的素质和活力，建设一支信念坚定、敢于担当、团结协作、勤政廉洁、开拓进取的干部队伍。健全党员教育、管理、服务的长效机制，全面提高党员队伍素质，充分发挥共产党员的先锋模范作用。落实党建工作责任，注重发挥基层党组织的主动性和创造性，促进党建工作科学化、制度化、规范化。

（二） 现代大学治理制度保障体系建设

围绕学校发展战略，完善顶层制度设计，构建适应学校一流发展战略要求的制度体系。以省部部共建和国际化学科特区为抓手，全面深化人事、学科、科研等制度的配套改革，为学校今后一个时期的开放发展、特色发展、持续发展理顺机制，建立制度保障。围绕高水平大学建设目标，加强前瞻性研究，研究制订学校深化综合改革方案，积极谋划 2016～2025 年中长期发展规划。要聚焦学科、深化改革、补齐短板、整体推进。

1. 以章程建设为切入点，加强顶层设计，深入推进依法治校。依照章程规定管理学校。坚持和完善党委领导下的校长负责制，完善党委领导、校长负责、教授治学、民主管理的现代大学治理结构。尊重教师权利，加强教师管理。保障学生的受教育权，对学生实施的奖励与处分要符合公平、公正原则。健全符合法治原则的教育救济制度。

2. 平衡学术权力和行政权力，完善校院两级管理体制。以《大学章程》为依据，完善治理结构。实现行政权力与学术权力的分离，凸显校学术委员会的校内最高学术权力地位，充分发挥其在学科建设、学术评价、学术发展中的重要作用。切实落实学院的权责，继续推进校院两级管理。提高资源配置效益，教学资源按需分配，科研资源按任务分配，增量资源向优势特色学科倾斜。明晰分级管理层次，强化二级目标管理考核，切实促进管理重心下移，推动学院办成办学实体，从"校办院"转变到"院办校"，推进学校快速发展。

3. 继续完善和推进任期目标考核与年度考核办法，将规划目标落到实处。任期目标责任制的管理模式是学校为实现办学目标进行的制度安排。作为内部管理的基本运行模式和长效机制，继续坚持并不断完善任期目标责任制以及部门年度考核制度。完善教职工岗位聘任制度和考核制度，鼓励学院开展以能力和贡献为导向的岗位聘任，激发广大教职工的工作热情，激励优秀教师脱颖而出。完善收入分配机制，稳步提升教职工待遇。

4. 深化并落实考试招生制度改革，完善并实施积极的就业政策和毕业生跟踪服务体系。在考试招生制度改革背景下，积极加强招生宣传，积极参与本省高中会考相关科目的建设，扩大学校的影响力，提高生源质量。充分利用校友等社会资源，积极与用人单位建立良好的合作伙伴关系，建立由学校和用人单位参与的多主体合作的毕业生就业服务网络体系。出台毕业生就业和发展状况追踪调查制度，合理利用第三方资源做好毕业生跟踪调查工作。

（三） 办学条件保障体系建设

面对高等教育资源配置日趋集中化的趋势，学校亟待进一步改革创新，加快提高社会资源动员能力，提升资源利用效率和效益，奋发有为，争取应有地位。努力提升教职工职业满意度。

1. 健全经费保障机制，积极拓宽办学资金来源渠道。强化经费管理，多渠道筹集教育经费，积极争取社会捐赠。充分利用校友资源，推动学校基金会建设，重视并发挥好教育基金会的筹资功能，丰富捐赠项目，为校友与社会各界人士捐赠提供便利。加强精细服务与规范管理,增加学校的办学资金来源,完善经费保障机制。按照学校实际情况科学编制预算,建立科学化、精细化预算管理机制,提高预算执行效率。

2. 健全监督管理体系,防范各类风险的发生。实现采购管理规范化,定期对学校资产清理核查,建立经济活动风险评估机制,保障学校经济活动合法合规、资产安全、信息真实完整。完善学校收费管理办法,规范学校收费行为和收费资金使用管理。加强设备和实验室管理。加强财务审计工作。坚持勤俭办学,严禁铺张浪费,建设节约型学校。

3. 加强信息化建设和管理,使信息服务成为教学科研的有力保障。做好网络安全与维护,通过统筹整合学校各类信息资源、管理系统、信息平台以及资金设备投入,着力推进数字化、网络化、智能化校园建设,为学校的教学、科研、管理工作和师生学习生活提供方便、快捷、安全、高效的信息支持服务。努力使图书资料结构合理、数量稳定增长、管理科学高效;建立具有商大特色的档案资源体系,基本建成优质便捷高效的档案利用服务体系。

4. 树立效率和效益意识,不断提高管理部门和服务部门的管理水平和服务质量。加强校内各部门各学院的协同意识、效率意识和效益意识;强化安全风险防范意识,提高设施设备的完好率和使用率,在和谐和睦中共享劳动成果。

5. 切实做好校友工作,进一步推动校友与母校合作共赢。完善以学校为主导、学院为主体的校友工作机制,加强校友会组织体系建设,形成全校上下真诚关爱校友、热情服务校友的良好氛围。大力加强校友工作力度,立足学院密切联络海内外校友,增强广大校友对母校的认同感,为校友返校交流、培训深造、创新创业、产学研合作等提供服务与方便,搭建各类交流与合作平台,发挥校友帮助学生成才和支持学校发展的积极作用,鼓励校友为学校发展献计献策。

6. 努力提高教职工待遇,完善收入分配机制。从物质支持与人文关怀各个方面及时帮扶困难师生,关注教职工身心健康,完善体育文体设施设备,丰富师生员工校园生活。做好离退休工作,为学校发展增添正能量,离退休人员生活待遇随社会经济发展和学校发展而不断改善。加强学校安全保卫工作,创造学校和谐发展的环境。

(四)校园文化保障体系建设

坚持以社会主义核心价值观为导向,大力传承和弘扬校训精神,进一步挖掘百年商大的历史底蕴与文化内涵,形成具有商大特色的精神文化体系,构筑师生精神家园。

1. 发挥舆论宣传文化传播作用,塑造学校良好的社会形象。发挥舆论宣传阵地和校园文化的传播作用,大力宣传学校和师生员工对社会进步的各方面贡献和积极作用。加强与社会各界的联系和沟通交流,争取社会力量对学校事业发展的理解和支持,为学校创造良好的社会环境和舆论支持。提高学校知名度和美誉度,提升教师在国际、国内学术领域中的影响力。

2. 坚持思想引领,培育文化精品,提升环境育人功能。深入开展文化校园建设,打造一批在省内外有影响的文化品牌,提升整体文化形象,促进商大精神塑造。加强学术交流平台建设,办好高水平学术论坛。繁荣校园文化生活。加强网络文化建设,推进校园媒体融合发展，打造传播新思想、弘扬正能量的全方位平台。完善学校形象识别系统，形成具有商大特色的校园文化标识。加强校园文化景观建设，创造更加和谐优美的校园人文环境。

3. 积极展现浙商大的文化底蕴，传承和弘扬商大的优秀文化。以全省文化校园试点高校建设为契机，进一步加强校园文化设施建设与应用，积极发挥图书馆、校史馆、出版社、孔子学院、浙商博物馆等在文化引领方面的作用，积极建立校外文化的培育与实习基地。

4. 积极推进学院文化建设工程，营造师生交流的和谐环境。进一步发挥浙商博物馆的文化传承职能。深化对藏品蕴含文化要素的挖掘研究工作，并研究建立浙商博物馆馆址迁出学校后，各方权利义务的合理分配机制。加快推进校史馆更新建设，尽可能整理和呈现三所并入学校的校史、校友资料，强化三校校友的归属感。